Verhaltensmuster

Befehl (Command, Seite 273)

Kapsle einen Befehl als ein Objekt. Dies ermöglicht es, Klienten mit verschiedenen Anfragen zu parametrisieren, Operationen in eine Schlange zu stellen, ein Logbuch zu führen und Operationen rückgängig zu machen.

Beobachter (Observer, Seite 287)

Definiere eine 1-zu-n-Abhängigkeit zwischen Objekten, so daß die Änderung des Zustands eines Objekts dazu führt, daß alle abhängigen Objekte benachrichtigt und automatisch aktualisiert werden.

Besucher (Visitor, Seite 301)

Kapsle eine auf den Elementen einer Objektstruktur auszuführende Operation als ein Objekt. Das Besuchermuster ermöglicht es Ihnen, eine neue Operation zu definieren, ohne die Klassen der von ihr bearbeiteten Elemente zu verändern.

Interpreter (Interpreter, Seite 319)

Definiere für eine gegebene Sprache eine Repräsentation der Grammatik sowie einen Interpreter, der die Repräsentation nutzt, um Sätze in der Sprache zu interpretieren.

Iterator (Iterator, Seite 335)

Biete eine Möglichkeit, um auf die Elemente eines zusammengesetzten Objekts sequentiell zugreifen zu können, ohne die zugrundeliegende Repräsentation offenzulegen.

Memento (Memento, Seite 354)

Erfasse und externalisiere den internen Zustand eines Objekts, ohne seine Kapselung zu verletzen, so daß das Objekt später in diesen Zustand zurückversetzt werden kann.

Schablonenmethode (Template Method, Seite 366)

Definiere das Skelett eines Algorithmus in einer Operation und delegiere einzelne Schritte an Unterklassen. Die Verwendung einer Schablonenmethode ermöglicht es Unterklassen, bestimmte Schritte eines Algorithmus zu überschreiben, ohne seine Struktur zu verändern.

Strategie (Strategy, Seite 373)

Definiere eine Familie von Algorithmen, kapsele jeden einzelnen und mache sie austauschbar. Das Strategiemuster ermöglicht es, den Algorithmus unabhängig von ihn nutzenden Klienten zu variieren.

Vermittler (Mediator, Seite 385)

Definiere ein Objekt, welches das Zusammenspiel einer Menge von Objekten in sich kapselt. Vermittler fördern lose Kopplung, indem sie Objekte davon abhalten, aufeinander explizit Bezug zu nehmen. Sie ermöglichen es Ihnen, das Zusammenspiel der Objekte von ihnen unabhängig zu variieren.

Zustand (State, Seite 398)

Ermögliche es einem Objekt, sein Verhalten zu ändern, wenn sein interner Zustand sich ändert. Es wird so aussehen, als ob das Objekt seine Klasse gewechselt hat.

Zuständigkeitskette (Chain of Responsibility, Seite 410)

Vermeide die Kopplung des Auslösers einer Anfrage an seinen Empfänger, indem mehr als ein Objekt die Möglichkeit erhält, die Anfrage zu erledigen. Verkette die empfangenden Objekte, und leite die Anfrage an der Kette entlang, bis ein Objekt sie erledigt.

Entwurfsmuster

Professionelle Softwareentwicklung

Erich Gamma, Richard Helm,
Ralph Johnson, John Vlissides

Entwurfsmuster

Elemente wiederverwendbarer
objektorientierter Software

Deutsche Übersetzung
von Dirk Riehle

ADDISON-WESLEY

An imprint of Pearson Education

München • Boston • San Francisco • Harlow, England
Don Mills, Ontario • Sydney • Mexico City
Madrid • Amsterdam

Die Deutsche Bibliothek - CIP-Einheitsaufnahme

Gamma, Erich:
Entwurfsmuster : Elemente wiederverwendbarer objektorientierter Software
/ Erich Gamma...Aus dem Amerikan. von Dirk Riehle - Bonn : Addison-Wesley-Longman, 1996
(Professionelle Softwareentwicklung)
ISBN 3-89319-950-0
NE: Gamma, Erich

10 9 8 7 6 5
03 02 01 00 99

1. Auflage 1996
4., korrigierter Nachdruck

Die amerikanische Originalausgabe trägt den Titel *Design Patterns*, ISBN 0-201-63361-2

Übersetzung: Dirk Riehle, Zürich
Lektorat: Susanne Spitzer und Annette Baumhof, München
Satz: Reemers EDV-Satz, Krefeld.
Belichtung, Druck und Bindung: Kösel, Kempten
Produktion: TYP*isch* Müller, München
Umschlaggestaltung: vierviertel Gestaltung, Köln, unter Verwendung einer Architekturzeichnung von Anna und Angela Krug, Bonn

Das verwendete Papier ist aus chlorfrei gebleichten Rohstoffen hergestellt und alterungsbeständig. Die Produktion erfolgt mit Hilfe umweltschonender Technologien und unter strengsten Auflagen in einem geschlossenen Wasserkreislauf unter Wiederverwertung unbedruckter, zurückgeführter Papiere.

Dieses Buch ist auf 100% chlorfrei gebleichtem Papier gedruckt

Für Karin

E.G.

Für Sylvie

R.H.

Für Faith

R.J.

Für Dru Ann und Mathew

Joshua 24:15b

J.V.

Inhaltsverzeichnis

Vorwort

Dieses Buch ist keine Einführung in den objektorientierten Entwurf. Viele andere Bücher machen dies schon sehr gut. Dieses Buch geht davon aus, daß Sie sich bereits in mindestens einer objektorientierten Programmiersprache relativ gut auskennen und auch über einige Erfahrung im objektorientierten Entwurf verfügen. Sie sollten jedenfalls nicht jedesmal zum nächstgelegenen Lexikon laufen müssen, wenn wir von »Typen« und »Polymorphie« oder »Schnittstellenvererbung« statt »Implementierungsvererbung« sprechen.

Andererseits stellt dieses Buch auch keine technische Abhandlung für fortgeschrittene Entwickler dar. Es ist ein aus **Entwurfsmustern** bestehendes Buch, das einfache und elegante Lösungen für spezifische Probleme des objektorientierten Softwareentwurfs beschreibt. Entwurfsmuster erfassen Problemlösungen, die im Laufe der Zeit gefunden wurden und sich weiterentwickelt haben. Es sind Entwürfe, auf die man üblicherweise nicht gleich von Anfang an kommt. Sie basieren auf vielen Entwurfsrevisionen und erneutem Programmieren, die Entwickler auf der Suche nach größerer Wiederverwendung und Flexibilität vorgenommen haben. Entwurfsmuster erfassen diese Lösungen auf konzentrierte und einfach anwendbare Weise.

Die Entwurfsmuster basieren weder auf ungewöhnlichen programmiersprachlichen Ausdrucksmöglichkeiten noch auf erstaunlichen Programmiertricks, mit denen man Freunde und Manager beeindrucken kann. Alle Muster können in handelsüblichen Programmiersprachen implementiert werden, obwohl sie gelegentlich etwas mehr Aufwand verlangen, als es die am nächsten liegende Lösung tun würde. Der Zusatzaufwand aber zahlt sich immer durch erhöhte Flexibilität und Wiederverwendbarkeit aus.

Sobald Sie die Entwurfsmuster einmal verstanden und den »Aha!« statt eines »Huch?«-Effekts erlebt haben, werden Sie nie wieder über den objektorientierten Entwurf nachdenken können, wie Sie es früher getan haben. Sie werden zu Einsichten gelangen, die Ihre Entwürfe flexibler, modularer, einfacher wiederverwendbar und verständlicher machen können – was ja vermutlich ohnehin der Grund ist, warum Sie sich der objektorientierten Softwareentwicklung überhaupt zugewandt haben.

Vorab noch eine Warnung und eine Ermutigung: Machen Sie sich keine Sorgen, wenn Sie dieses Buch nicht gleich beim ersten Lesen vollständig verstehen. Wir haben beim ersten Schreiben auch nicht alles verstanden! Denken Sie daran, daß dies kein Buch ist, das man einmal liest und dann in ein Bücherregal stellt. Wir hoffen, daß Sie es immer wieder aufschlagen werden, um sich in Ihren Entwürfen von ihm inspirieren zu lassen.

Die Entstehung dieses Buchs hat ziemlich lange gedauert. Es hat vier Länder kennengelernt, drei Hochzeiten seiner Autoren miterlebt und die Geburt zweier (voneinander unabhängiger) Nachkommen gesehen. Viele Menschen haben Teile zu seiner Entwicklung beigetragen. Wir wollen insbesondere Bruce Anderson, Kent Beck und André Weinand für ihre Inspiration und ihre Hilfe danken. Wir danken weiterhin all denen, welche vorläufige Manuskripte gelesen und kritisiert haben: Roger Bielefeld, Grady Booch, Tom Cargill, Marshall Cline, Ralph Hyre, Brian Kernighan, Thomas Laliberty, Mark Lorenz, Arthur Riel, Doug Schmidt, Clovis Tondo, Steve Vinoski und Rebecca Wirfs-Brock. Wir möchten weiterhin dem Team von Addison-Wesley für ihre Hilfe und Geduld danken: Kate Habib, Tiffany Moore, Lisa Raffaele, Pradeepa Siva und John Wait. Besonderer Dank geht an Carl Kessler, Danny Sabbah und Mark Wegman von IBM Research für ihre unermüdliche Unterstützung dieser Arbeit.

Zuletzt wollen wir es nicht vergessen, all denen zu danken, die über das Internet und auf anderen Wegen die verschiedenen Versionen der Muster kommentiert haben, und die uns ermutigt und uns gesagt haben, daß sich unsere Arbeit lohnen würde. Zu diesen Menschen gehören unter anderem Jon Avotins, Steve Berczuk, Julian Berdych, Matthias Bohlen, John Brant, Allan Clarke, Paul Chisholm, Jens Coldewey, Dave Collins, Jim Coplien, Don Dwiggins, Gabriele Elia, Doug Felt, Brian Foote, Denis Fortin, Ward Harold, Hermann Hueni, Nayeem Islam, Bikramjit Kalra, Paul Keefer, Thomas Kofler, Doug Lea, Dan LaLiberte, James Long, Ann Louise Luu, Pundi Madhavan, Brian Marick, Robert Martin, Dave McComb, Carl McConnell, Christine Mingins, Hanspeter Mössenböck, Eric Newton, Marianne Ozkan, Roxsan Payette, Larry Podmolik, George Radin, Sita Ramakrishnan, Russ Ramirez, Alexander Ran, Dirk Riehle, Bryan Rosenburg, Aamod Sane, Duri Schmidt, Robert Seidl, Xin Shu und Bill Walker.

Wir glauben nicht, daß diese Sammlung von Entwurfmustern vollständig und festgeschrieben ist. Sie stellt eher eine Momentaufnahme unserer Gedanken über guten Entwurf dar. Wir würden uns über Kommentare freuen, ob es sich dabei um Kritik an unseren Beispielen handelt, oder um Hinweise auf übersehene Referenzen und bekannte Verwendungen oder auch um Entwurfsmuster, die wir hätten einbinden sollen.

Sie können uns über Addison-Wesley schreiben oder eine E-Mail an `design-patterns@cs.uiuc.edu` schicken. Sie können weiterhin eine Softwarekopie der Codebeispiele aus den Beispielcodeabschnitten erhalten, indem Sie die Nachricht »send design pattern source« an `design-patterns-source@cs.uiuc.edu` schicken.

Mountain View, California E.G.

Montreal, Quebec R.H.

Urbana, Illinois R.J.

Hawthorne, New York J.V.

August 1994

Geleitwort von Grady Booch

Muster sind vielfach in jeder gut strukturierten objektorientierten Architektur zu finden. Ich gehe sogar soweit, daß ich die Qualität eines objektorientierten Systems nach der Sorgfältigkeit bewerte, welche die Entwickler der Zusammenarbeit zwischen den Objekten gewidmet haben. Konzentriert man sich bei der Systementwicklung auf derartige Mechanismen, so kann man zu einer Architektur gelangen, die einfacher, weniger umfangreich und sehr viel leichter verständlich ist, als eine Architektur, bei der man die Muster ignoriert hat.

Die Bedeutung von Mustern bei der Erstellung komplexer Systeme wurde schon lange in anderen Disziplinen erkannt. Insbesondere Christopher Alexander und seine Mitarbeiter waren vermutlich die ersten, die Mustersprachen als Mittel zur Konstruktion von Gebäuden und Städten vorgeschlagen haben. Seine Ideen und die Beiträge andere Personen haben jetzt in der Objektorientierung Fuß gefaßt. Softwareentwurfsmuster stellen kurzgefaßt ein probates Mittel dar, sich die Erfahrung und das Wissen anderer Architekten nutzbar zu machen.

In diesem Buch führen Erich Gamma, Richard Helm, Ralph Johnson und John Vlissides das Konzept und die Eigenschaften von Entwurfsmustern ein und stellen einen Katalog derartiger Muster vor. Somit macht dieses Buch zwei wichtige Beiträge. Erstens erläutert es die Rolle, die Entwurfsmuster bei der Konstruktion komplexer Systeme spielen können. Zweitens ist es ein sehr pragmatischer Katalog wohldurchdachter Muster, die von Entwicklern bei der Erstellung ihrer eigenen Entwicklungen verwendet werden können.

Ich bin stolz darauf, mit einigen der Autoren dieses Buches bei der Entwicklung von Architekturen zusammengearbeitet zu haben. Ich habe viel von ihnen gelernt und ich vermute, daß es Ihnen beim Lesen dieses Buchs ebenso ergehen wird.

Grady Booch

Chief Scientist, Rational Software Corporation

Leitfaden für Leser

Dieses Buch besteht aus zwei Hauptteilen. Der erste Teil, die Kapitel 1 und 2, beschreibt, was Entwurfsmuster sind und wie sie Ihnen beim Entwurf objektorientierter Software helfen können. Er umfaßt eine Fallstudie, welche die praktische Anwendung von Entwurfsmustern demonstriert. Der zweite Teil des Buchs, die Kapitel 3, 4 und 5, stellen einen Katalog der eigentlichen Entwurfsmuster dar.

Der Katalog macht den Großteil dieses Buchs aus. Seine Kapitel teilen die Entwurfsmuster in drei Arten auf: Erzeugungs-, Struktur- und Verhaltensmuster. Sie können den Katalog auf verschiedene Weisen benutzen. Sie können ihn vom Anfang bis zum Ende durchlesen, oder Sie können auch von Muster zu Muster springen. Eine andere Möglichkeit besteht darin, eines der Kapitel zu studieren. Dies wird Ihnen dabei helfen, festzustellen, wie sich ähnliche Muster voneinander unterscheiden.

Sie können die Verweise zwischen den Mustern als eine logische Route durch den Katalog verwenden. Dieser Ansatz wird Ihnen Erkenntnisse bescheren, wie die Muster miteinander in Beziehung stehen, wie sie mit anderen Mustern zusammen kombiniert werden können und welche Muster gut zusammenarbeiten. Die Abbildung 1.2 auf Seite 13 zeigt diese Beziehungen grafisch auf.

Sie können auch eine problemorientierte Vorgehensweise verwenden, um den Katalog zu lesen. Springen Sie zu Abschnitt 1.6 auf Seite 14, um über bekannte Probleme beim Entwurf wiederverwendbarer objektorientierter Software zu lesen, und lesen Sie dann im Anschluß die Muster, welche diese Probleme angehen. Manche Leser lesen den Katalog auch von vorne nach hinten durch und verwenden *dann* eine problemorientierte Vorgehensweise, um die Muster in ihren Projekten zu anzuwenden.

Wenn Sie kein erfahrener objektorientierter Entwickler sind, dann sollten Sie mit den einfachsten und bekanntesten Muster zuerst anfangen:

- Abstrakte Fabrik (107)
- Adapter (171)
- Beobachter (287)
- Dekorierer (199)
- Fabrikmethode (131)
- Kompositum (239)
- Schablonenmethode (366)
- Strategie (373)

Es ist kaum möglich, ein objektorientiertes System zu finden, das nicht wenigstens ein paar dieser Muster verwendet. Große Systeme verwenden nahezu alle von ihnen. Diese Untermenge wird Ihnen dabei helfen, Entwurfsmuster im Besonderen und guten objektorientierten Entwurf im allgemeinen zu verstehen.

Keine Diskussion des Einsatzes von Entwurfsmustern wäre komplett, ohne eine Bemerkung dazu, wie man sie *nicht* anwenden sollte. Entwurfsmuster sollten nicht wahllos angewendet werden. Oft erreichen Sie Flexibilität und Variabilität durch die Einführung zusätzlicher Ebenen der Indirektion. Dies kann einen Entwurf unnötig kompliziert machen oder zu Einbußen der Leistungsfähigkeit führen. Ein Entwurfsmuster sollte nur angewendet werden, wenn die gebotene Flexiblität auch wirklich benötigt wird. Die Konsequenzenabschnitte der Muster sind besonders hilfreich, wenn Sie die Vorteile sowie die Verbindlichkeiten eines Musters auswerten.

1 Einführung

Der Entwurf objektorientierter Software ist schwer. Noch schwerer aber ist der Entwurf *wiederverwendbarer* objektorientierter Software. Man muß die relevanten Objekte aufspüren, sie zu Klassen passender Granularität abstrahieren, ihre Schnittstellen sowie Vererbungshierarchien definieren und die zentralen Beziehungen zwischen ihnen festlegen. Ein Entwurf muß sowohl den vorliegenden spezifischen Anforderungen genügen als auch allgemein genug sein, um zukünftigen Problemen und Anforderungen begegnen zu können. Des weiteren will man die Revision von Entwürfen vermeiden oder sie zumindest minimieren. Erfahrene objektorientierte Entwickler wissen, daß es schwer, wenn nicht gar unmöglich ist, einen wiederverwendbaren und flexiblen Entwurf gleich beim ersten Mal »richtig« zu machen. Vor der Fertigstellung eines Entwurfs versuchen sie üblicherweise ihn mehrmals wiederzuverwenden, wobei sie ihn dann jedesmal verändern.

Gleichwohl erstellen erfahrene objektorientierte Entwickler gute Entwürfe. Unerfahrene Entwickler hingegen kapitulieren oft vor der großen Anzahl an Entwurfsmöglichkeiten und greifen auf nicht objektorientierte, zuvor aber einmal von ihnen verwendete Techniken zurück. Es dauert lange, bis Anfänger verstehen, worum es bei gutem objektorientiertem Entwurf eigentlich geht. Offenkundig wissen erfahrene Entwickler etwas, was unerfahrene nicht wissen. Was ist das?

Experten wissen es zu *vermeiden*, jedes Problem von Grund auf neu anzugehen. Statt dessen verwenden sie Lösungen wieder, die sie zuvor erfolgreich eingesetzt haben. Haben sie einmal eine gute Lösung gefunden, verwenden sie diese wieder und wieder. Solche Erfahrung ist Teil dessen, was sie zu Experten macht. Als Folge davon lassen sich in vielen objektorientierten Systemen wiederkehrende Muster von Klassen und kommunizierenden Objekten finden. Diese Muster lösen spezifische Entwurfsprobleme und machen objektorientierte Entwürfe flexibler, eleganter und im Endeffekt erst wiederverwendbar. Entwickler, die auf diese Muster zurückgreifen, verwenden erfolgreiche Entwürfe wieder. Kennt ein Entwickler diese Muster, so kann er sie unmittelbar auf vorliegende Entwurfsprobleme anwenden, ohne die Lösung neu entdecken zu müssen.

Eine Analogie soll dies verdeutlichen. Romanschriftsteller und Bühnenautoren entwickeln ihre Handlungen praktisch nie von Grund auf neu. Vielmehr verwenden sie Muster wie »tragisch gefallener Held«, wie zum Beispiel Macbeth oder Hamlet, oder »der Liebesroman«, erhältlich in beliebiger Anzahl. Auf dieselbe Weise verwenden objektorientierte Entwickler Muster wie »Repräsentiere Zustand durch Objekte« oder »Dekoriere Objekte, so daß man einfach Eigenschaften hinzufügen und entfernen kann«. Ist das Muster erst einmal bekannt, so ergeben sich viele Entwurfsentscheidungen automatisch.

Wir alle kennen die Bedeutung von Entwurfserfahrung. Wie oft hatten Sie bei einem Entwurf bereits ein Déjà-vu-Erlebnis, jenes Gefühl, ein Problem bereits einmal gelöst zu haben, aber nicht mehr genau zu wissen wo und wie? Wenn Sie sich an die Details des früheren Problems und daran, wie Sie es gelöst haben, erinnern könnten, dann könnten Sie diese Erfahrung wiederverwenden anstatt sie erneut machen zu müssen. Leider aber sind wir nicht sonderlich gut darin, Erfahrungen beim Softwareentwurf festzuhalten, so daß sie von anderen verwendet werden können.

Der Zweck dieses Buches ist es, derartige Erfahrungen beim Entwurf objektorientierter Software als **Entwurfsmuster** aufzuzeichnen. Jedes Entwurfsmuster benennt, erläutert und bewertet systematisch einen wichtigen und wiederkehrenden Entwurf in objektorientierten Systemen. Wir wollen Entwurfserfahrung in einer Form festhalten, die von Menschen erfolgreich verwendet werden kann. Aus diesem Grund haben wir einige der bekanntesten und wichtigsten Entwurfsmuster dokumentiert und präsentieren sie hier als Katalog.

Entwurfsmuster vereinfachen die Wiederverwendung von erfolgreichen Entwürfen und Architekturen. Die Darstellung bewährter Techniken als Entwurfsmuster macht die Techniken leichter verständlich, so daß Entwickler neuer Systeme einfacher auf sie zurückgreifen können. Entwurfsmuster helfen zwischen Entwurfsalternativen zu wählen, die ein System wiederverwendbar machen, und Alternativen zu vermeiden, welche die Wiederverwendbarkeit einschränken. Entwurfsmuster können sogar die Dokumentation und Wartung existierender Systeme verbessern, weil sie die Klassen- und Objektinteraktionen explizit spezifizieren und den ihnen zugrundeliegenden Zweck erklären. Auf den Punkt gebracht: Entwurfsmuster helfen Entwicklern, einen Entwurf schneller »richtig« zu machen.

Keines der Entwurfsmuster in diesem Buch beschreibt neuartige Entwürfe. Wir haben lediglich solche Entwürfe berücksichtigt, die mehrfach angewendet wurden und sich in unterschiedlichen Systemen bewährt haben. Trotzdem wurden viele dieser Entwürfe noch nie dokumentiert. Sie gehören entweder zum Allgemeinwissen objektorientierter Entwickler oder sie sind Teil erfolgreicher objektorientierter Systeme. Anfänger können sich aber weder das Allgemeinwissen noch die erfolgreichen Systeme leicht erschließen. Obwohl also diese Entwürfe nicht neu sind, erfassen wir sie in einer neuen und leicht zugänglichen Weise: als einen Katalog von Entwurfsmustern mit einem einheitlichen Format.

Trotz des Umfangs des Buches enthält es nur Teile dessen, was Experten wissen können. Das Buch enthält keine Muster für Nebenläufigkeit, verteilte Programmierung oder Echtzeitprogrammierung. Es bietet keine Muster für spezifische Anwendungsbereiche. Es erklärt Ihnen nicht, wie man Benutzungsschnittstellen baut, wie man Gerätetreiber schreibt oder wie man eine objektorientierte Datenbank verwendet. Jedes dieser Gebiete verfügt über seine eigenen Muster, und es wäre eine lohnenswerte Aufgabe, diese Muster ebenfalls zu katalogisieren.

1.1 Was ist ein Entwurfsmuster?

Christoper Alexander schreibt: »Jedes Muster beschreibt ein in unserer Umwelt beständig wiederkehrendes Problem und erläutert den Kern der Lösung für dieses Problem, so daß Sie diese Lösung beliebig oft anwenden können, ohne sie jemals ein zweites Mal gleich auszuführen.« [AIS++77, Seite x]. Obwohl Alexander über Muster in Gebäuden und Städten spricht, trifft seine Definition auch für objektorientierte Entwurfsmuster zu. Zwar beschreiben wir unsere Lösungen mit Hilfe von Objekten und Schnittstellen statt mit Wänden und Türen, im Prinzip aber sind beide Arten von Mustern als Problemlösungen für bestimmte Situationen zu verstehen.

Allgemein betrachtet besitzt ein Muster vier grundlegende Elemente:

1. Der **Mustername** ist ein Stichwort, das wir benutzen, um ein Entwurfsproblem und seine Lösungen und Auswirkungen mit ein oder zwei Worten zu benennen. Durch die Benennung von Mustern erweitern wir unser Entwurfsvokabular, so daß wir lernen auf einer höheren Abstraktionsebene zu entwerfen. Das neue Vokabular hilft uns, besser mit Kollegen über Muster und Entwürfe zu sprechen und sie zu dokumentieren. Es erleichtert uns, über Entwürfe nachzudenken und ihre Vor- und Nachteile anderen zu vermitteln. Gute Namen zu finden war eine der schwierigsten Aufgaben beim Entwickeln unseres Katalogs.[1]

2. Der **Problemabschnitt** beschreibt, wann das Muster anzuwenden ist, welches Problem adressiert wird und was sein Kontext ist. Es beschreibt mögliche spezifische Entwurfsprobleme, beispielsweise wie Algorithmen als Objekte zu repräsentieren sind. Es kann auch Klassen- oder Objektstrukturen beschreiben, die symptomatisch für einen unflexiblen Entwurf sind. Mitunter wird eine solche Problembeschreibung eine Liste von Bedingungen aufführen, die erfüllt sein müssen, wenn die Anwendung des Musters sinnvoll sein soll.

---

1. Dies trifft auch für die Übersetzung zu. Anm. D.R

3. Der **Lösungsabschnitt** beschreibt die Elemente, aus denen der Entwurf besteht, sowie ihre Beziehungen, Zuständigkeiten und Interaktionen. Die Lösung beschreibt weder einen bestimmten Entwurf noch eine konkrete Implementierung, sondern vielmehr eine Schablone, die in vielen verschiedenen Situationen angewendet werden kann. Ein Muster bietet eine abstrakte Beschreibung eines Entwurfsproblems und zeigt, wie eine allgemeine Anordnung von Elementen es löst. In unserem Fall stellen Klassen und Objekte die verwendeten Elemente dar.

4. Der **Konsequenzenabschnitt** beschreibt die Konsequenzen der Musteranwendung durch die Auflistung der Vor- und Nachteile des resultierenden Entwurfs. Obwohl die Konsequenzen oftmals unausgesprochen bleiben, wenn wir Entwurfsentscheidungen beschreiben, sind sie doch von zentraler Bedeutung für die Bewertung von Entwurfsalternativen und für das Verständnis der Vor- und Nachteile der Musteranwendung.

   Die Konsequenzen der Musteranwendung für den Entwurf betreffen oft den Speicherplatzverbrauch und die Ausführungszeit. Sie können ebenfalls Sprach- und Implementierungsaspekte betreffen. Da der Wiederverwendbarkeit in objektorientierten Systemen oft eine wichtige Bedeutung zukommt, umfaßt der Konsequenzabschnitt eines Musters auch seinen Einfluß auf die Flexibilität, Erweiterbarkeit und Portabilität des Systems. Die explizite Aufführung dieser Konsequenzen erleichtert es Ihnen, sie zu verstehen und auszuwerten.

Die Bestimmung dessen, was ein Muster ist und was nicht, hängt von der jeweiligen Perspektive ab. Was aus einer Perspektive als Muster erscheint, stellt aus einer anderen Perspektive betrachtet einen primitiven Baustein dar. In diesem Buch haben wir uns auf eine bestimmte Abstraktionsebene konzentriert. *Entwurfsmuster* befassen sich nicht mit Entwürfen wie verkettete Listen oder Hash-Tabellen, die als einzelne Klassen programmiert und wiederverwendet werden können. Sie stellen auch keine komplexen für einen Anwendungsbereich spezifische Entwürfe dar, die eine ganze Anwendung oder ein Subsystem realisieren. Die Entwurfsmuster in diesem Buch sind *Beschreibungen zusammenarbeitender Objekte und Klassen, die maßgeschneidert sind, um ein allgemeines Entwurfsproblem in einem bestimmten Kontext zu lösen.*

Ein Entwurfsmuster benennt, abstrahiert und identifiziert die relevanten Aspekte einer allgemeinen Entwurfsstruktur. Diese Aspekte beschreiben, warum das Muster für die Entwicklung eines wiederverwendbaren objektorientierten Entwurfs nützlich ist. Das Entwurfsmuster identifiziert die teilnehmenden Klassen und Objekte, die Rollen, die sie spielen, die Interaktionen zwischen den Rollen und die ihnen zugeteilten Aufgaben. Jedes Entwurfsmuster konzentriert sich auf ein bestimmtes objektorientiertes Entwurfsproblem. Es beschreibt, wann es einsetzbar ist, ob es angesichts einschränkender Randbedingungen eingesetzt werden kann, und welche Konsequenzen sein Einsatz hat. Da wir schließlich unsere Entwurfsmuster implementieren müssen, veranschaulichen wir mögliche Implementierungen mittels Beispielcode in C++ und (mitunter) Smalltalk.

Die bekannten Implementierungen der Entwurfsmuster basieren auf handelsüblichen objektorientierten Programmiersprachen wie Smalltalk und C++, obwohl sie im Prinzip allgemeine objektorientierte Entwürfe darstellen. Wir haben eher prozedurale Sprachen wie Pascal, C oder Ada, oder eher dynamische objektorientierte Sprachen wie CLOS, Dylan oder Self haben, nicht zum Zuge kommen lassen. Wir haben Smalltalk und C++ aus pragmatischen Gründen gewählt: Unsere tagtägliche Erfahrung machen wir in diesen Sprachen, sie sind bekannt, und ihr Bekanntheitsgrad steigt weiter.

Die Wahl einer Programmiersprache ist wichtig, weil sie den eigenen Blickwinkel beeinflußt. Unsere Muster basieren auf Smalltalk- oder C++-Sprachmitteln. Diese Wahl legt fest, was leicht und was nicht so leicht implementiert werden kann. Wären wir von prozeduralen Sprachen ausgegangen, so hätten wir vielleicht Muster wie »Vererbung«, »Kapselung« und »Polymorphie« aufgenommen. Auf ähnliche Weise werden manche unserer Muster von den weniger weit verbreiteten objektorientierten Sprachen direkt unterstützt. So verfügt CLOS beispielsweise über Multimethoden, was den Wunsch nach einem Muster wie dem Besuchermuster (Seite 301) verringert. Die zahlreichen Unterschiede zwischen Smalltalk und C++ haben zur Folge, daß man manche Muster leichter in der einen als der anderen Sprache umsetzen kann (siehe zum Beispiel das Iteratormuster (335)).

1.2 Entwurfsmuster in Smalltalk MVC

In Smalltalk-80 verwendet man zur Konstruktion von Benutzungsschnittstellen das MVC-Paradigma [KP88], das aus den drei Klassen Model, View und Controller besteht. Die Betrachtung der Entwurfsmuster innerhalb von MVC soll Ihnen helfen zu verstehen, was wir mit dem Begriff Muster meinen.

Das MVC-Paradigma wird durch drei Objekte umgesetzt. Das Model-Objekt stellt das Anwendungsobjekt dar, das View-Objekt seine Bildschirmrepräsentation, und das Controller-Objekt bestimmt die Möglichkeiten, mit denen die Benutzungsschnittstelle auf Benutzungseingaben reagieren kann. In den Zeiten vor MVC tendierten Entwürfe von Benutzungsschnittstellen dazu, diese Objekte in einem einzigen Objekt zusammenzuführen. Das MVC-Paradigma entkoppelt sie, um die Flexibilität und Wiederverwendbarkeit zu erhöhen.

Im MVC-Paradigma werden View- und Model-Objekte durch den Aufbau eines Protokolls zur Benachrichtigung entkoppelt. Ein View-Objekt muß sicherstellen, daß seine Darstellung den Zustand des Model-Objekts wiedergibt. Das Model benachrichtigt die von ihm abhängigen Views, wenn sich seine Daten ändern. Daraufhin erhält ein View die Möglichkeit, sich selbst in einen konsistenten Zustand zu bringen. Dieser Ansatz ermöglicht es Ihnen, mehrere Views an ein Model zu binden, um verschiedene Präsentationen anzubieten. Sie können ebenfalls neue Views für ein Model entwickeln, ohne es umschreiben zu müssen.

Abbildung 1.1 zeigt ein Model-Objekt und drei View-Objekte, wobei wir der Vereinfachung wegen die Controller-Objekte weggelassen haben. Das Model verwaltet einen einfachen Datensatz. Die Views stellen jeweils eine Tabelle, ein Histogramm und ein Kuchendiagramm dar und zeigen die Daten des Models auf verschiedene Weise an. Das Model benachrichtigt seine Views, wenn sich seine Werte ändern, und die Views kommunizieren mit dem Model, um auf diese Werte zuzugreifen.

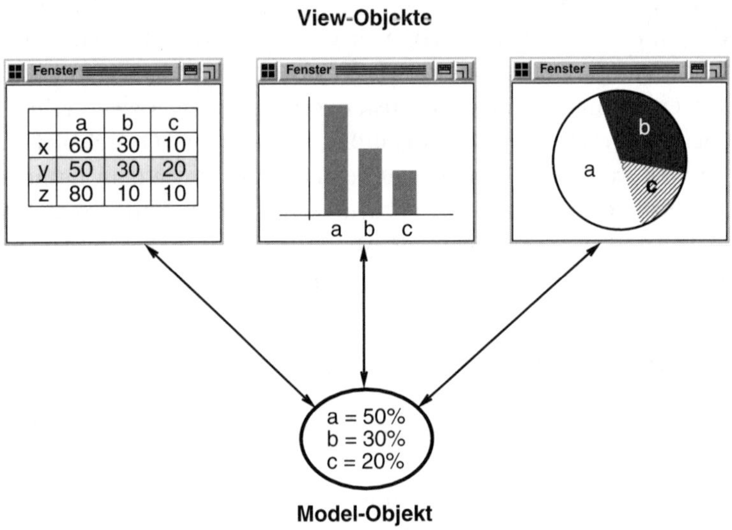

Abbildung 1.1

Auf den ersten Blick zeigt dieses Beispiel einen Entwurf, der View-Objekte von ihren Model-Objekten trennt. In Wirklichkeit aber ist der Entwurf auf ein allgemeineres Problem anwendbar: die Aktualisierung von entkoppelten Objekten. Änderungen eines Objekts können sich auf andere Objekte auswirken, ohne daß das geänderte Objekt die anderen genauer kennen muß. Dieser allgemeinere Entwurf wird durch das Beobachtermuster (287) beschrieben.

Ein weitere Eigenschaft des MVC-Paradigmas ist die mögliche Schachtelung von Views. So kann beispielsweise eine Dialogbox als ein komplexer View implementiert werden, der aus weiteren Views besteht, die einzelne Knöpfe darstellen. Die Benutzungsschnittstelle eines Inspectors zur Anzeige von Objekten kann aus geschachtelten Views bestehen, die in einem Debugger wiederverwendet werden. MVC unterstützt geschachtelte Views durch die Klasse CompositeView (zusammengesetzter View), einer Unterklasse von View. Ein CompositeView verhält sich genau wie ein View und kann überall dort verwendet werden, wo auch ein View verwendet werden kann. Zusätzlich enthält und verwaltet es geschachtelte Views.

Wir könnten dies wiederum als einen Entwurf betrachten, der uns einen CompositeView genau so behandeln läßt, wie wir eine seiner Komponenten behandeln. Tatsächlich löst dieser Entwurf aber ein allgemeineres Problem: Er erklärt, wie Objekte zusammengefaßt und als ein einzelnes Objekt behandelt werden können. Dieser allgemeinere Entwurf wird durch das Kompositionsmuster (239) beschrieben. Es ermöglicht Ihnen, eine Klassenhierarchie zu erzeugen, in der die eine Art von Unterklassen primitive Objekte wie die Knopfklasse und die andere Art zusammengesetzte Objekte wie den CompositeView definiert. Letztere fügen die primitiven Objekte zu komplexeren Objekten zusammen.

Das MVC-Paradigma ermöglicht es ebenfalls, die Reaktion eines Views auf Benutzungseingaben zu ändern, ohne seine visuelle Repräsentation zu verändern. So möchten Sie vielleicht die Art verändern, wie der View auf Tastatureingaben reagiert. Oder Sie möchten, daß er ein Popup-Menu statt Tastenkürzeln verwendet. MVC kapselt den Antwortmechanismus in einem Controller. Es gibt eine Klassenhierarchie von Controllern, die es einfach machen, einen neuen Controller als Variation eines existierenden zu erzeugen.

Ein View verwendet ein Exemplar einer Controller-Unterklasse, um eine bestimmte Antwortstrategie zu implementieren. Will man eine andere Strategie implementieren, so ersetzt man einfach das Exemplar mit einer anderen Art von Controller. Es ist sogar möglich, den Controller eines Views während der Laufzeit zu ändern, um die Reaktionsweise des Views auf Benutzungseingaben zu ändern. Beispielsweise kann ein View abgeschaltet werden, so daß er keine Eingaben mehr annimmt, indem man ihm einen Controller gibt, der Eingabeereignisse ignoriert.

Die View-Controller-Beziehung ist ein Beispiel für das Strategiemuster (373). Ein Strategieobjekt ist ein Objekt, das einen Algorithmus repräsentiert. Es ist nützlich, einen Algorithmus statisch oder dynamisch zu ersetzen, wenn Sie über eine große Anzahl von Varianten des Algorithmus verfügen, oder wenn der Algorithmus mit komplexen Datenstrukturen arbeitet, die Sie verstecken wollen.

Das MVC-Paradigma verwendet weitere Entwurfsmuster, wie zum Beispiel eine Fabrikmethode (131), um die voreingestellte Controller-Klasse eines Views anzugeben, und einen Dekorierer (199), um einen View um Scrollbarfunktionalität zu erweitern. Die zentralen Beziehungen im MVC-Paradigma aber sind durch das Beobachter-, das Kompositions- und das Strategiemuster definiert.

1.3 Beschreibung von Entwurfsmustern

Wie beschreiben wir Entwurfsmuster? Grafische Notationen sind zwar wichtig und nützlich, reichen aber nicht aus. Sie erfassen lediglich das Endergebnis eines Entwurfprozesses als Beziehungen zwischen Klassen und Objekten. Um einen Entwurf wiederverwenden zu können, müssen wir nicht nur die gefällten Entscheidungen sondern auch die Alternativen und ihre Vor- und Nachteile aufzeichnen. Konkrete Beispiele sind ebenfalls wichtig, weil sie Ihnen helfen, sich den Entwurf konkret vor Augen zu halten.

Wir beschreiben Entwurfsmuster mit Hilfe eines einheitlichen Formats. Im folgenden stellen wir ein Schema vor, nach dem die Muster beschrieben werden. Das Schema gliedert die Beschreibung in Abschnitte auf und liefert eine einheitliche Struktur, die das Verstehen, Vergleichen und Verwenden der Entwurfsmuster erleichtert.

Mustername und Klassifizierung

Der Mustername vermittelt knapp und präzise den wesentlichen Gehalt des Musters. Ein guter Name ist sehr wichtig, weil er Teil Ihres Entwurfsvokabulars werden wird. Die Klassifizierung eines Musters basiert auf einem Schema, das wir in Abschnitt 1.5 einführen werden.

Zweck

Der Zweckabschnitt besteht aus einer kurzen Darstellung, welche die folgenden Fragen beantwortet: Was macht das Entwurfsmuster? Was ist sein Grundprinzip und was ist sein Zweck? Welche spezifischen Fragestellungen oder Probleme im Entwurf behandelt es?

Auch bekannt als

Dieser Abschnitt benennt andere wohlbekannte Namen für das Muster, sofern es sie gibt.

Motivation

Der Motivationsabschnitt besteht aus einem Szenario, das ein Entwurfsproblem schildert und wie die Klassen- und Objektstrukturen des Musters das Problem lösen. Das Szenario hilft Ihnen, die folgenden abstrakteren Beschreibungen des Musters leichter zu verstehen.

Anwendbarkeit

Der Anwendbarkeitsabschnitt beschreibt, in welchen Situationen das Entwurfsmuster angewendet werden kann. Es benennt die Problemsituationen, in denen das Muster helfen kann, und woran Sie diese Situationen erkennen können.

Struktur

Das Strukturdiagramm besteht aus einer grafischen Repräsentation der Klassen im Muster. Die verwendete Notation basiert auf der Object-Modeling-Technique (OMT) [RBP+91]. Weiterhin verwenden wir Interaktionsdiagramme [JCJO92, Boo94], um Abfolgen von Operationsaufrufen zwischen Objekten zu veranschaulichen. Anhang B beschreibt diese Notationen im Detail.

Teilnehmer

Der Teilnehmerabschnitt beschreibt die am Entwurfsmuster beteiligten Klassen und Objekte sowie ihre Zuständigkeiten.

Interaktionen

Der Interaktionsabschnitt beschreibt, wie die Teilnehmer zur Erfüllung der gemeinsamen Aufgabe zusammenarbeiten.

Konsequenzen

Der Konsequenzabschnitt diskutiert, wie das Muster seine Ziele zu erreichen sucht, welche Vor- und Nachteile sich durch die Anwendung des Musters ergeben, was für Ergebnisse zu erwarten sind, und welche Aspekte der Systemstruktur Sie voneinander unabhängig variieren können.

Implementierung

Der Implementierungsabschnitt präsentiert die Fallen, Tips oder Techniken die Sie kennen sollten, wenn Sie das Muster implementieren. Es benennt gegebenenfalls sprachspezifische Aspekte und Implementierungsmöglichkeiten.

Beispielcode

Der Beispielcode diskutiert Codefragmente, die veranschaulichen sollen, wie Sie das Muster in C++ oder Smalltalk implementieren können.

Bekannte Verwendungen

Dieser Abschnitt führt Beispiele für das Muster auf, die in echten Systemen zu finden sind. Es werden mindestens zwei Beispiele aus unterschiedlichen Anwendungsbereichen genannt.

Verwandte Muster

Dieser letzte Abschnitt einer Musterbeschreibung setzt das Muster in Bezug zu anderen Entwurfsmustern, diskutiert die relevanten Unterschiede und erläutert, mit welchen Mustern das Muster zusammen verwendet werden kann.

Im Anhang sind weitere Informationen zu finden, die Ihnen helfen werden, die Muster und ihre Diskussion zu verstehen. Anhang A enthält ein Glossar der Begriffe unserer Terminologie. Anhang B präsentiert die verschiedenen Notationen. Anhang C enthält den Quelltext für die grundlegenden Klassen, die wir in den Codebeispielen verwenden.

1.4 Der Katalog von Entwurfsmustern

Der Katalog beginnt auf Seite 99 und enthält 23 Entwurfsmuster. Im folgenden wird der Name und Zweck der Muster aufgeführt, um Ihnen einen Überblick zu geben. Hinter einem Musternamen steht in Klammern die Seite, ab der das betreffende Muster behandelt wird[1]. Die Angabe der Seitenzahl bei Nennung eines Musters ist eine Konvention, die wir das ganze Buch lang durchhalten.

1. Hinter dem deutschen Namen für ein Muster wird noch der englische Originalbegriff aufgeführt. Anm. D.R.

Abstrakte Fabrik (Abstract Factory, Seite 107)

Biete eine Schnittstelle zum Erzeugen von Familien verwandter oder voneinander abhängiger Objekte, ohne ihre konkreten Klassen zu benennen.

Adapter (Adapter, 171)

Passe die Schnittstelle einer Klasse an eine andere von ihren Klienten erwartete Schnittstelle an. Das Adaptermuster läßt Klassen zusammenarbeiten, die wegen inkompatibler Schnittstellen ansonsten dazu nicht in der Lage wären.

Befehl (Command, 273)

Kapsle einen Befehl als ein Objekt. Dies ermöglicht es, Klienten mit verschiedenen Anfragen zu parametrieren, Operationen in eine Queue zu stellen, ein Logbuch zu führen und Operationen rückgängig zu machen.

Beobachter (Observer, 287)

Definiere eine 1-zu-n-Abhängigkeit zwischen Objekten, so daß die Änderung des Zustands eines Objekts dazu führt, daß alle abhängigen Objekte benachrichtigt und automatisch aktualisiert werden.

Besucher (Visitor, 301)

Kapsle eine auf den Elementen einer Objektstruktur auszuführende Operation als ein Objekt. Das Besuchermuster ermöglicht es Ihnen, eine neue Operation zu definieren, ohne die Klassen der von ihr bearbeiteten Elemente zu verändern.

Brücke (Bridge, 186)

Entkopple eine Abstraktion von ihrer Implementierung, so daß beide unabhängig voneinander variiert werden können.

Dekorierer (Decorator, 199)

Erweitere ein Objekt dynamisch um Zuständigkeiten. Dekorierer bieten eine flexible Alternative zur Unterklassenbildung, um die Funktionalität einer Klasse zu erweitern.

Erbauer (Builder, 119)

Trenne die Konstruktion eines komplexen Objekts von seiner Repräsentation, so daß derselbe Konstruktionsprozeß unterschiedliche Repräsentationen erzeugen kann.

Fabrikmethode (Factory Method, 131)

Definiere eine Klassenschnittstelle mit Operationen zum Erzeugen eines Objekts, aber lasse Unterklassen entscheiden, von welcher Klasse das zu erzeugende Objekt ist. Fabrikmethoden ermöglichen es einer Klasse, die Erzeugung von Objekten an Unterklassen zu delegieren.

Fassade (Facade, 212)

Biete eine einheitliche Schnittstelle zu einer Menge von Schnittstellen eines Subsystems. Die Fassadenklasse definiert eine abstrakte Schnittstelle, welche die Verwendung des Subsystem vereinfacht.

Fliegengewicht (Flyweight, 223)

Nutze Objekte kleinster Granularität gemeinsam, um große Mengen von ihnen effizient verwenden zu können.

Interpreter (Interpreter, 319)

Definiere für eine gegebene Sprache eine Repräsentation der Grammatik sowie einen Interpreter, der die Repräsentation nutzt, um Sätze in der Sprache zu interpretieren.

Iterator (Iterator, 335)

Ermögliche den sequentiellen Zugriff auf die Elemente eines zusammengesetzten Objekts, ohne seine zugrundeliegende Repräsentation offenzulegen.

Kompositum (Composite, 239)

Füge Objekte zu Baumstrukturen zusammen, um Teil-Ganzes-Hierarchien zu repräsentieren. Das Kompositionsmuster ermöglicht es Klienten, einzelne Objekte sowie Kompositionen von Objekten einheitlich zu behandeln.

Memento (Memento, 354)

Erfasse und externalisiere den internen Zustand eines Objekts, ohne seine Kapselung zu verletzen, so daß das Objekt später in diesen Zustand zurückversetzt werden kann.

Prototyp (Prototype, 144)

Bestimme die Arten zu erzeugender Objekte durch die Verwendung eines prototypischen Exemplars, und erzeuge neue Objekte durch Kopieren dieses Prototypen.

Proxy (Proxy, 254)

Kontrolliere den Zugriff auf ein Objekt mit Hilfe eines vorgelagerten Stellvertreterobjekts.

Schablonenmethode (Template Method, 366)

Definiere das Skelett eines Algorithmus in einer Operation und delegiere einzelne Schritte an Unterklassen. Die Verwendung einer Schablonenmethode ermöglicht es Unterklassen, bestimmte Schritte eines Algorithmus zu überschreiben, ohne seine Struktur zu verändern.

Singleton (Singleton, 157)

Sichere ab, daß eine Klasse genau ein Exemplar besitzt, und stelle einen globalen Zugriffspunkt darauf bereit.

Strategie (Strategy, 373)

Definiere eine Familie von Algorithmen, kapsele jeden einzelnen und mache sie austauschbar. Das Strategiemuster ermöglicht es, den Algorithmus unabhängig von ihn nutzenden Klienten zu variieren.

Vermittler (Mediator, 385)

Definiere ein Objekt, welches das Zusammenspiel einer Menge von Objekten in sich kapselt. Vermittler fördern lose Kopplung, indem sie Objekte davon abhalten, aufeinander explizit Bezug zu nehmen. Sie ermöglichen es Ihnen, das Zusammenspiel der Objekte von ihnen unabhängig zu variieren.

Zustand (State, 398)

Ermögliche es einem Objekt, sein Verhalten zu ändern, wenn sein interner Zustand sich ändert. Es wird so aussehen, als ob das Objekt seine Klasse gewechselt hat.

Zuständigkeitskette (Chain of Responsibility, 410)

Vermeide die Kopplung des Auslösers einer Anfrage an seinen Empfänger, indem mehr als ein Objekt die Möglichkeit erhält, die Anfrage zu erledigen. Verkette die empfangenden Objekte, und leite die Anfrage an der Kette entlang, bis ein Objekt sie erledigt.

1.5 Organisation des Katalogs

Entwurfsmuster unterscheiden sich hinsichtlich ihrer Granularität und ihres Abstraktionsgrades. Da es viele Entwurfsmuster gibt, müssen wir sie irgendwie organisieren. In diesem Abschnitt klassifizieren wir die Entwurfsmuster, so daß wir uns auf Familien verwandter Muster beziehen können. Diese Klassifizierung ermöglicht es Ihnen, die Muster des Katalogs schneller zu verstehen. Sie kann Ihnen beim Aufsuchen neuer Muster helfen.

Wir klassifizieren Muster mittels zweier Kriterien (siehe Tabelle 1.1). Das erste Kriterium namens **Aufgabe** gibt wieder, was das Muster macht. Muster können entweder eine **erzeugende**, eine **strukturorientierte** oder eine **verhaltensorientierte** Aufgabe haben. Erzeugungsmuster betreffen den Prozeß der Objekterzeugung. Strukturmuster befassen sich mit der Zusammensetzung von Klassen und Objekten. Verhaltensmuster charakterisieren die Art und Weise, in der Klassen und Objekte zusammenarbeiten und Zuständigkeiten aufteilen.

		Aufgabe		
		Erzeugungsmuster	**Strukturmuster**	**Verhaltensmuster**
Gültigkeitsbereich	**klassenbasiert**	Fabrikmethode (131)	Adapter (klassenbasiert) (171)	Interpreter (319) Schablonenmethode (366)
	objektbasiert	Abstrakte Fabrik (107) Erbauer (119) Prototyp (144) Singleton (157)	Adapter (objektbasiert) (171) Brücke (186) Dekorierer (199) Fassade (212) Fliegengewicht (223) Kompositum (239) Proxy (254)	Befehl (273) Beobachter (287) Besucher (301) Iterator (335) Memento (354) Strategie (373) Vermittler (385) Zustand (398) Zuständigkeitskette (410)

Tabelle 1.1 Dimensionen der Ausprägung von Entwurfsmustern

Das zweite Kriterium, der **Gültigkeitsbereich**, legt fest, ob ein Muster sich primär auf Klassen oder auf Objekte bezieht. Klassenbasierte Muster befassen sich mit Klassen und ihren Unterklassen. Diese Beziehungen werden mit Hilfe von Vererbung erstellt, so daß sie statisch, das heißt zur Übersetzungszeit festgelegt, sind. Objektbasierte Muster befassen sich mit Objektbeziehungen, die zur Laufzeit geändert werden können und somit dynamischer sind. Praktisch alle Muster greifen zu einem gewissen Grad auf Vererbung zurück. Somit sind die einzigen klassenbasierten Muster jene, die sich auf die Klassenbeziehungen konzentrieren. Beachten Sie, daß die meisten Muster objektbasiert sind.

Klassenbasierte Erzeugungsmuster verlagern Teile der Objekterzeugung in Unterklassen, während objektbasierte Erzeugungsmuster sie an ein anderes Objekt delegieren. Klassenbasierte Strukturmuster nutzen Vererbung, um Klassen zusammenzufügen, während objektbasierte Strukturmuster Wege beschreiben, Objekte zusammenzuführen. Klassenbasierte Verhaltensmuster verwenden Vererbung, um Algorithmen und Kontrollfluß zu beschreiben. Objektbasierte Verhaltensmuster hingegen beschreiben, wie eine Gruppe von Objekten zusammenarbeitet, um eine Aufgabe auszuführen, die ein einzelnes Objekt nicht in der Lage wäre zu erfüllen.

Es gibt weitere Möglichkeiten, die Muster zu organisieren. Manche Muster werden oft gemeinsam benutzt. So wird das Kompositionsmuster beispielsweise oft mit einem Iterator oder einem Besucher zusammen verwendet. Manche Muster stellen Alternativen zueinander dar: Ein Prototyp ist oft eine Alternative zu einer abstrakten Fabrik. Manche Muster führen zu ähnlichen Entwürfen, obwohl die Muster unterschiedliche Ziele verfolgen. Beispielsweise gleichen die Strukturdiagramme des Kompositions- und des Dekorierermusters einander.

Eine weitere Möglichkeit, die Muster zu organisieren, basiert auf ihrem Abschnitt über verwandte Muster. Dort stellen wir verschiedene Beziehungen zwischen den Mustern her. Abbildung 1.2 beschreibt diese Beziehungen grafisch.

Es gibt offenkundig viele Wege, Entwurfsmuster zu organisieren. Auf verschiedene Arten über Muster nachzudenken wird Ihr Verständnis vertiefen, was die Muster tun, wie sie zu vergleichen und wann sie anzuwenden sind.

1.6 Wie Entwurfsmuster Entwurfsprobleme lösen

Entwurfsmuster lösen viele Probleme, auf welche die Softwareentwickler bei ihrer täglichen Arbeit stoßen, und sie tun dies auf viele unterschiedliche Weisen. In diesem Abschnitt schildern wir mehrere dieser Probleme und wie Entwurfsmuster sie lösen.

1.6.1 Finden passender Objekte

Objektorientierte Programme bestehen aus Objekten. Ein **Objekt** faßt sowohl Daten als auch Prozeduren zusammen, die auf diesen Daten arbeiten. Die Prozeduren heißen üblicherweise **Methoden** oder **Operationen**. Ein Objekt führt eine Operation aus, wenn es eine **Anfrage** (oder eine **Nachricht**) von einem **Klienten** erhält.

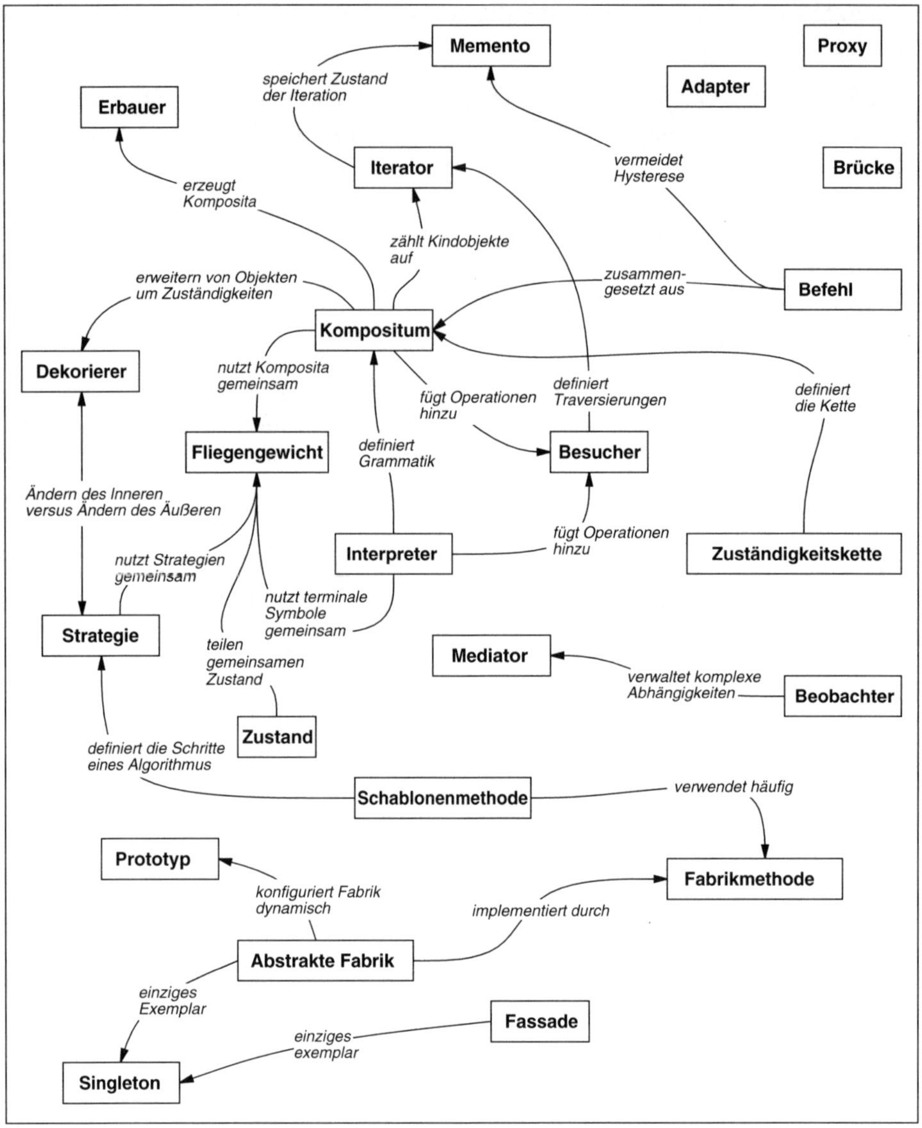

Abbildung 1.2 Die Beziehungen zwischen den Entwurfsmustern

Anfragen sind der *einzige* Weg, ein Objekt dazu zu bringen, eine Operation auszuführen. Operationen sind der *einzige* Weg, um die internen Daten eines Objekts zu ändern. Man sagt aufgrund dieser Einschränkungen, daß der interne Zustand des Objekts **gekapselt** ist. Es kann nicht direkt auf ihn zugegriffen werden; seine Repräsentation ist außerhalb des Objekts nicht sichtbar.

Das Schwierige am objektorientierten Entwurf ist die Zerlegung eines Systems in Objekte. Hierbei spielen viele Faktoren eine Rolle: Kapselung, Granularität, Abhängigkeit, Flexibilität, Laufzeitverhalten, Evolution, Wiederverwendbarkeit und so weiter. Sie alle beeinflussen in einander oft widersprechender Weise die Zerlegung.

Objektorientierte Entwurfsmethoden bieten hierzu viele verschiedene Ansätze. Sie können eine Problemstellung aufschreiben, die Substantive und Verben unterstreichen und ihnen entsprechende Klassen und Operationen konstruieren. Oder Sie können sich auf die Interaktionen und die Zuständigkeiten in Ihrem System konzentrieren. Oder Sie können die reale Welt modellieren und bei der Analyse gefundene Objekte in den Entwurf überführen. Es wird immer strittig sein, welches der jeweils beste Ansatz ist.

Viele Objekte eines Entwurfs entstammen dem Analysemodell. Allerdings führen objektorientierte Entwürfe oft zu Klassen, für die es keine Entsprechung in der realen Welt gibt. Darunter sind Klassen geringen Abstraktionsgrades zu finden, wie zum Beispiel Arrays. Andere Klassen besitzen einen höheren Abstraktionsgrad. Beispielsweise führt das Kompositionsmuster (239) eine Abstraktion ein, mit der Objekte einheitlich behandelt werden können. Es kennt keine physische Entsprechung. Die strikt an der realen Welt orientierte Modellierung führt zu einem System, das vielleicht die heutige Realität wiedergibt, nicht aber unbedingt die von morgen. Diese sich während eines Entwurfs ergebenden Abstraktionen sind der Schlüssel dazu, einen Entwurf flexibel zu machen.

Entwurfsmuster helfen Ihnen, die nicht so offensichtlichen Abstraktionen und die sie erfassenden Objekte zu identifizieren. Beispielsweise erscheinen Objekte, die einen Prozeß oder einen Algorithmus repräsentieren, nicht in der Natur, sind aber trotzdem ein essentieller Teil flexibler Entwürfe. Das Strategiemuster (373) beschreibt, wie man austauschbare Familien von Algorithmen implementiert. Das Zustandsmuster (398) repräsentiert jeden Zustand einer Entität als Objekt. Man findet diese Objekte selten während der Analyse oder während der frühen Entwurfsaktivitäten; sie werden erst später entdeckt, wenn man damit beschäftigt ist, einen Entwurf flexibler und wiederverwendbar zu machen.

1.6.2 Bestimmen von Objektgranularität

Objekte können hinsichtlich Größe und Anzahl drastisch variieren. Sie sind in der Lage, alles von der Hardware aufwärts hin zu vollständigen Anwendungen zu repräsentieren. Wir benötigen also Entscheidungskriterien, was zu einem Objekt gemacht werden soll.

Entwurfsmuster befassen sich auch mit solchen Fragen. Das Fassademuster (212) beschreibt, wie man ganze Subsysteme als Objekte repräsentiert, und das Fliegengewichtmuster (223) beschreibt, wie man große Mengen von Objekten kleinster Granularität unterstützt. Andere Entwurfsmuster beschreiben spezifische Möglichkeiten, ein Objekt in kleinere Objekte zu unterteilen. Das Abstrakte-Fabrik-Muster (107) und das Erbauermuster (119) führen zu Objekten, deren einzige Aufgabe darin besteht, andere Objekte zu erzeugen. Das Besuchermuster (301) und das Befehlsmuster (273) liefern Objekte, deren einzige Aufgabe es ist, eine Anfrage an ein anderes Objekt oder eine Gruppe von Objekten zu implementieren.

1.6.3 Spezifizieren von Objektschnittstellen

Jede von einem Objekt deklarierte Operation spezifiziert den Operationsnamen, die Objekte, die sie als Parameter erhält, und den Rückgabewert der Operation. Dies nennt man die **Signatur** der Operation. Die Menge aller durch die Operationen eines Objekts definierten Signaturen nennt man die **Schnittstelle** des Objekts. Die Schnittstelle eines Objekts bestimmt die vollständige Menge von Anfragen, die an ein Objekt gerichtet werden können. Jede Anfrage, die zu einer Signatur in der Objektschnittstelle paßt, kann an dieses Objekt geschickt werden.

Ein **Typ** ist ein Name, der eine bestimmte Schnittstelle bezeichnet. Wir sagen von einem Objekt, daß es den Typ »Fenster« besitzt, wenn es alle Anfragen akzeptiert, die in der Schnittstelle namens »Fenster« definiert sind. Ein Objekt kann viele Typen haben, und sehr unterschiedliche Objekte können sich einen Typ teilen. Ein Teil einer Objektschnittstelle mag durch einen Typ bestimmt sein, und andere Teile mögen durch andere Typen bestimmt sein. Zwei Objekte desselben Typs brauchen nur Ausschnitte ihrer Schnittstellen zu teilen. Schnittstellen können andere Schnittstellen als Untermengen enthalten. Wir sprechen davon, daß ein Typ ein **Subtyp** eines anderen Typs ist, wenn seine Schnittstelle die Schnittstelle seines **Supertyps** enthält. Oftmals sagen wir von einem Subtyp, daß er die Schnittstelle seines Supertyps *erbt*.

Schnittstellen sind grundlegend für objektorientierte Systeme. Objekte sind nur über ihre Schnittstellen bekannt. Man kann nichts über ein Objekt herausfinden und keine Operationen aufrufen, um das Objekt etwas tun zu lassen, ohne seine

Schnittstelle zu verwenden. Eine Schnittstelle sagt nichts über ihre Implementierung aus – verschiedene Objekte können die Anfragen unterschiedlich implementieren. Das bedeutet, daß zwei Objekte mit völlig unterschiedlichen Implementierungen dieselbe Schnittstelle haben können.

Wenn eine Anfrage an ein Objekt geschickt wird, hängt die genaue Operation, die ausgeführt wird, *sowohl* von der Anfrage *als auch* von dem empfangenden Objekt ab. Verschiedene Objekte, die identische Anfragen unterstützen, können unterschiedliche Implementierungen der Anfragen besitzen, die diese Operationen ausführen. Die zur Laufzeit hergestellte Verbindung zwischen einer Anfrage an ein Objekt und einer seiner Operationen ist als **dynamisches Binden** bekannt.

Dynamisches Binden bedeutet, daß Sie beim Stellen einer Anfrage vor ihrer Ausführung nicht auf eine bestimmte Implementierung festgelegt sind. Somit können Sie Programme schreiben, die ein Objekt mit einer bestimmten Schnittstelle erwarten, und Sie wissen dabei, daß jedes Objekt mit einer korrekten Schnittstelle die Anfrage akzeptieren wird. Zusätzlich ermöglicht dynamisches Binden es Ihnen, Objekte mit identischen Schnittstellen zur Laufzeit gegenseitig zu ersetzen. Diese Ersetzbarkeit (Substituierbarkeit) ist als **Polymorphie** bekannt und ist ein zentrales Konzept in objektorientierten Systemen. Klienten brauchen praktisch keine weiteren Annahmen über andere Objekte zu machen als derjenigen, daß sie eine bestimmte Schnittstelle erfüllen. Polymorphie vereinfacht die Definition von Klienten, entkoppelt Objekte voneinander und ermöglicht es Ihnen, ihre Beziehungen untereinander zur Laufzeit zu variieren.

Entwurfsmuster helfen Ihnen bei der Definition von Schnittstellen, indem sie ihre zentralen Elemente und die Arten von Daten identifizieren, die über eine Schnittstelle vermittelt werden. Ein Entwurfsmuster sagt Ihnen möglicherweise auch, was Sie *nicht* in eine Schnittstelle packen sollten. Das Mementomuster (354) ist ein gutes Beispiel dafür. Es beschreibt, wie man den internen Zustand eines Objekts kapselt und speichert, so daß das Objekt zu einem späteren Zeitpunkt in diesem Zustand zurückversetzt werden kann. Das Muster verlangt, daß Mementoobjekte zwei Schnittstellen definieren müssen: eine eingeschränkte Schnittstelle über die Klienten Mementos verwalten und kopieren, und eine privilegierte Schnittstelle, die nur das ursprüngliche Objekt benutzen kann, um seinen Zustand im Memento zu speichern oder auszulesen.

Entwurfsmuster definieren weiterhin die Beziehungen zwischen Schnittstellen. Insbesondere erwarten sie von manchen Klassen, daß sie ähnliche Schnittstellen besitzen, oder sie verlangen konsistenzsichernde Einschränkungen für die Schnittstellen bestimmter Klassen. Beispielsweise verlangen sowohl das Dekorierermuster (199) als auch das Proxymuster (254), daß die Schnittstellen von Dekorierer- und Proxyobjekten mit denen der dekorierten oder vertretenen Objekte identisch sind. Beim Besuchermuster (301) muß die Besucherschnittstelle die Klassen aller Objekte wiedergeben, welche der Besucher besuchen kann.

1.6.4 Spezifizieren von Objektimplementierungen

Bis jetzt haben wir nur wenig darüber gesagt, wie wir ein Objekt konkret definieren. Die Implementierung eines Objekts wird durch seine **Klasse** definiert. Die Klasse spezifiziert die Repräsentation und die internen Daten eines Objekts und definiert die Operationen, die das Objekt ausführen kann.

Unsere auf OMT basierende Notation, die wir in Anhang B zusammengefaßt haben, stellt eine Klasse als ein Rechteck dar, in dem der Klassenname fett gedruckt ist. Operationen erscheinen in normalen Buchstaben unterhalb des Klassennamens. Jegliche von der Klasse definierte Daten folgen nach den Operationen. Linien trennen den Klassennamen von den Operationen und die Operationen von den Daten (siehe Abbildung 1.3).

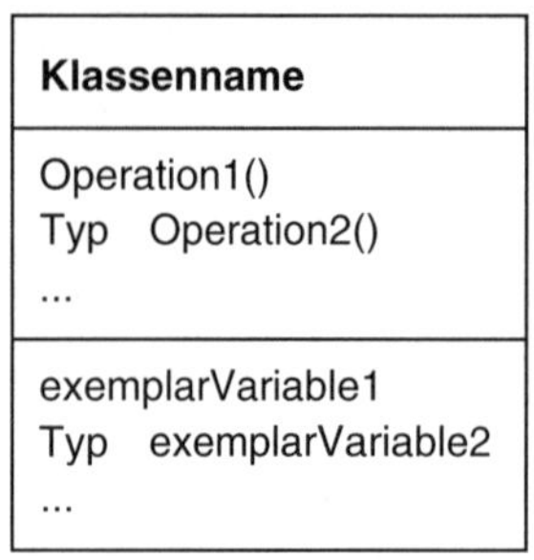

Abbildung 1.3

Die Typen von Rückgabewerten und von Exemplarvariablen sind optional, da wir nicht von einer statisch typisierten Implementierungssprache ausgehen.

Objekte werden von einer Klasse **erzeugt** (man sagt auch, die Klasse wird *instantiiert*). Man nennt ein Objekt ein **Exemplar**[1] seiner Klasse. Der Prozeß des Erzeugens eines Objekts durch seine Klasse alloziert Speicher für die internen Daten des

1. Die im Deutschen häufig anzutreffende Übersetzung von »instance« mit Instanz trifft den Originalbegriff nicht. Instanzen sind im Deutschen zum Beispiel Behörden oder gerichtliche Instanzen, nicht aber konkrete Ausprägungen einer Klasse. Hier wird deswegen der Begriff Exemplar verwendet. Die Verbform »instantiieren« ist zwar verwendbar, wird aber, um Verwirrung zu vermeiden, in dieser Übersetzung durch »erzeugen« ersetzt. Anm. D.R.

Objekts, die aus **Exemplarvariablen** bestehen, und verbindet die Operationen mit den Daten. Man kann viele ähnliche Objekte von derselben Klasse erzeugen lassen.

Eine gestrichelte und mit Pfeilkopf versehene Linie deutet eine Klasse an, die Objekte einer anderen Klasse erzeugt. Der Pfeil zeigt auf die Klasse der erzeugten Objekte (siehe Abbildung 1.4).

Abbildung 1.4

Neue Klassen können mittels existierender Klassen durch die Verwendung von **Klassenvererbung** definiert werden. Wenn eine **Unterklasse** von einer **Oberklasse** erbt, bindet es die Definitionen aller Daten und Operationen ein, welche von der Oberklasse definiert werden. Die Objekte, die Exemplare der Unterklassen sind, enthalten alle von der Unterklasse und ihren Oberklassen definierten Daten, und sie sind in der Lage, alle von dieser Unterklasse und ihren Oberklassen definierten Operationen auszuführen. Wir geben die Unterklassenbeziehung mit einer vertikalen Linie und einem darauf plazierten Dreieck an (siehe Abbildung 1.5).

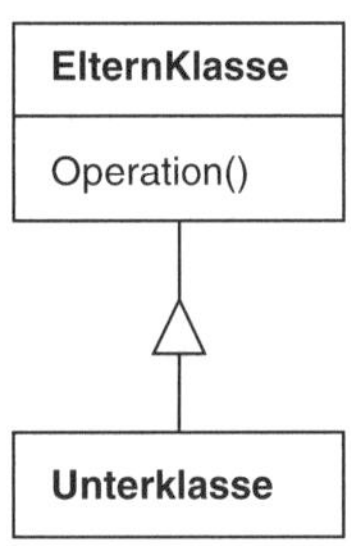

Abbildung 1.5

Eine **abstrakte Klasse** ist eine Klasse, deren Hauptzweck darin besteht, eine für alle Unterklassen gemeinsame Schnittstelle zu definieren. Deswegen können keine Exemplare einer abstrakten Klasse erzeugt werden. Die von einer abstrakten Klasse deklarierten, aber nicht implementierten Operationen heißen **abstrakte Operationen**. Nicht abstrakte Klassen heißen **konkrete Klassen**.

Unterklassen können das Verhalten ihrer Oberklassen verfeinern und revidieren. Eine Klasse kann eine von seiner Oberklasse definierte Operation **überschreiben**. Das Überschreiben von Operationen ermöglicht es den Unterklassen, Anfragen anstelle ihrer Oberklassen zu bearbeiten. Die Klassenvererbung ermöglicht Ihnen die einfache Definition von Klassen durch die Erweiterung anderer Klassen und erleichtert somit die Definition von Objektfamilien verwandter Funktionalität.

Die Namen von abstrakten Klassen sind kursiv gesetzt, um sie von konkreten Klassen zu unterscheiden. Abstrakte Operationen erscheinen ebenfalls kursiv. Eine Abbildung kann ferner Pseudocode zur Implementierung einer Operation enthalten. Wenn dies der Fall ist, erscheint der Code in einem mit einem Eselsohr versehenen Rechteck, das über eine gestrichelte Linie mit der zu implementierenden Operation verbunden ist (siehe Abbildung 1.6).

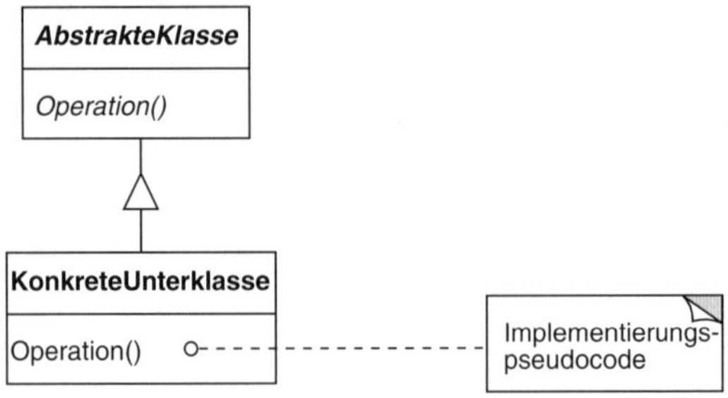

Abbildung 1.6

Eine **Mixin-Klasse** ist eine Klasse, deren Aufgabe es ist, anderen Klassen eine optionale Schnittstelle oder neue Funktionalität hinzuzufügen. Sie ist mit einer abstrakten Klasse vergleichbar, und es ist nicht vorgesehen, daß von ihr Objekte erzeugt werden. Die Anwendung von Mixin-Klassen benötigt Mehrfachvererbung (siehe Abbildung 1.7).

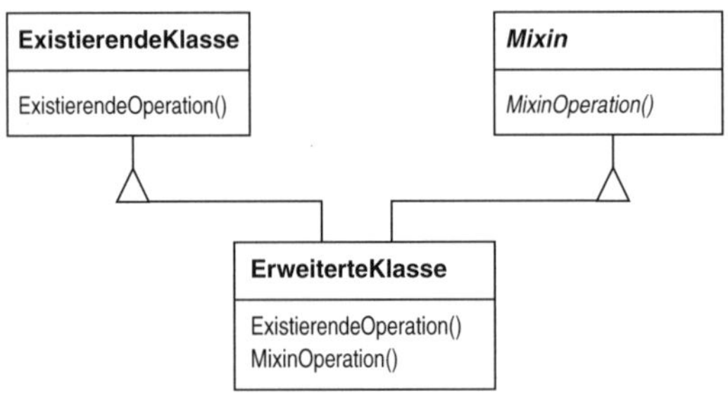

Abbildung 1.7

Klassen- versus Schnittstellenvererbung

Es ist wichtig, den Unterschied zwischen der *Klasse* und dem *Typ* eines Objekts zu verstehen.

Die Klasse eines Objekts beschreibt, wie das Objekt implementiert ist.[1] Die Klasse definiert den internen Zustand des Objekts und die Implementierung seiner Operationen. Im Gegensatz dazu bezieht sich der Typ eines Objekts lediglich auf seine Schnittstelle – die Menge von Anfragen, auf die es antworten kann. Ein Objekt kann viele Typen haben, und die Objekte verschiedener Klassen können denselben Typ haben.

Natürlich gibt es eine enge Beziehung zwischen Klasse und Typ. Da eine Klasse die Operationen definiert, die ein Objekt ausführen kann, legt sie ebenfalls seinen Typ fest. Wenn wir davon sprechen, daß ein Objekt ein Exemplar einer Klasse ist, implizieren wir damit, daß das Objekt die durch die Klasse definierte Schnittstelle unterstützt.

Sprachen wie C++ und Eiffel verwenden Klassen, um sowohl den Objekttyp als auch seine Implementierung zu spezifizieren. Smalltalk-Programme hingegen deklarieren keine Typen für Variablen; somit prüft der Übersetzer nicht, ob die Typen der einer Variablen zugewiesenen Objekte Subtypen des Variablentyps sind. Beim Verschicken einer Nachricht muß geprüft werden, ob die Klasse des Empfängers die Nachricht implementiert, aber nicht, ob der Empfänger einer bestimmten Klasse angehört.

Es ist weiterhin wichtig, den Unterschied zwischen Klassenvererbung und Schnittstellenvererbung (oder Subtyping) zu verstehen. Klassenvererbung definiert die Implementierung eines Objekts mittels der Implementierung eines anderen Objekts. Kurz gefaßt, handelt es sich um einen Mechanismus, um Code und Repräsentation wiederzuverwenden. Im Gegensatz dazu beschreibt die Schnittstellenvererbung, wann ein Objekt anstelle eines anderen Objekts verwendet werden kann.

Diese zwei Konzepte können leicht verwechselt werden, da viele Sprachen den Unterschied zwischen den zwei Vererbungsarten nicht explizit machen. In Sprachen wie C++ und Eiffel wird Vererbung sowohl für Schnittstellen- als auch für

1. Es ist ein vergleichsweise neuer Trend, Klassen nur als Implementierungskonzepte und nicht auch als Modellierungskonzepte zu verstehen. Historisch betrachtet wurde in Simula-67 der Begriff des Objekts als »konkretes Phänomen« und der Begriff der Klasse als »Abstraktion von konkreten Phänomenen« definiert. Ziel ist es, einen Realitätsausschnitt mit Hilfe von Objekten und Klassen zu modellieren. Anm. D.R.

Implementierungsvererbung verwendet. Schnittstellenvererbung in C++ realisiert man üblicherweise durch öffentliches Erben von einer Klasse, die rein virtuelle (pure virtual) Member-Funktionen hat. Man kann sich in C++ reiner Schnittstellenvererbung dadurch annähern, daß man öffentlich von abstrakten Klassen erbt. Reine Implementierungs- oder Klassenvererbung kann man durch privates Erben erreichen. In Smalltalk bedeutet Vererbung immer Implementierungsvererbung. Sie können Exemplare jeder Klasse einer Variablen zuweisen, solange diese Exemplare die Operationen unterstützen, die auf dem Wert dieser Variablen ausgeführt werden.

Obwohl die meisten Programmiersprachen nicht zwischen Schnittstellen- und Implementierungsvererbung unterscheiden, tun Entwickler dies in der Praxis doch. Smalltalk-Programmierer arbeiten üblicherweise so, als ob Unterklassen Subtypen wären (obwohl es einige wohlbekannte Ausnahmen gibt [Coo92]); C++ Programmierer manipulieren Objekte über Typen, die durch abstrakte Klassen definiert sind.

Viele der Entwurfsmuster hängen von dieser Unterscheidung ab. So müssen zum Beispiel die Objekte in einer Zuständigkeitskette (410) einen gemeinsamen Typ haben, obwohl sie üblicherweise keine gemeinsame Implementierung teilen. Im Kompositionsmuster (239) definiert die Komponente eine gemeinsame Schnittstelle, während das Kompositum meist eine gemeinsame Implementierung definiert. Das Befehlsmuster (273), das Beobachtermuster (287), das Zustandsmuster (398) und das Strategiemuster (373) werden oft mittels abstrakter Klassen implementiert, die reine Schnittstellen darstellen.

Programmieren auf eine Schnittstelle hin, nicht auf eine Implementierung

Klassenvererbung ist grundsätzlich ein Mechanismus, um die Funktionalität einer Anwendung durch Wiederverwendung von Oberklassen zu erweitern. Es ermöglicht Ihnen, eine neue Art von Objekt sehr schnell auf Basis existierender Objekte zu definieren. Es ermöglicht Ihnen außerdem, neue Implementierungen nahezu kostenlos zu erhalten, indem Sie den Großteil dessen, was Sie benötigen, von existierenden Klassen erben.

Die Wiederverwendung einer Implementierung stellt jedoch nur die eine Seite der Münze dar. Die Möglichkeit von Vererbung, eine Familie von Objekten mit *identischen* Schnittstellen zu definieren, ist ebenfalls wichtig. Dies geschieht üblicherweise durch Erben von einer abstrakten Klasse und ermöglicht erst die Polymorphie.

Wenn Vererbung vorsichtig, manche werden auch sagen: *richtig*, angewendet wird, so teilen alle von einer abstrakten Klasse erbenden Klassen ihre Schnittstelle. Dies bedeutet, daß eine Unterklasse lediglich Operationen hinzufügt oder überschreibt und keineswegs die Operationen der Oberklasse versteckt. *Alle* Unterklassen können dann auf die in der Schnittstelle der abstrakten Klasse definierten Anfragen antworten, so daß sie alle Subtypen der abstrakten Klasse sind.

Es ergeben sich zwei Vorteile, wenn man Objekte ausschließlich über die durch abstrakte Klassen definierte Schnittstelle manipuliert:

1. Klienten wissen nichts über die Klassen der Objekte, die sie benutzen, solange diese Objekte der von Klienten erwarteten Schnittstelle genügen.
2. Klienten wissen nichts von den Klassen, die diese Objekte implementieren. Klienten kennen nur die abstrakte(n) Klasse(n), die ihre Schnittstellen definieren.

Dies reduziert die Implementierungsabhängigkeiten zwischen Subsystemen in einem solchen Maß, daß es uns zum folgenden Prinzip des wiederverwendbaren objektorientierten Entwurfs führt:

Programmiere auf eine Schnittstelle hin, nicht auf eine Implementierung.

Deklarieren Sie Variablen nicht als Exemplare bestimmter konkreter Klassen. Stützen Sie sich statt dessen nur auf eine durch eine abstrakte Klasse definierte Schnittstelle. Sie werden sehen, daß dies eines der Hauptthemen der Entwurfsmuster in diesem Buch ist.

Sie müssen aber natürlich irgendwo in ihrem System Objekte von konkreten Klassen erzeugen (das heißt, eine konkrete Implementierung angeben). Die Erzeugungsmuster (AbstrakteFabrik (107), Erbauer (119), Fabrikmethode (131), Prototyp (144) und Singleton (157)) ermöglichen es Ihnen, genau dies zu tun. Indem sie vom Erzeugungsprozeß abstrahieren, bieten Ihnen diese Muster verschiedene Wege, eine Schnittstelle während der Erzeugung transparent mit ihrer Implementierung zu verbinden. Die Erzeugungsmuster stellen sicher, daß Ihr System auf der Basis von Schnittstellen und nicht von Implementierungen geschrieben ist.

1.6.5 Wiederverwendungsmechanismen anwenden

Die meisten Entwickler können Konzepte wie Objekte, Schnittstellen, Klassen und Vererbung verstehen. Die Herausforderung besteht jedoch darin, sie zur Konstruktion von flexibler und wiederverwendbarer Software zu verwenden. Entwurfsmuster können Ihnen zeigen, wie dies geht.

Vererbung versus Komposition

Die zwei bekanntesten Techniken zum Wiederverwenden von Funktionalität in objektorientierten Systemen sind **Klassenvererbung** und **Objektkomposition**. Wie wir erläutert haben, ermöglicht Vererbung es Ihnen, die Implementierung einer Klasse auf Basis einer anderen Klasse zu definieren. Man nennt Wiederverwendung durch Unterklassenbildung oft auch **White-Box-Wiederverwendung**. Der Begriff »White-Box« bezieht sich auf die Sichtbarkeit: Im Falle von Vererbung sind die internen Gegebenheiten von Oberklassen für die Unterklassen oft sichtbar.

Objektkomposition ist eine Alternative zur Klassenvererbung. Neue komplexe Funktionalität wird dabei durch das Zusammenführen oder die *Komposition* von Objekten erreicht. Die Objektkomposition basiert darauf, daß die an einer Komposition beteiligten Objekte wohldefinierte Schnittstellen besitzen. Dieser Wiederverwendungsstil wird **Black-Box-Wiederverwendung** genannt, weil keine internen Details der Objekte sichtbar sind. Die Objekte erscheinen nur als »Black-Boxes«.

Vererbung und Komposition haben jeweils ihre Vor- und Nachteile. Die Klassenvererbung wird statisch zur Übersetzungszeit festgelegt und ist einfach zu benutzen, weil sie direkt von der Programmiersprache unterstützt wird. Sie erleichtert es weiterhin, die wiederverwendete Implementierung zu modifizieren. Wenn eine Unterklasse einige, aber nicht alle, Operationen überschreibt, kann sie die ererbten Operationen trotzdem beeinflussen. Dies geschieht, wenn die nicht überschriebenen Operationen die überschriebenen Operationen aufrufen.

Klassenvererbung hat aber auch einige Nachteile. Zum einen kann man die von den Oberklassen geerbte Implementierung zur Laufzeit nicht ändern, weil die Vererbungsstrukturen zur Übersetzungszeit festgelegt werden. Zum anderen, und das ist der zumeist schwerwiegendere Nachteil, definieren Oberklassen oftmals Teile der »physischen« Repräsentation ihrer Unterklassen. Da die Vererbung eine Unterklasse den Details der Implementierung ihrer Oberklasse aussetzt, spricht man oft davon, daß »Vererbung die Kapselung aufbricht« [Sny86]. Die Implementierung einer Unterklasse wird so sehr mit der Implementierung ihrer Oberklasse verbunden, daß jede Änderung der Implementierung einer Oberklasse die Änderung der Unterklasse bewirkt.

Diese Implementierungsabhängigkeiten können Probleme verursachen, wenn Sie versuchen, eine Unterklasse wiederzuverwenden. Sollte irgendein Aspekt der geerbten Implementierung nicht für die neuen Anwendungen angemessen sein, muß die Oberklasse umgeschrieben oder durch eine passendere Klasse ersetzt werden. Diese Abhängigkeit schränkt die Flexibilität und folglich die Wiederverwendbarkeit ein. Ein Gegenmittel zu diesem Problem besteht darin, nur von abstrakten Klassen zu erben, da diese üblicherweise nur wenig oder gar keine Implementierung vorsehen.

Objektkomposition wird dynamisch zur Laufzeit festgelegt, indem die Objekte Referenzen auf andere Objekte erhalten. Die Komposition erwartet von Objekten, daß sie die Schnittstellen der anderen Objekte respektieren, was wiederum umsichtig definierte Schnittstellen verlangt, die Sie nicht davon abhalten, ein Objekt im Zusammenhang mit vielen anderen Objekten zu verwenden. Man gewinnt allerdings auch etwas. Da die Objekte ausschließlich über ihre Schnittstellen verwendet werden, wird die Kapselung nicht aufgebrochen. Jedes Objekt kann zur Laufzeit durch ein anderes ersetzt werden, solange es denselben Typ besitzt. Da die Implementierung eines Objekts auf Basis von Schnittstellen geschrieben wird, gibt es weiterhin substantiell weniger Implementierungsabhängigkeiten.

Die Objektkomposition hat noch eine andere Auswirkung auf den Systementwurf. Objektkomposition der Klassenvererbung vorzuziehen, erleichtert es Ihnen, die Kapselung der Klassen aufrechtzuerhalten und sie auf eine Aufgabe hin auszurichten. Ihre Klassen und Ihre Klassenhierarchien bleiben klein und wachsen sich mit geringerer Wahrscheinlichkeit zu unkontrollierbaren Monstern aus. Auf der anderen Seite besitzt ein auf Objektkomposition basierender Entwurf mehr Objekte (allerdings auch weniger Klassen), und das Systemverhalten hängt von ihren Beziehungen untereinander ab, statt in einer einzelnen Klasse definiert zu sein.

Dies führt uns zu unserem zweiten Prinzip des objektorientierten Entwurfs:

Ziehe Objektkomposition der Klassenvererbung vor.

Idealerweise sollten Sie keine neuen Komponenten erzeugen müssen, um bestehende Klassen wiederverwenden zu können. Sie sollten alle benötigte Funktionalität ausschließlich durch das Zusammenführen existierender Komponenten mittels Objektkomposition erhalten können. Dies gelingt allerdings selten, da die in der Praxis verfügbare Menge an Komponenten nie ausreichend groß ist. Wiederverwendung durch Vererbung erleichtert es Ihnen, neue Komponenten zu erstellen, die mit alten Komponenten zusammengeführt werden können. Vererbung und Objektkomposition arbeiten somit zusammen.

Gleichwohl ist es unsere Erfahrung, daß Entwickler Vererbung als Technik der Wiederverwendung überstrapazieren. Entwürfe können durch den verstärkten Einsatz von Objektkomposition häufig einfacher und leichter wiederverwendbar gemacht werden. Sie werden der Anwendung von Objektkomposition in den Entwurfsmustern wiederholt begegnen.

Delegation

Delegation ist eine Technik, die dazu dient, Objektkomposition als ein genauso mächtiges Mittel zur Wiederverwendung wie Vererbung einsetzen zu können [Lie86, JZ91]. Bei der Delegation sind *zwei* Objekte mit der Abarbeitung einer Anfrage beschäftigt: Ein empfangendes Objekt delegiert Operationen an ein **Delegationsobjekt**. Dies entspricht der Situation im Klassenbaum, wo Unterklassen Anfragen an ihre Oberklassen durchlassen. Im Fall von Vererbung kann eine geerbte Operation immer auf das empfangende Objekt mittels der `this`-Member-Variablen in C++ und `self` in Smalltalk zugreifen. Um bei Verwendung von Delegation denselben Effekt zu erreichen, gibt der Empfänger eine Referenz auf sich selbst dem Delegationsobjekt als Parameter mit, um die weitergeleitete Operation auf den Empfänger verweisen lassen zu können.

Statt beispielsweise eine Klasse Fenster von Rechteck erben zu lassen (weil Fenster nunmal rechteckig sind), könnte die Fensterklasse das Verhalten der Rechteckklasse wiederverwenden, in dem sie eine Exemplarvariable auf ein Rechteckobjekt verwaltet und rechteckspezifisches Verhalten an sie *delegiert*. Mit anderen Worten, die Fensterklasse würde ein Rechteck *haben*, statt eines zu *sein*. Ein Fensterexemplar muß nun Anfragen explizit an sein Rechteckexemplar weiterleiten, während es im vorigen Fall diese Operationen geerbt hätte.

Die Abbildung 1.8 zeigt, wie die Fensterklasse seine Flaeche-Operation an ein Rechteck weiterleitet.

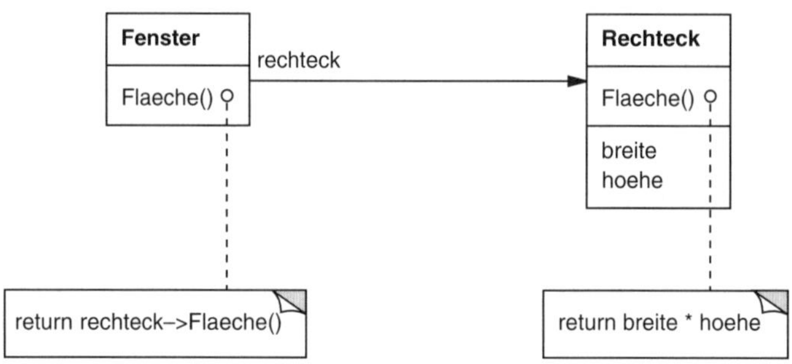

Abbildung 1.8

Ein normale Linie mit einem Pfeilkopf bedeutet, daß eine Klasse eine Referenz auf ein Exemplar einer anderen Klasse hält. Die Referenz trägt optional einen Namen, wie »rechteck« in diesem Fall.

Der Hauptvorteil der Delegation besteht darin, daß es die Zusammensetzung von Verhalten zur Laufzeit vereinfacht sowie die Änderung der Zusammensetzungsstruktur erleichtert. Unser Fenster kann zur Laufzeit kreisförmig werden, einfach dadurch, daß wir sein Rechteckexemplar durch ein Kreisexemplar ersetzen. Dies setzt voraus, daß das Rechteck und der Kreis denselben Typ besitzen.

Delegation hat einen Nachteil, den sie mit anderen Techniken teilt, die Software durch Objektkomposition flexibler machen: Dynamische, hochgradig parametrisierte Software ist schwieriger zu verstehen als weitgehend statische Software. Zudem gibt es Laufzeitineffizienzen; allerdings sind menschliche Ineffizienzen auf lange Sicht betrachtet folgenschwerer. Delegation ist nur dann eine gute Wahl, wenn sie den Sachverhalt mehr vereinfacht als daß sie ihn verkompliziert. Es ist nicht einfach, Regeln anzugeben, die Ihnen exakt sagen, wann Sie Delegation anwenden sollten, weil ihre Effektivität vom jeweiligen Kontext sowie Ihrer Erfahrung mit diesem Ansatz abhängt. Delegation funktioniert am besten, wenn sie in hochgradig stilisierter Art und Weise angewendet wird – das heißt, in Form von Standardmustern.

Mehrere der Entwurfsmuster verwenden Delegation. Das Zustands- (398), Strategie- (373) und Besuchermuster (301) hängen von ihr ab. Beim Zustandsmuster delegiert ein Objekt seine Anfragen an ein Zustandsobjekt weiter, das seinen aktuellen Zustand repräsentiert. Beim Strategiemuster delegiert ein Objekt eine spezifische Anfrage an ein Objekt, das eine Strategie zum Ausführen der Anfrage repräsentiert. Ein Objekt hat nur einen Zustand, aber es kann viele Strategien für unterschiedliche Anfragen haben. Der Zweck beider Muster ist die Änderung des Verhaltens eines Objekts durch die Änderung jener Objekte, an welche die Anfragen delegiert werden. Beim Besuchermuster wird die auf jedes Element einer Objektstruktur anzuwendende Operation grundsätzlich an das Besucherobjekt delegiert.

Andere Muster verwenden Delegation weniger durchgängig. Das Vermittlermuster (385) führt ein Objekt zur Vermittlung der Kommunikation zwischen anderen Objekten ein. Mitunter implementiert das Vermittlerobjekt Operationen durch einfaches Weiterleiten an die anderen Objekte; manchmal liefert es auch eine Referenz auf sich selbst mit und verwendet somit echte Delegation. Die Zuständigkeitskette (410) bearbeitet Anfragen durch Weiterleiten von einem Objekt zum nächsten entlang einer Kette von Objekten. Mitunter trägt die Anfrage eine Referenz auf das ursprüngliche Objekt mit sich, das die Anfrage als erstes erhielt. In diesem Fall verwendet das Muster Delegation. Das Brückenmuster (186) entkoppelt eine Abstraktion von ihrer Implementierung. Wenn die Abstraktion und eine bestimmte Implementierung eng zusammenhängen, kann die Abstraktion die Operationen einfach an diese Implementierung weiterleiten.

Die Delegation ist ein extremes Beispiel der Objektkomposition. Sie zeigt auf, daß Sie Vererbung als Mittel zur Codewiederverwendung immer durch die Objektkomposition ersetzen können.

Vererbung versus parametrisierbare Typen

Eine andere (nicht auf die Objektorientierung beschränkte) Technik zur Wiederverwendung von Funktionalität sind **parametrisierbare Typen**, auch als **Generics** (Ada, Eiffel) oder **Templates** (C++) bekannt. Diese Technik ermöglicht es Ihnen, einen Typ zu definieren, ohne alle anderen von ihm verwendeten Typen vorab zu spezifizieren. Die unspezifizierten Typen werden zum Zeitpunkt der Verwendung als *Parameter* bereitgestellt. Eine Listenklasse kann beispielsweise mit dem Typ der zu enthaltenden Elemente parametrisiert werden. Um eine Liste von Integern zu deklarieren, versorgen Sie den parametrisierbaren Listentyp mit dem Typ »Integer« als Parameter.

Um eine Liste von Stringobjekten zu deklarieren, verwenden Sie den Typ »String« als Parameter. Die Sprachimplementierung wird eine maßgeschneiderte Version der Schablone für Listenklassen eines jeden Elementtyps bereitstellen.

Parametrisierbare Typen eröffnen uns eine dritte Möglichkeit (neben Klassenvererbung und Objektkomposition), um in objektorientierten Systemen Verhalten zusammenzusetzen. Viele Entwürfe können durch die Anwendung aller drei Techniken implementiert werden. Um eine Sortierroutine mit der Operation zum Vergleichen von Elementen zu parametrieren, können wir den Vergleich auf drei Arten umsetzen.

1. Wir können ihn als eine durch Unterklassen implementierte Operation definieren (eine Anwendung der Schablonenmethode (366)).
2. Wir können ein an die Sortierroutine übergebenes Objekt für den Vergleich zuständig machen (Strategiemuster (373)).
3. Wir können einem C++-Template oder einem Ada-Generic ein Argument übergeben, das den Namen der zum Vergleich von Elementen aufzurufenden Operation spezifiziert.

Es gibt gewichtige Unterschiede zwischen diesen Techniken. Objektkomposition ermöglicht es Ihnen, das zur Laufzeit zusammengesetzte Verhalten zu ändern, aber es basiert auf Indirektion und kann weniger effizient sein. Vererbung ermöglicht es Ihnen, Standardimplementierungen für Operationen vorzusehen und sie von Unterklassen überschreiben zu lassen. Parametrisierbare Typen ermöglichen es Ihnen, die von einer Klasse nutzbaren Typen zu ändern. Aber weder Vererbung noch parametrisierbare Typen können zur Laufzeit verändert werden. Es hängt von den Randbedingungen Ihres Entwurfs und Ihrer Implementierung ab, welcher Ansatz für Sie der beste ist.

Keines der Muster in diesem Buch betrifft parametrisierbare Typen, obwohl wir sie gelegentlich verwenden, um die C++-Implementierung eines Musters maßzuschneidern. Parametrisierbare Typen werden in einer Sprache wie Smalltalk überhaupt nicht gebraucht, da sie keine Typüberprüfung während der Übersetzung vornimmt.

1.6.6 Strukturen der Laufzeit- und Übersetzungszeit aufeinander beziehen

Die Laufzeitstruktur eines objektorientierten Programms gleicht seiner Codestruktur oft nur sehr wenig. Die Codestruktur ist zur Übersetzungszeit bereits festgelegt; sie besteht aus Klassen mit festen Vererbungsbeziehungen. Die Laufzeitstruktur eines Programms besteht aus einem sich schnell ändernden Netzwerk miteinander kommunizierender Objekte. Tatsächlich sind beide Strukturen weitgehend voneinander unabhängig. Der Versuch, das eine auf Basis des anderen zu verstehen, gleicht dem Versuch, die Dynamik lebender Ökosysteme auf Basis der statischen Pflanzen- und Tierwelttaxonomie zu verstehen. Umgekehrt sieht es genauso aus.

Betrachten Sie einmal die Unterscheidung zwischen der **Aggregationsbeziehung** und der bloßen **Bekanntschaft** von Objekten und wie unterschiedlich sich die beiden Beziehungsarten jeweils zur Übersetzungs- und Laufzeit manifestieren. Aggregation bedeutet, daß ein Objekt ein anderes Objekt besitzt oder dafür zuständig ist. Wir sprechen im allgemeinen davon, daß ein Objekt ein anderes *hat* oder daß es *ein Teil von ihm ist.* Die Aggregation führt dazu, daß das eingebettete Objekt und sein Besitzer gleich lang leben.

Bekanntschaft heißt, daß ein Objekt ein anderes Objekt lediglich *kennt.* Mitunter wird die Bekanntschaft auch Assoziations- oder Benutztbeziehung genannt. Einander bekannte Objekte können gegenseitig Operationen aufrufen, sind aber nicht füreinander zuständig. Die Bekanntschaft ist eine schwächere Beziehung als die Aggregation und führt zu einer lockereren Kopplung zwischen den Objekten.

In unseren Abbildungen wird die Bekanntschaftsbeziehung durch eine einfache Linie mit einem Pfeilkopf dargestellt. Eine Linie mit einem Pfeilkopf und einem Diamant am Ausgangspunkt stellt eine Aggregationsbeziehung dar (siehe Abbildung 1.9).

Die Aggregationsbeziehung und die Bekanntschaftsbeziehung sind leicht miteinander zu verwechseln, da sie oft auf gleiche Weise implementiert werden. In

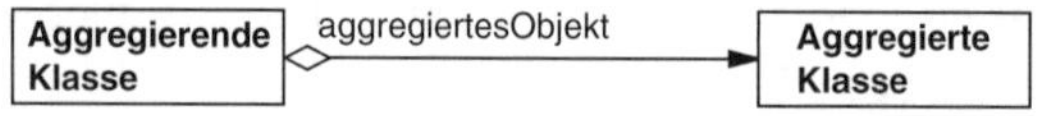

Abbildung 1.9 Die Beziehungen zwischen den Entwurfsmustern

Smalltalk referenzieren alle Variablen andere Objekte. Es gibt keine Unterscheidung zwischen der Aggregation und der Bekanntschaft. In C++ kann die Aggregation mittels der Definition von Member-Variablen, die echte Objekte sind, implementiert werden; üblicherweise werden sie aber als C++-Zeiger oder C++-Referenzen auf weitere Objekte definiert. Die Bekanntschaft wird ebenfalls mit Zeigern und Referenzen implementiert.

Letztendlich wird die Unterscheidung zwischen Bekanntschaft und Aggregation mehr durch ihre Verwendung und nicht durch die Nutzung expliziter Sprachmöglichkeiten getroffen. In der zur Übersetzungszeit bekannten Struktur ist sie vielleicht schwer zu erkennen, trotzdem ist sie aber sehr wichtig. Es scheint weniger Aggregationsbeziehungen zu geben, und sie scheinen beständiger als Bekanntschaftsbeziehungen zu sein. Im Gegensatz dazu werden Bekanntschaftsbeziehungen sehr viel öfter erstellt und wieder aufgelöst. Mitunter bestehen sie nur für die Dauer einer Operation. Die Bekanntschaften sind dynamischer, was es schwerer macht, sie im Quelltext nachzuvollziehen.

Angesichts dieser Ungleichheit von Laufzeit- und Übersetzungszeitstrukturen ist es offenkundig, daß der Code keineswegs alles darüber aussagt, wie das System funktioniert. Die Laufzeitstruktur des Systems muß mehr durch den Entwickler als durch die Sprache festgelegt sein. Die Beziehungen zwischen den Objekten und ihren Typen müssen mit großer Umsicht entworfen werden, weil sie bestimmen, wie gut oder schlecht die Laufzeitstruktur ist.

Viele Entwurfsmuster (insbesondere die objektbasierten) erfassen explizit die Unterscheidung zwischen Übersetzungszeit- und Laufzeitstrukturen. Das Kompositionsmuster (239) und das Dekorierermuster (199) sind besonders nützlich zur Erstellung von komplexen Laufzeitstrukturen. Das Beobachtermuster (287) führt zu Laufzeitstrukturen, die oft schwer zu verstehen sind, wenn man das Muster nicht kennt. Die Zuständigkeitskette (410) führt ebenfalls zu Kommunikationsmustern, die aus den Vererbungsstrukturen nicht ableitbar sind. Allgemein gesprochen, können Sie die Laufzeitstrukturen nicht aufgrund des Quelltexts verstehen, solange Sie die Muster nicht verstehen.

1.6.7 Veränderungen in Entwürfen vorhersehen

Der Schlüssel zur Maximierung von Wiederverwendung liegt im Voraussehen von neuen Anforderungen und von Änderungen existierender Anforderungen sowie im Entwurf Ihrer Systeme derart, daß sie sich entsprechend entwickeln können.

Um ein System so zu entwerfen, daß es diesen Änderungen gegenüber robust ist, müssen Sie sich überlegen, welche Änderungen sich im Laufe seines Lebens ergeben können. Ein Entwurf, der Veränderungen außer acht läßt, riskiert größere zukünftige Entwurfsrevisionen. Diese Änderungen können die erneute Definition und Implementierung von Klassen, die Modifizierung von Klienten sowie erneutes Testen bedeuten. Eine Entwurfsrevision betrifft viele Teile eines Softwaresystems. Unerwartete Änderungen sind unweigerlich teuer.

Entwurfsmuster helfen Ihnen, dies zu vermeiden, indem sie sicherstellen, daß ein System sich auf bestimmte Arten ändern kann. Jedes Entwurfsmuster ermöglicht die Variation eines Aspekts des Systems unabhängig von den anderen Aspekten, und es macht somit das System jeweils gegenüber einer bestimmten Art von Änderungen robust.

Es folgen einige allgemeine Ursachen für Entwurfsrevisionen, wobei auch die Entwurfsmuster genannt sind, welche die sich ergebenden Probleme lösen helfen:

1. *Erzeugen eines Objekts unter expliziter Nennung seiner Klasse.* Gibt man einen Klassennamen zur Erzeugung eines Objekts an, so legt man sich auf eine bestimmte Implementierung statt einer bestimmten Schnittstelle fest. Diese Festlegung kann zukünftige Änderungen komplizierter machen. Erzeugen Sie das Objekt indirekt, um dies zu vermeiden.

   Entwurfsmuster: Abstrakte Fabrik (107), Fabrikmethode (131), Prototyp (144).

2. *Abhängigkeit von spezifischen Operationen.* Wenn Sie eine bestimmte Operation angeben, so legen Sie sich auf genau einen Weg fest, eine Anfrage zu befriedigen. In dem Sie es vermeiden, die Anfragen fest zu codieren, erleichtern Sie die Änderung der Art und Weise, wie eine Anfrage befriedigt wird. Dies gilt sowohl zur Laufzeit als auch zur Übersetzungszeit.

   Entwurfsmuster: Zuständigkeitskette (410), Befehl (273).

3. *Abhängigkeit von Hardware- und Softwareplattformen.* Externe Betriebssystem- und Anwendungsprogrammierschnittstellen (APIs) unterscheiden sich auf verschiedenen Hardware- und Softwareplattformen voneinander. Es ist schwierig, Software, die von einer bestimmten Plattform abhängt, auf eine andere Plattform zu portieren. Es kann sogar schwierig sein, sie auf ihrer ursprünglichen Plattform auf dem neuesten Stand zu halten. Es ist deswegen wichtig, Systeme so zu entwerfen, daß sie ihre Plattformabhängigkeiten begrenzen.

   Entwurfsmuster: Abstrakte Fabrik (107), Brücke (186).

4. *Abhängigkeit von Objektrepräsentationen oder Objektimplementierungen.* Klienten, die wissen wie ein Objekt repräsentiert, gespeichert, aufgefunden oder implementiert wird, müssen möglicherweise geändert werden, wenn das Objekt geändert wird. Versteckt man diese Informationen vor Klienten, so verhindert man die Fortpflanzung von Änderungen.

   Entwurfsmuster: Abstrakte Fabrik (107), Brücke (186), Memento (354), Proxy (254).

5. *Algorithmische Abhängigkeiten.* Im Laufe der Entwicklung oder der Wiederverwendung werden Algorithmen oft erweitert, optimiert und ersetzt. Die von einem bestimmten Algorithmus abhängenden Objekte müssen deswegen geändert werden, wenn der Algorithmus geändert wird. Deswegen sollten Algorithmen, die sich wahrscheinlich ändern werden, isoliert werden.

   Entwurfsmuster: Erbauer (119), Iterator (335), Strategie (373), Schablonenmethode (366), Besucher (301).

6. *Enge Kopplung.* Eng miteinander gekoppelte Klassen können nur schwer alleinstehend wiederverwendet werden, weil sie voneinander abhängig sind. Eine enge Kopplung führt zu monolithischen Systemen, in denen man keine Klasse ohne das Verständnis und die Änderung vieler anderer Klassen ändern oder entfernen kann. Diese Systeme werden zu einer dichten Masse, die schwer zu erlernen, zu portieren und zu warten ist.

   Eine lose Kopplung macht es wahrscheinlicher, daß eine Klasse allein wiederverwendet und das System leichter erlernt, portiert, modifiziert und erweitert werden kann. Die Entwurfsmuster verwenden Techniken wie abstrakte Kopplung und Schichtenbildung, um lose gekoppelte Systeme zu fördern.

   Entwurfsmuster: Abstrakte Fabrik (107), Brücke (186), Zuständigkeitskette (410), Befehl (273), Fassade (212), Vermittler (385), Beobachter (287).

7. *Erweiterung von Funktionalität durch Unterklassenbildung.* Die Maßschneiderung eines Objekts durch die Bildung von Unterklassen ist oft nicht einfach. Jede neue Klasse besitzt einen fixen Implementierungsaufwand (Initialisierung, Finalisierung usw.). Die Definition einer Unterklasse benötigt weiterhin ein in die Tiefe gehendes Verständnis der Oberklasse. Das Überschreiben einer Operation erzwingt möglicherweise das Überschreiben einer weiteren Operation, oder eine überschriebene Operation muß möglicherweise eine geerbte Operation aufrufen. Weiterhin kann die Bildung von Unterklassen zur Explosion der Klassenanzahl führen, da Sie möglicherweise selbst für eine einfache Erweiterung viele neue Unterklassen einführen müssen.

   Objektkomposition im allgemeinen und Delegation im besonderen stellen für die Kombination von Verhalten flexible Alternativen gegenüber der Vererbung dar. Statt neue Unterklassen existierender Klassen zu definieren, können Sie einer Anwendung neue Funktionalität durch die neuartige Komposition existierender Objekte hinzufügen. Andererseits kann der häufige Einsatz von Objektkomposition die Entwürfe schwerer verständlich machen. Viele Entwurfsmuster führen zu Entwürfen, in denen Sie maßgeschneiderte Funktionalität dadurch einführen, daß Sie lediglich eine neue Unterklasse bilden und ihre Exemplare aus existierenden Objekten zusammensetzen.

   Entwurfsmuster: Brücke (186), Zuständigkeitskette (410), Kompositum (239), Dekorierer (199), Beobachter (287), Strategie (373).

8. *Unmöglichkeit, Klassen bequem zu ändern.* Mitunter müssen Sie eine Klasse modifizieren, die nicht leicht zu modifizieren ist. Vielleicht benötigen Sie den Quelltext und besitzen ihn aber nicht (etwa im Falle einer kommerziellen Klassenbibliothek). Oder jede Änderung würde zur Änderung vieler Unterklassen führen. Die Entwurfsmuster bieten Möglichkeiten, Klassen unter solchen Bedingungen zu ändern.

   Entwurfsmuster: Adapter (171), Dekorierer (199), Besucher (301).

Diese Beispiele zeigen die Flexibilität, die Entwurfsmuster Ihnen für die Konstruktion Ihrer Software ermöglichen. Es hängt von der Art der von Ihnen gebauten Software ab, wie wichtig solche Flexibilität ist. Betrachten wir dazu einmal die Rolle, die Entwurfsmuster in der Entwicklung von drei breiten Klassen an Software spielen: Anwendungsprogramme, Klassenbibliotheken und Frameworks.

Anwendungsprogramme

Wenn Sie ein Anwendungsprogramm erstellen, wie zum Beispiel einen Dokumenteditor oder eine Tabellenkalkulation, dann besitzen die *interne* Wiederverwendung, Wartbarkeit und Erweiterbarkeit eine hohe Priorität. Die interne Wiederverwendung stellt sicher, daß Sie nicht mehr entwerfen und implementieren als wirklich notwendig ist. Entwurfsmuster, die Abhängigkeiten reduzieren, können die interne Wiederverwendung erhöhen. Losere Kopplung verstärkt die Wahrscheinlichkeit drastisch, daß eine Klasse mit vielen anderen zusammenarbeiten kann. Wenn Sie beispielsweise die Abhängigkeiten von bestimmten Operationen entfernen, indem Sie jede Operation isolieren und kapseln, machen Sie es einfacher, eine Operation in verschiedenen Kontexten wiederzuverwenden. Dasselbe kann passieren, wenn Sie algorithmische oder Repräsentationsabhängigkeiten entfernen.

Entwurfsmuster machen eine Anwendung leichter wartbar, wenn sie dazu verwendet werden, die Plattformabhängigkeiten einzuschränken und ein System in Schichten zu entwerfen. Sie verstärken die Erweiterbarkeit, indem sie Ihnen zeigen, wie man die Klassenhierarchien erweitert und die Objektkomposition ausnutzt. Die reduzierte Kopplung erhöht ebenfalls die Erweiterbarkeit. Die Erweiterung einer alleinstehenden Klasse ist einfacher, wenn die Klasse nicht von vielen anderen Klassen abhängt.

Klassenbibliotheken

Oft basieren die Klassen einer Anwendung auf weiteren Klassen, die in einer oder mehreren Bibliotheken vordefiniert wurden. Diese Bibliotheken heißen Klassenbibliotheken (Toolkits). Eine Klassenbibliothek besteht aus einer Menge von verwandten und wiederverwendbaren Klassen, die entworfen wurden, um nützliche und allgemeine Funktionalität zur Verfügung zu stellen. Ein Beispiel für eine Klassenbibliothek ist eine Sammlung von Behälterklassen wie zum Beispiel Listen, assoziative Tabellen, Stacks und ähnliche mehr. Die I/O-Stream-Bibliothek für C++ ist ein weiteres Beispiel. Klassenbibliotheken erzwingen keine bestimmte Anwendungsarchitektur; sie bieten lediglich die Funktionalität an, mit deren Hilfe Ihre Anwendung seine Aufgaben erfüllen kann. Bei der Implementierung brauchen Sie nicht jedesmal das Rad neu zu erfinden. Klassenbibliotheken betonen die *Codewiederverwendung*. Sie sind das objektorientierte Äquivalent zu Prozedurbibliotheken.

Der Entwurf von Klassenbibliotheken ist schwerer als der von Anwendungen, da sie, um nützlich zu sein, in mehreren Anwendungen verwendbar sein müssen. Weiterhin ist der Entwickler einer Klassenbibliothek nicht in der Lage zu wissen, wie diese Anwendungen oder ihre speziellen Bedürfnisse aussehen werden. Dies macht es um so wichtiger, Annahmen und Abhängigkeiten zu vermeiden, welche die Flexibilität und somit die Anwendbarkeit und Effektivität der Klassenbibliothek einschränken.

Frameworks

Ein **Framework** besteht aus einer Menge von zusammenarbeitenden Klassen, die einen wiederverwendbaren Entwurf für eine bestimmte Klasse von Software darstellen [Deu89, JF88]. Zum Beispiel kann ein Framework auf die Konstruktion grafischer Editoren für unterschiedliche Anwendungsbereiche wie künstlerisches Zeichnen, Musikkomposition und CAD (Computer unterstützer Entwurf) eingestellt sein [VL90, Joh92]. Ein anderes Framework kann Ihnen helfen, Übersetzer für unterschiedliche Programmiersprachen und Zielsysteme zu entwickeln [JML92]. Noch ein anderes Framework hilft Ihnen vielleicht dabei, Anwendungen zur Bildung von Finanzmodellen zu entwikkeln [BE93]. Sie spezialisieren ein Framework für eine bestimmte Anwendung, indem Sie anwendungsspezifische Unterklassen der abstrakten Frameworkklassen bilden.

Das Framework bestimmt die Architektur Ihrer Anwendung. Es definiert die Struktur im großen, seine Unterteilung in Klassen und Objekte, die jeweiligen zentralen Zuständigkeiten, die Zusammenarbeit der Klassen und Objekte sowie den Kontrollfluß. Ein Framework legt diese Entwurfsparameter für Sie im voraus fest, so daß Sie, der Anwendungsentwickler und Programmierer, sich auf die spezifischen Details Ihrer Anwendung konzentrieren können. Das Framework enthält die Entwurfsentscheidungen, die in seinem Anwendungsbereich allgemein anzufinden sind. Frameworks betonen somit die *Entwurfswiederverwendung* gegenüber der Codewiederverwendung, obwohl ein Framework üblicherweise konkrete Unterklassen enthält, die Sie sofort verwenden können.

Die Wiederverwendung auf dieser Ebene führt zu einer Umkehrung der Steuerung zwischen der Anwendung und der Software, auf der sie basiert. Wenn Sie eine Klassenbibliothek oder eine konventionelle Prozedurbibliothek verwenden, schreiben Sie den Hauptteil der Anwendung selbst und rufen den Code auf, den sie wiederverwenden wollen. Wenn Sie ein Framework verwenden, verwenden Sie seinen Hauptteil und schreiben den Code, der *vom Framework* gerufen wird. Sie werden Operationen mit bestimmten Namen und Aufrufkonventionen schreiben müssen, was aber wiederum die von Ihnen zu treffenden Entwurfsentscheidungen reduziert.

Als Ergebnis können Sie nicht nur Anwendungen schneller entwickeln, sondern alle Anwendungen haben auch ähnliche Strukturen. Sie sind einfacher zu warten und sind konsistenter. Auf der anderen Seite verlieren Sie einige kreative Freiheit, da viele Entwurfsentscheidungen bereits für Sie getroffen wurden.

Wenn Anwendungen schwer und Klassenbibliotheken noch schwerer zu entwerfen sind, so ist der Frameworkentwurf der komplizierteste Softwareentwurf von allen. Ein Frameworkentwickler setzt darauf, daß eine Architektur für alle Anwendungen eines Anwendungsbereichs funktionieren wird. Jede substantielle Änderung am Framework würde seine Vorteile deutlich reduzieren, da der Hauptbeitrag eines Frameworks zu einer Anwendung in der von ihm definierten Architektur liegt. Deswegen muß man ein Framework so flexibel und erweiterbar wie möglich entwerfen.

Da zudem die Entwürfe der Anwendungen so sehr vom Framework abhängen, sind sie gegenüber Änderungen der Frameworkschnittstellen besonders empfindlich. Während ein Framework sich entwickelt, müssen die Anwendungen sich mitentwickeln. Dies macht lose Kopplung umso wichtiger, da andernfalls selbst eine kleine Änderung des Frameworks größere Auswirkungen zur Folge hat.

Die eben diskutierten Entwurfsaspekte sind für den Frameworkentwurf außerordentlich kritisch. Ein auf Entwurfsmustern basierendes Framework wird im Vergleich zu solchen, die nicht auf Entwurfsmustern basieren, viel leichter einen hohen Grad an Entwurfs- und Codewiederverwendung erreichen. Reife Frameworks enthalten üblicherweise viele Entwurfsmuster. Die Muster helfen dabei, die Frameworkarchitektur ohne Entwurfsrevisionen für viele verschiedene Anwendungen nutzbar zu machen.

Ein zusätzlicher Vorteil ergibt sich, wenn das Framework mit den von ihm verwendeten Entwurfsmustern zusammen dokumentiert wird [BJ94]. Klienten, welche die Muster kennen, verstehen das Framework schneller. Selbst jene Entwickler, welche die Muster nicht kennen, können von der Struktur profitieren, die sie der Frameworkdokumentation verleihen. Die Verbesserung von Dokumentation ist für alle Arten von Software wichtig, insbesondere aber für Frameworks. Frameworks haben oftmals einen hohen Einarbeitungsaufwand, der überwunden werden muß, bevor sie sinnvoll eingesetzt werden können. Obwohl Entwurfsmuster diesen Einarbeitungsaufwand nicht gänzlich verhindern können, verringern sie ihn doch, indem sie die Grundelemente des Frameworkentwurfs deutlicher herausstellen.

Da Muster und Frameworks einige Ähnlichkeiten haben, fragen sich die Leute oft, worin und ob sie sich überhaupt unterscheiden. Sie unterscheiden sich in drei wichtigen Aspekten:

1. *Entwurfsmuster sind abstrakter als Frameworks.* Frameworks können als Code dargestellt werden. Muster hingegen können nur beispielhaft als Code präsentiert werden. Ein Vorteil von Frameworks ist, daß sie in Programmiersprachen aufgeschrieben werden können. Somit können sie nicht nur studiert, sondern auch ausgeführt und direkt wiederverwendet werden. Im Gegensatz dazu müssen die Entwurfsmuster in diesem Buch jedesmal neu implementiert werden,

wenn man sie anwenden will. Entwurfsmuster erläutern weiterhin den Zweck, die Vor- und Nachteile, und die Konsequenzen eines Entwurfs.

2. *Entwurfsmuster sind kleiner als Frameworks.* Ein typisches Framework enthält mehrere Entwurfsmuster, die Umkehrung aber gilt nie.

3. *Entwurfsmuster sind weniger spezialisiert als Frameworks.* Frameworks haben immer einen bestimmten Anwendungsbereich. Ein Framework für grafische Editoren kann zum Beispiel in einer Fabriksimulation verwendet werden, aber es wird nie mit einem Framework zur Simulation verwechselt werden. Im Gegensatz dazu können die Entwurfsmuster in diesem Katalog für nahezu alle Anwendungsbereiche verwendet werden. Obwohl es sicherlich spezialisiertere Entwurfsmuster als die in diesem Buch beschriebenen gibt (zum Beispiel Entwurfsmuster für verteilte Systeme oder Nebenläufigkeit), würden selbst diese keine Anwendungsarchitektur in jenem Ausmaß vorgeben, wie dies ein Framework tut.

Frameworks werden immer wichtiger. Mit ihrer Hilfe erreichen objektorientierte Systeme den höchsten Grad an Wiederverwendung. Größere objektorientierte Anwendungen werden aus Schichten von Frameworks bestehen, die miteinander zusammenarbeiten. Der Großteil des Anwendungsentwurfs und Anwendungscodes wird aus den verwendeten Frameworks stammen oder von ihnen beeinflußt sein.

1.7 Wie man ein Entwurfsmuster auswählt

Bedenkt man, daß der Katalog mehr als 20 Entwurfsmuster zur Auswahl enthält. So kann es schwer sein, genau jenes Muster zu finden, das auf ein bestimmtes Entwurfsproblem zutrifft. Dies gilt umsomehr, wenn Sie den Katalog noch nicht kennen und er folglich neu und ungewohnt für Sie ist. Es folgen mehrere Ansätze, um das für Ihr Problem passende Entwurfsmuster zu finden:

- *Bedenken Sie, wie Entwurfsmuster Entwurfsprobleme lösen.* Abschnitt 1.6 diskutiert, wie die Entwurfsmuster Ihnen helfen, angemessene Objekte zu finden, die Objektgranularität zu bestimmen, die Schnittstellen von Objekten zu definieren, sowie verschiedene andere Möglichkeiten, wie die Entwurfsmuster Entwurfsprobleme lösen. Es kann Ihnen bei der Suche nach dem richtigen Muster helfen, sich auf diese Diskussionen zu beziehen.

- *Lesen Sie die Zweckabschnitte quer.* Abschnitt 1.4 (Seite 10) führt die Zweckabschnitte aller Muster im Katalog auf. Lesen Sie sich den Zweckabschnitt durch, um ein oder mehrere Muster zu finden, die für Ihr Problem relevant zu sein scheinen. Sie können das Klassifizierungsschema von Tabelle 1.1 verwenden, um Ihre Suche einzugrenzen.

Aufgabe	Entwurfsmuster	Variierende Aspekte
Erzeugungsmuster	Abstrakte Fabrik (107)	Familien von Produktobjekten
	Erbauer (119)	Erzeugung eines zusammengesetzten Objekts
	Fabrikmethode (131)	Unterklasse, von der ein Objekt erzeugt wird
	Prototyp (144)	Klasse des zu erzeugenden Objekts
	Singleton (157)	Das einzige Exemplar seiner Klasse
Strukturmuster	Adapter (171)	Schnittstelle zu einem Objekt
	Brücke (186)	Implementierung eines Objekts
	Dekorierer (199)	Zuständigkeiten eines Objekts ohne neue Unterklassen
	Fassade (212)	Schnittstelle zu einem Subsystem
	Fliegengewicht (223)	Speicherkosten eines Objekts
	Kompositum (239)	Struktur und Zusammensetzung eines Objekts
	Proxy (254)	Zugriff auf ein Objekt sowie seinen Ort
Verhaltensmuster	Befehl (273)	Zeitpunkt und Art der Ausführung einer Anfrage
	Beobachter (287)	Anzahl der von einem Objekt abhängigen Objekte sowie die Art, in der die Objekte aktualisiert werden
	Besucher (301)	Operationen, die auf Objekte ohne Änderung ihrer Klasse angewendet werden können
	Interpreter (319)	Grammatik und Interpretierung einer Sprache
	Iterator (335)	Zugriff und Traversierung der Elemente eines Aggregats
	Memento (354)	Umfang und Zeitpunkt der Speicherung primitiver Information eines Objekts außerhalb von ihm
	Schablonenmethode (366)	Schritte eines Algorithmus
	Strategie (373)	Ein Algorithmus
	Vermittler (385)	Zusammenarbeitende Objekte sowie die Art ihrer Zusammenarbeit
	Zustand (398)	Zustände eines Objekts
	Zuständigkeitskette (410)	Objekte, die eine Anfrage bearbeiten können

Tabelle 1.2 Entwurfsaspekte, welche Sie durch Entwurfsmuster variieren können

- *Betrachten Sie, wie die Muster miteinander in Beziehung stehen.* Abbildung 1.2 (Seite 16) stellt die Beziehungen zwischen den Entwurfsmustern grafisch dar. Die intensive Betrachtung dieser Beziehungen kann Ihnen helfen, den Weg zum richtigen Muster oder der richtigen Gruppe von Mustern zu finden.

- *Untersuchen Sie die Muster mit gleicher Aufgabe.* Der Katalog (Seite 99) enthält drei Kapitel, eines für die Erzeugungsmuster, ein weiteres für die Strukturmuster und ein drittes für die Verhaltensmuster. Jedes Kapitel beginnt mit einführenden Kommentaren zu den Mustern und schließt mit einem Abschnitt, in dem die Muster miteinander verglichen und kontrastiert werden. Diese Abschnitte geben Ihnen einen Einblick in die Ähnlichkeiten und die Unterschiede zwischen den Mustern mit gleicher Aufgabe.
- *Untersuchen Sie die Gründe für Entwurfsrevisionen.* Betrachten Sie die Gründe für Entwurfsrevisionen, die auf Seite 33 beginnend genannt werden, um zu sehen, ob Ihr Problem eines oder mehrere davon einschließt. Betrachten Sie danach jene Muster, die Ihnen helfen, die Gründe der Entwurfsrevision zu vermeiden.
- *Untersuchen Sie, was in Ihrem Entwurf variabel sein sollte.* Dieser Ansatz ist das Gegenteil des beschriebenen Ansatzes, bei dem Sie sich auf die Gründe für Entwurfsrevisionen konzentrieren. Statt zu überlegen, was eine Entwurfsänderung *erzwingt*, betrachten Sie, was sie gern ändern *möchten*, ohne dabei eine Entwurfsrevision vornehmen zu müssen. Die Konzentration liegt hierbei auf *der Kapselung der variierenden Konzepte*, einem Grundtenor vieler Entwurfsmuster. Tabelle 1.2 führt jene Entwurfsaspekte auf, die Sie mit Hilfe der Entwurfsmuster unabhängig voneinander variieren können und die Ihnen dabei Änderungen ohne Entwurfsrevisionen ermöglichen.

1.8 Wie man ein Entwurfsmuster verwendet

Haben Sie erst einmal ein Entwurfsmuster ausgewählt, stellt sich die Frage seiner Anwendung. Es folgt ein Schritt-für-Schritt-Ansatz, der beschreibt, wie man ein Entwurfsmuster wirkungsvoll anwendet:

1. *Lesen Sie das Muster einmal, um einen Überblick zu gewinnen.* Widmen Sie dem Anwendbarkeits- und Konsequenzabschnitt dabei besondere Aufmerksamkeit, um sicherzustellen, daß das Muster für Ihr Problem das richtige ist.
2. *Gehen Sie zurück und betrachten Sie den Struktur-, Teilnehmer- und Interaktionsabschnitt.* Stellen Sie sicher, daß Sie die Klassen und Objekte im Muster und ihre Beziehungen untereinander verstehen.
3. *Werfen Sie einen Blick auf den Beispielcodeabschnitt, um ein konkretes Beispiel des Musters als Quelltext zu sehen.* Die intensive Betrachtung des Codes erleichtert es Ihnen, das Muster zu implementieren.

4. *Wählen Sie Namen für die am Muster beteiligten Objekte oder Klassen, die innerhalb Ihres Anwendungskontexts sinnvoll sind.* Die Namen der am Muster beteiligten Objekte oder Klassen sind üblicherweise zu abstrakt, um direkt in einer Anwendung verwendet zu werden. Trotzdem ist es nützlich, den Teilnehmernamen in einen Anwendungsnamen einzubinden. Dies erleichtert es, das Muster in der Implementierung zu erkennen. Beispielsweise können Sie bei Anwendung des Strategiemusters für einen Algorithmus zur Textformatierung zu Klassennamen wie EinfacheFormatierungsStrategie oder TeXFormatierungsStrategie kommen.

5. *Definieren Sie die Klassen.* Deklarieren Sie Ihre Schnittstellen, etablieren Sie Ihre Vererbungsbeziehungen, und definieren Sie die Exemplarvariablen, welche die Daten- und Objektreferenzen darstellen. Identifizieren Sie die existierenden Klassen in Ihrer Anwendung, welche vom Muster beeinflußt werden, und modifzieren Sie sie entsprechend.

6. *Definieren Sie anwendungsspezifische Namen für Operationen im Muster.* Hierbei hängen die Namen im Prinzip wieder von der Anwendung ab. Verwenden Sie die an jede Operation gebundenen Zuständigkeiten und Interaktionen als Ausgangspunkt. Seien Sie weiterhin konsistent, was Ihre Namenskonventionen betrifft. Beispielsweise können Sie durchgängig das Präfix »Erzeuge« einsetzen, um eine Fabrikmethode anzuzeigen.

7. *Implementieren Sie die Operationen so, daß Sie die im Muster festgelegten Zuständigkeiten und Interaktionen umsetzen.* Der Implementierungsabschnitt beschreibt Tips und Tricks, die Ihnen bei der Implementierung helfen können. Die Beispiele im Beispielcodeabschnitt sind ebenfalls nützlich.

Diese Aspekte stellen lediglich Hilfsmittel dar, um Ihnen über die ersten Anfangsschwierigkeiten hinwegzuhelfen. Mit der Zeit werden Sie Ihre eigene Methode entwickeln, um mit den Entwurfsmustern zu arbeiten.

Keine Diskussion des Einsatzes von Entwurfsmustern wäre komplett, ohne eine Bemerkung dazu, wie man sie *nicht* anwenden sollte. Entwurfsmuster sollten nicht wahllos angewendet werden. Oft erreichen Sie Flexibilität und Variabilität durch die Einführung zusätzlicher Ebenen der Indirektion. Dies kann einen Entwurf unnötig kompliziert machen oder zu Einbußen der Leistungsfähigkeit führen. Ein Entwurfsmuster sollte nur angewendet werden, wenn die gebotene Flexiblität auch wirklich benötigt wird. Die Konsequenzenabschnitte der Muster sind besonders hilfreich, wenn Sie die Vorteile sowie die Verbindlichkeiten eines Musters auswerten.

2 Eine Fallstudie: der Entwurf eines Dokumenteditors

Dieses Kapitel beschreibt die Entwurfsfallstudie eines »What-You-See-Is-What-You-Get« (»WYSIWYG«) Dokumenteditors namens **Lexi**.[1] Wir werden sehen, wie Entwurfsmuster Lösungen zu den sich in Lexi und ähnlichen Anwendungen ergebenden Entwurfsproblemen bieten. Am Ende dieses Kapitels werden Sie Erfahrungen mit acht Mustern gewonnen haben, die alle an konkreten Beispielen eingeführt und erläutert werden.

Abbildung 2.1 zeigt Lexis Benutzungsschnittstelle. Eine WYSIWYG-Darstellung des Dokuments füllt den Großteil der rechteckigen Hauptfläche aus. Im Dokument können Text und Grafik beliebig miteinander vermischt und in unterschiedlichen Formatierungsstilen angezeigt werden. Die Hauptdarstellungsfläche wird von den üblichen Menüs und Scrollbars umgeben. Weiterhin stehen Seitenicons zur Verfügung, mit deren Hilfe zu einer bestimmten Seite im Dokument gesprungen werden kann.

2.1 Entwurfsprobleme

Wir werden sieben Problemstellungen im Entwurf von Lexi untersuchen:

1. *Dokumentstruktur.* Die Auswahl der internen Repräsentation von Dokumenten betrifft nahezu jeden Aspekt von Lexis Entwurf. Jegliches Editieren, Formatieren, Anzeigen und jede Textanalyse verlangen die Traversierung der Repräsentation. Unsere Organisation dieser Information wird den Entwurf der übrigen Teile der Anwendung beeinflussen.

2. *Formatierung.* Wie arrangiert Lexi überhaupt Texte und Grafiken in Zeilen und Spalten? Welche Objekte sind für das Ausführen der unterschiedlichen Formatierstrategien zuständig? Wie arbeiten diese Strategien mit der internen Repräsentation des Dokuments zusammen?

3. *Gestaltung der Benutzungsschnittstelle.* Die Benutzungsschnittstelle von Lexi enthält Scrollbars, Umrahmungen und Schatten, welche zur Gestaltung der WYSIWYG-Schnittstelle des Dokuments dienen. Im Laufe der Evolution von Lexis Benutzungsschnittstelle werden sich die verwendeten Gestaltungsele-

---

1. Der Entwurf von Lexi basiert auf Doc, einem Dokumenteditor, der von Calder entwikkelt wurde [CL92].

mente wahrscheinlich ändern. Es ist deswegen wichtig, diese Elemente einfach hinzufügen und entfernen zu können, ohne andere Teile der Anwendung in Mitleidenschaft zu ziehen.

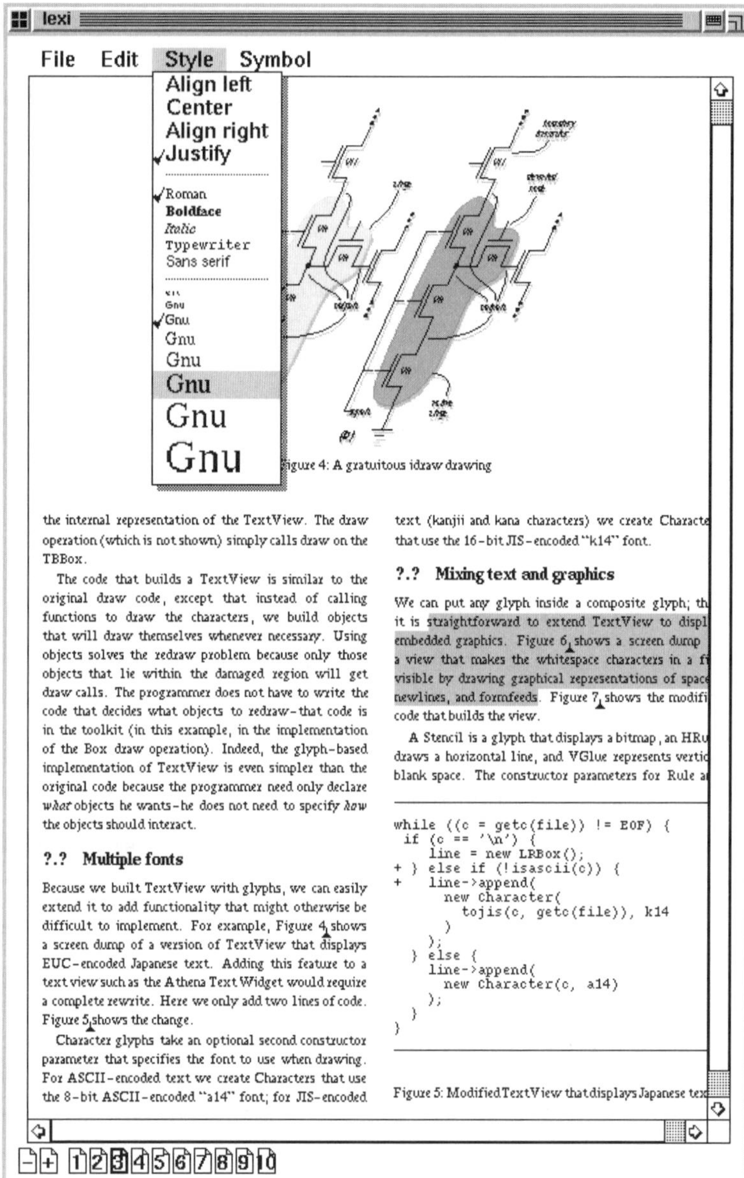

Abbildung 2.1 Lexis Benutzungsschnittstelle

4. *Unterstützung verschiedener Look-and-Feel-Standards.* Lexi sollte sich leicht und ohne größere Veränderungen an verschiedene »Look-and-Feel-Standards« wie Motif oder den Presentation-Manager anpassen lassen.

5. *Unterstützung verschiedener Fenstersysteme.* Unterschiedliche Look-and-Feel-Standards werden üblicherweise auf unterschiedlichen Fenstersystemen implementiert. Lexis Entwurf sollte soweit wie möglich vom Fenstersystem unabhängig sein.

6. *Benutzungsfunktionalität.* Lexis Benutzungsschnittstelle besteht aus vielen Teilen, mit denen Benutzer arbeiten, so z.B. Dialogboxen oder Menüleisten. Die Funktionalität hinter diesen Schnittstellen ist über alle Objekte der Anwendung verteilt. Man sollte deswegen einen einheitlichen Mechanismus entwikkeln, der auf diese verteilte Funktionalität zugreift, und es ermöglicht seine Auswirkungen rückgängig zu machen.

7. *Rechtschreibprüfung und Silbentrennung.* Wie ermöglicht Lexi analytische Funktionalität wie zum Beispiel Rechtschreibprüfung oder Silbentrennung? Wie können wir die Anzahl der zu ändernden Klassen minimieren, wenn wir neue analytische Funktionalität hinzufügen wollen?

Wir werden diese Entwurfsprobleme in den folgenden Abschnitten diskutieren. Jedes Problem besteht aus einer zugehörigen Menge von Zielen und Randbedingungen, wie diese Ziele erreicht werden können. Wir werden diese Ziele und Randbedingungen detailliert erläutern, bevor wir eine spezifische Lösung vorschlagen. Das Problem und seine Lösung werden ein oder mehrere Entwurfsmuster vorführen. Die Diskussion eines jeden Problems gipfelt in einer kurzen Vorstellung der verwendeten Muster.

2.2 Dokumentstruktur

Betrachtet man ein Dokument auf seiner elementarsten Ebene, so stellt es lediglich eine spezifische Anordnung von grundlegenden grafischen Bausteinen wie Zeichen, Linien, Polygonen und anderen grafischen Elementen dar. Diese Bausteine stellen den gesamten Informationsgehalt des Dokuments dar. Trotzdem betrachtet ein Autor diese Bausteine nicht auf ihrer elementaren grafischen Ebene, sondern auf der Ebene physischer Strukturen- Zeilen, Spalten, Abbildungen, Tabellen und weiterer Substrukturen.[1] Diese Substrukturen besitzen ihrerseits Substrukturen, welche wiederum Substrukturen haben usw.

1. Autoren betrachten das Dokument ebenfalls in seiner *logischen* Struktur, daß heißt auf Basis von Sätzen, Absätzen, Abschnitten, Unterabschnitten und Kapiteln. Um das Beispiel einfach zu halten, speichert unsere interne Repräsentation keine explizite Information über die logische Struktur. Die Entwurfslösungen, die wir beschreiben werden, funktionieren aber genausogut für die Repräsentation dieser Information.

Die Benutzungsschnittstelle von Lexi sollte es Benutzern ermöglichen, diese Substrukturen direkt zu bearbeiten. So sollte ein Benutzer beispielsweise ein Diagramm als solches und nicht als eine Ansammlung einzelner Grafikprimitive behandeln können. Der Benutzer sollte in der Lage sein, sich auf eine Tabelle als Ganzes und nicht auf eine Tabelle als unstrukturierte Text- und Grafikansammlung zu beziehen können. Dies erleichtert es, die Benutzungsschnittstelle einfach und intuitiv zu gestalten. Um für Lexis Implementierung eine ähnliche Qualität zu erreichen, werden wir eine interne Repräsentation wählen, die der physischen Struktur des Dokuments entspricht.

Konkret betrachtet, soll die interne Repräsentation des Dokuments die folgende Funktionalität unterstützen:

- Die Verwaltung der physischen Struktur des Dokuments, also die Anordnung von Text und Grafiken in Zeilen, Spalten, Tabellen usw.
- Die Erzeugung und visuelle Präsentation des Dokuments.
- Die Abbildung der Bildschirmpositionen auf die Elemente der internen Repräsentation. Dies ermöglicht es Lexi zu bestimmen, worauf der Benutzer sich bezieht, wenn er auf ein Element in der visuellen Darstellung zeigt.

Diese Ziele sind um verschiedene Randbedingungen zu ergänzen. Zunächst sollten wir Texte und Grafiken einheitlich behandeln können. Die Anwendungsschnittstelle ermöglicht es einem Benutzer, ohne Einschränkung Text in Grafiken und umgekehrt einzubetten. Wir sollten es vermeiden, Grafiken als Spezialfall von Text oder Text als Spezialfall von Grafiken zu betrachten. Dies würde zu redundanter Formatier- und Manipulationsfunktionalität führen. Eine bestimmte Menge an Funktionalität sollte sowohl für den Text als auch für die Grafiken ausreichen.

Als zweites sollte unsere Implementierung nicht zwischen einzelnen Elementen und Gruppen von Elementen in der internen Repräsentation unterscheiden müssen. Lexi sollte in der Lage sein, einfache Elemente und komplexe Bausteine einheitlich zu behandeln. Dadurch werden beliebig komplexe Dokumente möglich. Das zehnte Element in Zeile 5 der Spalte 2 könnte beispielsweise ein einzelnes Zeichen oder ein kompliziertes Diagramm mit vielen darin enthaltenen Elementen sein. Solange wir wissen, daß dieses Element sich selbst zeichnen und seine Ausmaße angeben kann, hat seine Komplexität keinen Einfluß darauf, wie und wo es auf einer Seite erscheinen sollte.

Im Gegensatz zur zweiten Randbedingung steht allerdings der Bedarf, den Text auf Dinge wie Rechtschreibfehler und mögliche Wortumbrüche hin zu untersuchen. Meistens ist es uns gleichgültig, ob ein Element in einer Zeile ein einfaches oder ein komplexes Objekt darstellt. Manchmal hängt das Ergebnis einer Untersuchung aber vom untersuchten Objekt ab. Es ist beispielsweise wenig sinnvoll, ein Polygon auf Rechtschreibfehler oder mögliche Silbentrennung hin zu untersuchen. Der Entwurf der internen Repräsentation sollte dies und andere potentiell konfligierende Randbedingungen mit in Betracht ziehen.

2.2.1 Rekursive Komposition

Rekursive Komposition ist eine allgemein bekannte Technik, hierarchisch strukturierte Informationen zu repräsentieren. Sie basiert darauf, zunehmend komplexe Bausteine aus elementareren Bausteinen zusammenzusetzen. Die rekursive Komposition ermöglicht es uns, ein Dokument aus einfachen grafischen Elementen zusammenzusetzen. In einem ersten Schritt können wir eine Menge von Zeichen und Grafiken von links nach rechts als eine Zeile in einem Dokument zusammenfassen. Dann können mehrere Zeilen zusammengefaßt werden, um eine Spalte zu bilden, mehrere Spalten können eine Seite bilden usw. (siehe Abbildung 2.2).

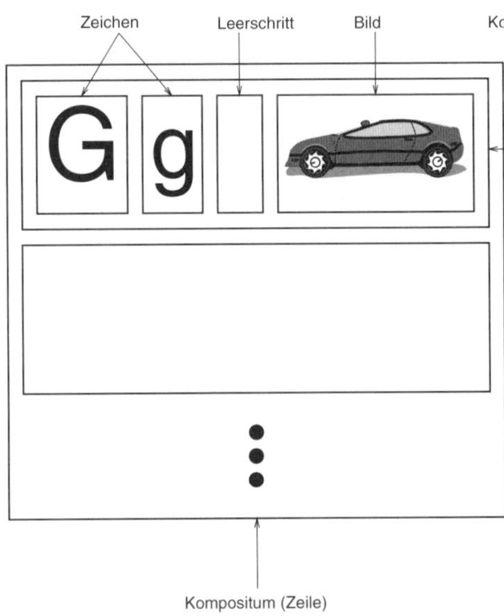

Abbildung 2.2 Rekursive Komposition von Text und Grafik

Wir können diese physischen Strukturen repräsentieren, indem wir jedem Element ein Objekt widmen. Dieses Objekt umfaßt nicht nur die sichtbaren Elemente wie Zeichen und Grafiken, sondern auch die unsichtbaren, strukturbildenden Elemente – die Zeilen und Spalten. Das Ergebnis ist die in Abbildung 2.3 dargestellte Objektstruktur.

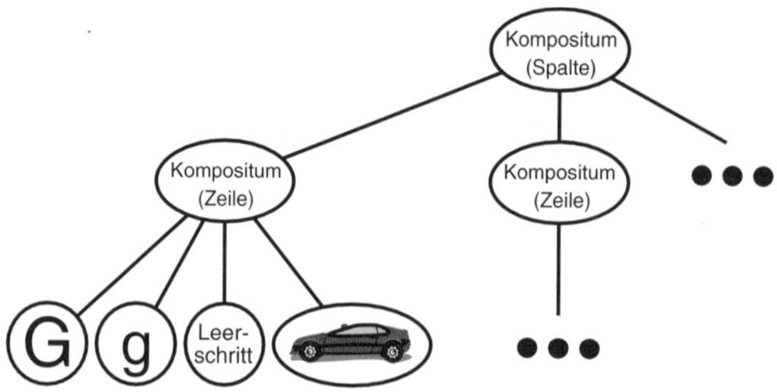

Abbildung 2.3 Rekursive Komposition von Text und Grafik

Wir fördern die Flexibilität in Lexis Entwurf auf der feinkörnigsten Ebene, indem wir ein Objekt für jedes Zeichen und jedes grafische Element im Dokument einführen. Wir können Text und Grafiken hinsichtlich dessen, wie sie gezeichnet, formatiert und ineinander eingebettet werden, einheitlich behandeln. Wir können neuer Zeichensätze bereitstellen, ohne dabei andere Funktionalität zu beeinflussen. Lexis Objektstruktur gleicht der physischen Struktur des Dokuments.

Dieser Ansatz hat zwei wichtige Implikationen, von denen die erste offenkundig ist: Die Objekte benötigen entsprechende Klassen. Die zweite, vielleicht nicht so offenkundige Implikation ist, daß diese Klassen über kompatible Schnittstellen verfügen sollten, da wir die Objekte einheitlich behandeln wollen. In Sprachen wie C++ macht man Schnittstellen kompatibel, indem man die Klassen über Vererbung in Beziehung zueinander setzt.

2.2.2 Glyphen

Wir werden nun die abstrakte Klasse **Glyph** für alle Objekte definieren, die in einer Dokumentstruktur erscheinen können.[1] Seine Unterklassen definieren so-

1. Calder war der erste, der den Begriff »Glyph« in diesem Kontext verwendete [CL90]. Die meisten heutigen Dokumenteditoren verwenden kein eigenes Objekt für jedes einzelne Zeichen, zumeist aufgrund von Effizienzerwägungen. Calder hat in seiner Dissertation nachgewiesen, daß dieser Ansatz tragfähig ist [Cal93]. Unsere Glyphen sind nicht so komplex wie die seinigen, da wir die Unsrigen zur Vereinfachung strikt auf Hierarchien eingeschränkt haben. Calders Glyphen können gemeinsam genutzt werden, um Speicherplatzkosten zu senken. Die sich ergebenden Benutzungsbeziehungen stellen einen gerichteten azyklischen Graphen dar. Wir können das Fliegengewichtmuster (223) anwenden, um denselben Effekt zu erreichen, was wir aber dem Leser zur Übung überlassen.

wohl primitive grafische Elemente (wie Zeichen und Bilder) als auch strukturelle Elemente (wie Zeilen und Spalten). Abbildung 2.4 stellt einen repräsentativen Teil der Glyphklassenhierarchie dar, und Tabelle 2.1 stellt die grundlegende Glyphklassenschnittstelle in größerem Detail und unter Verwendung der C++-Notation dar.[1]

Zuständigkeit	**Operationen**
Darstellung	`virtual void Zeichne(Fenster*)` `virtual void Ausmasse(Rechteck&)`
Kollisionsabfrage	`virtual bool Ueberschneidet(const Punkt&)`

Struktur	`virtual void FuegeHinzu(Glyph*, int)`
	`virtual void Entferne(Glyph*)`
	`virtual Glyph* Kindobjekt(int)`
	`virtual Glyph* Elternobjekt()`

Tabelle 2.1 Grundlegende Glyphschnittstelle

Glyphen besitzen drei grundlegende Aufgaben. Sie wisssen, (1) wie sie sich zu zeichnen haben, (2) wieviel Platz sie benötigen und (3) welche Eltern- und Kindobjekte sie besitzen.

Die Unterklassen von Glyph überschreiben die `Zeichne`-Operation, so daß sich Exemplare der Klassen in einem Fenster darzustellen wissen. Sie erhalten als Parameter für die `Zeichne`-Operation eine Referenz auf ein Objekt der Klasse `Fenster`. Die **Fenster**-Klasse definiert grafische Operationen zur Darstellung von Text und elementaren Figuren in einem Bildschirmfenster. Eine **Rechteck**-Unterklasse von Glyph überschreibt `Zeichne` vielleicht so:

```
void Rechteck::Zeichne(Fenster* fenster) {
   fenster->ZeichneRechteck(_x0, _y0, _x1, _y1);
}
```

Hierbei sind `_x0`, `_y0`, `_x1`, `_y1` Member-Variablen von Rechteck, welche die einander gegenüberliegenden Ecken des Rechtecks bestimmen. `ZeichneRechteck` ist die Fenster-Operation, die das Rechteck auf den Bildschirm bringt.

1. Die von uns beschriebene Schnittstelle ist absichtlich klein, um die Diskussion einfach zu halten. Eine vollständige Schnittstelle würde Operationen zur Verwaltung grafischer Attribute wie Farbe, Zeichensatz und Koordinatentransformationen sowie Operationen für die fortgeschrittene Kindobjektverwaltung enthalten.

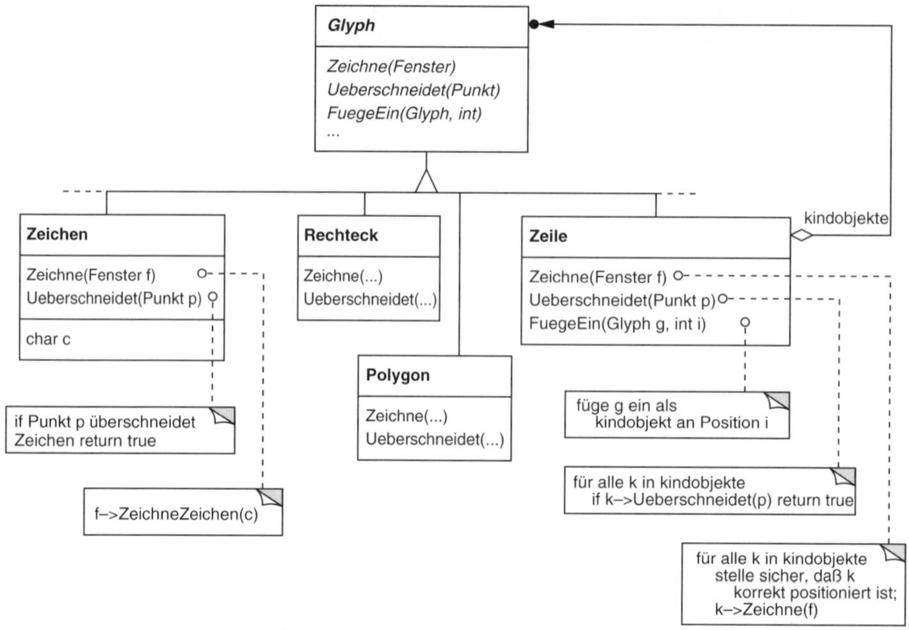

Abbildung 2.4 Auschnitt aus der Glyph-Klassenhierarchie

Ein Elternglyph muß oftmals wissen, wieviel Platz ein Kindglyph benötigt, um beispielsweise den Kindglyphen mit anderen Glyphen auf einer Linie so anordnen zu können, daß sie sich nicht überlagern (wie Abbildung 2.2 zeigt). Die `Ausmasse`-Operation gibt die rechteckige Fläche zurück, die der Glyph besetzt. Sie gibt die gegenüberliegenden Ecken des kleinsten Rechtecks zurück, das den Glyph noch enthält. Glyphunterklassen überschreiben diese Operation, um die rechteckige Fläche zurückzugeben, in welchem sie zeichnen.

Die `Ueberschneidet`-Operation gibt zurück, ob ein Punkt sich mit dem Glyph überschneidet. Immer wenn der Benutzer irgendwo in das Dokument klickt, ruft Lexi diese Operation auf, um zu bestimmen, welcher Glyph oder welche Glyphenstruktur sich unter dem Mauszeiger befindet. Die Rechteck-Klasse definiert diese Operation neu, um die Überschneidung des Recktecks mit dem übergebenen Punkt zu bestimmen.

Da Glyphen Kindobjekte besitzen können, benötigen wir eine allgemeine Schnittstelle zum Einfügen, zum Entfernen und zum Zugriff auf diese Kindobjekte. Die Kindobjekte einer Zeile sind zum Beispiel alle Glyphen, die es in einer Zeile anordnet. Die `FuegeEin`-Operation fügt einen Glyph an einer Position ein, der durch einen Integer als Index angegeben wird.[1] Die `Entferne`-Operation entfernt einen angegebenen Glyph, sofern er tatsächlich ein Kindobjekt ist.

Die `Kindobjekt`-Operation gibt das Kindobjekt am angegebenen Index zurück, sofern es denn eins gibt. Glyphen wie `Zeile`, welche über Kindobjekte verfügen können, sollten intern ebenfalls `Kindobjekt` verwenden, statt direkt auf die Kindobjektdatenstruktur zuzugreifen. Wenn Sie die Datenstruktur zum Beispiel von einem Array zu einer Liste abändern, brauchen Sie auf diese Art und Weise Operationen wie `Zeichne`, die über die Kindobjekte iterieren, nicht zu modifizieren. Auf ähnliche Weise bietet `Elternobjekt` eine standardisierte Schnittstelle zum Elternobjekt des Glyphen, sofern es eins gibt. Im Fall von Lexi speichern Glyphen eine Referenz auf ihr Elternobjekt, und ihre `Elternobjekt`-Operation gibt lediglich diese Referenz zurück.

2.2.3 Kompositionsmuster

Das Konzept rekursiver Komposition kann für vieles verwendet werden, nicht nur für Dokumente. Wir können sie verwenden, um jegliche potentiell komplexe hierarchische Struktur zu repräsentieren. Das Kompositionsmuster (239) erfaßt das Wesentliche der rekursiven Komposition mittels objektorientierter Begriffe. Jetzt wäre ein guter Zeitpunkt, sich dieses Muster im Detail anzuschauen und sich dabei je nach Bedarf auf das geschilderte Szenario zu beziehen.

2.3 Formatierung

Im vorigen Abschnitt haben wir uns auf eine Möglichkeit geeinigt, die physische Struktur eines Dokuments zu *repräsentieren*. Als nächstes müssen wir bestimmen, wie man eine *konkrete* physische Struktur konstruiert, die einem formatierten Dokument entspricht. Hierbei ist die Repräsentation von der Formatierung zu unterscheiden: Die Möglichkeit, die physische Struktur eines Dokuments darzustellen, zeigt uns noch lange nicht, wie man überhaupt zu einer solchen Struktur gelangt. Dies ist größtenteils Lexis Aufgabe. Er muß Text in Zeilen aufbrechen, Zeilen in Spalten usw. und dabei die erwünschte Benutzungsfunktionalität beachten. So möchte der Benutzer vielleicht die Breite der Seitenränder variieren können, die

1. Wahrscheinlich ist ein Integerindex nicht die beste Möglichkeit, ein bestimmtes Kindobjekt eines Glyphen zu benennen. Dies hängt allerdings von der Datenstruktur ab, die der Glyph zu seiner Implementierung verwendet. Wenn es seine Kindobjekte in einer verketteten Liste ablegt, wäre ein Zeiger auf ein Element der Liste effizienter. In Abschnitt 2.8 werde wir die Dokumentanalysen diskutieren und eine bessere Lösung für das Indizierungsproblem beschreiben.

Einrückungen, die Tabulatorpositionen, oder er möchte einfachen oder doppelten Zeilenabstand einstellen können.[1] Lexis Formatieralgorithmen müssen dies alles berücksichtigen.

Wir werden »Formatierung« darauf beschränken, eine Ansammlung von Glyphen in Zeilen aufzubrechen. Wir werden deswegen den Begriff »Formatierung« und »Zeilenumbruch« synonym gebrauchen. Die Techniken, die wir diskutieren werden, sind jedoch von allgemeiner Bedeutung und funktionieren gleichermaßen gut für das Aufbrechen von Zeilen in Spalten und von Spalten in Seiten.

2.3.1 Kapselung des Formatieralgorithmus

Der Formatierprozeß mit all seinen Randbedingungen und Details ist nicht einfach zu automatisieren. Es gibt viele Ansätze, dieses Problem zu lösen, und es wurden viele verschiedene Formatieralgorithmen entwickelt, die jeweils ihre Stärken und Schwächen besitzen. Da Lexi ein WYSIWYG-Editor ist, müssen die Vor- und Nachteile der zu findenden Balance zwischen Formatierqualität und Formatiergeschwindigkeit wohlüberlegt sein. Wir wollen im allgemeinen gute Antwortzeiten vom Editor erhalten, ohne dabei ein gutes Aussehen des Dokuments aufgeben zu wollen. Diese Abwägungen hängen von vielen Faktoren ab. Manche davon können nicht zur Übersetzungszeit vorhergesehen werden. Beispielsweise toleriert ein bestimmter Benutzer etwas langsamere Antwortzeiten, sofern er dafür ein besser aussehendes Dokument erhält. Diese Abwägung führt vielleicht dazu, festzustellen, daß ein völlig anderer als der gerade verwendete Formatieralgorithmus angemessener wäre. Andere, mehr an der Implementierung orientierte Abwägungen betreffen die Formatiergeschwindigkeit und den benötigten Speicherplatz: Es ist vielleicht möglich, die Formatierzeit zu reduzieren, indem man mehr Information zwischenspeichert.

Da Formatieralgorithmen oftmals ziemlich komplex sind, ist es von Vorteil, sie vernünftig zu kapseln oder besser noch sie von der Dokumentstruktur unabhängig zu machen. Idealerweise könnten wir eine neue Art von Glyphunterklasse einfügen, ohne den Formatieralgorithmus in unsere Überlegungen einbeziehen zu

1. Der Benutzer wird noch vielmehr die *logische* Struktur des Dokuments bestimmen wollen – die Sätze, Absätze, Abschnitte, Kapitel usw. Im Vergleich dazu ist die *physische* Struktur weniger interessant. Den meisten Benutzern ist es gleichgültig, wo die Zeilenumbrüche in einem Absatz stattfinden, solange nur der Absatz ordentlich formatiert ist. Dasselbe gilt für die Formatierung von Spalten und Seiten. Als Konsequenz bestimmen Benutzer lediglich sehr abstrakte Randbedingungen für die physische Struktur und überlassen Lexi die harte Arbeit, diese Randbedingungen zu erfüllen.

müssen. Umgekehrt sollte das Einführen eines neuen Formatieralgorithmus nicht dazu führen, existierende Glyphen modifizieren zu müssen.

Daher sollte man Lexi also so entwerfen, daß es einfach ist, den Formatieralgorithmus zumindest zur Übersetzungszeit, wenn nicht gar zur Laufzeit, auszuwechseln. Was wir machen können, ist, den Algorithmus zu isolieren und zugleich leicht ersetzbar zu machen, indem wir ihn in einem Objekt kapseln. Konkreter betrachtet, werden wir eine separate Klassenhierarchie für Objekte bilden, die Formatieralgorithmen kapseln. Die Wurzel dieser Hierarchie definiert eine Schnittstelle, die eine breite Menge von Formatieralgorithmen unterstützt. Jede Unterklasse implementiert dann diese Schnittstelle für einen bestimmten Algorithmus. Wir können dann eine Glyphunterklasse einführen, die ihre Kindobjekte automatisch und unter Verwendung eines Algorithmusobjekts strukturiert.

Zuständigkeit	Operationen
Gegenstand der Formatierung	`void SetzeKomposition(Komposition*)`
Zeitpunkt der Formatierung	`virtual void Formatiere()`

Tabelle 2.2 Grundlegende Formatiererschnittstelle

2.3.2 Formatierer und Komposition

Wir definieren eine **Formatierer**-Klasse für Objekte, die einen Formatieralgorithmus kapseln. Über die Schnittstelle (Tabelle 2.2) erfährt der Formatierer, *welche* Glyphen zu formatieren sind und *wann* das Formatieren auszuführen ist. Die formatierten Glyphen sind die Kindobjekte einer speziellen Glyphunterklasse namens **Komposition**. Wenn ein Kompositionsobjekt erzeugt wird, erhält es ein Exemplar einer für einen bestimmten Zeilenumbruchalgorithmus spezialisierten Formatierer-Unterklasse und teilt dann dem Formatierer mit, seine Glyphen zu formatieren. Dies wird beispielsweise notwendig, wenn der Benutzer das Dokument ändert. Abbildung 2.5 zeigt die Beziehung zwischen den Kompositions-und Formatiererklassen auf.

Ein unformatiertes Kompositionsobjekt enthält nur die sichtbaren Glyphen, welche den grundlegenden Inhalt des Dokuments konstituieren. Es enthält keine Glyphen, welche wie beispielsweise Zeilen und Spalten die physische Dokumentstruktur bestimmen. Das Kompositionsobjekt wird nach seiner Erzeugung mit den zu formatierenden Glyphen initialisiert. Wenn das Kompositionsobjekt formatiert werden muß, ruft es die `Formatiere`-Operation seines Formatierer-Objekts auf.

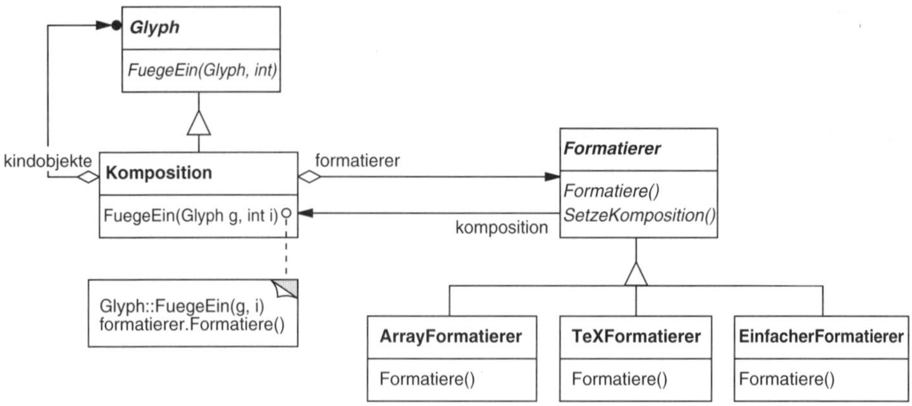

Abbildung 2.5 Beziehungen zwischen den Kompositions- und Formatiererklassen

Der Formatierer iteriert seinerseits über die Kindobjekte der Komposition und fügt gemäß seines Zeilenumbruchalgorithmus neue Zeilen- und Spalten-Glyphen hinzu.[1] Abbildung 2.6 zeigt die resultierende Objektstruktur. Vom Formatierer-Objekt erzeugte und in die Objektstruktur eingefügte Glyphen erscheinen in der Abbildung vor einem grauen Hintergrund.

Jede Formatierer-Unterklasse kann einen anderen Zeilenumbruchalgorithmus implementieren. Zum Beispiel geht ein Objekt der Klasse `EinfacherFormatierer` vielleicht sehr schnell und oberflächlich über die Komposition, ohne sich um ästhetische Fragen wie die Farbe eines Dokuments zu kümmern. Eine gute Farbe zu besitzen bedeutet, eine gleichmäßige Verteilung von Text und leeren Zwischenräumen zu haben. Ein `TeXFormatierer` hingegen implementiert wahrscheinlich den vollen TeX-Algorithmus [Knu84], der Eigenschaften wie die Farbe beachtet und dafür längere Formatierzeiten in Kauf nimmt.

Die Formatierer/Komposition-Unterteilung der Klassen führt zu einer starken Trennung zwischen dem Code, der die physische Struktur eines Dokuments unterstützt, und dem Code für unterschiedliche Formatieralgorithmen. Wir können neue Formatierer-Unterklassen einführen, ohne die Glyphklassen anfassen zu müssen. Die Umkehrung gilt ebenfalls. Wir können sogar den Zeilenumbruchalgorithmus zur Laufzeit ändern, indem wir die Kompositionsschnittstelle um eine einfache `SetzeFormatierer`-Operation erweitern.

1. Der Formatierer muß die Zeichencodes der Zeichenklasse kennen, um den Zeilenumbruch berechnen zu können. In Abschnitt 2.8 werden wir sehen, wie man diese Information polymorph erhalten kann, ohne eine zeichenspezifische Operation in der Glyphenschnittstelle einführen zu müssen.

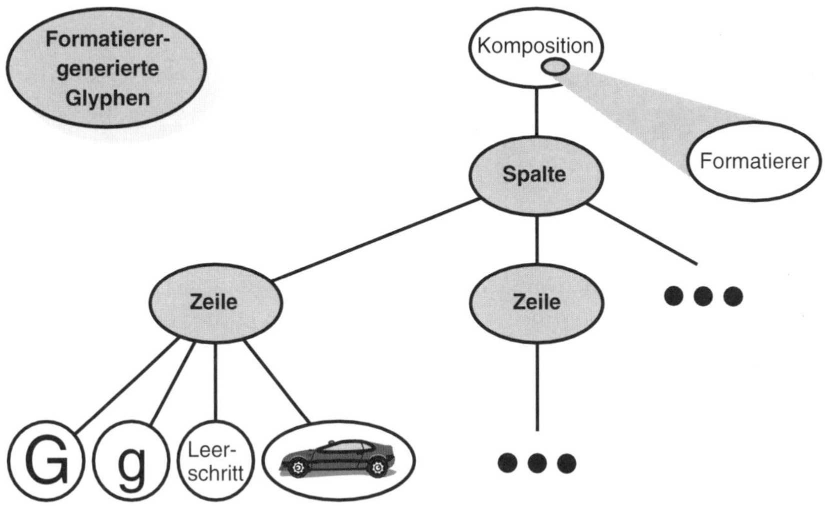

Abbildung 2.6 Objektstruktur, bei der die vom Formatierer eingefuegten Zeilenumbrueche hervorgehoben sind

2.3.3 Strategiemuster

Das Kapseln eines Algorithmus als ein Objekt ist der Zweck des Strategiemusters (373). Die zentralen Teilnehmer an diesem Muster sind die Strategieobjekte, welche die verschiedenen Algorithmen kapseln, und der Kontext, in dem sie operieren. Formatierer sind Strategien: sie kapseln verschiedene Formatieralgorithmen. Eine Komposition ist der Kontext einer Formatierstrategie.

Der zentrale Ansatz zur Anwendung des Strategiemusters besteht im Entwurf von Schnittstellen der Strategieobjekte und ihres Kontexts. Diese Schnittstellen müssen allgemein genug sein, um einen entsprechenden Bereich von Algorithmen zu ermöglichen und zu unterstützen. Sie sollten nicht die Schnittstelle der Strategie oder des Kontexts ändern müssen, um einen neuen Algorithmus anwenden zu können. In unserem Beispiel ist die durch die grundlegende Glyphenschnittstelle gegebene Unterstützung von Kindobjektzugriff, Einfügen und Entfernen allgemein genug, um Formatierer-Unterklassen die physische Struktur eines Dokuments unabhängig vom verwendeten Algorithmus ändern zu lassen. In der Entsprechung stellt die Formatierer-Schnittstelle den Kompositionen alles zur Verfügung, was sie benötigen, um ihre Formatierung auslösen zu können.

2.4 Gestaltung der Benutzungsschnittstelle

Wir werden zwei Erweiterungen der Benutzungsschnittstelle von Lexi betrachten. Die erste zeichnet einen Rahmen um das editierte Textgebiet, um die bearbeitete Seite anzuzeigen. Die zweite fügt Scrollbars hinzu, die es Benutzern ermöglichen, unterschiedliche Bereiche einer Seite anzuschauen. Um es einfach zu machen, diese Erweiterungen hinzufügen und zur Laufzeit auch wieder wegnehmen zu können, sollten wir keine Vererbung verwenden. Wir erreichen die größte Flexibilität, wenn andere Benutzungsschnittstellenobjekte nicht wissen, daß es diese ausschmückenden Erweiterungen überhaupt gibt. Sie können somit hinzugefügt und weggenommen werden, ohne daß wir andere Klassen ändern müssen.

2.4.1 Durchsichtige Umhüllung

Aus Sicht der Programmierung bedeutet die Ausschmückung der Benutzungsschnittstelle die Erweiterung von existierendem Code. Die Verwendung von Vererbung, um eine solche Erweiterung auszuführen, schließt erneutes Arrangieren der Ausschmückungen zur Laufzeit aus. Weiterhin explodiert die Klassenanzahl, was ebenfalls ein schwerwiegendes Problem des vererbungsbasierten Ansatzes ist.

Wir könnten einer Komposition einen Rahmen hinzufügen, indem wir die Unterklasse UmrahmteKomposition bilden. Oder wir könnten eine Schnittstelle zum Scrollen hinzufügen, indem wir eine Klasse ScrollbareKomposition bilden. Wenn wir sowohl einen Rahmen als auch einen Scrollbar wollen, könnten wir auch eine Klasse Umrahmte-ScrollbareKomposition bilden usw. Auf die Spitze getrieben, führt dies für jede mögliche Kombination von Erweiterungen zu einer eigenen Klasse. Dies ist eine Lösung, die schnell nicht mehr bearbeitet werden kann, wenn die Anzahl von Erweiterungen wächst.

Objektkomposition bietet einen an dieser Stelle vermutlich besseren und insbesondere flexibleren Erweiterungsmechanismus. Aber welche Objekte setzen wir zusammen? Da wir wissen, daß wir einen existierenden Glyph erweitern, können wir die Erweiterung selbst zu einem Objekt machen, zum Beispiel als Exemplar der Klasse **Rahmen**. Dies führt zu zwei Kandidaten für die Komposition, den Glyph und den Rahmen. Der nächste Schritt ist, die jeweilige Zusammensetzung festzulegen. Wir könnten den Rahmen den Glyph enthalten lassen, was sinnvoll ist, da der Rahmen den Glyph auf dem Bildschirm umgeben wird. Wir könnten auch das Gegenteil machen, nämlich den Rahmen in den Glyph einzufügen, aber dann müssen wir die entsprechende Glyphunterklasse modifizieren, um sie vom Rahmen in Kenntnis zu setzen. Unsere erste Wahl, den Glyph in einen Rahmen zu legen, beläßt den Code zum Rahmenzeichnen vollständig in der Rahmen-Klasse und berührt die anderen Klassen nicht.

Wie sieht die Rahmen-Klasse aus? Die Tatsache, daß Rahmen ein Aussehen haben, legt nahe, sie selbst als Glyphen aufzufassen. Dies heißt, daß die Klasse Rahmen eine Unterklasse von Glyph sein sollte. Es gibt aber einen noch eindrücklicheren Grund, dies zu tun: Klienten eines Glyphen sollten sich nicht darum kümmern müssen, ob Glyphen Rahmen besitzen oder nicht. Sie sollten Glyphen einheitlich behandeln. Wenn Klienten einem einfachen, nicht umrandeten Glyph sagen, er solle sich zeichnen, so sollte er dies ohne Ausschmückungen tun. Wenn der Glyph sich in einem Rahmen befindet, sollten Klienten den Rahmen nicht anders als einen Glyph behandeln müssen. Sie sagen ihm lediglich, daß er sich zeichnen solle, wie sie es auch einem einfachen Glyph sagen würden. Dies impliziert, daß die Rahmen-Schnittstelle der Glyphenschnittstelle entspricht. Wir leiten deswegen Rahmen als Unterklasse von Glyph ab, um diese Beziehung zu garantieren.

Diese Überlegungen führen uns zum Konzept der **durchsichtigen Umhüllung**, welches die Konzepte der (1) einfachen Kindobjekt**komposition** und der (2) kompatiblen Schnittstellen miteinander kombiniert. Klienten wissen im allgemeinen nicht, ob sie es mit einer Komponente oder seiner **Umhüllung** (das heißt, dem Elternobjekt des Kindobjekts) zu tun haben. Dies gilt insbesondere dann, wenn die Umhüllung einfach alle Operationsaufrufe an seine enthaltene Komponente weiterleitet. Die Umhüllung kann aber auch das Verhalten der Komponente *erweitern*, indem es eigenständige Arbeiten vor oder nach dem Weiterleiten der Operation ausführt. Die Umhüllung kann weiterhin den Zustand der Komponente effektiv erweitern. Wir werden als nächstes betrachten, wie dies geschieht.

2.4.2 Monoglyph

Wir können das Konzept der durchsichtigen Umhüllung auf alle Glyphen anwenden, die andere Glyphen erweitern. Um dieses Konzept konkret zu machen, definieren wir eine Unterklasse von Glyph namens **MonoGlyph**, die als eine abstrakte Oberklasse für »ErweiterungsGlyphen« wie Rahmen dient (siehe Abbildung 2.7). MonoGlyph speichert eine Referenz auf eine Komponente und leitet alle Anfragen an sie weiter. Dies macht Monoglyph gegenüber Klienten völlig transparent. Beispielsweise implementiert MonoGlyph die `Zeichne`-Operation folgendermaßen:

```
void MonoGlyph::Zeichne(Fenster* fenster) {
    _komponente->Zeichne(fenster);
}
```

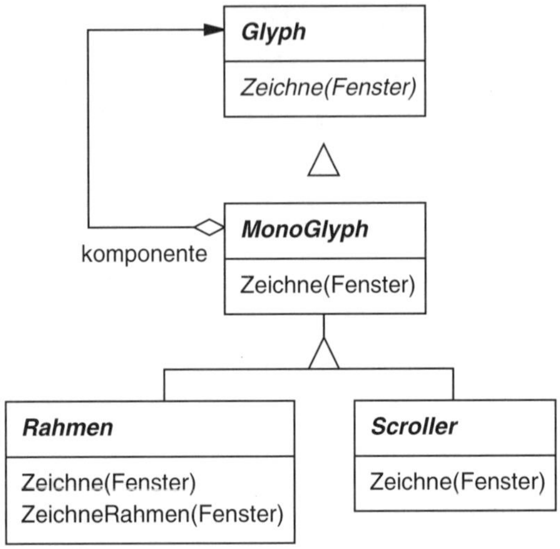

Abbildung 2.7 Beziehungen der MonoGlyph-Klasse

Die Unterklassen von MonoGlyph implementieren mindestens eine dieser Operationen neu. `Rahmen::Zeichne` ruft beispielsweise als erstes die Operation `MonoGlyph:: Zeichne` auf, so daß die Komponente sich vollständig zeichnen kann. `Rahmen:: Zeichne` zeichnet daraufhin den Rahmen, indem es eine private Operation namens `ZeichneRahmen` aufruft, deren Details wir hier allerdings nicht aufführen:

```
void Rahmen::Zeichne(Fenster* fenster) {
    MonoGlyph::Zeichne(fenster);
    ZeichneRahmen(fenster);
}
```

Beachten Sie, wie `Rahmen::Zeichne` effektiv die Operation seiner Oberklasse *erweitert*, um den Rahmen zu zeichnen. Dies steht im Gegensatz zum *Ersetzen* der Operation seiner Oberklasse, was den Aufruf von `MonoGlyph::Zeichne` weggelassen hätte.

Abbildung 2.7 stellt eine andere MonoGlyph-Unterklasse dar. **Scroller** ist ein MonoGlyph, der unterschiedliche Teile seiner Komponente in Abhängigkeit von der Stellung zweier Scrollbars anzeigt, die er als Erweiterungen hinzufügt. Wenn ein Scroller seine Komponente zeichnet, teilt er dem System mit, ihre Ränder abzuschneiden. Das Abschneiden jener Teile der Komponente, die aus dem sichtbaren Bereich herausgescrollt wurden, verhindert, daß sie auf dem Bildschirm erscheinen.

Jetzt haben wir alle benötigten Teile zusammen, um Lexis Texteditiergebiet um einen Rahmen und eine Benutzungsschnittstelle zum Scrollen erweitern zu können. Wir legen das existierende Kompositionsobjekt in ein Scrollerobjekt, um die Schnittstelle zum Scrollen hinzuzufügen, und wir legen das Ganze wiederum in ein Rahmenobjekt. Das resultierende Objekt ist in Abbildung 2.8 dargestellt.

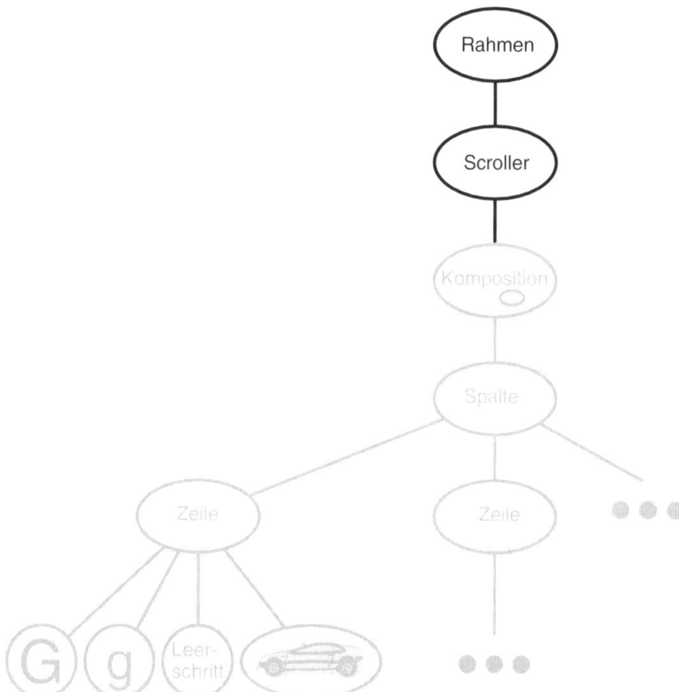

Abbildung 2.8 Ausgestaltete Objektstruktur

Beachten Sie, daß wir die Reihenfolge der Komposition umkehren können, indem wir die umrahmte Komposition in ein Scrollerobjekt legen. In diesem Fall würde der Rahmen mit dem Text gescrollt werden, was möglicherweise (oder auch nicht) den erwünschten Effekt darstellt. Der Witz an der Geschichte ist, daß durchsichtige Umhüllungen es einfach machen, mit unterschiedlichen Alternativen zu experimentieren, und dabei den Klientencode frei von Erweiterungscode halten.

Beachten Sie bitte ebenfalls, daß der Rahmen *einen* Glyph enthält, nicht zwei oder mehr. Dies ist anders als bei den zuvor definierten Kompositionen, bei denen Elternobjekte beliebig viele Kindobjekte haben durften. Das Umrahmen eines Glyphen bedeutet hier, daß der Glyph singulär ist, das heißt allein. Zwar könnten wir die Erweiterung von mehr als einem Objekt mit Sinn erfüllen, müssten dann aber viele Arten von Kompositionen mit dem Konzept der ausschmückenden Erweiterbarkeit vermischen: Zeilenausschmückung, Spaltenausschmückung usw. Dies würde uns nichts nützen, da wir bereits über Klassen verfügen, die diese Arten der Komposition ausführen. Somit ist es besser, die existierenden Klassen zur Komposition zu verwenden und neue Klassen zur Erweiterung des Ergebnisses hinzuzufügen. Indem man die Erweiterungen unabhängig von anderen Arten der Komposition hält, vereinfacht man die Erweiterungsklassen und reduziert auch ihre Anzahl. Weiterhin sorgt es dafür, daß wir keine existierende Kompositionsfunktionalität vervielfachen.

2.4.3 Dekorierermuster

Das Dekorierermuster (199) umfaßt die Klassen- und Objektbeziehungen, welche die Erweiterung mittels durchsichtiger Umhüllung ermöglichen. Der Begriff »ausschmückende Erweiterung« besitzt allerdings eine breitere Bedeutung, als wir sie hier betrachtet haben. Im Dekorierermuster bezieht sich Ausschmückung auf alles, was ein Objekt um neue Zuständigkeiten erweitern kann. Beispielsweise können wir uns vorstellen, einen abstrakten Syntaxbaum mit semantischen Aktionen zu erweitern, einen endlichen Automaten mit neuen Transitionen oder ein Netzwerk persistenter Objekte mit Attributbeschriftungen. Dekorierer generalisieren den Ansatz, den wir für Lexi verwendet haben, um ihn in größerem Ausmaß anwendbar zu machen.

2.5 Unterstützung verschiedener Look-and-Feel-Standards

Es stellt ein wichtige Herausforderung an jeden Systementwurf dar, die Portabilität des Systems über Hardware- und Softwaregrenzen hinweg zu gewährleisten. Die Portierung Lexis auf eine neue Plattform sollte nicht zu einer größeren Überholung führen, da sie sich sonst kaum lohnen würde. Wir sollten sie so einfach wie möglich machen.

Ein Hindernis für die leichte Portierbarkeit besteht in der Vielfalt unterschiedlicher Look-and-Feel-Standards, deren Aufgabe es ist, zu einem einheitlichen Aussehen von Anwendungen zu führen. Diese Standards setzen die Richtlinien fest, wie Anwendungen auszusehen und wie sie auf Benutzungseingaben zu reagieren haben. Obwohl die existierenden Standards sich gar nicht so sehr voneinander unterscheiden, verwechseln Anwender sie kaum miteinander – Motif-Anwendungen sehen ganz anders aus als wie ihre Entsprechungen auf anderen Plattformen. Eine Anwendung, die auf mehr als einer Plattform läuft, muß auf jeder dieser Plattformen den jeweiligen Stilrichtlinien (style guides) für Benutzungsschnittstellen entsprechen.

Es ist unser Entwurfsziel, Lexi so zu entwickeln, daß er mehreren Look-and-Feel-Standards entspricht und es einfach ist, neue Standards, die sich unweigerlich ergeben werden, zu unterstützen. Wir erwarten von unserem Entwurf weiterhin das Maximum an Flexibilität: die Änderung des Look-and-Feels zu Laufzeit.

2.5.1 Abstraktion von Objekterzeugung

Alles, was wir in Lexis Benutzungsschnittstelle sehen und mit dem wir interagieren, ist ein Glyph, der aus weiteren, unsichtbaren Glyphen wie Zeile und Spalte zusammengesetzt ist. Die unsichtbaren Glyphen setzen sichtbare Glyphen wie Knopf und Zeichen zusammen und ordnen sie in geeigneter Art und Weise an. Stilrichtlinien legen viele Eigenschaften des Look-and-Feels sogenannter »Widgets« fest. Widget ist eine andere Bezeichnung für sichtbare Glyphen wie Knöpfe, Scrollbars und Menüs, die als Steuerungselemente in einer Benutzungsschnittstelle agieren. Widgets verwenden zumeist einfache Glyphen wie Zeichen, Kreise, Rechtecke und Polygone, um Daten darzustellen.

Wir nehmen an, daß wir über zwei Arten von Widgetklassen verfügen, mit denen wir mehrere Look-and-Feel-Standards implementieren können:

1. Eine Menge abstrakter Glyphunterklassen für jede Kategorie von Widget. Als Beispiel sei die abstrakte Klasse `Scrollbar` genannt, welche die grundlegende Glyphenschnittstelle um allgemeine Operationen zum Scrollen erweitert. Ebenso ist `Knopf` eine abstrakte Klasse, die knopforientierte Operationen hinzufügt usw.

2. Eine Menge konkreter Unterklassen zur Implementierung unterschiedliche Look-and-Feel-Standards für jede abstrakte Klasse. Die abstrakte Klasse `Scrollbar` besitzt möglicherweise `MotifScrollbar` und `PMScrollbar`-Unterklassen, welche dem Stil von Motif und dem Presentations-Manager ensprechende Scrollbars implementieren.

Lexi muß zwischen Widgets für unterschiedliche Look-and-Feel-Stile unterscheiden können. Benötigt Lexi zum Beispiel einen Knopf in seiner Benutzungsschnittstelle, so muß er ein Objekt einer Glyphunterklasse erzeugen, die dem richtigen Knopfstil entspricht (MotifKnopf, PMKnopf, MacKnopf usw.)

Es ist offenkundig, daß Lexis Implementierung dies nicht direkt tun darf (etwa durch Verwendung eines direkten Konstruktoraufrufs in C++). Das würde den Knopf eines bestimmten Stils fest codieren und es somit unmöglich machen, den Knopf zur Laufzeit auszuwechseln. Wir würden weiterhin jeden derartigen Konstruktoraufruf suchen und ändern müssen, wenn wir Lexi auf eine andere Plattform portieren wollen. Dabei sind Knöpfe nur ein Element in der Vielzahl von Widgets in Lexis Benutzungsschnittstelle. Es würde zu einem Wartungsalptraum führen, würden wir unseren Code mit direkten Konstruktoraufrufen spezifischer Look-and-Feel-Klassen durchsetzen. Sie brauchen nur einen einzigen zu übersehen und hätten als Ergebnis einen Motif-Knopf mitten in einer Macintosh-Anwendung.

Kurzum, Lexi muß in der Lage sein, den erwünschten Look-and-Feel-Standard zum Erzeugen der richtigen Widgets selbst zu bestimmen. Wir müssen es nicht nur vermeiden, Konstruktoren explizit aufzurufen, sondern wir müssen auch in der Lage sein, sämtliche Widgets auf einmal zu ersetzen. Wir können beides durch *Abstrahierung vom Prozeß der Objekterzeugung* erreichen. Ein Beispiel soll illustrieren, was wir meinen.

2.5.2 Fabriken und Produktklassen

Üblicherweise würden wir ein Exemplar eines Motif-Scrollbars mit dem folgenden C++-Code erzeugen:

```
Scrollbar* scrollbar = new MotifScrollbar;
```

Es ist aber genau diese Art von Code, die Sie vermeiden sollten, wenn sie Lexis Abhängigkeit von einem bestimmten Look-and-Feel minimieren wollen. Stellen Sie sich nun vor, daß wir `Scrollbar` folgendermaßen initialisieren würden:

```
Scrollbar* scrollbar = guiFabrik->ErzeugeScrollbar();
```

Hierbei ist `guiFabrik` ein Exemplar einer **MotifFabrik**-Klasse. `ErzeugeScrollbar` gibt ein neues Exemplar der richtigen Scrollbarunterklasse zurück, die dem gewünschten Look-and-Feel, hier Motif, entspricht. Aus Sicht des Klienten ergibt sich derselbe Effekt, als würde er den MotifScrollbar-Konstruktor direkt aufrufen. Es gibt aber einen wichtigen Unterschied: Der Code ist frei von direkten Referenzen auf Motif. Das `guiFabrik`-Objekt versteckt nicht nur den Prozeß des Erzeugens eines Objekts der Klasse MotifScrollbar, sondern den Prozeß des Erzeugens von Scrollbars eines *beliebigen* Look-and-Feel-Standards. Zudem ist die `guiFabrik` nicht nur auf die Erzeugung von Scrollbars beschränkt. Sie kann den vollen Umfang an Widgets, einschließlich aller Scrollbars, Knöpfe, Texteingabefelder, Menüs usw. erzeugen.

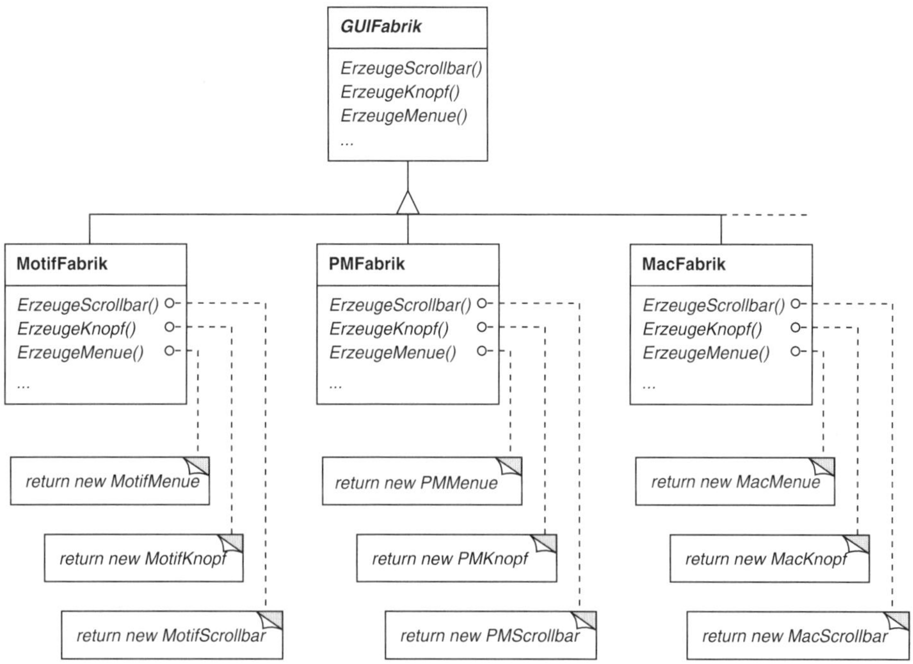

Abbildung 2.9 GUIFabrik-Klassenhierarchie

Dies alles ist möglich, weil MotifFabrik eine Unterklasse von **GUIFabrik** ist, einer abstrakten Klasse, die eine allgemeine Schnittstelle zum Erzeugen von Widgets definiert. Sie enthält Operationen wie `ErzeugeScrollbar` und `ErzeugeKnopf` zum Erzeugen von unterschiedlichen Widgets. Die Unterklassen von GUIFabrik implementieren diese Operationen so, daß sie Glyphen wie einen MotifScrollbar und einen PMKnopf zurückgeben, die ein bestimmtes Look-and-Feel realisieren. Abbildung 2.9 zeigt die sich ergebende Klassenhierarchie von `guiFabrik`-Objekten.

Wir sagen, daß Fabriken **Produktobjekte** erzeugen. Weiterhin stehen alle Produkte, die eine Fabrik erzeugt, miteinander in Beziehung. In diesem Fall sind die Produkte alle Widgets für dasselbe Look-and-Feel. Abbildung 2.10 zeigt einige der Produktklassen, die benötigt werden, um Fabriken für Widgets zum Funktionieren zu bringen.

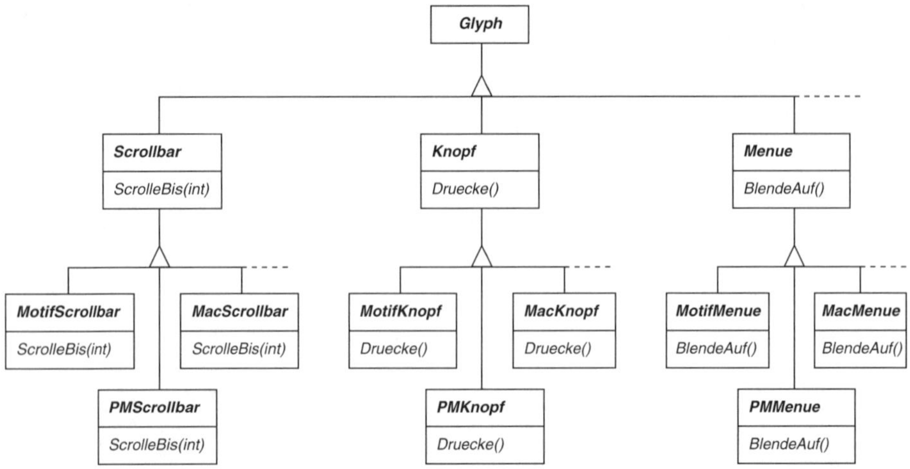

Abbildung 2.10 Abstrakte Produktklassen und konkrete Unterklassen

Es bleibt, die Frage zu beantworten, wo das `GUIFabrik`-Objekt denn herkommt. Die Antwort hierzu lautet: Es gibt keine festen Vorschriften. Die Variable `guiFabrik` könnte eine globale statische Member-Variable einer wohlbekannten Klasse sein, oder auch eine lokale Variable, wenn die gesamte Benutzungsschnittstelle aus einer einzigen Klasse oder Funktion heraus erzeugt wird. Es gibt sogar ein Entwurfsmuster, Singleton (157), zum Verwalten eines wohlbekannten und einmaligen Objekts dieser Art. Das wichtigste hierbei ist allerdings, daß `guiFabrik` zu einem Zeitpunkt im Programm definiert werden muß, *bevor* es das erste Mal zum Erzeugen von Widgets verwendet wird und *nachdem* geklärt ist, welches Look-and-Feel benötigt wird.

Wenn das Look-and-Feel zur Übersetzungszeit bekannt ist, kann `guiFabrik` mit einer einfachen Zuweisung eines neuen Fabrikexemplars zu Beginn des Programms initialisiert werden:

```
GUIFabrik* guiFabrik = new MotifFabrik;
```

Kann der Benutzer das Look-and-Feel mittels eines Strings während des Hochfahrens des Systems bestimmen, so sieht der Code zum Erzeugen der Fabrik vielleicht so aus:

```
GUIFabrik* guiFabrik;
const char* stilName = getenv("LOOK_AND_FEEL");
// Benutzer oder Umgebung liefert dies beim Hochfahren
```

```
if (strcmp(stilName, "Motif") == 0) {
   guiFabrik = new MotifFabrik;
}
else if (strcmp(stilName, "Presentation_Manager") == 0) {
   guiFabrik = new PMFabrik;
}
else {
   guiFabrik = new DefaultGUIFabrik;
}
```

Es gibt ausgefeiltere Möglichkeiten, die Fabrik zur Laufzeit auszuwählen. Sie können zum Beispiel eine Registratur verwenden, welche die Strings auf Fabrikobjekte abbildet. Dies ermöglicht es Ihnen, Exemplare von neuen Fabrikunterklassen zu registrieren, ohne, wie im obigen Ansatz verlangt, Code modifizieren zu müssen. Und Sie müssen nicht alle plattformspezifischen Fabriken in die Anwendung einbinden. Das ist wichtig, weil es möglicherweise nicht geht, auf einer Plattform, die Motif nicht unterstützt, eine MotifFabrik zu laden.

Die zentrale Aussage aber ist, daß, haben wir einmal eine Anwendung mit dem richtigen Fabrikobjekt konfiguriert, ihr Look-and-Feel von diesem Zeitpunkt an festgelegt ist. Sollten wir unsere Meinung ändern, können wir `guiFabrik` mit einem Fabrikobjekt für ein anderes Look-and-Feel erneut initialisieren und dann die Benutzungsschnittstelle erneut aufbauen. Unabhängig davon, wie und wann wir uns entscheiden, `guiFabrik` zu initialisieren, kann die einmal initialisierte Anwendung das richtige Look-and-Feel ohne weitere Änderung erzeugen.

2.5.3 Abstrakte-Fabrik-Muster

Fabriken und Produkte sind die zentralen Teilnehmer am Abstrakte-Fabrik-Muster (107). Dieses Muster ermöglicht es, Familien verwandter Produktobjekte zu erzeugen, ohne direkt spezifische Klassen benennen zu müssen. Es ist besonders gut geeignet, wenn die Anzahl und die Arten der Produktobjekte konstant bleiben und es Unterschiede in den spezifischen Produktfamilien gibt. Wir wählen zwischen Familien aus, indem wir eine bestimmte konkrete Fabrik erzeugen und sie danach durchgängig zum Erzeugen von Produkten verwenden. Wir können zudem ganze Familien von Produkten auswechseln, indem wir die konkrete Fabrik durch eine andere Fabrik ersetzen. Die Betonung des Abstrakte-Fabrik-Musters auf *Familien* von Produkten unterscheidet es von anderen Erzeugungsmustern, die sich nur auf eine Art von Produktobjekt beziehen.

2.6 Unterstützung verschiedener Fenstersysteme

Das Look-and-Feel eines Systems ist nur einer von mehreren Portabilitätsaspekten. Ein anderer ist die Fensterumgebung, in der Lexi läuft. Das Fenstersystem einer Plattform erzeugt auf einem Bildschirm die Illusion mehrerer überlappender Fenster. Es verwaltet den Bildschirmplatz für Fenster und leitet Tastatur- und Mauseingaben an sie weiter. Es gibt heute mehrere wichtige und weitgehend inkompatible Fenstersysteme, zum Beispiel den Macintosh, den Presentation-Manager, Microsoft-Windows und X-Windows. Wir würden es gern sehen, wenn Lexi auf so vielen Fenstersystemen wie möglich liefe, und zwar aus denselben Gründen, aus denen heraus wir mehrere Look-and-Feel-Standards unterstützen.

2.6.1 Können wir eine abstrakte Fabrik benutzen?

Auf den ersten Blick mag dies nach einer Gelegenheit aussehen, das Abstrakte-Fabrik-Muster erneut anzuwenden. Aber die Randbedingungen für die Portierbarkeit zwischen Fenstersystemen unterscheiden sich deutlich von denen für die Unabhängigkeit von einem bestimmten Look-and-Feel-Standard.

Bei der Anwendung des Abstrakte-Fabrik-Musters nahmen wir an, daß wir die konkreten Widgetklassen für jeden Look-and-Feel-Standard definieren würden. Dies bedeutete, daß wir jedes konkrete Produkt eines bestimmten Standards (zum Beispiel `MotifScrollbar` und `MacScrollbar`) von einer abstrakten Klasse (zum Beispiel `Scrollbar`) ableiten würden. Nehmen wir aber einmal an, daß wir bereits über mehrere Klassenhierarchien unterschiedlicher Hersteller verfügen, je eine für einen bestimmten Look-and-Feel-Standard. Es ist natürlich sehr unwahrscheinlich, daß diese Hierarchien in irgendeiner Form miteinander kompatibel sind. Somit verfügen wir über keine gemeinsame abstrakte Produktklasse für die Widgetarten (Scrollbar, Knopf, Menü usw.). Das Abstrakte-Fabrik-Muster funktioniert aber nicht ohne diese zentralen Klassen. Wir müssen somit die verschiedenen Widgethierarchien auf eine allgemeine Menge an abstrakten Produktschnittstellen hin anpassen. Nur dann können wir die `Erzeuge`...-Operationen vernünftig in der Schnittstelle unserer abstrakten Fabrik deklarieren.

Wir haben das Problem für die Widgets durch die Entwicklung unserer eigenen abstrakten und konkreten Produktklassen gelöst. Nun sehen wir uns einem ähnlichen Problem gegenüber, wenn wir versuchen, Lexi mit existierenden Fenstersystemen zum Laufen zu bringen. Das Problem ist, daß unterschiedliche Fenstersysteme inkompatible Programmierschnittstellen (APIs) haben. Diesmal ist die Sachlage etwas schwieriger, da wir es uns nicht leisten können, unser eigenes nicht den Standards entsprechende Fenstersystem zu entwickeln.

Es gibt aber ein rettendes Zugeständnis. Vergleichbar den Look-and-Feel-Standards unterscheiden sich die Schnittstellen von Fenstersystemen nicht radikal voneinander, weil alle Fenstersysteme im Prinzip dieselben Aufgaben erledigen. Wir benötigen eine einheitliche Menge von Fenstersystemabstraktionen, die es uns ermöglichen, unterschiedliche Implementierungen von Fenstersystemen hinter einer allgemeinen Schnittstelle zu kapseln.

2.6.2 Kapselung von Implementierungsabhängigkeiten

In Abschnitt 2.2 haben wir eine `Fenster`-Klasse zur Anzeige eines Glyphen oder einer Glyphenstruktur auf dem Bildschirm eingeführt. Wir haben dabei das Fenstersystem, mit dem dieses Objekt arbeitet, nicht angegeben, weil es sich überhaupt nicht auf ein bestimmtes Fenstersystem bezieht. Die Fenster-Klasse kapselt jene Dinge, die Fenster über die Grenzen von Fenstersystemen hinweg zu tun pflegen:

- Fenster bieten Operationen zum Zeichnen grundlegender geometrischer Formen.
- Fenster können zum Icon verkleinert werden und wieder auf die vorige Größe gebracht werden.
- Fenstern können ihre Größe verändern.
- Fenster können ihren Inhalt auf Verlangen erneut zeichnen, zum Beispiel, wenn sie vom Icon auf ihre vorige Größe vergrößert werden oder wenn ein überdeckter und verborgener Teil ihres auf dem Bildschirm sichtbaren Bereichs wieder freigegeben wird.

Die Fenster-Klasse muß die Funktionalität von Fenstern verschiedener Fenstersysteme umfassen. Lassen Sie uns zwei extreme Positionen betrachten:

1. *Schnittmenge der Funktionalität.* Die Fenster-Klassenschnittstelle bietet nur jene Funktionalität, die *allen* Fenstersystemen gemeinsam ist. Das Problem an diesem Ansatz ist, daß unsere Fenster-Schnittstelle folgendlich genauso mächtig sein wird, wie es die des mit der geringsten Funktionalität versehenen Fenstersystems ist. Wir können keinen Vorteil aus fortgeschritteneren Möglichkeiten ziehen, selbst wenn die meisten (aber nicht alle) Fenstersysteme diese unterstützen.
2. *Vereinigung der Funktionalität.* Die erzeugte Schnittstelle umfaßt die Fähigkeiten *aller* existierenden Systeme. Das Problem hierbei ist, daß die sich ergebende Schnittstelle leicht ziemlich groß und unzusammenhängend wird. Zudem müssen wir sie (und den davon abhängigen Lexi) jedesmal ändern, wenn ein Hersteller seine Fenstersystemschnittstelle revidiert.

Keine der beiden extremen Position stellt eine sinnvolle Lösung dar, so daß unsere Lösung irgendwo dazwischen zu finden sein wird. Die Fenster-Klasse wird eine bequeme Schnittstelle bieten, welche die beliebteste Fenster-Funktionalität unterstützt. Da Lexi direkt mit dieser Klasse arbeitet, muß die Fenster-Klasse auch jene Dinge unterstützen, mit denen Lexi arbeitet, nämlich Glyphen. Dies bedeutet, daß die Fenster-Schnittstelle eine grundlegende Menge von grafischen Operationen bereitstellen muß, die es Glyphen ermöglicht, sich selbst in Fenstern zu zeichnen. Tabelle 2.3 gibt ein Beispiel für die Operationen in der Fenster-Klassenschnittstelle.

Zuständigkeit	**Operationen**

Fensterverwaltung	`virtual void Zeichne()`
	`virtual void NachVorne()`
	`virtual void NachHinten()`
	`virtual void ZumSymbol()`
	`virtual void ZurAltenGroesse()`

Grafikprimitiven	`virtual void ZeichneLinie(...)`
	`virtual void ZeichneRechteck(...)`
	`virtual void ZeichnePolygon(...)`
	`virtual void ZeichneText(...)`
	`...`

Tabelle 2.3 Klassenschnittstelle von Fenster

Fenster ist eine abstrakte Klasse. Die konkreten Unterklassen von Fenster unterstützen die verschiedenen Fenster, mit denen Benutzer arbeiten. Beispielsweise sind Anwendungsfenster, zum Icon verkleinerbare Fenster und Warn-Dialoge allesamt Fenster, die sich aber leicht unterschiedlich verhalten. Somit können wir Unterklassen wie AnwendungsFenster, IconFenster und DialogFenster definieren, welche die jeweiligen Unterschiede erfassen. Die resultierende Klassenhierarchie führt bei Anwendungen wie Lexi zu einer einheitlichen und intuitiven Fenster-Abstraktion, die nicht vom Fenstersystem eines bestimmten Herstellers abhängt (siehe Abbildung 2.11).

Da wir nun eine Fenster-Schnittstelle für Lexi definiert haben, stellt sich die Frage, wo die tatsächlichen plattformspezifischen Fenster ins Spiel kommen. Wenn wir nicht schon unser eigenes Fenstersystem implementieren, müssen wir an irgendeinem Punkt unsere Fenster-Abstraktion auf Basis dessen implementieren, was das Zielfenstersystem bietet. Wo befindet sich nun diese Implementierung?

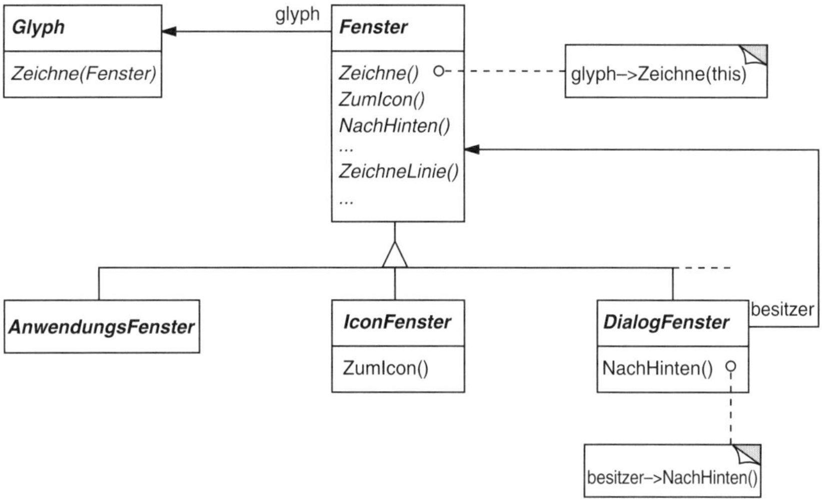

Abbildung 2.11

Ein Ansatz besteht darin, mehrere Versionen der Fenster-Klasse und ihrer Unterklassen zu implementieren, und zwar einmal für jede Fenstersystemplattform. Wir müßten dann die jeweils zu verwendende Version auswählen, wenn wir Lexi für eine bestimmte Plattform erstellen. Stellen Sie sich aber die Kopfschmerzen vor, die Ihnen die Wartung bereiten würde, wenn wir die vielen Klassen nachverfolgen müssten, die alle den Namen »Fenster« tragen, aber für unterschiedliche Plattformen implementiert wurden. Alternativ könnten wir implementierungsspezifische Unterklassen jeder Klasse in der Fenster-Hierarchie erzeugen – mit dem Ergebnis einer weiteren Explosion der Anzahl von Unterklassen wie jener, die wir schon beim Versuch, Ausschmückungen anzubringen, erlebt hatten. Beide dieser Alternativen haben einen weiteren Nachteil: Keine ermöglicht die Flexibilität, nach erfolgter Übersetzung das verwendete Fenstersystem zu ändern. Somit müssen wir mehrere verschiedene ausführbare Programme verwalten.

Was sollen wir tun? Nun, wir können dasselbe machen, was wir im Falle der Formatierung und Ausschmückung getan haben, nämlich *das variierende Konzept zu kapseln*. Im vorliegenden Fall ändert sich die Implementierung für ein Fenstersystem. Wenn wir die Funktionalität des Fenstersystems durch ein Objekt kapseln, können wir unsere Fenster-Klasse und ihre Unterklassen auf Basis der Schnittstelle dieses Objekts implementieren. Wenn diese Schnittstelle für alle uns interessierenden Fenstersysteme ausreicht, werden wir weder die Fenster-Klasse noch ihre Unterklassen ändern müssen, um unterschiedliche Fenstersysteme zu unterstützen. Wir können Fenster-Objekte für das gewünschte Fenstersystem konfigurieren, indem wir einfach das richtige das Fenstersystem kapselnde Objekt hereinreichen. Wir können sogar das Fenster zur Laufzeit konfigurieren.

2.6.3 Fenster und FensterImp

Wir definieren eine separate **FensterImp**-Klassenhierarchie, durch die wir die unterschiedlichen Implementierungen für ein Fenstersystem verstecken. FensterImp ist eine abstrakte Klasse für Objekte, die den für ein Fenstersystem spezifischen Code kapseln. Um Lexi mit einem bestimmten Fenstersystem zu starten, konfigurieren wir jedes Fenster-Objekt mit einem Exemplar einer FensterImp-Unterklasse für das System. Das in Abbildung 2.12 dargestellte Diagramm zeigt die Beziehung zwischen den Fenster- und FensterImp-Hierarchien auf.

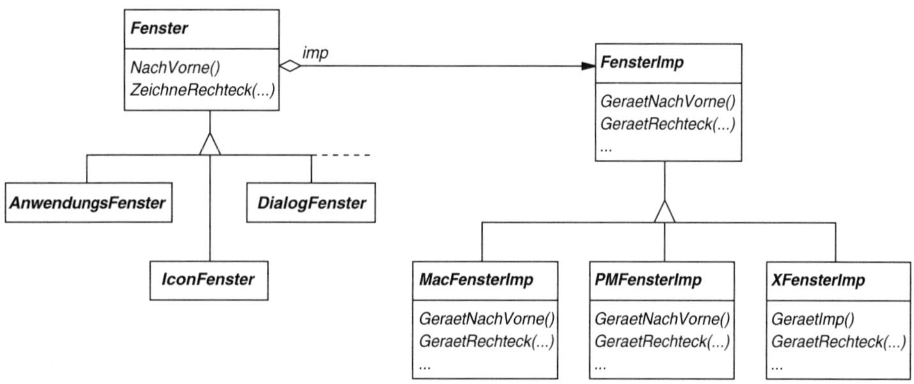

Abbildung 2.12

Durch das Verstecken der Implementierungen in FensterImp-Klassen vermeiden wir es, die Fenster-Klassen mit Abhängigkeiten vom Fenstersystem zu durchsetzen, was die Fenster-Klassenhierarchie vergleichsweise klein und stabil macht. Davon unabhängig können wir die Implementierungshierarchie einfach erweitern, um neue Fenstersysteme zu unterstützen.

FensterImp-Unterklassen

Unterklassen von FensterImp konvertieren Aufrufe in für das Fenstersystem spezifische Operationen. Denken Sie an das Beispiel zurück, daß wir in Abschnitt 2.2 benutzt haben. Wir haben die Operation `Rechteck::Zeichne` mittels der `ZeichneRechteck`-Operation des Fenster-Objekts definiert:

```
void Rechteck::Zeichne(Fenster* fenster) {
   fenster->ZeichneRechteck(_x0, _y0, _x1, _y1);
}
```

Die Defaultimplementierung von ZeichneRechteck verwendet die abstrakte Operation zum Zeichnen von Rechtecken, wie sie von FensterImp deklariert ist:

```
void Fenster::ZeichneRechteck(Koordinate x0, Koordinate y0,
   Koordinate x1, Koordinate y1)
{
   _imp->GeraetRechteck(x0, y0, x1, y1);
}
```

Hierbei ist _imp eine Member-Variable von Fenster, welche das FensterImp-Objekt speichert, mit der das Fenster konfiguriert ist. Die Fenster-Implementierung wird durch jenes Exemplar der Unterklasse von FensterImp implementiert, auf das _imp zeigt. Im Fall einer XWindowImp (also einer FensterImp für das X-Window-System), sieht die Implementierung von GeraetRechteck vielleicht so aus:

```
void XWindowImp::GeraetRechteck(Koordinate x0, Koordinate y0,
   Koordinate x1, Koordinate y1)
{
   int x = round(min(x0, x1));
   int y = round(min(y0, y1));
   int b = round(abs(x0 - x1));
   int h = round(abs(y0 - y1));
   XDrawRectangle(_dpy, _winid, _gc, x, y, b, h);
}
```

GeraetRechteck ist so definiert, weil XDrawRectangle (die Schnittstelle des X-Window-Systems zum Zeichnen eines Rechtecks) ein Rechteck auf Basis seiner linken unteren Ecke, seiner Breite und seiner Höhe definiert. GeraetRechteck muß diese Werte aus jenen Werten berechnen, mit denen es versorgt wird. Zuerst ermittelt es die linke untere Ecke (da (x0, y0) eine beliebige Ecke des Rechtecks sein kann) und berechnet dann die Breite und Höhe.

PMFensterImp (eine Unterklasse von FensterImp für den Presentation-Manager) würde GeraetRechteck anders definieren:

```
void PMFensterImp::GeraetRechteck(Koordinate x0, Koordinate y0,
   Koordinate x1, Koordinate y1)
{
   Koordinate links = min(x0, x1);
   Koordinate rechts = max(x0, x1);
   Koordinate unten = min(y0, y1);
   Koordinate oben = max(y0, y1);

   PPOINTL punkt[4];
```

```
    punkt[0].x = links; punkt[0].y = oben;
    punkt[1].x = rechts; punkt[1].y = oben;
    punkt[2].x = rechts; punkt[2].y = unten;
    punkt[3].x = links; punkt[3].y = unten;

    if ((GpiBeginPath(_hps, 1L) == false) ||
       (GpiSetCurrentPosition(_hps, &punkt[3] == false) ||
       (GpiPolyLine(_hps, 4L, punkt) == GPI_ERROR) ||
       (GpiEndPath(_hps) == false))
    {
       // Fehlermeldung
    }
    else
    {
       GpiStrokePath(_hps, 1L, 0L);
    }
}
```

Warum unterscheidet sich diese Implementierung so von der Version für das X-Window-System? Nun, der Presentation-Manager besitzt keine Operation zum Zeichnen eines Rechtecks wie es bei X-Windows der Fall ist. Statt dessen besitzt der Presentation-Manager eine allgemeinere Schnittstelle zur Spezifikation von Knoten in Formen, die aus mehreren Segmenten (**path** genannt) bestehen, ergänzt um Operationen zum Umrahmen und zum Ausfüllen der umschlossenen Fläche.

Die Implementierung von `GeraetRechteck` für den Presentation-Manager unterscheidet sich offenkundig von der für X-Windows. Das macht aber nichts. FensterImp versteckt die Unterschiede der Fenstersystemschnittstellen hinter einer möglicherweise großen, aber stabilen Schnittstelle. Dies ermöglicht es Entwicklern von Fenster-Unterklassen, sich auf die Fenster-Abstraktion zu konzentrieren und von den Details des Fenstersystems abzusehen. Es ermöglicht uns weiterhin, Unterstützung für neue Fenstersysteme hinzuzufügen, ohne die Fenster-Klassen berücksichtigen zu müssen.

Konfiguration von Fenstern mit FensterImps

Ein zentraler Punkt, mit dem wir uns bisher noch nicht beschäftigt haben, ist die Frage, wie ein Fenster überhaupt mit der richtigen FensterImp-Unterklasse konfiguriert wird. Anders formuliert, stellt sich die Frage, wann `_imp` initialisiert wird und wer weiß, welches Fenstersystem benutzt wird (und konsequenterweise, welche FensterImp-Unterklasse gerade benötigt wird)? Das Fenster braucht das FensterImp-Objekt, bevor es irgend etwas Interessantes machen kann.

Es gibt mehrere Möglichkeiten, unter denen wir uns aber auf jene konzentrieren werden, welche das Abstrakte-Fabrik-Muster (107) verwendet. Wir können eine Abstrakte-Fabrik-Klasse namens `FenstersystemFabrik` definieren, die eine Schnittstelle zum Erzeugen unterschiedlicher Arten von Objekten bietet, deren Implementierung vom Fenstersystem abhängt:

```
class FenstersystemFabrik {
public:
   virtual FensterImp* ErzeugeFensterImp() = 0;
   virtual FarbeImp* ErzeugeFarbeImp() = 0;
   virtual ZeichensatzImp* ErzeugeZeichensatzImp() = 0;

   // jeweils eine Erzeuge... Operation
   // für die Fenstersystem-Ressourcen
};
```

Nun können wir eine konkrete Fabrik für jedes Fenstersystem definieren:

```
class PMFenstersystemFabrik : public FenstersystemFabrik {
   virtual FensterImp* ErzeugeFensterImp()
      { return new PMFensterImp; }
   // ...
};

class XFenstersystemFabrik : public FenstersystemFabrik {
   virtual FensterImp* ErzeugeFensterImp()
      { return new XFensterImp; }
   // ...
};
```

Der Konstruktor der Fenster-Basisklasse kann die Schnittstelle von `FenstersystemFabrik` verwenden, um die `_imp` Member-Variable mit dem für das Fenstersystem richtigen FensterImp-Objekt zu initialisieren:

```
Fenster::Fenster() {
   _imp = fenstersystemFabrik->ErzeugeFensterImp();
}
```

Die `fenstersystemFabrik`-Variable ist ein wohlbekanntes Exemplar einer Unterklasse von FenstersystemFabrik, vergleichbar der wohlbekannten `guiFabrik`-Variablen, die das Look-and-Feel definiert. Die `fenstersystemFabrik`-Variable kann auf dieselbe Art und Weise initialisiert werden.

2.6.4 Brückenmuster

Die FensterImp-Klasse definiert eine Schnittstelle zur allgemeinen Funktionalität eines Fenstersystems, ist aber in ihrem Entwurf von anderen Randbedingungen abhängig als die Fenster-Schnittstelle. Anwendungsprogrammierer arbeiten nicht direkt mit der Schnittstelle von FensterImp, sondern nur mit der von Fenster. Deswegen muß die Schnittstelle von FensterImp nicht die Weltsicht des Anwendungsprogrammierers wiedergeben (wie sie im Zentrum unseres Interesses stand, als wir die Fenster-Klassenhierarchie und Fenster-Schnittstellen entworfen haben). Die Schnittstelle von FensterImp kann näher an dem liegen, was die Fenstersysteme tatsächlich an Funktionalität bieten, einschließlich aller Macken und Bugs. Es kann entweder auf die Schnittmenge oder die Vereinigungsmenge der vorhandenen Funktionalität hin ausgerichtet sein. Dies hängt davon ab, was für das Zielfenstersystem am besten ist.

Die Beziehung zwischen Fenster und FensterImp ist ein Beispiel für das Brückenmuster (186). Der Zweck des Brückenmusters besteht darin, es unterschiedlichen Klassenhierarchien zu ermöglichen, zusammenzuarbeiten, selbst wenn sie sich voneinander unabhängig weiterentwickeln. Unsere Entwurfskriterien brachten uns dazu, zwei separate Klassenhierarchien zu erzeugen, von denen die eine der Unterstützung des konzeptuellen Begriffs des Fensters dient, und die andere der technischen Implementierung von Fenstern. Das Brückenmuster ermöglicht es uns, unsere konzeptuellen Fensterabstraktionen zu warten und zu erweitern, ohne vom Fenstersystem abhängigen Code anfassen zu müssen und umgekehrt.

2.7 Benutzungsfunktionalität

Ein Teil von Lexis Funktionalität ist durch die WYSIWYG-Repräsentation des Dokuments verfügbar. Sie können einen Text eingeben, ihn löschen, den Eingabefokus bewegen und Textbereiche durch Zeigen, Klicken und direktes Tippen im Dokument auswählen. Andere Funktionalität wird indirekt über Benutzungsoperationen in Lexis Pull-down-Menüs, durch Knöpfe und durch Tastaturkürzel ausgelöst. Diese Funktionalität umfaßt Operationen zum

- Erzeugen eines neuen Dokuments,
- Öffnen, Speichern und Drucken eines existierenden Dokuments,
- Ausschneiden und Einfügen von ausgewähltem Text,
- Ändern des Zeichensatzs und des Stils von ausgewähltem Text,

- Ändern der Formatierung von Text, so zum Beispiel seiner Ausrichtung und Einrükkung,
- Beenden der Anwendung
- und andere mehr.

Lexi bietet für diese Operationen unterschiedliche Benutzungsschnittstellen an. Wir wollen allerdings keine Operation ausschließlich an einen bestimmten Teil der Benutzungsschnittstelle binden, da wir möglicherweise mehrere Benutzungsschnittstellen für dieselbe Operation bereitstellen wollen. So können Sie zum Beispiel eine Seite umblättern, indem Sie entweder auf einen dafür vorgesehenen Knopf drücken oder eine Menüoperation auslösen. Möglicherweise wollen wir außerdem die Schnittstelle in der Zukunft noch ändern.

Zudem ist die Implementierung von Benutzungsoperationen über viele verschiedene Klassen verstreut. Als Entwickler wollen wir auf ihre Funktionalität zugreifen können, ohne allzugroße Abhängigkeiten zwischen Implementierungs- und Benutzungsschnittstellenklassen zu erzeugen. Andernfalls stünden wir zum Schluß mit einer eng gekoppelten Implementierung dar, die schwieriger zu verstehen, zu erweitern und zu warten ist, als wenn wir diese Abhängigkeiten nicht hätten.

Um die Sachlage noch weiter zu verkomplizieren, wollen wir, daß Lexi ein Undo und Redo (Rückgängig machen und Wiederherstellen einer Änderung) der meisten, *wenngleich nicht all seiner* Funktionalität bietet. Um genau zu sein, wollen wir in der Lage sein, das Dokument modifizierende Operationen wie zum Beispiel das Löschen von Text rückgängig machen zu können, mit denen ein Benutzer große Mengen von Daten unbeabsichtigt zerstören kann. Wir sollten allerdings nicht versuchen, Operationen wie das Speichern einer Zeichnung oder das Beenden der Anwendung rückgängig zu machen. Diese Operationen sollten keine Auswirkungen auf den Undo-Prozeß haben. Wir wollen weiterhin die Anzahl möglicher Undo-Schritte nicht willkürlich einschränken.

Offenkundig beeinflussen Benutzungsoperationen nahezu jeden Teil der Anwendung. Die Herausforderung besteht darin, einen einfachen und erweiterbaren Mechanismus zu entwickeln, der alle diese Bedürfnisse befriedigt.

2.7.1 Kapseln einer Operation

Aus der Sicht eines Entwicklers sind Pull-down-Menüs auch nur eine andere Art von Glyphen, die weitere Glyphen enthalten. Was Pull-down-Menüs von anderen Glyphen mit Kindobjektglyphen unterscheidet, ist, daß die meisten Menüglyphen als Reaktion auf einen Klick etwas tun.

Lassen Sie uns annehmen, daß die diese Arbeit ausführenden Glyphen Exemplare einer Glyphunterklasse namens **MenueEintrag** sind und daß sie ihre Arbeit als Reaktion auf eine Anfrage durch einen Klienten erfüllen.[1] Das Ausführen der Operation umfaßt möglicherweise das Ausführen einer Operation auf einem Objekt oder vieler Operationen auf vielen Objekten oder irgend etwas dazwischen.

Wir könnten eine Unterklasse von MenueEintrag für jede Benutzungsoperation definieren und sie so ausprogrammieren, so daß sie die Operation ausführt. Das ist allerdings kaum sinnvoll. Wir benötigen keine Unterklasse von MenueEintrag für jede Operation, jedenfalls nicht mehr, als wir eine Unterklasse für jeden Textstring in einem Menü brauchen. Weiterhin koppelt dieser Ansatz die Operation an eine bestimmte Benutzungsschnittstelle, was es erschwert, die Operation durch eine andere Benutzungsschnittstelle erfüllen zu lassen.

Um dies zu veranschaulichen, nehmen Sie an, daß Sie sich zur letzten Seite des Dokuments sowohl über einen Menüeintrag *als auch* durch das Drücken eines Icons am Fuße von Lexis Schnittstelle bewegen können. Letzteres kann für kurze Dokumente etwas bequemer sein. Wenn wir die Operation über Vererbung an einen Menüeintrag binden, müssen wir dasselbe für das Icon und jede andere Art von Widget tun, das eine solche Operation auslösen könnte. Als Konsequenz ergäbe sich eine große Menge von Klassen, deren Anzahl sich dem Produkt aus Anzahl der Widgettypen und Anzahl der Benutzungsoperationen annähern würde.

Es fehlt also ein Mechanismus, der es uns ermöglicht, Menüeinträge mit der Operation zu parametrieren, die sie ausführen sollen. Auf diese Art und Weise vermeiden wir das unmäßige Wachstum von Unterklassen und ermöglichen eine größere Flexibilität zur Laufzeit. Wir könnten MenueEintrag mit einer aufzurufenden Funktion parametrieren, was aber keine vollständige Lösung aus mindestens den drei folgenden Gründen ist:

1. Es ignoriert das Undo/Redo-Problem.
2. Es ist schwer, einen Zustand an eine Funktion zu binden. Eine Funktion, die einen Zeichensatz ändern soll, muß beispielsweise wissen, *welcher* Zeichensatz zu ändern ist.
3. Funktionen sind schwer erweiterbar, und es ist schwierig, Teile von ihnen wiederzuverwenden.

---

1. Aus konzeptueller Sicht betrachtet, ist der Klient der Benutzer von Lexi, technisch betrachtet aber ist es ein anderes Objekt (so zum Beispiel ein Ereignisverteiler), der Eingaben vom Benutzer handhabt.

Diese Gründe führen dazu, daß wir MenueEintrag-Objekte mit einem *Objekt* und nicht mit einer Funktion parametrieren sollten. Wir können dann Vererbung verwenden, um die Implementierung der Operation zu erweitern und wiederzuverwenden. Wir gewinnen weiterhin einen Ort, an dem wir den Zustand und die Undo/Redo-Funktionalität ablegen können. Wir haben also ein weiteres Beispiel der Kapselung des variierenden Konzepts vorliegen, in diesem Fall einer Benutzungsoperation. Wir werden jede Operation in einem **Befehlsobjekt** kapseln.

2.7.2 Befehlsklasse und Unterklassen

Als erstes definieren wir eine abstrakte Klasse namens **Befehl**, um eine Schnittstelle zum Ausführen einer Operation bereitzustellen. Die grundlegende Schnittstelle besteht aus einer einzigen abstrakten Operation namens FuehreAus. Unterklassen von Befehl implementieren FuehreAus auf unterschiedliche Arten, um die unterschiedlichen Operationen zu erfüllen. Manche Unterklassen delegieren Teile der Arbeit oder auch die gesamte Arbeit an andere Objekte. Andere Unterklassen sind vielleicht in der Lage, die Operation gänzlich allein auszuführen (siehe Abbildung 2.13). Für den Auslöser der Operation ist jedenfalls ein Befehlsobjekt ein Befehlsobjekt – sie werden einheitlich behandelt.

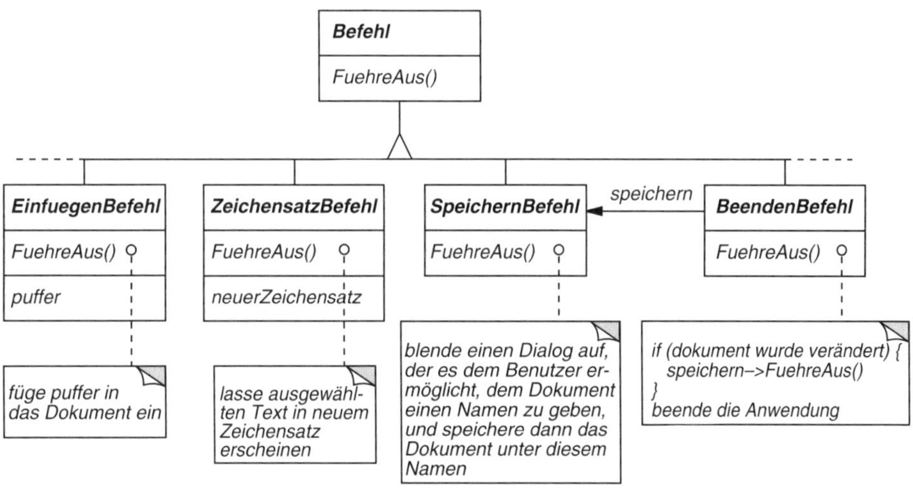

Abbildung 2.13 Iteratorklassen und Iteratorunterklassen

Ein Menüeintrag kann nunmehr ein Befehlsobjekt speichern, das eine Operation kapselt (Abbildung 2.14). Wir versorgen jedes MenueEintrag-Objekt mit einem Exemplar jener Unterklasse von Befehl, die diesem Menüeintrag entspricht, genauso wie wir den in einem Menüeintrag erscheinenden Text spezifizieren. Wenn ein Benutzer einen bestimmten Menüeintrag auswählt, ruft der Menüeintrag lediglich FuehreAus auf seinem Befehlsobjekt auf, um die Operation umzusetzen. Beachten Sie, daß Knöpfe oder andere Widgets ein Befehlsobjekt auf dieselbe Art und Weise verwenden können, wie Menüeinträge dies tun.

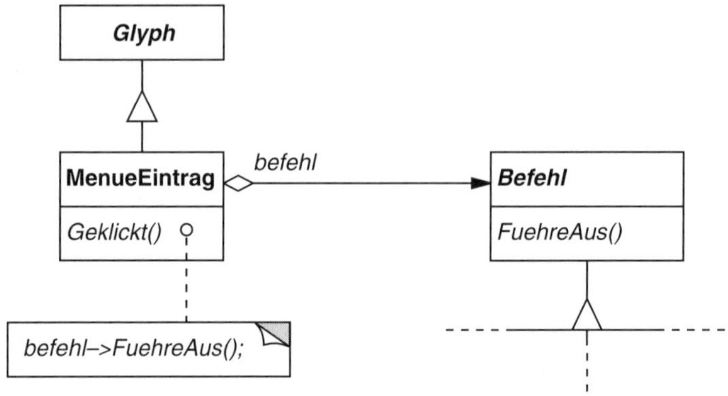

Abbildung 2.14 Beziehung zwischen MenueEintrag und Befehl

2.7.3 Undo-Funktionalität

Undo/Redo ist eine wichtige Funktionalität in interaktiven Anwendungen. Um Operationen rückgängig zu machen (Undo) und rückgängig gemachte Änderungen wiederherzustellen (Redo), fügen wir eine Operation Rückgaengig in die Schnittstelle von Befehl ein. Rückgängig macht den Effekt der vorausgehenden FuehreAus-Operation rückgängig und benutzt dabei die von FuehreAus gespeicherten Daten, wie auch immer diese aussehen mögen. Im Fall eines Zeichensatz-Befehls würde die FuehreAus-Operation den von der Zeichensatzänderung betroffenen Textbereich sowie den ursprünglichen Zeichensatz speichern. Die Rückgängig-Operation von Zeichensatz-Befehl würde den Textbereich auf seinen ursprünglichen Zeichensatz setzen.

Manchmal muß zur Laufzeit bestimmt werden, ob es möglich sein soll, eine Operation rückgängig zu machen. Der Befehl, den Zeichensatzes eines ausgewählten Textes zu ändern, bewirkt nichts, wenn der Text bereits diesen Zeichensatz besitzt. Nehmen Sie aber einmal an, daß der Benutzer zuerst etwas Text auswählt und dann einen sinnlosen Zeichensatzwechsel anfordert. Was sollte das Ergebnis einer sich anschließenden Undo-Aktivierung sein? Sollte eine unsinnige Änderung dazu führen, daß die Undo-Operation etwas gleichermaßen Sinnloses tut? Wohl kaum. Wenn der Benutzer die sinnlose Zeichensatzänderung mehrmals vornimmt, sollte er nicht dieselbe Anzahl von Undo-Operationen ausführen müssen, nur um zur letzten sinnvollen Operation zurückkehren zu können. Wenn das Ausführens eines Befehls zu keinerlei Auswirkungen führt, gibt es auch kein Bedürfnis nach einer entsprechenden Undo-Operation.

Um also zu bestimmen, ob es möglich sein soll, einen Befehl rückgängig zu machen, fügen wir eine abstrakte IstUmkehrbar-Operation in die Schnittstelle von Befehl ein. IstUmkehrbar gibt einen booleschen Wert zurück. Unterklassen können diese Operation neu definieren, so daß sie ihren Rückgabewert auf Basis von Laufzeitkriterien ermittelt.

2.7.4 Befehlsgeschichte

Der letzte Schritt zur Unterstützung eines beliebig tiefen Undos besteht in der Definition einer **Befehlsgeschichte**, einer Liste von Befehlsobjekten, die ausgeführt oder rückgängig gemacht wurden. Konzeptuell betrachtet, sieht eine Befehlsgeschichte wie in Abbildung 2.15 dargestellt aus.

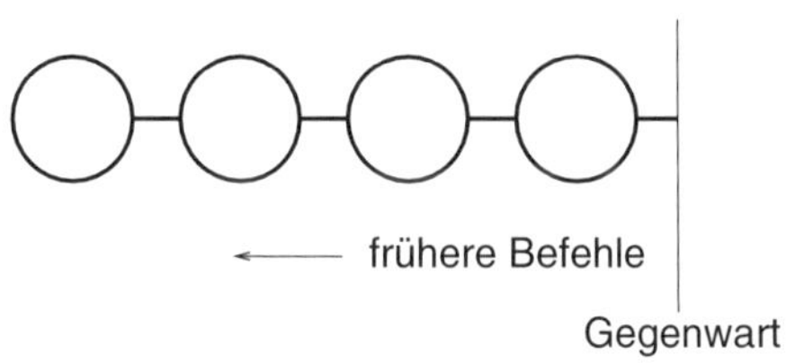

Abbildung 2.15

Jeder Kreis repräsentiert ein Befehlsobjekt. In diesem Fall hat der Benutzer vier Befehle aufgerufen. Der am weitesten links liegende Befehl wurde als erster ausgeführt, gefolgt vom als zweites am weitesten links liegenden Befehl und so weiter bis zum letzten ausgeführten Befehl, welcher durch das am weitesten rechts liegende Befehlsobjekt repräsentiert ist. Die mit »heute« markierte Linie verfolgt das zuletzt ausgeführte (oder rückgängig gemachte) Befehlsobjekt.

Um den letzten Befehl rückgängig zu machen, rufen wir lediglich Rückgängig auf dem jüngsten Befehlsobjekt auf (siehe Abbildung 2.16).

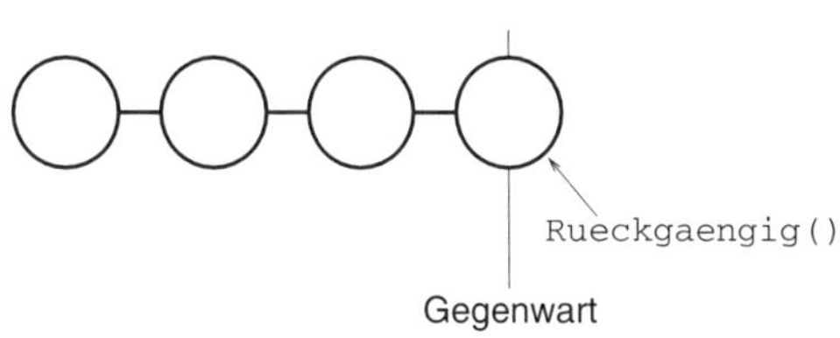

Abbildung 2.16 Beziehung zwischen MenueEintrag und Befehl

Nachdem der Befehl rückgängig gemacht wurde, bewegen wir die »heute«-Linie um ein Befehlsobjekt nach links. Wenn der Benutzer wiederum Rückgängig aufruft, wird der nächstgelegene vorige Befehl auf dieselbe Art und Weise rückgängig gemacht. Wir finden uns dann in dem in Abbildung 2.17 dargestellten Zustand wieder.

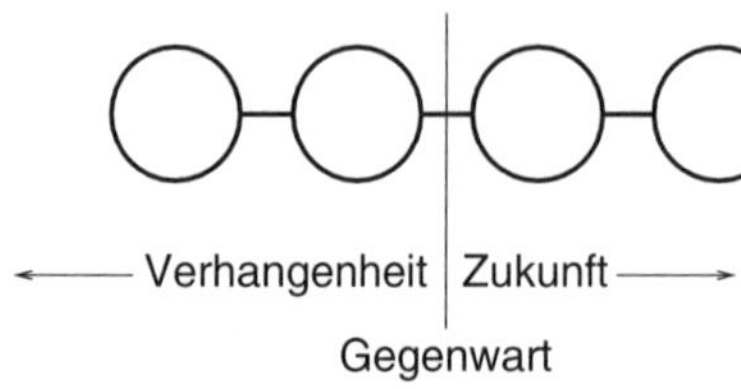

Abbildung 2.17 Beziehung zwischen MenueEintrag und Befehl

Wie Sie erkennen können, erreichen wir durch wiederholtes Anwenden dieser Prozedur ein mehrstufiges Undo. Die Anzahl der Schritte ist nur durch die Länge der Befehlsgeschichte beschränkt.

Um einen gerade rückgängig gemachten Befehl erneut auszuführen, machen wir dasselbe in umgekehrter Reihenfolge. Die rechts von der »heute«-Linie liegenden Befehlsobjekte sind Befehle, die in der Zukunft erneut ausgeführt werden können. Um den zuletzt rückgängig gemachten Befehl erneut auszuführen, rufen wir FuehreAus auf dem Befehlsobjekt rechts von der »heute«-Linie auf (siehe Abbildung 2.18).

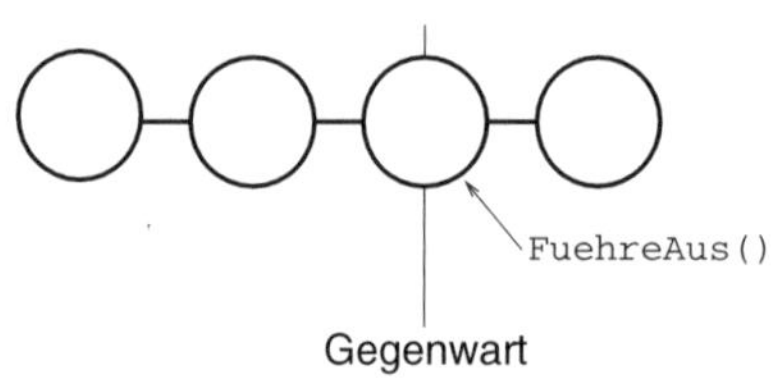

Abbildung 2.18 Beziehung zwischen MenueEintrag und Befehl

Wir rücken danach die »heute«-Linie einen Schritt vor, so daß ein sich anschließendes Ausführen auf dem nächsten Befehlsobjekt ausgeführt wird (Abbildung 2.19).

Wenn die sich anschließende Operation nicht ein weiteres Redo, sondern ein Undo ist, wird der Befehl links von der »heute«-Linie rückgängig gemacht. Somit kann der Benutzer effektiv in der Zeit vor und zurück gehen, wie es benötigt wird, wenn Fehler rückgängig gemacht werden sollen.

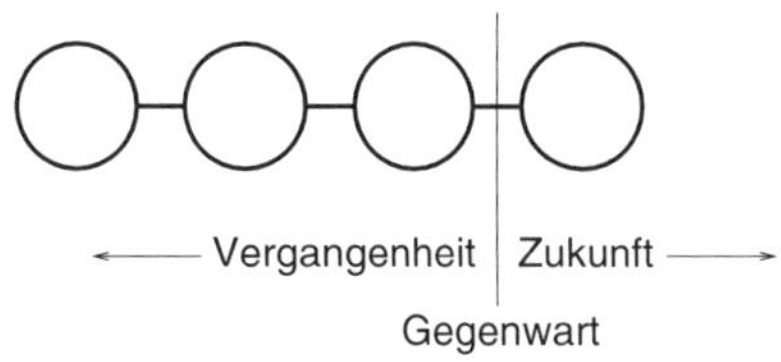

Abbildung 2.19 Beziehung zwischen MenueEintrag und Befehl

2.7.5 Befehlsmuster

Lexis Befehlsobjekte sind eine Anwendung des Befehlsmusters (273), welches beschreibt, wie man eine Operation kapselt. Das Befehlsmuster legt eine einheitliche Schnittstelle zum Ausführen von Operationen fest, die es Ihnen ermöglicht, Klienten so zu konfigurieren, daß sie unterschiedliche Operationen ausführen können. Die Schnittstelle schirmt Klienten von der Implementierung der Operation ab. Ein Befehlsobjekt delegiert möglicherweise die gesamte Implementierung oder auch nur Teile davon oder auch nichts an andere Objekte. Dies ist eine perfekte Lösung für Anwendungen wie Lexi, die einen zentralisierten Zugriff auf Funktionalität bieten müssen, der über die ganze Anwendung verstreut ist. Das Muster diskutiert außerdem Undo- und Redo-Mechanismen, die auf der zugrundeliegenden Befehlsobjektschnittstelle aufbauen.

2.8 Rechtschreibprüfung und Silbentrennung

Das letzte Entwurfsproblem befaßt sich mit der Textanalyse, genauer mit der Prüfung von Rechtschreibfehlern und dem Einfügen von Silbentrennungen dort, wo sie aus Gründen guter Formatierung benötigt werden.

Die Randbedingungen gleichen den zuvor in Abschnitt 2.3 diskutierten Entwurfsproblemen der Formatierung. Genau so, wie es bei den Zeilenumbruchstrategien der Fall war, gibt es mehr als einen Weg, die Rechtschreibung zu prüfen und Punkte zur Silbentrennung zu berechnen. Wir wollen hier ebenso verschiedene Algorithmen unterstützen und aus einer Menge verschiedener Algorithmen wählen können, die unterschiedliche Vor- und Nachteile hinsichtlich des Speicherplatzverbrauches, der Geschwindigkeit und der Qualität besitzen. Wir sollten es weiterhin einfach machen, neue Algorithmen hinzuzufügen.

Wir wollen es außerdem vermeiden, diese Funktionalität direkt in die Dokumentstruktur einzufügen. Dieses Entwurfsziel ist hier noch einmal wichtiger, als es schon im Falle der Formatierung gewesen war, weil die Rechtschreibprüfung und Silbentrennung nur zwei Möglichkeiten von potentiell sehr vielen Arten der Textanalyse darstellen, die wir in Lexi möglicherweise anbieten wollen. Es ist unvermeidlich, daß wir Lexis analytische Funktionalität im Laufe der Zeit erweitern wollen. Vielleicht werden wir Funktionalität zum Suchen, zum Zählen von Wörtern, zum Berechnen von Tabellen, zur Grammatikprüfung usw. einführen wollen. Wenn wir Funktionalität dieser Art einfügen wollen, so wollen wir dazu keineswegs die Glyphklasse und all ihre Unterklassen ändern müssen.

Es gibt genau genommen zwei Puzzleteile: (1) den Zugriff auf die zu analysierende Information, die wir über alle Glyphen in der Dokumentstruktur verstreut haben, und (2) das Ausführen der Analyse. Wir werden diese zwei Teile getrennt voneinander betrachten.

2.8.1 Zugriff auf verteilte Informationen

Viele Arten der Analyse erfordern die zeichenbasierte Untersuchung von Texten. Der Text, den wir untersuchen müssen, ist über eine hierarchische Struktur von Glyphobjekten verteilt. Um den Text in einer solchen Struktur zu untersuchen, benötigen wir einen Zugriffsmechanismus, der das Wissen über die Datenstrukturen besitzt, in denen die Objekte gespeichert sind. Manche Glyphen speichern ihre Kindobjekte möglicherweise in verketteten Listen, andere verwenden vielleicht Arrays, und wieder andere verwenden noch komplexere Datenstrukturen. Unser Zugriffsmechanismus muß in der Lage sein, mit all diesen Möglichkeiten zurechtzukommen.

Eine zusätzliche Komplikation besteht darin, daß unterschiedliche Analysen auf die Informationen in unterschiedlicher Weise zugreifen. Die *meisten* Analysen bearbeiten den Text vom Anfang bis zum Ende. Manche aber tun genau das Gegenteil – eine Rückwärtssuche muß beispielsweise rückwärts statt vorwärts durch den Text suchen. Die Evaluierung algebraischer Ausdrücke verlangt möglicherweise sogar eine Inorder-Traversierung des Texts.

Somit muß unser Zugriffsmechanismus mit unterschiedlichen Datenstrukturen zurechtkommen, und wir müssen unterschiedliche Arten der Traversierung, wie Preorder, Postorder und Inorder ermöglichen.

2.8.2 Kapselung von Zugriff und Traversierung

Im Augenblick verwendet unsere Glyphenschnittstelle einen Integerindex, um Klienten auf Kindobjekte zugreifen zu lassen. Obwohl dies im Fall von Glyphen, die ihre Kindobjekte in einem Array speichern, vielleicht sinnvoll ist, ist es im Fall von Glyphen, die eine verkettete Liste verwenden wahrscheinlich ineffizient.

Eine wichtige Regel der Glyphabstraktion ist es, die Datenstruktur zu verstecken, in der die Kindobjekte gespeichert werden. Auf diese Art und Weise können wir die von einem Glyph verwendete Datenstruktur ändern, ohne andere Klassen zu beeinflussen.

Deswegen darf nur der Glyph die von ihm verwendete Datenstruktur kennen. Ein Korollar ist, daß die Glyphenschnittstelle nicht auf eine bestimmte Datenstruktur hin ausgerichtet sein sollte. Sie sollte nicht besser für Arrays als für verkettete Listen geeignet sein, wie es im Augenblick der Fall ist.

Wir können dieses Problem lösen und zur gleichen Zeit unterschiedliche Arten der Traversierung einführen. Wir können mehrfachen Zugriff und verschiedene Traversierungsmöglichkeiten direkt in den Glyphklassen einbauen. Die Auswahl unter den Traversierungsmöglichkeiten können wir durch das Mitgeben einer Konstanten eines Aufzählungstyps realisieren. Die Klassen geben diesen Parameter während der Traversierung weiter, um sicherzustellen, daß sie alle dieselbe Art von Traversierung ausführen. Sie müssen alle während der Traversierung angehäufte Information weiterreichen.

Wir könnten die folgenden abstrakten Operationen der Schnittstelle von Glyph hinzufügen, um diesen Ansatz zu unterstützen:

```
void Start(Traversierung art)
void Weiter()
bool IstFertig()
Glyph* AktuellesElement()
void FuegeEin(Glyph*)
```

Operationen wie `Start`, `Weiter` und `IstFertig` steuern die Traversierung. `Start` initialisiert die Traversierung. Es nimmt die erwünschte Art der Traversierung als Parameter des Typs Traversierung entgegen, einem Aufzählungstyp mit Werten wie `KINDOBJEKTE`, um ausschließlich die unmittelbaren Kindobjekte des Glyphen zu traversieren, `PREORDER`, um die gesamte Struktur Preorder zu traversieren, sowie `POSTORDER` und `INORDER`. Die Operation `Weiter` rückt zum nächsten Glyph in der Traversierung vor, und die Abfrage `IstFertig` meldet, ob die Traversierung beendet ist oder nicht. `AktuellesElement` ersetzt die `Kindobjekt`-Operation, sie greift auf den aktuellen Glyph der Traversierung zu. `FuegeEin` ersetzt die alte Operation, sie fügt den übergebenen Glyph an der aktuellen Position ein.

Eine Analyse würde den folgenden C++-Code verwenden, um eine Preorder-Traversierung einer Glyphenstruktur mit der Wurzel `glyph` auszuführen:

```
Glyph* glyph;

for (glyph->Start(PREORDER); !glyph->IstFertig();
   glyph->Weiter())
{
   Glyph* aktuellesElement = glyph->AktuellesElement();
   // irgendeine Analyse
}
```

Beachten Sie, daß wir den Integerindex aus der Glyphenschnittstelle verbannt haben. Es gibt somit nichts mehr, was die Schnittstelle auf eine bestimmte Behälterart hin ausrichtet. Wir haben es weiterhin dem Klienten erspart, die bekannteren Arten der Traversierung selbst implementieren zu müssen.

Aber dieser Ansatz bringt immer noch Probleme mit sich. Zum einen ist er nicht in der Lage, neue Arten der Traversierung ohne Erweiterung des Aufzählungstyps oder des Hinzufügens neuer Operationen zu ermöglichen. Nehmen wir einmal an, daß wir eine bestimmte Variation der Preorder-Traversierung verwenden wollen, die automatisch nichttextuelle Glyphen überspringt. Um dies zu erreichen, müßten wir den Aufzählungstyp `Traversierung` ändern, um so etwas wie `TEXTUELLES_PREORDER` zu umfassen.

Wir würden es gern vermeiden, existierende Deklarationen zu ändern. Die Einbettung des Traversierungsmechanismus in die Glyphklassenhierarchie macht seine Änderung oder Erweiterung schwer, will man nicht allzuviele Klassen ändern. Es ist weiterhin schwierig, den Mechanismus zum Traversieren anderer Arten von Objektstrukturen zu verwenden. Und wir können eine Struktur nie mehr als einmal zur Zeit traversieren.

Wieder einmal besteht eine bessere Lösung in der Kapselung des variierenden Konzepts. In diesem Fall variieren die Zugriffs- und Traversierungsmechanismen. Wir führen eine Klasse von Objekten mit Namen **Iteratoren** ein, deren einzige Aufgabe darin besteht, eine unterschiedliche Menge dieser Mechanismen zu definieren. Wir können Vererbung verwenden, um auf unterschiedliche Datenstrukturen einheitlich zuzugreifen und gleichermaßen neue Arten der Traversierung zu unterstützen. Zudem müssen wir keine Glyphenschnittstellen ändern oder existierende Glyphimplementierungen durcheinanderbringen.

2.8.3 Iteratorklassen und Unterklassen

Wir verwenden eine abstrakte Klasse namens **Iterator**, um eine allgemeine Schnittstelle zum Zugriff und zur Traversierung zu spezifizieren. Konkrete Unterklassen wie **ArrayIterator** und **ListenIterator** implementieren die Schnittstelle zum Zugriff auf Arrays oder Listen, während Klassen wie **PreorderIterator** und **PostorderIterator** und vergleichbare Iteratoren unterschiedliche Traversierungen auf spezifischen Strukturen implementieren. Jede Unterklasse von Iterator besitzt eine Referenz auf die Struktur, die sie traversiert. Exemplare der Unterklassen werden mit dieser Referenz zum Zeitpunkt ihrer Erzeugung initialisiert. Abbildung 2.20 illustriert die Klasse Iterator zusammen mit mehreren Unterklassen. Beachten Sie, daß wir eine abstrakte Operation names ErzeugeIterator in die Schnittstelle der Glyphklasse eingefügt haben, um die Iteratoren bereitzustellen.

Die Iteratorschnittstelle bietet die Operationen Start, Weiter und IstFertig zur Steuerung der Traversierung an. Die ListenIterator-Klasse implementiert Start so, daß sie auf das erste Element der Liste zeigt und daß Weiter den Iterator auf das nächste Element der Liste weiterrückt. IstFertig gibt zurück, ob der Iterator hinter das letzte Element der Liste zeigt oder nicht. AktuellesElement dereferenziert den Iterator, so daß er jenen Glyph zurückgibt, auf den er zeigt. Eine `ArrayIterator`-Klasse würde etwas ähnliches mit einem Array von Glyphen tun.

Nun können wir auf die Kindobjekte einer Glyphenstruktur zugreifen, ohne ihre Repräsentation kennen zu müssen:

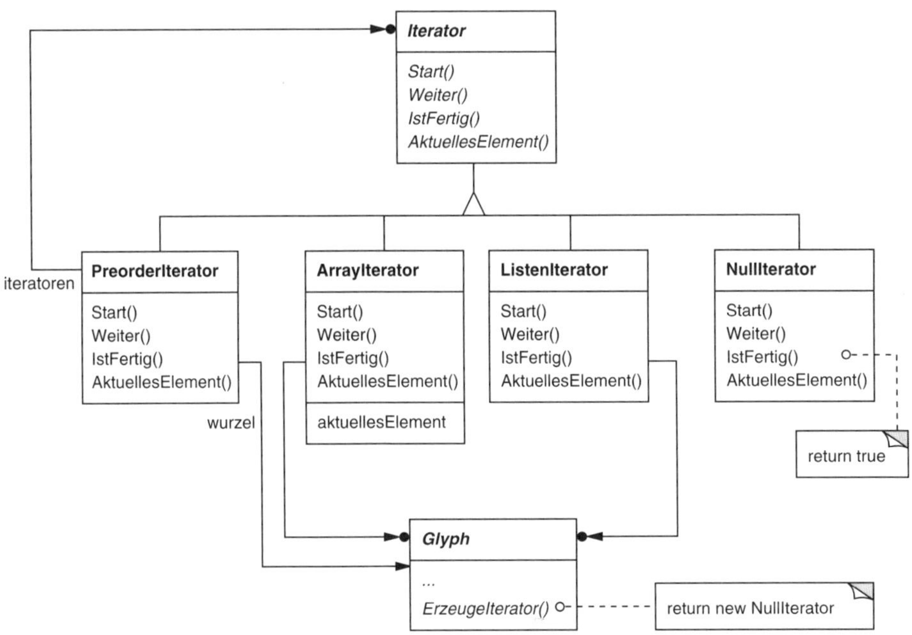

Abbildung 2.20 Iteratorklassen und Iteratorunterklassen

```
Glyph* glyph;
Iterator<Glyph*>* iter = glyph->ErzeugeIterator();

for (iter->Start(PREORDER); !iter->IstFertig(); iter->Weiter())
{
   Glyph* aktuellesElement = iter->AktuellesElement();
   // mach irgend etwas mit dem aktuellen Kindobjekt
}
```

ErzeugeIterator gibt per Default ein NullIterator-Exemplar zurück. Ein NullIterator ist ein degenerierter Iterator für Glyphen, die über keine Kindobjekte verfügen. Dies sind Glyphen, die Blätter im Baum sind. Die IstFertig-Operation von NullIterator liefert immer wahr.

Eine Glyphunterklasse, die Kindobjekte besitzen kann, wird ErzeugeIterator überschreiben, um ein Exemplar einer anderen Iteratorunterklasse zurückzugeben. *Welche* Unterklasse dies sein wird, hängt von der Struktur ab, in der die Kindobjekte gespeichert werden. Wenn die Zeilen-Unterklasse von Glyph seine Kindobjekte in einer Liste namens `_kindobjekte` speichert, dann würde ihre ErzeugeIterator-Operation etwa so aussehen:

```
Iterator<Glyph*>* Zeile::ErzeugeIterator() {
   return new ListenIterator<Glyph*>(_kindobjekte);
}
```

Die Iteratoren für Preorder- und Inorder-Traversierungen werden mittels glyphspezifischer Iteratoren implementiert. Die Iteratoren für diese Traversierungen werden mit dem Wurzelglyph der zu traversierenden Struktur versehen. Sie rufen ErzeugeIterator von den Glyphen in der Struktur auf und verwenden einen Stack, um die resultierenden Iteratoren zu verwalten.

Zum Beispiel fordert die Klasse `PreorderIterator` einen Iterator vom Wurzelglyph an, initialisiert ihn so, daß er auf das erste Element zeigt, und legt ihn dann auf den Stack:

```
void PreorderIterator::Start() {
   Iterator<Glyph*>* iter = _wurzel->ErzeugeIterator();

   if (iter != 0) {
      iter->Start();
      _iteratorStack.EntferneAlle();
      _iteratorStack.Push(iter);
   }
}
```

AktuellesElement ruft `AktuellesElement` vom zuoberst auf dem Stack liegenden Iterator auf:

```
Glyph* PreorderIterator::AktuellesElement() const {
   Glyph* glyph = 0;

   if (_iteratorStack.Groesse() > 0) {
      glyph = _iteratorStack.Top()->AktuellesElement();
   }
   return glyph;
}
```

Die `Weiter`-Operation nimmt den zuoberst auf dem Stack liegenden Iterator und fordert von seinem aktuellen Element einen neu zu erzeugenden Iterator an, um die Glyphenstruktur einer Preorder-Traversierung gemäß soweit wie möglich hinabzusteigen. Weiter setzt den neuen Iterator auf das erste Element in der Traversierung und schiebt ihn auf den Stack. `Weiter` überprüft dann den neuesten Iterator. Wenn seine `IstFertig`-Operation wahr zurückliefert, haben wir die Traversierung des aktuellen Teilbaums oder Blatts beendet. In diesem Fall nimmt `Weiter` den obersten Iterator vom Stack und wiederholt diesen Prozeß, bis es den nächsten unvollständig traversierten Teilbaum findet, sofern es einen gibt. Ist dies nicht der Fall, haben wir die Traversierung der Struktur beendet.

```
void PreorderIterator::Weiter() {
   Iterator<Glyph*>* iter =_iteratorStack.Top()->
      AktuellesElement()-> ErzeugeIterator();
   iter->Start();

   while (_iteratorStack.Groesse() > 0 &&
      _iteratorStack.Top()->IstFertig())
   {
      delete _iteratorStack.Pop();
      _iteratorStack.Top()->Weiter();
   }
}
```

Beachten Sie dabei, wie die Iteratorklassenhierarchie es uns ermöglicht, neue Arten von Traversierungen hinzuzufügen, ohne existierende Glyphklassen modifizieren zu müssen – wir bilden einfach eine Unterklasse von `Iterator` und fügen eine neue Traversierung ein, so wie wir es mit dem `PreorderIterator` getan haben. Glyphunterklassen verwenden dieselbe Schnittstelle, um Klienten den Zugriff auf ihre Kindobjekte zu ermöglichen, ohne die dahinterstehende zur ihrer Speicherung verwendete Datenstruktur offenzulegen. Da Iteratoren ihre eigene Kopie des

Zustands einer Traversierung speichern, können wir mehrere Traversierungen gleichzeitig durchführen, selbst wenn sie auf derselben Struktur stattfinden. Und obwohl unsere Traversierungen sich in diesem Beispiel auf Glyphenstrukturen bezogen, gibt es keinen Grund, warum wir nicht eine Klasse wie `PreorderIterator` mit der Klasse der Objekte in der zu traversierenden Struktur parametrieren können sollten. In C++ verwenden wir Templates, um dies zu erreichen. Wir können dann die Mechanismen des `PreorderIterators` zur Traversierung von anderen Strukturen wiederverwenden.

2.8.4 Iteratormuster

Das Iteratormuster (335) erfaßt diese Techniken zur Unterstützung des Zugriffs und der Traversierung von Objektstrukturen. Es ist nicht nur auf zusammengesetzte Strukturen anwendbar, sondern auch auf Behälter. Es abstrahiert vom Traversierungsalgorithmus und schirmt Klienten von der internen Struktur der traversierten Objekte ab. Das Iteratormuster illustriert einmal mehr, wie die Kapselung des variierenden Konzepts uns dabei hilft, Flexibilität und Wiederverwendbarkeit zu gewinnen. Davon abgesehen besitzt das Iterationsproblem eine erstaunliche Tiefe. Das Iteratormuster beschreibt weitere Nuancen seiner Anwendung in größerer Tiefe, als wir sie hier behandelt haben, und diskutiert ihre Vor- und Nachteile.

2.8.5 Traversierung versus Traversierungsaktionen

Da wir nunmehr über eine Möglichkeit verfügen, die Glyphenstruktur zu traversieren, können wir uns der Rechtschreibprüfung und Silbentrennung zuwenden. Beide Analysen basieren auf dem Ansammeln von Information während der Traversierung.

Als erstes müssen wir entscheiden, wo wir die Zuständigkeit für die Analyse anlagern. Wir könnten sie in die Iteratorklasse legen, wodurch wir die Analyse zu einem integralen Bestandteil der Traversierung machen würden. Wir gewinnen aber mehr an Flexibilität und Wiederverwendungspotential, wenn wir zwischen der Traversierung und den während der Traversierung ausgeführten Aktionen unterscheiden. Dies liegt daran, daß unterschiedliche Analysen oft auf derselben Art von Traversierung basieren. Deswegen können wir dieselbe Menge von Iteratoren für unterschiedliche Analysen wiederverwenden. Preorder-Traversierung wird beispielsweise von vielen Analysen verwendet, inklusive Rechtschreibprüfung, Silbentrennung, Vorwärtssuche und Wortzählung.

Wir wollen also Analyse und Traversierung voneinander trennen. Aber wo sonst können wir die Zuständigkeit für die Analyse anlagern? Wir wissen, daß es viele Analysearten gibt, die wir ausführen wollen. Jede Analyse wird zu unterschiedlichen Zeitpunkten während der Traversierung unterschiedliche Aktionen ausführen. In Abhängigkeit von der Analyse sind manche Glyphen wichtiger als andere Glyphen. Wenn wir die Rechtschreibung prüfen oder die Silbentrennung untersuchen, wollen wir nur Zeichenglyphen und keine grafischen Glyphen wie Linien und bitmapbasierte Bilder untersuchen. Wenn wir die »Farbe« eines Absatzes ermitteln, also die gleichmäßige Verteilung sichtbarer Objekte, dann wollen wir nur sichtbare und keine unsichtbaren Glyphen in Betracht ziehen. Unterschiedliche Analysen untersuchen unweigerlich unterschiedliche Glyphen.

Eine gegebene Analyse muß in der Lage sein, verschiedene Arten von Glyphen zu unterscheiden. Eine offenkundige Möglichkeit hierzu besteht darin, die analytischen Fähigkeiten in die Glyphklassen selbst zu legen. Für jede Art von Analyse können wir die Glyphklasse um eine oder mehrere abstrakte Operationen erweitern und die Unterklassen veranlassen, diese gemäß ihrer in der Analyse gespielten Rolle zu implementieren.

Aber das Problem bei diesem Ansatz ist, daß wir jede Glyphklasse ändern müssen, wenn wir eine neue Art von Analyse hinzufügen wollen. Wir können dieses Problem in einigen Fällen abschwächen: Wenn nur einige wenige Klassen an der Analyse teilnehmen oder wenn die meisten Klassen die Analyse gleich ausführen, dann können wir eine Defaultimplementierung für die abstrakten Operationen in der Klasse Glyph vornehmen. Die Defaultoperation würde den allgemeinen Fall abdecken. Somit würden wir Änderungen auf die Klasse Glyph und jene Unterklassen beschränken, die von der Norm abweichen.

Aber selbst wenn eine Defaultimplementierung die Anzahl von Änderungen reduziert, bleibt ein heimtückisches Problem bestehen: Die Schnittstelle von Glyph erweitert sich mit jeder neuen analytischen Möglichkeit. Im Laufe der Zeit werden die analytischen Möglichkeiten die Schnittstelle von Glyph immer obskurer werden lassen. Es wird dann schwer zu erkennen sein, daß der Hauptzweck eines Glyphen in der Definition und Strukturierung von Objekten mit einem bestimmten Aussehen und einer bestimmten Form liegt – diese Schnittstelle wird im Rauschen untergehen.

2.8.6 Kapselung der Analyse

Angesichts dieser Überlegungen müssen wir die Analyse als ein separates Objekt kapseln, so wie wir es viele Male zuvor bereits getan haben. Wir können die Implementierung einer bestimmten Analyse in einer eigenen Klasse kapseln. Wir können ein Exemplar dieser Klasse in Verbindung mit einem passenden Iterator verwenden. Der Iterator würde das Exemplar zu jedem Glyph in der Struktur »tragen«. Das analysierende Objekt kann dann einen Teil der Analyse zu jedem Zeitpunkt in der Traversierung ausführen. Das analysierende Objekt sammelt während des Verlaufs der Traversierung die es interessierenden Informationen (Zeichen in diesem Fall, siehe Abbildung 2.21).

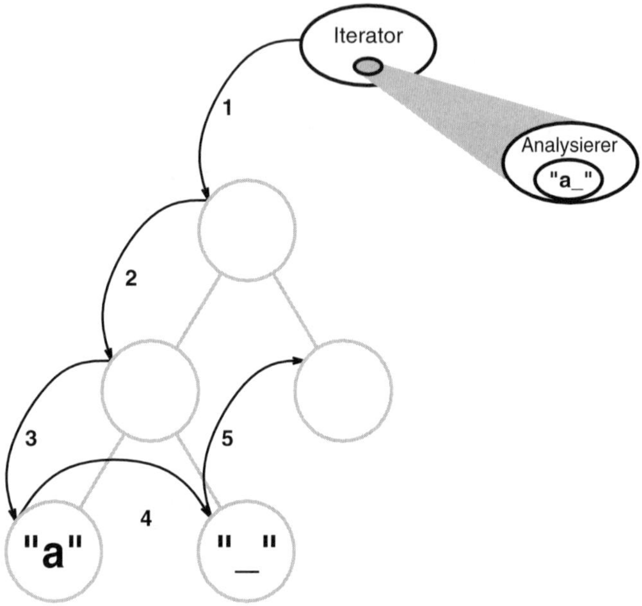

Abbildung 2.21 Iteratorklassen und Iteratorunterklassen

Die fundamentale Frage bei diesem Ansatz besteht darin, wie das analysierende Objekt die verschiedenen Arten von Glyphen unterscheidet, ohne sich auf Typtests oder Downcasts abzustützen. Wir wollen nicht, daß eine `RechtschreibPruefer`-Klasse folgenden (Pseudo-) Code enthält:

```
void RechtschreibPruefer::Pruefe(Glyph* glyph) {
   Zeichen* zeichen;
   Zeile* zeile;
   Bild* bild;

   if (zeichen = dynamic_cast<Zeichen*>(glyph)) {
      // analysiere das Zeichen
   }
   else if (zeile = dynamic_cast<Zeile*>(glyph)) {
      // bereite Analyse der Kindobjekte von zeile vor
```

```
    }
    else if (bild = dynamic_cast<Bild*>(glyph)) {
        // nichts zu tun
    }
}
```

Dieser Code ist ziemlich häßlich. Er hängt von eher unsicherer Funktionalität wie typsicheren Downcasts ab. Er ist zudem schwer zu erweitern. Wir müssen jedesmal daran denken, die Implementierung zu ändern, wenn wir die Glyphklassenhierarchie verändern. Um genau zu sein, ist es diese Art von Code, die objektorientierte Programmiersprachen eigentlich verhindern sollten.

Wir sollten also diesen auf roher Gewalt basierenden Ansatz vermeiden. Nur wie? Lassen Sie uns betrachten, was passiert, wenn wir die folgende abstrakte Operation der Klasse Glyph hinzufügen:

```
void Pruefe(RechtschreibPruefer&)
```

Wir definieren `Pruefe` in jeder Unterklasse von Glyph folgendermaßen:

```
void GlyphUnterklasse::Pruefe(RechtschreibPruefer& pruefer) {
    pruefer.PruefeGlyphUnterklasse(this);
}
```

Hierbei ist `GlyphUnterklasse` durch den Namen der jeweiligen Unterklasse von Glyph zu ersetzen. Beachten Sie, daß beim Aufruf von `Pruefe` die spezifische Unterklasse von Glyph bekannt ist – wir sind ja schließlich in einer ihrer Operationen. Andersherum betrachtet, enthält die Klassenschnittstelle von `RechtschreibPruefer` für jede Unterklasse von Glyph eine Operation wie `PruefeGlyphUnterklasse`[1]:

```
class RechtschreibPruefer {
public:
    RechtschreibPruefer();

    virtual void PruefeZeichen(Zeichen*);
    virtual void PruefeZeile(Zeile*);
    virtual void PruefeBild(Bild*);
```

1. Wir könnten in C++ Funktions-Overloading verwenden, um jeder dieser Member-Funktionen denselben Namen zu geben, da ihre Parameter sie bereits voneinander unterscheiden. Wir haben ihnen hier unterschiedliche Namen gegeben, um ihre Unterschiede inbesondere beim Aufruf zu betonen.

```
   // ... und so weiter

   Liste<char*>& GibSchreibfehler();

protected:
   virtual bool IstFalschGeschrieben(const char*);

private:
   char [MAX_WORD_SIZE];
   Liste<char*> _schreibfehler;
};
```

Die Prüfoperation von `RechtschreibPruefer` für Glyphen der Klasse `Zeichen` könnte so aussehen:

```
void RechtschreibPruefer::PruefeZeichen(Zeichen* zeichen) {
   const char ch = zeichen->GibCharCode();

   if (isalpha(ch)) {
      // hängt alphabetische Zeichen an _aktuellesWort an
   }
   else {
      // es liegt ein nicht-alphabetisches Zeichen vor

      if (IstFalschGeschrieben(_aktuellesWort)) {
         // füge eine Kopie von _aktuellesWort in _schreibFehler ein
         _schreibFehler.HaengeAn(strdup(_aktuellesWort));
      }

      _aktuellesWort[0] = '\0';
         // setze _aktuellesWort zurueck
   }
}
```

Beachten Sie, daß wir eine besondere `GibCharCode`-Operation auschließlich für die `Zeichen`-Klasse definiert haben. Der RechschreibPrüfer kann mit unterklassenspezifischen Operationen umgehen, ohne Typtests oder Downcasts verwenden zu müssen – dies ermöglicht es uns, Objekte in Hinblick auf ihre Eigenarten spezifisch zu behandeln.

`PruefeZeichen` führt alphabetische Zeichen im `_aktuellesWort`-Puffer zusammen. Trifft es auf ein nicht-alphabetisches Zeichen, wie zum Beispiel einen Unterstrich, so verwendet es die `IstFalschGeschrieben`-Operation, um die Richtigkeit der Rechtschreibung des in `_aktuellesWort` gespeicherten Wortes zu überprüfen.[1] Wenn das Wort falsch geschrieben ist, fügt `PruefeZeichen` das Wort zur Liste der falschgeschriebenen Worte hinzu. Es muß dann den `_aktuellesWort`-Puffer löschen, um ihn auf das nächste Wort vorzubereiten. Wenn die Traversierung vorbei ist, können Sie die Liste falschgeschriebener Worte über die `GibSchreibfehler`-Operation abfragen.

Wir können nun die Glyphenstruktur traversieren und `Pruefe` auf jedem Glyph mit dem Rechtschreibprüfer als Argument aufrufen. Dies identifiziert jeden Glyph effektiv gegenüber dem RechtschreibPruefer und veranlaßt ihn, das nächste Element für die Rechtschreibprüfung zu verlangen.

```
RechtschreibPruefer schreibPruefer;
Komposition* komposition;

// ...

Glyph* glyph;
PreorderIterator iter(glyph);

for (iter.Start(); !iter.IstFertig(); iter.Weiter()) {
    glyph = iter.AktuellesElement();
    glyph->Pruefe(schreibPruefer);
}
```

Das Interaktionsdiagramm in Abbildung 2.21 illustriert, wie Glyphen der Klasse `Zeichen` und das `RechtschreibPruefer`-Objekt zusammenarbeiten:

Dieser Ansatz funktioniert zum Finden von Rechtschreibfehlern. Wie aber hilft er uns dabei, mehrere Arten an Analysen zu unterstützen? Es sieht so aus, als ob wir eine Operation wie `Pruefe(RechtschreibPruefer&)` jedesmal dann zu Glyph und seinen Unterklassen hinzufügen müssten, wenn wir eine neue Analyseart hinzufügen wollen. Dies ist richtig, wenn wir darauf bestehen, daß alle Klassen für die Analyse voneinander *unabhängig* sind. Es gibt aber keinen Grund, warum wir nicht *allen* Analyseklassen dieselbe Schnittstelle geben können. Indem wir dies tun, können wir sie polymorph behandeln. Dies bedeutet, daß wir analysespezifische Operationen wie `Pruefe(RechtschreibPruefer&)` mit einer von der Analyse unabhängigen Operation ersetzen können, die einen allgemeineren Parameter entgegennimmt.

1. `IstFalschGeschrieben` implementiert einen Algorithmus zur Rechtschreibprüfung. Wir können unterschiedliche Algorithmen unterstützen, indem wir Unterklassen von RechtschreibPruefer bilden; als Alternative können wir auch das Strategiemuster (373) anwenden (wie wir es in Abschnitt 2.3 zur Unterstützung unterschiedlicher Algorithmen zur Rechtschreibprüfung gemacht haben).

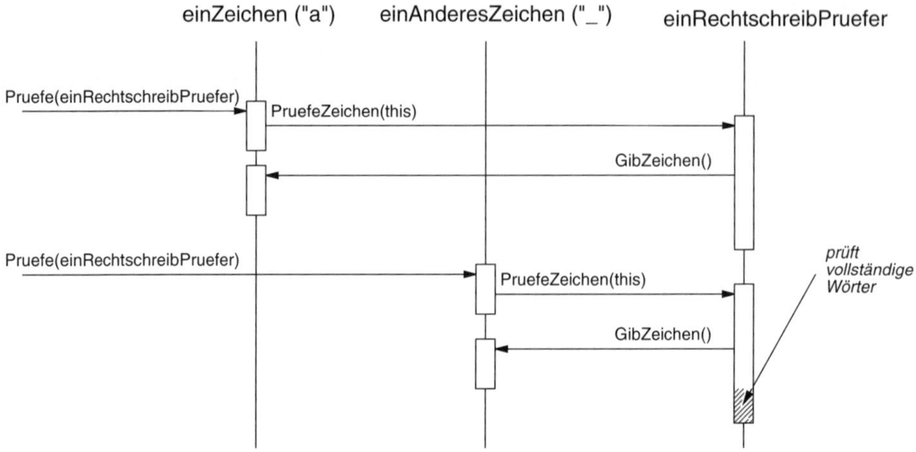

Abbildung 2.22

2.8.7 Besucherklasse und Unterklassen

Wir verwenden den Begriff **Besucher**, um allgemein auf Klassen von Objekten zu verweisen, die andere Objekte während einer Traversierung »besuchen«.[1] In diesem Fall können wir eine Klasse `Besucher` definieren, welcher ihrerseits eine abstrakte Schnittstelle zum Besuchen von Glyphen in einer Struktur definiert.

```
class Besucher {
public:
    virtual void BesucheZeichen(Zeichen*) {}
    virtual void BesucheZeile(Zeile*) {}
    virtual void BesucheBild(Bild*) {}

    // und so weiter
};
```

Die konkreten Unterklassen von `Besucher` führen unterschiedliche Analysen aus. Wir könnten beispielsweise eine `RechtschreibPruefungsBesucher`-Unterklasse zur Rechtschreibprüfung einführen, und eine `SilbentrennungsBesucher`-Unterklasse für die Silbentrennung. `RechtschreibPruefungsBesucher` würde genau so implementiert werden, wie wir oben den RechtschreibPruefer implementiert haben, mit Ausnahme der Operationsnamen, welche die allgemeinere Besucherschnittstelle wiedergeben würden. Beispielsweise würde `PruefeZeichen` `BesucheZeichen` genannt werden.

1. »Besuchen« ist ein allgemeinerer Begriff als »analysieren«. Hier wirft die von uns im angesteuerten Entwurfsmuster verwendete Terminologie ihre Schatten voraus.

Da `Pruefe` nicht für Besucher adäquat ist, die überhaupt nichts prüfen, geben wir ihr einen allgemeineren Namen: `Uebernimm`. Der Argumenttyp muß weiterhin in `Besucher&` geändert werden. Dies spiegelt wider, daß es einen beliebigen Besucher entgegennehmen kann. Das Hinzufügen einer neuen Analyseart verlangt lediglich die Definition einer neuen Unterklasse von `Besucher` – wir müssen keine der Glyphklassen anfassen. Wir unterstützen automatisch alle zukünftigen Analysearten, indem wir der Klasse `Glyph` und ihren Unterklassen diese eine Operation hinzufügen.

Wir haben bereits gesehen, wie die Rechtschreibprüfung funktioniert. Wir verwenden einen ähnlichen Ansatz für den `SilbentrennungsBesucher`, um den Text anzusammeln. Hat aber die `BesucheZeichen`-Operation des `SilbentrennungsBesucher`s einmal ein ganzes Wort beisammen, arbeitet sie etwas anders. Statt das Wort auf Rechtschreibfehler hin zu untersuchen, wendet sie einen Silbentrennungsalgorithmus an, um die möglichen Silbentrennungspunkte im Wort zu bestimmen. An jedem Silbentrennungspunkt fügt sie dann einen bedingten Trennstrich als Glyph in die Komposition ein. Bedingte Trennstriche sind Exemplare der Klasse `BedingterTrennstrich`, einer Unterklasse von `Glyph`.

Ein bedingter Trennstrich kann in zwei verschiedenen Formen erscheinen, die davon abhängen, ob er das letzte Zeichen in der Zeile ist oder nicht. Wenn er das letzte Zeichen ist, sieht er wie ein Bindestrich aus; wenn er es nicht ist, bleibt der bedingte Trennstrich unsichtbar. Der bedingte Trennstrich befragt sein Elternobjekt, ein Zeilen-Objekt, ob er das letze Kindobjekt darstellt. Das BedingterTrennstrich-Objekt nimmt diese Überprüfung vor, wenn von ihm Zeichne aufgerufen wird oder er seine Ausmaße zu berechnen hat. Die Formatierstrategie behandelt bedingte Trennstriche genau wie Whitespaces, was sie zu Kandidaten für das Ende einer Zeile macht. Die Abbildung 2.23 zeigt auf, wie ein bedingter Trennstrich erscheinen kann.

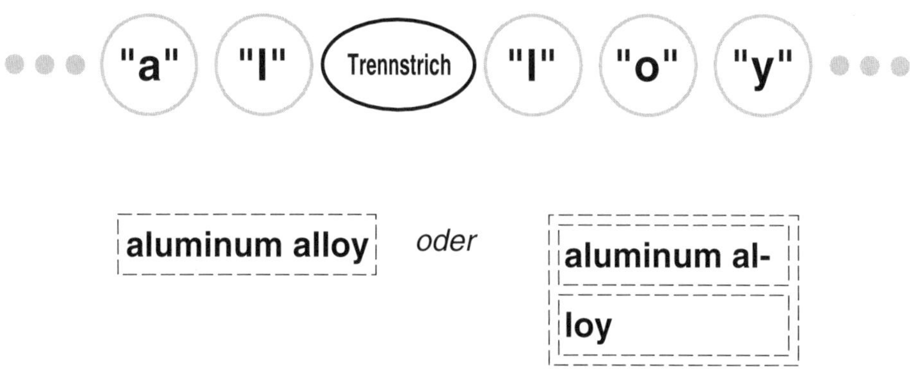

Abbildung 2.23

2.8.8 Besuchermuster

Wir haben eine Anwendung des Besuchermusters (301) beschrieben. Die zuvor beschriebene Besucherklasse und ihre Unterklassen sind die zentralen Teilnehmer an diesem Muster. Das Besuchermuster umfaßt die Techniken, die wir verwendet haben, um eine unbeschränkte Anzahl von Analysearten für Glyphenstrukturen zu ermöglichen, ohne die Glyphklassen selbst ändern zu müssen. Eine andere angenehme Eigenschaft von Besuchern ist, daß sie nicht nur auf zusammengesetzten Objekten arbeiten können, wie unsere Glyphenstrukturen, sondern auf *jeder* Objektstruktur. Dies schließt Mengen, Listen und sogar gerichtete azyklische Graphen ein. Weiterhin können die Klassen, die ein Besucher besuchen kann, voneinander unabhängig sein und brauchen keine gemeinsame Oberklasse zu haben. Das bedeutet, daß ein Besucher über Klassenhierarchien hinweg arbeiten kann.

Sie müssen sich eine wichtige Frage vor der Anwendung des Besuchermusters stellen: Welche Klassenhierarchie ändert sich am häufigsten? Das Muster ist am besten anzuwenden, wenn Sie in der Lage sein wollen, eine große Menge unterschiedlicher Dinge mit Objekten einer stabilen Klassenstruktur zu tun. Dies ist besonders wichtig, wenn die Klassenstruktur umfangreich ist. Aber immer wenn Sie eine Unterklasse der Struktur hinzufügen, müssen sie auch alle Besucherschnittstellen erweitern, so daß sie eine `Besuche...`-Operation für diese Unterklasse besitzen. In unserem Beispiel bedeutet das Einfügen einer neuen Glyphunterklasse namens `Foo` die notwendige Erweiterung von Besucher und all seiner Unterklassen um eine Operation `BesucheFoo`. Angesichts unserer Randbedingungen beim Entwurf ist es allerdings eher wahrscheinlich, daß wir Lexi um eine neue Analyseart erweitern als um eine neue Glyphart. Das Besuchermuster ist für unsere Bedürfnisse wohl angemessen.

2.9 Zusammenfassung

Wir haben in Lexis Entwurf acht verschiedene Muster angewendet:

1. Das Kompositionsmuster (239), um die physische Struktur des Dokuments zu repräsentieren.
2. Das Strategiemuster (373), um unterschiedliche Formatieralgorithmen zu ermöglichen.
3. Das Dekorierermuster (199) zur Ausschmückung der Benutzungsschnittstelle.
4. Das Abstrakte-Fabrik-Muster (107) zur Unterstützung mehrerer Look-and-Feel-Standards.

5. Das Brückenmuster (186), um mehrere Fensterplattformen zu ermöglichen.
6. Das Befehlsmuster (273) für Undo und Redo von Benutzungsoperationen.
7. Das Iteratormuster (335) zum Zugriff und der Traversierung von Objektstrukturen.
8. Das Besuchermuster (301), um eine unbeschränkte Anzahl von Analysearten zu ermöglichen, ohne die Implementierung der Dokumentstruktur zu verkomplizieren.

Keine dieser Entwurfsfragen ist auf Anwendungen zur Editierung von Dokumenten wie Lexi beschränkt. Tatsächlich werden selbst die einfachsten Anwendungen Gelegenheiten finden, viele dieser Muster zu verwenden, auch wenn sie vielleicht unterschiedlichen Aufgaben dienen. Eine Anwendung für finanzielle Analysen könnte das Kompositionsmuster zur Definition von Investment-Portfolios verwenden, die aus Unterportfolios und Anlagen unterschiedlichster Art bestehen. Ein Übersetzer könnte das Strategiemuster verwenden, um unterschiedliche Schemata für Registerzuweisungen für unterschiedliche Zielmaschinen zu ermöglichen. Anwendungen mit einer grafischen Benutzungsschnittstelle werden wahrscheinlich zumindest das Dekorierer- und Befehlsmuster verwenden, so wie wir es hier getan haben.

Obwohl wir mehrere größere Problemstellungen in Lexis Entwurf diskutiert haben, gibt es noch viele weitere Fragen, die wir nicht angesprochen haben. Dieses Buch beschreibt aber eben mehr als nur die acht Muster, die wir in diesem Kapitel verwendet haben. Überlegen Sie sich also, während Sie sich die verbleibenden Muster erarbeiten, wie Sie jedes einzelne in Lexis Entwurf anwenden könnten. Oder besser noch, überlegen Sie sich die Anwendung der Muster in ihren eigenen Entwürfen.

Der Entwurfsmusterkatalog

3 Erzeugungsmuster

Entwurfsmuster, die der Erzeugung von Objekten dienen, verstecken den Erzeugungsprozeß. Sie helfen, ein System unabhängig davon zu machen, wie seine Objekte erzeugt, zusammengesetzt und repräsentiert werden. Ein klassenbasiertes Erzeugungsmuster verwendet Vererbung, um die Klasse des zu erzeugenden Objekts zu variieren, während ein objektbasiertes Erzeugungsmuster die Erzeugung an ein anderes Objekt delegiert.

Erzeugungsmuster sind vor allem dann von Bedeutung, wenn Systeme beginnen, mehr von Objektkomposition als von Vererbung abzuhängen. Dabei bewegt sich die Konzentration von der Programmierung festgelegten Verhaltens weg. Sie bewegt sich hin zur Definition einer kleineren Menge grundlegender Verhaltenseinheiten, die zu beliebig komplexem Verhalten zusammengesetzt werden können. Deswegen verlangt das Erzeugen von Objekten mit bestimmtem Verhalten mehr als nur das Erzeugen eines Objekts einer einzelnen Klasse.

Es gibt zwei immer wiederkehrende Leitmotive in diesen Mustern. Zum einem kapseln sie alle das Wissen um die konkreten vom System verwendeten Klassen. Zum anderen verstecken sie, wie Exemplare dieser Klassen erzeugt und zusammengefügt werden. Alles, was die Anwendung insgesamt über die Objekte weiß, wird durch die von den abstrakten Klassen definierten Schnittstellen bestimmt. Somit ermöglichen die Erzeugungsmuster zu bestimmen, *was* erzeugt wird, *wer* es erzeugt, *wie* es erzeugt und *wann* es erzeugt wird. Sie ermöglichen es Ihnen, ein System mit Hilfe von »Produktobjekten« zu konfigurieren, die stark in Struktur und Funktionalität variieren können. Die Konfiguration kann statisch (das heißt, zur Übersetzungszeit festgelegt) oder dynamisch sein (das heißt, zur Laufzeit festgelegt).

Mitunter stehen Erzeugungsmuster in Konkurrenz zueinander. Zum Beispiel gibt es Situationen, in denen sowohl ein Prototyp (144) als auch eine abstrakte Fabrik (107) nutzbringend eingesetzt werden können. Manchmal sind die Muster komplementär: Ein Erbauer (119) kann jeweils eines der anderen Muster zum Zusammenbau von Komponenten verwenden. Prototyp (144) kann ein Singleton (157) zu seiner Implementierung verwenden.

Da die Erzeugungsmuster eng zusammenhängen, werden wir alle fünf Muster zusammen betrachten, um ihre Ähnlichkeiten und ihre Unterschiede herauszustellen. Wir werden zudem ein bekanntes Beispiel – den Bau eines Labyrinths für ein Computerspiel – verwenden, um ihre Implementierungen zu illustrieren. Das Labyrinth und das Spiel werden von Muster zu Muster leicht variieren. Manchmal besteht das Spiel lediglich darin, aus dem Labyrinth herauszufinden. In diesem Fall hat der Spieler vermutlich nur einen lokalen Blick auf das Labyrinth. Manchmal werden die Labyrinthe Probleme und Gefahren enthalten, welche es zu lösen und zu überwinden gilt. Diese Spiele werden möglicherweise eine Karte des bereits untersuchten Teils des Labyrinths anbieten.

Wir werden viele Details ignorieren, welche in einem Labyrinth vorhanden sein können, und ob das Labyrinthspiel einen oder mehrere Spieler kennt. Statt dessen konzentrieren wir uns auf die Erzeugung von Labyrinthen. Wir definieren ein Labyrinth als eine Menge von Räumen. Ein Raum kennt seine Nachbarobjekte, entweder einen weiteren Raum, eine Wand oder eine Tür zu einem anderen Raum.

Die Klassen `Raum`, `Tuer` und `Wand` definieren die Komponenten des in allen unseren Beispielen verwendeten Labyrinths. Wir definieren nur solche Teile dieser Klassen, welche wichtig zum Erzeugen eines Labyrinths sind. Wir werden die Spieler, die Operationen zum Anzeigen und Herumspazieren im Labyrinth, und alle weitere wichtige aber zum Bauen des Labyrinths irrelevante Funktionalität ignorieren.

Die Abbildung 3.1 zeigt die Beziehungen zwischen diesen Klassen.

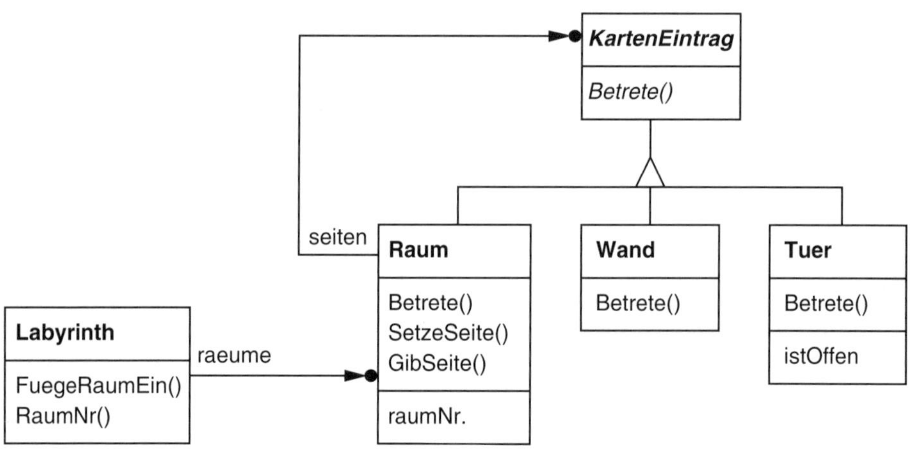

Abbildung 3.1

Jeder Raum besitzt vier Seiten. Wir verwenden den Aufzählungstyp `Richtung` für die C++-Implementierungen, um die nördliche, südliche, östliche und westliche Seite eines Raums anzugeben:

```
enum Richtung { Norden, Sueden, Osten, Westen };
```

Die Smalltalk-Implementierungen verwenden entsprechende Symbole, um diese Richtungen zu repräsentieren.

Die Klasse `KartenEintrag` ist die gemeinsame abstrakte Oberklasse für alle Komponenten eines Labyrinths. Um das Beispiel zu vereinfachen, definiert `KartenEintrag` nur eine Operation, `Betrete`. Ihre Bedeutung hängt davon ab, was man betritt. Wenn Sie einen Raum betreten, ändert sich Ihre Position. Wenn Sie versuchen, eine Tür zu betreten, können zwei Dinge passieren: Wenn die Tür offen ist, gehen Sie in den nächsten Raum. Wenn die Tür geschlossen ist, stoßen Sie sich Ihre Nase.

```
class KartenEintrag {
public:
    virtual void Betrete() = 0;
};
```

Betrete bietet einen einfachen Ausgangspunkt für kompliziertere Spieloperationen. Wenn Sie zum Beispiel in einem Raum sind und »Gehe nach Osten« sagen, kann das Spiel einfach bestimmen, welcher `KartenEintrag` direkt im Osten liegt und dann `Betrete` von ihm aufrufen. Die unterklassenspezifische `Betrete`-Operation bestimmt dann, ob sich Ihre Position geändert hat oder Ihre Nase verletzt wurde. In einem richtigen Spiel könnte `Betrete` das zu bewegende Spielerobjekt als Argument erhalten.

`Raum` ist die konkrete Unterklasse von `KartenEintrag`, welche die zentralen Beziehungen zwischen Komponenten in einem Labyrinth definiert. Sie verwaltet Referenzen zu anderen `KartenEintrag`-Objekten und speichert eine Raumnummer. Die Nummer dient zur Identifizierung von Räumen im Labyrinth.

```
class Raum : public KartenEintrag {
public:
    Raum(int raumNr);

    KartenEintrag* GibSeite(Richtung) const;
    void SetzeSeite(Richtung, KartenEintrag*);

    virtual void Betrete();

private:
    KartenEintrag* _seiten[4];
    int _raumNr;
};
```

Die folgenden Klassen repräsentieren die Wände oder Türen, welche auf jeder Seite eines Raumes auftreten.

```
class Wand : public KartenEintrag {
public:
   Wand();

   virtual void Betrete();
};

class Tuer : public KartenEintrag {
public:
   Tuer(Raum* = 0, Raum* = 0);

   virtual void Betrete();
   Raum* AndereSeite(Raum*);

private:
   Raum* _raum1;
   Raum* _raum2;
   bool _istOffen;
};
```

Wir müssen allerdings mehr als nur die Teile eines Labyrinths bestimmen. Wir definieren weiterhin eine Klasse `Labyrinth`, um eine Sammlung von Räumen zu repräsentieren. `Labyrinth` kann einen bestimmten Raum anhand einer Raumnummer unter Verwendung der `RaumNr`-Operation finden.

```
class Labyrinth {
public:
   Labyrinth();

   void FuegeRaumHinzu(Raum*);
   Raum* RaumNr(int) const;

private:
      // ...
};
```

RaumNr könnte den Raum mittels linearer Suche, einer Hash-Tabelle oder auch nur eines einfachen Arrays ermitteln. Wir werden uns um diese Details aber hier nicht kümmern. Statt dessen werden wir uns auf die Spezifikation der Komponenten im Labyrinth konzentrieren.

Als weitere Klasse definieren wir `LabyrinthSpiel`, welche das Labyrinth erzeugt. Man kann ein Labyrinth einfach durch eine Abfolge von Operationen erzeugen, welche dem Labyrinth Komponenten hinzufügen und sie dann miteinander verbinden. Die folgende Member-Funktion erzeugt zum Beispiel ein Labyrinth, das aus zwei Räumen mit einer Tür dazwischen besteht:

```
Labyrinth* LabyrinthSpiel::ErzeugeLabyrinth() {
    Labyrinth* einLabyrinth = new Labyrinth;
    Raum* raum1 = new Raum(1);
    Raum* raum2 = new Raum(2);
    Tuer* dieTuer = new Tuer(raum1, raum2);

    einLabyrinth->FuegeRaumHinzu(raum1);
    einLabyrinth->FuegeRaumHinzu(raum2);

    raum1->SetzeSeite(Norden, new Wand);
    raum1->SetzeSeite(Osten, dieTuer);
    raum1->SetzeSeite(Sueden, new Wand);
    raum1->SetzeSeite(Westen, new Wand);

    raum2->SetzeSeite(Norden, new Wand);
    raum2->SetzeSeite(Osten, new Wand);
    raum2->SetzeSeite(Sueden, new Wand);
    raum2->SetzeSeite(Westen, dieTuer);

    return einLabyrinth;
}
```

Diese Operation ist ziemlich kompliziert, bedenkt man, daß sie lediglich ein Labyrinth mit zwei Räumen erzeugt. Offenkundig geht es auch einfacher. Zum Beispiel könnte der `Raum`-Konstruktor im voraus die Seiten mit Wänden initialisieren. Aber dies würde den Code nur an eine andere Stelle bewegen. Das eigentliche Problem mit dieser Member-Funktion ist nicht ihre Größe, sondern ihre *Unflexibilität*. Sie schreibt das Labyrinth-layout fest. Eine Veränderung des Layouts bedeutet das Verändern der Member-Funktion, entweder durch Überschreiben oder durch Ändern von Teilen der Implementierung. Die erste Alternative führt zur Reimplementierung der Operation während die zweite Alternative fehleranfällig ist und auch keine Wiederverwendung fördert.

Die Erzeugungsmuster zeigen, wie man den Entwurf *flexibler*, aber nicht notwendig kleiner macht. Insbesondere erleichtern sie es, die Klassen, welche die Komponenten des Labyrinth bestimmen, zu verändern.

Stellen Sie sich vor, Sie wollen ein existierendes Labyrinthlayout für ein neues Spiel wiederverwenden, welches unter anderem verzauberte Labyrinthe enthält. Das verzauberte Labyrinthspiel besitzt neue Arten von Komponenten, etwa `TuerMitZauberspruch`, eine Tür, die nur mit einem Zauberspruch verschlossen und geöffnet werden kann; oder `VerzauberterRaum`, ein Raum der merkwürdige Gegenstände wie magische Schlüssel oder Zaubersprüche enthalten kann. Wie nun kann man `ErzeugeLabyrinth` auf einfache Weise so verändern, daß es Labyrinthe mit diesen neuen Klassen von Objekten erzeugt?

Die größte Hürde für Veränderungen liegt hier in der unflexiblen Programmierung der Klassen, von denen Objekte erzeugt werden sollen. Die Erzeugungsmuster bieten verschiedene Möglichkeiten, explizite Referenzen auf konkrete Klassen aus dem Code, der von ihnen Objekte erzeugen muß, zu entfernen:

- Wenn `ErzeugeLabyrinth` virtuelle Funktionen anstelle von Konstruktoren zum Erzeugen der benötigten Räume, Wände und Türen aufruft, können Sie die Klassen der zu erzeugenden Objekte verändern, indem sie eine Unterklasse von `LabyrinthSpiel` erzeugen und die entsprechenden virtuellen Funktionen überschreiben. Dieser Ansatz ist ein Beispiel für das Fabrikmethodemuster (131).
- Wenn `ErzeugeLabyrinth` ein Objekt als Parameter erhält, das zum Erzeugen von Räumen, Wänden und Türen verwendet wird, dann können Sie die Klassen von Räumen, Wänden und Türen durch das Hereinreichen verschiedener Parameter verändern. Dies ist ein Beispiel für das Abstrakte-Fabrik-Muster (107).
- Wenn `ErzeugeLabyrinth` ein Objekt erhält, das ein neues Labyrinth vollständig unter Verwendung von Operationen zum Hinzufügen von Räumen, Türen und Wänden zum Labyrinth selbst erzeugen kann, dann können Sie Vererbung benutzen, um Teile des Labyrinths oder die Art, wie es gebaut wird, zu verändern. Dies ist ein Beispiel für das Erbauermuster (119).
- Wenn `ErzeugeLabyrinth` mit verschiedenen prototypischen Raum-, Tür- und Wandobjekten parametrisiert wird, welche es kopieren und dem Labyrinth hinzufügen kann, dann können Sie den Aufbau des Labyrinths durch Ersetzen dieser prototypischen Objekte verändern. Dies ist ein Beispiel für das Prototypmuster (144).

Das verbleibende Erzeugungsmuster, Singleton (157), ermöglicht es Ihnen, sicherzustellen, daß es nur ein Labyrinthobjekt pro Spiel gibt und daß alle Spielobjekte direkten Zugriff auf diese Objekte besitzen, ohne auf globale Variablen oder Funktionen zurückgreifen zu müssen. Singleton macht es weiterhin einfach, das Labyrinth zu erweitern oder zu ersetzen, ohne existierenden Code verändern zu müssen.

Abstrakte Fabrik

(Abstract Factory)

Ein objektbasiertes Erzeugungsmuster

Zweck

Biete eine Schnittstelle zum Erzeugen von Familien verwandter oder voneinander abhängiger Objekte, ohne ihre konkreten Klassen zu benennen.

Auch bekannt als

Kit

Motivation

Stellen Sie sich eine Klassenbibliothek für Benutzungsschnittstellen vor, die mehrere Look-and-Feel-Standards wie Motif oder den Presentation-Manager unterstützt. Unterschiedliche Look-and-Feel-Standards definieren unterschiedliches Aussehen und Verhalten von Widgets, den Interaktionselementen einer Benutzungsschnittstelle, wie Scrollbars, Fenstern und Knöpfen. Um zwischen verschiedenen Look-and-Feel-Standards portierbar zu sein, sollte sich eine Anwendung nicht auf die Widgets eines spezifischen Standards festlegen. Die Erzeugung von Look-and-Feel spezifischen Widgetklassen über die ganze Anwendung zu verteilen macht es schwer, das Look-and-Feel später zu ändern.

Man kann das Problem durch Einführung einer abstrakten WidgetFabrik lösen, die eine Schnittstelle zum Erzeugen jeder grundlegenden Art von Widget deklariert (siehe Abbildung 3.2). Weiterhin gibt es eine abstrakte Klasse für jede Widgetart sowie konkrete Unterklassen, welche die Widgets für den jeweiligen Look-and-Feel-Standard implementieren. Die Schnittstelle der WidgetFabrik besitzt für jede abstrakte Widgetklasse eine Operation, die ein neues Widget zurück gibt. Klienten rufen diese Operationen auf, um Exemplare von Widgets zu erzeugen, ohne dabei die konkreten Klassen zu kennen, die sie benutzen. Somit bleiben sie unabhängig vom aktuellen Look-and-Feel.

Für jeden Look-and-Feel-Standard gibt es eine konkrete Unterklasse von WidgetFabrik. Jede Unterklasse implementiert die Operationen zum Erzeugen des passenden Widgets für ein Look-and-Feel. Die ErzeugeScrollbar-Operation der MotifWidgetFabrik zum Beispiel erzeugt einen Scrollbar für Motif und gibt ihn zurück, während die entsprechende Operation der PMWidgetFabrik einen Scrollbar für den Presentation-Manager zurückliefert. Klienten erzeugen die Widgets ausschließlich über die Schnittstelle der WidgetFabrik und kennen die Klassen nicht, welche das Widget für ein bestimmtes Look-and-Feel implementieren. Mit anderen Worten, Klienten stützen sich immer nur auf eine durch eine abstrakte Klasse definierte Schnittstelle, nicht aber auf eine bestimmte konkrete Klasse.

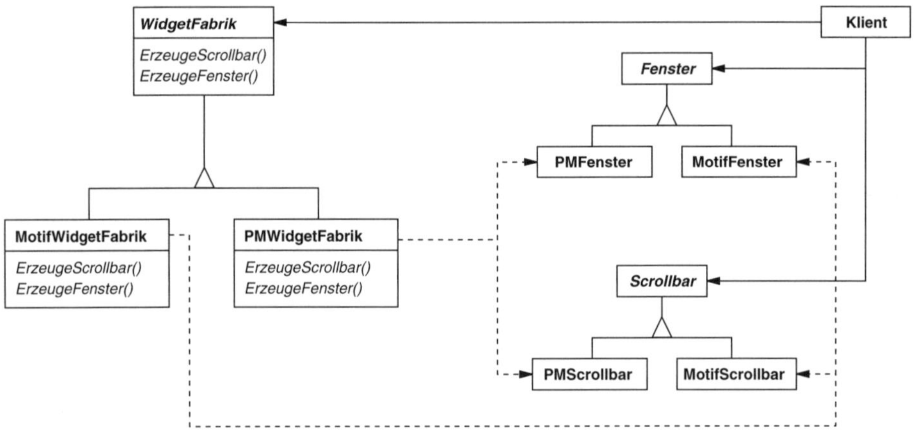

Abbildung 3.2

Eine Widgetfabrik sichert zudem Abhängigkeiten zwischen konkreten Widgetklassen ab. Ein Motif-Scrollbar sollte nur mit einem Motif-Knopf und einem Motif-Texteditor zusammen verwendet werden. Diese Konsistenzbedingung wird automatisch als Konsequenz des Einsatzes einer MotifWidgetFabrik sichergestellt.

Struktur

Abbildung 3.3 zeigt die Struktur des Abstrakte-Fabrik-Musters.

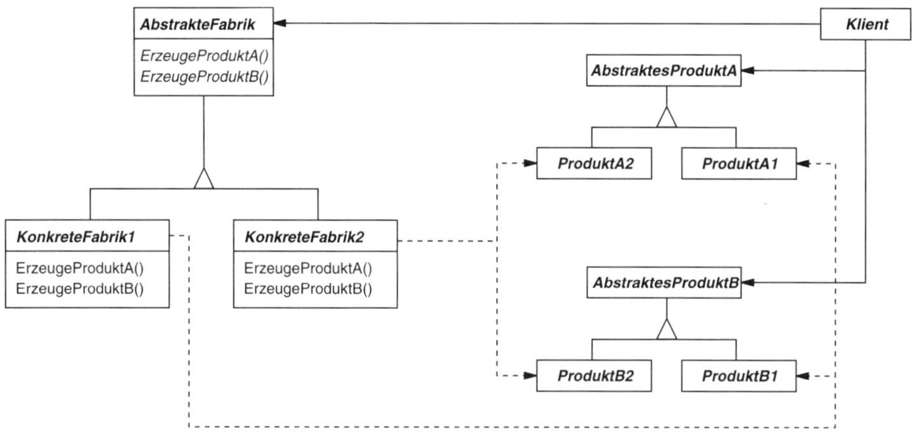

Abbildung 3.3

Anwendbarkeit

Verwenden Sie das Abstrakte-Fabrik-Muster, wenn

- ein System unabhängig davon sein soll, wie seine Produkte[1] erzeugt, zusammengesetzt und repräsentiert werden.
- ein System mit einer von mehreren Produktfamilien konfiguriert werden soll.
- eine Familie von verwandten Produktobjekten entworfen wurde, zusammen verwendet zu werden, und Sie diese Konsistenzbedingung sicherstellen müssen.
- Sie eine Klassenbibliothek von Produkten anbieten möchten, von denen Sie nur die Schnittstellen, nicht aber ihre Implementierungen offenlegen möchten.

Teilnehmer

- **AbstrakteFabrik** (WidgetFabrik)
  - deklariert eine abstrakte Schnittstelle für Operationen, die konkrete Produktobjekte erzeugen.

1. Unter »Produkten« sind hier die vom System erzeugten Objekte zu verstehen. Anm. D.R.

- **KonkreteFabrik** (MotifWidgetFabrik, PMWidgetFabrik)
  - implementiert die Operation zur Erzeugung konkreter Produktobjekte.
- **AbstraktesProdukt** (Fenster, Scrollbar)
  - deklariert eine Schnittstelle für einen bestimmten Typ von Produktobjekten.
- **KonkretesProdukt** (MotifFenster, MotifScrollbar)
  - definiert ein von der entsprechenden konkreten Fabrik zu erzeugendes Produktobjekt.
  - implementiert die AbstraktesProdukt-Schnittstelle.
- **Klient**
  - verwendet nur die Schnittstellen, welche von den AbstrakteFabrik- und Abstraktes-Produkt-Klassen deklariert werden.

Interaktionen

- Normalerweise wird ein einzelnes Exemplar der KonkreteFabrik-Klasse zur Laufzeit erzeugt. Diese konkrete Fabrik erzeugt Produktobjekte, welche spezifische Implementierungen haben. Um verschiedene Produktobjekte zu erzeugen, sollten Klienten unterschiedliche konkrete Fabriken haben.
- Eine AbstrakteFabrik verlagert die Erzeugung von Produktobjekten auf ihre KonkreteFabrik-Unterklassen.

Konsequenzen

Das Abstrakte-Fabrik-Muster hat die folgenden Vorteile und Verbindlichkeiten:

1. *Isolation konkreter Klassen.* Das Abstrakte-Fabrik-Muster ermöglicht es Ihnen, die Klassen von Objekten zu steuern, welche ihre Anwendung erzeugt. Da eine Fabrik für den Prozeß des Erzeugens von Produktobjekten zuständig ist und ihn kapselt, isoliert es Klienten von den Implementierungsklassen. Klienten manipulieren Objekte nur durch ihre abstrakten Schnittstellen. Die Namen von Produktklassen sind in der Implementierung der konkreten Fabrik isoliert; sie erscheinen nicht im Klientencode.
2. *Einfacher Austausch von Produktfamilien.* Die Klasse einer konkreten Fabrik erscheint nur einmal in der Anwendung – genau dort, wo von ihr ein Exemplar erzeugt wird. Dies macht es einfach, die von einer Anwendung benutzte kon-

krete Fabrik auszutauschen. Sie kann verschiedene Produktkonfigurationen einfach durch den Austausch der konkreten Fabrik verwenden. Da eine abstrakte Fabrik eine komplette Familie von Produkten erzeugt, wird die gesamte Produktfamilie auf einmal getauscht. In unserem Benutzungsschnittstellenbeispiel können wir von Motif-Widgets zu Presentation-Manager-Widgets einfach dadurch wechseln, daß wir die entsprechenden Fabrikobjekte austauschen und die Benutzungsschnittstelle erneut erzeugen.

3. *Konsistenzsicherung unter Produkten.* Wenn Produktobjekte einer Familie entworfen werden, um zusammenzuarbeiten, ist es wichtig, daß eine Anwendung nur Objekte einer Familie zur Zeit verwendet. Eine abstrakte Fabrik macht es einfach, dies sicherzustellen.

4. *Schwierige Unterstützung neuer Produkte.* Die Erweiterung abstrakter Fabriken, um neue Arten von Produkte zu produzieren, ist nicht einfach. Dies liegt daran, daß die Schnittstelle einer abstrakten Fabrik die Menge von Produkten, die erzeugt werden können, festlegt. Die Unterstützung neuer Arten von Produkten erfordert es, die Schnittstelle der Fabrik zu erweitern, was dazu führt, die AbstrakteFabrik-Klasse und all ihre Unterklassen zu verändern. Wir diskutieren eine Lösung für dieses Problem im folgenden Abschnitt.

Implementierung

Es gibt verschiedene nützliche Techniken, eine abstrakte Fabrik zu implementieren.

1. *Fabriken als Singletons.* Eine Anwendung braucht üblicherweise genau ein Exemplar einer konkreten Fabrik pro Produktfamilie. Deswegen implementiert man sie am besten als Singleton (157).

2. *Erzeugen von Produkten.* AbstrakteFabrik deklariert lediglich eine Schnittstelle zum Erzeugen von Produkten. Es bleibt den KonkreteFabrik-Unterklassen überlassen, sie tatsächlich zu erzeugen. Üblicherweise definiert man Fabrikmethoden (131) für jedes Produkt. Eine konkrete Fabrik bringt ihre Produkte ins Spiel, indem sie für jedes die entsprechende Fabrikmethode überschreibt. Diese Implementierung ist zwar einfach, erfordert aber eine neue KonkreteFabrik-Unterklasse für jede Produktfamilie, selbst wenn die Produktfamilien sich nur wenig unterscheiden.

   Wenn es viele Produktfamilien geben kann, bietet es sich an, die konkrete Fabrik mit Hilfe des Prototypmusters (144) zu implementieren. Die konkrete Fabrik wird mit einem prototypischen Exemplar eines jeden Produkts aus der Familie initialisiert, und sie erzeugt neue Produkte durch das Klonen ihres Prototypen. Der prototypenbasierte Ansatz vermeidet es, für jede neue Produktfamilie eine neue konkrete Fabrik einführen zu müssen.

Es folgt ein Beispiel zur Implementierung einer prototypenbasierten Fabrik in Smalltalk. Die konkrete Fabrik speichert die zu klonenden Prototypen in einem Dictionary namens `teilKatalog`. Die Methode `erzeuge:` sucht den Prototypen heraus und klont ihn:

```
erzeuge: teilName
   ^ (teilKatalog at: teilName) copy
```

Die konkrete Fabrik verfügt über eine Methode, Prototypen in das Dictionary einzufügen:

```
fuegeTeilHinzu: teilPrototyp mitNamen: teilName
   teilKatalog at: teilName put: teilPrototyp
```

Prototypen werden der Fabrik hinzugefügt, indem man sie mittels eines Symbols identifiziert:

```
eineFabrik fuegeTeilHinzu: einPrototyp mitNamen: #ACMEWidget
```

Sprachen wie Smalltalk oder Objective-C, in denen Klassen Objekte erster Ordnung sind, bieten eine Variante des prototypenbasierten Ansatzes. In diesen Sprachen können Sie eine Klasse als degenerierte Fabrik auffassen, welche genau eine Art von Produkt erzeugt. Sie können *Klassen*, welche die verschiedenen Produkte erzeugen, genau wie Prototypen in den Variablen einer konkreten Fabrik speichern. Auf die Veranlassung der Fabrik hin erzeugen diese Klassen neue Exemplare. Sie definieren eine neue Fabrik durch die Initialisierung eines Exemplars einer konkreten Fabrik mit *Klassen* von Produkten, anstatt weitere Unterklassen zu bilden. Dieser Ansatz basiert auf spezifischen Spracheigenschaften, während der reine Prototypenansatz sprachunabhängig ist.

Die klassenbasierte Version wird ebenso wie die eben diskutierte prototypenbasierte Fabrik in Smalltalk zu einer einzelnen Variable `teilKatalog` führen, welche ein Dictionary ist, dessen Schlüssel der Name der Klasse ist. Statt die zu klonenden Prototypen zu speichern, speichert `teilKatalog` die Klassen der Produkte. Die Methode `erzeuge:` sieht nun folgendermaßen aus:

```
erzeuge: teilName
   ^ (teilKatalog at: teilName) new
```

3. *Definieren von erweiterbaren Fabriken.* AbstrakteFabrik definiert üblicherweise verschiedene Operationen für jede Art von Produkten, die es erzeugen kann. Die Produkttypen sind in den Operationssignaturen festgelegt. Will man eine neue Art von Produkt hinzufügen, so muß man die Schnittstelle von AbstrakteFabrik und die aller Klassen, die davon abhängen, verändern.

   Ein flexiblerer, wenngleich weniger sicherer Entwurf ist es, die objekterzeugenden Operationen um einen Parameter zu erweitern. Dieser Parameter spezifiziert den Typ des Objekts, welches zu erzeugen ist. Dies mag eine Klassenidentifizierung, ein Integer, ein String oder irgendein anderer Wert sein, der den Produkttyp identifiziert. Bei diesem Ansatz benötigt AbstrakteFabrik lediglich eine einzige Erzeuge-Operation mit einem Parameter, welcher den Typ des zu erzeugenden Objekts identifiziert. Dies ist die Technik, welche in den zuvor diskutierten prototypen- und klassenbasierten abstrakten Fabriken verwendet wurde.

   Diese Variante läßt sich in dynamisch typisierten Sprachen wie Smalltalk leichter verwenden als in statisch typisierten Sprachen wie C++. Sie können sie in C++ nur dann benutzen, wenn alle Objekte dieselbe abstrakte Basisklasse haben oder wenn der Klient die verlangten Produktobjekte sicher in den richtigen Typ konvertieren kann. Die Implementierung von Fabrikmethoden (131) zeigt, wie man derart parametrierbare Operationen in C++ implementieren kann.

   Aber selbst, wenn man keine Typkonvertierung benötigt, bleibt ein grundlegendes Problem: Alle an den Klienten zurückgegebenen Produkte haben *dieselbe* abstrakte durch den Rückgabetyp festgelegte Schnittstelle. Der Klient kann die Objekte weder unterscheiden noch sichere Annahmen über die Klassen der Objekte machen. Klienten können keine unterklassenspezifischen Operationen über die abstrakte Schnittstelle verwenden. Es bleibt dem Klient freigestellt, einen Downcast ausführen, zum Beispiel mittels `dynamic_cast` in C++. Dies ist aber nicht immer sinnvoll und sicher, da der Downcast fehlschlagen kann. Dies ist der klassische Nachteil, den man für hochflexible und erweiterbare Schnittstellen in Kauf nehmen muß.

Beispielcode

Wir werden nun das Abstrakte-Fabrik-Muster verwenden, um die zu Beginn des Kapitels diskutierten Labyrinthe zu erzeugen.

Die Klasse `LabyrinthFabrik` ist in der Lage, Komponenten eines Labyrinths zu erzeugen. Sie erstellt Räume, Wände und Türen zwischen den Räumen. Sie kann von einem Programm verwendet werden, das Pläne für Labyrinthe aus einer Datei liest und das entsprechende Labyrinth erstellt. Oder sie kann von einem Programm verwendet werden, das Labyrinthe zufallsbasiert zusammenbaut. Programme, die Labyrinthe erstellen, erhalten eine `LabyrinthFabrik` als Argument, so daß der Programmierer die Klassen der zu erzeugenden Räume, Wände und Türen festlegen kann.

```
class LabyrinthFabrik {
public:
   LabyrinthFabrik();

   virtual Labyrinth* ErzeugeLabyrinth() const
      { return new Labyrinth; }
   virtual Wand* ErzeugeWand() const
      { return new Wand; }
   virtual Raum* ErzeugeRaum(int n) const
      { return new Raum(n); }
   virtual Tuer* ErzeugeTuer(Raum* raum1, Raum* raum2) const
      { return new Tuer(raum1, raum2); }
};
```

Wie bereits angeführt erzeugt die Member-Funktion `ErzeugeLabyrinth` (Seite 105) ein kleines Labyrinth, das aus zwei Räumen mit einer Tür dazwischen besteht.

`ErzeugeLabyrinth` schreibt die Klassennamen im Code fest, so daß es schwierig wird, Labyrinthe mit anderen Komponenten zu erzeugen.

Es folgt eine Version von `ErzeugeLabyrinth`, die einen Parameter `LabyrinthFabrik` entgegen nimmt und so die Probleme behebt:

```
Labyrinth* LabyrinthSpiel::ErzeugeLabyrinth(
   LabyrinthFabrik& fabrik)
{
   Labyrinth* einLabyrinth = fabrik.ErzeugeLabyrinth();
   Raum* raum1 = fabrik.ErzeugeRaum(1);
   Raum* raum2 = fabrik.ErzeugeRaum(2);
   Tuer* eineTuer = fabrik.ErzeugeTuer(raum1, raum2);

   einLabyrinth->FuegeRaumHinzu(raum1);
   einLabyrinth->FuegeRaumHinzu(raum2);

   raum1->SetzeSeite(Norden, fabrik.ErzeugeWand());
   raum1->SetzeSeite(Osten, eineTuer);
   raum1->SetzeSeite(Sueden, fabrik.ErzeugeWand());
   raum1->SetzeSeite(Westen, fabrik.ErzeugeWand());
```

```
    raum2->SetzeSeite(Norden, fabrik.ErzeugeWand());
    raum2->SetzeSeite(Osten, fabrik.ErzeugeWand());
    raum2->SetzeSeite(Sueden, fabrik.ErzeugeWand());
    raum2->SetzeSeite(Westen, eineTuer);
}
```

Wir können die Klasse VerzaubertesLabyrinthFabrik erzeugen, eine Fabrik für verzauberte Labyrinthe, indem wir eine Unterklasse von LabyrinthFabrik bilden. VerzaubertesLabyrinthFabrik überschreibt die verschiedenen Member-Funktionen und gibt Objekte verschiedener Unterklassen wie zum Beispiel Raum und Wand zurück.

```
class VerzaubertesLabyrinthFabrik : public LabyrinthFabrik {
public:
    VerzaubertesLabyrinthFabrik();

    virtual Raum* ErzeugeRaum(int n) const
        { return new VerzauberterRaum(n,
            BenoetigterZauberspruch()); }
    virtual Tuer* ErzeugeTuer(Raum* raum1, Raum* raum2) const
        { return new TuerMitZauberspruch(raum1, raum2); }

protected:
    Zauberspruch* BenoetigterZauberspruch() const;
};
```

Nun stellen Sie sich vor, daß wir ein Labyrinthspiel erstellen wollen, bei dem in jedem Raum eine Bombe plaziert werden kann. Wenn die Bombe in die Luft fliegt, beschädigt sie die Wände. Wir erstellen eine Unterklasse von Raum, welche vermerkt, ob ein Raum eine Bombe besitzt und ob sie in die Luft gegangen ist. Wir brauchen weiterhin eine Unterklasse von Wand, um den den Wänden zugefügten Schaden zu notieren. Wir nennen diese Klassen RaumMitBombe und BombardierbareWand.

Als letzte Klasse definieren wir LabyrinthMitBombenFabrik, eine Unterklasse von LabyrinthFabrik, die sicherstellt, daß die Wände Exemplare der Klasse BombardierbareWand und die Räume Exemplare der Klasse RaumMitBombe sind.

LabyrinthMitBombenFabrik braucht dazu nur zwei Funktionen zu überschreiben:

```
Wand* LabyrinthMitBombenFabrik::ErzeugeWand() const {
    return new BombardierbareWand;
}
```

```
Raum* LabyrinthMitBombenFabrik::ErzeugeRaum(int n) const {
    return new RaumMitBombe(n);
}
```

Wollen wir ein einfaches Labyrinth erstellen, das Bomben enthalten kann, so rufen wir einfach `ErzeugeLabyrinth` mit dem Parameter `LabyrinthMitBombenFabrik` auf.

```
LabyrinthSpiel spiel;
LabyrinthMitBombenFabrik fabrik;

spiel.ErzeugeLabyrinth(fabrik);
```

ErzeugeLabyrinth ist gleichermaßen gut in der Lage, mit einem Exemplar von `VerzaubertesLabyrinthFabrik` verzauberte Labyrinthe zu erzeugen.

Es ist bemerkenswert, daß `LabyrinthFabrik` lediglich aus einer Sammlung von Fabrikmethoden besteht. Dies ist die naheliegendste Art und Weise, das Abstrakte-Fabrik-Muster zu implementieren. Es ist weiterhin interessant, daß `LabyrinthFabrik` keine abstrakte Klasse ist; sie fungiert somit gleichermaßen als die abstrakte *und* konkrete Fabrik. Dies ist eine weitere naheliegende Implementierung, um das Abstrakte-Fabrik-Muster einfach anzuwenden. Da die `LabyrinthFabrik` eine konkrete Klasse ist, die vollständig aus Fabrikmethoden besteht, kann man eine neue `LabyrinthFabrik` einfach durch Erstellen einer Unterklasse und Überschreiben der zu ändernden Operation erzeugen.

`ErzeugeLabyrinth` verwendet die `SetzeSeite`-Operation von Räumen, um ihre Seiten zu spezifizieren. Wenn es Räume mit einer `LabyrinthMitBombenFabrik` erzeugt, wird das Labyrinth aus `RaumMitBombe`-Objekten mit `BombardierbareWand`-Seiten bestehen. Wenn `RaumMitBombe` auf eine unterklassenspezifische Operation von `BombardierbareWand` zugreifen muß, so muß sie die Referenzen auf ihre Wände von `Wand*` nach `BombardierbareWand*` konvertieren. Dies ist so lange sicher, wie das Argument tatsächlich auch eine `BombardierbareWand` ist, was genau dann garantiert ist, wenn alle Wände mit einer `LabyrinthMitBombenFabrik` erzeugt werden.

Dynamisch typisierte Sprachen wie Smalltalk benötigen natürlich keinen Downcast, aber sie können Laufzeitfehler produzieren, wenn sie auf eine `Wand` stoßen, eigentlich aber eine *Unterklasse* von `Wand` erwarten. Die Verwendung von Abstrakte-Fabrik zum Erzeugen von Wänden hilft diese Laufzeitfehler zu verhindern, indem sichergestellt wird, daß nur bestimmte Wände erzeugt werden können.

Betrachten wir eine Smalltalk-Version einer `LabyrinthFabrik`, die eine einzige `Erzeuge`-Operation besitzt, welche die Art des zu erzeugenden Objekts als Parameter erhält. Weiterhin speichert die konkrete Fabrik die Klassen der Produkte, die sie erzeugt.

Zuerst schreiben wir eine äquivalente Version von `ErzeugeLabyrinth` in Smalltalk:

```
erzeugeLabyrinth: eineFabrik
    | raum1 raum2 eineTuer |
    raum1 := (eineFabrik erzeuge: #raum) nummer: 1.
    raum2 := (eineFabrik erzeuge: #raum) nummer: 2.
    eineTuer := (eineFabrik erzeuge: #tuer)
    von: raum1 nach: raum2.
    raum1 aufSeite: #norden setze: (eineFabrik erzeuge: #wand).
    raum1 aufSeite: #osten setze: eineTuer.
    raum1 aufSeite: #sueden setze: (eineFabrik erzeuge: #wand).
    raum1 aufSeite: #westen setze: (eineFabrik erzeuge: #wand).
    raum2 aufSeite: #norden setze: (eineFabrik erzeuge: #wand).
    raum2 aufSeite: #osten setze: (eineFabrik erzeuge: #wand).
    raum2 aufSeite: #sueden setze: (eineFabrik erzeuge: #wand).
    raum2 aufSeite: #osten setze: eineTuer.
    ^ Labyrinth new
      fuegeRaumHinzu: raum1;
      fuegeRaumHinzu: raum2;
      yourself
```

Wie wir bereits im Implementierungsabschnitt diskutiert haben, benötigt `Labyrinth-Fabrik` lediglich eine einzige Exemplarvariable namens `teilKatalog`, um ein Dictionary bereitzustellen, dessen Schlüssel der Klassenname der jeweiligen Klasse ist. Weiterhin sei ins Gedächtnis gerufen, wie wir die `erzeuge:`-Methode implementiert haben:

```
erzeuge: teilName
    ^ (teilKatalog at: teilName) new
```

Wir können nun eine `LabyrinthFabrik` erstellen und sie zur Implementierung von `erzeugeLabyrinth` verwenden. Wir erzeugen die Fabrik mittels einer Methode `erzeugeLabyrinthFabrik` der Klasse `LabyrinthSpiel`.

```
erzeugeLabyrinthFabrik
    ^ (LabyrinthFabrik new
        fuegeTeilHinzu: Wand namens: #wand;
        fuegeTeilHinzu: Raum namens: #raum;
        fuegeTeilHinzu: Tuer namens #tuer;
        yourself)
```

Man erzeugt eine `LabyrinthMitBombenFabrik` oder eine `VerzaubertesLabyrinth-Fabrik`, indem man verschiedene Klassen mit den jeweiligen Schlüsseln assoziiert. Eine `VerzaubertesLabyrinthFabrik` kann zum Beispiel folgendermaßen erzeugt werden:

```
erzeugeLabyrinthFabrik
    ^ (LabyrinthFabrik new
        fuegeTeilHinzu: Wand namens #wall;
        fuegeTeilHinzu: VerzauberterRaum namens: #raum;
        fuegeTeilHinzu: TuerMitZauberspruch namens: #tuer;
        yourself)
```

Bekannte Verwendungen

InterViews verwendet die »Kit«-Nachsilbe [Lin92], um AbstrakteFabrik-Klassen zu kennzeichnen. Es definiert die abstrakten Fabriken WidgetKit und DialogKit, um Look-and-Feel-spezifische Benutzungsschnittstellenobjekte zu erzeugen. InterViews bietet ebenfalls ein LayoutKit, das je nach gewünschtem Layout verschiedene Kompositionsobjekte generiert. Zum Beispiel benötigt ein konzeptuell horizontales Layout je nach Orientierung des Dokuments (Portrait oder Landschaft) möglicherweise unterschiedliche Kompositionsobjekte.

ET++ [WGM88] verwendet das Abstrakte-Fabrik-Muster, um über verschiedene Fenstersysteme wie X-Windows und SunView hinweg portabel zu sein. Die abstrakte Basisklasse WindowSystem definiert die Schnittstelle zum Erzeugen von Objekten, welche die Ressourcen eines Fenstersystems repräsentieren. Beispiele für diese Operationen sind MakeWindow, MakeFont und MakeColor. Konkrete Unterklassen implementieren die Schnittstellen für ein spezifisches Fenstersystem. Zur Laufzeit erzeugt ET++ ein Exemplar einer konkreten WindowSystem-Unterklasse, welches ihrerseits die konkreten Objekte für Systemressourcen erzeugt.

Verwandte Muster

Die AbstrakteFabrik-Klassen werden oft durch Fabrikmethoden (131) implementiert. Sie können auch mit Hilfe des Prototypmusters (144) implementiert werden.

Eine konkrete Fabrik ist oftmals ein Singleton (157).

Erbauer

(Builder)

Ein objektbasiertes Erzeugungsmuster

Zweck

Trenne die Konstruktion eines komplexen Objekts von seiner Repräsentation, so daß derselbe Konstruktionsprozeß unterschiedliche Repräsentationen erzeugen kann.

Motivation

Ein Einleser für das RTF (Rich Text Format)-Dokumentaustauschformat ist ein Objekt, das Dokumente dieses Formats einlesen und in eine interne Repräsentation umsetzen kann. Es sollte in der Lage sein, RTF in viele verschiedene Textformate konvertieren zu können, so zum Beispiel in reinen ASCII-Text oder in ein interaktiv editierbares Textwidget. Das Problem ist allerdings, daß die Anzahl möglicher Konvertierungen unbeschränkt ist. Deswegen sollte es einfach möglich sein, eine neue Konvertierung einzuführen, ohne den Einleser modifizieren zu müssen.

Eine Lösung besteht darin, die RTFLeser-Klasse mit einem TextKonvertierer-Objekt zu konfigurieren, welches das RTF-Dokument in eine andere Repräsentation konvertiert (siehe Abbildung 3.4). Während der RTFLeser das RTF-Dokument einliest und parst, verwendet es den TextKonvertierer, um die Konvertierung auszuführen. Immer wenn der RTFLeser ein RTF-Token erkennt (entweder einfachen Text oder ein RTF-Steuerwort), stellt es eine Anfrage an den TextKonvertierer, das Token zu konvertieren. Die TextKonvertierer-Objekte sind sowohl für die Ausführung der Datenkonvertierung als auch für die Repräsentation des Tokens in einem bestimmten Format zuständig.

Unterklassen von TextKonvertierer sind Spezialisierungen für unterschiedliche Konvertierungen und Formate. Beispielsweise ignoriert ein ASCIIKonvertierer alle Konvertierungsanfragen bis auf solche, die sich auf reinen Text beziehen. Ein TeXKonvertierer hingegen implementiert alle Anfrageoperationen, um eine TeX-Repräsentation zu erzeugen, die alle stilistischen Informationen des Texts enthält. Ein Text-WidgetKonvertierer wiederum produziert ein komplexes Benutzungsschnittstellenobjekt, das dem Benutzer den Text anzeigt und editieren läßt.

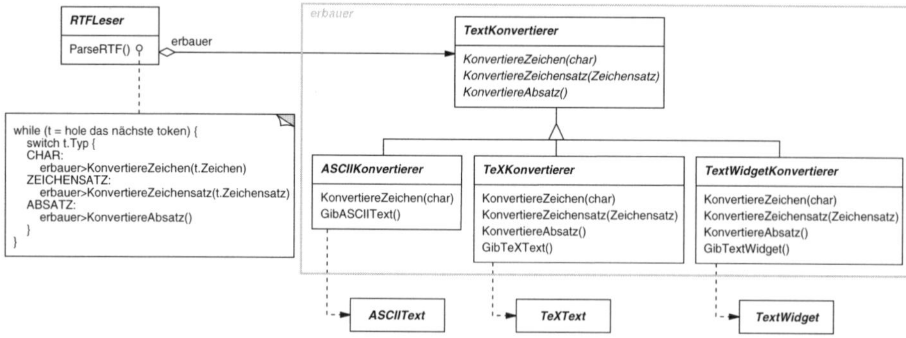

Abbildung 3.4

Jede Art von Konvertierer-Klasse versteckt den Mechanismus zum Erzeugen und Zusammenbauen eines komplexen Objekts hinter einer abstrakten Schnittstelle. Der Konvertierer ist von dem für das Einlesen eines RTF-Dokuments zuständigen Leser abgetrennt.

Das Erbauermuster erfaßt all diese Beziehungen. Jede Konvertierer-Klasse im Muster wird *Erbauer* genannt und jeder Leser *Direktor*. Wendet man das Muster auf das Beispiel an, so trennt das Erbauermuster den Algorithmus zur Interpretierung eines Textformats, also den Parser für RTF-Dokumente, von der Erzeugung und Repräsentation des konvertierten Formats. Dies ermöglicht es uns, den Parsealgorithmus des RTFLesers zum Erzeugen unterschiedlicher Textrepräsentationen von RTF-Dokumenten wiederzuverwenden – man konfiguriert lediglich den RTFLeser mit unterschiedlichen Unterklassen von TextKonvertierer.

Anwendbarkeit

Verwenden Sie das Erbauermuster in folgenden Situationen:

- Der Algorithmus zum Erzeugen eines komplexen Objekts soll unabhängig von den Teilen sein, aus denen das Objekt besteht und wie sie zusammengesetzt werden.
- Der Konstruktionsprozeß muß verschiedene Repräsentationen des zu konstruierenden Objekts erlauben.

Struktur

Abbildung 3.5 zeigt die Struktur des Erbauermusters.

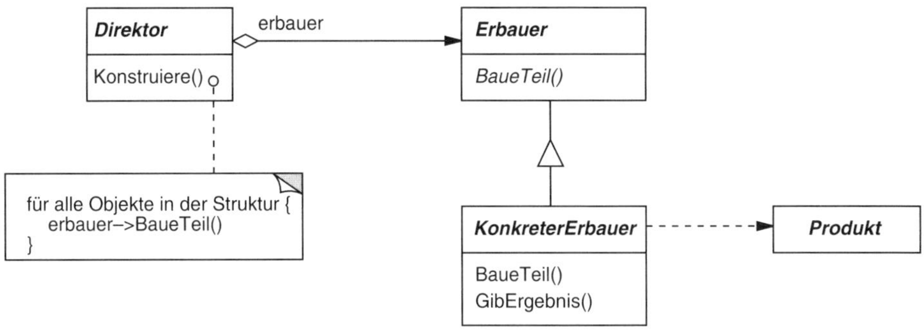

Abbildung 3.5

Teilnehmer

- **Erbauer** (TextKonvertierer)
  - spezifiziert eine abstrakte Schnittstelle zum Erzeugen von Teilen eines Produktobjekts.
- **KonkreterErbauer** (ASCIIKonvertierer, TeXKonvertierer, TextWidgetKonvertierer)
  - konstruiert und fügt Teile des Produkts zusammen, indem es die Erbauerschnittstelle implementiert.
  - definiert und verwaltet die von ihm erzeugte Repräsentation.
  - bietet eine Schnittstelle zum Zurückgeben des Produkts (zum Beispiel GibASCII-Text, GibTextWidget).
- **Direktor** (RTFLeser)
  - konstruiert ein Objekt unter Verwendung der Erbauerschnittstelle.
- **Produkt** (ASCIIText, TeXText, TextWidget)
  - repräsentiert das gerade konstruierte komplexe Objekt. Ein KonkreterErbauer erstellt die interne Repräsentation des Produkts und definiert den Prozeß, durch den es zusammengesetzt wird.
  - schließt Klassen ein, welche die konstituierenden Teile definieren. Dies umfaßt die Schnittstellen, mit denen die Teile zum endgültigen Resultat zusammengefügt werden.

Interaktionen

- Der Klient erzeugt das Direktorobjekt und konfiguriert es mit dem erwünschten Erbauerobjekt.
- Der Direktor informiert den Erbauer, wenn ein Teil des Produkts gebaut werden soll.
- Der Erbauer bearbeitet die Anfragen des Direktors und fügt Teile zum Produkt hinzu.
- Der Klient erhält das Produkt vom Erbauer.

Das Interaktionsdiagramm in Abbildung 3.6 illustriert, wie Erbauer und Direktor mit einem Klienten zusammenarbeiten:

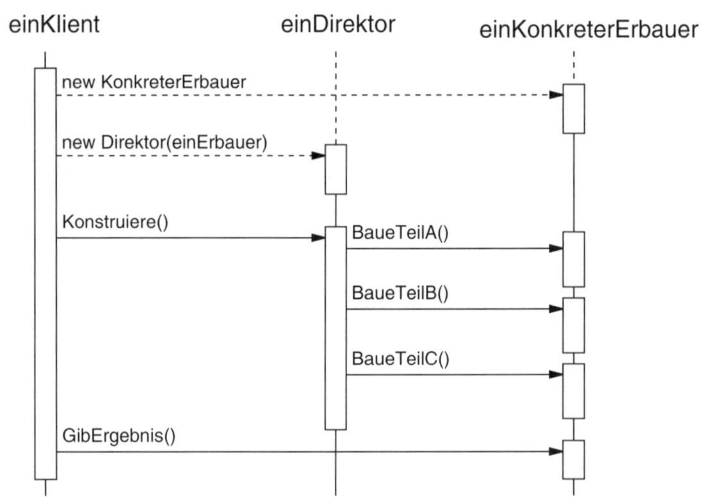

Abbildung 3.6

Konsequenzen

Es folgen zentrale Konsequenzen des Erbauermusters:

1. *Variation der internen Repräsentation eines Produkts.* Das Erbauerobjekt bietet dem Direktor eine abstrakte Schnittstelle zur Konstruktion des Produkts an. Die Schnittstelle ermöglicht es dem Erbauer, die Repräsentation des Produkts, seine interne Struktur und den Konstruktionsprozeß dieser Struktur zu verstekken. Da das Produkt über eine abstrakte Schnittstelle zusammengebaut wird, müssen Sie lediglich eine neue Art von Erbauer definieren, um die interne Repräsentation eines Produkts zu ändern.

2. *Isolierung des Codes zur Konstruktion und Repräsentation.* Das Erbauermuster verbessert die Modularität eines Systems durch Kapselung des Konstruktionsprozesses und der Repräsentation eines komplexen Objekts. Klienten brauchen nichts über die Klassen zu wissen, welche die interne Struktur des Produkts definieren. Diese Klassen erscheinen nicht in der Schnittstelle eines Erbauers.

   Jeder konkrete Erbauer enthält allen Code zur Erzeugung und zur Konstruktion einer bestimmten Produktart. Der Code wird einmal geschrieben. Anschließend können unterschiedliche Direktorobjekte ihn wiederverwenden, um Produktvarianten aus derselben Menge von Komponenten zu bauen. Im anfangs angeführten RTF Beispiel können wir einen Leser für ein anderes Format als RTF definieren, so zum Beispiel einen SGML-Leser. Wir können dabei dieselben TextKonvertierer verwenden, um ASCIIText-, TeXText- und TextWidget-Darstellungen von SGML-Dokumenten zu erzeugen.

3. *Genauere Steuerung des Konstruktionsprozesses.* Im Gegensatz zu den Erzeugungsmustern, die das Produkt in einem Durchgang erzeugen, erzeugt das Erbauermuster das Produkt Schritt für Schritt unter der Steuerung des Direktors. Der Klient holt sich das Produkt vom Erbauer erst nach seiner Fertigstellung. Somit gibt die Erbauerschnittstelle den Konstruktionsprozeß des Produkts mehr als die anderen Erzeugungsmuster wieder. Dies ermöglicht Ihnen eine feinere Steuerung des Konstruktionsprozesses und somit der internen Struktur des resultierenden Produkts.

Implementierung

Üblicherweise gibt es eine abstrakte Erbauerklasse, die eine Operation für jede Komponente definiert, die der Direktor zu erzeugen verlangen könnte. Die Operationen sind per Voreinstellung leer implementiert. Eine KonkreterErbauer-Klasse überschreibt die Operationen für Komponenten, die es erzeugen können möchte.

Es folgen weitere zu bedenkende Implementierungsaspekte:

1. *Konstruktionsschnittstelle.* Erbauer konstruieren ihre Produkte schrittweise. Deswegen muß die Erbauerklassenschnittstelle allgemein genug sein, um die Konstruktion von Produkten aller möglichen konkreten Erbauer zu erlauben.

   Ein zentraler Entwurfsaspekt betrifft das Modell für den Prozeß des Zusammensammelns und Konstruierens. Meistens reicht ein Modell aus, bei dem die Ergebnisse von Konstruktionsanfragen einfach an das Produkt angehängt werden. Im Fall des RTF-Beispiels konvertiert der Erbauer das nächste Token und hängt es an den bis zu diesem Zeitpunkt konvertierten Text an.

Mitunter müssen Sie aber möglicherweise auf Teile des Produkts zugreifen, die Sie bereits zu einem früheren Zeitpunkt konstruiert haben. Im Beispielcodeabschnitt präsentieren wir für das Labyrinthbeispiel die Klasse LabyrinthErbauer, deren Schnittstelle es Ihnen ermöglicht, eine Tür zwischen zwei existierenden Räumen einzufügen. Ein anderes Beispiel sind Baumstrukturen wie zum Beispiel Parsebäume, die von unten her (bottom-up) aufgebaut werden. In einem solchen Fall übergibt der Erbauer dem Direktor die Kindobjektknoten, also die Wurzelknoten eines Teilbaums. Der Direktor gibt sie dem Erbauer zur Konstruktion der Elternobjektknoten zurück.

2. *Keine abstrakte Produktklasse.* Im allgemeinen Fall unterscheiden sich die von konkreten Erbauern erzeugten Produkte so sehr, daß man durch die Einführung einer gemeinsamen Oberklasse für die unterschiedlichen Produkte kaum etwas gewinnen kann. Im RTF-Beispiel ist es eher unwahrscheinlich, daß die ASCIIText- und TextWidget-Objekte eine gemeinsame Schnittstelle besitzen. Sie benötigen sie auch gar nicht. Da der Klient üblicherweise den Direktor mit den ihn interessierenden konkreten Erbauern konfiguriert, weiß er auch, welche konkrete Unterklasse von Erbauer gerade benutzt wird und kann seine Produkte somit entsprechend handhaben.

3. *Leere Methoden als Defaultimplementierung in der Erbaueroberklasse.* Die Baue-Operationen sind in C++ absichtlich nicht als rein virtuelle (pure virtual) Member-Funktionen deklariert. Sie sind statt dessen als leere Operationen definiert, so daß Klienten nur jene Operationen zu überschreiben brauchen, an denen sie interessiert sind.

Beispielcode

Wir werden eine Variante der `ErzeugeLabyrinth` Member-Funktion (Seite 105) definieren, die einen Erbauer der Klasse `LabyrinthErbauer` als Argument entgegennimmt.

Die Klasse `LabyrinthErbauer` definiert die folgende Schnittstelle zum Bau von Labyrinthen:

```
class LabyrinthErbauer {
public:
    virtual void BaueLabyrinth() {}
    virtual void BaueRaum(int raumNr) {}
    virtual void BaueTuer(int vonRaumNr, int nachRaumNr) {}

    virtual Labyrinth* GibLabyrinth() { return 0; }
```

```
protected:
    LabyrinthErbauer();
};
```

Über diese Schnittstelle können drei Dinge erzeugt werden: (1) das Labyrinth, (2) Räume mit einer bestimmten Raumnummer und (3) Türen zwischen numerierten Räumen. Die Operation `GibLabyrinth` gibt das Labyrinth an den Klienten zurück. Unterklassen von `LabyrinthErbauer` überschreiben diese Operation, um das von ihnen gebaute Labyrinth zurückzugeben.

Alle das Labyrinth erzeugenden Operationen von `LabyrinthErbauer` sind defaultmäßig leer implementiert. Sie sind nicht als rein virtuell deklariert, um es abgeleiteten Klassen zu ermöglichen, nur die sie interessierenden Operationen überschreiben zu müssen.

Da wir nun über die `LabyrinthErbauer`-Schnittstelle verfügen, können wir die `ErzeugeLabyrinth`-Member-Funktion ändern, so daß sie diesen Erbauer als Parameter annimmt.

```
Labyrinth* LabyrinthSpiel::ErzeugeLabyrinth(
    LabyrinthErbauer& erbauer)
{
    erbauer.BaueLabyrinth();

    erbauer.BaueRaum(1);
    erbauer.BaueRaum(2);
    erbauer.BaueTuer(1, 2);

    return erbauer.GibLabyrinth();
}
```

Vergleichen Sie diese Version von `ErzeugeLabyrinth` mit dem Original. Beachten Sie dabei, wie der Erbauer die interne Repräsentation des Labyrinths versteckt – das heißt, die Klassen, welche die Räume, Türen und Wände definieren – und wie diese Teile zusammengefügt werden, um das endgültige Labyrinth zu erstellen. Von außen kann man erkennen, daß es Klassen zur Repräsentation von Räumen und Türen gibt. Von Wänden aber fehlt jede Spur. Dies erleichtert es, die Repräsentation des Labyrinths zu ändern, da kein Klient von `LabyrinthErbauer` geändert werden muß.

Wie die anderen Erzeugungsmuster auch, kapselt das Erbauermuster die Erzeugung von Objekten. Das geschieht in diesem Fall mittels der von `LabyrinthErbauer` definierten Schnittstelle. Dies bedeutet, daß wir `LabyrinthErbauer` wiederverwenden können, um unterschiedliche Labyrintharten zu bauen. Die Operation ErzeugeKomplexesLabyrinth ist ein Beispiel dafür:

```
Labyrinth* LabyrinthSpiel::ErzeugeKomplexesLabyrinth(
   LabyrinthErbauer& erbauer)
{
   erbauer.BaueRaum(1);
   // ...
   erbauer.BaueRaum(1001);

   return erbauer.GibLabyrinth();
}
```

Beachten Sie, daß LabyrinthErbauer das Labyrinth nicht selbst erzeugt. Seine Hauptaufgabe besteht lediglich darin, eine Schnittstelle zum Erzeugen von Labyrinthen zu definieren. Es definiert die leeren Implementierungen von Operationen hauptsächlich aus Bequemlichkeitsgründen. Unterklassen von LabyrinthErbauer vollbringen die eigentliche Arbeit.

Die Unterklasse StandardLabyrinthErbauer stellt eine Implementierung dar, die einfache Labyrinthe zusammenbaut. Es merkt sich das im Bau befindliche Labyrinth in der Variablen _aktuellesLabyrinth.

```
class StandardLabyrinthErbauer : public LabyrinthErbauer {
public:
   StandardLabyrinthErbauer();

   virtual void BaueLabyrinth();
   virtual void BaueRaum(int raumNr);
   virtual void BaueTuer(int vonRaumNr, int nachRaumNr);

   virtual Labyrinth* GibLabyrinth();

private:
   Richtung GemeinsameWand(Raum*, Raum*);
   Labyrinth* _aktuellesLabyrinth;
};
```

GemeinsameWand ist eine Hilfsoperation, die die Richtung der gemeinsamen Wand zwischen zwei Räumen bestimmt.

Der Konstruktor von StandardLabyrinthErbauer initialisiert einfach _aktuelles-Labyrinth.

```
StandardLabyrinthErbauer::StandardLabyrinthErbauer() {
   _aktuellesLabyrinth = 0;
}
```

BaueLabyrinth erzeugt ein `Labyrinth`, das mittels weiterer Operationen zusammengefügt und am Ende über `GibLabyrinth` an den Klienten zurückgeben wird.

```
void StandardLabyrinthErbauer::BaueLabyrinth() {
   _aktuellesLabyrinth = new Labyrinth;
}

Labyrinth* StandardLabyrinthErbauer::GibLabyrinth() {
   Labyrinth* labyrinth = _aktuellesLabyrinth;
   return labyrinth;
}
```

Die Operation `BaueRaum` erzeugt einen Raum und baut die Wände um ihn herum:

```
void StandardLabyrinthErbauer::BaueRaum(int raumNr) {
   if (!_aktuellesLabyrinth->RaumNr(raumNr)) {
      Raum* raum = new Raum(raumNr);
      _aktuellesLabyrinth->FuegeRaumHinzu(raum);

      raum->SetzeSeite(Norden, new Wand);
      raum->SetzeSeite(Sueden, new Wand);
      raum->SetzeSeite(Osten, new Wand);
      raum->SetzeSeite(Westen, new Wand);
   }
}
```

Um eine Tür zwischen zwei Räumen zu bauen, sucht `StandardLabyrinthErbauer` beide Räume im Labyrinth sowie ihre gemeinsame Wand heraus:

```
void StandardLabyrinthErbauer::BaueTuer(int raumNr1,
   int raumNr2)
{
   Raum* raum1 = _aktuellesLabyrinth->RaumNr(raumNr1);
   Raum* raum2 = _aktuellesLabyrinth->RaumNr(raumNr2);
   Tuer* tuer = new Tuer(raum1, raum2);

   raum1->SetzeSeite(GemeinsameWand(raum1, raum2), tuer);
   raum2->SetzeSeite(GemeinsameWand(raum2, raum1), tuer);
}
```

Klienten können nun zur Erzeugung eines Labyrinths ErzeugeLabyrinth zusammen mit StandardLabyrinthErbauer verwenden:

```
Labyrinth* labyrinth;
LabyrinthSpiel spiel;
StandardLabyrinthErbauer erbauer;

spiel.ErzeugeLabyrinth(erbauer);
labyrinth = erbauer.GibLabyrinth();
```

Wir hätten alle Operationen von StandardLabyrinthErbauer in die Schnittstelle von Labyrinth aufnehmen und das Labyrinth sich selbst bauen lassen können. Dadurch, daß wir die Schnittstelle von Labyrinth kleiner machen, ist die Klasse aber leichter zu verstehen und zu verändern. Zudem ist StandardLabyrinthErbauer ohnehin leicht von Labyrinth zu trennen. Am wichtigsten aber ist, daß die Trennung der zwei Klassen uns die Einführung beliebiger LabyrinthErbauer-Klassen ermöglicht, die jeweils unterschiedliche Klassen für die Räume, Wände und Türen verwenden können.

Eine eher exotische Variante von LabyrinthErbauer ist ZaehlenderLabyrinthErbauer. Dieser Erbauer erzeugt überhaupt kein Labyrinth. Er ermittelt lediglich die Anzahl der unterschiedlichen Komponenten, die im Fall eines normalen Labyrinth-Erbauers erzeugt worden wären.

```
class ZaehlenderLabyrinthErbauer : public LabyrinthErbauer {
public:
    ZaehlenderLabyrinthErbauer();

    virtual void BaueLabyrinth();
    virtual void BaueRaum(int);
    virtual void BaueTuer(int, int);
    virtual void FuegeWandHinzu(int, Richtung);

    void GibAnzahl(int&, int&) const;

private:
    int _tueren;
    int _raeume;
};
```

Der Konstruktor initialisiert die Zähler, und die überschriebenen LabyrinthErbauer-Operationen erhöhen sie entsprechend.

```
ZaehlenderLabyrinthErbauer::ZaehlenderLabyrinthErbauer() {
    _raeume = _tueren = 0;
}

void ZaehlenderLabyrinthErbauer::BaueRaum(int) {
    _raeume++;
}

void ZaehlenderLabyrinthErbauer::BaueTuer(int, int) {
    _tueren++;
}

void ZaehlenderLabyrinthErbauer::GibAnzahl(int& raeume,
    int& tueren) const
{
    raeume = _raeume;
    tueren = _tueren;
}
```

Ein Klient könnte ein Exemplar von `ZaehlenderLabyrinthErbauer` folgendermaßen benutzen:

```
int raeume, tueren;
LabyrinthSpiel spiel;
ZaehlenderLabyrinthErbauer erbauer;

spiel.ErzeugeLabyrinth(erbauer);
erbauer.GibAnzahl(raeume, tueren);

cout << "Das Labyrinth verfügt über "
    << raeume << " Räume und "
    << tueren << "Türen." << endl;
```

Bekannte Verwendungen

Die RTF-Konvertierer-Anwendung stammt aus ET++ [WGM88]. Sein Direktor zur Textkonstruktion verwendet einen Erbauer, um einen im RTF-Format gespeicherten Text zu bearbeiten.

Erbauer ist ein bekanntes Muster in Smalltalk-80 [Par90]:

- Die Klasse Parser im Übersetzersubsystem ist ein Direktor, der einen ProgramNodeBuilder als Argument entgegennimmt. Ein Parser-Objekt informiert sein ProgramNodeBuilder-Objekt jedesmal, wenn es ein syntaktisches Konstrukt erkannt hat. Wenn der Parser fertig ist, fragt er den Erbauer nach dem aufgebauten Parsebaum und gibt ihn an den Klienten zurück.

- ClassBuilder ist ein Erbauer, den Klassen verwenden, um Unterklassen von sich selbst zu erzeugen. In diesem Fall ist Class sowohl der Direktor als auch das Produkt.
- ByteCodeStream ist ein Erbauer, der eine übersetzte Methode als Bytearray erzeugt. ByteCodeStream ist eine unübliche Anwendung des Erbauermusters, weil das komplexe von ihm erzeugte Objekt als Bytearray und nicht als normales Smalltalk-Objekt kodiert ist. Die Schnittstelle von ByteCodeStream ist allerdings typisch für einen Erbauer. Es wäre somit einfach, ByteCodeStream durch eine andere Klasse zu ersetzen, die Programme zum Beispiel als zusammengesetzte Objekte repräsentieren.

Das Service-Configurator-Framework des Adaptive-Communications-Environment verwendet einen Erbauer, um Komponenten des Netzwerkservices zu konstruieren. Die Komponenten werden zur Laufzeit in einen Server eingebunden [SS94]. Die Komponenten werden mittels einer Konfigurationssprache beschrieben, die von einem LALR(1) Parser eingelesen wird. Die semantischen Aktionen des Parser führen Operationen auf dem Erbauer aus, welche der Servicekomponente Informationen hinzufügen. In diesem Fall stellt der Parser den Direktor dar.

Verwandte Muster

Das Abstrakte-Fabrik-Muster ist dem Erbauermuster in der Hinsicht ähnlich, daß es ebenfalls komplexe Objekte konstruieren kann. Der Hauptunterschied ist, daß das Erbauermuster sich auf den schrittweisen Konstruktionsprozeß eines komplexen Objekts konzentriert. Die Betonung des Abstrakte-Fabrik-Musters liegt auf Familien von Produktobjekten (ob nun einfach oder komplex). Erbauer gibt das Produkt als letzten Schritt zurück, während das Abstrakte-Fabrik-Muster das Produkt unmittelbar zurückgibt.

Erbauer bauen oftmals Komposita (239).

Fabrikmethode

(Factory Method)

Ein klassenbasiertes Erzeugungsmuster

Zweck

Definiere eine Klassenschnittstelle mit Operationen zum Erzeugen eines Objekts, aber lasse Unterklassen entscheiden, von welcher Klasse das zu erzeugende Objekt ist. Fabrikmethoden ermöglichen es einer Klasse, die Erzeugung von Objekten an Unterklassen zu delegieren.

Auch bekannt als

Virtueller Konstruktor

Motivation

Frameworks verwenden abstrakte Klassen, um die Beziehungen zwischen Objekten zu definieren und zu verwalten. Ein Framework ist oft auch für die Erzeugung dieser Objekte zuständig.

Stellen Sie sich ein Framework für Anwendungen vor, die dem Benutzer mehrere Dokumente auf einmal präsentieren können. Zwei zentrale Abstraktionen dieses Frameworks sind die Klassen Anwendung und Dokument. Beide Klassen sind abstrakt, und Klienten müssen Unterklassen von ihnen bilden, um ihre anwendungsspezifischen Implementierungen einzubringen. Um beispielsweise eine Zeichenanwendung zu erstellen, definieren wir die Klassen ZeichenAnwendung und ZeichenDokument. Die Klasse Anwendung ist für die Verwaltung von Dokumenten zuständig und erzeugt sie auf Verlangen – beispielsweise wenn der Benutzer Öffnen oder Neu in einem Menü auswählt.

Da die jeweilige Dokumentunterklasse, von der Objekte zu erzeugen sind, anwendungsspezifisch ist, kann Anwendung diese Unterklasse nicht vorhersagen – sie weiß lediglich, *wann* ein neues Dokument erzeugt werden soll, nicht aber *welche Art* von Dokument zu erzeugen ist. Dies führt zu einem Dilemma: Das Framework muß Objekte erzeugen, kennt aber nur ihre abstrakten Oberklassen, von denen es keine Objekte erzeugen kann.

Das Fabrikmethodemuster bietet eine Lösung. Es kapselt das Wissen um die zu erzeugende Dokument-Unterklasse und lagert es aus dem Framework aus (siehe Abbildung 3.7).

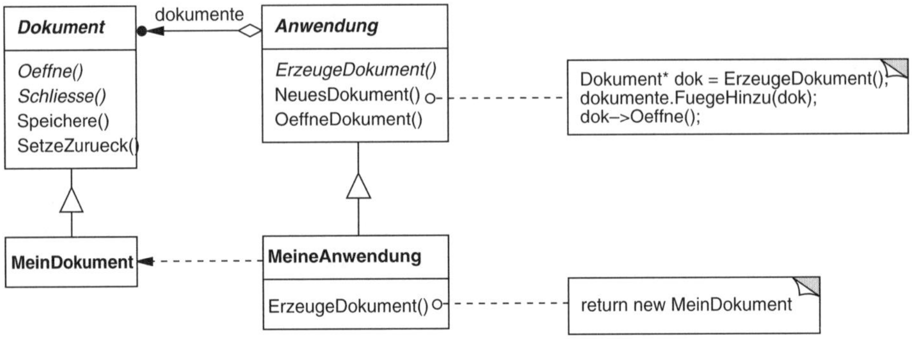

Abbildung 3.7

Anwendungs-Unterklassen überschreiben eine abstrakte ErzeugeDokument-Operation von Anwendung, so daß sie ein Exemplar der passenden Dokument-Unterklasse zurückgibt. Sobald einmal ein Objekt einer Unterklasse von Anwendung erzeugt ist, kann sie anwendungsspezifische Dokumente erzeugen, ohne deren exakte Klasse zu kennen. Wir nennen ErzeugeDokument eine *Fabrikmethode*, weil sie für die »Herstellung« eines Objekts zuständig ist.

Anwendbarkeit

Verwenden Sie das Fabrikmethodemuster, wenn

- eine Klasse die Klassen von Objekten, die sie erzeugen muß, nicht im voraus kennen kann.
- eine Klasse möchte, daß ihre Unterklassen die von ihr zu erzeugenden Objekte festlegen.
- Klassen Zuständigkeiten an eine von mehreren Hilfsunterklassen delegieren sollen und Sie das Wissen lokalisieren wollen, an welche Hilfsunterklasse die Zuständigkeiten delegiert werden.

Struktur

Abbildung 3.8 zeigt die Musterstruktur.

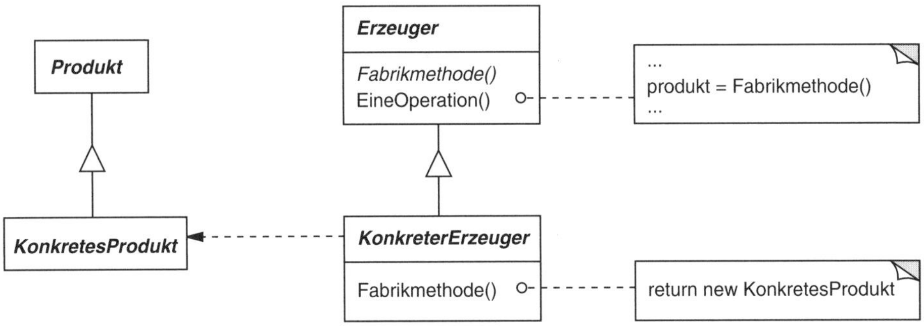

Abbildung 3.8

Teilnehmer

- **Produkt** (Dokument)
  - definiert die Klasse des von der Fabrikmethode erzeugten Objekts.
- **KonkretesProdukt** (MeinDokument)
  - implementiert die Produktschnittstelle.
- **Erzeuger** (Anwendung)
  - deklariert die Fabrikmethode, die ein Objekt des Typs Produkt zurückgibt. Der Erzeuger kann möglicherweise eine Defaultimplementierung der Fabrikmethode definieren, die ein vordefiniertes KonkretesProduktObjekt erzeugt.
  - kann die Fabrikmethode aufrufen, um ein Produktobjekt zu erzeugen.
- **KonkreterErzeuger** (MeineAnwendung)
  - überschreibt die Fabrikmethode, so daß sie ein Exemplar von KonkretesProdukt zurückgibt.

Interaktionen

- Der Erzeuger verläßt sich darauf, daß Unterklassen die Fabrikmethode definieren, so daß sie ein Exemplar der passenden konkreten Produktklasse zurückgeben.

Konsequenzen

Fabrikmethoden verhindern es, daß Sie anwendungsspezifische Klassen in Frameworkcode einbinden müssen. Der Code befaßt sich nur mit der Produktschnittstelle; er kann somit mit jeder benutzerdefinierten KonkretesProdukt-Klasse arbeiten.

Ein möglicher Nachteil von Fabrikmethoden ist, daß Klienten potentiell die Erzeugerklasse ableiten müssen, nur um ein bestimmtes KonkretesObjekt-Exemplar erzeugen zu können. Die Bildung von Unterklassen ist unproblematisch, wenn der Klient die Erzeugerklasse sowieso ableiten muß. Ist dies nicht der Fall, so muß er ausschließlich der Fabrikmethode wegen mit einem weiteren Evolutionsast seiner Software zurechtkommen.

Es folgen zwei weitere Konsequenzen des Fabrikmethodemusters:

1. *Spezialisierungmöglichkeiten für Unterklassen.* Die Erzeugung von Objekten innerhalb einer Klasse mittels einer Fabrikmethode ist immer flexibler als das direkte Erzeugen eines Objekts. Die Fabrikmethode bietet Unterklassen die Möglichkeit, eine erweiterte Version eines Objekts einzuführen.

   Im Dokumentbeispiel könnte die Dokument-Klasse eine Fabrikmethode namens ErzeugeDateiDialog definieren, die einen vordefinierten Dateidialog zum Öffnen eines existierenden Dokuments erzeugt. Eine Dokument-Unterklasse kann einen anwendungsspezifischen Dateidialog durch Überschreiben dieser Fabrikmethode definieren. In diesem Fall ist die Fabrikmethode nicht abstrakt, sondern bietet eine sinnvolle Defaultimplementierung.

2. *Verbindung paralleler Klassenhierarchien.* In den bisher betrachteten Beispielen wird die Fabrikmethode nur von Erzeugern aufgerufen. Dies muß aber nicht immer so sein. Klienten können Fabrikmethoden ebenfalls als sinnvoll erachten, insbesondere im Fall von parallelen Klassenhierarchien.

   Parallele Klassenhierarchien ergeben sich, wenn eine Klasse Teile seiner Zuständigkeiten an eine abgetrennte Klasse delegiert. Stellen Sie sich grafische Objekte vor, die interaktiv manipuliert werden können; das heißt, sie können mittels Maus gestreckt, bewegt oder rotiert werden. Die Implementierung dieser Interaktionen ist nicht immer einfach. Man muß oftmals Informationen speichern und aktualisieren, die den Zustand der Manipulation zu einem bestimmten Zeitpunkt festhalten. Dieser Zustand wird lediglich während der Manipulation gebraucht; somit braucht er nicht im grafischen Objekt aufbewahrt zu werden. Weiterhin verhalten sich verschiedene grafische Objekte unterschiedlich, wenn der Benutzer sie manipuliert. Beispielsweise hat das Strecken einer Linie den Effekt des Bewegens eines Endpunkts, während das Strecken eines Textobjekts möglicherweise zur Änderung seines Zeilenabstands führt.

Unter diesen Bedingungen ist es sinnvoller, ein abgetrenntes Manipulator-Objekt zu verwenden, das die Interaktion implementiert und jeglichen benötigten manipulationsspezifischen Zustand verwaltet. Unterschiedliche grafische Objekte verwenden unterschiedliche Manipulator-Unterklassen, um bestimmte Interaktionsmöglichkeiten zu bieten. Die resultierende Manipulator-Klassenhierarchie verläuft zumindest teilweise parallel zur Klassenhierarchie der grafischen Objekte (siehe Abbildung 3.9).

Die GrafischesObjekt-Klasse bietet eine ErzeugeManipulator-Fabrikmethode, die es Klienten ermöglicht, ein zum grafischen Objekt passendes Manipulator-Objekt zu erzeugen.

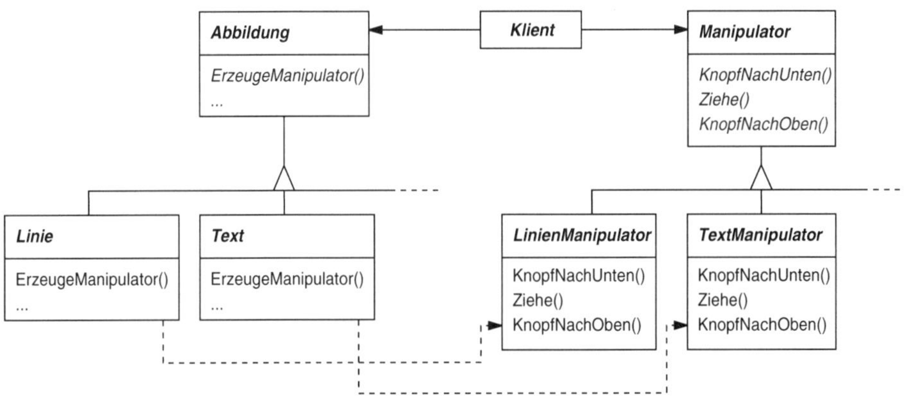

Abbildung 3.9

Die GrafischesObjekt-Unterklassen überschreiben diese Methode, so daß sie ein Exemplar der für sie richtigen Manipulator-Unterklasse zurückgeben. Alternativ kann die GrafischesObjekt-Klasse ErzeugeManipulator so implementieren, daß sie ein Objekt einer vordefinierten Manipulator-Klasse zurückgibt. Die Unterklassen können einfach diese Voreinstellung erben. Jene GrafischesObjekt-Klassen, die dies tun, benötigen keine angepaßte Manipulator-Unterklasse – somit sind die Klassenhierarchien nur teilweise parallel strukturiert.

Beachten Sie, wie die Fabrikmethode die Verbindung zwischen den zwei Klassenhierarchien definiert. Sie lokalisiert das Wissen, welche Klassen zueinander gehören.

Implementierung

Ziehen Sie die folgenden Aspekte bei der Anwendung des Fabrikmethodemusters in Betracht:

1. *Zwei größere Variationen.* Die zwei wichtigsten Variationen des Fabrikmethodemusters sind (1) der Fall, wenn die Erzeugerklasse abstrakt ist und keine Implementierung der von ihr deklarierten Fabrikmethode bietet, und (2) der Fall, wenn die Erzeugerklasse konkret ist und eine Defaultimplementierung für die Fabrikmethode bietet. Es ist auch möglich, wenngleich eher selten, über eine abstrakte Klasse zu verfügen, die eine Defaultimplementierung bietet.

   Der erste Fall *verlangt,* daß Unterklassen eine Implementierung definieren, weil es keine sinnvolle Voreinstellung gibt. Es umgeht das Dilemma, Objekte nicht vorhersehbare Klassen erzeugen zu müssen. Im zweiten Fall benutzt der konkrete Erzeuger die Fabrikmethode hauptsächlich aus Flexibilitätsgründen. Er folgt einer Regel, die besagt, daß man Objekte in einer separaten Operation erzeugen soll, so daß Unterklassen den Erzeugungscode überschreiben können. Diese Regel stellt sicher, daß Entwickler von Unterklassen, falls notwendig, die Klassen der von ihren Oberklassen erzeugten Objekte ändern können.

2. *Parametrierbare Fabrikmethoden.* Eine weitere Variation des Musters ermöglicht es der Fabrikmethode, mehrere Arten von Produkten zu erzeugen. Die Fabrikmethode erhält einen Parameter, der die Art des zu erzeugenden Objekts bestimmt. Alle von der Fabrikmethode erzeugten Objekte teilen die Produktschnittstelle. Im Dokumentbeispiel unterstützt die Anwendung möglicherweise unterschiedliche Arten von Dokumenten. Sie übergeben dann ErzeugeDokument einen zusätzlichen Parameter, um die Art des zu erzeugenden Dokuments festzulegen.

   Das Unidraw-Framework für grafische Editoren [VL90] verwendet diesen Ansatz zur Rekonstruktion von auf der Festplatte gespeicherten Objekten. Unidraw definiert eine Klasse `Creator` mit einer Fabrikmethode `Create`, die einen Klassenidentifizierer als Argument annimmt. Der Klassenidentifizierer spezifiziert die Klasse, von der Objekte zu erzeugen sind. Wenn Unidraw ein Objekt auf der Festplatte abspeichert, schreibt es zuerst den Klassenidentifizierer, gefolgt von den Exemplarvariablen. Wenn es das Objekt von der Festplatte rekonstruiert, liest es zuerst den Identifizierer.

   Ist der Klassenidentifizierer einmal gelesen, ruft das Framework `Create` auf und übergibt dabei den Identifizierer als Parameter. `Create` sucht den Konstruktor der entsprechenden Klasse heraus und benutzt ihn, um das Objekt zu erzeugen. Zum Schluß ruft `Erzeuge` die `Read`-Operation des Objekts auf, welche die auf der Festplatte verbliebenen Daten einliest und die Exemplarvariablen des Objekts mit ihnen initialisiert.

Eine parametrierbare Fabrikmethode besitzt die folgende allgemeine Form, wobei `MeinProdukt` und `DeinProdukt` Unterklassen von `Produkt` sind:

```
class Erzeuger {
public:
   virtual Produkt* Erzeuge(ProduktId);
};

Produkt* Erzeuger::Erzeuge(ProduktId id) {
   if (id == MEINS) return new MeinProdukt;
   if (id == DEINS) return new DeinProdukt;
   // Wiederholung für verbleibende Produkte...

   return 0;
}
```

Das Überschreiben einer parametrierbaren Fabrikmethode ermöglicht es Ihnen, die von einem Erzeuger produzierten Produkte einfach und gezielt zu erweitern oder zu ändern. Sie können neue Identifizierer für neue Arten von Produkten einführen, oder Sie können existierende Identifizierer an andere Produkte binden.

Beispielsweise könnte eine Unterklasse von `MeinErzeuger` die Unterklassen `MeinProdukt` und `DeinProdukt` austauschen und eine neue Unterklasse `IhrProdukt` unterstützen:

```
Produkt* MeinErzeuger::Erzeuge(ProduktId id) {
   if (id == DEINS) return new MeinProdukt;
   if (id == MEINS) return new DeinProdukt;
   // Die Produkte wurden vertauscht

   if (id == IHRS) return new IhrProdukt;

   return Erzeuger::Erzeuge(id);
   // wird aufgerufen, wenn alles andere fehlschlägt
}
```

Beachten Sie, daß der letzte Arbeitsschritt dieser Operation im Aufruf von `Erzeuge` der Oberklasse besteht. Dies liegt daran, daß `MeinErzeuger::Erzeuge` nur `MEINS`, `DEINS` und `IHRS` anders als die Oberklasse behandelt. Andere Klassen interessieren es nicht. Somit *erweitert* `MeinErzeuger` die Arten erzeugbarer Produkte. Es gibt die Zuständigkeit zum Erzeugen aller Produktarten bis auf einige wenige an ihre Oberklasse weiter.

3. *Sprachspezifische Varianten und Aspekte.* Unterschiedliche Sprachen führen von allein zu weiteren interessanten Variationen und Fragestellungen.

   Smalltalk-Programme verwenden oft eine Methode, die die Klasse des zu erzeugenden Objekts zurückgibt. Eine Fabrikmethode des Erzeugers kann diesen Rückgabewert dazu verwenden, ein Produkt zu erzeugen, und ein KonkreterErzeuger kann diese Klasse speichern oder sogar berechnen. Das Ergebnis ist eine noch einmal spätere Ermittlung des Typs von KonkretesProdukt, von dem ein Objekt erzeugt werden soll.

   Eine Smalltalk-Version des Dokumentbeispiels definiert möglicherweise eine Methode `dokumentKlasse` der Klasse `Anwendung`. Die Methode `dokumentKlasse` gibt die korrekte Dokument-Klasse zum Erzeugen von Dokumenten zurück. Die Implementierung von `dokumentKlasse` in `MeineAnwendung` gibt die Klasse `MeinDokument` zurück. Somit ergibt sich für die Klasse `Anwendung`:

```
klientenMethode
    dokument := self dokumentKlasse new

dokumentKlasse
    self subclassResponsibility
```

   In der Klasse MeineAnwendung definieren wir:

```
dokumentKlasse
    ^ MeinDokument
```

   Diese Methode gibt die Klasse `MeinDokument` zurück, von der `Anwendung` Exemplare erzeugt.

   Ein noch flexiblerer Ansatz, vergleichbar parametrierbaren Fabrikmethoden, besteht darin, die zu Klasse zu erzeugender Objekte als eine Klassenvariable von `Anwendung` zu speichern. Man muß dann keine Unterklasse von `Anwendung` bilden, um das Produkt zu variieren.

   In C++ sind Fabrikmethoden immer virtuelle Funktionen, die meistens sogar als rein virtuell deklariert werden. Sie müssen hierbei allerdings aufpassen, die Fabrikmethoden nicht aus dem Konstruktor des Erzeugers heraus aufzurufen – die Fabrikmethoden der Unterklasse KonkreterErzeuger sind zu diesem Zeitpunkt noch nicht verfügbar.

   Sie können dies vermeiden, indem Sie vorsichtigerweise auf Produkte ausschließlich durch Zugriffsoperationen zugreifen, die das Objekt auf Verlangen erzeugen. Statt das konkrete Produkt im Konstruktor zu erzeugen, initialisiert der Konstruktor es lediglich zu 0. Die Zugriffsoperation gibt das Objekt zurück, testet allerdings vorher, ob das Produkt existiert. Falls dies nicht der Fall ist, erzeugt es das Produkt erst einmal. Diese Technik wird mitunter als **verzögerte Initialisierung** (lazy initialization) bezeichnet. Der folgende Code zeigt eine typische Implementierung:

```
class Erzeuger {
public:
                Produkt* GibProdukt();

protected:
            virtual Produkt* ErzeugeProdukt();

private:
                Produkt* _produkt;
};

Produkt* Erzeuger::GibProdukt() {
   if (_produkt == 0) {
      _produkt = ErzeugeProdukt();
   }
   return _produkt;
}
```

4. *Verwendung von Templates zur Vermeidung von Unterklassen.* Ein weiteres potentielles Problem von Fabrikmethoden besteht darin, daß Sie gezwungen sein könnten, eine Unterklasse lediglich zur Erzeugung der passenden Produktobjekte zu erstellen. In C++ bietet sich eine weitere Möglichkeit, dieses Problem zu umgehen. Dabei führt man eine templatebasierte Unterklasse von Erzeuger ein, die mit der Produktklasse parametrierbar wird:

```
class Erzeuger {
public:
   virtual Produkt* ErzeugeProdukt() = 0;
};

template<class DasProdukt>
class StandardErzeuger : public Erzeuger {
public:
   virtual Produkt* ErzeugeProdukt();
};

template<class DasProdukt>
Produkt* StandardErzeuger<DasProdukt>::ErzeugeProdukt() {
```

```
    return new DasProdukt;
}
```

Unter Verwendung dieses Templates gibt der Klient nur noch die Produktklasse an – es muß keine Unterklasse von Erzeuger erstellt werden.

```
class MeinProdukt : public Produkt {
public:
    MeinProdukt();
    // ...
};

StandardErzeuger<MeinProdukt> meinProdukt;
```

5. *Namenskonventionen.* Es hat sich bewährt, Namenskonventionen zu verwenden, die klarstellen, daß Sie Fabrikmethoden verwenden. Beispielsweise deklariert das Mac-App-Application-Framework für den Apple Macintosh [App89] die eine Fabrikmethode definierende abstrakte Operation immer als `Klasse* DoMakeKlasse()`, wobei `Klasse` die Produktklasse darstellt.

Beispielcode

Die Funktion `ErzeugeLabyrinth` (Seite 90) erzeugt ein Labyrinth und gibt es zurück. Ein Nachteil dieser Funktion ist, daß sie die Klassen des Labyrinths, der Räume, Türen und Wände fest codiert. Wir führen Fabrikmethoden ein, um Unterklassen die Komponenten auswählen zu lassen.

Zuerst definieren wir Fabrikmethoden in `LabyrinthSpiel`, um Labyrinth-, Raum-, Wand- und Türobjekte zu erzeugen:

```
class LabyrinthSpiel {
public:
    Labyrinth* ErzeugeLabyrinth();

    // Die Fabrikmethoden:
    virtual Labyrinth* ErzeugeLabyrinth() const
        { return new Labyrinth; }
    virtual Raum* ErzeugeRaum(int raumNr) const
        { return new Raum(raumNr); }
    virtual Wand* ErzeugeWand() const
        { return new Wand; }
    virtual Tuer* ErzeugeTuer(Raum* raum1, Raum* raum2) const
        { return new Tuer(raum1, raum2); }
};
```

Jede Fabrikmethode gibt eine Labyrinthkomponente eines gegebenen Typs zurück. `LabyrinthSpiel` bietet Defaultimplementierungen, welche die einfachsten Arten von Labyrinthen, Räumen, Wänden und Türen zurückgeben.

Wir können nun `ErzeugeLabyrinth` so umschreiben, daß es diese Fabrikmethoden verwendet:

```
Labyrinth* LabyrinthSpiel::ErzeugeLabyrinth() {
   Labyrinth* einLabyrinth = ErzeugeLabyrinth();

   Raum* raum1 = ErzeugeRaum(1);
   Raum* raum2 = ErzeugeRaum(2);
   Tuer* dieTuer = ErzeugeTuer(raum1, raum2);

   einLabyrinth->FuegeRaumHinzu(raum1);
   einLabyrinth->FuegeRaumHinzu(raum2);

   raum1->SetzeSeite(Norden, ErzeugeWand());
   raum1->SetzeSeite(Osten, dieTuer);
   raum1->SetzeSeite(Sueden, ErzeugeWand());
   raum1->SetzeSeite(Westen, ErzeugeWand());

   raum2->SetzeSeite(Norden, ErzeugeWand());
   raum2->SetzeSeite(Osten, ErzeugeWand());
   raum2->SetzeSeite(Sueden, ErzeugeWand());
   raum2->SetzeSeite(Westen, dieTuer);

   return einLabyrinth;
}
```

Unterschiedliche Spiele können Unterklassen von `LabyrinthSpiel` bilden, um Teile des Labyrinths zu spezialisieren. Diese Unterklassen können einige oder alle Fabrikmethoden neu definieren, um die Produkte zu variieren. Beispielsweise kann ein `LabyrinthMitBombenSpiel` die Raum- und Wandprodukte neu definieren, um so die bombardierbaren Versionen zurückzugeben:

```
class LabyrinthMitBombenSpiel : public LabyrinthSpiel {
public:
   LabyrinthMitBombenSpiel();

   virtual Wand* ErzeugeWand() const
      { return new BombardierbareWand; }

   virtual Raum* ErzeugeRaum(int raumNr) const
      { return new RaumMitBombe(raumNr); }
};
```

Ein Variante `VerzaubertesLabyrinthSpiel` kann so definiert werden:

```
class VerzaubertesLabyrinthSpiel : public LabyrinthSpiel {
public:
   VerzaubertesLabyrinthSpiel();

   virtual Raum* ErzeugeRaum(int raumNr) const
      { return new VerzauberterRaum(raumNr,
         BenoetigterZauberspruch()); }
   virtual Tuer* ErzeugeTuer(Raum* raum1, Raum* raum2) const
      { return new TuerMitZauberspruch(raum1, raum2); }

protected:
   Zauberspruch* BenoetigterZauberspruch() const;
};
```

Bekannte Verwendungen

Fabrikmethoden werden in Klassenbibliotheken und Frameworks durchgängig eingesetzt. Das einführende Dokumentbeispiel ist ein typischer Anwendungsfall in MacApp und ET++ [WGM88]. Das Manipulator-Beispiel stammt aus Unidraw.

Die Klasse View im Smalltalk-80 MVC-Framework besitzt eine Methode defaultController, die ein Controller-Objekt erzeugt, so daß diese Methode wie eine Fabrikmethode aussieht [Par90]. Unterklassen von View spezifizieren allerdings die Klasse ihres Default-Controllers durch die Definition der Methode defaultControllerClass, welche die Klasse zurückgibt, von der defaultController Exemplare erzeugt. Somit ist defaultControllerClass die eigentliche Fabrikmethode, das heißt jene Methode, die Unterklassen überschreiben sollten.

Ein eher abgehobenes Beispiel in Smalltalk-80 ist die Fabrikmethode parserClass, die von Behavior definiert wird (Behavior ist die Oberklasse aller Objekte, die Klassen repräsentieren). Dies ermöglicht es einer Klasse, einen maßgeschneiderten Parser für ihren Quelltext zu verwenden. Beispielsweise kann ein Klient eine Klasse SQLParser definieren, um den Quelltext einer Klasse mit eingebetteten SQL-Befehlen zu analysieren. Die Klasse Behavior implementiert parserClass so, daß es die standardmäßige Smalltalk-Parserklasse zurückgibt. Eine Klasse, die SQL-Befehle einbetten kann, überschreibt diese Methode (als eine Klassenmethode) und gibt die SQLParser-Klasse zurück.

Das Orbix ORB-System von IONA Technologies [ION94] benutzt Fabrikmethoden, um ein Proxyobjekt (siehe Proxy (254)) des passenden Typs zu generieren, wann immer ein Objekt eine Referenz auf ein Objekt in einem anderen Prozeß verlangt. Fabrikmethode macht es einfach, das Defaultproxy durch ein anderes Proxy zu ersetzen, das zum Beispiel Caching auf der Klientenseite verwendet.

Verwandte Muster

Das Abstrakte-Fabrik-Muster wird oft mittels Fabrikmethoden implementiert. Das Beispiel aus dem Motivationsabschnitt des Abstrakte-Fabrik-Muster beschreibt ebenfalls das Fabrikmethodemuster.

Fabrikmethoden werden üblicherweise innerhalb von Schablonenmethoden (366) aufgerufen. Im obigen Dokumentbeispiel stellt NeuesDokument eine Schablonenmethode dar.

Prototypen (144) benötigen keine Unterklasse von Erzeuger. Sie verlangen allerdings oftmals eine Initialisiere-Operation der Produktklasse. Erzeuger verwendet Initialisiere zur Initialisierung des Objekts. Fabrikmethoden benötigen keine solche Operation.

Prototyp

(Prototype)

Ein objektbasiertes Erzeugungsmuster

Zweck

Bestimme die Arten zu erzeugender Objekte durch die Verwendung eines prototypischen Exemplars und erzeuge neue Objekte durch Kopieren dieses Prototypen.

Motivation

Sie können einen Editor für Musikpartituren erstellen, indem Sie ein allgemeines Framework für grafische Editoren anpassen und neue Objekte hinzufügen, welche die Noten, Pausen und Notenlinien repräsentieren. Das Editor-Framework besitzt vielleicht eine Palette von kleinen Werkzeugen, um Musikobjekte der Partitur hinzuzufügen. Die Palette dürfte weiterhin Werkzeuge zum Auswählen, Bewegen sowie für weitere Manipulationsmöglichkeiten der Musikobjekte besitzen. Die Benutzer klicken auf das Werkzeug für Viertelnoten und benutzen es, um die Viertelnoten der Partitur hinzuzufügen. Oder Sie verwenden das Bewegungswerkzeug, um eine Note auf den Notenlinien auf oder ab zu bewegen, wobei Sie seine Tonhöhe verändern.

Nehmen wir an, daß das Framework eine abstrakte Klasse GrafischesObjekt für grafische Komponenten wie die Noten und Notenlinien bietet. Weiterhin bietet es eine abstrakte Klasse Werkzeug zur Definition von Werkzeugen wie denen in der Palette. Das Framework definiert weiterhin eine Unterklasse GrafischesWerkzeug für Werkzeuge, die grafische Objekte erzeugen und dem Dokument hinzufügen können.

Die Klasse GrafischesWerkzeug stellt ein Problem für den Frameworkentwickler dar. Die Klassen für Noten und Notenlinien sind anwendungsspezifisch, die Klasse GrafischesWerkzeug gehört aber zum Framework. Die Klasse GrafischesWerkzeug weiß nicht, wie die Exemplare unserer Musikklassen zu erzeugen sind, die der Partitur hinzugefügt werden sollen. Wir könnten für jede Art von Musikobjekt eine Unterklasse von GrafischesWerkzeug bilden, was aber zu vielen Unterklassen führen würde, die sich nur in der Art des zu erzeugenden Musikobjekts unterscheiden. Wir wissen, daß Objektkomposition eine flexible Alternative zur Unterklassenbildung ist. Die Frage ist, wie das Framework Objektkomposition verwenden kann, um Exemplare von GrafischesWerkzeug mit der Klasse der zu erzeugenden grafischen Objekte zu parametrieren.

Die Lösung besteht darin, GrafischesWerkzeug ein neues grafisches Objekt mittels Kopieren oder »Klonen« eines Exemplars einer GrafischesObjekt-Unterklasse erzeugen zu lassen (siehe Abbildung 3.10). Wir nennen dieses Exemplar *Prototyp*. GrafischesWerkzeug wird mit dem Prototyp parametrisiert, den es klonen und dem Dokument hinzufügen soll. Wenn alle Unterklassen von GrafischesObjekt eine Klone-Operation anbieten, kann GrafischesWerkzeug jede Art von GrafischesObjekt klonen.

Somit ist in unserem Musikeditor jedes Werkzeug zum Erzeugen eines Musikobjekts ein Exemplar von GrafischesWerkzeug, das mit einem anderen Prototypen initialisiert wird. Jedes GrafischesWerkzeug-Exemplar produziert ein Musikobjekt, indem es seinen Prototypen klont und das geklonte Objekt der Partitur hinzufügt.

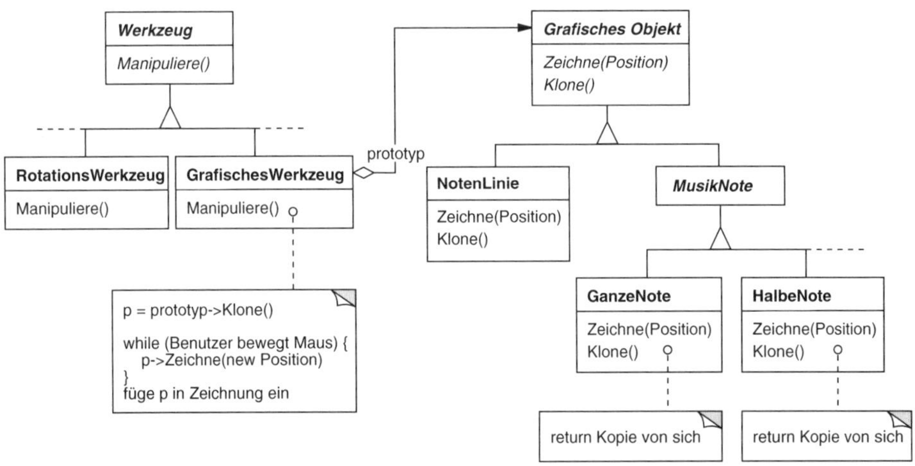

Abbildung 3.10

Wir können das Prototypmuster sogar dazu verwenden, die Anzahl der Klassen noch weiter zu senken. Wir verfügen über Klassen für ganze und für halbe Noten. Dies ist möglicherweise unnötig. Statt dessen könnten sie Exemplare derselben Klasse sein, die mit unterschiedlichen Bitmaps und unterschiedlicher Tondauer initialisiert werden. Ein Werkzeug zum Erzeugen ganzer Noten wird somit zu einem GrafischesWerkzeug-Objekt, dessen Prototyp eine MusikNote ist, die so initialisiert wurde, daß sie eine ganze Note darstellt. Diese kann zu einer drastischen Reduzierung der Klassenanzahl im System führen. Das Hinzufügen einer neuen Art von Note zum Musikeditor wird ebenfalls einfacher.

Anwendbarkeit

Verwenden Sie das Prototypmuster, wenn ein System unabhängig davon sein soll, wie seine Produkte erzeugt, zusammengesetzt und repräsentiert werden, *und*

- wenn die Klassen zu erzeugender Objekte erst zur Laufzeit spezifiziert werden, beispielsweise durch dynamisches Laden, *oder*
- um zu vermeiden, eine Klassenhierarchie von Fabriken zu erstellen, die parallel zur Klassenhierarchie der Produkte verläuft, *oder*
- wenn Exemplare einer Klasse nur wenige unterschiedliche Zustandskombinationen haben können. Es ist möglicherweise bequemer, eine entsprechende Anzahl von Prototypen einzurichten und sie zu klonen statt die Objekte einer Klasse jedesmal von Hand mit dem richtigen Zustand zu erzeugen.

Struktur

Abbildung 3.11 zeigt die Struktur des Prototypmusters.

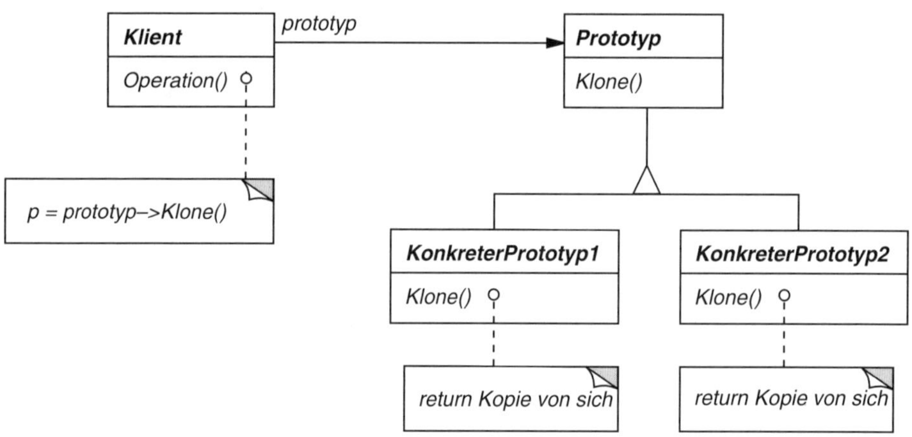

Abbildung 3.11

Teilnehmer

- **Prototyp** (GrafischesObjekt)
  - deklariert eine Schnittstelle, um sich selbst zu klonen.
- **KonkretesProdukt** (NotenLinie, GanzeNote, HalbeNote)
  - implementiert eine Operation, um sich selbst zu klonen.

- **Klient** (GrafischesWerkzeug)
  - erzeugt ein neues Objekt, indem es einem Prototyp befiehlt, sich selbst zu klonen.

Interaktionen

- Ein Klient befiehlt einem Prototyp, sich selbst zu klonen.

Konsequenzen

Das Prototypmuster hat viele derselben Konsequenzen, welche das Abstrakte-Fabrik-Muster (107) und das Erbauermuster (119) haben: Es versteckt die konkreten Produktklassen vor dem Klienten und reduziert dadurch die Anzahl der dem Klienten bekannten Namen. Weiterhin ermöglichen diese Muster es einem Klienten, ohne Modifikation mit anwendungsspezifischen Klassen zu arbeiten.

Zusätzliche Möglichkeiten des Prototypmusters sind im Folgenden aufgeführt.

1. *Hinzufügen und Entfernen von Produkten zur Laufzeit.* Prototypen ermöglichen es Ihnen, eine neue Produktklasse in ein System einfach dadurch einzubinden, daß sie ein prototypisches Exemplar beim Klienten registrieren. Dies ist etwas flexibler als die anderen Erzeugungsmuster, weil ein Klient Prototypen zur Laufzeit installieren und entfernen kann.

2. *Spezifikation neuer Objekte durch Variation von Werten.* Hochdynamische Systeme ermöglichen es Ihnen, neues Verhalten durch die Objektkomposition zu definieren – indem Sie beispielsweise Werte für die Variablen eines Objektes spezifizieren – und nicht, indem Sie neue Klassen definieren. Sie definieren effektiv neue Arten von Objekten durch das Erzeugen von Objekten existierender Klassen und die Registrierung der Objekte als Prototypen für Klientenobjekte. Ein Klient kann neues Verhalten durch die Delegation von Zuständigkeiten an den Prototypen ausüben.

   Diese Art von Entwurf ermöglicht es Benutzern, neue »Klassen« ohne Programmierung zu definieren. Tatsächlich gleicht das Klonen eines Prototypen dem Erzeugen eines Objekts einer Klasse. Das Prototypmuster ist in der Lage, die von einem System benötigte Anzahl an Klassen deutlich zu reduzieren. In unserem Musikeditor kann eine einzige GrafischesWerkzeug-Klasse eine unbegrenzte Vielfalt von Musikobjekten erzeugen.

3. *Spezifikation neuer Objekte durch Variation der Struktur.* Viele Anwendungen konstruieren Objekte aus Teilen und Subteilen. Editoren für den Entwurf elektri-

scher Schaltkreise konstruieren beispielsweise Schaltkreise mit Hilfe von Teilschaltkreisen.[1] Aus Bequemlichkeitsgründen ermöglichen diese Anwendungen es Ihnen oft, komplexe, benutzerdefinierte Strukturen zu erzeugen, etwa um einen bestimmten Teilschaltkreis immer wieder zu verwenden.

Das Prototypmuster unterstützt dies ebenfalls. Wir fügen diesen Teilschaltkreis einfach als einen Prototyp zur Palette verfügbarer Schaltkreiselemente hinzu. Solange das den zusammengesetzten Schaltkreis repräsentierende Objekt das Klonen als tiefes Kopieren implementiert, können Schaltkreise mit unterschiedlichen Strukturen als Prototypen verwendet werden.

4. *Verringerte Unterklassenbildung.* Das Fabrikmethodemuster (131) produziert oft eine Hierarchie von Erzeugerklassen, die parallel zur Produktklassenhierarchie verläuft. Das Prototypmuster ermöglicht es Ihnen, zur Erzeugung eines neuen Objekts einen Prototypen zu klonen, statt eine Fabrikmethode aufzurufen. Somit benötigen Sie überhaupt keine Erzeugerklassenhierarchie. Dieser Vorteil kommt hauptsächlich in Sprachen wie C++ zum Tragen, die Klassen nicht als Objekte erster Ordnung behandeln. Sprachen wie Smalltalk oder Objective-C, die dies tun, ziehen hieraus einen geringeren Vorteil, da Sie immer ein Klassenobjekt als Erzeuger verwenden können. Klassenobjekte spielen in diesen Sprachen bereits die Rolle von Prototypen.

5. *Dynamisches Konfigurieren einer Anwendung mit Klassen.* Manche Laufzeitumgebungen ermöglichen es Ihnen, Klassen dynamisch zu einer Anwendung hinzuzuladen. Das Prototypmuster ist der Schlüssel zum Ausbeuten solcher Möglichkeiten in einer Sprache wie C++.

   Eine Anwendung, die Exemplare einer dynamisch geladenen Klasse erzeugen möchte, wird nicht in der Lage sein, den Konstruktur dieser Klassen statisch zu referenzieren. Statt dessen erzeugt die Laufzeitumgebung beim Laden jeder Klasse automatisch ein Exemplar und registriert dieses Exemplar bei einem Prototypenverwalter (siehe Implementierungsabschnitt). Die Anwendung kann dann den Prototypenverwalter nach Exemplaren der gerade neu geladenen Klassen fragen, Klassen die ursprünglich gar nicht in das Programm eingebunden waren. Das ET++-Application-Framework [WGM88] verfügt über ein Laufzeitsystem, das diese Methode verwendet.

Die Hauptverpflichtung des Prototypmusters besteht darin, daß jede Unterklasse von Prototyp die Operation Klone implementieren muß. Dies kann eine schwie-

1. Solche Anwendungen verwenden auch das Kompositionsmuster (239) und das Dekorierermuster (199).

rige Aufgabe sein. Beispielsweise ist das Hinzufügen von Klone schwierig, wenn die in Betracht gezogenen Klassen bereits existieren. Die Implementierung von Klone kann schwierig sein, wenn ihre interne Repräsentation Objekte umfaßt, die keine Kopiermöglichkeiten bieten oder über zirkuläre Referenzen verfügen.

Implementierung

Das Prototypmuster ist besonders nützlich in statisch typisierten Programmiersprachen wie C++, in denen Klassen keine Objekte sind und nur wenig oder gar keine Typinformation zur Laufzeit verfügbar ist. In Sprachen wie Smalltalk oder Objective-C, die Prototypen vergleichbarer Objekte zur Erzeugung von Exemplaren einer Klasse bieten, nämlich Klassenobjekte, ist es weniger wichtig. Dieses Muster ist in prototyp-basierten Sprachen wie Self [US87], in denen alle Erzeugung von Objekten durch das Klonen eines Prototyps geschieht, von Haus aus vorhanden.

Beachten Sie die folgenden Aspekte, wenn Sie das Prototypmuster implementieren.

1. *Verwendung eines Prototypenverwalters.* Wenn die Anzahl von Prototypen eines Systems nicht von vorneherein festgelegt ist (das heißt, sie können dynamisch erzeugt und gelöscht werden), sollten Sie die verfügbaren Prototypen in einer Registratur vermerken. In diesem Fall verwalten Klienten die Prototypen nicht selbst, sondern speichern sie in der Registratur ab und fordern sie wieder an. Ein Klient holt sich einen Prototypen von der Registratur, bevor er ihn klont. Wir nennen diese Registratur einen **Prototypenverwalter**.

   Ein Prototypenverwalter verwendet einen assoziativen Speicher, der den zu einem Schlüssel passenden Prototypen zurückgibt. Er besitzt Operationen zum Registrieren eines Prototypen bezüglich eines Schlüssels und zum Auflösen der Registrierung. Klienten können die Registratur zur Laufzeit ändern oder sie durchsuchen. Somit können die Klienten das System ohne Schreiben von Code erweitern oder sich einen Überblick verschaffen.

2. *Implementierung der Klone-Operation.* Der schwierigste Aspekt am Prototypmuster ist die korrekte Implementierung der Klone-Operation. Sie ist insbesondere dann sehr trickreich, wenn die Objektstrukturen zirkuläre Referenzen enthalten.

   Die meisten Sprachen unterstützen das Klonen von Objekten zumindest teilweise. Zum Beispiel verfügt Smalltalk über eine Implementierung von `copy`, die von allen Unterklassen von `Object` geerbt wird. C++ bietet einen Kopierkonstruktor. Aber all diese Hilfsmittel lösen das Problem »flaches versus tiefes Kopieren« nicht [GR83]. Kurzgefaßt stellt dieses Problem die Frage, ob das Klonen eines Objekts zum Klonen seiner Exemplarvariablen führt oder ob das Originalobjekt und der Klon dieselben Variablen miteinander teilen.

Eine flache Kopie ist einfach und oftmals ausreichend. Sie wird aus diesem Grund von Smalltalk als die Defaulteinstellung angeboten. Der standardmäßige Kopierkonstruktor in C++ kopiert die Exemplarvariablen, was bedeutet, daß im Fall von Objektreferenzen die referenzierten Objekte von Kopie und Original gemeinsam genutzt werden. Üblicherweise aber verlangt das Klonen von Prototypen mit komplexen Strukturen das Ausführen einer tiefen Kopie, weil der Klon und das Original unabhängig voneinander sein müssen. Sie müssen deswegen sicherstellen, daß die Komponenten des Klons wiederum Klons der Komponenten des Prototypen sind. Sie werden durch das Klonen gezwungen, zu entscheiden, was, wenn überhaupt, gemeinsam genutzt wird.

Wenn die Objekte im System Lade- und Speicheroperationen bieten, dann können Sie diese für eine Defaultimplementierung der Klone-Operation verwenden, indem Sie einfach das Objekt speichern und sofort wieder einladen. Die Speicheroperation legt das Objekt in einem Zwischenspeicher ab, und die Ladeoperation erzeugt ein Duplikat bei der Rekonstruktion des Objekts aus dem Speicher.

3. *Initialisierung geklonter Objekte.* Während manche Klienten mit dem geklonten Objekt völlig zufriedengestellt sind, verlangen andere Klienten die Initialisierung von Teilen oder dem gesamten inneren Zustand mit Werten ihrer Wahl. Sie können diese Werte üblicherweise nicht der Klone-Operation direkt übergeben, weil ihre Anzahl zwischen den Klassen der Prototypen variiert. Manche Prototypen benötigen möglicherweise mehrere Initialisierungsparameter, während andere Prototypen keine benötigen. Die Übergabe von Parametern in der Klone-Operation schließt eine einheitliche Schnittstelle zum Klonen aus.

   Vielleicht definieren die Klassen ihrer Prototypen ja schon Operationen zum Zurücksetzen wichtiger Teile des Zustands. Wenn dem so ist, können Klienten diese Operationen direkt nach dem Klonen verwenden. Wenn nicht, müssen sie vielleicht eine `Initialisiere`-Operation einführen (siehe Beispielcodeabschnitt), die die Initialisierungsparameter als Argumente entgegennimmt und den internen Zustand des geklonten Objekts entsprechend setzt. Besondere Aufmerksamkeit erfordern Klone-Operationen, die tiefe Kopien anfertigen – die Kopien müssen möglicherweise gelöscht werden, entweder explizit oder innerhalb von `Initialisiere`, bevor Sie sie erneut initialisieren können.

Beispielcode

Wir werden eine Unterklasse LabyrinthPrototypFabrik der Klasse LabyrinthFabrik (Seite 129) definieren. LabyrinthPrototypFabrik wird mit den Prototypen jener Objekte initialisiert, die es erzeugen soll, so daß wir keine Unterklassen bilden müssen, nur um die Klassen der von ihr erzeugten Räume und Wände zu ändern.

LabyrinthPrototypFabrik erweitert die Schnittstelle von LabyrinthFabrik mit einem Konstruktor, der die Prototypen als Argument erhält:

```
class LabyrinthPrototypFabrik : public LabyrinthFabrik {
public:
    LabyrinthPrototypFabrik(Labyrinth*, Wand*, Raum*, Tuer*);

    virtual Labyrinth* ErzeugeLabyrinth() const;
    virtual Raum* ErzeugeRaum(int) const;
    virtual Wand* ErzeugeWand() const;
    virtual Tuer* ErzeugeTuer(Raum*, Raum*) const;

private:
    Labyrinth* _prototypLabyrinth;
    Raum* _prototypRaum;
    Wand* _prototypWand;
    Tuer* _prototypTuer;
};
```

Der neue Konstruktor initialisiert einfach seine Prototypen:

```
LabyrinthPrototypFabrik::LabyrinthPrototypFabrik(
    Labyrinth* labyrinth, Wand* wand, Raum* raum, Tuer* tuer)
{
    _prototypLabyrinth = labyrinth;
    _prototypWand = wand;
    _prototypRaum = raum;
    _prototypTuer = tuer;
}
```

Die Member-Funktionen zum Erzeugen von Wänden, Räumen und Türen gleichen einander: Jede klont einen Prototypen und initialisiert ihn dann. Es folgen die Definitionen von ErzeugeWand und ErzeugeTuer:

```
Wand* LabyrinthPrototypFabrik::ErzeugeWand() const {
    return _prototypWand->Klone();
}
```

```
Tuer* LabyrinthPrototypFabrik::ErzeugeTuer(
    Raum* raum1, Raum* raum2) const
{
    Tuer* tuer = _prototypTuer->Klone();
    tuer->Initialisiere(raum1, raum2);
    return tuer;
}
```

Wir können `LabyrinthPrototypFabrik` zum Erzeugen eines prototypischen Labyrinths oder eines Defaultlabyrinths verwenden, indem wir es einfach mit Prototypen der grundlegenden Komponenten des Labyrinths initialisieren:

```
LabyrinthSpiel spiel;
LabyrinthPrototypFabrik einfacheLabyrinthFabrik(
    new Labyrinth, new Wand, new Raum, new Tuer);

Labyrinth* labyrinth = spiel.ErzeugeLabyrinth(
    einfacheLabyrinthFabrik);
```

Um den Labyrinthtyp zu ändern, initialisieren wir `LabyrinthPrototypFabrik` mit einer anderen Menge an Prototypen. Der folgende Aufruf erzeugt ein Labyrinth mit Prototypen für `BombardierbareTuer` und `RaumMitBombe`:

```
LabyrinthPrototypFabrik bombardierbareLabyrinthFabrik(
    new Labyrinth, new BombardierbareWand,
    new RaumMitBombe, new Tuer);
```

Ein Objekt, das als Prototyp genutzt werden kann, wie zum Beispiel ein Exemplar von `Wand`, muß die Klone-Operation unterstützen. Es muß ebenso über einen Kopierkonstruktor zum Klonen verfügen. Es benötigt möglicherweise eine separate Operation zur erneuten Initialisierung seines internen Zustands. Wir fügen deswegen die Operation `Initialisiere` der Klasse `Tuer` hinzu, um Klienten die Initialisierung geklonter Räume zu ermöglichen.

Vergleichen Sie die folgende Definition von `Tuer` mit derjenigen auf Seite 104:

```
class Tuer : public KartenEintrag {
public:
    Tuer();
    Tuer(const Tuer&);

    virtual void Initialisiere(Raum*, Raum*);
    virtual Tuer* Klone() const;
    virtual void Betrete();
```

```
    Raum* AndereSeiteVon(Raum*);

private:
    Raum* _raum1;
    Raum* _raum2;
};

Tuer::Tuer(const Tuer& andereTuer) {
    _raum1 = andereTuer._raum1;
    _raum2 = andereTuer._raum2;
}

void Tuer::Initialisiere(Raum* raum1, Raum* raum2) {
    _raum1 = raum1;
    _raum2 = raum2;
}

Tuer* Tuer::Klone() const {
    return new Tuer(*this);
}
```

Die Unterklasse `BombardierbareWand` muß die Klone-Operation überschreiben und einen entsprechenden Kopierkonstruktor implementieren.

```
class BombardierbareWand : public Wand {
public:
    BombardierbareWand();
    BombardierbareWand(const BombardierbareWand&);

    virtual Wand* Klone() const;
    bool IstBeschaedigt();

private:
    bool _istBeschaedigt;
};

BombardierbareWand::BombardierbareWand(
    const BombardierbareWand& andereWand) : Wand(andereWand)
{
    _istBeschaedigt = andereWand._istBeschaedigt;
}

Wand* BombardierbareWand::Klone() const {
    return new BombardierbareWand(*this);
}
```

Obwohl BombardierbareWand::Klone einen Zeiger vom Typ Wand* zurückgibt, gibt seine Implementierung einen Zeiger auf ein neues Exemplar einer Unterklasse, nämlich vom Typ BombardierbareWand* zurück. Wir definieren Klone solcherart in der Basisklasse, damit die Klienten nichts von den konkreten Unterklassen der Prototypen wissen müssen, die sie klonen. Klienten sollten auf dem Rückgabewert der Klone-Operation niemals einen Downcast zum erwünschten Typ ausführen müssen.

In Smalltalk können Sie die von Object geerbte Standardmethode copy wiederverwenden, um beliebige Prototypen von KartenEintrag Unterklassen zu klonen. Sie können eine LabyrinthFabrik verwenden, um die von Ihnen benötigten Prototypen zu produzieren. Beispielsweise können Sie einen Raum erzeugen, indem sie den Namen #raum übergeben. Die LabyrinthFabrik besitzt ein Dictionary, das Namen auf Prototypen abbildet. Seine erzeuge: Methode sieht folgendermaßen aus:

```
erzeuge: teilName
    ^ (teilKatalog at: teilName) copy
```

Wenn angemessene Methoden zur Initialisierung der LabyrinthFabrik mit Prototypen gegeben sind, können Sie ein einfaches Labyrinth mit dem folgenden Code erzeugen.

```
ErzeugeLabyrinth fuer:
    (LabyrinthFabrik new
    mit: Tuer new namens: #tuer;
    mit: Wand new namens: #wand;
    mit: Raum new namens: #raum;
    yourself)
```

Hierbei sähe die Definition der in ErzeugeLabyrinth verwendeten Klassenmethode fuer: so aus:

```
fuer: eineFabrik
    | raum1 raum2 |
    raum1 := (eineFabrik erzeuge: #raum) koordinate: 1@1.
    raum2 := (eineFabrik erzeuge: #raum) koordinate: 2@1.
    tuer := (eineFabrik erzeuge #tuer) von: raum1 nach: raum2.

    raum1
        aufSeite: #norden setze: (eineFabrik erzeuge: #wand);
        aufSeite: #osten setze: tuer;
        aufSeite: #sueden setze: (eineFabrik erzeuge: #wand);
        aufSeite: #westen setze: (eineFabrik erzeuge: #wand);
```

```
raum2
   aufSeite: #norden setze: (eineFabrik erzeuge: #wand);
   aufSeite: #osten setze: (eineFabrik erzeuge: #wand);
   aufSeite: #sueden setze: (eineFabrik erzeuge: #wand);
   aufSeite: #westen setze: tuer;
^ Labyrinth new
   fuegeRaumHinzu: raum1;
   fuegeRaumHinzu: raum2;
   yourself
```

Bekannte Verwendungen

Das vermutlich erste Beispiel des Prototypmusters ist in Ivan Sutherlands Sketchpad-System [Sut63] zu finden. Die erste weithin bekannte Anwendung des Musters in einer objektorientierten Sprache geschah in ThingLab, bei dem Benutzer ein zusammengesetztes Objekt erstellen und dann zu einem Prototypen machen konnten, indem Sie es in einer Bibliothek wiederverwendbarer Objekte installierten [Bor81]. Goldberg und Robson erwähnen Prototypen als Muster [GR83]. Allerdings gibt Coplien [Cop92] eine sehr viel umfassendere Beschreibung. Er beschreibt dem Prototypmuster verwandte C++-Idiome und nennt viele Beispiele und Variationen.

Etgdb ist ein auf ET++ basierendes Debugger-Frontend, das eine Point-and-Click-Benutzungsschnittstelle für verschiedene zeilenorientierte Debugger bietet. Zu jedem Debugger gibt es eine entsprechende DebuggerAdaptor-Unterklasse. Beispielsweise paßt GdbAdaptor etgdb an die Befehlssyntax von GNUs gdb an, während SunDbxAdaptor dasselbe für Suns dbx debugger tut. Etgdb verfügt nicht über eine fest codierte Menge von DebuggerAdaptor-Klassen, sondern es liest den Namen des zu verwendenden Adapters aus einer Umgebungsvariablen ein, sucht in einer globalen Tabelle nach einem Prototypen mit dem angegebenen Namen und klont den Prototypen. Neue Debugger können zu etgdb hinzugefügt werden, in dem man es mit dem DebuggerAdaptor für den Debugger zusammen linkt.

Die »interaction technique library« (Bibliothek für Interaktionstechniken) in ModeComposer speichert die Prototypen von Objekten, die unterschiedliche Interaktionstechniken unterstützen [Sha90]. Jede vom ModeComposer erzeugte Interaktionstechnik kann als Prototyp genutzt werden, indem man ihn in die Bibliothek einfügt. Das Prototypmuster ermöglicht es ModeComposer, eine unbegrenzte Anzahl von Interaktionstechniken zu unterstützen.

Das eingangs diskutierte Musikeditorbeispiel basiert auf dem Unidraw Zeichen-Framework [VL90].

Verwandte Muster

Wie am Ende des Kapitels diskutiert wird, konkurrieren das Prototypmuster und das Abstrakte-Fabrik-Muster (107) in verschiedener Hinsicht miteinander. Sie können auch zusammen angewendet werden. Eine abstrakte Fabrik könnte eine Menge von Prototypen speichern, die geklont und zurückgegeben werden.

Sich stark auf das Kompositions- (239) und Dekorierermuster (199) abstützende Entwürfe können ebenfalls oft vom Prototypmuster profitieren.

Singleton

Ein objektbasiertes Erzeugungsmuster

Zweck

Sichere ab, daß eine Klasse genau ein Exemplar besitzt, und stelle einen globalen Zugriffspunkt darauf bereit.

Motivation

Bei manchen Klassen ist es wichtig, daß es genau ein Exemplar gibt. Obwohl es in einem System viele Drucker geben kann, sollte es nur einen Druckerspooler geben. Es sollte nur ein Dateisystem und nur eine Fensterverwaltung geben. Ein digitaler Filter besitzt einen A/D-Konvertierer. Ein Buchhaltungssystem dient während es arbeitet genau einer Firma.

Wie stellen wir sicher, daß eine Klasse über genau ein Exemplar verfügt und daß einfach auf dieses Exemplar zugegriffen werden kann? Eine globale Variable ermöglicht den Zugriff auf ein Objekt, verhindert aber nicht das Erzeugen mehrerer Exemplare.

Es ist besser, die Klasse selbst für die Verwaltung ihres einzigen Exemplars zuständig zu machen. Die Klasse kann durch Abfangen von Befehlen zur Erzeugung neuer Objekte sicherstellen, daß kein weiteres Exemplar erzeugt wird, und sie kann die Zugriffsmöglichkeit auf das Exemplar anbieten. Dies ist die Essenz des Singletonmusters.

Anwendbarkeit

Verwenden Sie das Singletonmuster, wenn

- es genau ein Exemplar einer Klasse geben und es für Klienten an einem wohldefinierten Punkt zugreifbar sein muß.
- das einzige Exemplar durch Bildung von Unterklassen erweiterbar sein soll und Klienten in der Lage sein sollen, das erweiterte Exemplar ohne Modifikation ihres Codes verwenden zu können.

Struktur

Abbildung 3.12 zeigt die Struktur des Singletonmusters.

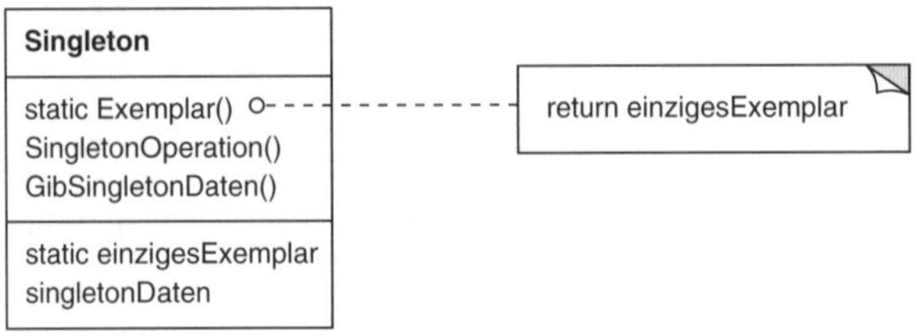

Abbildung 3.12

Teilnehmer

- **Singleton**
  - definiert eine Exemplaroperation, die es Klienten ermöglicht, auf sein einziges Exemplar zuzugreifen. Exemplar ist eine Klassenoperation, also eine Klassenmethode in Smalltalk und eine statische Member-Funktion in C++.
  - ist potentiell für die Erzeugung seines einzigen Exemplars zuständig.

Interaktionen

Klienten greifen auf ein Singletonexemplar ausschließlich durch die Exemplar-Operation der Singletonklasse zu.

Konsequenzen

Das Singletonmuster besitzt mehrere Vorteile:

1. *Zugriffskontrolle auf das Exemplar.* Da die Singletonklasse sein einziges Exemplar kapselt, verfügt es über eine strikte Kontrolle darüber, wie und wann die Klienten auf das Exemplar zugreifen können.
2. *Eingeschränkter Namensraum.* Das Singletonmuster ist eine Verbesserung gegenüber globalen Variablen. Es vermeidet die Überfrachtung des Namensraums mit globalen Variablen, welche die Singletonexemplare speichern.
3. *Verfeinerung von Operationen und Repräsentation.* Die Singletonklasse kann abgeleitet und spezialisiert werden. Zudem ist es einfach, eine Anwendung mit einem Exemplar dieser erweiterten Klasse zu konfigurieren. Sie können sogar die Anwendung mit einem Exemplar der benötigten Klasse zur Laufzeit konfigurieren.

4. *Variable Anzahl von Exemplaren.* Sollten Sie Ihre Meinung ändern und doch mehr als ein Exemplar der Singletonklasse benötigen, so macht das Muster es Ihnen auch hierbei leicht. Sie können weiterhin denselben Ansatz dazu verwenden, die Anzahl der von der Anwendung benutzten Exemplare zu steuern. Sie müssen dafür nur jene Operation ändern, die den Zugriff auf das Singletonexemplar ermöglicht.

5. *Flexibler als Klassenoperationen.* Eine andere Möglichkeit, die Funktionalität eines Singletons zusammenzufassen, besteht in der Verwendung von Klassenoperationen, also statischen Member-Funktionen in C++ oder Klassenmethoden in Smalltalk. Beide Sprachtechniken erschweren die Änderung eines Entwurfs, möchte man doch über mehr als ein Exemplar einer Klasse verfügen. In C++ sind statische Member-Funktionen zudem niemals virtuell, so daß Unterklassen sie nicht polymorph überschreiben können.

Implementierung

Es folgen einige Implementierungsaspekte, die man bei der Anwendung des Singletonmusters bedenken sollte:

1. *Garantie eines einzigen Exemplars.* Das Singletonmuster macht das einzige Exemplar zu einem normalen Exemplar seiner Klasse. Die Klasse ist so geschrieben, daß nur ein einziges Exemplar jemals erzeugt werden kann. Üblicherweise versteckt man die das Exemplar erzeugende Operation hinter einer Klassenoperation, die garantiert, daß nur ein Exemplar erzeugt wird. Diese Operation kann auf die Variable, die das einzige Exemplar enthält, zugreifen, und sie stellt sicher, daß die Variable mit dem einzigen Exemplar initialisiert ist, bevor sie ihren Wert zurückgibt. Dieser Ansatz stellt sicher, daß ein Singleton vor seiner ersten Benutzung erzeugt und initialisiert wird.

   Sie können die Klassenoperation in C++ mit einer statischen Member-Funktion `Exemplar` der Klasse `Singleton` definieren. `Singleton` definiert weiterhin eine statische Member-Variable `_exemplar`, die einen Zeiger auf sein einziges Exemplar enthält.

   Die Klasse `Singleton` ist folgendermaßen deklariert:

```
class Singleton {
public:
    static Singleton* Exemplar();

protected:
    Singleton();
```

```
private:
      static Singleton* _exemplar;
};
```

Die entsprechende Implementierung sieht so aus:

```
Singleton* Singleton::_exemplar = 0;

Singleton* Singleton::Exemplar() {
   if (_exemplar == 0) {
      _exemplar = new Singleton;
   }
   return _exemplar;
}
```

Klienten greifen auf das Singleton ausschließlich durch die `Exemplar` Member-Funktion zu. Die Variable `_exemplar` wird mit 0 initialisiert, und die statische Member-Funktion `Exemplar` gibt seinen Wert zurück, wobei sie ihn mit dem einzigen Exemplar initialisiert, wenn er auf 0 steht. `Exemplar` verwendet verzögerte Initialisierung (lazy initialization); der zurückgegebene Wert wird nicht erzeugt und gespeichert, bis das erste Mal darauf zugegriffen wird.

Beachten Sie, daß der Konstruktor geschützt ist, das heißt als `protected` deklariert ist. Versucht ein Klient, ein Singleton direkt zu erzeugen, so ergibt sich zur Übersetzungszeit ein Fehler. Dies stellt sicher, daß nur ein Exemplar erzeugt wird.

Da `_exemplar` ein Zeiger auf ein Singletonobjekt ist, kann die `Exemplar` Member-Funktion ihm weiterhin einen Zeiger auf ein Exemplar einer Unterklasse von Singleton zuweisen. Wir werden im Beispielcodeabschnitt ein Beispiel vorführen.

Ein letzte Bemerkung zur C++-Implementierung: Es ist nicht ausreichend, das Singleton als globales oder statisches Objekt zu definieren und sich dann auf die automatische Initialisierung zu verlassen. Dafür gibt es drei Gründe:

a. Wir können nicht garantieren, daß insgesamt nur ein Exemplar eines statischen Objekts erzeugt werden wird.

b. Wir verfügen möglicherweise nicht über genügend Informationen, jedes Singleton zur statischen Initialisierungszeit zu erzeugen. Ein Singleton benötigt möglicherweise Werte, die erst später während des Programmablaufs berechnet werden.

c. C++ definiert über Übersetzungseinheiten hinweg keine Reihenfolge, in der die Konstruktoren globaler Objekte aufgerufen werden [ES90]. Dies führt dazu, daß keine Abhängigkeiten zwischen den Singletons existieren dürfen. Gäbe es sie, so wären Fehler unvermeidlich.

Ein zusätzlicher, wenngleich weniger wichtiger Nebeneffekt des globalen/statischen Objektansatzes besteht darin, daß alle Singletons erzeugt werden, ob sie nun benutzt werden oder nicht. Die Verwendung einer statischen Member-Funktion vermeidet all diese Probleme.

In Smalltalk wird die Funktion, die das einzige Exemplar zurückgibt, als eine Klassenmethode der Singletonklasse implementiert. Um sicherzustellen, daß nur ein Exemplar erzeugt wird, überschreibt man die `new`-Operation. Somit besitzt die resultierende Singletonklasse beispielsweise die folgenden zwei Klassenmethoden. Hierbei ist `EinzigesExemplar` eine Klassenvariable, die nirgendwo anders verwendet wird:

```
new
   self error: 'kann kein Objekt erzeugen'

default
   EinzigesExemplar isNil ifTrue:[EinzigesExemplar := super new].
   ^ EinzigesExemplar
```

2. *Ableiten der Singletonklasse.* Das Hauptproblem besteht nicht so sehr in der Definition der Unterklasse, sondern in der Installation seines einzigen Exemplars, so daß Klienten es verwenden können. Im wesentlichen muß die Variable, die das Singletonexemplar referenziert, mit einem Exemplar der Unterklasse initialisiert werden. Die einfachste Technik besteht in der Bestimmung des zu verwendenden Singletons in der Operation `Exemplar` der Singletonklasse. Ein Beispiel im Beispielcodeabschnitt zeigt, wie man diese Technik mittels Umgebungsvariablen implementiert.

   Eine weitere Möglichkeit, die Singletonunterklasse auszuwählen, besteht darin, die Implementierung von `Exemplar` aus seiner Oberklasse (zum Beispiel `LabyrinthFabrik`) zu entfernen und in die Unterklasse einzufügen. Dies ermöglicht es einem C++-Programmierer, die Klasse des Singletons erst während des Bindens zu wählen (zum Beispiel durch das Binden einer Objektcodedatei mit einer anderen Implementierung). Die Klasse bleibt aber weiterhin vor den Klienten des Singletons versteckt.

   Dieser Ansatz legt die Wahl der Singletonklasse zur Bindezeit fest. Somit ist es schwer, die Singletonklasse zur Laufzeit zu wählen. Die Verwendung von bedingten Anweisungen zur Bestimmung der Unterklasse ist flexibler, legt aber die Menge möglicher Singletonklassen im Code fest. Keiner der Ansätze ist für alle Fälle flexibel genug.

Ein flexiblerer Ansatz verwendet eine *Registratur für Singletons*. Statt die Exemplaroperation die Anzahl möglicher Singletonklassen definieren zu lassen, melden sich die Singletonexemplare über ihren Namen bei einer wohlbekannten Registratur an.

Die Registratur bildet von stringbasierten Namen auf Singletons ab. Wenn `Exemplar` ein Singleton benötigt, konsultiert es die Registratur und fragt mittels des Namens nach dem Singleton. Die Registratur sucht das entsprechende Singleton heraus (sofern es existiert) und gibt es zurück. Dieser Ansatz befreit `Exemplar` vom Wissen um alle möglichen Singletonklassen oder Exemplare. Es verlangt einzig eine gemeinsame Schnittstelle aller Singletonklassen. Diese enthält auch die Operationen für die Registratur:

```
class Singleton {
public:
   static void Registriere(char* name, Singleton*);
   static Singleton* Exemplar();

protected:
   static Singleton* Suche(const char* name);

private:
   static Singleton* _exemplar;
   static Liste<NameSingletonPaar>* _registratur;
};
```

Registriere registriert das Singletonexemplar unter dem gegebenen Namen. Um die Registratur einfach zu halten, speichern wir die Exemplare in einer Liste von `NameSingletonPaar`-Objekten. Jedes `NameSingletonPaar` bildet einen Namen auf ein Singleton ab. Die Operation `Suche` sucht auf Basis eines übergebenen Namen das Singleton heraus. Wir machen dabei die Annahme, daß eine Umgebungsvariable den Namen der gewünschten Singletons spezifiziert.

```
Singleton* Singleton::Exemplar() {
   if (_exemplar == 0) {
      const char* exemplarName = getenv("SINGLETON");
      // Benutzer oder Umgebung setzen die Variable
      // beim Hochfahren
```

```
        _exemplar = Suche(exemplarName);
        // Suche gibt 0 zurück, wenn es noch kein Singleton gibt
    }
    return _exemplar;
}
```

Zu welchem Zeitpunkt registrieren sich Singletonklassen selbst? Eine Möglichkeit ist ihr Konstruktor. Beispielsweise könnte eine Unterklasse `MeinSingleton` das folgende machen:

```
MeinSingleton::MeinSingleton() {
    //...
    Singleton::Registriere("MeinSingleton", this);
}
```

Natürlich wird der Konstruktor nicht aufgerufen werden, bis jemand ein Objekt der Klasse erzeugt, was seinerseits genau jenes Problem darstellt, das das Singletonmuster zu lösen versucht! In C++ können wir das Problem umgehen, indem wir ein statisches Exemplar von `MeinSingleton` definieren. Wir können zum Beispiel in der Datei, in der `MeinSingleton` implementiert wird, folgendes schreiben:

```
static MeinSingleton dasSingleton;
```

Die Singletonklasse ist somit nicht länger für das Erzeugen des Singletons zuständig. Seine primäre Aufgabe besteht darin, die gewünschten Singletonobjekte im System verfügbar zu machen. Der Ansatz, statische Objekte zu verwenden, hat immer noch einen potentiellen Nachteil – es müssen nämlich Exemplare von allen möglichen Singletonunterklassen erzeugt werden, da sie andernfalls nicht registriert werden.

Beispielcode

Stellen Sie sich vor, daß wir eine wie auf Seite 129 beschriebene `LabyrinthFabrik` zum Aufbau von Labyrinthen definieren wollen. `LabyrinthFabrik` definiert eine Schnittstelle zum Aufbau von unterschiedlichen Teilen des Labyrinths. Unterklassen können die Operationen neu definieren, so daß sie Exemplare spezialisierter Produktklassen zurückgeben (zum Beispiel `BombardierbareWand`-Objekte statt einfachen `Wand`-Objekten).

Hierbei ist wichtig zu bemerken, daß die Labyrinthanwendung nur ein Exemplar der Labyrinthfabrik benötigt. Dieses Exemplar sollte für jeglichen Code verfügbar sein, der Teile des Labyrinths konstruiert. Hier kommt das Singletonmuster ins

Spiel. Indem wir die LabyrinthFabrik zur Singletonklasse machen, können wir auch das Labyrinthobjekt allgemein zugreifbar machen, ohne uns auf globale Variablen abstützen zu müssen.

Um das Beispiel zu vereinfachen, nehmen wir an, daß wir LabyrinthFabrik niemals ableiten werden (die Alternative werden wir in Kürze betrachten). In C++ machen wir es zu einer Singletonklasse, indem wir eine statische Exemplar-Operation und eine statische _exemplar Member-Variable hinzufügen, um das einzige Exemplar zu halten. Wir müssen weiterhin den Konstruktor schützen, um eine zufällige Erzeugung von Objekten, die zu mehr als einem Exemplar führen könnte, zu verhindern.

```
class LabyrinthFabrik {
public:
   static LabyrinthFabrik* Exemplar();

   // existierende Schnittstelle folgt hier
   // ...

protected:
   LabyrinthFabrik();

private:
   static LabyrinthFabrik* _exemplar;
};
```

Die entsprechende Implementierung sieht so aus:

```
LabyrinthFabrik* LabyrinthFabrik::_exemplar = 0;

LabyrinthFabrik* LabyrinthFabrik::Exemplar() {
   if (_exemplar == 0) {
      _exemplar = new LabyrinthFabrik;
   }
   return _exemplar;
}
```

Lassen Sie uns nun betrachten, was passiert, wenn es Unterklassen der LabyrintFabrik gibt und die Anwendung entscheiden muß, welche zu verwenden ist. Wir wählen die Art des Labyrinths durch eine Umgebungsvariable aus und fügen Code hinzu, der ein Objekt der passenden LabyrinthFabrik-Unterklasse auf Basis des Werts dieser Umgebungsvariablen erzeugt. Die Exemplar-Operation stellt einen guten Ort für diesen Code dar, weil sie die LabyrinthFabrik bereits erzeugt:

```
LabyrinthFabrik* LabyrinthFabrik::Exemplar() {
   if (_exemplar == 0) {
      const char* labyrinthStil = getenv("LABYRINTHSTIL");

      if (strcmp(labyrinthStil, "mitbomben") == 0) {
         _exemplar = new LabyrinthMitBombenFabrik;
      }
      else if (strcmp(labyrinthStil, "verzaubert") == 0) {
         _exemplar = new VerzaubertesLabyrinthFabrik;
      }
      // ... weitere mögliche Unterklassen
      else {
         _exemplar = new LabyrinthFabrik;
      }
   }
   return _exemplar;
}
```

Beachten Sie, daß `Exemplar` jedesmal modifiziert werden muß, wenn Sie ein neue Unterklasse der `LabyrinthFabrik` definieren. Dies stellt vermutlich kein Problem für diese Anwendung dar, sähe aber im Fall einer in einem Framework definierten abstrakten Fabrik schon anders aus.

Eine mögliche Lösung besteht in der Verwendung des im Implementierungsabschnitts beschriebenen Registraturansatzes. Dynamisches Binden kann sich hierbei ebenfalls als nützlich herausstellen – es würde die Anwendung davon abhalten, alle nicht benötigten Unterklassen laden zu müssen.

Bekannte Verwendungen

Ein Beispiel des Singletonmusters in Smalltalk-80 [Par90] ist die Menge von Änderungen des Codes, was als `ChangeSet current` verfügbar ist. Ein subtileres Beispiel ist die Beziehung zwischen Klassen und ihren **Metaklassen**. Eine Metaklasse ist die Klasse einer Klasse, und jede Metaklasse besitzt genau ein Exemplar. Metaklassen haben keine Namen (außer über einen indirekten Weg: durch den Namen ihrer einzigen Exemplare), aber sie verwalten ihre Exemplare und erzeugen üblicherweise keine weiteren Exemplare.

InterViews, eine Klassenbibliothek zur Erstellung von Benutzungsschnittstellen [LCI+92], verwendet das Singletonmuster unter anderem zum Zugriff auf die einzigen Exemplare seiner Klassen Session und WidgetKit. Session definiert die Hauptschleife der Anwendung zum Dispatch von Ereignissen, speichert und lädt die Datenbank an stilistischen Voreinstellungen des Benutzers und verwaltet die

Verbindungen zu einem oder mehreren physikalischen Bildschirmen. WidgetKit ist eine abstrakte Fabrik (107) zur Definition des Look-and-Feels von Benutzungsschnittstellenwidgets. Die `WidgetKit::instance()`-Operation bestimmt die jeweilige Unterklasse von WidgetKit, die unter Verwendung der von Session definierten Umgebungsvariable erzeugt wird. Eine ähnliche Operation von Session legt fest, ob monochrome oder Farbbildschirme unterstützt werden, und sie konfiguriert das einzige Session-Exemplar dementsprechend.

Verwandte Muster

Viele Muster können unter Verwendung des Singletonmusters implementiert werden, so zum Beispiel das Abstrakte-Fabrik-Muster (107), das Erbauermuster (119) und das Prototypmuster (144).

3.1 Diskussion der Erzeugungsmuster

Es gibt zwei bekannte Möglichkeiten, ein System mit den Klassen von ihm erzeugter Objekte zu parametrieren. Eine Möglichkeit besteht darin, eine Unterklasse der Klasse zu erstellen, welche die Objekte erzeugt; dies entspricht der Verwendung des Fabrikmethodemusters. Der Nachteil dieses Ansatzes besteht darin, daß man möglicherweise eine neue Unterklasse erzeugen muß, nur um die Klasse des Produkts zu ändern. Solche Änderungen können sich kaskadenförmig fortpflanzen. Wenn beispielsweise der Erzeuger eines Produkts selbst von einer Fabrikmethode erzeugt wird, so müssen Sie wiederum seinen Erzeuger spezialisieren.

Die andere Möglichkeit, ein System zu parametrieren, besteht in der Anwendung von Objektkomposition: Definieren Sie ein Objekt, das für das Wissen um die Klasse von Produktobjekten zuständig ist, und machen Sie es zu einem Parameter des Systems. Dies ist ein zentraler Aspekt des Abstrakte-Fabrik-Musters (107), des Erbauermusters (119) und des Prototypmusters (144). Alle drei führen zur Erzeugung eines neuen »Fabrikobjekts«, dessen Zuständigkeit im Erzeugen von Produktobjekten liegt. Das Abstrakte-Fabrik-Muster verwendet ein Fabrikobjekt, das Objekte mehrerer verschiedener Klassen erzeugen kann. Erbauer verwendet ein Fabrikobjekt, das ein komplexes Produkt unter Verwendung eines ebenso komplexen Protokolls inkrementell konstruiert. Prototyp verwendet ein Fabrikobjekt, das ein Produkt durch Kopieren eines Prototypobjekts erzeugt. In diesem Fall sind Fabrikobjekt und Prototyp dasselbe Objekt, da der Prototyp für die Rückgabe des Produkts zuständig ist.

Stellen Sie sich das zum Prototypmuster beschriebene Framework für Zeicheneditoren vor. Es gibt verschiedene Wege, ein GrafischesWerkzeug-Objekt mit der Klasse seines Produkts zu parametrieren:

- Die Anwendung des Fabrikmethodemusters führt zur Erzeugung einer Unterklasse von GrafischesWerkzeug für jede GrafischesObjekt-Klasse in der Palette. GrafischesWerkzeug verfügt dann über eine NeuesGrafischesObjekt-Operation, die jede GrafischesWerkzeug-Unterklasse überschreibt.
- Die Anwendung des Abstrakte-Fabrik-Musters führt zur einer Klassenhierarchie von GrafischeFabrik-Objekten, eines für jede GrafischesObjekt-Unterklasse. Jede Fabrik erzeugt in diesem Fall genau ein Produkt: KreisFabrik erzeugt Kreise, LinienFabrik erzeugt Linien usw. Ein GrafischesWerkzeug wird mit einer Fabrik zum Erzeugen der passenden GrafischesObjekt-Klasse parametrisiert.

- Die Anwendung des Prototypmusters führt zur Implementierung der Klone-Operation für jede Unterklasse von GrafischesObjekt. Jedes GrafischesWerkzeug-Objekt ist mit einem Prototypen der von ihm erzeugten grafischen Objekte parametrisiert.

Es hängt von vielen Faktoren ab, welches Muster am besten geeignet ist. Im Fall unseres Zeicheneditor-Frameworks ist das Fabrikmethodemuster das anfangs am einfachsten zu verwendende Muster. Es ist einfach, eine neue Unterklasse von GrafischesWerkzeug zu definieren. Die Exemplare von GrafischesWerkzeug werden nur dann erzeugt, wenn die Palette definiert wird. Der wesentliche Nachteil ist, daß die GrapischesWerkzeug-Klassen sich fortpflanzen, aber keine von Ihnen sonderlich viel tut.

Das Abstrakte-Fabrik-Muster bietet keine große Verbesserung der Situation, da es eine genauso große GrafischeFabrik-Klassenhierarchie benötigt. Eine abstrakte Fabrik wäre der Fabrikmethode nur dann vorzuziehen, wenn es bereits eine GrafischeFabrik-Klassenhierarchie gäbe – entweder, weil der Übersetzer es automatisch anbietet (wie in Smalltalk oder Objective-C) oder weil es in anderen Teilen des Systems gebraucht wird.

Insgesamt betrachtet ist das Prototypmuster wohl die beste Lösung für das Zeicheneditor-Framework, weil es nur die Implementierung einer Klone-Operation für jede GrafischesObjekt-Klasse verlangt. Dies reduziert die Anzahl von Klassen. Zudem kann Klone für andere Zwecke als die reine Erzeugung von Objekten verwendet werden (zum Beispiel für die Implementierung eines Dupliziere-Menüeintrags).

Eine Fabrikmethode macht einen Entwurf leichter anpaßbar und nur wenig komplizierter. Andere Entwurfsmuster benötigen neue Klassen, während eine Fabrikmethode nur eine neue Operation verlangt. Entwickler verwenden Fabrikmethoden oft als Standardlösung zum Erzeugen von Objekten. Fabrikmethoden werden nicht benötigt, wenn die zu Klasse zu erzeugender Objekte sich nie ändert oder wenn die Erzeugung der Objekte an einem Ort stattfindet, den Unterklassen leicht überschreiben können, so zum Beispiel in einer Initialisierungsoperation.

Entwürfe, die das Abstrakte-Fabrik-Muster, das Prototypmuster oder das Erbauermuster verwenden, sind sogar noch flexibler als Entwürfe, die das Fabrikmethodemuster benutzen. Sie sind aber auch komplexer. Oft beginnen Entwürfe mit der Verwendung von Fabrikmethoden und entwickeln sich dann zur Anwendung der anderen Erzeugungsmuster hin, wenn die Entwickler feststellen, daß Sie mehr Flexibilität benötigen. Die Kenntnis mehrerer Entwurfsmuster gibt Ihnen eine größere Auswahl an Möglichkeiten beim wechselseitigen Abwägen von Entwurfskriterien.

4 Strukturmuster

Strukturmuster befassen sich mit der Komposition von Klassen und Objekten, um größere Strukturen zu bilden. *Klassenbasierte* Strukturmuster benutzen Vererbung, um Schnittstellen oder Implementierungen zusammenzuführen. Als ein einfaches Beispiel sei darauf verwiesen, wie Mehrfachvererbung zwei oder mehr Klassen zu einer einzigen zusammenführt. Das Ergebnis ist eine Klasse, welche die Eigenschaften ihrer Oberklassen in sich vereint. Dieses Muster ist besonders hilfreich, um unabhängig voneinander entwickelte Bibliotheken zusammenarbeiten zu lassen. Ein weiteres Beispiel ist die klassenbasierte Variante des Adaptermusters (186). Im allgemeinen paßt ein Adapter eine bestimmte Schnittstelle (die des zu adaptierenden Objekts) an eine andere Schnittstelle an und bietet so eine einheitliche Abstraktion von mehreren unterschiedlichen Schnittstellen. Ein Klassenadapter erreicht dies, indem er privat von der anzupassenden Klasse erbt. Der Adapter realisiert seine Schnittstelle dann auf Basis der Schnittstelle des adaptierten Objekts.

Objektbasierte Strukturmuster hingegen beschreiben weniger Möglichkeiten, Schnittstellen und Implementierungen zusammenzufügen, als vielmehr Mittel und Wege, Objekte zusammenzuführen, um neue Funktionalität zu gewinnen. Die zusätzliche Flexibilität der Objektkomposition ergibt sich aus der Möglichkeit, das Kompositionsgefüge zur Laufzeit zu ändern, was mit statischer Klassenkomposition nicht möglich ist.

Das Kompositionsmuster (239) ist ein Beispiel für ein objektbasiertes Strukturmuster. Es beschreibt, wie man eine Klassenhierarchie erstellt, die aus zwei Arten von Objekten, primitiven und zusammengesetzten, besteht. Die zusammengesetzten Objekte ermöglichen es Ihnen, primitive und weitere zusammengesetzte Objekte zu beliebig komplexen Strukturen zusammenzufügen. Im Proxymuster (254) dient ein Proxy als zweckmäßiger Ersatz oder auch als Stellvertreter für ein anderes Objekt. Ein Proxy kann vielfältig verwendet werden. Es kann als lokaler Stellvertreter für ein Objekt in einem anderen Adreßraum verwendet werden. Es kann ein großes Objekt repräsentieren, das nur auf Anforderung zu laden ist. Es kann den Zugriff auf ein kritisches Objekt kontrollieren. Proxies bieten eine Ebene der Indirektion zu bestimmten Objekteigenschaften. Somit können sie diese Eigenschaften einschränken, erweitern oder ändern.

Das Fliegengewichtmuster (223) definiert eine Struktur zur gemeinsamen Nutzung (Sharing) von Objekten. Objekte werden aus mindestens zwei Gründen gemeinsam genutzt: Effizienz und Konsistenz. Das Fliegengewichtmuster verwendet die gemeinsame Nutzung von Objekten aus Gründen der Speicherplatzeffizienz.

Anwendungen, die viele Objekte benutzen, müssen sehr vorsichtig mit den Kosten für jedes Objekt umgehen. Man kann deutliche Einsparungen durch die gemeinsame Nutzung von Objekten erreichen, vermeidet man es, sie zu vervielfachen. Allerdings können die Objekte nur dann gemeinsam genutzt werden, wenn sie keinen eigenen kontextabhängigen Zustand besitzen. Fliegengewichte besitzen keinen solchen Zustand. Sie erhalten jegliche zur Umsetzung ihrer Aufgabe benötigte Zusatzinformation genau dann, wenn sie benötigt wird. Somit besitzen Fliegengewichte keinen kontextabhängigen Zustand und können beliebig gemeinsam genutzt werden.

Während das Fliegengewichtmuster zeigt, wie man viele kleine Objekte erstellt, zeigt das Fassademuster (212), wie man ein einzelnes Objekt ein ganzes Subsystem repräsentieren lassen kann. Eine Fassade ist ein Stellvertreter für eine Menge von Objekten. Die Fassade erfüllt ihre Aufgaben, in dem sie erhaltenen Anfragen an die von ihr repräsentierten Objekte weiterleitet.

Das Brückenmuster (186) trennt die Schnittstelle eines Objekts von seiner Implementierung, so daß Sie beide unabhängig voneinander variieren können.

Das Dekorierermuster (199) zeigt, wie man Objekte dynamisch um neue Funktionalität erweitern kann. Das Dekorierermuster ist ein Strukturmuster, das Objekte rekursiv zusammensetzt, um eine unbeschränkte Menge zusätzlicher Funktionalität zu ermöglichen. Beispielsweise kann ein Dekoriererobjekt, das eine Benutzungsschnittstellenkomponente als eigenständiges Objekt enthält, der Komponente eine Dekoration, etwa einen Rahmen oder einen Schatten, hinzufügen. Es kann ihr ebenfalls neue Funktionalität wie Scrollen und Zoomen hinzufügen. Man kann zwei Dekorationen einfach durch Verschachtelung zweier Dekoriererobjekte hinzufügen. Dies läßt sich beliebig fortsetzen. Um dies umzusetzen, muß jedes Dekoriererobjekt der Schnittstelle des dekorierten Objekts entsprechen und erhaltene Operationsaufrufe daran weiterleiten. Der Dekorierer kann seine Aufgabe, wie zum Beispiel das Zeichnen eines Rahmens um die Komponente, vor oder nach dem Weiterleiten der Nachricht ausführen.

Viele der Strukturmuster sind zu einem gewissen Grad miteinander verwandt. Wir werden diese Beziehungen am Ende des Kapitels diskutieren.

Adapter

Ein klassen- oder objektbasiertes Strukturmuster

Zweck

Passe die Schnittstelle einer Klasse an eine andere von ihren Klienten erwartete Schnittstelle an. Das Adaptermuster läßt Klassen zusammenarbeiten, die wegen inkompatibler Schnittstellen ansonsten dazu nicht in der Lage wären.

Auch bekannt als

Umwickler (Wrapper)

Motivation

Mitunter kann eine als wiederverwendbar entwickelte Klasse einer Klassenbibliothek nicht wiederverwendet werden, weil ihre Schnittstelle nicht der von der Anwendung verlangten für den Anwendungsbereich spezifischen Schnittstelle entspricht.

Stellen Sie sich beispielsweise einen Zeicheneditor vor, mit dem Benutzer grafische Elemente wie Linien, Polygone, Text usw. zeichnen und zu Bildern und Diagrammen arrangieren können. Die zentrale Abstraktion des Zeicheneditors ist das grafische Objekt, das editiert werden kann und in der Lage ist, sich selbst zu zeichnen. Die Schnittstelle für grafische Objekte wird durch die abstrakte Klasse GrafischesObjekt definiert. Der Editor definiert für jede Art von grafischen Objekten eine Unterklasse von GrafischesObjekt: eine Linie-Klasse für Linien, eine Polygon-Klasse für Polygone und so weiter.

Klassen für elementare geometrische Objekte wie Linie und Polygon sind einfach zu implementieren, weil ihre Zeichen- und Editiermöglichkeiten grundsätzlich beschränkt sind. Eine Unterklasse Text allerdings, die Text anzeigen und editieren kann, ist viel komplizierter zu implementieren, weil selbst die einfachsten Texteditiermöglichkeiten zu komplizierten Aktualisierungen des Bildschirms und Verwalten von Zwischenspeichern führt. Zudem verfügt vielleicht eine im Handel erhältliche Klassenbibliothek für Benutzungsschnittstellen bereits über eine ausgereifte TextView-Klasse zum Anzeigen und Editieren von Text. Idealerweise würden wir gern die Klasse TextView zur Implementierung von Text verwenden, leider aber ist die Bibliothek nicht für GrafischesObjekt-Klassen entworfen worden. Somit können TextView- und Grafisches-Objekt-Exemplare nicht wechselseitig verwendet werden.

Wie können nun existierende und von einer Anwendung unabhängige Klassen wie TextView in einer solchen Anwendung verwendet werden, wenn sie Klassen mit einer anderen und inkompatiblen Schnittstelle erwartet? Wir könnten die TextView-Klasse so ändern, daß sie der Schnittstelle von GrafischesObjekt entspricht. Dies ist aber nur dann möglich, wenn wir über den Quelltext der Bibliothek verfügen. Aber selbst wenn dies der Fall wäre, würde es keinen Sinn machen, TextView zu ändern: Die Bibliothek sollte nicht an für einen Anwendungsbereich spezifische Schnittstellen angepaßt werden müssen, nur um eine einzelne Anwendung zum Laufen zu bringen.

Statt dessen könnten wir Text so definieren, daß es die Schnittstelle von TextView an die Schnittstelle von GrafischesObjekt *anpaßt*. Wir können dies auf eine von zwei möglichen Arten machen: (1) Durch Erben sowohl der Schnittstelle von GrafischesObjekt als auch der Implementierung von TextView oder (2) durch das Zusammensetzen eines TextView-Objekts mit einem Text-Objekt, wobei Text basierend auf der Schnittstelle von TextView implementiert wird. Diese zwei Ansätze entsprechen der klassen – respektive objektbasierten Version des Adaptermusters. Wir nennen Text einen **Adapter**.

Abbildung 4.1 zeigt den Fall des Objektadapters. Sie zeigt, wie BegrenzungsRahmen-Anfragen, deklariert in der Klasse GrafischesObjekt, in GibAusmaße-Anfragen, definiert in der Klasse TextView, umgesetzt werden. Da Text TextView an die Schnittstelle von GrafischesObjekt anpaßt, kann der Zeicheneditor die andernfalls inkompatible TextView-Klasse wiederverwenden.

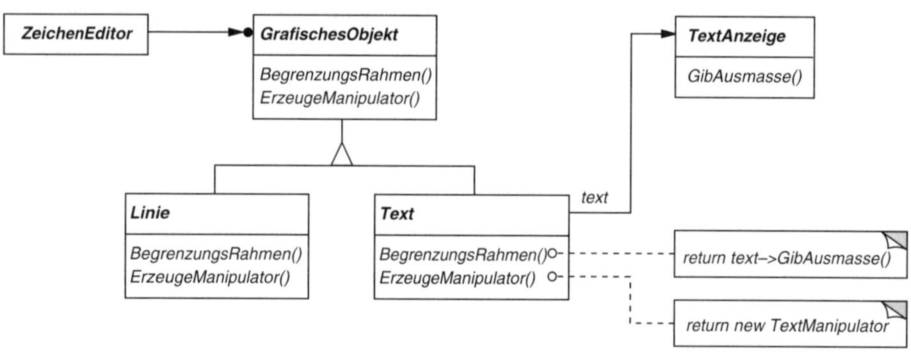

Abbildung 4.1

Oftmals ist der Adapter für Funktionalität zuständig, welche die angepaßte Klasse nicht bietet. Die Abbildung zeigt, wie ein Adapter diese Aufgaben ausfüllen kann. Der Benutzer sollte in der Lage sein, jedes grafische Objekt interaktiv an einen neuen Ort zu bewegen. Allerdings ist TextView nicht dafür entworfen worden. Text kann diese fehlende Funktionalität hinzufügen, indem es die Operation ErzeugeManipulator der Klasse GrafischesObjekt implementiert. Diese Operation gibt ein Exemplar der zuständigen Manipulator-Unterklasse zurück.

Manipulator ist eine abstrakte Klasse für Objekte, die wissen, wie ein grafisches Objekt als Reaktion auf Benutzungseingaben, etwa das Bewegen an einen neuen Ort, zu animieren ist. Es gibt Unterklassen von Manipulator für verschiedene GrafischesObjekt-Klassen; TextManipulator ist beispielsweise die entsprechende Unterklasse für Text. Indem Text ein TextManipulator-Exemplar zurückliefert, fügt es die der TextView fehlende, von GrafischesObjekt aber geforderte, Funktionalität hinzu.

Anwendbarkeit

Verwenden Sie das Adaptermuster, wenn

- Sie eine existierende Klasse verwenden wollen, deren Schnittstelle aber nicht der von Ihnen benötigten Schnittstelle entspricht.
- Sie eine wiederverwendbare Klasse erstellen wollen, die mit unabhängigen oder nicht vorhersehbaren Klassen zusammenarbeitet, das heißt, Klassen, die nicht notwendigerweise kompatible Schnittstellen besitzen.
- (*nur für Objektadapter*) Sie verschiedene existierende Unterklassen benutzen wollen, aber es unpraktisch ist, die Schnittstellen jeder einzelnen Unterklasse durch Ableiten anzupassen. Ein Objektadapter ist in der Lage, die Schnittstelle seiner Oberklasse anzupassen.

Struktur

Ein Klassenadapter verwendet Mehrfachvererbung, um eine Schnittstelle an eine andere anzupassen (siehe Abbildung 4.2).

Ein Objektadapter verwendet Objektkomposition (siehe Abbildung 4.3).

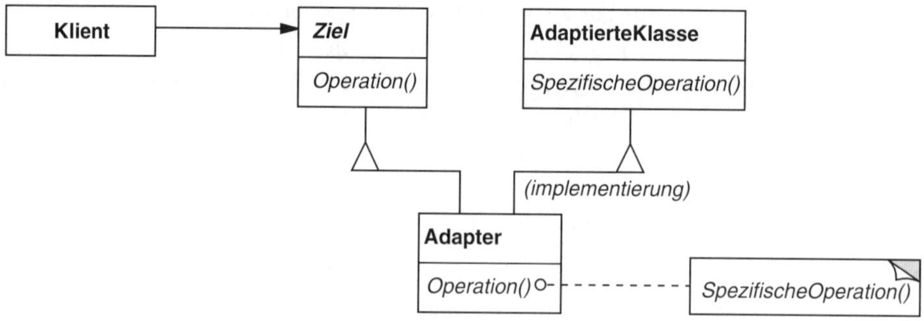

Abbildung 4.2

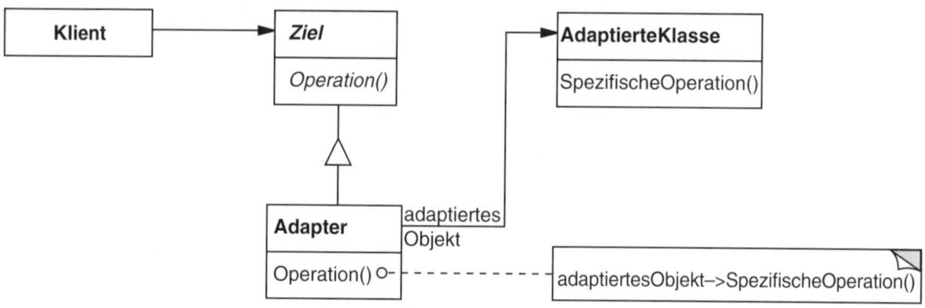

Abbildung 4.3

Teilnehmer

- **Ziel** (GrafischesObjekt)
  - definiert die anwendungsspezifische vom Klienten verwendete Schnittstelle.
- **Klient** (ZeichenEditor)
  - arbeitet mit Objekten, die der Zielschnittstelle entsprechen.
- **AdaptierteKlasse** (TextView)
  - definiert eine existierende und anzupassende Schnittstelle.
- **Adapter** (Text)
  - paßt die Schnittstelle der anzupassenden Klasse an die Zielschnittstelle an.

Interaktionen

- Klienten rufen die Operationen von Adapterobjekten auf. Daraufhin ruft der Adapter Operationen von AdaptierteKlasse auf, welche die Anfrage ausführen.

Konsequenzen

Klassen- und Objektadapter besitzen unterschiedliche Vor- und Nachteile. Ein Klassenadapter

- paßt die zu adaptierende Klasse an genau eine konkrete Zielklasse an. Somit funktioniert ein Klassenadapter genau dann nicht, wenn wir eine Klasse und all ihre Unterklassen anpassen wollen.
- ermöglicht es einem Adapter Teile des Verhaltens der adaptierten Klasse zu überschreiben, weil der Adapter eine Unterklasse von ihr ist.
- verwendet lediglich ein einzelnes Objekt. Es wird keine zusätzliche Zeigerindirektion benötigt, um zum adaptierten Objekt zu gelangen.

Ein Objektadapter

- ermöglicht es einem Adapter, mit mehreren anzupassenden Klassen zu arbeiten, und zwar der anzupassenden Klasse selbst, sowie allen ihren Unterklassen, sofern es welche gibt. Der Adapter kann zudem neue Funktionalität allen adaptierten Klassen aufeinmal hinzufügen.
- macht es schwerer, das Verhalten der anzupassenden Klasse zu überschreiben. Man muß eine Unterklasse der zu adaptierenden Klasse bilden und im Adapter mit dieser Unterklasse statt mit der ursprünglichen anzupassenden Klasse arbeiten.

Es folgen weitere zu bedenkende Aspekte, wenn man das Adaptermuster verwendet:

1. *Ausmaß der Anpassung durch einen Adapter.* Adapter unterscheiden sich durch den Arbeitsaufwand, der notwendig ist, um eine zu adaptierende Klasse an die Zielschnittstelle anzupassen. Das Spektrum des möglichen Aufwands reicht von einfacher Schnittstellenkonvertierung, zum Beispiel der Änderung von Operationsnamen, hin zur Unterstützung einer Menge gänzlich verschiedener Operationen. Der notwendige Arbeitsaufwand des Adapters hängt von der Ähnlichkeit der Zielschnittstelle mit der Schnittstelle der anzupassenden Klasse ab.

2. *Steckbare Adapter.* Eine Klasse kann leichter wiederverwendet werden, wenn Sie die Annahmen minimieren, die andere Klassen zu ihrer Nutzung machen müssen. Indem Sie von vorneherein eine Möglichkeit zur Schnittstellenadaptierung in eine Klasse einbauen, schalten Sie die Bedingung aus, daß andere Klassen dieselbe Schnittstelle verwenden müssen. Andersherum betrachtet, ermöglicht die Adaptierung von Schnittstellen es uns, unsere Klassen in existierende Systeme einzubinden, obwohl diese andere Schnittstellen erwarten. ObjectWorks\Smalltalk [Par90] verwendet den Begriff **steckbare Adapter** (pluggable adapter), um Klassen zu beschreiben, die über eingebaute Schnittstellenadaptierung verfügen.

   Stellen Sie sich ein BaumAnzeige-Widget vor, das Baumstrukturen grafisch darstellen kann. Handelt es sich hierbei um ein spezialisiertes Widget für genau eine Anwendung, so müssen wir möglicherweise von anzuzeigenden Objekten verlangen, daß sie über eine bestimmte Schnittstelle verfügen. Sie müßten alle von einer abstrakten Baum-Klasse abgeleitet sein. Dies ist aber keine vernünftige Anforderung, wollen wir etwa BaumAnzeige leichter wiederverwendbar machen, zum Beispiel, um es einer Klassenbibliothek für nützliche Widgets hinzuzufügen. Anwendungen definieren sowieso ihre eigenen Klassen für Baumstrukturen und sollten nicht gezwungen werden, unsere abstrakte Baum-Klasse zu verwenden. Unterschiedliche Baumstrukturen werden über unterschiedliche Schnittstellen verfügen.

   Beispielsweise könnte in einer Verzeichnishierarchie auf Unterverzeichnisse mittels einer Operation GibUnterverzeichnisse zugegriffen werden. In einer Vererbungshierarchie hingegen hieße die entsprechende Operation vielleicht GibUnterklassen. Ein wiederverwendbares BaumAnzeige-Widget muß in der Lage sein, beide Arten von Hierarchien anzuzeigen, selbst wenn sie über unterschiedliche Schnittstellen verfügen. Kurzum, das BaumAnzeige-Widget sollte über Schnittstellenadaptierung verfügen.

   Wir werden im Implementierungsabschnitt verschiedene Wege betrachten, die Adaptierung von Schnittstellen in Klassen einzubauen.

3. *Verwendung von Zweiweg-Adaptern, um Transparenz zu erreichen.* Eine Schwachstelle von Adaptern ist, daß sie nicht für alle Klienten gleichermaßen transparent sind. Ein adaptiertes Objekt entspricht nicht mehr der Schnittstelle des anzupassenden Objekts, so daß es auch nicht mehr anstelle des anzupassenden Objekts verwendet werden kann. **Zweiweg-Adapter** bieten diese Transparenz. Sie sind insbesondere dort nützlich, wo zwei verschiedene Klienten dasselbe Objekt unterschiedlich betrachten wollen.

Betrachten Sie den Zweiweg-Adapter, der Unidraw, ein Application-Framework für grafische Editoren [VL90], und QOCA, eine Klassenbibliothek zum Lösen und Aufrechterhalten von Konsistenzbedingungen (constraints) [HHMV92], integriert. Beide Systeme verfügen über Klassen, die Variablen explizit repräsentieren: Unidraw verfügt über die Klasse StateVariable (ZustandsVariable) und QOCA über die Klasse ConstraintVariable (KonsistenzbedingungsVariable). Um Unidraw und QOCA zusammenarbeiten zu lassen, muß ConstraintVariable an StateVariable angepaßt werden. Um es QOCA zu ermöglichen, die Änderungen aufgrund von Konsistenzbedingungen an Unidraw weiterzureichen, muß StateVariable an ConstraintVariable angepaßt werden.

Die Lösung besteht aus einem Zweiweg-Klassenadapter namens ConstraintStateVariable, einer Unterklasse von StateVariable und ConstraintVariable, welche die zwei Schnittstellen aneinander anpaßt (siehe Abbildung 4.4). Mehrfachvererbung ist hierbei eine brauchbare Lösung, da die Schnittstellen der angepaßten Klassen sehr unterschiedlich sind. Der Zweiweg-Klassenadapter genügt beiden angepaßten Klassen und kann auch in beiden Systemen verwendet werden.

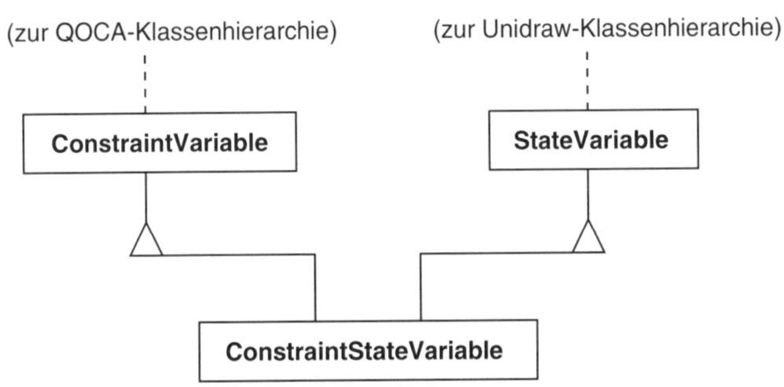

Abbildung 4.4

Implementierung

Obwohl die Implementierung des Adaptermusters üblicherweise recht einfach ist, sollte man doch folgende Aspekte im Kopf behalten:

1. *Implementierung von Klassenadaptern in C++.* In einer C++-Implementierung eines Klassenadapters, würde die Adapterklasse öffentlich von der Zielklasse erben (public inheritance) und von der zu adaptierenden Klasse privat erben (private inheritance). Somit wäre die Adapterklasse ein Subtyp der Zielklasse, nicht aber ein Subtyp von AdaptierteKlasse.

2. *Steckbare Adapter.* Es gibt verschiedene Möglichkeiten, steckbare Adapter zu implementieren. Wir betrachten als Beispiel drei Möglichkeiten, das zuvor beschriebene BaumAnzeige-Widget zu implementieren. Das Widget ist in der Lage, automatisch eine beliebige hierarchische Struktur grafisch zu ordnen und anzuzeigen.

   Der erste allen drei im folgenden beschriebenen Implementierungen gemeinsame Schritt ist, eine »schmale« Schnittstelle für die anzupassende Klasse zu finden. Diese Schnittstelle besteht aus der kleinsten gemeinsamen Menge von Operationen, die für die Adaptierung benötigt wird. Eine schmale Schnittstelle, die nur aus einigen wenigen Operationen besteht, ist einfacher anzupassen als eine Schnittstelle mit Dutzenden von Operationen. Im Falle von BaumAnzeige geht es darum, eine beliebige hierarchische Struktur anzupassen. Eine minimale Schnittstelle könnte aus zwei Operationen bestehen, einer die definiert, wie ein Knoten in einem Baum grafisch präsentiert wird und einer anderen, welche die Kindobjekte des Knotens zurückliefert.

   Es folgen drei auf dieser schmalen Schnittstelle basierende mögliche Implementierungen:

   a. *Verwendung von abstrakten Operationen.* Es sind für die Klasse BaumAnzeige abstrakte Operationen zu definieren, die der schmalen Schnittstelle der anzupassenden Klasse entsprechen. Es bleibt ihren Unterklassen überlassen, die abstrakten Operationen zu implementieren und das konkrete baumartig strukturierte Objekt anzupassen. Eine Unterklasse VerzeichnisbaumAnzeige wird diese Operationen durch Zugriff auf die Verzeichnisstruktur implementieren (siehe Abbildung 4.5).

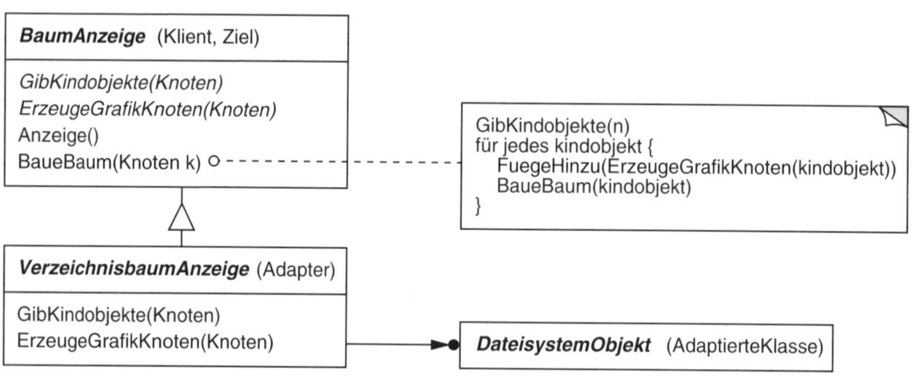

Abbildung 4.5

VerzeichnisbaumAnzeige spezialisiert die schmale Schnittstelle so, daß ihr Klient, ein VerzeichnisBrowser, sie verwenden kann, um die Verzeichnisstrukturen anzuzeigen.

b. *Verwendung von Delegationsobjekten.* In diesem Ansatz leitet BaumAnzeige Anfragen bezüglich der Baumstruktur an ein **Delegationsobjekt** weiter. Klienten von BaumAnzeige können diese Adaptierung steuern, indem sie ein Delegationsobjekt ihrer Wahl zur Verfügung stellen.

Stellen Sie sich als Beispiel einen Browser für Verzeichnisse vor, welcher im zuvor aufgezeigten Sinne BaumAnzeige verwendet. Der Browser könnte ein Delegationsobjekt sein, um BaumAnzeige an die hierarchische Verzeichnisstruktur anzupassen. In dynamisch typisierten Sprachen wie Smalltalk oder Objective-C benötigt dieser Ansatz lediglich eine Schnittstelle zur Registrierung des Delegationsobjekts beim Adapter. BaumAnzeige leitet dann Anfragen einfach an das Delegationsobjekt weiter. NEXTSTEP [Add94] verwendet diesen Ansatz, um die Unterklassenbildung zu reduzieren.

Statisch typisierte Sprachen wie C++ benötigen eine explizite Schnittstellendefinition des Delegationsobjekts. Wir können eine solche Schnittstelle definieren, indem wir die von BaumAnzeige benötigte schmale Schnittstelle als eine rein abstrakte Klasse namens BaumZugriffDelegationsObjekt anlegen. Anschließend erweitern wir die Schnittstelle des Delegationsobjekts unserer Wahl – VerzeichnisBrowser in diesem Fall – mittels Vererbung. Wir verwenden Einfachvererbung, wenn der VerzeichnisBrowser über keine Oberklasse verfügt, und Mehrfachvererbung, wenn dies doch der Fall sein sollte. Klassen auf diese Art zusammenzufügen ist einfacher, als eine neue Unterklasse von BaumAnzeige- einzuführen und ihre Operationen einzeln zu implementieren (siehe Abbildung 4.6).

c. *Parametrierbare Adapter.* In Smalltalk werden steckbare Adapter üblicherweise durch Parametrierung mit einem oder mehreren Blöcken umgesetzt. Das Blockkonzept unterstützt die Adaptierung ohne Unterklassenbilden zu müssen. Ein Block kann eine Anfrage anpassen. Der Adapter kann einen Block für jede einzelne Anfrage speichern. In unserem Beispiel bedeutet dies, daß BaumAnzeige einen Block für die Konvertierung eines Knotens in eine grafische Repräsentation speichert und einen weiteren Block für den Zugriff auf die Kindobjekte des Knotens.

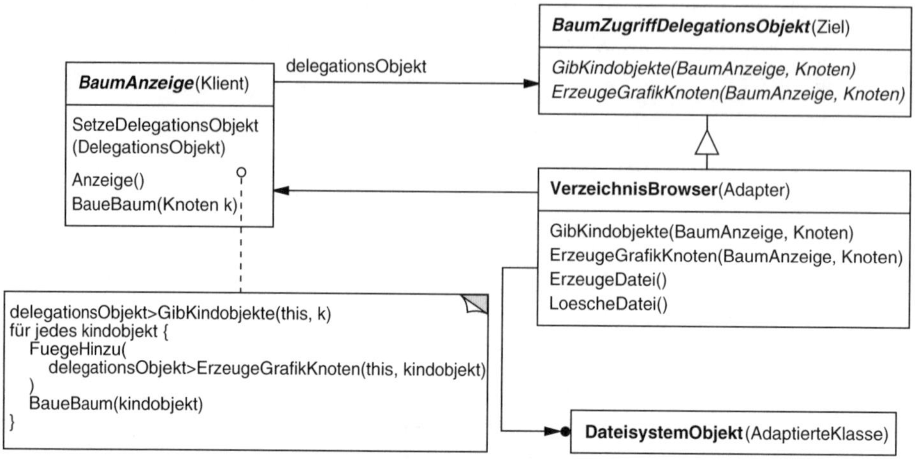

Abbildung 4.6

Beispielsweise schreiben wir zum Erzeugen einer BaumAnzeige für eine Verzeichnisstruktur den folgenden Code:

```
verzeichnisAnzeige :=
   (BaumAnzeige auf: baumWurzel)
      gibKinderBlock:
         [:knoten | knoten gibUnterverzeichnisse]
      erzeugeGrafischerKnotenBlock:
         [:knoten | knoten erzeugeGrafischerKnoten].
```

Wenn Sie eine Schnittstellenadaptierung in eine Klasse einbauen, so bietet dieser Ansatz eine bequeme Alternative zur Unterklassenbildung.

Beispielcode

Wir skizzieren kurz die Implementierung von Klassen- und Objektadaptern für das Einführungsbeispiel. Wir beginnen mit den Klassen `GrafischesObjekt` und `TextView`.

```
class GrafischesObjekt {
public:
   GrafischesObjekt();
   virtual void BegrenzungsRahmen(
      Punkt& untenLinks, Punkt& obenRechts) const;
   virtual Manipulator* ErzeugeManipulator() const;
};
```

```
class TextView {
public:
   TextView();
   void GibUrsprung(Koordinate& x, Koordinate& y) const;
   void GibAusmasse(Koordinate& breite, Koordinate& hoehe) const;
   virtual bool IstLeer() const;
};
```

GrafischesObjekt basiert auf einem Begrenzungsrahmen, der durch die gegenüberliegenden Ecken definiert ist. Im Gegensatz dazu ist `TextView` mittels eines Ursprungs, einer Breite und einer Höhe definiert. `GrafischesObjekt` definiert des weiteren eine `ErzeugeManipulator` Operation, die ein Objekt der Klasse `Manipulator` erzeugt. Ein Manipulator weiß, wie ein GrafischesObjekt-Objekt zu animieren ist, wenn der Benutzer es manipuliert.[1] `TextView` verfügt über keine vergleichbare Operation. Die Klasse `Text` stellt einen Adapter zwischen diesen beiden Schnittstellen dar.

Ein Klassenadapter verwendet Mehrfachvererbung, um die Schnittstellen einander anzupassen. Der Grundgedanke dabei ist, den einen Vererbungszweig zu verwenden, um die Schnittstelle zu erben, und den anderen Zweig, um die Implementierung zu erben. In C++ macht man diese Unterscheidung üblicherweise durch öffentliches Erben der Schnittstelle und privates Erben der Implementierung. Wir halten uns an diese Konvention, um den Text-Adapter zu definieren.

```
class Text : public GrafischesObjekt, private TextView {
public:
   Text();

   virtual void BegrenzungsRahmen(
      Punkt& untenLinks, Punkt& obenRechts) const;
   virtual bool IstLeer() const;
   virtual Manipulator* ErzeugeManipulator() const;
};
```

Die Operation `BegrenzungsRahmen` konvertiert die Schnittstelle von `TextView` so, daß sie der von `GrafischesObjekt` entspricht.

```
void Text::BegrenzungsRahmen(
   Punkt& untenLinks, Punkt& obenRechts) const
{
   Koordinate unten, links, breite, hoehe;
```

1. `ErzeugeManipulator` ist ein Beispiel für eine Fabrikmethode (131).

```
    GibUrsprung(unten, links);
    GibAusmasse(breite, hoehe);

    untenLinks = Punkt(unten, links);
    obenRechts = Punkt(unten + hoehe, links + breite);
}
```

Die IstLeer-Operation demonstriert das direkte Weiterleiten von Anfragen, wie sie oft in Adapterimplementierungen gefunden wird:

```
bool Text::IstLeer() const {
    return TextView::IstLeer();
}
```

Zuletzt definieren wir ErzeugeManipulator als neue Operation, da sie nicht von TextView unterstützt wird. Nehmen Sie an, daß wir bereits eine Klasse TextManipulator implementiert haben, welche die Manipulation von Text-Objekten unterstützt.

```
Manipulator* Text::ErzeugeManipulator() const {
    return new TextManipulator(this);
}
```

Der Objektadapter verwendet Objektkomposition, um Klassen mit unterschiedlichen Schnittstellen zusammenzuführen. Bei diesem Ansatz verwaltet der Text-Adapter einen Zeiger auf TextView.

```
class Text : public GrafischesObjekt {
public:
    Text(TextView*);

    virtual void BegrenzungsRahmen(
        Punkt& untenLinks, Punkt& obenRechts) const;
    virtual bool IstLeer() const;
    virtual Manipulator* ErzeugeManipulator() const;

private:
    TextView* _text;
};
```

Ein Text-Objekt muß den Zeiger auf das TextView-Objekt initialisieren. Es tut dies im Konstruktor. Weiterhin muß es die Operationen seines TextView-Objekts aufrufen, wenn seine eigenen Operationen aufgerufen wurden. Beim folgenden Beispiel stellen Sie sich vor, daß der Klient ein TextView-Objekt erzeugt und es dem Text Konstruktor übergibt:

```
Text::Text(TextView* t) {
   _text = t;
}

void Text::BegrenzungsRahmen(
   Punkt& untenLinks, Punkt& obenRechts) const
{
   Koordinate unten, links, breite, hoehe;

   _text->GibUrsprung(unten, links);
   _text->GibAusmasse(breite, hoehe);

   untenLinks = Punkt(unten, links);
   obenRechts = Punkt(unten + hoehe, links + breite);
}

bool Text::IstLeer() const {
   return _text->IstLeer();
}
```

Die Implementierung von `ErzeugeManipulator` unterscheidet sich nicht von der des Klassenadapters, weil sie neu implementiert wurde und keine `TextView` Funktionalität wiederverwendet hat.

```
Manipulator* Text::ErzeugeManipulator() const {
   return new TextManipulator(this);
}
```

Vergleichen Sie diesen Code mit dem des Klassenadapters. Es kostet etwas mehr Mühe, einen Objektadapter zu schreiben; er ist dafür aber flexibler. Beispielsweise arbeitet die Objektadapter-Version von `Text` ebenso gut mit Unterklassen von `TextView` – der Klient übergibt einfach ein Exemplar einer Unterklasse von `TextView` an den `Text`-Konstruktor.

Bekannte Verwendungen

Das motivierende Einführungsbeispiel stammt von ET++Draw, einer auf ET++ basierenden Zeichenanwendung [WGM88]. ET++Draw adaptiert die ET++-Klassen fürs Texteditieren mittels einer TextShape-Adapterklasse.

InterViews 2.6 definiert eine abstrakte Klasse namens Interactor für grafische Benutzungsschnittstellenelemente wie Scrollbars, Knöpfe und Menueinträge [VL88]. Es definiert zudem eine abstrakte Klasse namens Graphic für strukturierte Graphic-Objekte wie Linien, Kreise, Polygone und Splines. Sowohl Interactor- als auch Graphic-Objekte verfügen über eine grafische Repräsentation, haben aber unterschiedliche Schnittstellen und Implementierungen, weil sie keine gemeinsame Oberklasse besitzen. Sie sind somit inkompatibel, da Sie beispielsweise strukturierte Graphic-Objekt nicht direkt in einen Dialog einbetten können.

Statt dessen definiert InterViews 2.6 einen Objektadapter namens GraphicBlock, eine Unterklasse von Interactor, die ein Graphic-Objekt enthält. Das GraphicBlock-Objekt paßt die Schnittstelle der Graphic-Klasse an die von Interactor an. Es ermöglicht einem Graphic-Objekt, innerhalb eines Interactors angezeigt, gescrollt und gezoomt zu werden.

Steckbare Adapter werden in ObjectWorks\Smalltalk [Par90] häufig verwendet. Standard Smalltalk definiert eine ValueModel-Klasse für Anzeigen (views), die einen einzelnen Wert anzeigen. ValueModel definiert eine aus value und value: bestehende Schnittstelle, um auf den Wert zugreifen zu können. Dies sind abstrakte Methoden. Anwendungsentwickler greifen auf den Wert mit für einen Anwendungsbereich spezifischen Namen wie breite und breite: zu, sollten aber keine Unterklassen von ValueModel bilden müssen, um diese anwendungsspezifischen Namen an die ValueModel-Schnittstelle anpassen zu können.

Statt dessen bietet ObjectWorks\Smalltalk eine Unterklasse von ValueModel names PluggableAdaptor (steckbarer Adapter). Ein PluggableAdaptor-Objekt paßt andere Objekte an die ValueModel-Schnittstelle (value, value:) an (siehe Abbildung 4.7). Es kann mit Blöcken zum Geben und Setzen der verlangten Werte parametriert werden. PluggableAdaptor verwendet diese Blöcke intern, um die value, value: Schnittstelle zu implementieren. Er ermöglicht es Ihnen des weiteren, die Selector-Bezeichnungen, beispielsweise breite und breite:, syntaktisch bequem direkt hereinzureichen. Der PluggableAdaptor konvertiert diese Zugriffsnamen automatisch in die entsprechenden Blöcke.

Ein weiteres Beispiel aus ObjectWorks\Smalltalk ist die TableAdaptor-Klasse. Ein TableAdaptor kann eine Folge von Objekten in eine tabellarische Präsentation umsetzen. Die Tabelle zeigt ein Objekt pro Zeile an. Der Klient parametriert TableAdaptor mit einer Menge von Nachrichten, welche die Tabelle nutzen kann, um die Spaltenwerte vom Objekt zu erhalten.

Manche Klassen im AppKit von NeXT [Add94] verwenden Delegationsobjekte zur Umsetzung von Schnittstellenadaptierung. Ein Beispiel ist die NXBrowser-Klasse, welche hierarchische Listen von Daten anzeigen kann. NXBrowser verwendet ein Delegationsobjekt zum Zugriff und zur Anpassung der Daten.

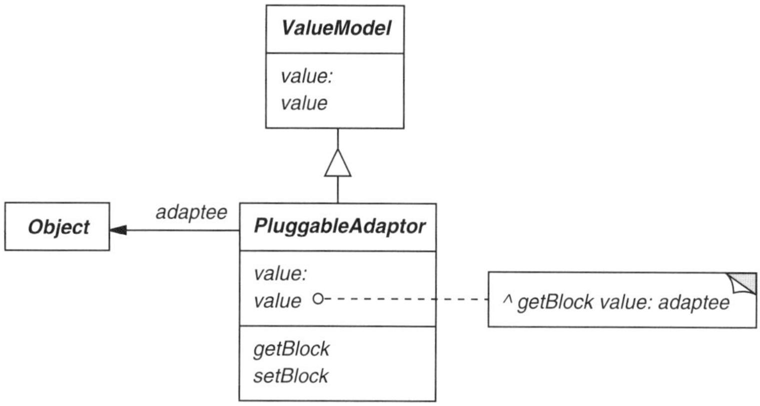

Abbildung 4.7

Meyers »Marriage of Convenience« [Mey88] ist eine Form des Klassenadapters. Meyer beschreibt, wie eine FixedStack-Klasse die Implementierung einer Arrayklasse an die Schnittstelle der Stackklasse anpaßt. Das Ergebnis ist ein Stack mit festgelegter Anzahl von Einträgen.

Verwandte Muster

Das Brückenmuster (186) hat eine dem Objektadapter ähnliche Struktur. Es dient allerdings einem anderen Zweck: Es soll eine Schnittstelle von ihrer Implementierung trennen, so daß beide einfach und voneinander unabhängig variiert werden können. Ein Adapter hingegen soll die Schnittstelle eines *existierenden* Objekts ändern.

Das Dekorierermuster (199) erweitert ein anderes Objekt, ohne seine Schnittstelle zu ändern. Ein Dekorierer ist deswegen für die Anwendung transparenter als ein Adapter. Als Konsequenz unterstützt Dekorierer rekursive Komposition, was mit reinen Adaptern nicht möglich ist.

Das Proxymuster (254) definiert einen Stellvertreter oder ein Ersatzobjekt für ein anderes Objekt, verändert aber nicht seine Schnittstelle.

Brücke

(Bridge)

Ein objektbasiertes Strukturmuster

Zweck

Entkopple eine Abstraktion von ihrer Implementierung, so daß beide unabhängig voneinander variiert werden können.

Auch bekannt als

Handle/Body

Motivation

Wenn eine Abstraktion mehrere Implementierungen besitzen kann, realisiert man sie üblicherweise durch Vererbung. Eine abstrakte Klasse definiert die Schnittstelle zur Abstraktion und ihre konkreten Unterklassen implementieren sie auf verschiedene Arten. Dieser Ansatz ist allerdings nicht immer flexibel genug. Die Vererbung bindet eine Implementierung dauerhaft an die Abstraktion, was es schwierig macht, Abstraktionen und ihre Implementierungen voneinander unabhängig zu verändern, zu erweitern und wiederzuverwenden.

Denken Sie an die Implementierung einer portablen Fensterabstraktion in einer Klassenbibliothek für Benutzungsschnittstellen. Diese Abstraktion sollte es uns beispielsweise ermöglichen, Anwendungen zu schreiben, die sowohl unter dem X-Window-System als auch auf IBMs Presentation-Manager laufen. Verwenden wir Vererbung, so könnten wir eine abstrakte Klasse Fenster und Unterklassen XFenster und PMFenster bilden, welche die Fensterschnittstelle für die verschiedenen Plattformen implementieren. Dieser Ansatz hat allerdings zwei Nachteile:

1. Es ist unbequem, die Fensterabstraktion zu erweitern, um unterschiedliche Arten von Fenstern oder neue Plattformen abzudecken. Stellen Sie sich eine Unterklasse IconFenster von Fenster vor, welche die Fensterabstraktion für zum Icon verkleinerbare Fenster spezialisiert. Um IconFenster auf zwei Plattformen anbieten zu können, müssen wir *zwei* neue Klassen implementieren, XIconFenster und PMIconFenster. Schlimmer noch, wir müssen zwei Klassen für *jede*

Fensterart definieren. Wollen wir eine dritte Plattform unterstützen, müssen wir eine weitere neue Fenster-Unterklasse für jede Art von Fenster einführen (siehe Abbildung 4.8).

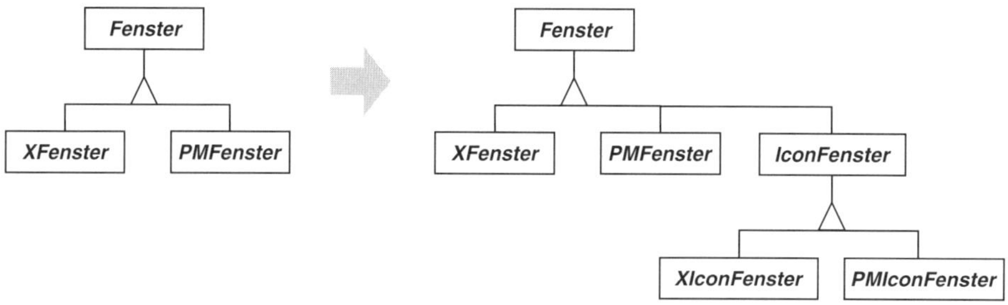

Abbildung 4.8

2. Der Ansatz macht Klientencode plattformabhängig. Immer wenn ein Klient ein Fenster erzeugt, erzeugt er ein Exemplar einer konkreten Klasse, die eine spezifische Implementierung besitzt. Das Erzeugen eines XFenster-Objekts beispielsweise bindet die Fensterabstraktion an die X-Windows Implementierung. Dies wiederum erschwert es, die Klientencode auf andere Plattformen zu portieren.

   Klienten sollten in der Lage sein, ein Fenster zu erzeugen, ohne sich auf eine bestimmte Implementierung festzulegen. Lediglich die Implementierung des Fensters sollte von der Plattform abhängen, auf der die Anwendung läuft. Deswegen sollte der Klientencode Fenster nur ohne Nennung spezifischer Plattformen erzeugen.

Das Brückenmuster löst diese Probleme, indem es die Fensterabstraktion und ihre Implementierung in zwei unterschiedlichen Klassenhierarchien verwaltet. Es gibt eine Klassenhierarchie für Fensterschnittstellen (Fenster, IconFenster, TransientesFenster) und eine davon getrennte Hierarchie für plattformspezifische Fensterimplementierungen mit FensterImp als Wurzelklasse. Die Unterklasse XFensterImp realisiert beispielsweise eine auf dem X-Window-System basierende Implementierung (siehe Abbildung 4.9).

Alle Operationen von Fenster-Unterklassen sind auf Basis der abstrakten Operationen der FensterImp-Schnittstelle implementiert. Dies entkoppelt die Fensterabstraktionen von ihren verschiedenen plattformspezifischen Implementierungen. Wir bezeichnen diese Beziehung zwischen Fenster und FensterImp als **Brücke**, weil sie eine Brücke zwischen der Abstraktion und ihrer Implementierung bildet und es ermöglicht, beide voneinander unabhängig zu variieren.

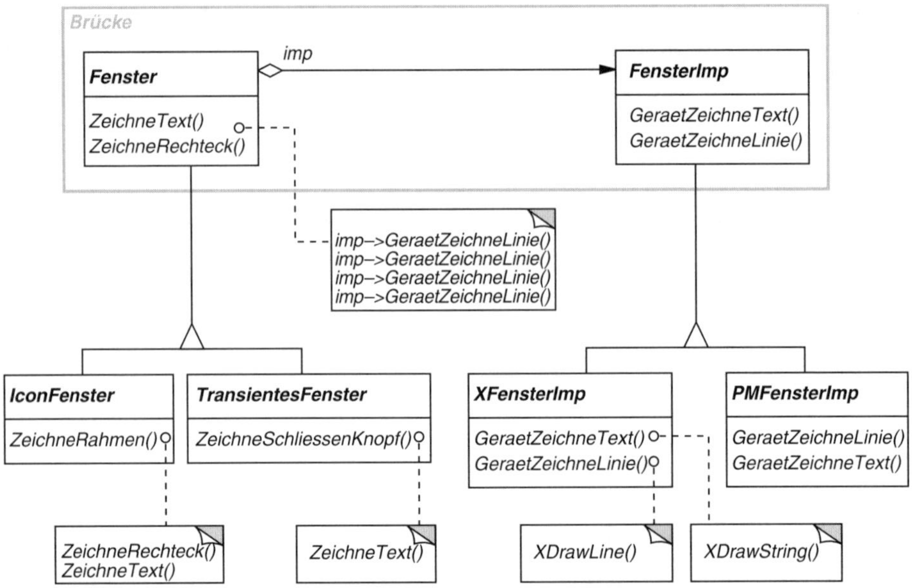

Abbildung 4.9

Anwendbarkeit

Verwenden Sie das Brückenmuster, wenn

- Sie eine dauerhafte Verbindung zwischen Abstraktion und ihrer Implementierung vermeiden wollen. Dies kann zum Beispiel der Fall sein, wenn die Implementierung zur Laufzeit ausgewählt oder gewechselt werden können soll.
- sowohl die Abstraktion als auch ihre Implementierungen durch Unterklassenbildung erweiterbar sein sollen. Das Brückenmuster ermöglicht es Ihnen in diesem Fall, verschiedene Abstraktionen und Implementierungen zu kombinieren und unabhängig voneinander zu erweitern.
- Änderungen in der Implementierung einer Abstraktion keine Auswirkungen auf Klienten haben sollen; das heißt, ihr Code sollte nicht erneut übersetzt werden müssen.
- (C++) Sie die Implementierung einer Abstraktion vollständig vor ihren Klienten verstecken wollen. In C++ ist die Repräsentation einer Klasse in der Klassenschnittstelle sichtbar.
- Sie eine starke Vergrößerung der Anzahl ihrer Klassen, wie in der Abbildung des Motivierungsabschnitts gezeigt, zu verzeichnen haben. Solch eine Klassenhierarchie ist ein Anzeichen dafür, daß man ein Objekt in zwei Teile aufspalten

sollte. Rumbaugh verwendet die Bezeichnung »verschachtelte Generalisierungen« (nested generalizations) [RBP+91], um auf solche Klassenhierarchien zu verweisen.

- Sie eine Implementierung von mehreren Objekten aus gemeinsam nutzen wollen, möglicherweise unter Verwendung von Referenzzählung (reference counting), und dieser Sachverhalt vor dem Klienten verborgen sein soll. Ein einfaches Beispiel ist Copliens Stringklasse [Cop92], bei der mehrere Objekte dieselbe Stringrepräsentation gemeinsam nutzen können (die Klassen String und StringRep).

Struktur

Abbildung 4.10 zeigt die Struktur des Brückenmusters.

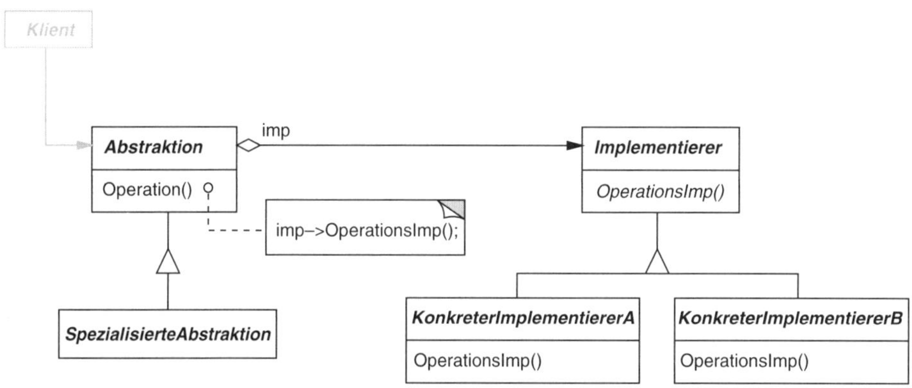

Abbildung 4.10

Teilnehmer

- **Abstraktion** (Fenster)
  - definiert die Schnittstelle der Abstraktion.
  - verwaltet eine Referenz auf ein Objekt vom Typ Implementor.
- **VerfeinerteAbstraktion** (IconFenster)
  - erweitert die durch die Abstraktion definierte Schnittstelle.
- **Implementor** (FensterImp)
  - definiert die Schnittstelle für die Implementierungsklassen. Diese Schnittstelle muß nicht genau der Schnittstelle von Abstraktion entsprechen; bei-

de Schnittstellen können sich durchaus erheblich voneinander unterscheiden. Typischerweise bietet die Schnittstelle von Implementor nur primitive Operationen, während Abstraktion kompliziertere Operationen auf Basis dieser Primitiven definiert.

- **KonkreterImplementor** (XFensterImp, PMFensterImp)
  - implementiert die Implementorschnittstelle und definiert seine konkreten Implementierungen.

Interaktionen

- Die Abstraktion leitet Anfragen von Klienten an sein Implementierungsobjekt weiter.

Konsequenzen

Das Brückenmuster hat folgende Konsequenzen:

1. *Entkopplung von Schnittstelle und Implementierung.* Eine Implementierung ist nicht dauerhaft an eine bestimmte Schnittstelle gebunden. Die Implementierung einer Abstraktion kann zur Laufzeit konfiguriert werden. Ein Objekt kann sogar zur Laufzeit seine Implementierung wechseln.

   Die Entkopplung von Abstraktion und Implementor entfernt weiterhin zur Übersetzungszeit auftretende Abhängigkeiten von der Implementierung. Das Ändern einer Implementierungsklasse erfordert nicht die Neuübersetzung der Abstraktionsklasse und ihrer Klienten. Diese Eigenschaft ist essentiell, wenn Sie Binärkompatibilität zwischen verschiedenen Versionen einer Bibliothek sicherstellen müssen.

   Weiterhin ermutigt die Entkopplung eine Schichtenbildung, welche zu besser strukturierten Systemen führen kann. Die obenliegenden Schichten eines Systems müssen lediglich die Abstraktions- und Implementorklasse kennen.

2. *Verbesserte Erweiterbarkeit.* Sie können die Abstraktions- und Implementorhierarchien unabhängig voneinander erweitern.

3. *Verstecken von Implementierungsdetails vor Klienten.* Sie können Klienten von Implementierungsdetails abschirmen, beispielsweise von der gemeinsamen Nutzung von Implementorobjekten und dem begleitenden Referenzzählungsmechanismus, sofern es einen gibt.

Implementierung

Ziehen Sie folgende Implementierungsaspekte in Ihre Überlegungen mit ein, wenn Sie das Brückenmuster anwenden:

1. *Nur ein Implementor.* Falls es nur eine einzige Implementierung gibt, ist es nicht notwendig, eine abstrakte Implementorklasse zu erzeugen. Dies ist ein degenerierter Fall des Brückenmusters; es gibt eine 1-zu-1-Beziehung zwischen Abstraktion und Implementor. Trotzdem ist die Trennung immer noch sinnvoll, wenn eine Änderung der Implementierung einer Klasse existierende Klienten nicht berühren soll – das heißt, sie sollten nicht neu übersetzt, sondern nur neu gebunden werden müssen.

   Carolan [Car89] bezeichnet diese Trennung als »Chesire Cat«. In C++ kann die Klassenschnittstelle der Implementorklasse in einer privaten Headerdatei definiert werden, welche Klienten nicht zur Verfügung gestellt wird. Dies ermöglicht es Ihnen, die Implementierung einer Klasse vollständig vor ihren Klienten zu verbergen.

2. *Erzeugen des richtigen Implementorobjekts.* Wie, wann und wo entscheidet man, von welcher Implementorklasse ein Objekt zu erzeugen ist, wenn es mehr als nur eine einzige gibt?

   Wenn die Abstraktionsklasse im Prinzip alle KonkreterImplementor-Klassen kennt, kann sie eine von ihnen in ihrem Konstruktor erzeugen; sie kann die Unterscheidung zwischen ihnen aufgrund von in den Konstruktur gereichten Parametern fällen. Wenn beispielsweise eine Collection-Klasse mehrere Implementierungen unterstützt, so kann sich die Entscheidung für die Wahl einer Implementierung auf die Größe der Collection abstützen. Man kann eine verkette Liste für kleine Collections und eine Hash-Tabelle für große Collections verwenden.

   Ein weiterer Ansatz besteht darin, zu Anfang eine Defaultimplementierung zu wählen und sie später auf Basis des Nutzungsverhaltens zu ändern. Wenn zum Beispiel die Größe der Collection eine bestimmte Schwelle überschreitet, tauscht sie ihre Implementierung mit einer anderen aus, die für eine große Menge von Objekten besser geeignet ist.

   Es ist zudem möglich, die Entscheidung gänzlich an ein anderes Objekt zu delegieren. Für das Fenster/FensterImp-Beispiel können wir ein Fabrikobjekt (siehe abstrakte Fabrik (107)) einführen, dessen einzige Aufgabe es ist, Plattformspezifika zu kapseln. Die Fabrik weiß, welche Art von FensterImp-Objekt für die gerade verwendete Plattform zu erzeugen ist. Ein Fenster fragt sie schlicht nach einem FensterImp-Objekt. Die Fabrik wird ein Objekt der richtigen Sorte zurückgeben. Ein Vorteil dieses Ansatzes ist es, daß die Abstraktion nicht direkt an eine der Implementierungsklassen gekoppelt ist.

3. *Gemeinsame Nutzung von Implementierungsobjekten.* Coplien demonstriert, wie man das Handle/Body Idiom in C++ dazu verwenden kann, Implementierungen von mehreren Objekten aus gemeinsam zu nutzen [Cop92]. Das Body-Objekt speichert einen Referenzzähler, den die Handle-Klasse hoch oder runter zählt. Der Code zum Zuweisen von Handle-Objekten zu gemeinsam genutzten Body-Objekten besitzt die folgende allgemeine Form:

```
Handle& Handle::operator=(const Handle& anderes) {
   anderes._body->ZaehleHoch();
   _body->ZaehleRunter();

   if (_body->ReferenzZaehler() == 0) {
      delete _body;
   }
   _body = anderes._body;

   return *this;
}
```

4. *Verwenden von Mehrfachvererbung.* Sie können Mehrfachvererbung in C++ verwenden, um eine Schnittstelle mit ihrer Implementierung zusammenzuführen [Mar91]. Beispielsweise kann eine Klasse öffentlich von einer Abstraktion und privat von einer KonkreterImplementor-Klasse erben. Da dieser Ansatz allerdings auf statischer Vererbung beruht, bindet er eine Implementierung dauerhaft an seine Schnittstelle. Deswegen können sie eine echte Brücke nicht mit Mehrfachvererbung implementieren – zumindest nicht in C++.

Beispielcode

Der folgende C++-Code implementiert das Fenster/FensterImp-Beispiel aus dem Motivationsabschnitt. Die `Fenster`-Klasse definiert die Fensterabstraktion für Klientenanwendungen:

```
class Fenster {
public:
   Fenster(Anzeige* inhalt);
   // vom Fenster bearbeitete Anfragen
   virtual void ZeichneInhalt();
```

```
    virtual void Oeffne();
    virtual void Schliesse();
    virtual void ZumIcon();
    virtual void ZumFenster();

    // an die Implementierung weitergeleitete Anfragen
    virtual void SetzeUrsprung(const Punkt& ursprung);
    virtual void SetzeAusmasse(const Punkt& ausmasse);
    virtual void NachVorne();
    virtual void NachHinten();

    virtual void ZeichneLinie(const Punkt&, const Punkt&);
    virtual void ZeichneRechteck(const Punkt&, const Punkt&);
    virtual void ZeichnePolygon(const Punkt[], int n);
    virtual void ZeichneText(const char*, const Punkt&);

protected:
    FensterImp* GibFensterImp();
    Anzeige* GibAnzeige();

private:
    FensterImp* _imp;
    Anzeige* _inhalt;
};
```

Fenster verwaltet eine Referenz auf ein `FensterImp`-Objekt. Die abstrakte `FensterImp`-Klasse deklariert eine Schnittstelle zum darunterliegenden Fenstersystem.

```
class FensterImp {
public:
    virtual void ImpOben() = 0;
    virtual void ImpUnten() = 0;
    virtual void ImpSetzeAusmasse(const Punkt&) = 0;
    virtual void ImpSetzeUrsprung(const Punkt&) = 0;

    virtual void GeraetRechteck(Koordinate, Koordinate,
        Koordinate, Koordinate) = 0;
    virtual void GeraetText(const char*,
        Koordinate, Koordinate) = 0;
    virtual void GeraetBitmap(const char*,
        Koordinate, Koordinate) = 0;
    // und noch viel mehr Funktionen zum Zeichnen auf Fenstern

protected:
    FensterImp();
};
```

Unterklassen von `Fenster` definieren die verschiedenen Arten von Fenstern, die eine Anwendung möglicherweise verwendet, zum Beispiel Anwendungsfenster, zum Icon verkleinerbare Fenster, kurzlebige Fenster für Dialoge, schwebende Werkzeugpaletten und so weiter.

Ein `AnwendungsFenster` implementiert beispielsweise die Operation `ZeichneInhalt` so, daß sie das gespeicherte `Anzeige`-Objekt zeichnet:

```
class AnwendungsFenster : public Fenster {
public:
   // ...
   virtual void ZeichneInhalt();
};

void AnwendungsFenster::ZeichneInhalt() {
   GibAnzeige()->ZeichneAuf(this);
}
```

Die Klasse `IconFenster` speichert den Namen einer Bitmap für das Icon, das es anzeigt:

```
class IconFenster : public Fenster {
public:
   // ...
   virtual void ZeichneInhalt();

private:
   const char* _bitmapName;
};
```

Es implementiert `ZeichneInhalt` so, daß es die Bitmap auf das Fenster zeichnet:

```
void IconFenster::ZeichneInhalt() {
   FensterImp* imp = GibFensterImp();
   if (imp != 0) {
      imp->GeraetBitmap(_bitmapName, 0.0, 0.0);
   }
}
```

Viele andere Variation von `Fenster` sind möglich. Ein `TransientesFenster` muß möglicherweise mit dem Fenster, das es erzeugt hat, während des Dialogs kommunizieren; somit behält es eine Referenz auf das Fenster. Ein `PaletteFenster` schwebt immer über einem anderen Fenster. Ein `IconDockFenster` verwaltet `IconFenster`-Objekte und ordnet sie gefällig an.

Fenster-Operationen sind mit Hilfe von FensterImp definiert. Beispielsweise konstruiert ZeichneRechteck vier Koordinaten aus ihren zwei Punkt-Parametern, bevor es die FensterImp-Operation aufruft, die das Rechteck ins Fenster zeichnet:

```
void Fenster::ZeichneRechteck(const Punkt& p1, const Punkt& p2) {
    FensterImp* imp = GibFensterImp();
    imp->GeraetRechteck(p1.X(), p1.Y(), p2.X(), p2.Y());
}
```

Konkrete Unterklassen von FensterImp unterstützen unterschiedliche Fenstersysteme. Die XWindowImp-Unterklasse unterstützt das X-Window-System:

```
class XFensterImp : public FensterImp {
public:
    XFensterImp();

    virtual void GeraetRechteck(Koordinate, Koordinate,
        Koordinate, Koordinate);
    // der Rest der öffentlichen Schnittstelle...

private:
    // eine ganze Menge X-Window-System spezifischen Zustands
    // zum Beispiel
    Display* _dpy;
    Drawable _winid;
    GC _gc;
    // usw.
};
```

Für den Presentation-Manager (PM) definieren wir eine PMFensterImp-Klasse:

```
class PMFensterImp : public FensterImp {
public:
    PMFensterImp();
    virtual void GeraetRechteck(Koordinate, Koordinate,
        Koordinate, Koordinate);

    // der Rest der öffentlichen Schnittstelle...

private:
    // eine ganze Menge PM-Fenster spezifischen Zustands,
    // zum Beispiel:
    HPS _hps;
};
```

Diese Unterklassen implementieren FensterImp-Operationen auf Basis von Fenstersystemprimitiven. Beispielsweise ist GeraetRechteck für X-Windows folgendermaßen implementiert:

```
void XFensterImp::GeraetRechteck(Koordinate x0, Koordinate y0,
   Koordinate x1, Koordinate y1)
{
   int x = round(min(x0, x1));
   int y = round(min(y0, y1));
   int w = round(abs(x0 - x1));
   int h = round(abs(y0 - y1));
   XDrawRectangle(_dpy, _winid, _gc, x, y, w, h);
}
```

Und die PM-Implementierung sieht möglicherweise so aus:

```
void PMFensterImp::GeraetRechteck(Koordinate x0, Koordinate y0,
   Koordinate x1, Koordinate y1)
{
   Koordinate links = min(x0, x1);
   Koordinate rechts = max(x0, x1);
   Koordinate unten = min(y0, y1);
   Koordinate oben = max(y0, y1);

   PPOINTL punkt[4];

   punkt[0].x = links; punkt[0].y = oben;
   punkt[1].x = rechts; punkt[1].y = oben;
   punkt[2].x = rechts; punkt[2].y = unten;
   punkt[3].x = links; punkt[3].y = unten;

   if ((GpiBeginPath(_hps,1L) == false) ||
      (GpiSetCurrentPosition(_hps, &punkt[3]) == false) ||
      (GpiPolyLine(_hps, 4L, punkt) == GPI_ERROR) ||
      (GpiEndPath(_hps) == false))
   {
      // Fehler berichten
   }
   else
   {
      GpiStrokePath(_hps, 1L, 0L);
   }
}
```

Wie erhält nun ein Fenster ein Exemplar der korrekten FensterImp-Unterklasse? Für dieses Beispiel nehmen wir an, daß die Zuständigkeit bei Fenster liegt. Seine GibFensterImp-Operation erhält das richtige Exemplar von einer abstrakten Fabrik (107), die alle Fenstersystemspezifika wirkungsvoll kapselt.

```
FensterImp* Fenster::GibFensterImp() {
    if (_imp == 0) {
        _imp = FensterSystemFabrik::GibExemplar()->
        ErzeugeFensterImp();
    }
    return _imp;
}
```

FensterSystemFabrik::GibExemplar() gibt eine abstrakte Fabrik zurück, die alle fenstersystemspezifischen Objekte herstellt. Um das Beispiel zu vereinfachen, haben wir sie zu einem Singleton gemacht und der Fenster-Klasse erlaubt, direkt auf die Fabrik zuzugreifen.

Bekannte Verwendungen

Das eben besprochene Fenstersystembeispiel stammt aus ET++ [WGM88]. Die Klasse FensterImp heißt »WindowPort« in ET++ und verfügt über Unterklassen wie XWindowPort und SunWindowPort. Das Fensterobjekt erzeugt seine entsprechenden Implementorobjekte, indem es sie von einer abstrakten Fabrik mit Namen »Window-System« verlangt. WindowSystem bietet eine Schnittstelle zum Erzeugen plattformspezifischer Objekt wie Zeichensätze, Cursor, Bitmaps und so weiter an.

Der ET++ Window/WindowImp-Entwurf erweitert das Brückenmuster dahingehend, daß WindowPort Window referenziert. Die WindowPort-Implementierungsklasse verwendet diese Referenz, um Window über für den WindowPort spezifische Ereignisse zu benachrichtigen: Die Ankunft von Eingabeereignissen, Größenveränderungen des Fensters usw.

Sowohl Coplien [Cop92] als auch Stroustrup [Str91] erwähnen Handle-Klassen und führen ein paar Beispiele an. Ihre Beispiele betonen Aspekte der Speicherverwaltung wie die gemeinsame Nutzung von Stringrepräsentationen und die Unterstützung von Objekten variabler Größe. Wir haben uns mehr darauf konzentriert, die voneinander unabhängige Erweiterbarkeit von sowohl der Abstraktion als auch ihrer Implementierung zu unterstützen.

Die C++-Klassenbibliothek libg++ [Lea88] definiert Klassen, die bekannte Datenstrukturen, wie Set, LinkedSet, HashSet, LinkedList und HashTable implementieren. Set ist eine abstrakte Klasse, welche eine Mengenabstraktion definiert. LinkedList ist hingegen eine konkrete Implementierung einer verketteten Liste, und HashTable ist eine konkrete Implementierung einer Hash-Tabelle. LinkedSet und HashSet sind Set-Implementoren, welche eine Brücke zwischen Set und ihren konkreten Implementierungen LinkedList und HashTable bilden. Dies ist ein Beispiel für eine degenerierte Brücke, da es keine abstrakte Implementorklasse gibt.

Das AppKit von NeXT [Add94] verwendet das Brückenmuster zur Implementierung und zur Anzeige von grafischen Bildern. Ein Bild kann auf verschiedene Arten dargestellt werden. Die optimale Darstellung eines Bildes hängt von den Eigenschaften des Anzeigegeräts ab, insbesondere seinen Farbfähigkeiten und seiner Auflösung. Ohne die Unterstützung von AppKit müßten Entwickler selbst ermitteln, welche Implementierung unter den jeweiligen Umständen in jeder Anwendung zu verwenden ist.

Um Entwickler von dieser Aufgabe zu befreien, bietet AppKit eine NXImage/NXImageRep-Brücke an. NXImage definiert die Schnittstelle zur Handhabung von Bildern. Die Implementierung von Bildern ist in einer separaten NXImageRep-Klassenhierarchie definiert. Sie verfügt über Unterklassen wie NXEPSImageRep, NXCachedImageRep und NXBitMapImageRep. NXImage verwaltet eine Referenz auf eine oder mehrere NXImageRep-Objekte. Gibt es mehr als eine Bildimplementierung, so wählt NXImage die für das aktuelle Anzeigegerät am ehesten geeignete Implementierung aus. NXImage ist sogar in der Lage, falls nötig, eine Implementierung in eine andere umzuwandeln. Der interessante Aspekt an dieser Brückenvariante ist, daß NXImage mehr als eine NXImageRep-Implementierung auf einmal speichern kann.

Verwandte Muster

Eine abstrakte Fabrik (107) kann eine bestimmte Brücke erzeugen und konfigurieren.

Das Adaptermuster (186) ist darauf ausgerichtet, voneinander unabhängige Klassen zusammenarbeiten zu lassen. Es wird üblicherweise auf Systeme angewendet, nachdem sie entwickelt wurden. Eine Brücke hingegen wird von vornherein in einem Entwurf verwendet, um die Abstraktionen und ihre Implementierungen voneinander unabhängig variieren zu können.

Dekorierer

(Decorator)

Ein objektbasiertes Strukturmuster

Zweck

Erweitere ein Objekt dynamisch um Zuständigkeiten. Dekorierer bieten eine flexible Alternative zur Unterklassenbildung, um die Funktionalität einer Klasse zu erweitern.

Auch bekannt als

Gebundener Umwickler (Wrapper)

Motivation

Gelegentlich wollen wir die Funktionalität einzelner Objekte erweitern, ohne ihre Klassen zu ändern. Eine Klassenbibliothek für grafische Benutzungsschnittstellen sollte es Ihnen beispielsweise ermöglichen, zusätzliche Eigenschaften wie Umrahmungen oder zusätzliche Funktionen wie Scrollen zu beliebigen Komponenten einer Benutzungsschnittstelle hinzufügen zu können.

Vererbung ist eine Möglichkeit, die Funktionalität zu erweitern. Das Erben eines Rahmens von einer anderen Klasse legt einen Rahmen um alle Unterklassenexemplare. Dies ist allerdings unflexibel, da die Auswahl des Rahmens statisch ist. Ein Klient kann nicht steuern, wann und wie die Komponente mit einem Rahmen zu dekorieren ist.

Ein flexiblerer Ansatz besteht darin, die Komponente in einem anderen Objekt einzuschließen, das den Rahmen hinzufügt. Das einschließende Objekt heißt **Dekorierer**. Die Schnittstelle des Dekorierers entspricht der Schnittstelle der dekorierten Komponente, so daß seine Anwesenheit für Klienten transparent ist. Der Dekorierer leitet Operationsaufrufe an die Komponente weiter und führt möglicherweise vor oder nach dem Weiterleiten zusätzliche Operationen aus, wie zum Beispiel das Zeichnen eines Rahmens. Diese Transparenz ermöglicht es Ihnen, Dekorierer rekursiv zu schachteln. Somit kann beliebige und mengenmäßig unbeschränkte Funktionalität hinzugefügt werden.

Betrachten wir als Beispiel ein TextAnzeigeObjekt, das Text in einem Fenster anzeigt (siehe Abbildung 4.11). TextAnzeige besitzt defaultmäßig keine Scrollbars, weil wir sie nicht immer benötigen. Benötigen wir sie doch, so können wir einen ScrollDekorierer verwenden, um sie hinzuzufügen. Nehmen wir an, daß wir zudem einen dicken schwarzen Rahmen um die TextAnzeige legen wollen. Wir können dazu einen RahmenDekorierer verwenden, um auch diesen hinzuzufügen. Wir fügen einfach die Dekorierer mit der TextAnzeige zusammen, um das gewünschte Ergebnis zu erzeugen.

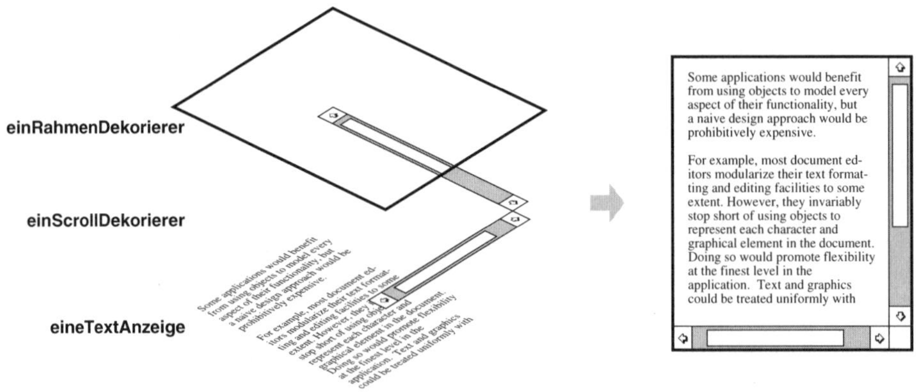

Abbildung 4.11

Das Objektdiagramm in Abbildung 4.12 zeigt, wie man ein TextAnzeige-Objekt mit RahmenDekorierer- und ScrollDekorierer-Objekten zusammenfügt, um eine umrahmte, scrollbare Anzeige zu produzieren.

Abbildung 4.12

Die ScrollDekorierer- und RahmenDekorierer-Klassen sind Unterklassen von Dekorierer, einer abstrakten Klasse für visuelle Komponenten, die andere visuelle Komponenten dekorieren (siehe Abbildung 4.13).

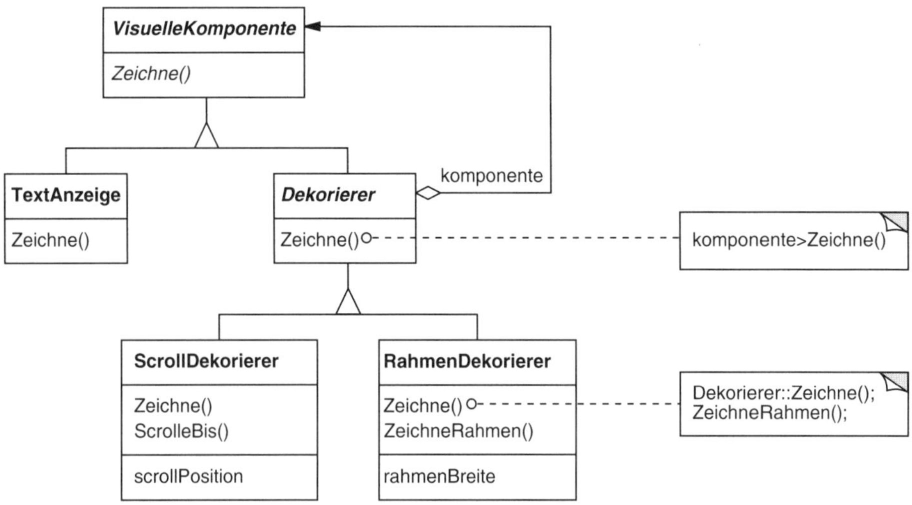

Abbildung 4.13

VisuelleKomponente ist die abstrakte Klasse für visuelle Objekte. Sie definiert ihre Zeichen- und Ereignisbehandlungsschnittstelle. Beachten Sie, daß die Dekoriererklasse Zeichne-Operationsaufrufe einfach an seine Komponente weiterleitet. Beachten Sie zudem, daß die Dekoriererunterklassen diese Operation erweitern können.

Es steht Dekoriererunterklassen frei, Operationen für die Einbindung neuer Funktionalität hinzuzufügen. Beispielsweise ermöglicht die ScrollDekorierer-Operation ScrolleBis es anderen Objekten, die Benutzungsschnittstelle zu scrollen, *wenn* sie wissen, daß sich zufällig ein ScrollDekorierer-Objekt in der Schnittstelle befindet. Der zentrale Aspekt an diesem Muster ist, daß Dekorierer überall dort erscheinen können, wo es auch eine VisuelleKomponente kann. Deswegen können Klienten im allgemeinen keinen Unterschied zwischen einer dekorierten Komponente und einer nicht dekorierten feststellen. Somit hängen sie auf keinen Fall von der Dekorierung ab.

Anwendbarkeit

Verwenden Sie das Dekorierermuster,

- um einzelnen Objekten zusätzliche Funktionalität dynamisch und transparent hinzuzufügen, ohne andere Objekte mit einzubeziehen.
- um Funktionalität hinzuzufügen, die auch wieder entfernt werden kann.

- wenn die Erweiterung mittels Unterklassenbildung nicht praktisch durchführbar ist. Mitunter sind eine große Anzahl voneinander unabhängiger Erweiterungen möglich, die zu einer Explosion der Unterklassenanzahl führen würde, wollte man jede Kombination unterstützen. Ein anderer Grund kann sein, daß eine Klassendefinition versteckt ist oder aus anderen Gründen zum Ableiten nicht verfügbar ist.

Struktur

Abbildung 4.14 zeigt die Struktur des Dekorierermusters.

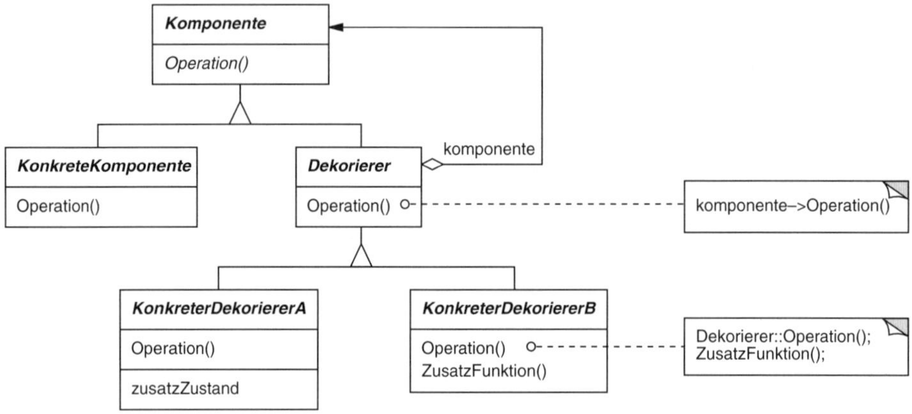

Abbildung 4.14

Teilnehmer

- **Komponente** (VisuelleKomponente)
- **KonkreteKomponente** (TextAnzeige)
  - definiert ein Objekt, das um zusätzliche Funktionalität erweitert werden kann.
- **Dekorierer**
  - verwaltet eine Referenz auf ein Komponentenobjekt und definiert eine Schnittstelle, die der Schnittstelle von Komponente entspricht.
- **KonkreterDekorierer** (RahmenDekorierer, ScrollDekorierer)
  - fügt der Komponente Funktionalität hinzu.

Interaktionen

- Ein Dekorierer leitet Anfragen an sein Komponentenobjekt weiter. Es kann optional vor oder nach dem Weiterleiten der Anfrage zusätzliche Operationen ausführen.

Konsequenzen

Das Dekorierermuster besitzt mindestens zwei wichtige Vorteile und zwei Verpflichtungen:

1. *Größere Flexibilität im Vergleich zu statischer Vererbung.* Das Dekorierermuster bietet eine flexiblere Möglichkeit, Objekten Funktionalität hinzuzufügen, als mit statischer (Mehrfach-)Vererbung erreicht werden kann. Unter Verwendung von Dekorierern kann Funktionalität zur Laufzeit hinzugefügt und wieder entfernt werden, einfach, indem man die Dekorierer hinzufügt und wieder entfernt. Im Gegensatz dazu verlangt die Vererbung das Erzeugen einer neuen Klasse für jede zusätzliche Funktionalität (zum Beispiel UmrahmteScrollbareTextAnzeige, UmrahmteTextAnzeige). Dies führt zu vielen Klassen und erhöht die Komplexität eines Systems. Weiterhin bieten Ihnen unterschiedliche Dekoriererklassen einer bestimmte Komponentenklasse die Möglichkeit, Funktionalitäten zu mischen und anzupassen.

   Dekorierer machen es des weiteren einfach, eine Eigenschaft zweimal hinzuzufügen. Um beispielsweise eine TextAnzeige einen doppelten Rahmen zu verleihen, brauchen Sie lediglich zwei RahmenDekorierer anzuhängen. Im Gegensatz dazu zweimal von einer Rahmenklasse zu erben kann bestenfalls als fehlerträchtig bezeichnet werden.

2. *Vermeidet es, weit oben in der Hierarchie stehende Klassen mit Funktionalität zu überfrachten.* Dekorierer ermöglicht es, Funktionalität erst dann hinzuzufügen und die Kosten dafür zu tragen, wenn man sie wirklich benötigt. Statt zu versuchen, alle vorhersehbare Funktionalität durch eine komplexe anpaßbare Klasse zu unterstützen, können Sie eine einfache Klasse definieren und die benötigte Funktionalität inkrementell mittels Dekoriererobjekten hinzufügen. Die Funktionalität kann aus einfachen Teilen zusammengefügt werden. Als Konsequenz braucht eine Anwendung nicht für unbenutze Funktionalität zu bezahlen. Es ist weiterhin einfach, neue Arten von Dekorierern unabhängig von den Klassen der von Ihnen erweiterten Objekte zu definieren. Dies gilt selbst für nicht vorhersehbare Erweiterungen. Die Erweiterung einer komplexen Klasse tendiert dazu, Details offenzulegen, die mit Ihren Funktionalitätserweiterungen nicht in Beziehung stehen.

3. *Ein Dekorierer und seine Komponente sind nicht identisch.* Ein Dekorierer fungiert als eine durchsichtige Hülle. Aus dem Blickwinkel der Objektidentität ist die dekorierte Komponente nicht mit der Komponente selbst identisch. Bei der Verwendung von Dekorierern sollten Sie sich somit nicht auf Objektidentität abstützen.

4. *Viele kleine Objekte.* Ein Entwurf, der Dekorierer verwendet, führt oftmals zu Systemen, die aus vielen kleinen und auch noch gleichartig aussehenden Objekten zusammengesetzt sind. Die Objekte unterscheiden sich nur durch die Art und Weise ihrer Verbindung, nicht aber durch ihre Klasse oder den Wert ihrer Variablen. Obwohl diese Systeme leicht von denen, die sie verstehen, angepaßt werden können, können sie schwer zu verstehen und zu debuggen sein.

Implementierung

Mehrere Aspekte sollten beachtet werden, wenn man das Dekorierermuster anwendet:

1. *Schnittstellenkonformanz.* Die Schnittstelle eines Dekoriererobjekts muß zur Schnittstelle der dekorierten Komponente konform sein. KonkreterDekorierer-Klassen müssen deswegen von einer gemeinsamen Klasse erben. Dies gilt zumindest für C++.

2. *Weglassen der abstrakten Dekoriererklasse.* Es besteht kein Grund, eine abstrakte Dekoriererklasse zu definieren, wenn Sie nur eine einzige Funktionalitätserweiterung benötigen. Dies ist oft der Fall, wenn sie mit einer existierenden Klassenhierarchie befaßt sind, statt eine neue zu entwickeln. In diesem Fall können Sie die Funktionalität der allgemeinen Dekoriererklasse zum Weiterleiten von Anfragen an die Komponente mit der Funktionalität einer konkreten Dekoriererklasse verschmelzen.

3. *Komponentenklassen leichtgewichtig belassen.* Um mit einer Schnittstelle konform zu sein, müssen die Komponenten und die Dekorierer von einer gemeinsamen Komponentenklasse abgeleitet werden. Es ist wichtig, diese gemeinsame Klasse leichtgewichtig zu belassen. Dies bedeutet, daß sie sich auf die Schnittstelle und nicht auf die Speicherung von Daten konzentriert. Die Definition der Zustandsrepräsentation sollte an die Unterklassen delegiert werden; andernfalls könnte die Komplexität die Dekorierer zu schwergewichtig machen, um sie in größerer Anzahl zu verwenden. Steckt man zudem viel Funktionalität in die gemeinsame Oberklasse, so erhöht man die Wahrscheinlichkeit, daß konkrete Unterklassen für Funktionalität bezahlen werden, die sie gar nicht benötigen.

4. *Ändern der Hülle eines Objekts versus Ändern des Inneren eines Objekts.* Wir können uns einen Dekorierer als eine über ein Objekt gestülpte Haut vorstellen, die sein Verhalten verändert. Eine Alternative besteht darin, das Innere eines Objekts anzupassen. Das Strategiemuster ist ein gutes Beispiel für ein Muster, das dies tut.

   Strategieobjekte stellen in jenen Situationen eine bessere Wahl dar, in denen die Komponentenklasse sehr schwergewichtig ist und die Anwendung des Dekorierermuster deswegen zu kostspielig wird. Beim Strategiemuster delegiert die Komponente Teile ihres Verhaltens an ein separates Strategieobjekt. Das Strategiemuster ermöglicht es uns durch Ersetzen des Strategieobjekts, die Funktionalität der Komponente zu ändern oder zu erweitern.

   Beispielsweise können wir unterschiedliche Umrahmungsstile ermöglichen, indem wir die Komponente das Zeichnen eines Rahmens an ein separates Rahmenobjekt delegieren lassen. Das Rahmenobjekt ist ein Strategieobjekt, das eine Strategie zum Zeichnen eines Rahmens kapselt. Mittels Erweiterung der Anzahl von Strategieobjekten von eins auf eine unbegrenzte Anzahl erreichen wir denselben Effekt wie das rekursive Verschachteln von Dekorierern.

   Die grafischen Komponenten (»Views« genannt) in MacApp 3.0 [App89] und Bedrock [Sym93a] verwalten zum Beispiel eine Liste von »Adorner«-Objekten , die einer View-Komponente zusätzliche Verzierungen wie einen Rahmen hinzufügen können. Verfügt ein View über Verzierungsobjekte, gibt er ihnen eine Chance, zusätzliche Verzierungen zu zeichnen. MacApp und Bedrock müssen diesen Ansatz verwenden, weil ihre View-Klassen sehr schwergewichtig sind. Es wäre zu teuer, einen vollausgerüsteten View zu verwenden, nur um einen Rahmen hinzuzufügen.

   Da das Dekorierermuster eine Komponente nur von außen ändert, braucht die Komponente nichts über ihre Dekorierer zu wissen. Somit sind die Dekorierer für die Komponente transparent (siehe Abbildung 4.15).

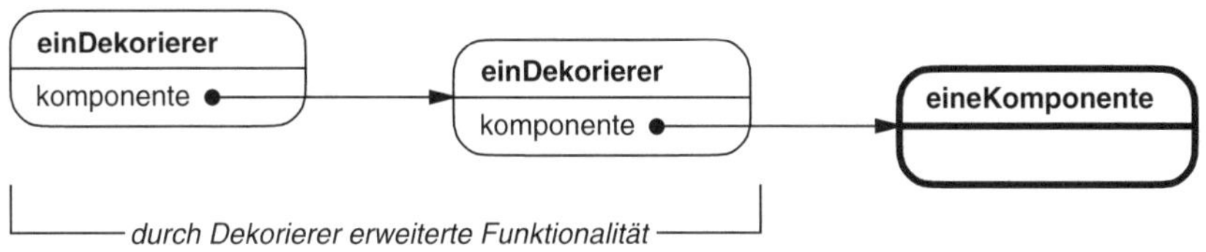

Abbildung 4.15

Bei Anwendung von Strategieobjekten weiß die Komponente selbst um mögliche Erweiterungen. Somit muß es die entsprechenden Strategieobjekte referenzieren und verwalten (siehe Abbildung 4.16).

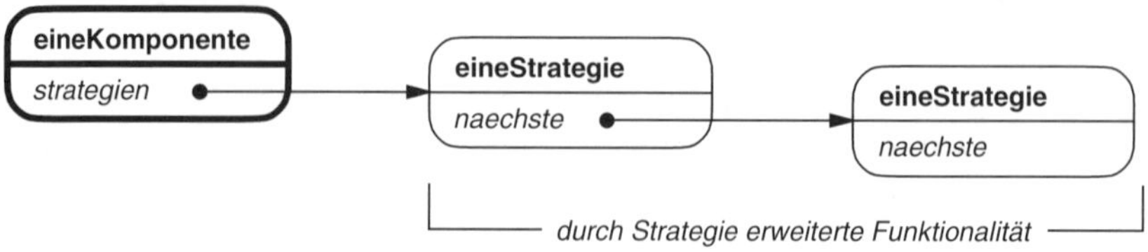

Abbildung 4.16

Der auf Strategieobjekten basierende Ansatz verlangt potentiell die Modifizierung der Komponente, um neue Erweiterungen zu ermöglichen. Andererseits kann ein Strategieobjekt über eine eigene spezialisierte Schnittstelle verfügen, während die Dekorierererschnittstelle zu der Komponentenschnittstelle konform sein muß. Eine Strategie zum Zeichnen eines Rahmens braucht nur die Schnittstelle dafür zu definieren (ZeichneRahmen, GibBreite usw.), was bedeutet, daß die Schnittstelle der Strategieklasse klein sein kann, selbst wenn die der Komponentenklasse komplex ist.

MacApp und Bedrock verwenden diesen Ansatz nicht nur zur Verzierung von Views. Sie verwenden es ebenfalls zur Erweiterung der Ereignisbehandlung von Objekten. In beiden Systemen verwaltet ein View eine Liste von »Verhaltens«-Objekten, die Ereignisse modifizieren und auch unterbinden können. Der View gibt jedem der registrierten Verhaltensobjekte eine Chance, das Ereignis vor den nicht registrierten Verhaltensobjekten zu bearbeiten. Sie werden somit vorrangig behandelt. Sie können einen View mit spezieller Unterstützung zur Tastatureingabebehandlung dekorieren, indem Sie ein Verhaltensobjekt registrieren, daß Tastenereignisse abfängt und bearbeitet.

Beispielcode

Der folgende Code zeigt, wie man Benutzungsschnittstellendekorierer in C++ implementiert. Wir nehmen an, daß es eine Komponentenklasse namens `VisuelleKomponente` gibt.

```
class VisuelleKomponente {
public:
   VisuelleKomponente();
```

```
    virtual void Zeichne();
    virtual void VeraendereGroesse();
    // ...
};
```

Wir definieren eine Unterklasse von VisuelleKomponente namens Dekorierer, die wir ableiten werden, um unterschiedliche Dekorierungen zu erhalten.

```
class Dekorierer : public VisuelleKomponente {
public:
    Dekorierer(VisuelleKomponente*);

    virtual void Zeichne();
    virtual void VeraendereGroesse();
    // ...

private:
    VisuelleKomponente* _komponente;
};
```

Dekorierer dekoriert die in der Exemplarvariablen _komponente referenzierte VisuelleKomponente. Die Variable wird im Konstruktor initialisiert. Dekorierer definiert für jede Operation in der Schnittstelle von VisuelleKomponente eine Defaultimplementierung, welche die Anfrage an _komponente weiterleitet.

```
void Dekorierer::Zeichne() {
    _komponente->Zeichne();
}

void Dekorierer::VeraendereGroesse() {
    _komponente->VeraendereGroesse();
}
```

Die Unterklassen von Dekorierer definieren spezifische Dekorationen. Die Klasse RahmenDekorierer fügt ihrer umschlossenen Komponente einen Rahmen hinzu. RahmenDekorierer ist eine Unterklasse von Dekorierer, welche die Zeichne-Operation zum Zeichnen des Rahmens überschreibt. RahmenDekorierer definiert des weiteren eine private ZeichneRahmen-Hilfsoperation, die das eigentliche Zeichnen vollführt. Die Unterklasse erbt alle anderen Operationsimplementierungen von Dekorierer.

```
class RahmenDekorierer : public Dekorierer {
public:
    RahmenDekorierer(VisuelleKomponente*, int rahmenBreite);

    virtual void Zeichne();
```

```
private:
   void ZeichneRahmen(int);

private:
   int _breite;
};

void RahmenDekorierer::Zeichne() {
   Dekorierer::Zeichne();
   ZeichneRahmen(_breite);
}
```

Eine ähnliche Implementierung ergibt sich für die Klassen `ScrollDekorierer` und `SchattenDekorierer`, die einer visuellen Komponente einen Scrollbar und einen visuellen Schatten zufügen.

Wir können nun Exemplare dieser Klassen zusammenfügen, um unterschiedliche Dekorationen zu ermöglichen. Der folgende Code illustriert, wie wir Dekorierer verwenden können, um eine umrahmte und scrollbare `TextAnzeige` zu erzeugen.

Zuerst benötigen wir eine Möglichkeit, visuelle Komponenten in ein `Fenster`-Objekt zu legen. Wir nehmen an, daß unsere `Fenster`-Klasse aus diesem Grund über eine `Setze-Inhalt`-Operation verfügt:

```
void Fenster::SetzeInhalt(VisuelleKomponente* inhalt) {
   // ...
}
```

Wir können nun das `TextAnzeige`-Objekt und ein es umgebendes Fenster erzeugen:

```
Fenster* fenster = new Fenster;
TextAnzeige* textAnzeige = new TextAnzeige;
```

TextAnzeige ist eine `VisuelleKomponente`, was es uns ermöglicht, sie in ein Fenster zu legen:

```
fenster->SetzeInhalt(TextAnzeige);
```

Da wir allerdings ein umrahmtes und scrollbares `TextAnzeige`-Objekt haben wollen, dekorieren wir es entsprechend, bevor wir es in ein Fenster einfügen:

```
fenster->SetzeInhalt(
   new RahmenDekorierer(
      new ScrollDekorierer(textAnzeige), 1
   )
);
```

Da `Fenster` auf seinen Inhalt über die Schnittstelle von `VisuelleKomponente` zugreift, weiß es nicht um die Anwesenheit des Dekorierers. Als Klient können Sie immer noch auf das `TextAnzeige`-Objekt zugreifen, wenn Sie mit ihm direkt interagieren müssen, zum Beispiel, wenn Sie Operationen aufrufen müssen, die nicht Teil der Schnittstelle von `VisuelleKomponente` sind. Klienten, die sich auf die Identität der Komponente verlassen müssen, sollten sie ebenso direkt referenzieren.

Bekannte Verwendungen

Viele objektorientierte Klassenbibliotheken zur Erstellung von Benutzungsschnittstellen verwenden Dekorierer, um grafische Verzierungen an Widgets zu hängen. Beispiele sind InterViews [LVC89, LCI+92], ET++ [WGM88], und die ObjectWorks\Smalltalk-Klassenbibliothek [Par90]. Exotischere Anwendungen des Dekorierermusters sind der DebuggingGlyph von InterViews und der PassivityWrapper von ParcPlace Smalltalk. Ein DebuggingGlyph gibt Debugginginformationen aus, bevor und nachdem er eine Layoutanforderung an seine Komponente weiterleitet. Diese Trace-Information kann zur Analyse und zum Debuggen des Layoutverhaltens von Objekten in komplexen Zusammensetzungen verwendet werden. Der PassivityWrapper kann die Benutzungsinteraktion mit der Komponente ein- oder ausschalten.

Das Dekorierermuster ist allerdings keinesfalls auf grafische Benutzungsschnittstellen beschränkt, wie das folgende auf den ET++-Stream-Klassen [WGM88] basierende Beispiel zeigt.

Streams (Ströme) sind eine zentrale Abstraktion in den meisten I/O-Bibliotheken. Ein Stream kann eine Schnittstelle zur Konvertierung von Objekten in eine Abfolge von Bytes oder Zeichen anbieten. Dies ermöglicht es uns, ein Objekt in eine Datei oder in einen String im Hauptspeicher zu schreiben, um ihn später wieder hervorzuholen. Die naheliegende Art und Weise, dies zu tun, besteht in der Definition einer abstrakten Klasse Stream mit Unterklassen SpeicherStream und DateiStream. Nehmen wir aber einmal an, daß wir in der Lage sein wollen, das Folgende zu tun:

- Die Komprimierung der Streamdaten mittels unterschiedlicher Kompressionsalgorithmen (Runlength-Encoding, Lempel-Ziv usw.).
- Die Reduzierung der Streamdaten in 7-Bit ASCII Zeichen, so daß sie über einen ASCII Kommunikationskanal übertragen werden können.

Das Dekorierermuster bietet uns eine elegante Möglichkeit, Streams um diese Funktionalität zu erweitern. Die Abbildung 4.17 zeigt eine Lösung für dieses Problem:

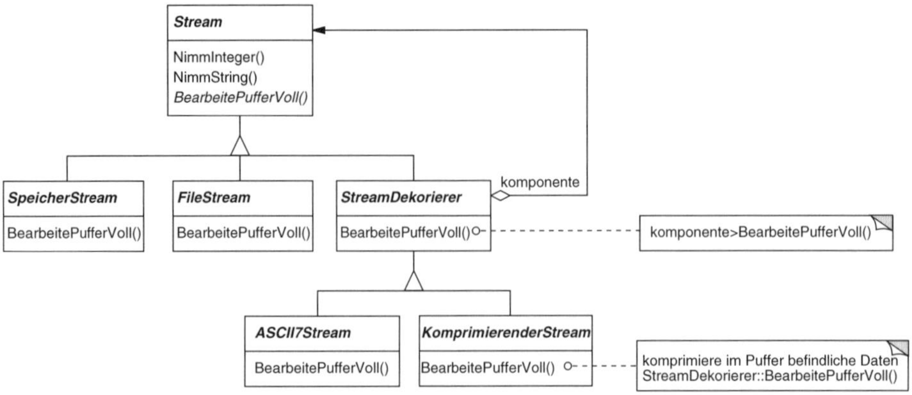

Abbildung 4.17

Die abstrakte Streamklasse verwaltet einen internen Zwischenspeicher und bietet Operationen zum Speichern der Daten im Stream an (NimmInteger, NimmString). Immer wenn der Zwischenspeicher voll ist, ruft Stream die abstrakte Operation ZwischenspeicherVoll auf, welche den eigentlichen Datentransfer ausführt. Die DateiStream-Version dieser Operation überschreibt diese Operation, um den Zwischenspeicher in eine Datei zu schreiben.

Die zentrale Klasse ist hierbei StreamDekorierer, welche eine Referenz auf einen allgemeinen Stream verwaltet und Befehle an ihn weiterleitet. StreamDekorierer-Unterklassen überschreiben ZwischenspeicherVoll und führen zusätzliche Operationen aus, bevor sie die ZwischenspeicherVoll Operation von StreamDekorierer aufrufen.

Die KomprimierenderStream-Unterklasse komprimiert beispielsweise die Daten, und die ASCII7Stream-Unterklasse konvertiert die Daten in 7-Bit-ASCII. Um nun einen Dateistream zu erzeugen, der seine Daten komprimiert *und* die komprimierten binären Daten in 7-Bit-ASCII konvertiert, dekorieren wir DateiStream mit einem KomprimierenderStream-Objekt und einen ASCII7Stream-Objekt:

```
Stream* einStream = new KomprimierenderStream (
   new ASCII7Stream(
      new DateiStream("einDateiName")
   )
);
einStream->NimmInteger(12);
einStream->NimmString("einString");
```

Verwandte Muster

Adapter (186): Ein Dekorierer unterscheidet sich von einem Adapter dadurch, daß ein Dekorierer nur die Funktionalität eines Objekts verändert, nicht aber seine Schnittstelle. Ein Adapter gibt einem Objekt eine vollständig neue Schnittstelle.

Kompositum (239): Ein Dekorierer kann als ein degeneriertes Kompositum mit nur einer Komponente betrachtet werden. Ein Dekorierer fügt allerdings zusätzliche Funktionalität hinzu und ist auch nicht für die Objektaggregation vorgesehen.

Strategie (373): Ein Dekorierer ermöglicht es Ihnen, das Äußere eines Objekts zu ändern; ein Strategieobjekt ermöglicht es Ihnen, das Innere zu ändern.

Fassade

(Facade)

Ein objektbasiertes Strukturmuster

Zweck

Biete eine einheitliche Schnittstelle zu einer Menge von Schnittstellen eines Subsystems. Die Fassadenklasse definiert eine abstrakte Schnittstelle, welche die Benutzung des Subsystems vereinfacht.

Motivation

Die Unterteilung eines Systems in Subsysteme hilft, seine Komplexität zu reduzieren. Ein allgemeines Entwurfsziel ist die Minimierung der Kommunikation und der Abhängigkeiten zwischen Subsystemen. Eine Möglichkeit, dies zu erreichen, besteht in der Einführung eines **Fassadenobjekts**, das eine einzelne vereinfachte Schnittstelle zur allgemeineren Funktionalität eines Subsystems darstellt (siehe Abbildung 4.18).

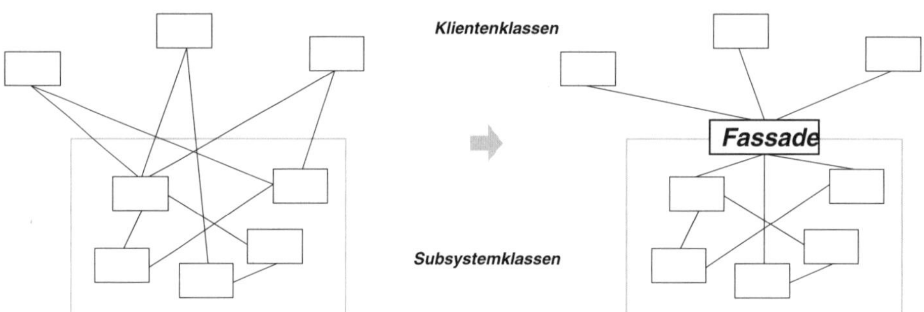

Abbildung 4.18

Stellen Sie sich als Beispiel eine Programmierumgebung vor, die Anwendungen den Zugriff auf sein Übersetzersubsystem ermöglicht. Dieses Subsystem enthält Klassen wie Scanner, Parser, ProgrammKnoten, BytecodeStream und ProgrammKnoten-Erbauer, die den Übersetzer implementieren. Einige spezialisierte Anwendungen müssen diese Klassen vielleicht direkt benutzen, die meisten Klienten eines Übersetzers sind aber im allgemeinen nicht an Details wie dem Parsen von Quelltext und der Codegenerierung interessiert. Sie wollen lediglich etwas Quelltext übersetzen. Die leistungsfähigen, aber komplexen Schnittstellen im Übersetzersubsystem komplizieren ihre Aufgabe nur.

Um eine abstraktere Schnittstelle anzubieten, die Klienten von diesen Klassen abschirmt, umfaßt das Übersetzersubsystem auch eine Übersetzerklasse. Diese Klasse definiert eine einheitliche Schnittstelle zur Funktionalität des Übersetzers (siehe Abbildung 4.19). Die Übersetzerklasse verhält sich wie eine Fassade: Sie bietet Klienten eine einzelne und einfache Schnittstelle zum Übersetzersubsystem. Sie bindet jene Klassen zusammen, welche die Übersetzerfunktionalität implementieren, ohne sie gänzlich zu verstecken. Die Übersetzerfassade erleichtert das Leben der meisten Programmierer, ohne die komplexe Funktionalität vor den wenigen Programmierern zu verstecken, die sie wirklich benötigen.

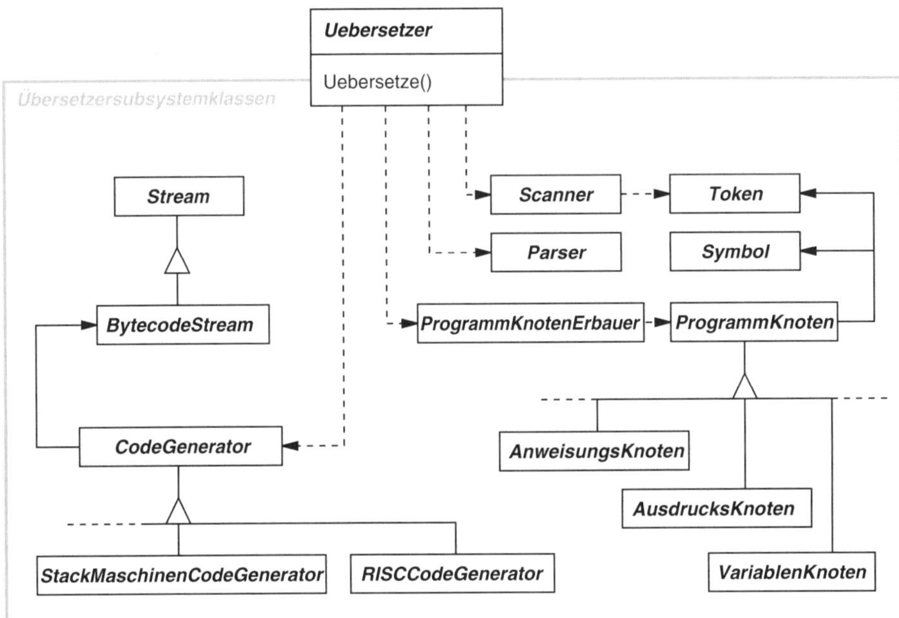

Abbildung 4.19

Anwendbarkeit

Verwenden Sie das Fassadenmuster, wenn

- Sie eine einfache Schnittstelle zu einem komplexen Subsystem anbieten wollen. Subsysteme werden im Laufe ihrer Entwicklung oft komplexer. Die meisten Muster, wendet man sie an, führen zu kleineren Klassen. Dies macht das Subsystem leichter wiederverwendbar und einfacher anpaßbar. Für Klienten, die es nicht anpassen wollen, wird es aber auch schwieriger, es zu verwenden. Eine Fassade kann eine einfache voreingestellte Sicht auf das Subsystem bieten, die den meisten Klienten genügt. Nur die Klienten, die eine größere Anpaßbarkeit benötigen, müssen hinter die Fassade schauen.

- es viele Abhängigkeiten zwischen den Klienten und den Implementierungsklassen einer Abstraktion gibt. Die Einführung einer Fassade entkoppelt die Subsysteme von Klienten und anderen Subsystemen, wobei die Unabhängigkeit und Portabilität des Subsystems gefördert wird.
- Sie ihre Subsysteme in Schichten aufteilen wollen. Man verwendet eine Fassade, um einen Eintrittspunkt zu jeder Subsystemschicht zu definieren. Wenn die Subsysteme voneinander abhängen, können Sie die Abhängigkeiten zwischen Ihnen vereinfachen, indem Sie sie ausschließlich über ihre Fassaden miteinander kommunizieren lassen.

Struktur

Abbildung 4.20 zeigt die Struktur des Fassadenmusters.

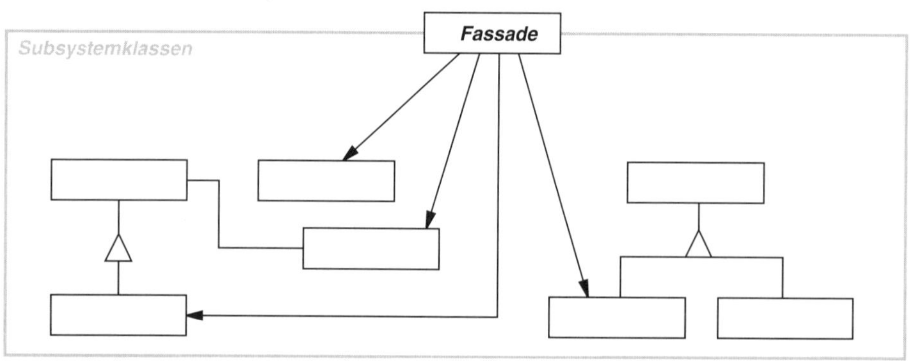

Abbildung 4.20

Teilnehmer

- **Fassade** (Uebersetzer)
  - weiß, welche Subsystemklassen für eine Anfrage zuständig sind.
  - delegiert Anfragen von Klienten an das zuständige Subsystemobjekt.

- **Subsystemklassen** (Scanner, Parser, ProgrammKnoten usw.)
  - implementieren die Subsystemfunktionalität.
  - führen von der Fassade zugewiesene Aufgaben aus.
  - wissen nichts von der Fassade, das heißt, sie besitzen keine Referenzen auf sie.

Interaktionen

- Die Klienten kommunizieren mit dem Subsystem, in dem sie Anfragen an die Fassade schicken, welche sie dann an das zuständige Subsystemobjekt oder die zuständigen Subsystemobjekte weiterleitet. Obwohl die Subsystemobjekte die eigentliche Arbeit ausführen, muß die Fassade möglicherweise zusätzliche Arbeit ausführen, um seine Schnittstelle auf die Subsystemschnittstellen abzubilden.
- Die Klienten, welche die Fassade benutzen, müssen ihre Subsystemobjekte nicht direkt benutzen.

Konsequenzen

Das Fassademuster bietet die folgenden Vorteile:

1. Es schirmt Klienten von Subsystemkomponenten ab. Es reduziert dabei die Anzahl von Objekten, die von Klienten gehandhabt werden müssen, und macht das Subsystem einfacher zu benutzen.
2. Es fördert die lose Kopplung zwischen dem Subsystem und seinen Klienten. Die Komponenten eines Subsystems sind oftmals stark miteinander gekoppelt. Lose Kopplung ermöglicht es Ihnen, die Komponenten eines Subsystems auszutauschen, ohne die Klienten in Mitleidenschaft zu ziehen. Fassaden helfen dabei, ein System und die Abhängigkeiten zwischen den Objekten in Schichten zu unterteilen. Sie können ebenfalls komplexe oder zirkuläre Abhängigkeiten entfernen. Dies kann eine wichtige Konsequenz sein, wenn der Klient und das Subsystem voneinander unabhängig implementiert werden.

   Bei großen Softwaresystemen ist es sehr wichtig, daß der anfallende Zeitaufwand für Übersetzungen möglichst gering gehalten wird. Die Reduzierung von Übersetzungsabhängigkeiten mittels Fassaden kann das erneute Übersetzen aufgrund einer kleinen Änderung in einem wichtigen Subsystem minimieren. Eine Fassade kann ebenso die Portierung von Systemen auf andere Plattformen vereinfachen, weil es wenig wahrscheinlich ist, daß die Neukonstruktion eines Subsystems die Neukonstruktion aller anderen Subsysteme bedeutet.

3. Es verhindert nicht, daß Anwendungen Subsystemklassen verwenden, wenn sie dies müssen. Sie müssen sich somit zwischen Einfachheit der Verwendung und allgemeiner Verwendbarkeit entscheiden.

Implementierung

Ziehen Sie die folgenden Überlegungen in Betracht, wenn sie das Fassademuster implementieren:

1. *Reduzieren der Kopplung zwischen Klient und Subsystem.* Die Kopplung zwischen Klienten und Subsystem kann noch weiter reduziert werden, indem Sie die Fassade zu einer abstrakten Klasse machen, deren konkrete Unterklassen unterschiedliche Implementierungen des Subsystems repräsentieren. In diesem Fall können Klienten mit dem Subsystem über die Schnittstelle der abstrakten Fassadeklasse kommunizieren. Diese abstrakte Kopplung hält die Klienten davon ab zu wissen, welche Implementierung eines Subsystems verwendet wird.

   Ein Alternative zur Unterklassenbildung ist die Konfigurierung eines Fassadeobjektes mit unterschiedlichen Subsystemobjekten. Um eine Fassade maßzuschneidern, müssen sie lediglich eines oder mehrere ihrer Subsystemobjekte ersetzen.

2. *Öffentliche versus private Subsystemklassen.* Ein Subsystem läßt sich mit einer Klasse dahingehend vergleichen, daß beide eine Schnittstelle besitzen und beide etwas kapseln – eine Klasse kapselt Zustand und Operationen, während ein Subsystem Klassen kapselt. Und genauso wie es nützlich ist, über öffentliche oder private Schnittstellen einer Klasse nachzudenken, können wir über die öffentliche und private Schnittstelle eines Subsystems nachdenken.

   Die öffentliche Schnittstelle eines Subsystems besteht aus Klassen, auf die von allen Klienten zugegriffen werden kann. Die private Schnittstelle ist nur für jene da, die das Subsystem erweitern wollen. Die Fassadeklasse ist natürlich Teil der öffentlichen Schnittstelle. Sie ist aber nicht der einzige Teil. Andere Subsystemklassen sind üblicherweise ebenfalls öffentlich zugreifbar. Die Klassen Parser und Scanner im Übersetzersubsystem sind beispielsweise Teil der öffentlichen Schnittstelle.

Es wäre nützlich und sinnvoll, den Zugriff auf Subsystemklassen privat machen zu können, was aber nur von wenigen objektorientierten Sprachen unterstützt wird. Sowohl C++ als auch Smalltalk haben traditionellerweise einen globalen Namensraum für Klassen. Zumindest für C++ hat aber das C++-Standardisierungskomitee der Sprache kürzlich Namensräume hinzugefügt [Str94]. Dies ermöglicht es Ihnen, nur die öffentlichen Subsystemklassen nach außen bekanntzugeben.

Beispielcode

Wir werden nun einen genaueren Blick darauf werfen, wie eine Fassade auf ein Übersetzersubsystem zu setzen ist.

Das Übersetzersubsystem definiert eine Klasse BytecodeStream, die einen Stream von Bytecode-Objekten implementiert. Ein Bytecode-Objekt kapselt einen Bytecode, der Maschineninstruktionen spezifizieren kann. Das Subsystem definiert des weiteren eine Token-Klasse für Objekte, die Token einer Programmiersprache kapseln.

Die Scanner-Klasse nimmt einen Zeichenstrom entgegen und produziert einen Tokenstrom. Sie liefert die Token einzeln.

```
class Scanner {
public:
    Scanner(istream&);
    virtual ~Scanner();

    virtual Token& Scan();

private:
    istream& _eingabe;
};
```

Die Klasse Parser verwendet einen ProgrammKnotenErbauer, um einen Parsebaum aus den Token des Scanners zu erstellen.

```
class Parser {
public:
    Parser();
    virtual ~Parser();

    virtual void Parse(Scanner&, ProgrammKnotenErbauer&);
};
```

Parser ruft ProgrammKnotenErbauer auf, um den Parsebaum inkrementell aufzubauen. Diese Klassen spielen dem Erbauermuster gemäß (119) zusammen.

```
class ProgrammKnotenErbauer {
public:
    ProgrammKnotenErbauer();
```

```
    virtual ProgrammKnoten* NeueVariable(
        char* variablenName) const;

    virtual ProgrammKnoten* NeueZuweisung(
        ProgrammKnoten* variable, ProgrammKnoten* ausdruck)
        const;

    virtual ProgrammKnoten* NeueRueckkehrAnweisung(
        ProgrammKnoten* wert) const;

    virtual ProgrammKnoten* NeueBedingteAnweisung(
        ProgrammKnoten* bedingung, ProgrammKnoten* wahrZweig,
        ProgrammKnoten* falschZweig) const;

    // ...

    ProgrammKnoten* GibWurzelKnoten();

private:
    ProgrammKnoten* _knoten;
};
```

Der Parsebaum besteht aus Exemplaren von `ProgrammKnoten`-Unterklassen wie zum Beispiel `AnweisungsKnoten`, `AusdrucksKnoten` usw. Die `ProgrammKnoten`-Hierarchie ist ein Beispiel für das Kompositionsmuster (239). `ProgrammKnoten` definiert eine Schnittstelle zur Manipulation der Programmknoten und ihrer Kindobjekte, sofern sie existieren.

```
class ProgrammKnoten {
public:
    // Programmknoten Manipulation
    virtual void GibQuelltextPosition(int& zeile, int& index);
    // ...

    // Kindobjekt Manipulation
    virtual void FuegeHinzu(ProgrammKnoten*);
    virtual void Entferne(ProgrammKnoten*);
    // ...

    virtual void Traversiere(CodeGenerator&);

protected:
    ProgrammKnoten();
};
```

Die Traversiere-Operation nimmt ein CodeGenerator-Objekt entgegen. ProgrammKnoten-Unterklassen verwenden dieses Objekt, um Maschinencode in der Form von Bytecode-Objekten in einem BytecodeStream zu generieren. Die Klasse CodeGenerator ist ein Besucher (301).

```
class CodeGenerator {
public:
   virtual void Besuche(AnweisungsKnoten*);
   virtual void Besuche(AusdrucksKnoten*);
   // ...

protected:
   CodeGenerator(BytecodeStream&);
   BytecodeStream& _ausgabe;
};
```

CodeGenerator verfügt über Unterklassen, so zum Beispiel StackMaschinenCodeGenerator und RISCCodeGenerator, die Maschinencode für unterschiedliche Hardwarearchitekturen erzeugen.

Jede Unterklasse von ProgrammKnoten implementiert Traversiere so, daß sie Traversiere von ihren ProgrammKnoten-Kindobjekten aufruft. In der Folge tut dies auch jedes Kindobjekt für seine Kindobjekte, was rekursiv weiter fortgesetzt wird. Beispielsweise definiert AusdrucksKnoten Traversiere folgendermaßen:

```
void AusdrucksKnoten::Traversiere(CodeGenerator& codeGen) {
   codeGen.Besuche(this);

   ListenIterator<ProgrammKnoten*> iter(_kindObjekte);

   for (iter.Start(); ! iter.IstFertig(); iter.Weiter()) {
      iter.AktuellesElement()->Traversiere(codeGen);
   }
}
```

Die bisher diskutierten Klassen bilden das Übersetzersubsystem. Nun führen wir eine Übersetzerklasse als Fassade ein, die all diese Teile zusammenfaßt. Die Klasse Übersetzer bietet eine einfache Schnittstelle zum Übersetzen von Quelltext und zum Generieren von Code für eine bestimme Maschine.

```
class Uebersetzer {
public:
   Uebersetzer();
```

```
    virtual void Uebersetze(istream&, BytecodeStream&);
};

void Uebersetzer::Uebersetze(istream& eingabe,
    BytecodeStream& ausgabe)
{
    Scanner scanner(eingabe);
    ProgrammKnotenErbauer erbauer;
    Parser parser;

    parser.Parse(scanner, erbauer);

    RISCCodeGenerator generator(ausgabe);
    ProgrammKnoten* parseBaum = erbauer.GibWurzelKnoten();
    parseBaum->Traversiere(generator);
}
```

Diese Implementierung legt den Typ des zu verwendenden Codegenerators im Quelltext fest, so daß Programmierer nicht gezwungen sind, die Zielarchitektur zu spezifizieren. Dies ist wahrscheinlich vernünftig, wenn es nur eine Architektur gibt und sie sich nicht ändern wird. Wenn dies nicht der Fall ist, können wir den `Uebersetzer`-Konstruktor so abändern, daß er einen `CodeGenerator`-Parameter entgegennimmt. Programmierer können dann den zu verwendenden Codegenerator spezifizieren, wenn sie ein `Uebersetzer`-Objekt erzeugen. Die Übersetzerfassade kann weitere Teilnehmer wie `Scanner` und `ProgrammKnotenErbauer` ebenso parametrieren, was die Flexibilität erweitert, aber auch von der Aufgabe der Fassade ablenkt, welche ja darin besteht, die Schnittstelle für die üblichen Fälle zu vereinfachen.

Bekannte Verwendungen

Das Übersetzerbeispiel im Beispielcodeabschnitt ist vom ObjectWorks\Smalltalk-Übersetzersystem inspiriert [Par90]. Im Application-Framework ET++ [WGM88] kann eine Anwendung über eingebaute Werkzeuge zum Browsen und Inspizieren ihrer Objekte zur Laufzeit verfügen. Diese Werkzeuge sind in einem abgetrennten Subsystem implementiert, das eine Fassadenklasse namens ProgrammingEnvironment enthält. Diese Fassade definiert Operationen wie InspectObject und InspectClass zum Zugriff auf die Werkzeuge.

Eine ET++-Anwendung kann auch auf diese Funktionalität verzichten. In diesem Fall implementiert ProgrammingEnvironment diese Anfragen als Null-Operationen, was bedeutet, daß sie nichts machen. Nur die ETProgrammingEnvironment-Unterklasse implementiert diese Anfragen durch Operationen, welche die entsprechenden Browser anzeigen. Die Anwendung weiß nicht, ob eine Umgebung zum Browsen verfügbar ist oder nicht, da die Anwendung mit dem Subsystem nur abstrakt gekoppelt ist.

Das Betriebssystem Choices [CIRM93] verwendet Fassaden, um viele Frameworks zu einem einzigen zusammenzufügen. Die zentralen Abstraktionen in Choices sind Prozesse, Speicher und Adreßräume. Für jede dieser Abstraktionen gibt es ein entsprechend als Framework implementiertes Subsystem, das die Portierung von Choices auf eine große Bandbreite von unterschiedlichen Hardwareplattformen unterstützt. Zwei dieser Subsysteme besitzen einen »Stellvertreter«, das heißt, eine Fassade. Diese Stellvertreter sind FileSystemInterface (Speicher) und Domain (Adreßraum, siehe Abbildung 4.21).

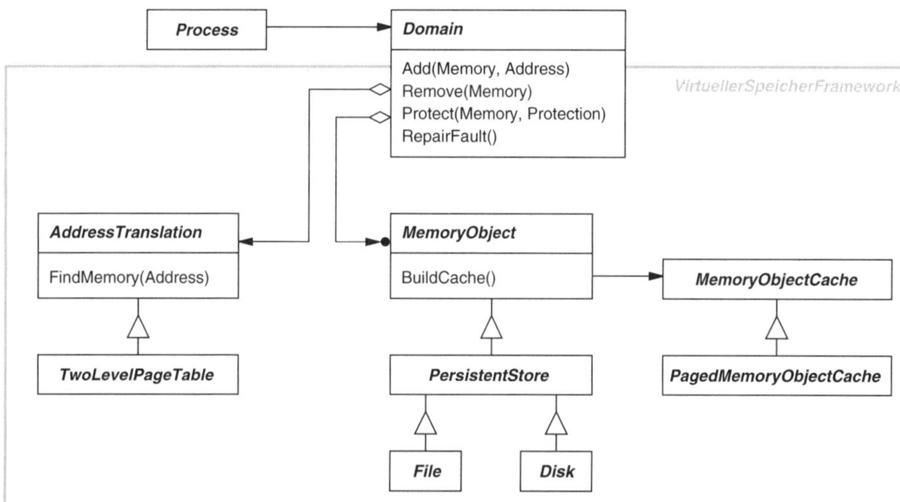

Abbildung 4.21

Beispielsweise ist die Klasse Domain die Fassade des Frameworks für virtuellen Speicher. Ein Domain-Objekt repräsentiert einen Adreßraum. Es stellt eine Abbildung zwischen virtuellen Adressen und Offsets auf Speicherobjekte, Dateien oder Hintergrundspeicher dar. Die wesentlichen Operationen von Domain helfen beim Anlegen eines Speicherobjekts an einer bestimmten Adresse, seinem Entfernen und der Handhabung eines Page-Faults.

Wie die Abbildung 4.21 zeigt, verwendet das Framework für virtuellen Speicher intern die folgenden Komponenten:

- MemoryObject (Speicherobjekt) repräsentiert einen Datenspeicher.
- MemoryObjectCache (Zwischenspeicher für Speicherobjekt) speichert die Daten von MemoryObject-Exemplaren im physikalischen Speicher zwischen. MemoryObject-Cache ist übrigens ein Strategieobjekt (373), das die Zwischenspeichertaktik lokalisiert.
- AddressTranslation (Adreßübersetzung) kapselt die Hardware zur Übersetzung von Adressen.

Die RepairFault-Operation wird immer dann aufgerufen, wenn eine Unterbrechung aufgrund eines Page-Faults passiert. Die Domain sucht das Speicherobjekt heraus, das sich an der den Page-Fault auslösenden Adresse befindet, und delegiert die RepairFault-Operation an den mit dem Speicherobjekt verbundenen Zwischenspeicher. Domain-Objekte können durch Auswechseln ihrer Komponente angepaßt werden.

Verwandte Muster

Das Abstrakte-Fabrik-Muster (107) kann mit dem Fassademuster zusammen verwendet werden, um eine Schnittstelle zum Erzeugen von Subsystemobjekten in von dem Subsystem unabhängiger Weise anzubieten. Das Abstrakte-Fabrik-Muster kann zudem als Alternative zum Fassademuster verwendet werden, um plattformspezifische Klassen zu verstecken.

Das Vermittlermuster (385) gleicht dem Fassademuster in der Hinsicht, daß es von der Funktionalität existierender Klassen abstrahiert. Allerdings ist die Aufgabe eines Vermittlers, die Kommunikation zwischen miteinander in Beziehung stehenden Objekten zu abstrahieren. Oftmals zentralisiert er dabei Funktionalität, die keinem der Objekte zugewiesen werden kann. Die miteinander in Beziehung stehenden Objekte wissen um den Vermittler und kommunizieren mit ihm, statt direkt miteinander zu kommunizieren. Im Gegensatz dazu abstrahiert eine Fassade die Schnittstelle zu Subsystemobjekten lediglich, um ihre Verwendung zu vereinfachen. Sie definiert keine neue Funktionalität, und die Subsystemklassen kennen sie auch nicht.

Üblicherweise wird nur ein Fassadenobjekt benötigt. Somit sind Fassadenobjekte oftmals Singletons (157).

Fliegengewicht

(Flyweight)

Ein objektbasiertes Strukturmuster

Zweck

Nutze Objekte kleinster Granularität gemeinsam, um große Mengen von ihnen effizient verwenden zu können.

Motivation

Es gibt Anwendungen, die von der durchgängigen Verwendung von Objekten im Entwurf profitieren würden, aber aufgrund einer naiven Implementierung unakzeptabel teuer wären.

Die meisten Implementierungen von Dokumenteditoren besitzen zum Beispiel Textformatier- und Editiermöglichkeiten, die zu einem gewissen Grad modular aufgebaut sind. Objektorientierte Dokumenteditoren verwenden üblicherweise Objekte, um eingebettete Elemente wie Tabellen und Abbildungen zu repräsentieren. Sie gehen allerdings selten soweit, ein einzelnes Zeichen im Dokument durch ein Objekt zu repräsentieren, selbst wenn sie dadurch die Flexibilität auf sehr feinem Niveau ausbauen würden. Zeichen und eingebettete Elemente könnten hinsichtlich Darstellung und Formatierung einheitlich behandelt werden. Die Anwendung wäre leicht um neue Zeichenmengen erweiterbar, ohne mit existierender Funktionalität in Konflikt zu geraten. Die Abbildung 4.22 zeigt, wie ein Dokumenteditor Objekte zur Repräsentation von Zeichen verwenden kann.

Der Nachteil dieses Entwurfs sind seine Kosten. Selbst Dokumente mittlerer Größe können über Hunderttausende von Zeichenobjekten verfügen, was zu hohem Speicherverbrauch führt und einen potentiell unakzeptablen Laufzeitwasserkopf mit sich bringt. Das Fliegengewichtmuster beschreibt, wie man Objekte gemeinsam nutzt, um sie auf feingranularer Ebene zu annehmbaren Kosten verwenden zu können.

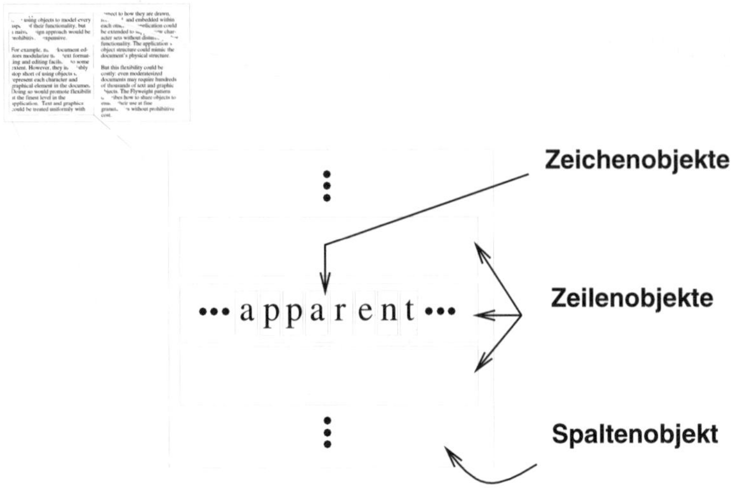

Abbildung 4.22

Ein **Fliegengewicht** ist ein Objekt, das gleichzeitig in unterschiedlichen Kontexten verwendet werden kann. Es agiert in jedem Kontext wie ein unabhängiges Objekt und kann nicht von einem nicht gemeinsam genutzten Exemplar derselben Klasse unterschieden werden. Fliegengewichte dürfen keine Annahmen über den Kontext ihrer Verwendung machen. Die zentrale Idee besteht in der Unterscheidung von **intrinsischem** und **extrinsischem** Zustand. Der intrinsische Zustand wird im Fliegengewicht gespeichert; er besteht ausschließlich aus der vom Kontext des Fliegengewichts unabhängigen Information. Dadurch wird das Fliegengewicht gemeinsam nutzbar. Der extrinsische Zustand hängt vom Kontext des Fliegengewichts ab und wechselt mit ihm. Er kann deswegen nicht gemeinsam genutzt werden. Klientenobjekte sind dafür zuständig, das Fliegengewicht bei Bedarf mit dem benötigten extrinsischen Zustand zu versorgen.

Fliegengewichte modellieren Konzepte oder Gegenstände, die üblicherweise so gehäuft auftreten, daß sie nicht durch jeweils eigene Objekte repräsentiert werden können. Beispielsweise kann ein Dokumenteditor ein Fliegengewicht für jeden Buchstaben im Alphabet erzeugen. Jedes Fliegengewicht speichert lediglich einen Zeichencode. Ist das Zeichen darzustellen, so können seine grafische Positionierung im Dokument und sein typographischer Stil aus den Textlayoutalgorithmen und aktiven Formatieranweisungen ermittelt werden. Der Zeichencode stellt den intrinsischen Zustand des Buchstabens dar, während die andere Information seinen extrinsischen Zustand darstellt.

Logisch betrachtet gibt es ein Objekt für jedes Auftreten eines Zeichens im Dokument (siehe Abbildung 4.23).

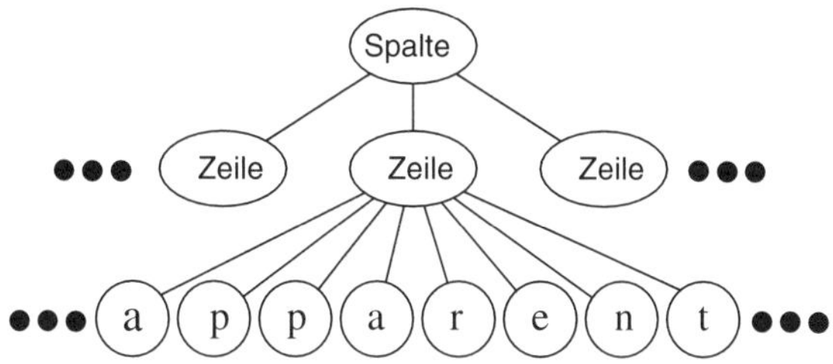

Abbildung 4.23

Technisch betrachtet hingegen gibt es ein gemeinsam genutztes Fliegengewichtobjekt pro Zeichen, das in verschiedenen Kontexten der Dokumentstruktur erscheint. Jedes Auftreten eines bestimmten Zeichenobjekts verweist auf dasselbe Exemplar in der gemeinsam genutzten Menge von Fliegengewichtobjekten (siehe Abbildung 4.24).

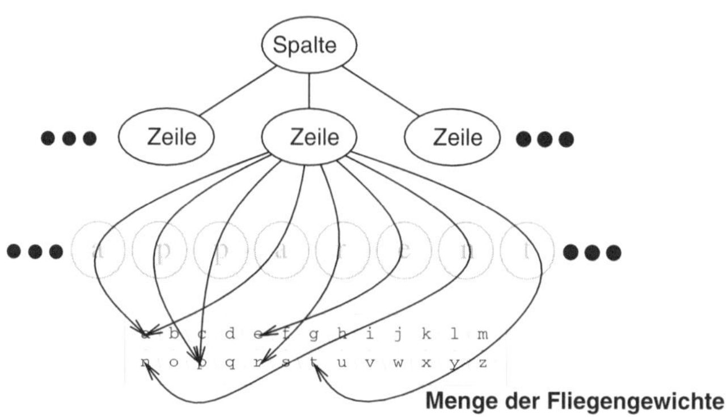

Abbildung 4.24

Die Klassenstruktur ist in Abbildung 4.25 dargestellt. Glyph ist die abstrakte Klasse grafischer Objekte. Unter ihr können sich die Fliegengewichte befinden. Hängen Operationen von extrinsischem Zustand ab, so erhalten sie ihn als Parameter. So müssen zum Beispiel die Operationen Zeichne und BildeSchnittmenge den Kontext des Glyphen kennen, um ihre Aufgabe zu erfüllen.

Ein Fliegengewicht, das den Buchstaben »a« repräsentiert, speichert nur den entsprechenden Zeichencode; es braucht weder seine Plazierung noch seinen Zeichensatz zu speichern. Die Klienten versorgen den Glyph mit der zum Zeichnen notwendigen Kontextinformation.

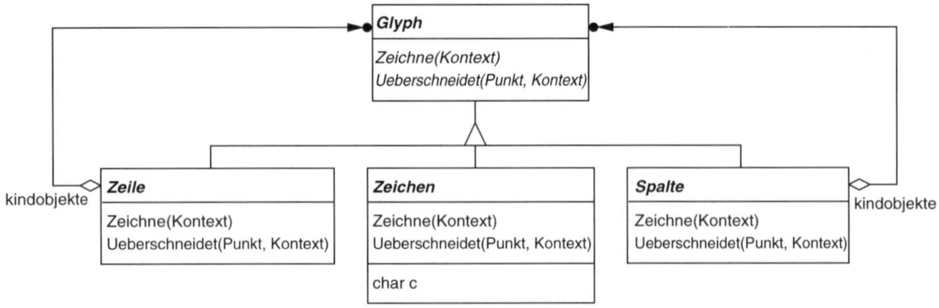

Abbildung 4.25

Beispielsweise weiß der Zeilenglyph, wo seine Kindobjekte gezeichnet werden sollen, so daß sie horizontal angeordnet sind. Somit kann er jeden Glyph beim Aufruf der Zeichne-Operation mit seiner Position versorgen.

Da die Anzahl unterschiedlicher Zeichenobjekte sehr viel kleiner ist als die Anzahl von Zeichen im Dokument, ist die Gesamtanzahl verwendeter Objekte viel geringer als die sich ergebende Anzahl bei einer naiven Implementierung. Ein Dokument, in dem alle Zeichen in demselben Zeichensatz und derselben Farbe dargestellt sind, benötigt von der Größenordnung her 100 Zeichenobjekte, was ungefähr die Größe des ASCII-Zeichensatzes darstellt. Dies ist zudem von der Länge des Dokuments unabhängig ist. Und da die meisten Dokumente nicht mehr als zehn verschiedene Zeichensatz-/Farbkombinationen verwenden, wird diese Anzahl in der Praxis kaum anwachsen. Somit wird die Abstraktion eines Objekts für einzelne Zeichen zu einer praktikablen Lösung.

Anwendbarkeit

Der durch die Verwendung des Fliegengewichtsmusters erzielbare Gewinn hängt stark von den Randbedingungen seines Einsatzes ab. Wenden Sie das Fliegengewichtmuster nur an, wenn *alle* folgenden Bedingungen zutreffen:

- Eine Anwendung verwendet eine große Menge von Objekten.
- Die Speicherkosten sind allein aufgrund der Anzahl von Objekten groß.
- Ein Großteil des Objektzustands kann in den Kontext verlagert und somit extrinsisch gemacht werden.
- Viele Gruppen von Objekten können durch relativ wenige gemeinsam genutzte Objekte ersetzt werden, sobald einmal der extrinisische Zustand entfernt wurde.

- Die Anwendung hängt nicht von der Identität dieser Objekte ab. Da Fliegengewichtobjekte gemeinsam genutzt werden, liefern Identitätstests bei konzeptuell unterschiedlichen Objekten ein positives Ergebnis zurück.

Struktur

Abbildung 4.26 zeigt die Struktur des Fliegengewichtmusters.

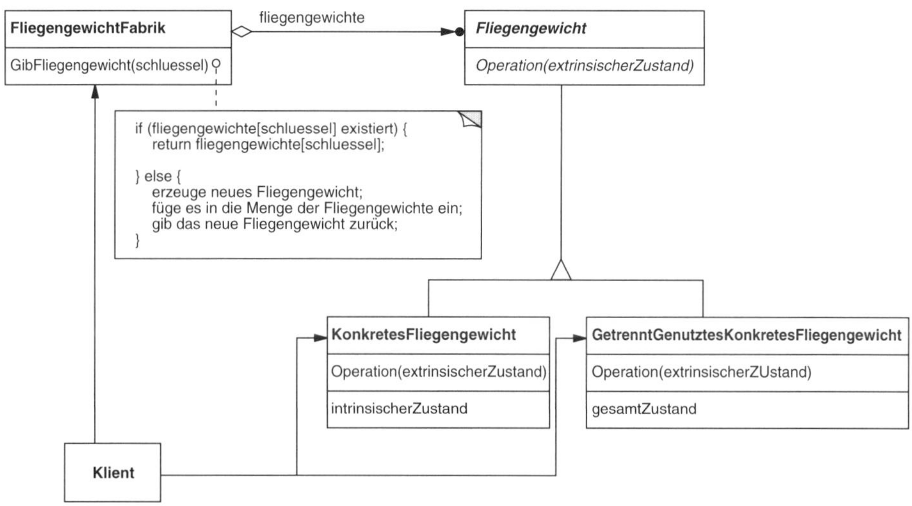

Abbildung 4.26

Das Objektdiagramm in Abbildung 4.27 zeigt, wie Fliegengewichte gemeinsam genutzt werden:

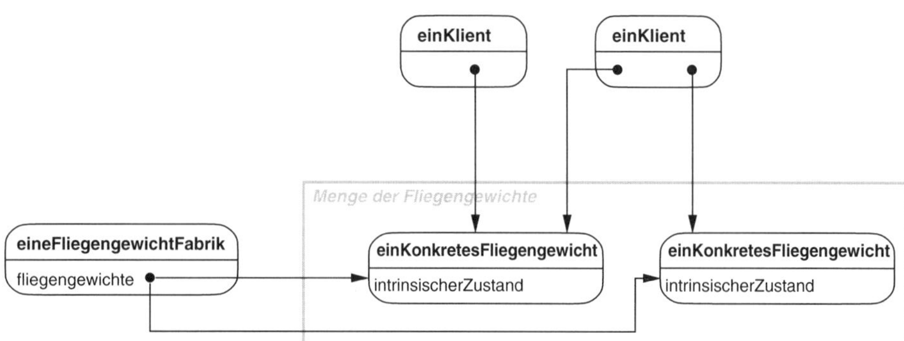

Abbildung 4.27

Teilnehmer

- **Fliegengewicht** (Glyph)
  - deklariert eine Schnittstelle, durch die Fliegengewichte einen extrinsischen Zustand erhalten und verarbeiten können.
- **KonkretesFliegengewicht** (Zeichen)
  - implementiert die Fliegengewichtschnittstelle und erweitert das Objekt um einen intrinsischen Zustand, sofern vorhanden.
- **GetrenntGenutztesKonkretesFliegengewicht** (Zeile, Spalte)
  - nicht alle Fliegengewichtsunterklassen müssen gemeinsam genutzt werden. Die Fliegengewichtschnittstelle *ermöglicht* eine gemeinsame Nutzung, erzwingt sie aber nicht. Es ist üblich, daß ab einer bestimmten Hierarchieebene in der Objektstruktur Fliegengewichtobjekte, die nicht gemeinsam genutzt werden, über Exemplare von konkreten Fliegengewichten als Kindobjekte verfügen. Ein Beispiel sind die Zeilen- und Spalten-Klassen.
- **FliegengewichtFabrik**
  - erzeugt und verwaltet die Fliegengewichtobjekte.
  - stellt sicher, daß Fliegengewichte auf korrekte Weise gemeinsam genutzt werden. Fragt ein Klient nach einem Fliegengewicht, so liefert die FliegengewichtFabrik ein existierendes Exemplar oder erzeugt andernfalls ein neues.
- **Klient**
  - verwaltet eine Referenz auf Fliegengewichte.
  - berechnet oder speichert den extrinsischen Zustand der Fliegengewichte.

Interaktionen

- Der für das korrekte Funktionieren eines Fliegengewichts benötigte Zustand muß klar als entweder intrinsisch oder extrinsisch gekennzeichnet sein. Intrinsischer Zustand wird im Fliegengewichtobjekt gespeichert, extrinsischer Zustand hingegen wird von Klienten gespeichert oder berechnet. Klienten geben diesen Zustand an das Fliegengewicht weiter, wenn sie seine Operationen aufrufen.
- Klienten sollten konkrete Fliegengewichte nie direkt erzeugen. Sie sollten KonkretesFliegengewicht-Objekte ausschließlich von der FliegengewichtFabrik erhalten, damit sichergestellt ist, daß sie auf korrekte Weise gemeinsam genutzt werden.

Konsequenzen

Fliegengewichte führen möglicherweise zu Laufzeitkosten, die sich aufgrund des Transferierens, Aufsuchens oder Berechnens des extrinsischem Zustands ergeben, insbesondere dann, wenn dieser Zustand zuvor als intrinsischer Zustand gespeichert war. Diese Kosten werden aber durch die Speicherplatzgewinne aufgewogen, die sich immer weiter erhöhen, wenn immer mehr Fliegengewichte gemeinsam genutzt werden.

Speichergewinne hängen von mehreren Faktoren ab. Sie hängen

- von der Reduzierung der Gesamtmenge von Objekten ab, die sich aufgrund gemeinsamer Nutzung ergeben;
- von der Größe des intrinsischen Zustands pro Objekt ab;
- davon ab, ob der extrinsische Zustand berechnet oder gespeichert wird.

Je mehr Fliegengewichte gemeinsam genutzt werden, umso mehr Speicherplatz wird eingespart. Die Einsparungen erhöhen sich mit der Menge des gemeinsam genutzten Zustands. Die größten Gewinne ergeben sich, wenn die Objekte einen großen Teil sowohl intrinsischen als auch extrinsischen Zustands verwenden und wenn der extrinsische Zustand berechnet werden kann und nicht gespeichert werden muß. In diesem Fall sparen sie Speicherplatz auf zwei Arten: Zum einem reduziert die gemeinsame Nutzung die Kosten an intrinsischem Zustand, und zum anderen können Sie den extrinsischen Zustand gegen Rechenzeit eintauschen.

Das Fliegengewichtmuster wird oft mit dem Kompositionsmuster (239) gemeinsam verwendet, um eine hierarchische Struktur als Graph mit gemeinsam genutzten Blättern zu repräsentieren. Eine Konsequenz gemeinsamer Nutzung besteht darin, daß Fliegengewichtobjekte als Blätter keinen Zeiger auf ihre Elternobjekte speichern können. Statt dessen wird die Elternobjektreferenz dem Fliegengewicht als Teil seines extrinsischen Zustands übergeben. Dies hat einen gewichtigen Einfluß darauf, wie die Objekte in der Hierarchie miteinander kommunizieren.

Implementierung

Ziehen Sie die folgenden Aspekte in Betracht, wenn Sie das Fliegengewichtmuster implementieren:

1. *Entfernen von extrinsischem Zustand.* Die Anwendbarkeit des Musters wird weitgehend von der Leichtigkeit bestimmt, mit der extrinsischer Zustand identifiziert und von gemeinsam genutzten Objekten entfernt werden kann. Das

Entfernen von extrinsischem Zustand wird bei der Reduzierung von Speicherverbrauch nicht helfen, wenn es nach der Einführung von gemeinsamer Nutzung genauso viele unterschiedliche Arten extrinsischen Zustands gibt wie vorher. Idealerweise kann der extrinsische Zustand aus einer separaten Objektstruktur ermittelt werden, die sehr viel geringere Speicheranforderungen stellt.

In unserem Dokumenteditor können wir beispielsweise eine Zuordnungstabelle für typographische Information als eine separate Struktur anlegen, statt den Zeichensatz und Zeichenstil bei jedem einzelnen Zeichenobjekt zu speichern. Die Zuordnungstabelle verwaltet Reihen von Zeichen mit denselben typographischen Attributen. Wenn ein Zeichen sich selbst zeichnet, erhält es seine typographischen Attribute als Nebeneffekt der zum Zeichnen ausgeführten Traversierung. Da Dokumente normalerweise nur eine begrenzte Menge unterschiedlicher Zeichensätze und Stile verwenden, ist das externe Speichern dieser Information eines jeden Zeichenobjekts deutlich effizienter als die interne Speicherung.

2. *Verwaltung gemeinsam genutzter Objekte.* Da Objekte gemeinsam genutzt werden, sollten Klienten sie nicht direkt erzeugen. Die FliegengewichtFabrik ermöglicht es Klienten, ein bestimmtes Fliegengewicht zu ermitteln. FliegengewichtFabrik-Objekte verwenden oft einen assoziativen Speicher, um die Fliegengewichte herauszusuchen, für die Klienten sich interessieren. Die FliegengewichtFabrik des Dokumenteditorbeispiels verwaltet eine Tabelle von Fliegengewichten, die über Zeichencodes indiziert wird. Die Fabrik gibt anhand eines übergebenen Codes das richtige Fliegengewicht zurück. Sofern es noch nicht existiert, erzeugt sie es.

   Gemeinsam genutzt werden zu können impliziert zudem Referenzzählung (reference counting) oder automatische Speicherbereinigung (garbage collection), um den Speicherplatz eines Fliegengewichts zurückfordern zu können, wenn er nicht mehr gebraucht wird. Nichts dergleichen wird benötigt, wenn die Anzahl der Fliegengewichte festgelegt und klein ist, wie es zum Beispiel im Fall der Fliegengewichte für den ASCII-Zeichensatz gegeben ist. In diesem Fall lohnt es sich, die Fliegengewichte permanent im Speicher zu halten.

Beispielcode

Wir kehren nun zum Dokumentformatierungsbeispiel zurück. Wir definieren eine `Glyph`-Oberklasse für grafische Fliegengewichtobjekte. Logisch betrachtet sind Glyphobjekte Kompositionsobjekte (siehe das Kompositionsmuster (239)), die über grafische Attribute verfügen und sich selbst zeichnen können. Wir konzentrieren uns an dieser Stelle ausschließlich auf das Zeichensatz-Attribut. Allerdings kann derselbe Ansatz auch für jedes andere grafische Attribute, das ein Glyph haben mag, verwendet werden.

```
class Glyph {
public:
   virtual ~Glyph();

   virtual void Zeichne(Fenster*, GlyphKontext&);

   virtual void SetzeZeichensatz(Zeichensatz*, GlyphKontext&);
   virtual Zeichensatz* GibZeichensatz(GlyphKontext&);

   virtual void Start(GlyphKontext&);
   virtual void Weiter(GlyphKontext&);
   virtual void IstFertig(GlyphKontext&);
   virtual void AktuellesElement(GlyphKontext&);

   virtual void FuegeHinzu(Glyph*, GlyphKontext&);
   virtual void Entferne(GlyphKontext&);

protected:
   Glyph();
};
```

Die `Zeichen`-Unterklasse speichert einfach einen Zeichencode:

```
class Zeichen : public Glyph {
public:
   Zeichen(char);

   virtual void Zeichne(Fenster*, GlyphKontext&);

private:
   char _zeichencode;
};
```

Damit wir nicht in jedem Glyphobjekt für ein Zeichensatzattribut Speicher allozieren müssen, speichern wir die Attribute extern in einem `GlyphKontext`-Objekt. `Glyph-Kontext` fungiert als ein Repository für den extrinsischen Zustand. Es stellt eine kompakte Abbildung zwischen einem Glyphobjekt und seinem Zeichensatz (und allen anderen möglichen grafischen Attributen) in unterschiedlichen Kontexten dar. Muß eine Operation den Zeichensatz eines Glyphobjekts in einem gegebenen Kontext kennen, so wird ihr ein `GlyphKontext`-Objekt als Parameter übergeben. Die Operation kann dann das `GlyphKontext`-Objekt nach dem für den gegebenen Kontext richtigen Zeichensatz fragen. Der Kontext hängt von der Position des Glyphobjekts in der Glyphenstruktur ab. Somit müssen die Iterations- und Manipulationsoperationen von `Glyph` den `GlyphKontext` aktualisieren, jedesmal wenn sie verwendet werden.

```
class GlyphKontext {
public:
   GlyphKontext();
   virtual ~GlyphKontext();

   virtual void Weiter(int schrittweite = 1);
   virtual void FuegeHinzu(int anzahl = 1);

   virtual Zeichensatz* GibZeichensatz();
   virtual void SetzeZeichensatz(Zeichensatz*, int umfang);

private:
   int _index;
   BBaum* _zeichensaetze;
};
```

GlyphKontext muß während der Traversierung über die aktuelle Position in der Glyphenstruktur auf dem laufenden gehalten werden. `GlyphKontext::Weiter` erhöht `_index` wärend des Fortschreitens der Traversierung. `Glyph`-Unterklassen mit Kindobjekten wie zum Beispiel `Zeile` und `Spalte` müssen `Weiter` so implementieren, daß es immer `GlyphKontext::Weiter` aufruft.

`GlyphKontext::GibZeichensatz` verwendet den Index als Schlüssel in einem `BBaum`, der die Abbildung vom Glyphobjekt auf den Zeichensatz umsetzt. Jeder Knoten im Baum enthält die Länge des Strings, für den er die Zeichensatzinformation bereithält. Blätter im Baum verweisen auf einen Zeichensatz, während im Inneren des Baums liegende Knoten den String in Unterstrings aufbrechen, die jeweils einem Kindobjekt zugeordnet sind.

Betrachten Sie den in Abbildung 4.28 gezeigten Auszug aus einer Glyphkomposition.

Die BBaum-Struktur für die Zeichensatzinformation sieht beispielsweise aus wie in der Abbildung 4.29 dargestellt.

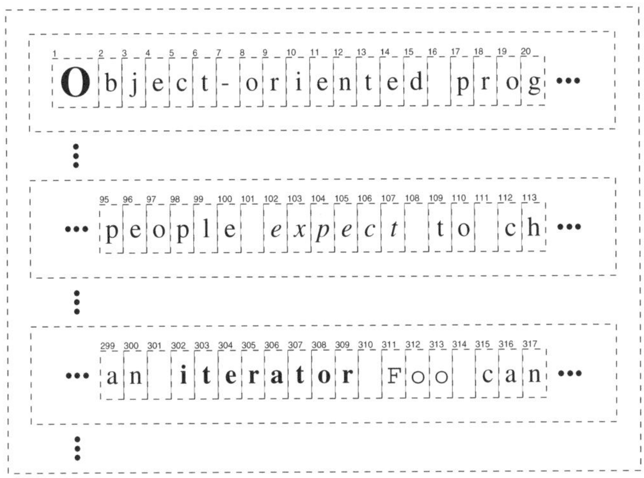

Abbildung 4.28

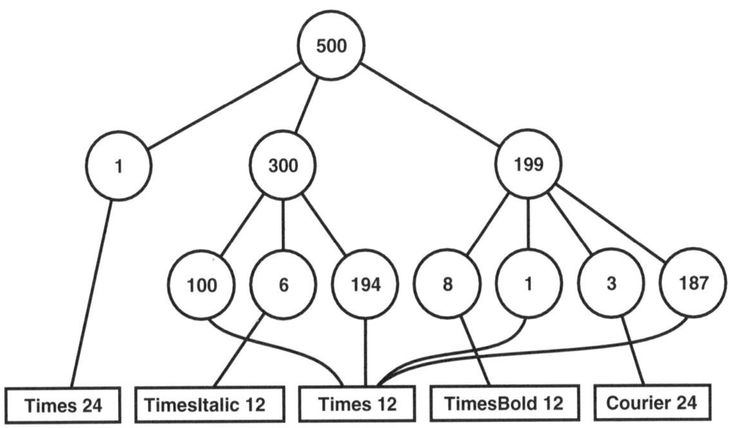

Abbildung 4.29

Die inneren Knoten definieren Bereiche von Glyphindizes. Der `BBaum` wird aufgrund von Änderungen des Zeichensatzes aktualisiert. Dasselbe passiert, wenn Glyphobjekte in die Glyphenstruktur eingefügt oder daraus entfernt werden. Nehmen wir als Beispiel an, daß wir uns am Index 102 in der Traversierung befinden. Der folgende Code setzt den Zeichensatz eines jeden Zeichens im Wort »erwarten« auf den des umgebenden Textes. Hier ist es `times12`, ein Exemplar von `Zeichensatz` für 12-Punkt Times Roman):

```
GlyphKontext glyphKontext;
Zeichensatz* times12 =
   new Zeichensatz("Times-Roman-12");
Zeichensatz* timesKursiv12 =
   new Zeichensatz("Times-Kursiv-12");
// ...

glyphKontext.SetzeZeichensatz(times12, 6);
```

Die neue BBaum-Struktur sieht wie in Abbildung 4.30 dargestellt aus (Änderungen sind in Schwarz gezeichnet).

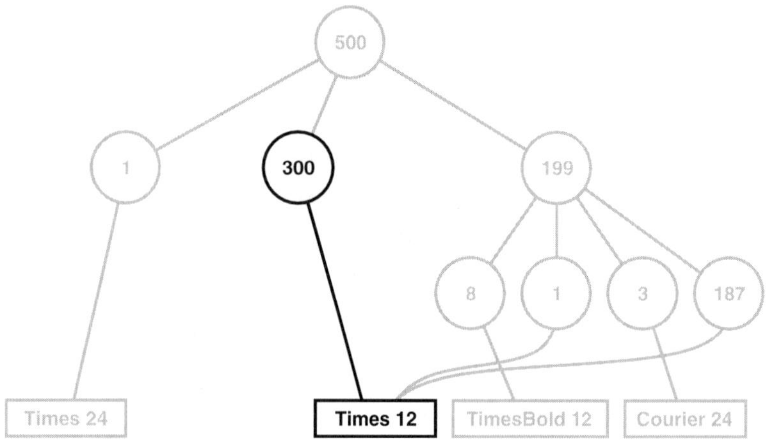

Abbildung 4.30

Nehmen wir an, daß wir das Wort »don't » einschließlich eines folgenden Leerzeichens in 12 Punkt Times-Kursiv-Schrift vor »expect« einfügen wollen. Der folgende Code informiert den `GlyphKontext glyphKontext` über dieses Ereignis unter der Annahme, daß er noch auf dem Index 102 steht:

```
glyphKontext.FuegeHinzu(6);
glyphKontext.SetzeZeichensatz(timesKursiv12, 6);
```

Die BBaum-Struktur sieht aus wie in Abbildung 4.31 dargestellt:

Fragt man den `GlyphKontext` nach dem Zeichensatz des aktuellen Glyphen, so steigt er im `BBaum` hinab und addiert dabei die Indizes, bis er den Zeichensatz für den aktuellen Index findet. Da die Häufigkeit von Wechseln des Zeichensatzes relativ gering ist, bleibt der Baum im Vergleich zur Größe der Glyphenstruktur klein.

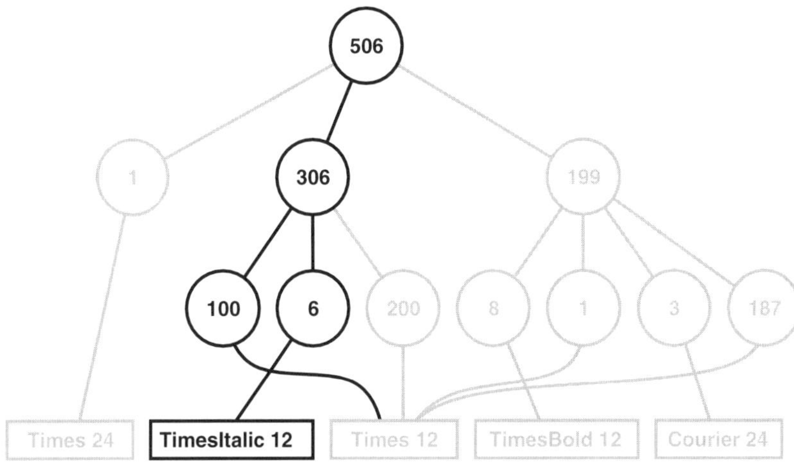

Abbildung 4.31

Dies hält die Speicherkosten klein, ohne zu einer unangebrachten Erhöhung der Lookup-Zeit zu führen.[1]

Das letzte benötigte Objekt ist eine FliegengewichtFabrik, welche die Glyphobjekte erzeugt und sicherstellt, daß sie auf korrekte Weise gemeinsam genutzt werden. Wir nutzen nur Zeichen-Objekte gemeinsam; zusammengesetzte Glyphobjekte treten relativ selten auf, und ihr relevanter Zustand, nämlich ihre Kindobjekte, ist sowieso intrinsisch.

```
const int AnzahlZeichenCodes = 128;

class GlyphFabrik {
public:
   GlyphFabrik();
   virtual ~GlyphFabrik();
   virtual Zeichen* ErzeugeZeichen(char);
   virtual Zeile* ErzeugeZeile();
   virtual Spalte* ErzeugeSpalte();
   // ...

private:
   Zeichen* _zeichen[AnzahlZeichenCodes];
};
```

1. In diesem Beispiel ist die Lookup-Zeit proportional zur Häufigkeit der Zeichensatzwechsel. Das schlechteste Verhalten ergibt sich, wenn der Zeichensatz mit jedem Zeichen wechselt, was aber in der Praxis ziemlich unwahrscheinlich ist.

Das _zeichen-Array enthält Zeiger auf Zeichen-Glyphobjekte und wird über Zeichencodes indiziert. Das Array wird im Konstruktor mit Null-Zeigern initialisiert.

```
GlyphFabrik::GlyphFabrik() {
   for (int i = 0; i < AnzahlZeichenCodes; ++i) {
      _zeichen[i] = 0;
   }
}
```

ErzeugeZeichen sucht ein Zeichen aus dem Zeichenglyph im Array auf und gibt das entsprechende Glyphobjekt zurück, sofern es existiert. Existiert es nicht, erzeugt ErzeugeZeichen das Glyphobjekt, legt es im Array ab und gibt es zurück:

```
Zeichen* GlyphFabrik::ErzeugeZeichen(char c) {
   if (!_zeichen[c]) {
      _zeichen[c] = new Zeichen(c);
   }
   return _zeichen[c];
}
```

Die anderen Operationen erzeugen einfach bei jedem Aufruf ein neues Objekt, da Glyphobjekte, die keine Zeichen sind, nicht gemeinsam genutzt werden:

```
Zeile* GlyphFabrik::ErzeugeZeile() {
   return new Zeile;
}

Spalte* GlyphFabrik::ErzeugeSpalte() {
   return new Spalte;
}
```

Wir könnten diese Operationen weglassen und Klienten nicht gemeinsam genutzte Glyphobjekte selbst erzeugen lassen. Sollten wir uns allerdings zu einem späteren Zeitpunkt dafür entscheiden, diese Glyphobjekte doch gemeinsam zu nutzen, so müssen wir den gesamten Klientencode ändern, der sie erzeugt. Also verwenden wir lieber weiterhin die Fabrikoperationen zum Erzeugen der Glyphobjekte.

Bekannte Verwendungen

Das Konzept der Fliegengewichtobjekte wurde zum ersten Mal in InterViews 3.0 [CL90] beschreiben und als Entwurfstechnik untersucht. Seine Entwickler haben einen mächtigen Dokumenteditor namens Doc entwickelt, um das Konzept nachzuweisen [CL92]. Doc verwendet Glyphobjekte zur Repräsentation jedes einzelnen Zeichens im Dokument. Der Editor erzeugt ein Glyphexemplar für jedes Zeichen eines bestimmten Stils, der seine grafischen Attribute definiert. Somit besteht der intrinsische Zustand eines Zeichens aus dem Zeichencode und seiner Stilinformation, einem Index in eine Stiltabelle.[1] Dies bedeutet, daß nur die Position extrinsisch ist, was Docs Geschwindigkeit deutlich erhöht. Dokumente werden durch die Klasse Document repräsentiert, welche gleichzeitig als FliegengewichtFabrik fungiert. Messungen an Doc haben ergeben, daß die gemeinsame Nutzung von Fliegengewichtzeichen ziemlich effektiv ist. In einem typischen Anwendungsfall, einem aus 180.000 Zeichen bestehenden Dokument, mußten lediglich 480 Zeichenobjekte alloziert werden.

ET++ [WGM88] verwendet Fliegengewichte, um die Unabhängigkeit vom Look-and-Feel-Standard herzustellen.[2] Der Look-and-Feel-Standard beeinflußt das Layout von Benutzungsschnittstellenelementen wie zum Beispiel Scrollbars, Knöpfe und Menüs – allgemein als »Widgets« bekannt, und ihren Dekorierungen wie zum Beispiel Schatten, Schrägstellung. Ein Widget delegiert all sein Layout- und Zeichenverhalten an ein separates Layoutobjekt. Die Änderung des Layoutobjekts ändert das Look-and-Feel, sogar zur Laufzeit.

Es gibt für jede Widgetklasse eine entsprechende Layoutklasse wie zum Beispiel ScrollbarLayout, MenubarLayout usw. Ein offenkundiges Problem dieses Ansatzes besteht darin, daß die Verwendung von separaten Layoutobjekten die Anzahl der Benutzungsschnittstellenobjekte verdoppelt: Für jedes Benutzungsschnittstellenobjekt gibt es ein zusätzliches Layoutobjekt. Um diesen Overhead zu vermeiden, sind Layoutobjekte als Fliegengewichte implementiert. Sie stellen gute Fliegengewichte dar, weil sie hauptsächlich Verhalten definieren und es einfach ist, ihnen den fürs Layout oder Zeichnen eines Objekts benötigten extrinsischen Zustand zu übergeben.

Die Layoutobjekte werden von Look-Objekten erzeugt und verwaltet. Die Look-Klasse ist eine abstrakte Fabrik (107), die ein spezifisches Layoutobjekt mit Operationen wie GetButtonLayout, GetMenubarLayout usw. heraussucht. Für jeden Look-and-Feel-Standard gibt es eine entsprechende Unterklasse von Look (zum Beispiel MotifLook, OpenLook), welche die passenden Layoutobjekte anbietet.

Layoutobjekte sind im Prinzip Strategieobjekte (373). Sie sind ein Beispiel für ein Strategieobjekt, das als Fliegengewicht implementiert ist.

---

1. Im zuvor beschriebenen Beispielcode ist die Stilinformation extrinsisch, wodurch der Zeichencode als einziger intrinsischer Zustand verbleibt.
2. *Siehe* das Abstrakte-Fabrik-Muster (107) für einen anderen Ansatz für Look-and-Feel-Unabhängigkeit.

Verwandte Muster

Das Fliegengewichtmuster wird oft mit dem Kompositionsmuster (239) kombiniert, um mittels eines gerichteten azyklischen Graphen eine konzeptuell hierarchische Struktur zu implementieren, die über gemeinsam genutzte Blätter verfügt.

Zustandsobjekte (398) und Strategieobjekte (373) werden am besten als Fliegengewichte implementiert.

Kompositum

(Composite)

Ein objektbasiertes Strukturmuster

Zweck

Füge Objekte zu Baumstrukturen zusammen, um Teil-Ganzes-Hierarchien zu repräsentieren. Das Kompositionsmuster ermöglicht es Klienten, sowohl einzelne Objekte als auch Kompositionen von Objekten einheitlich zu behandeln.

Motivation

Grafische Anwendungen wie Zeicheneditoren und Systeme zur Schemaerfassung (schematic capture systems) ermöglichen es, komplexe Diagramme aus einfachen Komponenten aufzubauen. Der Benutzer kann Komponenten zu größeren Komponenten zusammenfügen, welche wiederum zu noch größeren Komponenten zusammengefügt werden können. Eine einfache Implementierung könnte Klassen für Grafikprimitiven wie Text und Linien definieren sowie weitere Klassen, die als Behälter für diese Primitiven fungieren.

Dieser Ansatz birgt aber ein Problem in sich: Code, der diese Klassen benutzt, muß primitive Objekte und Behälterobjekte unterschiedlich behandeln, selbst wenn der Benutzer sie meist auf die gleiche Weise verwendet. Die Anwendung wird komplizierter, weil die Objekte unterschieden werden müssen. Das Kompositionsmuster erläutert, wie man rekursive Komposition verwendet, so daß Klienten diese Unterscheidung nicht treffen müssen.

Der Grundidee des Kompositionsmusters ist in einer abstrakten Klasse zu sehen, welche *sowohl* primitive Objekte *als auch* ihre Behälter repräsentiert. Im Fall des Grafiksystems ist dies die Klasse Grafik (siehe Abbildung 4.32). Grafik deklariert Operationen wie Zeichne, die spezifisch für grafische Objekte sind. Sie deklariert weiterhin Operationen, die allen zusammengesetzten Objekten gemeinsam sind, so zum Beispiel Operationen zum Zugriff auf Kindobjekte sowie Operationen für ihre Verwaltung.

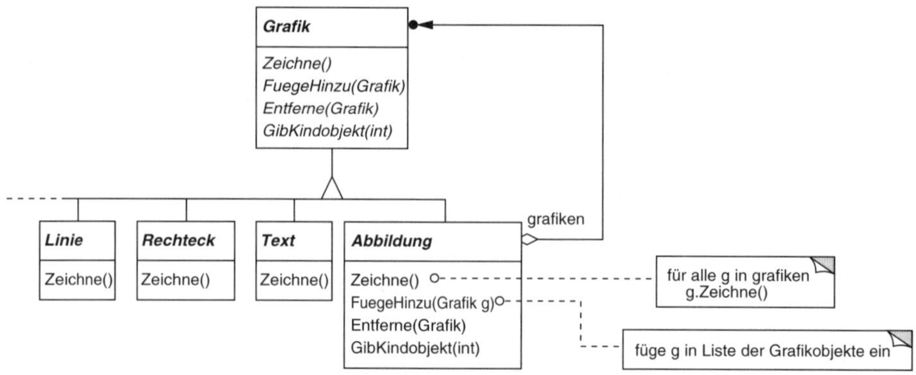

Abbildung 4.32

Die Unterklassen Linie, Rechteck und Text in der vorigen Klassenabbildung definieren primitive grafische Objekte. Diese Klassen implementieren Zeichne jeweils zum Zeichnen von Linien, Rechtecken und Texten. Da primitive grafische Objekte keine Kindobjekt-Grafiken haben, implementiert auch keine dieser Unterklassen kindbezogene Operationen.

Die Klasse Abbildung definiert ein Aggregat, eine Zusammensetzung von Grafik-Objekten. Abbildung implementiert Zeichne so, daß es Zeichne von allen Kindobjekten aufruft. Entsprechend sind alle auf Kindobjekte bezogenen Operationen implementiert. Da die Schnittstelle der Klasse Abbildung der Schnittstelle von Grafik entspricht, können Abbildungs-Objekte weitere Abbildungen rekursiv enthalten.

Die Abbildung 4.33 zeigt eine typische aus rekursiv zusammengefügten Grafik-Objekten bestehende Objektstruktur.

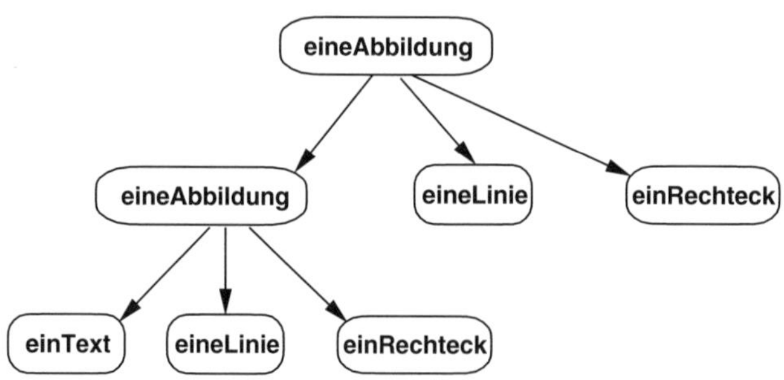

Abbildung 4.33

Anwendbarkeit

Verwenden Sie das Kompositionsmuster, wenn

- Sie Teil-Ganzes-Hierarchien von Objekten repräsentieren wollen.
- Sie wollen, daß Klienten in der Lage sind, die Unterschiede zwischen zusammengesetzten und einzelnen Objekten zu ignorieren. Klienten behandeln alle Objekte in der zusammengesetzten Struktur einheitlich.

Struktur

Abbildung 4.34 zeigt die grundlegende Struktur des Kompositionsmusters.

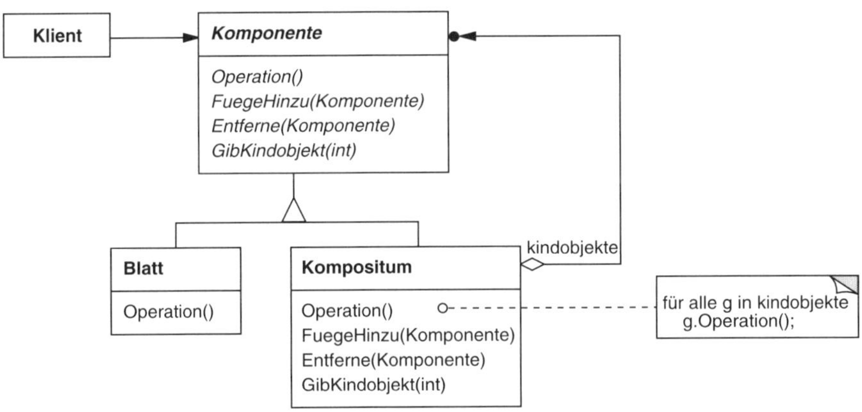

Abbildung 4.34

Eine für das Kompositionsmuster typische Objektstruktur könnte wie in Abbildung 4.35 dargestellt aussehen.

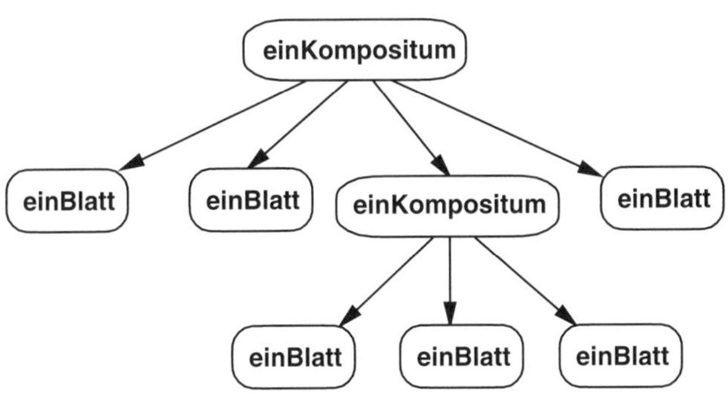

Abbildung 4.35

Teilnehmer

- **Komponente** (Grafik)
  - deklariert die Schnittstelle für Objekte in der zusammengefügten Struktur.
  - implementiert, sofern angebracht, ein Defaultverhalten für die allen Klassen gemeinsame Schnittstelle.
  - deklariert eine Schnittstelle zum Zugriff auf und zur Verwaltung von Kindobjektkomponenten.
  - definiert optional eine Schnittstelle zum Zugriff auf das Elternobjekt einer Komponente innerhalb der rekursiven Struktur und implementiert sie, falls dies angebracht erscheint.
- **Blatt** (Rechteck, Linie, Text usw.)
  - repräsentiert Blattobjekte in der Komposition. Ein Blatt besitzt keine Kindobjekte.
  - definiert Verhalten für die primitiven Objekte in der Komposition.
- **Kompositum** (Abbildung)
  - definiert Verhalten für Komponenten, die Kindobjekte haben können.
  - speichert Kindobjektkomponenten.
  - implementiert kindobjekt-bezogene Operationen der Schnittstelle von Komponente.
- **Klient**
  - manipuliert die Objekte in der Komposition durch die Schnittstelle von Komponente.

Interaktionen

- Klienten verwenden die Klassenschnittstelle von Komponente, um mit Objekten in der Kompositionstruktur zu interagieren. Wenn der Empfänger ein Blatt ist, wird die Anfrage direkt abgehandelt. Wenn der Empfänger ein Kompositum ist, leitet es zumeist die Anfrage an seine Kindobjektkomponenten weiter. Möglicherweise führt es zusätzliche Operationen vor und/oder nach der Weiterleitung aus.

Konsequenzen

Das Kompositionsmuster

- definiert Klassenhierarchien auf Basis von Klassen für primitive und zusammengesetzte Objekte. Primitive Objekte können zu komplexeren Objekten zusammengesetzt werden, welche wiederum rekursiv zu noch komplexeren Objekten zusammengesetzt werden können. Wann immer Klientencode ein primitives Objekt erwartet, kann es ebenfalls ein zusammengesetztes Objekt erhalten.
- vereinfacht den Klienten. Klienten können Kompositionsstrukturen und einzelne Objekte einheitlich behandeln. Normalerweise wissen Klienten nicht, und es sollte ihnen auch gleichgültig sein, ob sie es mit einem Blatt oder einer zusammengesetzten Komponente zu tun haben. Dies vereinfacht den Klientencode, da das Schreiben von Funktionen vermieden wird, welche die Objekte in der Struktur ihrer Klasse entsprechend unterschiedlich behandeln.
- vereinfacht es, neue Arten von Komponenten hinzuzufügen. Neu definierte Kompositions- oder Blattklassen passen automatisch zu existierenden Strukturen und zu existierendem Klientenkode. Die Klienten müssen im Fall neuer Komponentenklassen nicht geändert werden.
- kann Ihren Entwurf zu allgemein werden lassen. Komponenten einfach hinzufügen zu können, hat den Nachteil, daß es erschwert wird, die möglichen Komponenten eines Kompositums einzuschränken. Mitunter soll eine Komposition nur aus bestimmten Komponenten bestehen. Wendet man das Kompositionsmuster an, so kann man sich nicht mehr auf das Typsystem verlassen, um diese Einschränkungen sicherzustellen. Sie müssen statt dessen Typüberprüfungen zur Laufzeit selbst vornehmen.

Implementierung

Es gibt viele Punkte zu bedenken, wenn man das Kompositionsmuster implementiert:

1. *Explizite Referenzen auf das Elternobjekt.* Die Aufrechterhaltung von Referenzen auf das Elternobjekt durch die Kindobjekte kann die Traversierung und Verwaltung einer Kompositionsstruktur vereinfachen. Die Referenz auf das Elternobjekt vereinfacht es, sich in der Hierarchie nach oben zu bewegen und eine Komponente zu löschen. Sie erleichtert des weiteren die Implementierung des Zuständigkeitskettenmusters (410).

Der übliche Ort zur Definition der Elternobjektreferenz ist die Komponentenklasse. Blatt- und Kompositionsklassen können die Referenz mitsamt den sie verwaltenden Operationen erben.

Im Fall von Elternobjektreferenzen ist es von zentraler Bedeutung, die Invariante aufrechzuerhalten, daß alle Kinder eines Kompositums genau dieses Kompositum als Elternobjekt haben, welches sie wiederum als Kindobjekte besitzt. Das einfachste Mittel, dies sicherzustellen, besteht darin, das Elternobjekt einer Komponente *nur dann* zu ändern, wenn es einem Kompositum hinzugefügt oder weggenommen wird. Kann dies genau einmal in den FuegeHinzu- und Entferne-Operationen der Kompositionsklasse implementiert werden, dann wird es von allen Unterklassen geerbt, und die Invariante wird automatisch aufrechterhalten.

2. *Gemeinsame Nutzung von Komponenten.* Es ist oft sinnvoll, Komponenten gemeinsam zu nutzen, um zum Beispiel die Speicheranforderungen zu senken. Wenn allerdings eine Komponente nicht mehr als ein Elternobjekt besitzen kann, wird die gemeinsame Nutzung von Komponenten schwierig.

   Ein mögliche Lösung besteht in der Speicherung mehrfacher Elternobjekte durch die Kindobjekte. Dies kann beim Weiterleiten einer Anfrage die Struktur hinauf allerdings zu Mehrdeutigkeiten führen. Das Fliegengewichtmuster (223) beschreibt, wie man einen Entwurf so umarbeitet, daß man die Speicherung von Elternobjekten insgesamt vermeiden kann. Es funktioniert in jenen Fällen, in denen die Kindobjekte Anfragen an ihre Elternobjekte vermeiden können, indem sie Teile oder auch ihren gesamten Zustand auslagern.

3. *Maximierung der Komponentenschnittstelle.* Eines der Ziele des Kompositionsmusters besteht darin, Blatt- und Kompositionsklassen vor den sie nutzenden Klienten zu verstecken. Um dieses Ziel zu erreichen, sollte die Komponentenklasse soviele gemeinsame Operationen der Blatt- und Kompositionsklassen wie möglich definieren. Die Komponentenklasse bietet üblicherweise Defaultimplementierungen für diese Operationen, die von den Blatt- und Kompositionsklassen überschrieben werden.

   Dieses Ziel wird aber mitunter mit jenem Prinzip des Klassenhierarchieentwurfs in Konflikt geraten, welches besagt, daß eine Klasse nur Operationen definieren soll, die für alle Unterklassen sinnvoll sind. Es gibt viele Operationen, die von der Komponentenklasse definiert werden können, die aber für Blattklassen nicht sinnvoll sind. Wie kann dann die Komponentenklasse eine Defaultimplementierung für sie anbieten?

Mitunter führt ein bischen Kreativität zur Einsicht, wie eine Operation, die nur für eine Kompositionsklasse sinnvoll zu sein scheint, nach Verlagerung in die Komponentenklasse doch für alle Unterklassen implementiert werden kann. Beispielsweise ist die Schnittstelle zum Zugriff auf Kindobjekte ein fundamentaler Teil einer Kompositionsklasse, aber nicht unbedingt ein Teil der Blattklassen. Wenn wir allerdings ein Blatt als eine Komponente betrachten, die *niemals* Kindobjekte besitzen wird, können wir eine Defaultoperation für den Kindobjektzugriff in der Komponentenklasse definieren, die niemals Kindobjekte *zurückgibt*. Blattklassen können die Defaultimplementierung verwenden, während die Kompositionsklassen sie überschreiben, um ihre Kindobjekte zurückzugeben.

Die Kindobjektverwaltungsoperationen sind problematischer und werden im nächsten Abschnitt diskutiert.

4. *Deklarieren von Verwaltungsoperationen für Kindobjekte.* Obwohl die Kompositionsklasse die FuegeHinzu- und Entferne-Operationen zur Verwaltung von Kindobjekten *implementiert*, ist eine wichtige Frage des Kompositionsmusters, welche Klassen in der Kompositionsklassenhierarchie diese Operationen *deklarieren*. Sollten wir diese Operationen in der Komponentenklasse deklarieren und sie sinnvoll in Blattklassen implementieren, oder sollten wir sie nur in der Kompositionsklasse und ihren Unterklassen deklarieren und implementieren?

   Die Entscheidung umfaßt das Abwägen der Vor- und Nachteile bezüglich Sicherheit und Transparenz:

   - Die Definition der Kindobjekt Verwaltung in der Wurzel der Klassenhierarchie verschafft Ihnen eine gewisse Transparenz, weil Sie alle Komponenten einheitlich behandeln können. Es kostet Sie allerdings einige Sicherheit, weil Klienten versuchen könnten, sinnlose Unterfangen wie das Hinzufügen und Entfernen von Objekten aus Blättern zu unternehmen.
   - Die Definition von Kindobjektverwaltungsoperationen in der Kompositionsklasse gibt Ihnen einige Sicherheit, weil jeder Versuch, Objekte Blättern hinzuzufügen oder daraus zu entfernen, in statisch typisierten Sprachen wie C++ zur Übersetzungszeit abgefangen wird. Sie verlieren allerdings an Transparenz, weil nun Blätter und Komposita unterschiedliche Schnittstellen besitzen.

   Wir haben in diesem Muster Transparenz der Sicherheit vorgezogen. Wenn Sie sich für Sicherheit entscheiden, werden Sie gelegentlich bei verlorengegangener Typinformation eine Komponente in ein Kompositum konvertieren müssen. Wie können Sie dies tun, ohne auf einen unsicheren Downcast zurückgreifen zu müssen?

Eine Möglichkeit ist, eine Operation `Kompositum* GibKompositum()` in der Komponentenklasse zu deklarieren. Die Komponentenklasse sieht eine Defaultoperation vor, die den Null-Zeiger zurückgibt. Die Kompositionsklasse definiert die Operation so, daß sie sich selbst mittels des `this`-Zeigers zurückgibt:

```
class Kompositum;

class Komponente {
public:
   // ...
   virtual Kompositum* GibKompositum() { return 0; }
};

class Kompositum : public Komponente {
public:
   void FuegeHinzu(Komponente*);
   // ...
   virtual Kompositum* GibKompositum() { return this; }
};

class Blatt : public Komponente {
   // ...
};
```

GibKompositum ermöglicht es Ihnen, eine Komponente zu fragen, ob sie ein Kompositum ist. Sie können `FuegeHinzu` und `Entferne` sicher auf dem zurückgegebenen Kompositum ausführen.

```
Kompositum* einKompositum = new Kompositum;
Blatt* einBlatt = new Blatt;

Komponente* eineKomponente;
Kompositum* einTest;

eineKomponente = einKompositum;
einTest = eineKomponente->GibKompositum();
if (einTest != 0) {
   einTest->FuegeHinzu(new Blatt);
}

eineKomponente = einBlatt;
einTest = eineKomponente->GibKompositum();
if (einTest != 0) {
   // wird nicht ausgeführt
   einTest->FuegeHinzu(new Blatt);
}
```

Ähnliche Tests können in C++ für eine Kompositionsklasse unter Verwendung des `dynamic_cast`-Operators ausgeführt werden.

Natürlich ergibt sich hier das Problem, daß wir nicht alle Komponenten einheitlich behandeln. Wir müssen auf Typtests zurückgreifen, bevor wir die passenden Operationen ausführen können.

Die einzige Möglichkeit, Transparenz zu schaffen, besteht in der Definition von Defaultimplementierungen der `FuegeHinzu`- und `Entferne`-Operationen in der Komponentenklasse. Dies schafft ein neues Problem: Es gibt keine Möglichkeit, `Komponente::FuegeHinzu` zu implementieren, ohne die Gefahr eines Fehlschlags zu riskieren. Sie könnten die Operationen leer implementieren, was aber eine wichtige Überlegung ignoriert: Der Versuch, einem Blatt etwas hinzuzufügen, zeigt üblicherweise einen Fehler an. In diesem Fall produziert die Operation `FuegeHinzu` Unsinn. Sie könnten die Operation so implementieren, daß sie ihr Argument löscht, was aber möglicherweise nicht der Erwartungshaltung von Klienten entspricht.

Es ist üblicherweise besser, `FuegeHinzu` und `Entferne` defaultmäßig fehlschlagen zu lassen, möglicherweise durch Auslösen der Ausnahmebehandlung, wenn die Komponente keine Kindobjekte besitzen darf oder wenn das Argument von `Entferne` kein Kindobjekt der Komponente ist.

Eine weitere Alternative besteht darin, die Bedeutung von »Entferne« leicht zu verändern. Wenn die Komponente eine Elternobjektreferenz mitführt, können wir `Komponente::Entferne` so implementieren, daß sie sich selbst aus ihrem Elternobjekt entfernt. Allerdings gibt es immer noch keine sinnvolle Interpretation einer entsprechenden `FuegeHinzu`-Operation.

5. *Ort des Behälters für enthaltene Komponenten.* Sie könnten versucht sein, den Behälter für die Kindobjekte als Exemplarvariablen in der Komponentenklasse zu definieren, wo die Zugriffsoperationen sowie Verwaltungsoperationen auf und für Kindobjekte deklariert sind. Fügt man die Behälterreferenz in die Oberklasse ein, so führt dies in den Blättern zur Verschwendung von Speicherplatz, selbst wenn ein Blatt niemals Kindobjekte besitzen wird. Diese ist nur dann sinnvoll, wenn es relativ wenig Kindobjekte in der Struktur gibt.

6. *Ordnung der Kindobjekte.* Viele Entwürfe spezifizieren eine Ordnung auf den Kindobjekten eines Kompositums. Im anfangs angeführten Grafik-Beispiel kann die Ordnung zum Beispiel die Überlagerung der grafischen Objekte von vorne nach hinten ordnen. Wenn die Kompositionsobjekte Parsebäume repräsentieren, können zusammengesetze Ausdrücke Exemplare einer Kompositionsklasse sein, deren Kindobjekte so geordnet sind, daß sie das Programm wiedergeben.

Wenn die Ordnung der Kindobjekte wichtig ist, müssen Sie Zugriffs- und Verwaltungsschnittstellen der Kindobjekte so entwerfen, daß sie die Reihenfolge der Kindobjekte korrekt verwalten. Das Iteratormuster (335) kann Ihnen dabei helfen.

7. *Verbessern des Laufzeitverhaltens durch Zwischenspeicherung (Caching).* Wenn Sie häufig Kompositionsstrukturen traversieren oder durchsuchen müssen, kann die Kompositionsklasse Traversierungs- und Suchinformation über ihre Kindobjekte zwischenspeichern. Das Kompositum kann tatsächliche Ergebnisse oder auch nur Hilfsinformationen zwischenspeichern, die es die Traversierung oder Suche abkürzen läßt. Beispielsweise könnte die Abbildungs-Klasse aus dem Einführungsbeispiel den Begrenzungsrahmen ihrer Kindobjekte zwischenspeichern. Während des Zeichnens oder Auswählens ermöglicht der zwischengespeicherte Begrenzungsrahmen es der Abbildung, das Zeichnen oder Suchen zu vermeiden, wenn ihre Kindobjekte nicht im aktuellen Fenster sichtbar sind.

   Änderungen einer Komponente verlangen die Invalidierung des Zwischenspeichers ihres Elternobjekts. Dies funktioniert am besten, wenn Komponenten ihre Elternobjekte kennen. Wenn Sie also Zwischenspeicherung benutzen, müssen Sie eine Schnittstelle definieren, um Kompositionsobjekten mitzuteilen, daß ihre Zwischenspeicher ungültig geworden sind.

8. *Löschen der Komponente.* In Sprachen ohne automatische Speicherbereinigung (Garbage Collection) ist es üblicherweise am besten, ein Kompositum für das Löschen seiner Kindobjekte zuständig zu machen, wenn es selbst gelöscht wird. Eine Ausnahme ist dann gegeben, wenn die Blattobjekte unveränderbar sind und somit gemeinsam genutzt werden können.

9. *Datenstrukturen zum Speichern von Komponenten.* Komposita können eine Vielzahl von Datenstrukturen zum Speichern ihrer Kindobjekte verwenden. Dies schließt verkettete Listen, Bäume, Arrays und Hash-Tabellen ein. Die Wahl der Datenstruktur hängt (wie immer) von der gewünschten Effizienz ab. Tatsächlich ist es noch nicht einmal zwingend, eine allgemeine Datenstruktur zu verwenden. Mitunter besitzen Komposita eine Variable für jedes Kindobjekt, obwohl dies verlangt, daß jede Unterklasse von Kompositum seine eigene Verwaltungsschnittstelle implementieren muß. Schlagen Sie beim Interpretermuster (319) für ein Beispiel nach.

Beispielcode

Geräte wie Computer und Stereokomponenten werden oft als Teil-Ganzes-Hierarchien oder Enthaltenseins-Hierarchien organisiert. Ein Gehäuse kann beispielsweise Laufwerke und Platinen enthalten, ein Bus kann Karten enthalten, ein Schrank kann Gehäuse, Busse und so weiter enthalten. Derartige Strukturen können mit dem Kompositionsmuster auf natürliche Art und Weise modelliert werden.

Die Klasse `Geraet` definiert eine Schnittstelle für alle Geräte in einer Teil-Ganzes-Hierarchie.

```
class Geraet {
public:
    virtual ~Geraet();

    const char* Name() { return _name; }

    virtual Watt Leistung();
    virtual Betrag GesamtPreis();
    virtual Betrag DiscountPreis();

    virtual void FuegeHinzu(Geraet*);
    virtual void Entferne(Geraet*);

    virtual Iterator<Geraet*>* ErzeugeIterator();

protected:
    Geraet(const char*);

private:
    const char* _name;
};
```

Geraet deklariert Operationen, welche die Attribute eines Geräts zurückgeben, wie etwa seinen Leistungsverbrauch und seine Kosten. Die Unterklassen implementieren diese Operationen für spezifische Arten von Geräten. Die Klasse `Geraet` deklariert weiterhin eine `ErzeugeIterator`-Operation, die einen `Iterator` (siehe Anhang C) zum Zugriff auf seine Teile zurückgibt. Die Defaultimplementierung dieser Operation gibt einen `NullIterator` zurück, der über die leere Menge iteriert.

Die Unterklassen von Gerät umfassen Blattklassen, die möglicherweise Disklaufwerke, integrierte Schaltkreise oder elektronische Schalter repräsentieren:

```
class FloppyDisk : public Geraet {
public:
    FloppyDisk(const char*);
    virtual ~FloppyDisk();

    virtual Watt Leistung();
    virtual Betrag GesamtPreis();
    virtual Betrag DiscountPreis();
};
```

Die Klasse `ZusammengesetztesGeraet` ist die Oberklasse für Geräte, die weitere Geräte enthalten. Sie ist ebenfalls eine Unterklasse von `Geraet`.

```
class ZusammengesetztesGeraet : public Geraet {
public:
    virtual ~ZusammengesetztesGeraet();

    virtual Watt Leistung();
    virtual Betrag GesamtPreis();
    virtual Betrag DiscountPreis();
    virtual void FuegeHinzu(Geraet*);
    virtual void Entferne(Geraet*);
    virtual Iterator<Geraet*>* ErzeugeIterator();

protected:
    ZusammengesetztesGeraet(const char*);

private:
    Liste<Geraet*> _teile;
};
```

ZusammengesetztesGeraet definiert die Operationen zum Zugriff und zur Verwaltung von enthaltenen Geräte-Objekten. Die Operationen `FuegeHinzu` und `Entferne` fügen Geräte in die in der Member-Variablen `_teile` gespeicherte Geräteliste ein und löschen sie. Die Operation `ErzeugeIterator` gibt einen Iterator zurück (ein Exemplar von `ListenIterator`, um genau zu sein), der diese Liste traversieren wird.

Eine Defaultimplementierung von `GesamtPreis` könnte `ErzeugeIterator` dazu verwenden, die Nettopreise der enthaltenen Komponenten zu addieren:[1]

1. Man vergißt leicht, einen Iterator nach Gebrauch wieder zu löschen. Das Iteratormuster zeigt auf Seite 344, wie man sich gegen solche Fehler schützen kann.

```
Betrag ZusammengesetztesGeraet::GesamtPreis() {
   Iterator<Geraet*>* iter = ErzeugeIterator();
   Betrag gesamt = 0;

   for (iter->Start(); ! iter->IstFertig(); iter->Weiter()) {
      gesamt += iter->AktuellesElement()->GesamtPreis();
   }
   delete iter;
   return gesamt;
}
```

Wir können nunmehr ein Computergehäuse als eine Unterklasse von `ZusammengesetztesGeraet` mit Namen `Gehaeuse` repräsentieren. `Gehaeuse` erbt die kindobjekt-bezogenen Operationen von `ZusammengesetztesGeraet`.

```
class Gehaeuse : public ZusammengesetztesGeraet {
public:
   Gehaeuse(const char*);
   virtual ~Gehaeuse();

   virtual Watt Leistung();
   virtual Betrag GesamtPreis();
   virtual Betrag DiscountPreis();
};
```

Wir können andere Gerätebehälter wie `Rahmen` und `Bus` auf ähnliche Weise definieren. Dies ermöglicht uns alles, was wir benötigen, um Gerätekomponenten zu einem (ziemlich einfachen) persönlichen Computer zusammenzufügen:

```
Gehaeuse* gehaeuse = new Gehaeuse("PC Gehaeuse");
Rahmen* rahmen = new Rahmen("PC Rahmen");

gehaeuse->FuegeHinzu(rahmen);
Bus* bus = new Bus("MCA Bus");
bus->FuegeHinzu(new Karte("16Mbs Token Ring"));

rahmen->FuegeHinzu(bus);
rahmen->FuegeHinzu(new FloppyDisk("3.5in Floppy"));

cout << "Der Gesamtpreis betraegt " << gehaeuse->GesamtPreis()
   << endl;
```

Bekannte Verwendungen

Beispiele für das Kompositionsmuster lassen sich in nahezu allen objektorientierten Systemen finden. Die ursprüngliche View-Klasse der Smalltalk MVC-Triade [KP88] war ein Kompositum. Nahezu jede Klassenbibliothek oder jedes Framework für Benutzungsschnittstellen ist ihnen hierbei gefolgt. Dies schließt ET++ (mit seinen VObjects [WGM88]) und InterViews (mit seinen Styles [LCI+92], Graphics [VL88] und Glyphs [CL90]) ein. Es ist interessant zu bemerken, daß die ursprüngliche View-Klasse der MVC-Triade über eine Menge von Subviews verfügte. Mit anderen Worten: View war sowohl die Komponenten- als auch die Kompositionsklasse. Release 4.0 von Smalltalk-80 revidierte die Model/View/Controller-Klassen mittels einer Visual-Component-Klasse, welche die Unterklassen View und CompositeView besaß.

Das RTL-Smalltalk-Übersetzer-Framework [JML92] verwendet das Kompositionsmuster ausgiebig. RTLExpression (RTLAusdruck) ist eine Komponentenklasse für Parsebäume. Sie verfügt über Unterklassen wie BinaryExpression (binärer Ausdruck), die Kindobjekte der Klasse RTLExpression enthalten. Diese Klassen definieren eine Kompositionsstruktur für Parsebäume. RegisterTransfer ist die Komponenten-Klasse für die Single-Static-Assignment-Übergangsform (SSA) eines Programms. Blattunterklassen von RegisterTransfer definieren verschiedene statische Zuweisungen, wie zum Beispiel

- primitive Zuweisungen, die eine Operation auf zwei Registern ausführen und das Ergebnis einem dritten Register zuweisen;
- eine Zuweisung mit einem Quellregister, aber keinem Zielregister, was anzeigt, daß das Register nach Rückkehr der Operation verwendet wird; und
- eine Zuweisung mit einem Zielregister, aber keinem Quellregister, was anzeigt, daß das Register zugewiesen wird, bevor die Operation ausgeführt wird.

Eine andere Unterklasse, RegisterTransferSet, ist eine Kompositionsklasse zur Repräsentation von Zuweisungen, die mehrere Register auf einmal ändern.

Ein anderes Beispiel für dieses Muster tritt in der Finanzwelt auf, wo ein Portfolio mehrere Anlagen zusammenfaßt. Sie können komplexe Aggregationen von Anlagen durch Implementierung des Portfolios als ein Kompositum ermöglichen, das der Schnittstelle einer einzelnen Anlage genügt [BE93].

Das Befehlsmuster beschreibt, wie Befehlsobjekte mittels einer MakroBefehl-Kompositionsklasse zusammengesetzt und aneinandergereiht werden können.

Verwandte Muster

Die Verbindung zwischen Komponente und Elternobjekt wird oft zur Implementierung einer Zuständigkeitskette wiederverwendet (410).

Das Dekorierermuster (199) wird oft mit dem Kompositionsmuster zusammen verwendet. Wenn Dekorierer- und Kompositionsklassen zusammen verwendet werden, haben sie üblicherweise eine gemeinsame Elternklasse. Somit müssen Dekorierer die Komponentenschnittstelle mit Operationen wie FuegeHinzu, Entferne und GibKindobjekt unterstützen.

Das Fliegengewichtmuster (223) ermöglicht es Ihnen, Komponenten gemeinsam zu nutzen. Sie können dann aber nicht mehr auf ihre Elternobjekte verweisen.

Das Iteratormuster (335) kann verwendet werden, um Komposita zu traversieren.

Das Besuchermuster (301) lokalisiert Operationen und Verhalten, die andernfalls über die Kompositions- und Blattklassen verteilt werden würden.

Proxy

Ein objektbasiertes Strukturmuster

Zweck

Kontrolliere den Zugriff auf ein Objekt mit Hilfe eines vorgelagerten Stellvertreterobjekts.

Auch bekannt als

Surrogat

Motivation

Ein Grund, um den Zugriff auf ein Objekt zu kontrollieren, besteht in der Möglichkeit, die vollen Kosten seiner Erzeugung und Initialisierung soweit zu verzögern, bis wir das Objekt tatsächlich benutzen wollen. Stellen Sie sich einen Dokumenteditor vor, der grafische Objekte in einem Dokument einbetten kann. Die Erzeugung mancher grafischen Objekte, wie großer gerasterter Bilder, kann sehr teuer sein. Das Öffnen eines Dokuments sollte aber schnell geschehen, so das wir es vermeiden sollten, alle teuren Objekte auf einmal zu erzeugen. Dies ist ohnehin nicht notwendig, da nicht alle Objekte im Dokument zum selben Zeitpunkt sichtbar sein werden.

Diese Randbedingungen legen es nahe, alle teuren Objekte erst *auf Verlangen* zu erzeugen, was in diesem Fall genau dann passiert, wenn das Bild sichtbar wird. Was aber verwenden wir anstelle des Bilds im Dokument? Und wie können wir die Tatsache verstecken, daß das Bild auf Verlangen erzeugt wird, so daß wir die Implementierung des Editors nicht komplizierter machen? Diese Optimierung sollte beispielsweise keinen Einfluß auf den Code zum Anzeigen und Formatieren besitzen.

Die Lösung besteht darin, ein anderes Objekt, ein **Proxy**, anstelle des Bilds zu verwenden, das als Platzhalter für das richtige Bild fungiert. Das Proxy verhält sich genauso wie das Bild und sorgt dafür, daß es erzeugt wird, wenn es benötigt wird (siehe Abbildung 4.36).

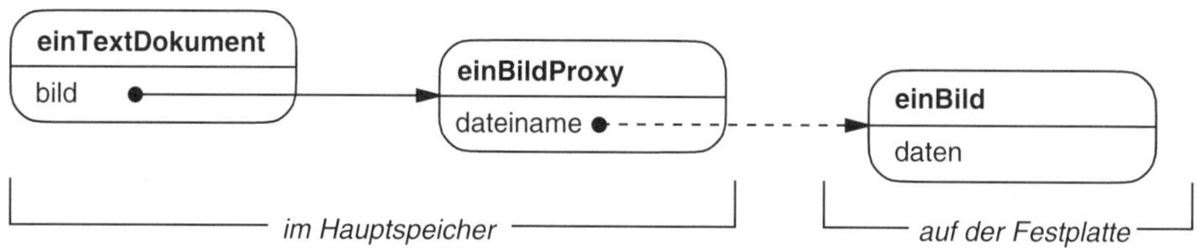

Abbildung 4.36

Das Bildproxy erzeugt das tatsächliche Bild nur dann, wenn ihm der Dokumenteditor mittels Aufruf der Zeichne-Operation befiehlt, es anzuzeigen. Das Proxy leitet weitere Operationsaufrufe direkt an das Bild weiter. Es muß deswegen nach seiner Erzeugung eine Referenz auf das Bild behalten.

Nehmen wir an, daß die Bilder alle in separaten Dateien gespeichert sind. In diesem Fall können wir den Dateinamen als Referenz auf das richtige Objekt verwenden. Das Proxy speichert zudem die Ausmaße des Bildes, also seine Breite und Höhe. Die Ausmaße ermöglichen es dem Proxy auf Anfragen des Formatierers nach seiner Größe zu antworten, ohne das Bild tatsächlich zu laden.

Das Klassendiagramm in Abbildung 4.37 zeigt das Beispiel noch einmal etwas detaillierter.

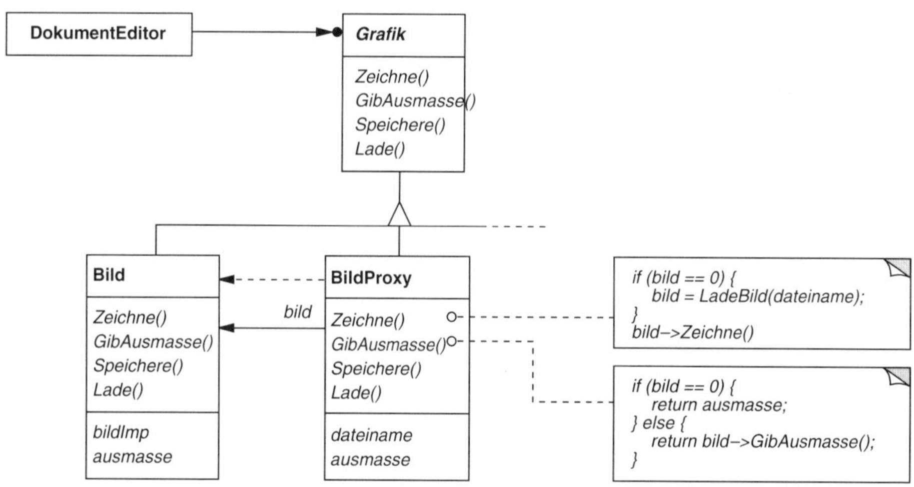

Abbildung 4.37

Der Dokumenteditor greift auf eingebettete Bilder mittels der durch die abstrakte Klasse Grafik definierten Schnittstelle zu. BildProxy ist eine Klasse für Bilder, die erst auf Verlangen erzeugt werden. BildProxy verwaltet den Dateinamen als Referenz auf das Bild auf der Festplatte. Der Dateiname wird als Argument an den Bild-Proxy-Konstruktor übergeben.

BildProxy speichert des weiteren den Begrenzungsrahmen des Bildes und eine Referenz auf das tatsächliche Bild. Diese Referenz bleibt ungültig, bis das Proxy das richtige Bild geladen hat. Die Zeichne-Operation stellt sicher, daß das Bild geladen wird, bevor es eine Anfrage oder einen Befehl daran weiterleitet. GibAusmasse leitet die Anfrage an das Bild nur dann weiter, wenn es geladen wurde; andernfalls gibt BildProxy die von ihm gespeicherten Ausmaße zurück.

Anwendbarkeit

Das Proxymuster ist anwendbar, sobald es den Bedarf nach einer anpassungsfähigeren und intelligenteren Referenz auf ein Objekt als einen einfachen Zeiger gibt. Es folgen einige verbreitete Situationen, in denen das Proxymuster anwendbar ist:

1. Ein **Remote-Proxy** stellt einen lokalen Stellvertreter für ein Objekt in einem anderen Adreßraum dar. NEXTSTEP [Add94] verwendet die Klasse NXProxy für diese Anwendung. Coplien [Cop92] bezeichnet diese Art von Proxy als »Ambassador« (Botschafter).
2. Ein **virtuelles Proxy** erzeugt teure Objekte auf Verlangen. Das im Motivationsabschnitt beschriebene Bildproxy ist ein Beispiel für ein virtuelles Proxy.
3. Ein **Schutzproxy** kontrolliert den Zugriff auf das Originalobjekt. Schutzproxies sind nützlich, wenn Objekte über unterschiedliche Zugriffsrechte verfügen sollen. Beispielsweise schützen KernelProxies im Betriebssystem Choices [CIRM93] den Zugriff auf Betriebssystemobjekte.
4. Eine **Smart-Reference** ist ein Ersatz für einen einfachen Zeiger, der zusätzliche Aktionen ausführt, wenn auf das Objekt zugegriffen wird. Typische Verwendungen umfassen
   - das Zählen der Referenzen auf das eigentliche Objekt, so daß es automatisch freigegeben werden kann, wenn keine Referenzen mehr auf das Objekt existieren (auch **Smart-Pointer** genannt [Ede92]).
   - das Laden eines persistenten Objekts in den Speicher, wenn es das erste Mal dereferenziert wird.
   - das Testen, ob das eigentliche Objekt gelockt ist, bevor darauf zugegriffen wird. Dies dient zum Sicherstellen, daß kein anderes Objekt es ändern kann.

Struktur

Abbildung 4.38 stellt die Struktur des Proxymusters dar.

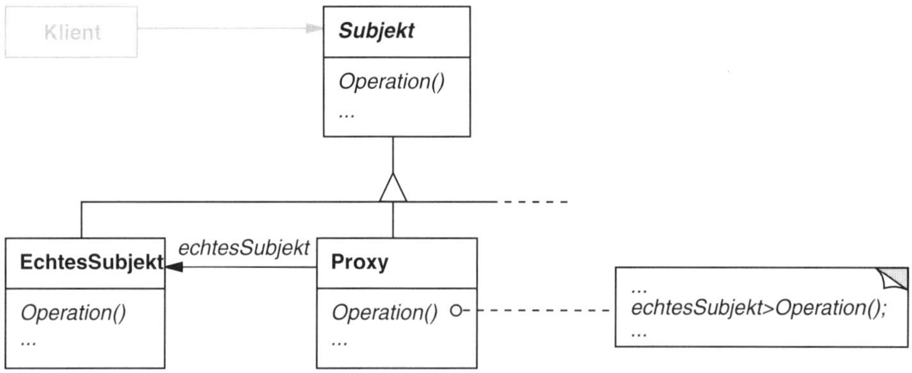

Abbildung 4.38

Das Objektdiagramm einer Proxystruktur zur Laufzeit sieht möglicherweise wie in Abbildung 4.39 dargestellt aus:

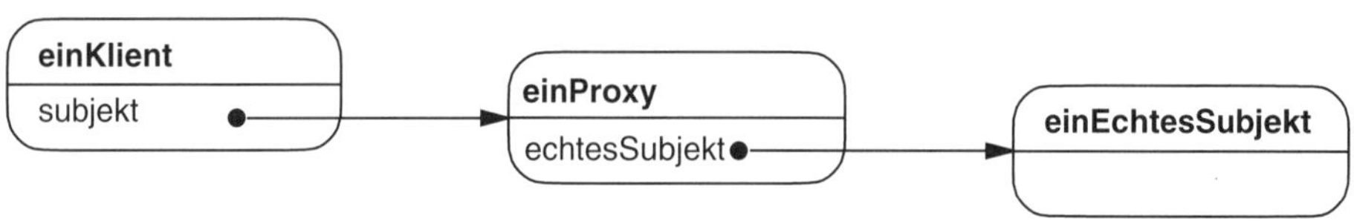

Abbildung 4.39

Teilnehmer

- **Proxy** (BildProxy)
  - verwaltet eine Referenz, die es dem Proxy ermöglicht, auf das eigentliche Subjekt zuzugreifen. Das Proxy kann die Schnittstelle des Subjekts verwenden, wenn sie mit der von EigentlichesSubjekt identisch ist.
  - bietet eine Schnittstelle, die mit der von Subjekt identisch ist, so daß ein Proxy für das eigentliche Subjekt eingesetzt werden kann.
  - kontrolliert den Zugriff auf das eigentliche Subjekt und ist potentiell dafür zuständig, es zu erzeugen und zu löschen.
  - weitere Zuständigkeiten hängen von der Art des Proxys ab:

Remote-Proxies kodieren eine Anfrage und ihre Argumente und senden sie an das eigentliche Subjekt in einem anderen Adreßraum.

Virtuelle Proxies können zusätzliche Information über das eigentliche Subjekt zwischenspeichern, so daß sie den Zugriff verzögern. Das BildProxy aus dem Motivationsabschnitt speichert beispielsweise die Ausmaße des eigentlichen Bilds.

Schutzproxies überprüfen, daß der Aufrufer die zum Ausführen des Befehls notwendigen Zugriffsrechte besitzt.

- **Subjekt** (Grafik)
  - definiert die gemeinsame Schnittstelle von EigentlichesSubjekt und Proxy, so daß ein Proxy überall dort benutzt werden kann, wo ein EigentlichesSubjekt erwartet wird.
- **EigentlichesSubjekt** (Bild)
  - definiert das eigentliche Objekt, das durch das Proxy repräsentiert wird.

Interaktionen

- Wenn angebracht, leitet das Proxy Befehle an das EigentlicheSubjekt weiter. Dies hängt von der Art des Proxys ab.

Konsequenzen

Das Proxymuster führt eine Ebene der Indirektion beim Zugriff auf ein Objekt ein. Die zusätzliche Indirektion kann vielfältig verwendet werden. Dies hängt wiederum vom Proxy ab:

1. Ein Remote-Proxy kann die Tatsache verstecken, das ein Objekt sich in einem anderen Adreßraum befindet.
2. Ein virtuelles Proxy kann Optimierungen ausführen, wie zum Beispiel das Erzeugen eines Objekts auf Verlangen.
3. Sowohl Schutzproxies als auch Smart-References ermöglichen die Durchführung zusätzlicher Verwaltungsaufgaben, wenn auf das Objekt zugegriffen wird.

Es gibt eine weitere Optimierung, die das Proxymuster vor seinem Klienten verstecken kann. Sie heißt **Copy-on-Write** und ist der Erzeugung auf Verlangen verwandt. Das Kopieren eines großen und komplizierten Objekts kann eine teure Operation sein. Wenn die Kopie allerdings nie verändert wird, gibt es keinen Grund, diese Kosten auf sich zu nehmen. Verwendet man ein Proxy, um den Kopierprozeß hinauszuzögern, kann man sicherstellen, daß wir den Preis für das Kopieren nur dann zahlen, wenn das Objekt wirklich modifiziert wird.

Damit ein Copy-on-Write funktioniert, müssen die Referenzen auf das Subjekt gezählt werden. Das Kopieren des Proxys zählt lediglich diesen Referenzzähler hoch. Nur wenn der Klient eine Operation ausführen will, die das Subjekt verändert, kopiert das Proxy das Objekt tatsächlich. In diesem Fall muß das Proxy zudem den Referenzzähler des Subjekts herunterzählen. Wenn der Referenzzähler Null erreicht, wird das Subjekt gelöscht. Copy-on-Write kann die Kosten des Kopierens schwerer Subjekte deutlich reduzieren.

Implementierung

Das Proxymuster kann die folgenden Sprachmöglichkeiten sinnvoll ausnutzen:

1. *Überladen des Member-Zugriffsoperators in C++.* C++ unterstützt das Überladen von `operator->`, dem Member-Zugriffsoperator. Das Überladen des Operators ermöglicht es Ihnen, jedesmal zusätzliche Aktionen auszuführen, wenn das Objekt dereferenziert wird. Dies kann bei der Implementierung von Proxies hilfreich sein: Das Proxy verhält sich genau wie ein Zeiger.

   Das folgende Beispiel erläutert die Nutzung dieser Technik, um ein virtuelles Proxy namens `BildZeiger` zu implementieren.

   ```
   class Bild;
   extern Bild* LadeBildDatei(const char*);
      // externe Funktion

   class BildZeiger {
   public:
      BildZeiger(const char* bildDatei);
      virtual ~BildZeiger();

      virtual Bild* operator->();
      virtual Bild& operator*();

   private:
      Bild* LadeBild();

   private:
      Bild* _bild;
      const char* _bildDatei;
   };
   ```

```
BildZeiger::BildZeiger(const char* bildDatei) {
   _bildDatei = bildDatei;
   _bild = 0;
}

Bild* BildZeiger::LadeBild() {
   if (_bild == 0) {
      _bild = LadeBildDatei(_bildDatei);
   }
   return _bild;
}
```

Die überladenen Operatoren `->` und `*` verwenden `LadeBild`, um `_bild` an die Aufrufer zurückzugeben, wobei sie es, wenn nötig, laden.

```
Bild* BildZeiger::operator->() {
   return LadeBild();
}

Bild& BildZeiger::operator*() {
   return *LadeBild();
}
```

Dieser Ansatz ermöglicht es Ihnen, `Bild`-Operationen über `BildZeiger`-Objekte aufzurufen, ohne die zusätzliche Arbeit auf sich nehmen zu müssen, ihre Operationen in die `BildZeiger`-Schnittstelle aufzunehmen:

```
BildZeiger bild = BildZeiger("DateiName");
bild->Zeichne(Punkt(50, 100));
// wird zu: (bild.operator->())->Zeichne(Punkt(50, 100))
```

Beachten Sie, daß das `Bild`-Proxy sich wie ein Zeiger verhält, obwohl es nicht als Zeiger auf `Bild` deklariert ist. Dies bedeutet, daß Sie es nicht genau wie einen richtigen Zeiger auf ein `Bild` verwenden können. Somit müssen Klienten das `Bild` und das `BildZeiger`-Objekt bei diesem Ansatz unterschiedlich behandeln.

Das Überladen des Member-Zugriffsoperators ist nicht für alle Proxies eine gute Lösung. Manche Proxies müssen genau wissen, *welche* Operation aufgerufen wurde. In diesem Fall funktioniert das Überladen des Member-Zugriffsoperators nicht.

Denken Sie an das Beispiel aus dem Motivationsabschnitt, ein virtuelles Proxy. Das Bild sollte zu einem bestimmten Zeitpunkt geladen werden – nämlich dann, wenn die Zeichne-Operation aufgerufen wird – und nicht, wenn das Bild referenziert wird. Das Überladen des Zugriffsoperators ermöglicht diese Unterscheidung nicht. In diesem Fall müssen wir jede Proxyoperation, die einen Befehl an einen Klienten weiterleitet, manuell implementieren.

Wie der Beispielcodeabschnitt zeigt, gleichen diese Operationen einander üblicherweise. Typischerweise verifizieren alle Operationen, daß der Befehl legal ist, daß das ursprüngliche Objekt existiert usw., bevor sie den Befehl an das Subjekt weitergeben. Es ist ziemlich mühsam, diesen Code immer wieder zu schreiben. Es ist deswegen verbreitet, einen Präprozessor zu verwenden, der ihn automatisch generiert.

2. *Verwenden von* `doesNotUnderstand` *in Smalltalk.* Smalltalk bietet einen Eingriffspunkt, um das automatische Weiterleiten von Methodenaufrufen zu unterstützen. Smalltalk ruft `doesNotUnderstand: eineNachricht` auf, wenn der Klient eine Nachricht an einen Empfänger sendet, der über keine entsprechende Methode verfügt. Die Proxyklasse kann `doesNotUnderstand` neu implementieren, so daß die Nachricht an das Subjekt weitergeleitet wird.

   Um sicherzustellen, daß ein Befehl an das Subjekt weitergeleitet und nicht einfach still vom Proxy verschlungen wird, können Sie die Proxyklasse so definieren, daß es keine *Nachrichten* versteht. Smalltalk ermöglicht es Ihnen, diese durch die Definition von Proxy als Klasse ohne Oberklasse umzusetzen.[1]

   Der Hauptnachteil von `doesNotUnderstand` liegt darin, daß die meisten Smalltalk-Systeme über einige besondere Nachrichten verfügen, die direkt von der virtuellen Maschine abgehandelt werden. Diese Nachrichten laufen nicht über den üblichen Methoden-Lookup. Die einzige dieser Methoden, die üblicherweise in `Object` definiert wird und somit Proxies betreffen kann, ist die Identitätsoperation ==.a

   Wenn Sie `doesNotUnderstand:` verwenden wollen, um das Proxymuster zu implementieren, müssen Sie mit diesem Problem umgehen können. Sie können nicht davon ausgehen, daß Proxies als mit ihren eigentlichen Subjekten identisch betrachtet werden. Ein weiterer Nachteil ist, daß `doesNotUnderstand:` für die Fehlerbehandlung und nicht für Proxies entwickelt wurde, so daß es nicht sonderlich schnell ist.

3. *Das Proxy muß nicht immer den dynamischen Typ des eigentlichen Subjekts kennen.* Wenn eine Proxyklasse mit seinem Subjekt ausschließlich über eine abstrakte Schnittstelle umgehen kann, gibt es keinen Bedarf, eine Proxyklasse für jede Ei-

1. Die Implementierung von verteilten Objekten in NEXTSTEP [Add94] durch die Klasse NXProxy verwendet diese Technik. Die Implementierung definiert `forward`, den äquivalenten Eingriffspunkt in NEXTSTEP.

gentlichesSubjekt-Klasse zu erstellen; das Proxy kann mit allen EigentlichesSubjekt-Klassen einheitlich umgehen. Wenn allerdings Proxies die Objekte der EigentlichesSubjekt-Klassen erzeugen müssen wie zum Beispiel in einem virtuellen Proxy, dann müssen sie die konkrete Klasse kennen.

Bei der Implementierung ist zudem zu bedenken, wie man auf das Subjekt zugreift, bevor es erzeugt wurde. Manche Proxies müssen ihr Subjekt referenzieren, unabhängig davon, ob es nun auf der Festplatte oder im Hauptspeicher liegt. Das bedeutet, daß sie eine Art von adressraumunabhängigen Objektreferenzen verwenden müssen. Wir haben im Motivationsabschnitt für diesen Zweck einen Dateinamen verwendet.

Beispielcode

Der folgende Code implementiert zwei Arten von Proxies: Das im Motivationsabschnitt beschriebene virtuelle Proxy sowie ein Proxy, das mittels `doesNotUnderstand:` implementiert wurde.[1]

1. *Ein virtuelles Proxy.* Die `Grafik`-Klasse definiert die Schnittstelle für grafische Objekte:

```
class Grafik {
public:
   virtual ~Grafik();

   virtual void Zeichne(const Punkt& position) = 0;
   virtual void BearbeiteMaus(Ereignis& ereignis) = 0;

   virtual const Punkt& GibAusmasse() = 0;

   virtual void Lade(istream& von) = 0;
   virtual void Speichere(ostream& auf) = 0;

protected:
   Grafik();
};
```

Die `Bild`-Klasse implementiert die `Grafik`-Schnittstelle zum Anzeigen von Bilddateien. `Bild` überschreibt `BearbeiteMaus`, um Benutzern die Möglichkeit zu geben, das Bild interaktiv zu verändern.

1. Das Iteratormuster (335) beschreibt eine weitere Art von Proxy auf Seite 344.

```
class Bild : public Grafik {
public:
   Bild(const char* datei); // lädt Bild aus Datei
   virtual ~Bild();

   virtual void Zeichne(const Punkt& position);
   virtual void BearbeiteMaus(Ereignis& ereignis);

   virtual const Punkt& GibAusmasse();

   virtual void Lade(istream& von);
   virtual void Speichere(ostream& auf);

private:
   // ...
};
```

BildProxy besitzt dieselbe Schnittstelle wie `Bild`:

```
class BildProxy : public Grafik {
public:
   BildProxy(const char* bildDatei);
   virtual ~BildProxy();

   virtual void Zeichne(const Punkt& position);
   virtual void BearbeiteMaus(Ereignis& ereignis);

   virtual const Punkt& GibAusmasse();

   virtual void Lade(istream& von);
   virtual void Speichere(ostream& auf);

protected:
   Bild* GibBild();

private:
   Bild* _bild;
   Punkt _ausmasse;
   char* _dateiName;
};
```

Der Konstruktor speichert eine lokale Kopie des Dateinamens, der das Bild speichert. Er initialisiert `_ausmasse` und `_bild`:

```
BildProxy::BildProxy(const char* dateiName) {
    _dateiName = strdup(dateiName);
    // Ausmasse sind noch unbekannt
    _ausmasse = Punkt::NullPunkt;
    _bild = 0;
}

Bild* BildProxy::GibBild() {
    if (_bild == 0) {
        _bild = new Bild(_dateiName);
    }
    return _bild;
}
```

Die Implementierung von `GibAusmasse` gibt die zwischengespeicherten Ausmaße zurück, sofern sie vorhanden sind. Andernfalls wird das Bild aus der Datei geladen. `Zeichne` lädt das Bild, und `BearbeiteMaus` leitet das Ereignis an das eigentliche Bild weiter.

```
const Punkt& BildProxy::GibAusmasse() {
    if(_ausmasse == Punkt::NullPunkt) {
        _ausmasse = GibBild()->GibAusmasse();
        }
    return _ausmasse;
}

void BildProxy::Zeichne(const Punkt& position) {
    GibBild()->Zeichne(position);
}

void BildProxy::BearbeiteMaus(Ereignis& ereignis) {
    GibBild()->BearbeiteMaus(ereignis);
}
```

Die Speichere-Operation schreibt die zwischengespeicherten Ausmaße und den Bilddateinamen in einen Stream. Lade lädt diese Information und initialisiert die entsprechenden Member-Variablen.

```
void BildProxy::Speichere(ostream& auf) {
    auf << _ausmasse << _dateiName;
}

void BildProxy::Lade(istream& von) {
    von >> _ausmasse >> _dateiName;
}
```

Als letztes nehmen wir an, daß wir über eine Klasse `TextDokument` verfügen, die `Grafik`-Objekte beinhalten kann:

```
class TextDokument {
public:
    TextDokument();

    void FuegeHinzu(Grafik*);
    // ...
};
```

Wir können ein `BildProxy` in ein `TextDokument` folgendermaßen einfügen:

```
TextDokument* text = new TextDokument;
// ...
text->FuegeHinzu(new BildProxy("DateiName"));
```

2. *Proxies auf Basis von* `doesNotUnderstand:` Sie können in Smalltalk generische Proxies erstellen, indem Sie Klassen definieren, deren Oberklasse nil[1] ist und indem Sie die Methode `doesNotUnderstand:` so definieren, daß sie die Nachrichten bearbeitet.

   Die folgende Methode geht davon aus, daß das Proxy eine `EigentlichesSubjekt`-Methode besitzt, die das eigentliche Subjekt zurückgibt. Im Fall des BildProxys würde diese Methode überprüfen, ob das Bild erzeugt wurde, es gegebenenfalls erzeugen und schließlich zurückgeben. Sie verwendet `perform:withArguments:` um die abgefangene Nachricht auf das eigentliche Subjekt anzuwenden.

```
doesNotUnderstand: eineNachricht
    ^ self eigentlichesSubjekt
        perform: eineNachricht selector
        withArguments: eineNachricht arguments
```

   Das Argument von `doesNotUnderstand:` ist ein Exemplar von `Message`, daß die vom Proxy nicht verstandene Nachricht enthält. Somit antwortet das Proxy auf alle Nachrichten, indem es sicherstellt, daß das eigentliche Subjekt existiert, bevor die Nachricht daran weitergeleitet wird.

   Einer der Vorteile der Verwendung von `doesNotUnderstand:` ist, daß es beliebige Arbeiten ausführen kann. Wir können beispielsweise ein Schutzproxy erstel-

1. Für praktisch alle Klassen bildet Object die Oberklasse. Somit ist das Gesagte identisch mit dem Definieren einer Klasse, die Object nicht als Oberklasse besitzt.

len, indem wir die Menge erlaubteNachrichten spezifizieren, welche die zu akzeptierenden Nachrichten enthält, und das Proxy um die folgende Methode erweitern:

```
doesNotUnderstand: eineNachricht
   ^ (erlaubteNachrichten includes: eineNachricht selector)
      ifTrue: [self eigentlichesSubjekt
         perform: eineNachricht selector
         withArguments: eineNachricht arguments]
      ifFalse: [self error: 'Illegaler Methoden-Aufruf']
```

Diese Methode überprüft, ob die Nachricht erlaubt ist, bevor sie sie an das eigentliche Subjekt weiterleitet. Wenn sie nicht erlaubt ist, schickt sie error: an das Proxy. Dies führt zu einer Endlosschleife von Fehlern, da Proxy error: nicht definiert. Aus diesem Grund sollte die Definition von error: von der Klasse Object mitsamt allen von ihr verwendeten Methoden kopiert werden.

Bekannte Verwendungen

Das Beispiel für ein virtuelles Proxy aus dem Motivationsabschnitt stammt aus den ET++-Textbausteinklassen.

NEXTSTEP [Add94] verwendet Proxies (Exemplare der Klasse NXProxy) als lokale Stellvertreter für potentiell verteilte Objekte. Ein Server erzeugt Proxies für in anderen Adreßräumen liegende Objekte, wenn ein Klient sie anfordert. Beim Erhalten einer Nachricht codiert das Proxy sie zusammen mit ihren Argumenten und leitet die codierte Nachricht an das entfernt liegende Subjekt. Auf ähnliche Weise codiert das Subjekt mögliche Rückgabewerte und schickt sie an das NXProxy-Objekt zurück.

McCullough [McC87] diskutiert die Verwendung von Proxies in Smalltalk, um auf entfernt liegende Objekte zuzugreifen. Pascoe [Pas86] beschreibt, wie man Seiteneffekte auf Methodenaufrufe und die Zugriffssteuerung mittels »Encapsulators« erreicht.

Verwandte Muster

Adapter (171): Ein Adapter bietet eine andere Schnittstelle zum Objekt, das es anpaßt. Im Gegensatz dazu bietet ein Proxy dieselbe Schnittstelle wie sein Subjekt. Ein zum Zugriffsschutz eingesetztes Proxy wird allerdings das Ausführen einer Operation des Subjekts möglicherweise verweigern, so daß seine Schnittstelle effektiv nur eine Untermenge des Subjekts sein kann.

Dekorierer (199): Obwohl Dekorierer eine ähnliche Implementierung wie Proxies haben können, verfolgen sie einen anderen Zweck. Ein Dekorierer erweitert ein Objekt um eine oder mehrere Zuständigkeiten, während ein Proxy den Zugriff auf das Objekt kontrolliert.

Proxies sind in unterschiedlichem Ausmaß Dekorierern vergleichbar implementiert. Ein Schutzproxy wird möglicherweise genau wie ein Dekorierer implementiert. Ein Remote-Proxy wird andererseits nicht über eine direkte Referenz auf sein eigentliches Subjekt verfügen, sondern nur über eine indirekte Referenz, wie zum Beispiel »Host ID und lokale Adresse auf dem Host«. Ein virtuelles Proxy beginnt mit einer indirekten Referenz wie dem Dateinamen und erhält zuletzt eine direkte Referenz, die es verwendet.

4.1 Diskussion der Strukturmuster

Ihnen sind möglicherweise Ähnlichkeiten zwischen den Strukturmustern aufgefallen, inbesondere in ihren Teilnehmer- und Interaktionsabschnitten. Dies liegt wahrscheinlich daran, daß alle Strukturmuster auf derselben kleinen Menge von Sprachmechanismen zur Strukturierung von Code und Objekten basieren: Einfach- und Mehrfachvererbung im Falle klassenbasierter Muster und Objektkomposition im Falle objektbasierter Muster. Diese Ähnlichkeiten täuschen allerdings über die unterschiedlichen Zielsetzungen dieser Muster hinweg. In diesem Abschnitt vergleichen und kontrastieren wir Gruppen von Strukturmustern, um Ihnen ein Gefühl für ihre jeweiligen Vorteile zu vermitteln.

4.1.1 Adapter versus Brücke

Das Adapter- (171) und das Brückenmuster (186) haben ein paar gemeinsame Eigenschaften. Beide fördern die Flexibilität, indem sie eine zusätzliche Indirektion für den Zugriff auf ein anderes Objekt einführen. Beide umfassen das Weiterleiten von Anfragen und Befehlen an dieses Objekt von einer Schnittstelle, die es ursprünglich nicht besitzt.

Der Hauptunterschied zwischen diesen Mustern ist in ihren Zielsetzungen zu sehen. Das Adaptermuster konzentriert sich auf das Auflösen von Inkompatibilitäten zwischen zwei existierenden Schnittstellen. Es kümmert sich weder darum, wie diese Schnittstellen implementiert sind, noch betrachtet es, wie sie sich voneinander unabhängig entwickeln können. Das Muster stellt eine Möglichkeit dar, zwei voneinander unabhängig entworfene Klassen zur Zusammenarbeit zu bewegen, ohne sie erneut implementieren zu müssen. Das Brückenmuster andererseits schlägt eine Brücke von einer Abstraktion zu ihren möglicherweise zahlreichen Implementierungen. Es verfügt gegenüber Klienten über eine stabile Schnittstelle, obwohl es Ihnen ermöglicht, ihre Implementierungsklassen zu variieren. Es paßt zudem neue Implementierungen an, wenn das System sich weiterentwickelt.

Als Ergebnis dieser Unterschiede werden Adapter und Brücke oftmals zu verschiedenen Zeitpunkten während der Evolution eines Systems angewendet. Ein Adapter wird oft notwendig, wenn Sie entdecken, daß zwei inkompatible Klassen zusammenarbeiten sollen, üblicherweise, um Codeverdopplung zu vermeiden, und diese Kopplung nicht vorhergesehen werden konnte. Im Gegensatz dazu weiß der Anwender einer Brücke von vorneherein, daß eine Abstraktion über mehrere Implementierungen verfügen muß und daß sie sich unabhängig voneinander entwikkeln werden. Das Adaptermuster ermöglicht es, Klassen zusammen zu verwenden, *nachdem* sie entworfen wurden. Das Brückenmuster bewegt sie zur Zusammenarbeit, bevor sie entworfen werden. Dies bedeutet nicht, daß ein Adapter der Brücke unterlegen ist: Jedes Muster adressiert lediglich ein anderes Problem.

Sie können sich eine Fassade (212) als einen Adapter für eine Menge von weiteren Objekten vorstellen. Eine solche Interpretation übersieht allerdings die Tatsache, daß eine Fassade eine *neue* Schnittstelle definiert, während ein Adapter eine alte Schnittstelle wiederverwendet. Denken Sie daran zurück, daß ein Adapter zwei *existierende* Schnittstellen zur Zusammenarbeit bewegt, statt eine völlig neue zu definieren.

4.1.2 Kompositum versus Dekorierer versus Proxy

Das Kompositionsmuster (239) und das Dekorierermuster (199) haben ähnliche Strukturdiagramme, was widerspiegelt, daß sie auf rekursiver Komposition basieren, um eine unbeschränkte Menge von Objekten zu strukturieren. Diese Gemeinsamkeit könnte Sie dazu verleiten, einen Dekorierer als ein degeneriertes Kompositum zu betrachten, was allerdings den eigentlichen Witz am Dekorierermuster außer acht läßt. Die Ähnlichkeit beginnt mit der rekursiven Komposition und hört dort auch gleich wieder auf, wiederum weil sich die Muster durch verschiedene Zielsetzungen unterscheiden.

Das Dekorierermuster ist so strukturiert, daß es Ihnen ermöglicht, den Objekten Zuständigkeiten hinzuzufügen, ohne von ihnen Unterklassen bilden zu müssen. Es vermeidet die mengenmäßige Explosion der Unterklassen, die sich aufgrund des Versuchs ergeben könnte, jegliche Kombination von Zuständigkeiten statisch zu definieren. Das Kompositionsmuster hingegen hat einen anderen Zweck. Es konzentriert sich auf die Strukturierung von Klassen, so daß viele verwandte Objekte einheitlich und mehrere Objekte als ein einziges behandelt werden können. Sein Fokus ruht nicht auf der Verzierung, sondern auf der Repräsentation.

Diese Zielsetzungen sind unterschiedlich, aber komplementär. Als Konsequenz werden Dekorierer- und Kompositionsmuster oft zusammen verwendet. Beide führen zu jener Art von Entwurf, bei dem Sie Anwendungen einfach durch Zusammenstecken von Objekten erstellen können, ohne neue Klassen definieren zu müssen. Es gibt eine abstrakte Klasse mit ein paar Unterklassen, die Komposita darstellen, ein paar Unterklassen, die Dekorierer darstellen, und ein paar Unterklassen, welche die grundlegenden Bausteine des Systems implementieren. In diesem Fall verfügen Dekorierer und Komposita über eine gemeinsame Schnittstelle. Aus Sicht des Dekorierers ist ein Kompositum eine KonkreteKomponente. Aus Sicht des Kompositionsmusters ist ein Dekorierer ein Blatt. Natürlich *müssen* sie nicht zusammen benutzt werden. Wie wir gesehen haben, sind ihre Zielsetzungen ziemlich unterschiedlich.

Als weiteres Muster besitzt das Proxymuster (254) eine ähnliche Struktur wie das Dekorierermuster. Beide Muster beschreiben, wie man eine Ebene der Indirektion zu einem Objekt einrichtet. Sowohl die Implementierungen eines Proxy- als auch eines Dekoriererobjekts enthalten eine Referenz auf ein anderes Objekt, an das sie Anfragen und Befehle weiterleiten. Wieder einmal dienen die Muster unterschiedlichen Zwecken.

Wie das Dekorierermuster setzt das Proxymuster ein Objekt zusammen und bietet Klienten eine identische Schnittstelle. Anders als das Dekorierermuster befaßt sich das Proxymuster nicht mit dem Hinzufügen und Entfernen von dynamischen Eigenschaften, und es ist auch nicht für rekursive Komposition vorgesehen. Seine Zielsetzung besteht darin, einen Stellvertreter für ein Subjekt zu realisieren, wenn es unbequem oder unerwünscht ist, direkt auf das Subjekt zuzugreifen. Gründe dafür können beispielsweise sein, daß es auf einer anderen entfernten Maschine liegt, der Zugriff eingeschränkt ist oder es persistent ist.

Im Proxymuster definiert das Subjekt die wesentliche Funktionalität, und das Proxy ermöglicht oder verhindert den Zugriff auf sie. Im Dekorierermuster bietet die Komponente lediglich einen Teil der Funktionalität, und ein oder mehrere Dekorierer erledigen den Rest. Dekorierer sind in Situationen nützlich, in denen die Funktionalität eines Objekts gar nicht oder nur sehr umständlich zur Übersetzungszeit bestimmt werden kann. Diese Offenheit und Unbeschränktheit macht rekursive Komposition zu einem zentralen Bestandteil des Dekorierermusters. Dies ist beim Proxymuster nicht gegeben, weil Proxy sich auf eine einzelne Beziehung konzentriert – zwischen dem Proxy und seinem Subjekt – und diese Beziehung statisch ausgedrückt werden kann.

Diese Unterschiede sind wichtig, weil sie die Lösungen zu bestimmten immer wiederkehrenden Problemen in objektorientierten Entwürfen erfassen. Das bedeutet allerdings nicht, daß diese Muster nicht miteinander kombiniert werden können. Man kann sich leicht einen Proxy-Dekorierer vorstellen, der einem Proxy Funktionalität hinzufügt, oder ein Dekorierer-Proxy, das ein entferntes Objekt ausschmückt. Obwohl solche hybriden Anwendungen *sinnvoll sein könnten* (wir haben keine guten Beispiele zur Hand), können sie in Muster aufgeteilt werden, die *bereits nützlich sind.*

5 Verhaltensmuster

Verhaltensmuster befassen sich mit Algorithmen und der Zuweisung von Zuständigkeiten zu Objekten. Verhaltensmuster beschreiben nicht nur Muster von Objekten oder Klassen, sondern auch die Muster der Interaktion zwischen ihnen. Diese Muster beschreiben komplexe Kontrollflüsse, die zur Laufzeit schwer nachzuvollziehen sind. Sie lenken unsere Konzentration weg vom Kontrollfluß hin zu der Art und Weise, wie die Objekte miteinander interagieren.

Klassenbasierte Verhaltensmuster verwenden Vererbung, um das Verhalten unter den Klassen zu verteilen. Dieses Kapitel enthält zwei derartige Muster. Die Schablonenmethode (366) ist das einfachere und auch öfter anzutreffende Muster von den beiden. Eine Schablonenmethode stellt eine abstrakte Definition eines Algorithmus dar. Sie definiert den Algorithmus schrittweise. Jeder Schritt ruft entweder eine abstrakte oder eine primitive Operation auf. Eine Unterklasse füllt den Algorithmus aus, indem sie die abstrakten Operationen definiert. Das andere Verhaltensmuster ist das Interpretermuster (319), welches eine Grammatik als Klassenhierarchie repräsentiert und einen Interpreter für diese Grammatik als Operation auf den Exemplaren dieser Klassen implementiert.

Objektbasierte Verhaltensmuster verwenden Objektkomposition anstelle von Vererbung. Manche der Muster beschreiben, wie eine Gruppe von Objekten zusammenarbeitet, um eine Aufgabe zu erledigen, die keines der Objekte allein ausführen kann. Ein wichtiger Aspekt hierbei ist, wie die zusammenarbeitenden Objekte einander bekannt sind. Sie könnten explizite Referenzen aufeinander verwalten, was aber ihre Kopplung erhöhen würde. Im Extremfall würde jedes Objekt jedes andere Objekt kennen. Das Vermittlermuster (385) vermeidet dies, indem es einen Vermittler, ein vermittelndes Objekt, zwischen den zusammenarbeitenden Objekten einführt. Der Vermittler liefert die für die lose Kopplung benötigte Indirektion.

Eine Zuständigkeitskette (410) bietet sogar eine noch losere Kopplung. Es ermöglicht Ihnen, implizit Anfragen an ein Objekt entlang einer Kette möglicher Kandidaten zu schikken. Jedes Kandidatenobjekt mag in Abhängigkeit von sich zur Laufzeit ergebenden Bedingungen in der Lage sein, die Anfrage zu erfüllen. Die Anzahl von Kandidaten ist unbeschränkt, und Sie können zur Laufzeit auswählen, welcher der Kandidaten an der Kette teilnehmen.

Das Beobachtermuster (287) definiert und verwaltet die Abhängigkeiten zwischen Objekten. Das klassische Beispiel für den Einsatz des Beobachtermusters ist im

Smalltalk Model/View/Controller-Konzept zu finden, bei dem alle View-Objekte des Model-Objekts benachrichtigt werden, wenn sich der Zustand des Model-Objekts ändert.

Andere objektbasierte Verhaltensmuster befassen sich mit der Kapselung von Verhalten in einem eigenständigen Objekt und dem Weiterleiten der Operationsaufrufe an dieses Objekt. Das Strategiemuster (398) kapselt einen Algorithmus in einem Objekt. Das Strategiemuster macht es einfach, den von einem Objekt verwendeten Algorithmus zu spezifizieren und zu ändern. Das Befehlsmuster kapselt eine Anfrage in einem Objekt, so daß es als ein Parameter weitergegeben, in einer Befehlsgeschichte gespeichert oder hinsichtlich weiterer Möglichkeiten bearbeitet werden kann. Das Zustandsmuster (398) kapselt die Zustände eines Objekts, so daß das Objekt sein Verhalten ändern kann, wenn sich sein Zustand ändert. Das Besuchermuster (301) kapselt Verhalten, das andernfalls über mehrere Klassen verteilt werden würde, und das Iteratormuster (335) abstrahiert von der Art und Weise, mit der Sie auf ein Objekt in einer Objektaggregation zugreifen und die Aggregation traversieren.

Befehl

(Command)

Ein objektbasiertes Verhaltensmuster

Zweck

Kapsle einen Befehl als ein Objekt. Dies ermöglicht es, Klienten mit verschiedenen Anfragen zu parametrieren, Operationen in eine Queue zu stellen, ein Logbuch zu führen und Operationen rückgängig zu machen.

Auch bekannt als

Action, Transaction

Motivation

Mitunter ist es notwendig, Anfragen an Objekte zu stellen, ohne irgend etwas über die auszuführende Operation zu wissen oder das Objekt zu kennen, an das die Anfrage gerichtet wird. Klassenbibliotheken für Benutzungsschnittstellen enthalten zum Beispiel Objekte wie Knöpfe und Menüs, die als Reaktion auf eine Eingabe eine entsprechende Operation auslösen. Die Klassenbibliothek kann allerdings die Operation nicht explizit als Teil eines Knopfs oder eines Menüs implementieren, weil nur die Anwendungen, welche die Bibliothek benutzen, wissen, was mit einem Objekt getan werden kann und soll. Als Entwickler einer Bibliothek gibt es für uns keine Möglichkeit, das Zielobjekt einer Anfrage und die sie umsetzenden Operationen zu kennen.

Das Befehlsmuster ermöglicht es Steuerungselementen (Controls) einer Klassenbibliothek, Anfragen an unbekannte Anwendungsobjekte zu richten, indem es die Anfrage selbst zu einem Objekt macht. Dieses Objekt kann wie andere Objekte auch gespeichert und herumgereicht werden. Der Dreh- und Angelpunkt dieses Musters ist eine abstrakte Klasse Befehl, die eine Schnittstelle zum Ausführen von Operationen deklariert. Im einfachsten Fall enthält diese Schnittstelle eine abstrakte FuehreAus-Operation. Konkrete Unterklassen von Befehl bestimmen ein Empfänger/Operations-Paar, indem sie den Empfänger als eine Exemplarvariable speichern und die FuehreAus-Operation so implementieren, daß sie die Anfrage ausführt. Der Empfänger verfügt über das entsprechende Wissen, das benötigt wird, um die Anfrage umzusetzen.

Menüs können leicht mit Befehlsobjekten implementiert werden. Jede Auswahlmöglichkeit in einem Menü wird durch ein Exemplar der Klasse MenueEintrag realisiert. Ein Objekt der Klasse Anwendung erzeugt diese Menüs samt MenüEinträgen und dem Rest der Benutzungsschnittstelle. Die Anwendungsklasse verwaltet weiterhin die Objekte der Klasse Dokument, die ein Benutzer geöffnet hat (siehe Abbildung 5.1).

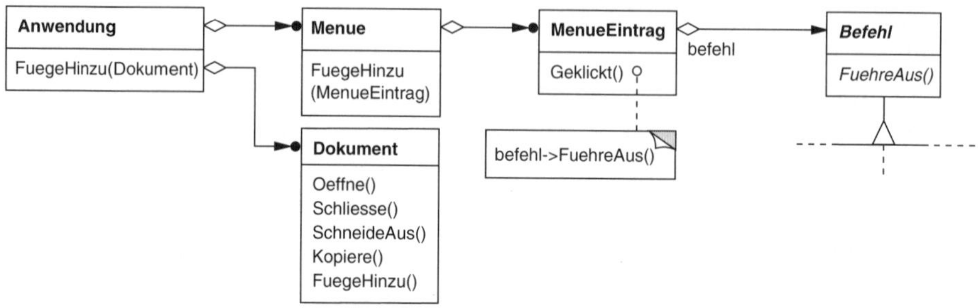

Abbildung 5.1

Die Anwendung konfiguriert jeden MenueEintrag mit einem Exemplar einer konkreten Unterklasse von Befehl. Wenn der Benutzer einen MenueEintrag auswählt, ruft das MenueEintrag-Objekt FuehreAus auf seinem Befehlsobjekt auf. FuehreAus setzt dann die Operation um. MenueEinträge wissen nicht, welche Befehlsunterklassen sie verwenden. Diese Unterklassen speichern den Empfänger der Anfrage und rufen eine oder mehrere Operationen von ihm auf.

Die Klasse EinfuegenBefehl unterstützt beispielsweise das Einfügen eines Textes aus der Zwischenablage (clipboard) in ein Dokument (siehe Abbildung 5.2). Der Empfänger des EinfuegenBefehls ist das Dokumentobjekt, das dem Befehlsobjekt während seiner Erzeugung übergeben wurde. Die FuehreAus-Operation ruft Einfügen auf dem empfangenden Dokument auf.

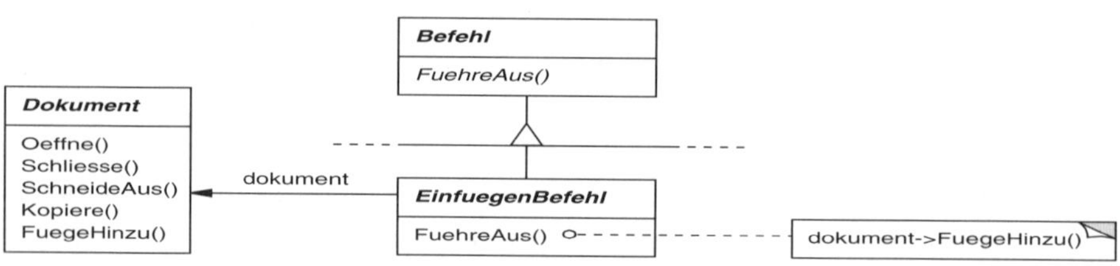

Abbildung 5.2

Die FuehreAus-Operation der Klasse OeffnenBefehl unterscheidet sich hiervon: Sie fragt den Benutzer nach dem Namen eines Dokuments, erzeugt ein entsprechendes Dokumentobjekt, fügt das Dokument in die empfangende Anwendung ein, und öffnet es (siehe Abbildung 5.3).

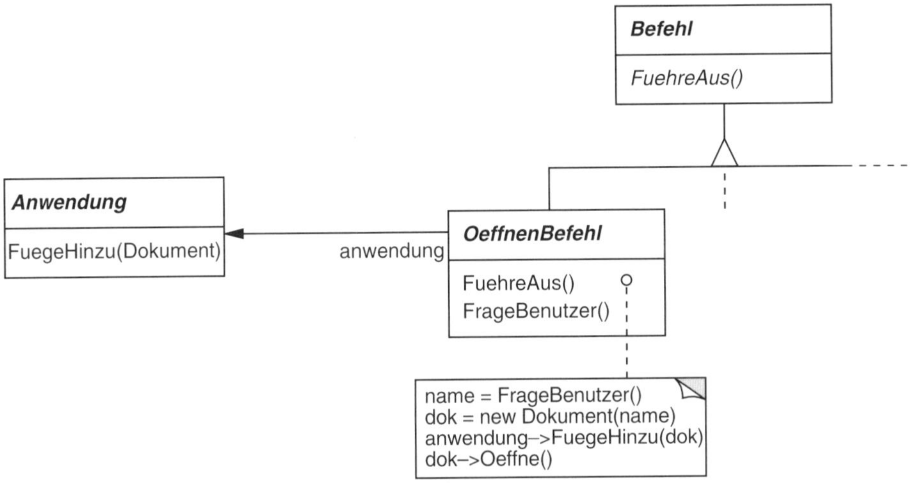

Abbildung 5.3

Mitunter muß ein MenueEintrag eine *Abfolge* von Befehlen ausführen. Der MenueEintrag zum Zentrieren einer Seite in normaler Größe kann zum Beispiel aus einem ZentriereDokumentBefehl und einem NormaleGroesseBefehl zusammengesetzt werden. Weil es oft vorkommt, daß Befehle auf diese Weise aneinandergereiht werden, definieren wir die Klasse MakroBefehl, die es einem MenueEintrag ermöglicht, eine unbegrenzte Menge von Befehlen auszuführen. MakroBefehl ist eine konkrete Unterklasse von Befehl, die einfach eine Abfolge von Befehlen ausführt (siehe Abbildung 5.4). Die Klasse MakroBefehl kennt keinen expliziten Empfänger, weil die von ihr aufgereihten Befehlsobjekte jeweils ihren eigenen Empfänger definieren.

Beachten Sie bitte bei jedem dieser Beispiele, wie das Befehlsmuster das Objekt, das den Befehl auslöst, von jenem Objekt abtrennt, das weiß, wie er ausgeführt wird. Dies ermöglicht uns eine große Flexibilität beim Entwurf von Benutzungsschnittstellen. Eine Anwendung kann sowohl einen Menüeintrag als auch einen normalen Knopf als Schnittstelle für eine bestimmte Anwendungsfunktionalität bereitstellen, einfach dadurch, daß der Menüeintrag und der Knopf dasselbe Exemplar einer konkreten Befehlsunterklasse gemeinsam nutzen. Wir können Befehlsobjekte dynamisch ersetzen, was für die Implementierung von kontextsensitiven Menüeinträgen sinnvoll ist.

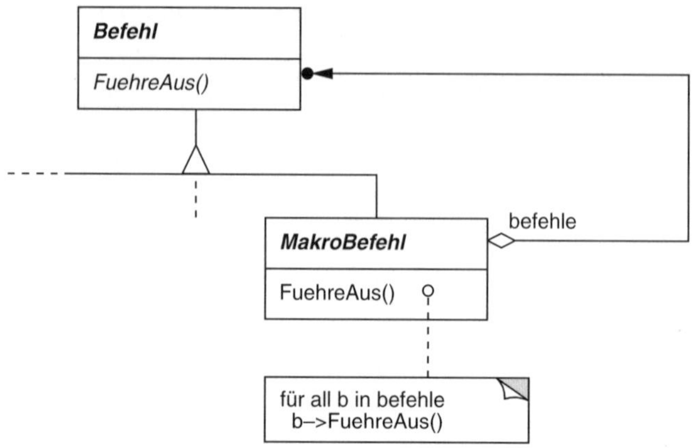

Abbildung 5.4

Wir können ebenso das Scripting von Befehlen ermöglichen, indem wir Befehlsobjekte zu größeren Befehlsobjekten zusammensetzen. All dies ist möglich, weil das Objekt, das eine Anfrage auslöst, nur wissen muß, wie es diese anstößt; es muß nicht wissen, wie die Anfrage ausgeführt wird.

Anwendbarkeit

Verwenden Sie das Befehlsmuster, wenn Sie

- Objekte mit einer auszuführenden Aktion parametrieren wollen, so wie wir es oben mit den MenueEintrag-Objekten getan haben. Sie können eine derartige Parametrisierung in einer prozeduralen Sprache mit einer **Callback-Funktion** erreichen. Dies ist eine Operation, die man irgendwo registriert und die zu einem späteren Zeitpunkt aufgerufen wird. Befehlsobjekte sind ein objektorientierter Ersatz für Callbacks.

- Anfragen zu unterschiedlichen Zeitpunkten spezifizieren, aufreihen und ausführen lassen wollen. Ein Befehlsobjekt kann über eine von der ursprünglichen Anfrage unabhängige Lebensdauer verfügen. Wenn der Empfänger einer Anfrage in einer vom Adreßraum unabhängigen Weise repräsentiert werden kann, dann können Sie ein Befehlsobjekt für die Anfrage zu einem anderen Prozeß transferieren und die Anfrage dort ausführen lassen.

- Undo, also das Rückgängigmachen von Operationen, unterstützen wollen. Die FuehreAus-Operation einer Befehlsklasse kann den relevanten Zustand für die Umkehr des Befehls im Befehlsobjekt selbst speichern. Die Befehlsklassenschnittstelle muß dann über eine zusätzliche Rückgängig-Operation verfügen, welche die Auswirkungen des vorigen FuehreAus-Aufrufs rückgängig macht. Einmal ausgeführte Befehlsobjekte werden in einer Befehlsgeschichte (einer Liste) gespeichert. Unbegrenztes Undo und Redo erreicht man durch Traversieren der Liste vorwärts und rückwärts, wobei man jeweils FuehreAus respektive Rückgängig aufruft.

- das Mitprotokollieren von Änderungen unterstützen wollen, so daß Sie im Falle eines Absturzes nach diesem erneut ausgeführt werden können. Indem Sie die Befehlsklassenschnittstelle um Operationen zum Laden und Speichern erweitern, können Sie ein persistentes Logbuch der Änderungen anlegen. Das System nach einem Absturz wieder herzustellen umfaßt dann das Laden von gespeicherten Befehlsobjekten von der Platte und ihre erneute Ausführung mittels der FuehreAus-Operation.
- ein System mittels komplexer Operationen strukturieren wollen, die aus primitiven Operationen aufgebaut werden. Solch eine Struktur kann oft in Informationssystemen gefunden werden, die Transaktionen unterstützen. Eine Transaktion kapselt eine Menge von Datenänderungen. Das Befehlsmuster stellt eine Möglichkeit dar, Transaktionen zu modellieren. Befehlsobjekte besitzen eine gemeinsame Schnittstelle, die es ihnen ermöglicht, alle Transaktionen auf die gleiche Weise aufzurufen. Das Muster erleichtert es zudem, das System um neue Transaktionen zu erweitern.

Struktur

Die Abbildung 5.5 stellt die Struktur des Befehlsmusters dar.

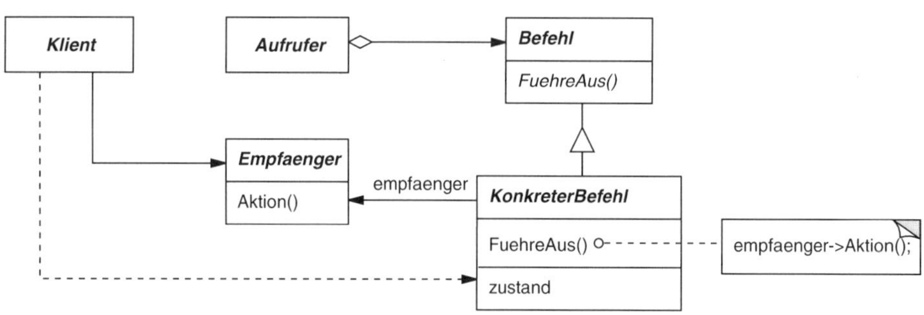

Abbildung 5.5

Teilnehmer

- **Befehl**
  - deklariert eine Schnittstelle zum Ausführen einer Operation.
- **KonkreterBefehl** (EinfuegenBefehl, OeffnenBefehl)
  - definiert die Anbindung eines Empfängers an eine Aktion.
  - implementiert FuehreAus durch Aufrufen der entsprechenden Operation(en) beim Empfänger.
- **Klient** (Anwendung)
  - erzeugt ein KonkreterBefehl-Objekt und übergibt ihm den Empfänger.
- **Auslöser** (MenueEintrag)
  - befiehlt dem Befehlsobjekt, die Anfrage auszuführen.
- **Empfänger** (Dokument, Anwendung)
  - weiß, wie die an die Ausführung einer Anfrage gebundenen Operationen auszuführen sind. Jede Klasse kann ein Empfänger sein.

Interaktionen

- Der Klient erzeugt ein Befehlsobjekt einer konkreten Befehlsklasse und bestimmt ihren Empfänger.
- Ein Auslöser speichert das Befehlsobjekt der konkreten Klasse.
- Der Auslöser löst eine Anfrage aus, indem er die FuehreAus-Operation des Befehlsobjekts aufruft. Wenn Befehle rückgängig gemacht werden können, speichert das Befehlsobjekt vor dem Ausführen des Befehls den Zustand des Empfängers, um ihn später wiederherstellen zu können.
- Das konkrete Befehlsobjekt ruft Operationen auf seinem Empfängerobjekt auf und setzt die Anfrage um.

Das Diagramm in Abbildung 5.6 stellt die Interaktionen zwischen diesen Objekten dar. Es beschreibt, wie das Befehlsmuster den Auslöser von seinem Empfänger (und der auszuführenden Anfrage) entkoppelt.

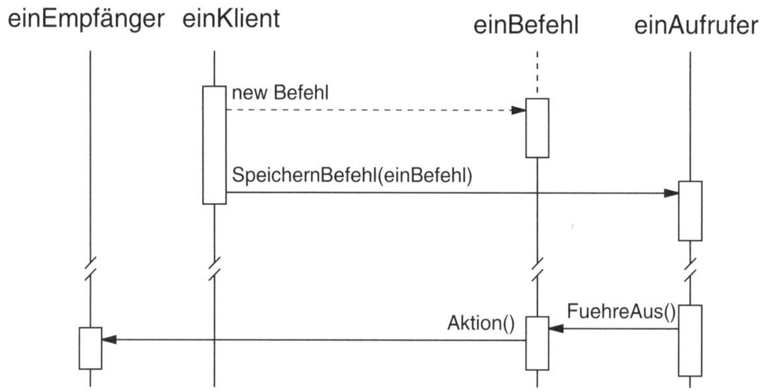

Abbildung 5.6

Konsequenzen

Das Befehlsmuster hat die folgenden Konsequenzen:

1. Das Befehlsmuster entkoppelt das Objekt, das die Anfrage auslöst, von dem, das weiß, wie sie umzusetzen ist.
2. Befehlsobjekte können manipuliert und erweitert werden wie jedes andere Objekt auch.
3. Sie können Befehlsobjekte zu einem zusammengesetzten Befehlsobjekt zusammenführen. Ein Beispiel ist die zuvor beschriebene MakroBefehl-Klasse. Im allgemeinen stellen zusammengesetzte Befehlsobjekte eine Ausprägung des Kompositionsmusters (239) dar.
4. Es ist einfach, neue Befehlsobjekte hinzuzufügen, weil sie keine existierenden Klassen ändern müssen.

Implementierung

Beachten Sie die folgenden Aspekte, wenn sie das Befehlsmuster implementieren:

1. *Intelligenz von Befehlsobjekten.* Der mögliche Funktionalitätsumfang eines Befehlsobjekt ist sehr groß. Im einem Extrem stellt es kaum mehr als eine Verbindung zwischen einem Empfänger und den Operationen her, welche die Anfrage umsetzen. Im anderen Extrem implementiert es alle Funktionalität selbst, ohne irgendetwas an den Empfänger zu delegieren. Das letztere Extrem ist nützlich, wenn Sie Befehle definieren wollen, die von existierenden Klassen

unabhängig sind, wenn kein passender Empfänger existiert oder wenn ein Befehlsobjekt seinen Empfänger nur implizit kennt. Ein Befehlsobjekt, das beispielsweise ein weiteres Anwendungsfenster erzeugt, kann genausogut ein beliebiges anderes Objekt erzeugen. Und irgendwo zwischen diesen beiden Extremen liegen Befehlsobjekte, die über ausreichendes Wissen verfügen, ihre Empfänger dynamisch zu finden.

2. *Unterstützung von Undo und Redo (Rückgängigmachen von Änderungen und Wiederherstellen der Änderungen).* Befehlsobjekte können Undo- und Redo-Funktionalität unterstützen, wenn sie eine Möglichkeit bieten, ihre Ausführung umzukehren (zum Beispiel mittels einer Rückgängig- oder Undo-Operation). Eine konkrete Befehlsklasse kann um den entsprechenden Zustand erweitert werden, um ein Undo zu ermöglichen. Dieser Zustand kann folgendes umfassen:

   - das Empfängerobjekt, das die eigentlichen Operationen als Reaktion auf die Anfrage hin ausführt,
   - die Argumente für die vom Empfänger ausgeführten Operationen und
   - jegliche Originalwerte im Empfänger, die sich als Konsequenz der Anfragebearbeitung ändern können. Der Empfänger muß die Operationen bereitstellen, welche es dem Befehl ermöglichen, den Empfänger in seinen früheren Zustand zurückzuversetzen.

   Um eine Undo-Stufe zu ermöglichen, muß eine Anwendung nur das zuletzt ausgeführte Befehlsobjekt speichern. Um mehrfaches Undo und Redo zu ermöglichen, muß die Anwendung eine **Befehlsgeschichte** in Form einer Liste speichern, welche die Befehlsobjekte enthält, die ausgeführt wurden. Die maximale Länge der Liste bestimmt die Anzahl von Undo- und Redo-Ebenen. Die Befehlsgeschichte speichert Abfolgen der ausgeführten Befehle. Die Rückwärtstraversierung der Liste und das Rückgängigmachen der Befehle hebt ihre Auswirkungen auf; die Vorwärtstraversierung führt die Befehle erneut aus.

   Ein Befehl, der rückgängig gemacht werden kann, muß möglicherweise kopiert werden, bevor er in die Befehlsgeschichte eingefügt werden kann. Dies liegt daran, daß das Befehlsobjekt, welches die ursprüngliche Anfrage umgesetzt hat, zu einem späteren Zeitpunkt weitere Anfragen abarbeiten wird. Es ist notwendig, die Befehlsobjekte zu kopieren, um unterschiedliche Aufrufe desselben Befehlsobjekts unterscheiden zu können, wenn sich sein Zustand ändern kann.

   Zum Beispiel muß ein LoeschenBefehl, der ausgewählte Objekte löscht, jedesmal bei seiner Ausführung unterschiedliche Mengen von Objekten speichern. Aus diesem Grund muß das LoeschenBefehl-Objekt im Anschluß an seine Ausführung kopiert werden, und die Kopie muß in die Befehlsgeschichte eingefügt werden. Wenn der Zustand des Befehls sich während der Ausführung niemals ändert, ist das Kopieren nicht notwendig – es muß nur eine Referenz auf das Befehlsobjekt in die Befehlsgeschichte gestellt werden. Befehle, die kopiert werden müssen, bevor sie in eine Befehlsgeschichte eingefügt werden können, fungieren als Prototypen (144).

3. *Vermeiden von Fehlerlawinen im Undo-Prozeß.* Hysteresen können zum Problem bei der Sicherstellung eines zuverlässigen die Semantik bewahrenden Undo/Redo-Prozesses werden. Es können sich Fehler ansammeln und akkumulieren, wenn die Befehle mehrfach ausgeführt, rückgängig gemacht und erneut ausgeführt werden, so daß der Zustand einer Anwendung sich langsam, aber sicher vom Originalzustand entfernt. Es kann deswegen notwendig sein, weitere Zustandsinformation im Befehlsobjekt zu speichern, um sicherzustellen, daß die Objekte in ihren Originalzustand zurückversetzt werden. Das Mementomuster (354) kann dazu verwendet werden, um einem Befehlsobjekt den Zugriff auf diese Informationen zu ermöglichen, ohne seine Interna anderen Objekten offenzulegen.

4. *Verwenden von C++-Templates.* Für Befehle, die (1) nicht rückgängig gemacht werden können und (2) keine Argumente benötigen, können wir C++-Templates verwenden, um es zu vermeiden, eine Befehlsunterklasse für jede Art von Aktion und Empfänger zu erzeugen. Wir werden dies im Beispielcodeabschnitt vorführen.

Beispielcode

Der im folgenden gezeigte C++-Code skizziert die Implementierung der Befehlsklassen aus dem Motivationsabschnitt. Wir werden die Klassen `OeffnenBefehl`, `Einfuegen-Befehl` und `MakroBefehl` definieren. Doch zuerst die abstrakte Klasse `Befehl`:

```
class Befehl {
public:
    virtual ~Befehl();

    virtual void FuehreAus() = 0;

protected:
    Befehl();
};
```

Objekte der Klasse OeffnenBefehl öffnen ein Dokument, dessen Name von einem Benutzer angegeben wird. Ein OeffnenBefehl-Exemplar muß ein Objekt der Klasse Anwendung als Parameter für seinen Konstruktor erhalten. FrageBenutzer ist eine Hilfsoperation, welche den Benutzer nach dem Namen des zu öffnenden Dokuments fragt.

```
class OeffnenBefehl : public Befehl {
public:
   OeffnenBefehl(Anwendung*);

   virtual void FuehreAus();

protected:
   virtual const char* FrageBenutzer();


private:
   Anwendung* _anwendung;
   char* _antwort;
};

OeffnenBefehl::OeffnenBefehl(Anwendung* anwendung) {
   _anwendung = anwendung;
}

void OeffnenBefehl::FuehreAus() {
   const char* name = FrageBenutzer();

   if (name != 0) {
      Dokument* dokument = new Dokument(name);
      _anwendung->FuegeHinzu(dokument);
      dokument->Oeffne();
   }
}
```

Ein EinfuegenBefehl hingegen muß ein Dokument-Objekt als seinen Empfänger erhalten. Der Empfänger wird dem Konstruktor von EinfuegenBefehl als Parameter übergeben.

```
class EinfuegenBefehl : public Befehl {
public:
   EinfuegenBefehl(Dokument*);

   virtual void FuehreAus();

private:
```

```
    Dokument* _dokument;
};

EinfuegenBefehl::EinfuegenBefehl(Dokument* dok) {
    _dokument = dok;
}

void EinfuegenBefehl::FuehreAus() {
    _dokument->FuegeEin();
}
```

Wir können für einfache Befehlsklassen, deren Auswirkungen nicht rückgängig gemacht werden können und die keine Argumente benötigen, ein Klassentemplate verwenden, um sie mit dem Befehlsempfänger zu parametrieren. Für solche Befehle definieren wir die Template-Klasse `EinfacherBefehl` als Unterklasse von `Befehl`. Die Klasse `EinfacherBefehl` wird mit der Empfängerklasse parametrisiert und verwaltet die Anbindung zwischen dem Befehlsempfänger und seiner Operation, die als Zeiger auf eine Member-Funktion gespeichert wird.

```
template<class Empfaenger>
class EinfacherBefehl : public Befehl {
public:
    typedef void (Empfaenger::* Operation)();

    EinfacherBefehl(Empfaenger* emp, Operation op) :
        _empfaenger(emp), _operation(op) {}

    virtual void FuehreAus();

private:
    Operation _operation;
    Empfaenger* _empfaenger;
};
```

Der Konstruktor speichert den Empfänger und die Operation in den entsprechenden Exemplarvariablen. `FuehreAus` ruft lediglich die Operation auf dem Empfänger auf.

```
template<class Empfaenger>
void EinfacherBefehl<Empfaenger>::FuehreAus() {
    (_empfaenger->*_operation)();
}
```

Um ein Befehlsobjekt zu erzeugen, das eine Operation Aktion der Klasse Klasse aufruft, schreibt ein Klient lediglich:

```
Klasse* empfaenger = new Klasse;
// ...
Befehl* einBefehl = new EinfacherBefehl<Klasse>(
   empfaenger, &Klasse::Aktion);
// ...
einBefehl->FuehreAus();
```

Denken Sie daran, daß diese Lösung nur für einfache Befehle funktioniert. Komplexere Befehle, die nicht nur ihre Empfänger speichern, sondern auch noch Argumente und/oder zusätzlichen Zustand für das Rückgängigmachen ihrer Auswirkungen, benötigen einen eigene Unterklasse von Befehl.

Ein Objekt der Klasse MakroBefehl verwaltet eine Abfolge von Teilbefehlen und stellt Operationen zum Hinzufügen und Entfernen von Teilbefehlen bereit. Es wird kein expliziter Empfänger benötigt, weil die Teilbefehle bereits ihre Empfänger definieren.

```
class MakroBefehl : public Befehl {
public:
   MakroBefehl();
   virtual ~MakroBefehl();

   virtual void FuegeHinzu(Befehl*);
   virtual void Entferne(Befehl*);

   virtual void FuehreAus();

private:
   Liste<Befehl*>* _befehle;
};
```

Der Schlüssel zum Verständnis von MakroBefehl ist seine FuehreAus-Member-Funktion. Sie traversiert alle Teilbefehle und ruft FuehreAus auf jedem einzelnen auf.

```
void MakroBefehl::FuehreAus() {
   ListenIterator<Befehl*> iter(_befehle);

   for (iter.Start(); !iter.IstFertig(); iter.Weiter()) {
      Befehl* befehl = iter.AktuellesElement();
      befehl->FuehreAus();
   }
}
```

Beachten Sie dabei, daß die Teilbefehle eines `MakroBefehls`, sollten Sie eine `Rueckgaengig`-Operation implementieren, in *umgekehrter* Reihenfolge zur Ordnung der Befehle in `FuehreAus` rückgängig gemacht werden müssen.

Schließlich muß `MakroBefehl` Operationen zur Verwaltung seiner Teilbefehle bereitstellen. Die `MakroBefehl`-Klasse ist auch dafür zuständig, ihre Teilbefehle zu löschen.

```
void MakroBefehl::FuegeHinzu(Befehl* befehl) {
    _befehle->HaengeAn(befehl);
}

void MakroBefehl::Entferne(Befehl* befehl) {
    _befehle->Entferne(befehl);
}
```

Bekannte Verwendungen

Das vermutlich erste Beispiel der Anwendung des Befehlsmusters taucht in einem Papier von Liebermann auf [Lie85]. MacApp machte die Bedeutung des Befehlsmusters zur Implementierung von Befehlen, die rückgängig gemacht werden können, bekannt. ET++ [WGM88], InterViews [LCI+92] und Unidraw [VL90] definieren ebenfalls Klassen, die dem Befehlsmuster folgen. InterViews definiert die abstrakte Klasse Action, welche die entsprechende Befehlsfunktionalität bietet. Sie definiert weiterhin eine Action-Callback-Template, das mit einer Operation parametrisiert wird und das Befehlsunterklassen automatisch erzeugen kann.

Die THINK-Klassenbibliothek [Sym93b] verwendet ebenfalls Befehlsobjekte, um Operationen zu ermöglichen, die rückgängig gemacht werden können. In THINK heißen Befehle »Tasks«. Task-Objekte werden entlang einer Zuständigkeitskette (410) weitergereicht, um bearbeitet zu werden.

Die Befehlsobjekte von Unidraw sind in der Hinsicht einmalig, als sie sich wie Nachrichten verhalten können. Ein Unidraw-Befehl kann an ein anderes Objekt geschickt werden, um dort interpretiert zu werden. Das Ergebnis der Interpretierung variiert mit dem empfangenden Objekt. Weiterhin kann der Empfänger die Interpretierung an ein weiteres Objekte delegieren. Dies ist üblicherweise das Elternobjekt des Empfängers innerhalb einer größeren Struktur wie zum Beispiel einer Zuständigkeitskette. Der Empfänger eines Unidraw-Befehls wird somit berechnet und nicht gespeichert. Der Interpretierungsmechanismus von Unidraw hängt von Laufzeittypinformationen (run-time type information) ab.

Coplien beschreibt, wie man *Functors* in C++ implementiert [Cop92]. Dies sind Objekte, die Funktionen darstellen. Er erreicht einen gewissen Grad an Transparenz, indem er sie den C++-Operator `operator()` für Funktionsaufrufe überladen läßt. Das Befehlsmuster unterscheidet sich hiervon; es konzentriert sich auf die Verwaltung *der Anbindung* eines Empfängers an eine Operation, nicht nur auf die Verwaltung einer Operation.

Verwandte Muster

Ein Kompositum (239) kann dazu verwendet werden, MakroBefehle zu implementieren.

Ein Memento (354) kann Zustandsinformationen aufbewahren, die das Befehlsobjekt benötigt, um seine Auswirkungen rückgängig zu machen.

Ein Befehlsobjekt, das kopiert werden muß, bevor es in eine Befehlsgeschichte eingefügt werden kann, verhält sich wie ein Prototyp (144).

Beobachter

(Observer)

Ein objektbasiertes Verhaltensmuster

Zweck

Definiere eine 1-zu-n-Abhängigkeit zwischen Objekten, so daß die Änderung des Zustands eines Objekts dazu führt, daß alle abhängigen Objekte benachrichtigt und automatisch aktualisiert werden.

Motivation

Teilt man ein System in eine Menge von interagierenden Klassen auf, so ergibt sich häufig der Nebeneffekt, daß die Konsistenz zwischen den miteinander in Beziehung stehenden Objekten aufrechterhalten werden muß. Man möchte diese Konsistenz überlicherweise nicht dadurch sicherstellen, daß man die Klassen eng miteinander koppelt, weil dies ihre Wiederverwendbarkeit einschränkt.

Beispielsweise trennen viele Klassenbibliotheken für Benutzungsschnittstellen die Darstellungsaspekte der Benutzungsschnittstelle von den dahinterliegenden Anwendungsdaten [KP88, LVC89, P+88, WGM88]. Klassen, die Anwendungsdaten und Darstellungen definieren, können sowohl zusammenarbeiten als auch voneinander unabhängig wiederverwendet werden. Ein Objekt zur Darstellung einer Tabellenkalkulation kann gleichzeitig mit einem Objekt zur Darstellung von Säulengrafiken Informationen anzeigen, die von demselben Anwendungsdatenobjekt stammen (siehe Abbildung 5.7). Die zwei Objekte zur Anzeige der Tabellenkalkulation und zur Anzeige der Säulengrafik kennen einander nicht, was es Ihnen ermöglicht, nur jenes der beiden Objekte wiederzuverwenden, das Sie gerade benötigen. Trotzdem *verhalten* sich beide Objekte so, als ob sie einander kennen würden. Wenn der Benutzer die Informationen in der Tabellenkalkulation ändert, spiegelt das Säulendiagramm die Änderungen sofort wieder, und umgekehrt.

Dieses Verhalten legt nahe, daß die Tabellenkalkulation und die Säulengrafik vom Datenobjekt abhängen und deswegen über jede seiner Zustandsänderungen informiert werden sollten. Zudem gibt es keinen Grund, warum man die Anzahl der abhängigen Objekte auf zwei begrenzen sollte. Es kann eine beliebige Anzahl von unterschiedlichen Benutzungsschnittstellen für dieselben Daten geben.

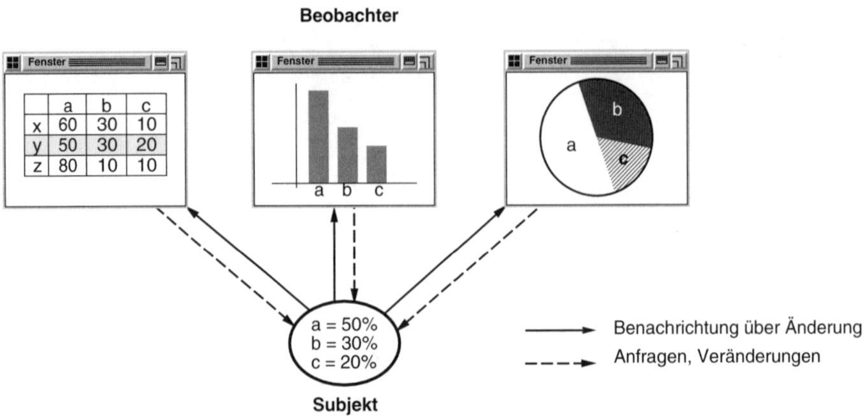

Abbildung 5.7

Das Beobachtermuster beschreibt, wie man diese Beziehungen etabliert. Die zentralen Objekte in diesem Muster heißen **Subjekt** und **Beobachter**. Ein Subjekt kann eine beliebige Anzahl von abhängigen Beobachtern besitzen. Alle Beobachter werden benachrichtigt, wenn das Subjekt seinen Zustand ändert. Als Reaktion darauf synchronisiert sich jeder Beobachter mit dem Zustand des Subjekts mit Hilfe von Anfragen, die er daran stellt.

Diese Art von Interaktion ist auch als **Publish-Subscribe** (publiziere und abonniere) bekannt. Das Subjekt ist der Publizierer von Nachrichten. Es sendet diese Nachrichten aus, ohne zu wissen, wer seine Beobachter sind. Eine beliebige Anzahl von Beobachtern kann sich auf das Empfangen von Nachrichten abonnieren.

Anwendbarkeit

Verwenden Sie das Beobachtermuster in jeder der folgenden Situationen:

- Wenn eine Abstraktion zwei Aspekte besitzt, von denen der eine von dem anderen abhängt. Die Kapselung dieser Aspekte in unterschiedlichen Objekten ermöglicht es Ihnen, sie zu variieren und sie unabhängig voneinander wiederzuverwenden.
- Wenn die Änderung eines Objekts die Änderung anderer Objekte verlangt und Sie nicht wissen, wie viele Objekte geändert werden müssen.
- Wenn ein Objekt in der Lage sein sollte, andere Objekte zu benachrichtigen, ohne Annahmen darüber treffen zu dürfen, wer diese anderen Objekte sind. Mit andern Worten: Sie wollen diese Objekte nicht eng miteinander koppeln.

Struktur

Abbildung 5.8 zeigt die Struktur des Beobachtermusters.

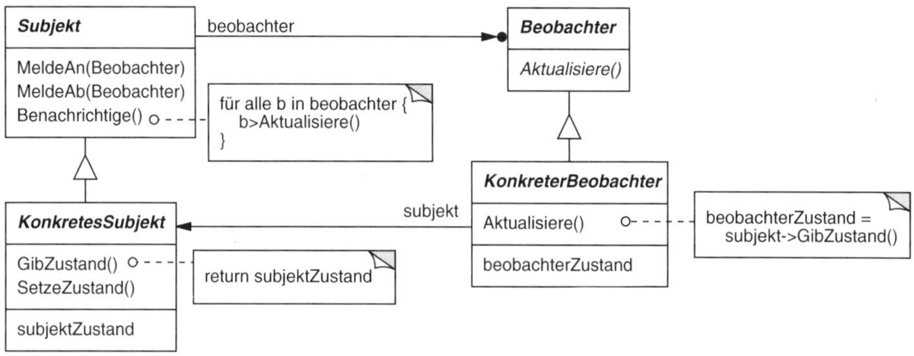

Abbildung 5.8

Teilnehmer

- **Subjekt**
  - kennt seine Beobachter. Eine beliebige Anzahl von Beobachtern kann ein Subjekt beobachten.
  - bietet eine Schnittstelle zum An- und Abmelden von Beobachtern.
- **Beobachter**
  - definiert eine Aktualisierungsschnittstelle für Objekte, die über Änderungen eines Subjekts benachrichtigt werden sollen.
- **KonkretesSubjekt**
  - speichert den für KonkreteBeobachter relevanten Zustand.
  - benachrichtigt seine Beobachter, wenn sich sein Zustand ändert.
- **KonkreterBeobachter**
  - verwaltet eine Referenz auf ein KonkretesSubjekt.
  - speichert den Zustand, der mit dem des Subjekts in Einklang stehen soll.
  - implementiert die Aktualisierungsschnittstelle der Beobachterklasse, um seinen Zustand mit dem des Subjekts konsistent zu halten.

Interaktionen

- Ein KonkretesSubjekt benachrichtigt seine Beobachter, wenn eine Zustandsänderung stattfindet, die den Zustand seiner Beobachter in bezug auf den eigenen Zustand inkonsistent machen könnte.
- Nach der Benachrichtigung über eine Änderung des konkreten Subjekts kann ein KonkretesBeobachter-Objekt das Subjekt nach Informationen befragen. Ein KonkreterBeobachter verwendet diese Information, um seinen Zustand mit dem des Subjekts in Einklang zu bringen.

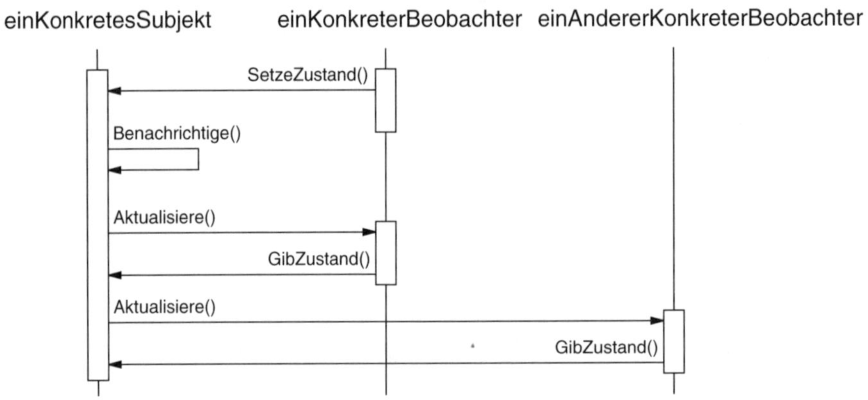

Abbildung 5.9

Das in Abbildung 5.9 dargestellte Interaktionsdiagramm illustriert die Interaktionen zwischen einem Subjekt und zwei Beobachtern.

Beachten Sie dabei, wie das Beobachterobjekt, das die Änderung am Subjekt vornimmt, seine eigene Aktualisierung so lange zurückstellt, bis es eine Benachrichtigung vom Subjekt erhält. Die Benachrichtige-Operation muß nicht immer vom Subjekt aufgerufen werden. Sie kann auch von einem Beobachter oder von einem ganz anderen Objekt ausgeführt werden. Der Implementierungsabschnitt diskutiert einige übliche Variationen.

Konsequenzen

Das Beobachtermuster ermöglicht es Ihnen, die Subjekte und Beobachter voneinander unabhängig zu variieren. Sie können Subjekte wiederverwenden, ohne ihre Beobachter wiederverwenden zu müssen, und umgekehrt. Es ermöglicht es Ihnen, neue Beobachter ohne Modifikation des Subjekts oder anderer Beobachter hinzuzufügen.

Weitere Vorteile und Verpflichtungen des Beobachtermusters umfassen die folgenden Aspekte:

1. *Abstrakte Kopplung zwischen Subjekt und Beobachter.* Alles, was ein Subjekt weiß, ist, daß es eine Liste von Beobachtern besitzt, von denen jeder der einfachen Schnittstelle der Beobachterklasse entspricht. Das Subjekt kennt keine der konkreten Klassen eines Beobachters. Somit ist die Kopplung zwischen Subjekten und Beobachtern abstrakt und auf ein Minimum reduziert.

   Weil die Subjekt- und Beobachterklassen nicht eng aneinander gekoppelt sind, können sie zu unterschiedlichen Abstraktionsschichten in einem System gehören. Ein Subjekt einer weiter unten liegenden Schicht kann einen in einer höheren Schicht liegenden Beobachter benachrichtigen, wobei es das Schichtenmodell des Systems intakt läßt. Werden Subjekt und Beobachter zusammengefaßt, dann muß das resultierende Objekt entweder in zwei Schichten enthalten sein (und somit das Schichtungskonzept verletzen), oder es ist gezwungen, in einer der beiden Schichten zu sitzen (was die Schichtenabstraktionsbildung ebenfalls verletzt).

2. *Unterstützung von Broadcast-Kommunikation.* Anders als eine normale Anfrage, muß die von einem Subjekt abgeschickte Nachricht ihre Empfänger nicht spezifizieren. Die Benachrichtigung wird automatisch an die interessierten Objekte verteilt, die sich für sie registriert haben. Das Subjekt beachtet nicht weiter, wie viele interessierte Objekte es gibt; es ist lediglich dafür zuständig, seine Beobachter zu benachrichtigen. Dies ermöglicht es Ihnen, ohne Einschränkung jederzeit Beobachter an- oder abzumelden. Der Beobachter ist dafür zuständig, eine Benachrichtigung zu ignorieren oder zu bearbeiten.

3. *Unerwartete Aktualisierungen.* Da Beobachter nichts voneinander wissen, haben sie auch keine Vorstellung davon, was die Änderung eines Subjekts insgesamt kostet. Eine scheinbar harmlose Operation auf dem Subjekt kann zu einer Kaskade von Aktualisierungen bei den Beobachtern und den von ihnen abhängigen Objekten führen. Weiterhin können schlecht definierte oder schlecht gewartete Abhängigkeiten zu unsinnigen Aktualisierungen führen, die schwer aufzuspüren sind.

   Dieses Problem wird durch die Tatsache erschwert, daß das einfache Aktualisierungsprotokoll nicht beschreibt, *was* sich im Subjekt geändert hat. Ohne ein erweitertes Protokoll kann es Beobachtern schwerfallen, herauszufinden, was sich konkret geändert hat.

Implementierung

Dieser Abschnitt diskutiert viele Aspekte, die mit der Implementierung des Abhängigkeitsmechanismus in Zusammenhang stehen.

1. *Abbildung von Subjekten auf ihre Beobachter.* Für ein Subjekt ist es am einfachsten, sich die zu benachrichtigenden Beobachter zu merken, indem es explizite Referenzen auf sie speichert. Diese Speicherung kann allerdings zu teuer werden, wenn es viele Subjekte und wenige Beobachter gibt. Eine Lösung für dieses Problem besteht darin, den Speicherplatz gegen einen höheren Zeitverbrauch auszutauschen, indem man ein assoziatives Lookup verwendet (zum Beispiel eine Hash-Tabelle), um die Abbildung vom Subjekt auf seine Boebachter zu verwalten. Somit nimmt ein Subjekt ohne Beobachter keinen Speicher in Anspruch. Auf der anderen Seite erhöht dieser Ansatz die Kosten des Zugriffs auf die Beobachter.

2. *Beobachten von mehr als einem Subjekt.* In manchen Situationen ist es sinnvoll, daß ein Beobachter von mehr als einem Subjekt abhängt. So kann zum Beispiel eine Tabellenkalkulation von mehr als einer Datenquelle abhängen. Es ist in solchen Fällen notwendig, die Aktualisierungsschnittstelle zu erweitern, um dem Beobachter mitteilen zu können, *welches* Subjekt die Benachrichtigung ausgelöst hat. Das Subjekt kann sich einfach als Parameter in die Aktualisierungsoperation einhängen, was es dem Beobachter ermöglicht festzustellen, welches Subjekt untersucht werden muß.

3. *Auslösen der Aktualisierung.* Das Subjekt und seine Beobachter hängen vom Benachrichtigungsmechanismus ab, um konsistent zu bleiben. Es stellt sich die Frage, welches Objekt schlußendlich die Benachrichtige-Operation aufruft, um die Aktualisierung auszulösen. Es folgen zwei Möglichkeiten.

   a. Die zustandsändernden Operationen des Subjekts rufen Benachrichtige nach Ausführen der Änderung auf. Der Vorteil dieses Ansatzes liegt darin, daß Klienten nicht daran denken müssen, beim Subjekt die Benachrichtige-Operation aufzurufen. Der Nachteil ist der, daß mehrere aufeinanderfolgende Operationen mehrere aufeinanderfolgende Aktualisierungen verursachen, was ineffizient sein kann.

   b. Die Klienten sind dafür zuständig, die Benachrichtige-Operation zum richtigen Zeitpunkt aufzurufen. Der Vorteil liegt darin, daß der Klient mit dem Auslösen der Aktualisierung warten kann, bis eine Reihe von Zustandsänderungen ausgeführt wurden. Dadurch lassen sich nutzlose zwischenzeitliche Aktualisierungen vermeiden. Der Nachteil ist, daß Klienten zusätzlich dafür zuständig sind, die Aktualisierung auszulösen. Dies macht Fehler wahrscheinlicher, da Klienten es vergessen könnten, die Benachrichtige-Operation aufzurufen.

4. *Fehlerhafte Referenzen auf gelöschte Subjekte.* Das Löschen von Subjekten sollte zu keinen fehlerhaften Referenzen in ihren Beobachtern führen. Eine Möglichkeit, in der Luft hängende Referenzen zu vermeiden, besteht darin, die Subjekte ihre Beobachter benachrichtigen zu lassen, wenn sie gelöscht werden. Somit können die Beobachter ihre Referenz auf das Subjekt zurücksetzen. Im allgemeinen ist das Löschen der Beobachter keine Lösung, weil andere Objekte sie möglicherweise referenzieren, oder weil sie andere Subjekte beobachten.

5. *Sicherstellen, daß der Subjektzustand vor der Benachrichtigung konsistent ist.* Es ist wichtig sicherzustellen, daß der Subjektzustand in sich konsistent ist, bevor die Benachrichtige-Operation aufgerufen wird, weil die Beobachter den aktuellen Zustand des Subjekts abfragen, während sie ihren eigenen Zustand aktualisieren.

   Diese Konsistenzregel kann leicht unabsichtlich verletzt werden, wenn Unterklassen des Subjekts geerbte Operationen aufrufen. So wird zum Beispiel die Benachrichtigung im folgenden Code ausgelöst, wenn das Subjekt noch in einem inkonsistenten Zustand ist:

```
void Subjekt::Operation(int neuerWert) {
   SubjektBasisKlasse::Operation(neuerWert);
      // löst Benachrichtigung aus

   _exemplarVar += neuerWert;
      // aktualisiere Unterklassenzustand (zu spät!!)
}
```

   Sie können diese Falle vermeiden, indem Sie die Benachrichtigungen von Schablonenmethoden (366) abstrakter Subjektklassen aus aufrufen. Sie müssen dazu primitive Operationen definieren, die von Unterklassen überschrieben werden sollen, und dann den Aufruf der Benachrichtige-Operation zum letzten Schritt in der Schablonenmethode machen. Die stellt sicher, daß das Objekt in sich konsistent ist, wenn die Unterklassen Subjektoperationen überschreiben.

```
void Text::Ausschneiden(TextBereich bereich) {
   ErsetzeBereich(bereich);// in Unterklassen überschrieben
   Benachrichtige();
}
```

Es ist übrigens immer eine gute Idee, zu dokumentieren, welche Subjektoperationen Benachrichtigungen auslösen.

6. *Vermeiden von beobachterspezifischen Aktualisierungsschnittstellen: Das Push- und das Pull-Modell.* Implementierungen des Beobachtermusters verteilen bei einer Benachrichtigung oftmals zusätzliche Informationen über die Änderung. Das Subjekt gibt diese Informationen als Argumente für die Aktualisiere-Operation mit. Der Umfang der Informationen kann stark variieren.

   Bei einem Extrem, welches wir das **Push-Modell** nennen, schickt das Subjekt den Beobachtern detaillierte Informationen über die Änderung mit, ob Sie nun an ihr interessiert sind oder nicht. Beim anderen Extrem, dem **Pull-Modell**, schickt das Subjekt nur minimale Informationen mit, wobei Beobachter daraufhin nachfragen müssen, um die Details der Änderung in Erfahrung zu bringen.

   Das Pull-Modell betont, daß ein Subjekt nichts über seine Beobachter weiß, während das Push-Modell die Annahme trifft, daß Subjekte etwas über die Bedürfnisse ihrer Beobachter wissen. Das Push-Modell macht Beobachter schwerer wiederverwendbar, weil die Subjektklassen Annahmen über Beobachterklassen machen, die nicht immer zutreffen müssen. Auf der anderen Seite kann das Pull-Modell ineffizient sein, weil die Beobachterklassen ohne Hilfe des Subjekts feststellen müssen, was sich geändert hat.

7. *Explizites Festlegen der interessierenden Änderungen.* Sie können die Effizienz von Aktualisierungen verbessern, indem Sie die Verwaltungsschnittstelle des Subjekts erweitern, um das Anmelden von Beobachtern für bestimmte sie interessierende Ereignisse zu ermöglichen. Wenn solch ein Ereignis eintritt, informiert das Subjekt nur jene Beobachter, die sich für das Ereignis haben eintragen lassen. Man kann dies durch die Verwendung des **Aspekt-Konzepts** ermöglichen. Um sich für ein bestimmtes Ereignis registrieren zu lassen, meldet sich der Beobachter bei einem Subjekt mittels

```
void Subjekt::MeldeAn(Beobachter*, Aspekt& interesse);
```

   an, wobei `interesse` jenes Ereignis bezeichnet, an dem der Beobachter interessiert ist. Zum Zeitpunkt der Benachrichtigung, gibt das Subjekt seinen Beobachtern in der Aktualisiere-Operation den Aspekt mit, der sich geändert hat. Das sieht dann beispielsweise so aus:

```
void Beobachter::Aktualisiere(Subjekt*, Aspekt& interesse);
```

8. *Kapseln komplexer Aktualisierungssemantik.* Wenn die Abhängigkeitsbeziehung zwischen Subjekten und Beobachtern besonders komplex ist, braucht man ein Objekt, das diese Beziehungen verwaltet. Wir nennen ein derartiges Objekt einen **ÄnderungsManager**. Seine Aufgabe besteht darin, die zur Aktualisierung von Beobachtern hinsichtlich einer Änderung ihres Subjekts benötigte Arbeit zu minimieren. Wenn beispielsweise eine Operation Änderungen an mehreren voneinander abhängigen Subjekten umfaßt, dann müssen Sie sicherstellen, daß Ihre Beobachter erst dann informiert werden, wenn alle Subjekte geändert worden sind. Somit vermeiden Sie es, daß Beobachter mehr als einmal benachrichtigt werden.

   Der ÄnderungsManager ist für drei Aufgaben zuständig:

   a. Er bildet ein Subjekt auf seine Beobachter ab und bietet eine Schnittstelle zur Verwaltung dieser Abbildung. Somit müssen Subjekte keine Referenzen auf ihre Beobachter mehr verwalten, und umgekehrt.

   b. Er definiert eine bestimmte Aktualisierungsstrategie.

   c. Er aktualisiert auf Anforderung eines Subjekts alle abhängigen Beobachter.

   Das Diagramm in Abbildung 5.10 zeigt eine einfache auf einem ÄnderungsManager basierende Implementierung des Beobachtermusters. Es gibt zwei spezialisierte ÄnderungsManager. Ein EinfacherÄnderungsManager ist dahingehend naiv, daß er immer alle Beobachter eines Subjekts aktualisiert. Im Gegensatz dazu verarbeitet ein DAGÄnderungsManager gerichtete azyklische Graphen von Abhängigkeiten zwischen Subjekten und ihren Beobachtern. Ein DAGÄnderungsManager ist einem EinfachenÄnderungsManager dann vorzuziehen, wenn ein Beobachter mehr als ein Subjekt beobachtet. In diesem Fall kann die Änderung von zwei oder mehr Subjekten überflüssige Aktualisierungen verursachen. Der DAGÄnderungsManager stellt sicher, daß der Beobachter nur einmal aktualisiert wird. Der EinfacheÄnderungsManager kann gut verwendet werden, wenn mehrfache Aktualisierungen kein Problem darstellen.

   Der ÄnderungsManager stellt die Anwendung des Vermittlermusters (385) dar. Im allgemeinen gibt es nur einen ÄnderungsManager, und der ist global bekannt. Das Singletonmuster wäre an dieser Stelle gut zu verwenden.

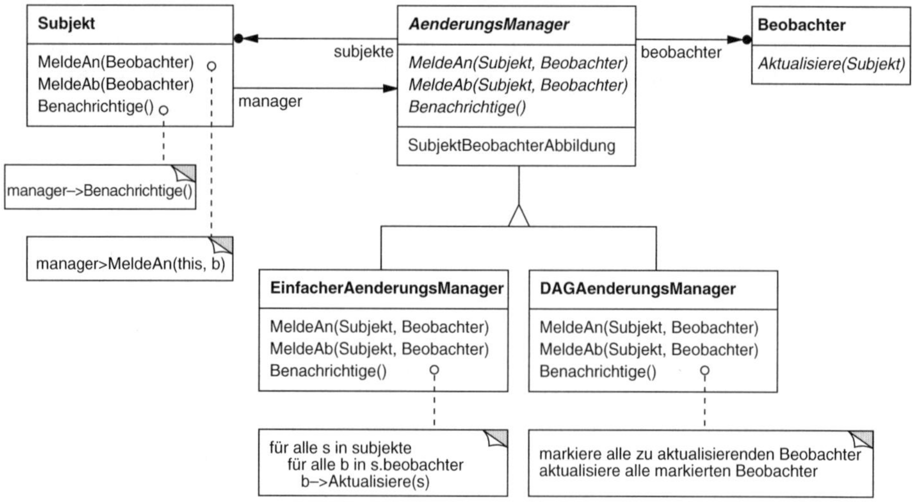

Abbildung 5.10

9. *Kombinieren von Subjekt- und Beobachterklassen.* In Sprachen geschriebene Klassenbibliotheken, die wie Smalltalk über keine Mehrfachvererbung verfügen, definieren im allgemeinen keine getrennten Subjekt- und Beobachterklassen, sondern führen ihre Schnittstellen in einer einzigen Klasse zusammen. Dies ermöglicht es Ihnen, ein Objekt zu definieren, das sowohl als Subjekt als auch als Beobachter fungiert, ohne daß Sie dabei Mehrfachvererbung verwenden müssen. In Smalltalk sind beispielsweise die Subjekt- und Beboachterschnittstellen in der Wurzelklasse Object definiert, was sie in allen Unterklassen verfügbar macht.

Beispielcode

Eine abstrakte Klasse definiert die Schnittstelle der Beobachterklasse:

```
class Subjekt;

class Beobachter {
public:
   virtual ~Beobachter();
   virtual void Aktualisiere(Subjekt* dasGeaenderteSubjekt) = 0;
protected:
   Beobachter();
};
```

Diese Implementierung unterstützt mehrere Subjekte für jeden Beobachter. Das an die Aktualisiere-Operation weitergereichte Subjekt ermöglicht es dem Beobachter festzustellen, welches Subjekt sich geändert hat (wenn es mehrere beobachtet).

Eine abstrakte Klasse definiert die Schnittstelle der Subjektklasse:

```
class Subjekt {
public:
   virtual ~Subjekt();

   virtual void MeldeAn(Beobachter*);
   virtual void MeldeAb(Beobachter*);
   virtual void Benachrichtige();

protected:
   Subjekt();

private:
   Liste<Beobachter*>* _beobachter;
};

void Subjekt::MeldeAn(Beobachter* beobachter) {
   _beobachter->HaengeAn(beobachter);
}

void Subjekt::MeldeAb(Beobachter* beobachter) {
   _beobachter->Entferne(beobachter);
}

void Subjekt::Benachrichtige() {
   ListenIterator<Beobachter*> iter(_beobachter);

   for (iter.Start(); !iter.IstFertig(); iter.Weiter()) {
      iter.AktuellesElement()->Aktualisiere(this);
   }
}
```

ZeitGeber ist eine konkrete Subjektklasse zum Speichern und zum Verwalten der Tageszeit. Es benachrichtigt seine Beobachter jede Sekunde. ZeitGeber bietet eine Schnittstelle zum Abfragen einzelner Zeiteinheiten wie zum Beispiel der Stunde, Minute und Sekunde.

```
class ZeitGeber : public Subjekt {
public:
    ZeitGeber();

    virtual int GibStunde();
    virtual int GibMinute();
    virtual int GibSekunde();

    void Tick();
};
```

Die Tick-Operation wird in regelmäßigen Abständen von einem internen Taktgeber aufgerufen, um eine akurate Zeitbasis bereitzustellen. Tick aktualisiert den internen Zustand des ZeitGebers und ruft Benachrichtige auf, um Beobachter über die Zustandsänderung zu informieren:

```
void ZeitGeber::Tick() {
    // aktualisiere den internen Zustand
    // ...
    Benachrichtige();
}
```

Wir können jetzt die Klasse DigitalUhr definieren, welche die Zeit anzeigt. Sie erbt ihre grafischen Fähigkeiten von einer Widget-Klasse, die von einer Klassenbibliothek für Benutzungsschnittstellen angeboten wird. Die Schnittstelle der Beobachterklasse wird der DigitalUhr-Schnittstelle durch Mixin-Erben von Beobachter hinzugefügt.

```
class DigitalUhr : public Widget, public Beobachter {
public:
    DigitalUhr(ZeitGeber*);
    virtual ~DigitalUhr();

    virtual void Aktualisiere(Subjekt*);
        // überschreibt Operation der Beobachterklasse

    virtual void Zeichne();
        // überschreibt Operation der Widgetklasse
        // definiert, wie die Digitaluhr gezeichnet wird

private:
    ZeitGeber* _subjekt;
};
```

```
DigitalUhr::DigitalUhr(ZeitGeber* subjekt) {
    _subjekt = subjekt;
    _subjekt->MeldeAn(this);
}
DigitalUhr::~DigitalUhr() {
    _subjekt->MeldeAb(this);
}
```

Bevor nun die Aktualisiere-Operation die Uhr darstellt, überprüft sie zuerst, ob das benachrichtigende Subjekt auch das Subjekt der Uhr ist:

```
void DigitalUhr::Aktualisiere(Subjekt* dasGeaenderteSubjekt) {
    if (dasGeaenderteSubjekt == _subjekt) {
        Zeichne();
    }
}

void DigitalUhr::Zeichne() {
    // holt die neuen Werte vom Subjekt

    int stunde = _subjekt->GibStunde();
    int minute = _subjekt->GibMinute();
    // usw.

    // zeichne die Digitaluhr
}
```

Eine AnalogUhr-Klasse kann auf dieselbe Art definiert werden:

```
class AnalogUhr : public Widget, public Beobachter {
public:
    AnalogUhr(ZeitGeber*);
    virtual void Aktualisiere(Subjekt*);
    virtual void Zeichne();
    // ...
};
```

Der folgende Code erzeugt eine AnalogUhr und eine DigitalUhr, die immer dieselbe Zeit anzeigen:

```
ZeitGeber* timer = new ZeitGeber;
AnalogUhr* analogUhr = new AnalogUhr(timer);
DigitalUhr* digitalUhr = new DigitalUhr(timer);
```

Immer wenn der timer tickt, werden die beiden Uhren aktualisiert und zeigen die entsprechende Zeit an.

Bekannte Verwendungen

Das erste und vielleicht bekannteste Beispiel des Beobachtermusters ist im Model/View/Controller-Konzept (MVC) zu finden, dem Benutzungsschnittstellen-Framework der Smalltalk-Umgebung [KP88]. Die Model-Klasse von MVC spielt die Rolle des Subjekts. Die View-Klasse ist die Oberklasse für Beobachterklassen. Smalltalk, ET++ [WGM88] und die THINK-Klassenbibliothek [Sym93b] bieten einen allgemeinen Abhängigkeitsmechanismus, indem sie die Subjekt- und Beobachterschnittstellen in die Basisklasse aller anderen Klassen im System packen.

Andere Klassenbibliotheken zur Erstellung von Benutzungsschnittstellen, welche dieses Muster verwenden, sind InterViews [LVC89], die Andrew-Klassenbibliothek [P+88] und Unidraw [VL90]. InterViews definiert explizit die Klassen Observer (Beobachter) und Observable (beobachtbar, d.h. für Subjekte). Andrew nennt sie »view« und »data object« respektive. Unidraw teilt grafische Editorobjekte in View- (für Beobachter) und Subject-Teile auf.

Verwandte Muster

Vermittler (385): Durch die Kapselung komplexer Aktualisierungssemantik wirkt der ÄnderungsManager als Vermittler zwischen Subjekten und Beobachtern.

Singleton (157): Der ÄnderungsManager kann das Singletonmuster verwenden, um einmalig und global zugreifbar zu sein.

Besucher

(Visitor)

Ein objektbasiertes Verhaltensmuster

Zweck

Kapsle eine auf den Elementen einer Objektstruktur auszuführende Operation als ein Objekt. Das Besuchermuster ermöglicht es Ihnen, eine neue Operation zu definieren, ohne die Klassen der von ihr bearbeiteten Elemente zu verändern.

Motivation

Stellen Sie sich einen Übersetzer vor, der Programme als abstrakte Syntaxbäume repräsentiert. Er muß für die statische Semantikanalyse des Programms Operationen auf dem abstrakten Syntaxbaum ausführen, wie zum Beispiel die Überprüfung, ob alle Variablen definiert sind. Er wird weiterhin Code generieren müssen. Deswegen wird er möglicherweise Operationen zur Typprüfung, zur Codeoptimierung, zur Flußanalyse, zur Überprüfung, ob Variablen Werte gesetzt sind, bevor sie verwendet werden, und so weiter definieren. Wir können den abstrakten Syntaxbaum weiterhin für das Pretty-Printing eines Programms verwenden, für seine Restrukturierung, für die Instrumentierung von Code und für die Berechnung verschiedener Metriken.

Die meisten dieser Operationen müssen Knoten, die Zuweisungsausdrücke repräsentieren, anders behandeln als Knoten, die Variablen oder arithmetische Ausdrücke darstellen. Somit ergibt sich eine eigene Klasse für Zuweisungsausdrücke, eine andere für Variablenzugriffe, eine weitere für arithmetische Ausdrücke und so weiter. Die Menge der Knotenklassen hängt natürlich von der zu übersetzenden Sprache ab, sie ändert sich aber praktisch nicht mehr, wenn die Sprache einmal festgelegt ist.

Abbildung 5.11 zeigt einen Teil der Knotenklassenhierarchie. Es ergibt sich das Problem, daß die Verteilung der angesprochenen Operationen auf alle Knotenklassen zu einem System führt, daß schwer zu verstehen, zu verwalten und zu ändern ist. Es ist verwirrend, den Code zur Typüberprüfung mit dem zum Pretty-Printing oder dem zur Flußanalyse zu vermischen. Weiterhin bedeutet das Hinzufügen einer neuen Operation üblicherweise, daß man alle Klassen erneut übersetzen muß. Es wäre besser, wenn jede neue Operation vom Klassenbaum unabhängig hinzugefügt werden könnte und wenn die Knotenklassen unabhängig von den auf sie anzuwendenden Operationen wären.

Wir können beides möglich machen, indem wir die verwandten Operationen einer jeden Klasse in einem separaten Objekt, einen **Besucher**, zusammenfassen, und es den Elementen im abstrakten Syntaxbaum bei der Traversierung übergeben. Wenn ein Element den Besucher »akzeptiert«, ruft es eine der Klasse des Elements entsprechende Operation des Besuchers auf. Dabei übergibt es sich selbst als Parameter. Der Besucher führt dann die Operation für dieses Element aus – eine Operation, die zuvor Teil der Klasse des Elements war.

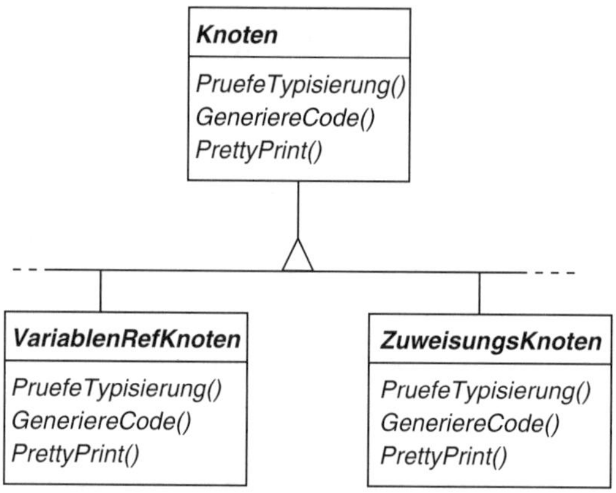

Abbildung 5.11

Beispielsweise kann ein Übersetzer, der keine Besucher verwendet, die Typüberprüfung einer Prozedur durch Aufruf der Operation PruefeTypisierung im abstrakten Syntaxbaum vornehmen. Dann muß jeder Knoten die Operation PruefeTypisierung implementieren, indem er PruefeTypisierung auf seinen Komponenten aufruft (wie im vorigen Klassendiagramm angedeutet). Zur Typüberprüfung mittels eines Besuchers würde der Übersetzer ein TypPruefungsBesucher-Objekt erzeugen und die NimmEntgegen-Operation auf den Elementen des abstrakten Syntaxbaums mit dem Besucher als Argument aufrufen. Jeder Knoten würde NimmEntgegen durch Aufruf einer Operation des Besuchers implementieren: Ein Zuweisungsknoten ruft die BesucheZuweisung-Operation des Besuchers auf, und ein Knoten für eine Variablenreferenz ruft BesucheVariablenRef auf. Die ehemalige PruefeTypisierung-Operation der Klasse ZuweisungsKnoten wird somit zur BesucheZuweisung-Operation des TypPruefungsBesuchers.

Um die Besucher für mehr als nur die Prüfung korrekter Typisierung einsetzen zu können, benötigen wir eine abstrakte Klasse namens KnotenBesucher als Oberklasse für alle Besucher eines abstrakten Syntaxbaums. KnotenBesucher muß eine Operation für jede Knotenklasse deklarieren (siehe die Abbildungen 5.12 und 5.13). Soll eine Anwendung zum Beispiel Programm-Metriken berechnen, so definiert sie eine neue Unterklasse von KnotenBesucher und braucht somit die Knotenklassen nicht um anwendungsspezifischen Code zu erweitern. Das Besuchermuster kapselt die Operationen einer jeden Übersetzungsphase in einem Besucher, der zu dieser Phase gehört.

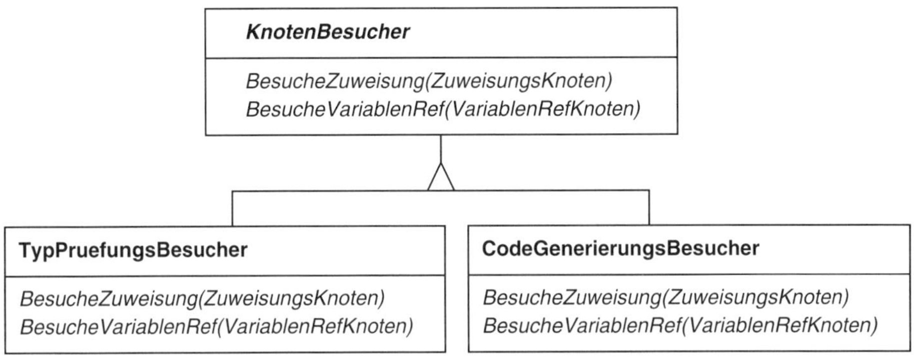

Abbildung 5.12

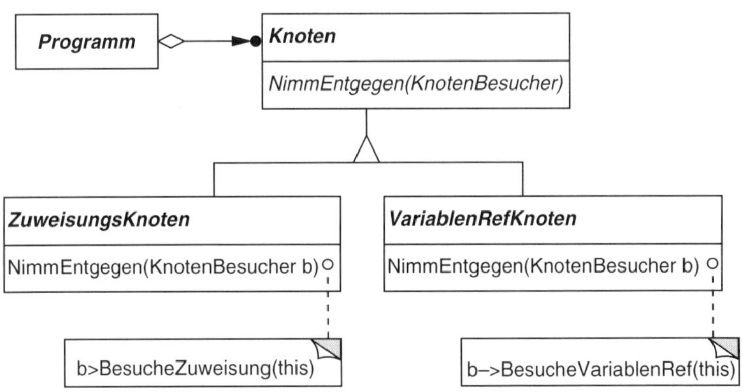

Abbildung 5.13

Wenn Sie das Besuchermuster verwenden, dann definieren Sie zwei Klassenhierarchien: eine für die bearbeiteten Elemente (die Knotenhierarchie) und eine für die Besucher, welche die Operationen auf den Elementen definieren (die Knoten-Besucher-Hierarchie). Sie können eine neue Operation erzeugen, indem Sie eine neue Unterklasse in die Besucherklassenhierarchie einfügen. Solange sich die vom Übersetzer akzeptierte Grammatik nicht ändert, wir also keine neuen Knotenklassen einfügen müssen, können wir neue Funktionalität einfach durch die Definition neuer KnotenBesucher-Unterklassen hinzufügen.

Anwendbarkeit

Verwenden Sie das Besuchermuster, wenn

- eine Objektstruktur viele Klassen von Objekten mit unterschiedlichen Schnittstellen enthält und Sie Operationen auf diesen Objekten ausführen wollen, die von ihren konkreten Klassen abhängen.
- viele unterschiedliche und nicht miteinander verwandte Operationen auf den Objekten einer Objektstruktur ausgeführt werden müssen und Sie es vermeiden wollen, Ihre Klassen mit diesen Operationen zu »verschmutzen«. Das Besuchermuster ermöglicht es Ihnen, die verwandten Operationen beisammen zu halten, indem Sie sie in einer einzigen Klasse definieren. Wenn die Objektstruktur von mehreren Anwendungen gemeinsam genutzt wird, sollten Sie das Besuchermuster verwenden, um Operationen nur in jenen Anwendungen zu verwenden, die sie wirklich benötigen.
- sich die Klassen, die eine Objektstruktur definieren, praktisch nie ändern, Sie aber häufig neue Operationen für die Struktur definieren wollen. Das Ändern der Klassen der Objektstruktur führt zur Neudefinition der Schnittstellen aller Besucherklassen, was sehr teuer sein kann. Wenn sich die Objektstruktur häufig ändert, ist es wahrscheinlich besser, die Operationen in diesen Klassen zu definieren.

Struktur

Abbildung 5.14 zeigt die Struktur des Besuchermusters auf.

Teilnehmer

- **Besucher** (KnotenBesucher)
  - deklariert eine Besuche-Operation für jede KonkretesElement-Klasse in der Objektstruktur. Der Operationsname und seine Signatur benennen die Klasse, welche die Besuche-Operation des Besuchers aufruft. Dies ermöglicht es dem Besucher, die konkrete Klasse des besuchten Elements zu bestimmen. Der Besucher kann dann unter Verwendung der konkreten Schnittstelle auf das Element zugreifen.

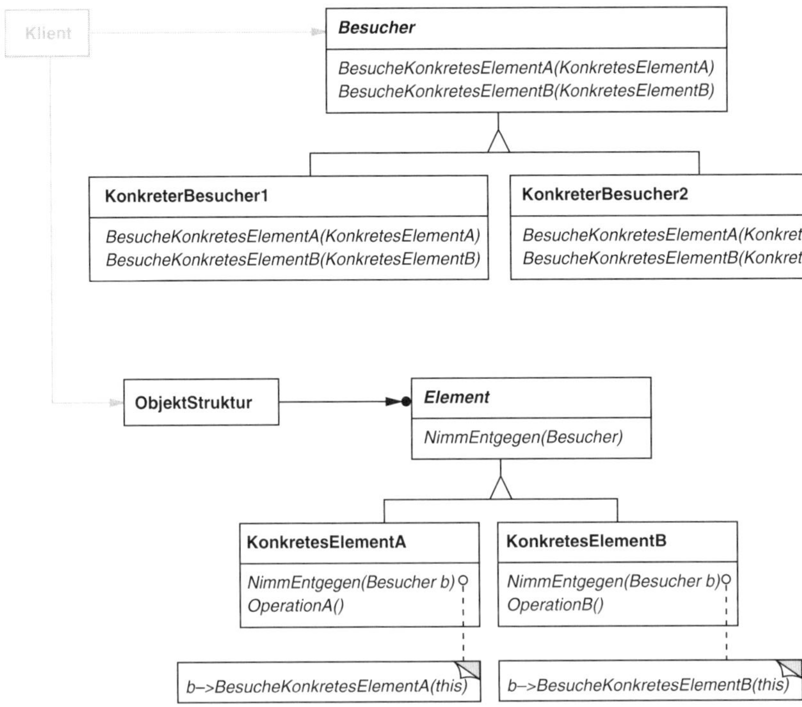

Abbildung 5.14

- **KonkreterBesucher** (TypPruefungsBesucher)
  - implementiert jede von der Besucherklasse deklarierte Operation. Jede Operation implementiert ein Fragment des für die entsprechende Klasse des Objekts einer Struktur definierten Algorithmus. Ein KonkreterBesucher liefert den Kontext für den Algorithmus und speichert seinen lokalen Zustand. Dieser Zustand enthält häufig die während der Traversierung der Struktur angesammelten Ergebnisse.
- **Element** (Knoten)
  - definiert eine NimmEntgegen-Operation, die einen Besucher als Argument empfangen kann.
- **KonkretesElement** (ZuweisungsKnoten, VariablenRefKnoten)
  - implementiert eine NimmEntgegen-Operation, die einen Besucher als Argument empfangen kann.

- **ObjektStruktur** (Programm)
  - kann seine Elemente aufzählen.
  - bietet möglicherweise eine abstrakte Schnittstelle, die es dem Besucher erlaubt, seine Elemente zu besuchen.
  - kann gleichermaßen ein Kompositum (siehe Kompositionsmuster (239)) oder ein Behälter wie zum Beispiel eine Liste oder eine Menge sein.

Interaktionen

- Ein Klient, der das Besuchermuster verwendet, muß ein KonkretesBesucher-Objekt erzeugen und dann die Objektstruktur traversieren, wobei es jedes Element mit dem Besucher besucht.
- Wenn ein Element besucht wird, ruft es die seiner Klasse entsprechende Operation des Besuchers auf. Das Element gibt sich der Operation selbst als Argument mit, um den Besucher bei Bedarf auf seinen Zustand zugreifen zu lassen.
- Das Interaktionsdiagramm in Abbildung 5.15 illustriert die Interaktionen zwischen einer Objektstruktur, einem Besucher und zwei Elementen.

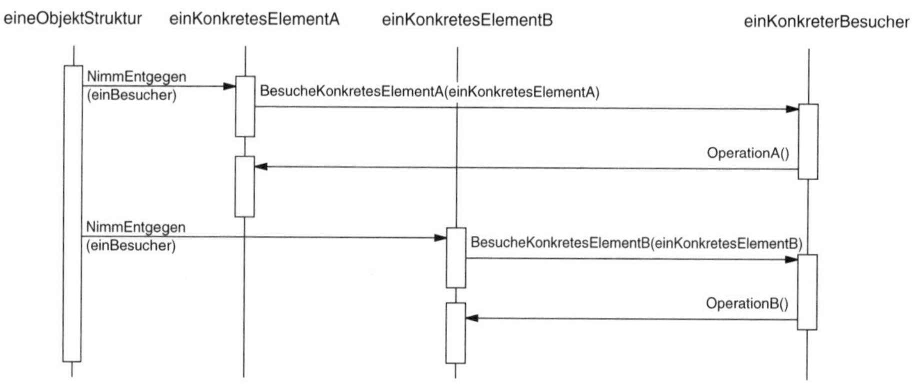

Abbildung 5.15

Konsequenzen

Es folgen ein paar Vorteile und Verpflichtungen, die das Besuchermuster mit sich bringt:

1. *Besucher machen das Hinzufügen neuer Operationen einfach.* Besucher machen es einfach, Operationen hinzuzufügen, die von den Komponenten komplexer

Objekte abhängen. Sie können eine neue Operation auf einer Objektstruktur definieren, indem Sie einfach einen neuen Besucher einführen. Verteilen Sie im Gegensatz dazu die Funktionalität über mehrere Klassen, dann müssen Sie jede Klasse ändern, um eine neue Operation einzuführen.

2. *Ein Besucher führt verwandte Operationen zusammen und trennt sie von den Operationen, die nichts mit der Aufgabe des Besuchers zu tun haben.* Die Anwendung des Besuchermusters verhindert es, daß zusammengehörendes Verhalten über alle Klassen, welche die Objektstruktur definieren, verstreut wird. Statt dessen wird das Verhalten an einem Ort, nämlich dem Besucher, lokalisiert. Jede Menge zusammengehöriger Operationen wird von den anderen Mengen abgetrennt und einer eigenen Besucherunterklasse zugeordnet. Dies vereinfacht sowohl die Klassen, welche die Elemente definieren, als auch die in den Besuchern definierten Algorithmen. Jede algorithmusspezifische Datenstruktur kann im Besucher versteckt werden.

3. *Das Hinzufügen neuer KonkretesElement-Klassen ist schwer.* Das Besuchermuster macht es schwer, neue Unterklassen von Element einzuführen. Jede neue KonkretesElement-Klasse verlangt die Einführung einer neuen abstrakten Operation in der Klasse Besucher sowie einer entsprechenden Implementierung in jeder konkreten Unterklasse. Mitunter kann die Besucherklasse eine Defaultimplementierung bereitstellen, die von den meisten konkreten Besucherklassen geerbt werden kann. Dies ist aber eher die Ausnahme als die Regel.

   Deswegen muß man sich vor der Anwendung des Besuchermusters die folgende zentrale Frage stellen: Ist es wahrscheinlicher, daß sich der Algorithmus ändert, der auf eine Objektstruktur anzuwenden ist, oder ist es wahrscheinlicher, daß sich die Klassen der Objekte, aus denen die Struktur besteht, ändern? Es kann aufwendig sein, die Besucherklassenhierarchie zu warten, wenn ihr häufig neue konkrete Besucherklassen hinzugefügt werden. Es ist in solchen Situationen wahrscheinlich einfacher, die Operationen direkt in den Klassen zu definieren, aus denen die Objektstruktur besteht. Wenn die Elementklassenhierarchie hingegen stabil ist, Sie aber beständig neue Operationen einführen oder bestehende Algorithmen ändern, dann kann das Besuchermuster Ihnen helfen, diese Änderungen einfach durchzuführen.

4. *Klassenhierarchieübergreifende Besucher.* Ein Iterator (335) kann durch Aufruf ihrer Operationen die Objekte einer von ihm traversierten Struktur besuchen. Ein Iterator kann aber nicht auf Objektstrukturen mit unterschiedlichen Elementtypen arbeiten. So kann die auf Seite 344 definierte Iteratorschnittstelle nur auf Objekte des Typs `Element` zugreifen:

```
template<class Element>
class Iterator {
    // ...
    Element AktuellesElement() const;
};
```

Diese Definition verlangt, daß alle vom Iterator besuchbaren Elemente eine gemeinsame Oberklasse namens `Element` besitzen.

Ein Besucher unterliegt keinen derartigen Einschränkungen. Er kann Objekte besuchen, die über keine gemeinsame Oberklasse verfügen. Sie können einer Besucherschnittstelle beliebige Objekttypen hinzufügen. So brauchen die Klassen `MeinTyp` und `DeinTyp` des folgenden Beispielcodes nicht über eine gemeinsame Oberklasse verbunden zu sein:

```
class Besucher {
public:
    // ...
    void BesucheMeinTyp(MeinTyp*);
    void BesucheDeinTyp(DeinTyp*);
};
```

5. *Ansammeln von Zustandsinformation.* Besucher können im Laufe des Besuchens eines jeden Elements der Objektstruktur Zustandsinformationen ansammeln. Gäbe es keinen Besucher, so würden diese Informationen als Argumente von Operation zu Operation während der Traversierung weitergereicht oder als globale Variablen bereitgestellt werden.

6. *Aufbrechen der Kapselung.* Der Besucheransatz verläßt sich darauf, daß die Schnittstellen der konkreten Elementklassen mächtig genug sind, um dem Besucher das Ausführen seiner Aufgabe zu ermöglichen. Als Konsequenz dessen zwingt die Anwendung des Musters Sie mitunter dazu, öffentliche Operationen bereitzustellen, welche den Zugriff auf den internen Zustand eines Elements erlauben, was die Effektivität seiner Kapselung in Frage stellen kann.

Implementierung

Zu jeder Objektstruktur gibt es eine mit ihr verbundene Besucherklasse. Diese abstrakte Besucherklasse deklariert eine BesucheKonkretesElement-Operation für jede KonkretesElement-Klasse, deren Exemplare in der Objektstruktur vorkommen können. Jede Besuche-Operation der abstrakten Besucherklasse deklariert eine bestimmte KonkretesElement-Klasse als Typ seines Arguments und ermöglicht es dem Besucher somit, direkt auf die KonkretesElement-Schnittstelle zuzugreifen. KonkretesElement-Klassen überschreiben die Besuche-Operationen, um für die jeweilige entsprechende konkrete Elementklasse besucherspezifisches Verhalten zu implementieren.

In C++ kann die Besucherklasse so aussehen:

```
class Besucher {
public:
   virtual void BesucheElementA(ElementA*);
   virtual void BesucheElementB(ElementB*);
   // und so weiter, für die anderen konkreten Elementklassen

protected:
   Besucher();};
```

Jede KonkretesElement-Klasse implementiert eine `NimmEntgegen`-Operation, welche die entsprechende `Besuche`-Operation des Besuchers aufruft. Somit hängt die schlußendlich aufgerufene Operation sowohl von der Klasse des Elements als auch der Klasse des Besuchers ab.[1]

Konkrete Elementklassen werden folgendermaßen deklariert:

```
class Element {
public:
   virtual ~Element();
   virtual void NimmEntgegen(Besucher&) = 0;

protected:
   Element();
};

class ElementA : public Element {
   ElementA();
   virtual void NimmEntgegen(Besucher& besucher)
   { besucher.BesucheElementA(this); };
};
```

1. Wir könnten das Overloading von Funktionen verwenden, um diesen Operationen einen einfachen Namen zu geben, so zum Beispiel `besuche`, weil diese Operationen bereits durch ihre Parameter unterschieden werden können. Derartiges Overloading besitzt Vor- und Nachteile. Zum einen betont es die Tatsache, daß jede Operation dieselbe Analyse ausführt, wenngleich auf einem anderen Argument. Zum anderen aber macht das das Overloading es schwerer lesbar, was auf der Aufrufseite passiert. Die Beantwortung dieser Frage läuft schlußendlich auf die Glaubensfrage hinaus, ob Sie Funktions-Overloading für gut oder schlecht halten.

```
class ElementB : public Element {
    ElementB();
    virtual void NimmEntgegen(Besucher& besucher)
    { besucher.BesucheElementB(this); };
};
```

Eine `ZusammengesetztesElement`-Klasse kann beispielsweise `NimmEntgegen` so implementieren:

```
class ZusammengesetztesElement : public Element {
public:
    virtual void NimmEntgegen(Besucher&);
private:
    Liste<Element*>* _kindObjekte;
};

void ZusammengesetztesElement::NimmEntgegen(
    Besucher& besucher)
{
    ListenIterator<Element*> iter(_kindObjekte);

    for (iter.Start(); !iter.IstFertig(); iter.Weiter()) {
        iter.AktuellesElement()->NimmEntgegen(besucher);
    }
    besucher.BesucheZusammengesetztesElement(this);
}
```

Es folgen zwei weitere Implementierungsaspekte, die sich bei Anwendung des Besuchermusters ergeben:

1. *Double-Dispatch.* Insgesamt betrachtet, ermöglicht das Besuchermuster es Ihnen, Klassen um neue Operationen zu erweitern, ohne sie zu ändern. Ein Besucher erreicht dies, indem er eine **Double-Dispatch** genannte Technik anwendet. Diese Technik ist wohlbekannt. Manche Programmiersprachen wie zum Beispiel CLOS unterstützen sie direkt. Sprachen wie C++ und Smalltalk bieten lediglich **Single-Dispatch**.

   In auf Single-Dispatch basierenden Sprachen bestimmen zwei Kriterien, welche Operation auf eine Anfrage paßt: der Name der Anfrage und der Typ des Empfängers. Die Operation, welche aufgrund einer `ErzeugeCode`-Anfrage aufgerufen wird, hängt vom Typ des Knotenobjekts ab, auf dem Sie sie aufrufen. In C++ führt der Aufruf von `ErzeugeCode` auf einem Exemplar der Klasse `VariablenRefKnoten` zum Aufruf von `VariablenRefKnoten::ErzeugeCode`, was zum Erzeugen von Code für eine Variablenreferenz führt. Der Aufruf von `ErzeugeCode` auf einem `ZuweisungsKnoten` führt zum Aufruf von `ZuweisungsKnoten::ErzeugeCode`, was zur Codeerzeugung für eine Zuweisung führt. Die schlußendlich ausgeführte Operation hängt sowohl von der Art der Anfrage als auch dem Typ des Empfängers ab.

»Double-Dispatch« bedeutet nichts anderes, als daß die schlußendlich ausgeführte Operation von der Art der Anfrage und den Typen *zweier* Empfänger abhängt. `NimmEntgegen` ist eine auf Double-Dispatch basierende Operation. Ihre Bedeutung hängt von zwei Typen ab: dem des Besuchers und dem des Elements. Die Verwendung von Double-Dispatch ermöglicht es Besuchern, unterschiedliche Operation für jede Elementklasse aufzurufen.[1]

Gerade dies ist die zentrale Überlegung des Besuchermusters: Die schlußendlich ausgeführte Operation hängt sowohl vom Typ des Besuchers als auch dem Typ des besuchten Elements ab. Statt also Operationen statisch an die Schnittstelle der Elementklassen zu binden, können Sie die Operationen in einem Besucher kapseln und NimmEntgegen dazu verwenden, um die Bindung zur Laufzeit auszuführen. Somit kann man effektiv die Elementschnittstelle durch Einführen einer neuen Besucherklasse erweitern.

2. *Zuständigkeit für die Traversierung der Objektstruktur.* Ein Besucher muß jedes Element der Objektstruktur besuchen. Es stellt sich die Frage, wie es seinen Weg zu den Elementen findet. Wir können die Zuständigkeit für die Traversierung an drei Orten anlagern: in der Objektstruktur, im Besucher oder in einem separaten Iteratorobjekt (siehe Iterator (335)).

   Häufig ist die Objektstruktur für die Iteration zuständig. Ein Behälter iteriert einfach über seine Elemente und ruft auf jedem Element NimmEntgegen auf. Ein zusammengesetztes Objekt traversiert üblicherweise sich selbst, indem die NimmEntgegen-Operation die Kindobjekte des Elements traversiert und auf jedem rekursiv NimmEntgegen aufruft.

   Eine andere Lösung besteht darin, einen Iterator zu verwenden, um die Elemente zu besuchen. In C++ können Sie gleichermaßen einen internen als auch einen externen Iterator verwenden. Dies hängt davon ab, was verfügbar und was am effizientesten ist. In Smalltalk verwenden Sie zumeist einen internen

1. Wenn wir schon *Double-Dispatch* verwenden können, warum können wir dann nicht einen Dispatch basierend auf *drei*, *vier* oder auch *beliebig vielen* Argumenten verwenden? Tatsächlich ist Double-Dispatch nur ein Spezialfall von **Multiple-Dispatch**, bei dem die Operation auf Basis einer beliebigen Anzahl von Typen ausgewählt wird. CLOS unterstützt beispielsweise Multiple-Dispatch. Sprachen, die über Double- oder Mutiple-Dispatch verfügen, verringern die Notwendigkeit, das Besuchermuster zu verwenden.

do:-Iterator und einen Block. Da interne Iteratoren von der Objektstruktur selbst implementiert werden müssen, bedeutet dies auch, die Objektstruktur für die Iteration zuständig zu machen. Der Hauptunterschied zum externen Iterator liegt darin, daß ein interner Iterator keinen Double-Dispatch verursachen wird – er ruft einfach eine Operation des *Besuchers* mit einem *Element* als Argument auf, statt eine Operation auf dem *Element* mit einem *Besucher* als Argument aufzurufen. Es ist allerdings einfach, das Besuchermuster zusammen mit einem internen Iterator zu verwenden, wenn die Operation auf dem Besucher einfach die Operation auf dem Element ohne weitere Rekursion aufruft.

Sie können sogar die Traversierung in den Besucher verlagern, obwohl dies dazu führen wird, daß Sie den Code zur Traversierung in jeder konkreten Besucherklasse für jede zusammengesetzte konkrete Elementklasse duplizieren. Der Hauptgrund für eine Verlagerung der Traversierungsstrategie in den Besucher besteht in der Implementierung einer besonders komplexen Traversierung, die von den Ergebnissen von Operationsaufrufen auf der Objektstruktur selbst abhängt. Wir werden dies im Beispielcodeabschnitt diskutieren.

Beispielcode

Da Besucher häufig mit zusammengesetzten Objektstrukturen arbeiten, verwenden wir zur Veranschaulichung des Besuchermusters die Geraet-Klassen, die wir im Beispielcodeabschnitt des Kompositionsmusters (239) definiert haben. Wir verwenden einen Besucher, um Operationen zur Erstellung der Stückliste und zur Berechnung der Gesamtkosten eines Geräts zu definieren. Die Geraet-Klassen sind so einfach, daß wir das Besuchermuster eigentlich nicht benötigen. Wir verwenden es trotzdem, weil sich die verschiedenen Implementierungsaspekte des Besuchermusters gut an ihnen darstellen lassen.

Es folgt noch einmal die Klasse Geraet aus dem Kompositionsmuster (239). Wir haben sie um eine NimmEntgegen-Operation erweitert, die wir für ihre Zusammenarbeit mit einem Besucher benötigen.

```
class Geraet {
public:
    virtual ~Geraet();

    const char* Name() { return _name; }

    virtual Watt Leistung();
    virtual Betrag NettoPreis();
    virtual Betrag DiscountPreis();
```

```
    virtual void NimmEntgegen(GeraetBesucher&);

protected:
    Geraet(const char*);

private:
    const char* _name;
};
```

Über die Operationen der Klasse `Geraet` lassen sich die Eigenschaften eines Gerätestücks erfragen, wie zum Beispiel sein Leistungsverbrauch und seine Kosten. Unterklassen spezialisieren diese Operationen gemäß der spezifischen Arten von Geräteteilen, für die sie stehen (zum Beispiel Gehäuse, Laufwerke und Platinen).

Die abstrakte Klasse aller Gerätebesucher besitzt eine virtuelle Funktion für jede Gerätunterklasse, wie als nächstes gezeigt wird. Alle ihre virtuellen Funktionen sind defaultmäßig leer implementiert.

```
class GeraetBesucher {
public:
    virtual ~GeraetBesucher();
    virtual void BesucheFloppyDisk(FloppyDisk*);
    virtual void BesucheKarte(Karte*);
    virtual void BesucheGehaeuse(Gehaeuse*);
    virtual void BesucheBus(Bus*);
    // und so weiter für andere konkrete Unterklassen von Gerät

protected:
    GeraetBesucher();
};
```

Unterklassen von `Geraet` definieren `NimmEntgegen` prinzipiell gleich: Sie rufen die `GeraetBesucher`-Operation auf, die ihrer Klasse entspricht. Dies sieht so aus:

```
void FloppyDisk::NimmEntgegen(GeraetBesucher& besucher) {
    besucher.BesucheFloppyDisk(this);
}
```

Geräte, die andere Geräte enthalten, insbesondere also Unterklassen der im Kompositionsmuster definierten Klasse `ZusammengesetztesGeraet`, implementieren `NimmEntgegen` mittels Iteration über ihre Kindobjekte und Aufruf von `NimmEntgegen` auf ihnen. Sie rufen dann `Besuche` von sich selbst auf. Beispielsweise kann `Gehaeuse::NimmEntgegen` alle Teile des Gehäuses folgendermaßen traversieren:

```
void Gehaeuse::NimmEntgegen(GeraetBesucher& besucher) {
    ListenIterator<Geraet*> iter(&_teile);
    for(; !iter.IstFertig(); iter.Weiter()) {
    iter.AktuellesElement()->NimmEntgegen(besucher);
    }
    besucher.BesucheGehaeuse(this);
}
```

Unterklassen von GeraetBesucher definieren bestimmte Algorithmen für die Gerätestruktur. Der PreisBerechnungsBesucher berechnet die Kosten der Gerätestruktur, indem er den Nettopreis aller einfachen Geräteteile (zum Beispiel Floppies) und den Discountpreis aller zusammengesetzten Geräte (zum Beispiel Gehäuse und Busse) berechnet.

```
class PreisBerechnungsBesucher : public GeraetBesucher {
public:
    PreisBerechnungsBesucher();

    Betrag& GibGesamtPreis();

    virtual void BesucheFloppyDisk(FloppyDisk*);
    virtual void BesucheKarte(Karte*);
    virtual void BesucheGehaeuse(Gehaeuse*);
    virtual void BesucheBus(Bus*);
    // ...

private:
    Betrag _gesamt;
};

void PreisBerechnungsBesucher::BesucheFloppyDisk(
    FloppyDisk* element) {
    _gesamt += element->NettoPreis();
}

void PreisBerechnungsBesucher::BesucheGehaeuse(
    Gehaeuse* element) {
    _gesamt += element->DiscountPreis();
}
```

Ein PreisBerechnungsBesucher berechnet die Gesamtkosten aller Knoten in der Gerätestruktur. Beachten Sie dabei, daß der PreisBerechnungsBesucher die richtige Preisauswahl für eine Art von Gerät durch die Auswahl der richtigen Member-

Funktion ausführt. Somit können wir die Änderung der Preisberechnungspolitik einer Gerätestruktur lediglich durch Änderung der `PreisBerechnungsBesucher`-Klasse erreichen.

Wir können auch einen Besucher für die Ermittlung der Stückliste eines Geräts definieren:

```
class StuecklistenBesucher : public GeraetBesucher {
public:
   StuecklistenBesucher();

   Stueckliste& GibStueckliste();

   virtual void BesucheFloppyDisk(FloppyDisk*);
   virtual void BesucheKarte(Karte*);
   virtual void BesucheGehaeuse(Gehaeuse*);
   virtual void BesucheBus(Bus*);
   // ...

private:
   Stueckliste _stueckliste;
};
```

Der `StuecklistenBesucher` ermittelt die Stückliste eines Geräts auf Ebene der Objektstruktur. Er verwendet eine Stueckliste-Klasse, welche eine Schnittstelle zum Hinzufügen von Geräteteilen definiert, die wir hier aber nicht weiter definieren wollen.

```
void StuecklistenBesucher::BesucheFloppyDisk(
   FloppyDisk* element) {
   _stueckliste.FuegeHinzu(element);
}

void StuecklistenBesucher::BesucheGehaeuse(Gehaeuse* element) {
   _stueckliste.FuegeHinzu(element);
}
```

Wir können einen `StuecklistenBesucher` etwa folgendermaßen verwenden:

```
Geraet* komponente;
StuecklistenBesucher besucher;

komponente->NimmEntgegen(besucher);
cout << "Inhalt "
   << komponente->Name()
   << besucher.GibStueckliste();
```

Wir zeigen nun noch, wie wir das Smalltalk-Beispiel aus dem Interpretermuster (siehe Seite) mit Hilfe des Besuchermusters implementieren können. Wie das vorige Beispiel ist dieses ebenfalls so klein, daß wir eigentlich gar nicht auf das Besuchermuster zurückgreifen müßten; es bietet uns aber eine gute Illustrationsmöglichkeit, wie das Muster angewendet werden kann. Es veranschaulicht weiterhin eine Situation, in welcher der Besucher für die Iteration zuständig ist.

Die Objektstruktur (reguläre Ausdrücke) basiert auf vier Klassen, die alle eine nimmEntgegen:-Methode besitzen, welche den Besucher als Argument akzeptiert. In der Klasse ReihungsAusdruck lautet die nimmEntgegen:-Methode:

```
nimmEntgegen: einBesucher
   ^ einBesucher besucheReihung: self
```

In der Klasse WiederholungsAusdruck ruft die nimmEntgegen:-Methode die besucheWiederholung:-Methode auf. In der Klasse AuswahlAusdruck ruft sie besucheAuswahl: auf. In der Klasse LiteralAusdruck ruft sie besucheLiteral: auf.

Diese vier Klassen müssen weiterhin Zugriffsfunktionen besitzen, die der Besucher verwenden kann. Im Fall von ReihungsAusdruck heißen sie ausdruck1 und ausdruck2; für AuswahlAnweisung lauten sie auswahl1 und auswahl2; für WiederholungsAusdruck lautet sie wiederholung und für LiteralAusdruck lautet sie komponenten.

Die KonkreterBesucher-Klasse heißt RAMatchingBesucher. Er ist für die Traversierung zuständig, weil der Traversierungsalgorithmus irregulär ist. Die größte Irregularität besteht darin, daß ein WiederholungsAusdruck seine Komponenten mehrmals traversiert. Die Klasse RAMatchingBesucher besitzt die Exemplarvariable eingabeZustand. Ihre Methoden entsprechen weitgehend den match:-Methoden der Ausdrucksklassen im Interpretermuster mit der Ausnahme, daß sie das eingabeZustand genannte Argument mit dem zu prüfenden Ausdrucksknoten ersetzen. Sie geben allerdings weiterhin die Menge an Streams zurück, welche im aktuellen Zustand auf den Ausdruck passen.

```
besucheReihung: reihungsAusdruck
   eingabeZustand :=
      reihungsAusdruck ausdruck1 nimmEntgegen: self.
    ^ reihungsAusdruck ausdruck2 nimmEntgegen: self.

besucheWiederholung: wiederholungsAusdruck
   | endZustand |
   endZustand := eingabeZustand copy.
   [eingabeZustand isEmpty]
      whileFalse:
         [eingabeZustand := wiederholungsAusdruck wiederhole
```

```
            nimmEntgegen: self.
         endZustand addAll: eingabeZustand].
   ^ endZustand

besucheAuswahl: auswahlAusdruck
   | endZustand originalZustand |
   originalZustand := eingabeZustand.
   endZustand := auswahlAusdruck auswahl1 nimmEntgegen: self.
   eingabeZustand := originalZustand.
   endZustand addAll:
      (auswahlAusdruck auswahl2 nimmEntgegen: self).
   ^ endZustand

besucheLiteral: literalAusdruck
   | endZustand tStream |
   endZustand := Set new.
   eingabeZustand
      do:
         [:stream | tStream := stream copy.
         (tStream nextAvailable:
            literalAusdruck komponenten size) =
         literalAusdruck komponenten
            ifTrue: [endZustand add: tStream]
      ].
    ^ endZustand
```

Bekannte Verwendungen

Der Smalltalk-80 Übersetzer besitzt eine Besucherklasse namens ProgramNode-Enumerator. Sie wird hauptsächlich für Algorithmen verwendet, die Quelltext analysieren. Sie wird nicht für Codegenerierung oder Pretty-Printing verwendet, obwohl dies durchaus möglich wäre.

Der IRIS-Inventor [Str93] ist eine Klassenbibliothek zur Entwicklung von grafischen 3D-Anwendungen. Er repräsentiert eine dreidimensionale Szene als eine Hierarchie von Knoten, von denen jeder entweder ein geometrisches Objekt oder das Attribut eines geometrischen Objekts repräsentiert. Operationen wie die Auswertung einer Szene oder das Abbilden eines Eingabeereignisses verlangen die Traversierung dieser Hierarchie auf unterschiedliche Weise. Der Inventor ermöglicht dies durch die Verwendung von Besuchern, die »actions« genannt werden. Es gibt unterschiedliche Besucher zur Auswertung, zur Ereignisbehandlung, zum Suchen, zum Speichern und zum Bestimmen von Begrenzungsrahmen.

Um das Hinzufügen neuer Knoten einfacher zu machen, implementiert der Inventor einen Double-Dispatch-Mechanismus für C++. Dieser Mechanismus stützt sich auf zur Laufzeit vorliegende Typinformationen (run-time type information) und eine zweidimensionale Tabelle ab, in der die Zeilen Besucher und die Spalten Knotenklassen darstellen. Die Zellen speichern einen Zeiger auf die Funktion, welche an die Besucher- und Knotenklasse gebunden ist.

Mark Linton prägte den Begriff »Visitor« (Besucher) in der Spezifikation des X-Konsortiums für das Fresco-Application-Toolkit [LP93].

Verwandte Muster

Besucher können verwendet werden, um eine Operation auf eine mit Hilfe des Kompositionsmusters (239) definierte Struktur anzuwenden.

Besucher können verwendet werden, um die Interpretation einer Objektstruktur als ein Interpreter (319) auszuführen.

Interpreter

Ein objektbasiertes Verhaltensmuster

Zweck

Definiere für eine gegebene Sprache eine Repräsentation der Grammatik sowie einen Interpreter, der die Repräsentation nutzt, um Sätze in der Sprache zu interpretieren.

Motivation

Wenn eine bestimmte Art von Problem nur oft genug auftaucht, kann es sinnvoll sein, Exemplare dieses Problems als Sätze einer einfachen Sprache auszudrücken. Sie können dann einen Interpreter für diese Sprache bauen, der das Problem durch Auswertung dieser Sätze löst.

Die Suche nach Strings, die einem bestimmten Muster genügen, ist ein solches häufig vorkommendes Problem. Reguläre Ausdrücke stellen eine gebräuchliche Sprache für die Spezifikation von Stringmustern dar. Statt also maßgeschneiderte Algorithmen für den Vergleich eines Musters mit einer Menge von Strings zu entwickeln, können Suchalgorithmen einen regulären Ausdruck interpretieren, der die zu vergleichende Menge von Strings beschreibt.

Das Interpretermuster beschreibt, wie man eine Grammatik für einfache Sprachen definiert, wie man Sätze in dieser Sprache repräsentiert und wie man diese Sätze interpretiert. In unserem Beispiel beschreibt das Muster, wie man eine Grammatik für reguläre Ausdrücke definiert, wie man einen bestimmten regulären Ausdruck repräsentiert und wie man diesen regulären Ausdruck interpretiert.

Nehmen Sie einmal an, daß die folgende Grammatik reguläre Ausdrücke definiert:

```
ausdruck ::= literal | auswahl | reihung | wiederholung |
    '(' ausdruck ')'
auswahl ::= ausdruck '|' ausdruck
reihung ::= ausdruck '&' ausdruck
wiederholung ::= ausdruck '*'
literal ::= 'a' | 'b' | 'c' ... { 'a' | 'b' | 'c' | ... }*
```

Das Symbol `ausdruck` ist das Startsymbol, und `literal` ist ein Terminalsymbol, das elementare Worte der Sprache definiert.

Das Interpretermuster verwendet eine Klasse zur Repräsentierung einer jeden Regel der Grammatik. Die Symbole auf der rechten Seite einer Regel sind Exemplarvariablen dieser Klassen. Die obige Grammatik wird durch fünf Klassen repräsentiert: eine abstrakte Klasse namens `RegulaererAusdruck` sowie ihre vier Unterklassen `LiteralAusdruck`, `AuswahlAusdruck`, `ReihungsAusdruck` und `WiederholungsAusdruck`. Die letzten drei Klassen definieren Variablen, welche Unterausdrücke enthalten. Die Klassen sind in Abbildung 5.16 dargestellt.

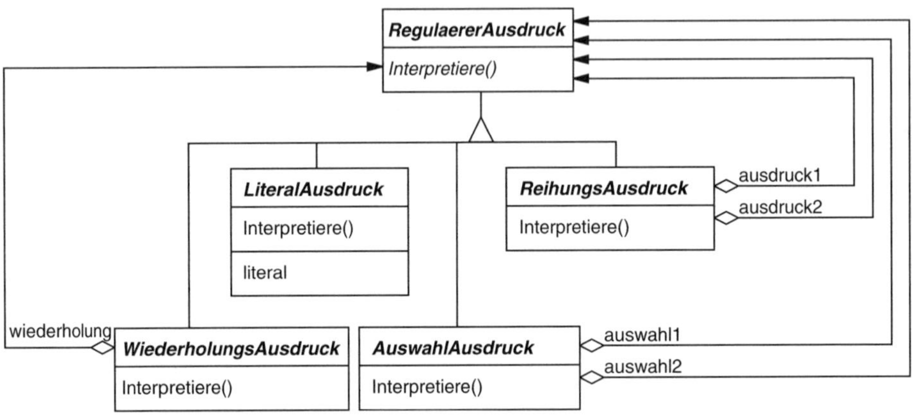

Abbildung 5.16

Jeder durch diese Grammatik definierte reguläre Ausdruck wird durch einen abstrakten Syntaxbaum repräsentiert, der aus Exemplaren dieser Klassen besteht. So stellt beispielsweise der in Abbildung 5.17 dargestellte abstrakte Syntaxbaum den folgenden regulären Ausdruck dar:

```
raining & (dogs | cats) *
```

Wir können einen Interpreter für solche regulären Ausdrücke erzeugen, indem wir die Interpretiere-Operation jeder Unterklasse von RegulaererAusdruck definieren. Interpretiere nimmt als Argument den Kontext entgegen, in dem der Ausdruck zu interpretieren ist. Der Kontext enthält den Eingabestring und die Information, wieviel von ihm bereits verglichen wurde. Jede Unterklasse von RegulaererAusdruck implementiert Interpretiere so, daß sie den nächsten Teil des Eingabestrings im aktuellen Kontext vergleicht.

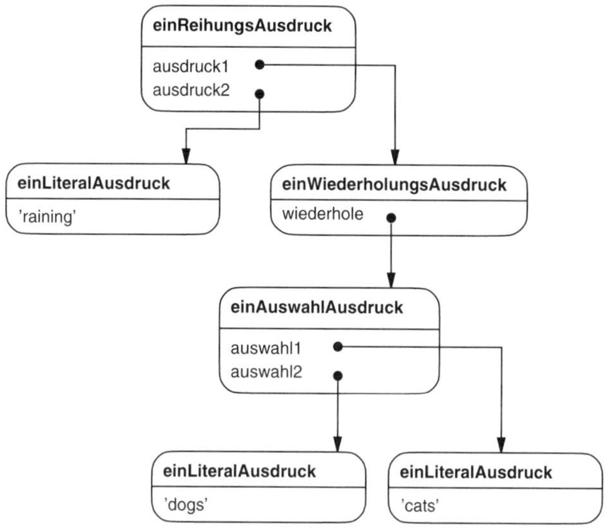

Abbildung 5.17

Beispielsweise prüft die Interpretiere-Operation der Klasse

- LiteralAusdruck, ob die Eingabe dem von ihr definierten Literal entspricht,
- AuswahlAusdruck, ob die Eingabe auf eine ihrer Alternativen paßt,
- WiederholungsAusdruck, ob die Eingabe mehrere Kopien des von ihr wiederholten Ausdrucks enthält,

und so weiter.

Struktur

Abbildung 5.18 zeigt die Struktur des Interpretermusters.

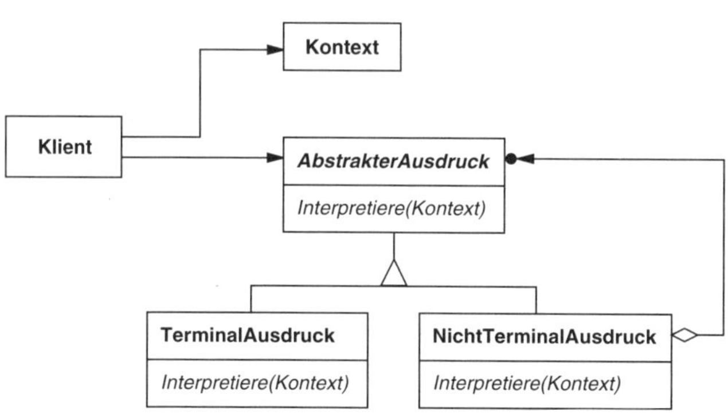

Abbildung 5.18

Anwendbarkeit

Verwenden Sie das Interpretermuster, wenn Sie eine Sprache interpretieren müssen und Sie die Ausdrücke der Sprache als abstrakte Syntaxbäume darstellen können. Das Interpretermuster funktioniert am besten, wenn

- die Grammatik einfach ist. Angesichts komplexer Grammatiken wird die Klassenhierarchie zu groß und nicht mehr handhabbar. In diesem Fall stellen Werkzeuge wie Parsergeneratoren eine bessere Alternative dar. Sie können Ausdrücke ohne den Aufbau abstrakter Syntaxbäume interpretieren, was Speicherplatz und möglicherweise auch Zeit kostet.
- die Effizienz unproblematisch ist. Die effizientesten Interpreter werden üblicherweise nicht durch die Interpretation von Parsebäumen implementiert; sie transformieren die Bäume statt dessen in einen andere Form. Reguläre Ausdrücke werden beispielsweise oft in Zustandsautomaten transformiert. Aber selbst unter diesen Umständen kann der Übersetzer immer noch mit Hilfe des Interpretermusters implementiert werden, so daß das Muster immer noch anwendbar ist.

Teilnehmer

- **AbstrakterAusdruck** (RegulaererAusdruck)
  - deklariert eine abstrakte Interpretiere-Operation, die allen Knoten im abstrakten Syntaxbaum gemein ist.
- **TerminalAusdruck** (LiteralAusdruck)
  - implementiert die Interpretiere-Operation, die mit den Terminalsymbolen in der Grammatik verbunden ist.
  - für jedes Terminalsymbol in einem Satz wird ein Exemplar dieser Klasse benötigt.
- **NichtTerminalAusdruck** (AuswahlAusdruck, WiederholungsAusdruck, ReihungsAusdruck)
  - pro Regel *R ::= R1R2...Rn* in der Grammatik wird eine derartige Klasse benötigt.
  - verwaltet Exemplarvariablen des Typs AbstrakterAusdruck für jedes der Symbole *R1* bis *Rn*.
  - implementiert eine Interpretiere-Operation für Nichtterminalsymbole der Grammatik. Interpretiere ruft üblicherweise sich selbst rekursiv auf den Variablen auf, die *R1* bis *Rn* repräsentieren.

- **Kontext**
  - enthält die für den Interpreter globalen Informationen.
- **Klient**
  - konstruiert (oder erhält) einen abstrakten Syntaxbaum, der einen bestimmten Satz in der von der Grammatik definierten Sprache repräsentiert. Der abstrakte Syntaxbaum wird aus den Exemplaren der NichtTerminalAusdruck- und TerminalAusdruck-Klassen zusammengesetzt.
  - ruft die Interpretiere-Operation auf.

Interaktionen

- Der Klient erzeugt (oder erhält) den Satz als einen abstrakten Syntaxbaum von Objekten der Klassen NichtTerminalAusdruck und TerminalAusdruck. Der Klient initialisiert dann den Kontext und ruft die Interpretiere-Operation auf.
- Jeder NichtTerminalAusdruck-Knoten definiert Interpretiere unter Verwendung der Interpretiere-Operation jedes Unterausdrucks. Die Interpretiere-Operation jeder TerminalAusdruck-Klasse definiert den Abschluß in der Rekursion.
- Die Interpretiere-Operation jedes Knotens verwendet den Kontext, um auf den Zustand des Interpreters zuzugreifen und ihn zu speichern.

Konsequenzen

Das Interpretermuster besitzt die folgenden Vor- und Nachteile sowie Verpflichtungen:

1. *Es ist einfach, die Grammatik zu ändern und zu erweitern.* Da das Muster Klassen zur Repräsentierung von Grammatikregeln verwendet, können Sie Vererbung verwenden, um die Grammatik zu ändern oder zu erweitern. Existierende Ausdrücke können inkrementell modifiziert werden, und neue Ausdrücke können als Variationen von alten Ausdrücken definiert werden.
2. *Implementierung der Grammatik ist genauso einfach.* Klassen, die Knoten im abstrakten Syntaxbaum definieren, besitzen ähnliche Implementierungen. Diese Klassen sind einfach zu schreiben und ihre Erzeugung kann oft mit einem Übersetzer oder einem Parsergenerator erzeugt werden.
3. *Komplexe Grammatiken sind schwer zu verwalten.* Das Interpretermuster definiert mindestens eine Klasse pro Regel in der Grammatik (Grammatikregeln, die mittels BNF definiert werden, können mehrere Klassen benötigen). Somit kön-

nen Grammatiken, die viele Regeln enthalten, schwer zu verwalten und zu warten sein. Andere Entwurfsmuster können verwendet werden, um dieses Problem zu lindern (siehe Implementierungsabschnitt). Aber wenn die Grammatik sehr komplex ist, sind andere Techniken wie Parsergeneratoren angebrachter.

4. *Hinzufügen neuer Wege, um Ausdrücke zu interpretieren.* Das Interpretermuster vereinfacht es, einen Ausdruck auf eine neue Art und Weise auszuwerten. Sie können zum Beispiel Pretty-Printing (automatisierte und gefällige Textformatierung) oder die Typüberprüfung eines Ausdrucks ermöglichen, indem Sie eine neue Operation für die Ausdrucksklassen definieren. Wenn Sie viele neue Möglichkeiten zur Interpretation eines Ausdrucks einfügen wollen, dann sollten Sie darüber nachdenken, das Besuchermuster (301) zu verwenden, um es zu vermeiden, die Grammatikklassen zu verändern.

Implementierung

Das Interpretermuster und das Kompositionsmuster (239) besitzen viele gemeinsame Implementierungsaspekte. Die folgenden Aspekte hingegen sind für das Interpretermuster spezifisch:

1. *Erzeugen des abstrakten Syntaxbaums.* Das Interpretermuster legt nicht fest, wie der abstrakte Syntaxbaum *erzeugt* wird. Mit anderen Worten, es befaßt sich nicht mit dem Einparsen. Der abstrakte Syntaxbaum kann über einen Tabellengetriebenen Parser erzeugt werden oder von einem von Hand erstellten Parser, der dann üblicherweise auf rekursivem Abstieg basiert, oder auch direkt vom Klienten.

2. *Definieren der Interpretiere-Operation.* Sie müssen die Interpretiere-Operation nicht in den Ausdrucksklassen definieren. Kommt es oft vor, daß Sie einen neuen Interpreter erstellen, dann ist es besser, das Besuchermuster (301) zu verwenden, um die Interpretiere-Operation in einem abgetrennten »Besucherobjekt« zu kapseln. So wird beispielsweise eine Grammatik für Programmiersprachen viele Operationen für abstrakte Syntaxbäume besitzen, wie etwa zur Typüberprüfung, zur Optimierung, zur Codegenerierung usw. Sie werden dann wahrscheinlich besser einen Besucher verwenden, statt diese Operationen in jeder Grammatikklasse zu implementieren.

3. *Gemeinsames Nutzen von Symbolen mittels des Fliegengewichtmusters.* Grammatiken, in deren Sätzen viele Terminalsymbole auftauchen, können von der gemeinsamen Nutzung einer einzigen Kopie dieses Symbols profitieren. Grammatiken für Computerprogramme sind ein gutes Beispiel – jede Programmva-

riable wird an mehreren Stellen innerhalb des Codes auftauchen. Im Beispiel aus dem Motivationsabschnitt kann ein Satz das Terminalsymbol `dog` besitzen (modelliert durch die Klasse LiteralAusdruck), das vielfach auftaucht.

Terminalknoten speichern im allgemeinen keine Information über ihre Position im abstrakten Syntaxbaum. Elternobjekt-Knoten übergeben ihnen genau jenen Kontext, den sie für die Interpretation benötigen. Somit kann der gemeinsam genutzte (der intrinsische) Zustand vom hereingereichten (extrinsischen) Zustand unterschieden werden, wodurch wiederum das Fliegengewichtmuster angewendet werden kann.

Beispielsweise erhält jedes Exemplar der Klasse LiteralAusdruck für »dog« ein Kontextobjekt, das den bis dato verglichenen Teilstring enthält. Und jedes dieser LiteralAusdruck-Exemplare macht dasselbe in ihrer Interpretiere-Operation – sie prüft, ob der nächste Teil der Eingabe `dog` enthält – und zwar unabhängig davon, wo das Exemplar im Baum auftaucht.

Beispielcode

Es folgen zwei Beispiele. Das erste ist ein vollständiges Beispiel in Smalltalk zur Überprüfung, ob eine Reihung zu einem bestimmten regulären Ausdruck paßt. Das zweite Beispiel ist ein C++-Programm zur Auswertung von booleschen Ausdrücken.

Der Vergleicher für reguläre Ausdrücke prüft, ob ein String in der durch den regulären Ausdruck definierten Sprache liegt. Der reguläre Ausdruck wird durch die folgende Grammatik definiert:

```
ausdruck ::= literal | auswahl | reihung | wiederholung |
    '(' ausdruck ')'
auswahl ::= ausdruck '|' ausdruck
reihung ::= ausdruck '&' ausdruck
wiederholung ::= ausdruck 'wiederhole'
literal ::= 'a' | 'b' | 'c' ... { 'a' | 'b' | 'c' | ... }*
```

Diese Grammatik ist gegenüber dem Beispiel aus dem Motivationsabschnitt leicht modifiziert. Wir haben die Syntax regulärer Ausdrück ein bißchen geändert, weil das Symbol »*« in Smalltalk keine Postfix-Operation sein kann. Deswegen verwenden wir statt dessen `wiederhole`. Zum Beispiel paßt der reguläre Ausdruck

```
(('dog ' | 'cat ') wiederhole & 'weather')
```

auf den Eingabestring »`dog dog cat weather`«.

Um die Prüf- und Vergleichsroutine zu implementieren, definieren wir die fünf auf Seite 28 beschriebenen Klassen. Die Klasse `ReihungsAusdruck` besitzt die Exemplarvariablen `ausdruck1` und `ausdruck2` für ihre Kindobjekte im abstrakten Syntaxbaum. Die Klasse `AuswahlAusdruck` speichert ihre Alternativen in den Exemplarvariablen `auswahl1` und `auswahl2`, während die Klasse `WiederholungsAusdruck` den zu wiederholenden Ausdruck in seiner `wiederholung`-Exemplarvariablen speichert. Die Klasse `LiteralAusdruck` besitzt eine `komponenten`-Exemplarvariable, die eine Liste von Objekten enthält (vermutlich Zeichen). Diese repräsentieren den Literalstring, der auf die Eingabe passen muß.

Die `match:`-Operation implementiert einen Interpreter für den regulären Ausdruck. Jede der Klassen, die den abstrakten Syntaxbaum definiert, implementiert diese Operation. Sie nimmt `eingabeZustand` als ein Argument entgegen, das den aktuellen Zustand des Vergleichsprozeß repräsentiert.

Der aktuelle Zustand wird durch eine Menge von Eingabeströmen charakterisiert, welche die Menge von Eingaben darstellen, welche der reguläre Ausdruck bis dahin akzeptiert haben könnte. (Dies entspricht in etwa dem Mitschreiben aller Zustände, in denen der äquivalente Zustandsautomat, soweit er den Eingabestrom bis zu diesem Punkt akzeptiert hätte).

Der aktuelle Zustand ist für die `wiederhole`-Operation von höchster Wichtigkeit. Wenn zum Beispiel der reguläre Ausdruck

```
'a' wiederhole
```

lauten würde, würde der Interpreter die Ausdrücke »`a`«, »`aa`«, »`aaa`« usw. als passend erkennen. Wenn der Ausdruck

```
'a' wiederhole & 'bc'
```

lauten würde, dann könnte er auf »`abc`«, »`aabc`«, »`aaabc`« usw. passen. Wenn aber der reguläre Ausdruck

```
'a' wiederhole & 'abc'
```

lauten würde, dann würde der Vergleichsprozeß mit dem Teilausdruck »`'a' wiederhole`« zwei Eingabeströme liefern. Der eine Stream würde genau ein Zeichen akzeptiert haben, und der andere Stream würde zwei Zeichen akzeptiert haben. Nur der Stream, der ein Zeichen akzeptiert hat, wird das verbliebene »`abc`« akzeptieren.

Nun betrachten wir die Definitionen von `match:` für jede an der Definition des regulären Ausdrucks beteiligten Klasse. Die Definition von `ReihungsAusdruck` trifft auf jede seiner Teilausdrücke in der Reihung zu. Üblicherweise wird er Eingabeströme aus seinem `eingabeZustand` entfernen.

```
match: eingabeZustand
   ^ ausdruck2 match: (ausdruck1 match: eingabeZustand).
```

Ein `AuswahlAusdruck` wird einen Zustand zurückgeben, der aus der Vereinigungsmenge der Zustände der jeweiligen Alternativen besteht. Die Definition von `match:` der Klasse `AuswahlAusdruck` lautet:

```
match: eingabeZustand
   | endZustand |
   endZustand := auswahl1 match: eingabeZustand.
   endZustand addAll: (auswahl2 match: eingabeZustand).
   ^ endZustand
```

Die `match:`-Operation der Klasse `WiederholungsAusdruck` versucht so viele Zustände wie möglich zu finden, die zutreffen könnten:

```
match: eingabeZustand
   | einZustand endZustand |
   einZustand := eingabeZustand.
   endZustand := eingabeZustand copy.
   [einZustand isEmpty]
      whileFalse:
         [einZustand := wiederholung match: einZustand.
         endZustand addAll: einZustand].
   ^ endZustand
```

Sein Ausgabezustand besteht üblicherweise aus mehr Zuständen als sein Eingabezustand, weil ein `WiederholungsAusdruck` auf ein, zwei oder auch viele Vorkommen von `wiederholung` im Eingabezustand passen kann. Der Ausgabezustand enthält alle diese Möglichkeiten und gestattet es nachfolgenden Elementen des regulären Ausdrucks zu entscheiden, welcher Zustand der richtige ist.

Die Definition von `match:` in `LiteralAusdruck` versucht schließlich, seine Komponenten mit jedem möglichen Eingabestrom zu vergleichen. Sie beläßt nur die passenden Eingabeströme im Eingabezustand:

```
match: eingabeZustand
   | endZustand tStream |
   endZustand Set new.
   eingabeZustand
      do:
      [:stream | tStream := stream copy.
```

```
        (tStream nextAvailable: komponenten size) = komponenten
           ifTrue: [endZustand add: tStream]
     ].
  ^ endZustand.
```

Die nextAvailable:-Nachricht schreitet im Eingabestrom weiter. Diese Operation stellt die einzige match:-Operation dar, die im Eingabestrom voranschreitet. Beachten Sie dabei, daß der zurückgegebene Zustand eine Kopie des Eingabestroms enthält, wodurch sichergestellt wird, daß ein passendes Literal niemals den Eingabestrom selbst verändert. Dies ist wichtig, weil jede Alternative eines AuswahlAusdrucks identische Kopien des Eingabestroms sehen sollte.

Wir haben nunmehr die Klassen definiert, aus denen ein abstrakter Syntaxbaum besteht, und können deswegen beschreiben, wie er konstruiert wird. Statt einen Parser für reguläre Ausdrücke zu schreiben, definieren wir mehrere Operationen in der RegulaererAusdruck-Klasse, so daß die Auswertung eines Smalltalk-Ausdrucks einen abstrakten Syntaxbaum für den entsprechenden regulären Ausdruck liefert. Dies ermöglicht es uns, den eingebauten Smalltalk-Übersetzer so zu verwenden, als ob er ein Parser für reguläre Ausdrücke wäre.

Um abstrakte Syntaxbäume zu konstruieren, müssen wir »|«, »wiederhole« und »&« als Operationen von RegulaererAusdruck definieren. Diese Operationen sind in der Klasse RegulaererAusdruck folgendermaßen definiert:

```
& einKnoten
   ^ ReihungsAusdruck new
     ausdruck1: self ausdruck2:
     einKnoten alsRegulaererAusdruck

wiederhole
   ^ WiederholungsAusdruck new wiederhole: self

| einKnoten
   ^ AuswahlAusdruck new
   alternative1: self alternative2:
   einKnoten alsRegulaererAusdruck

alsRegulaererAusdruck
   ^ self
```

Die alsRegulaererAusdruck-Operation konvertiert Literale in Regulaerer-Ausdruck-Objekte. Diese Operationen sind in der Klasse String definiert:

```
& einKnoten
   ^ ReihungsAusdruck new
      ausdruck1: self alsRegulaererAusdruck
      ausdruck2: einKnoten alsRegulaererAusdruck

wiederhole
   ^ WiederholungsAusdruck new wiederholung: self.

| einKnoten
   ^AuswahlAusdruck new
      alternative1: self alsRegulaererAusdruck
      alternative2 einKnoten alsRegulaererAusdruck

alsRegulaererAusdruck
   ^ LiteralAusdruck new komponenten: self
```

Würden wir diese Operationen weiter oben in der Klassenhierarchie definieren (`SequenceableCollection` in Smalltalk-80, `IndexedCollection` in Smalltalk/V), dann würden sie auch für Klassen wie `Array` oder `OrderedCollection` definiert sein. Dies würde reguläre Ausdrücke mit Reihungen aller Arten von Objekten vergleichbar machen.

Das zweite Beispiel ist ein System zur Manipulation und Auswertung von booleschen Ausdrücken, das in C++ implementiert ist. Die Terminalsymbole dieser Sprache sind boolesche Variablen, also `true` und `false`. Nichtterminalsymbole stellen Ausdrücke dar, welche die Operatoren `and`, `or` und `not` enthalten. Die Grammatik ist folgendermaßen definiert:[1]

```
BoolescherAusdruck ::= VariablenAusdruck | Konstante |
   OderAusdruck | UndAusdruck | NichtAusdruck |
   '(' BoolescherAusdruck ')'
UndAusdruck ::= BoolescherAusdruck 'and' BoolescherAusdruck
OderAusdruck ::= BoolescherAusdruck 'or' BoolescherAusdruck
NichtAusdruck ::= 'not' BoolescherAusdruck
Konstante ::= 'true' | 'false'
VariablenAusdruck ::= 'A' | 'B' | ... | 'X' | 'Y' | 'Z'
```

Wir definieren zwei Operationen für boolesche Ausdrücke. Die erste, `WerteAus`, wertet einen booleschen Ausdruck in einem Kontext aus, der jeder Variablen true oder false zuweist. Die zweite Operation, `Ersetze`, erzeugt einen neuen booleschen Ausdruck, indem sie eine Variable mit einem Ausdruck ersetzt. `Ersetze` zeigt, daß

1. Aus Gründen der Einfachheit ignorieren wir Operator-Rangfolgen und überlassen ihre korrekte Herstellung dem Objekt, das den Syntaxbaum erzeugt.

das Interpretermuster für mehr als nur die Auswertung von Ausdrücken verwendet werden kann. Im gegebenen Fall verändert die Operation den Ausdruck selbst.

Wir beschreiben an dieser Stelle nur die `BoolescherAusdruck`-, `VariablerAusdruck`- und `UndAusdruck`-Klassen. Die Klassen `OderAusdruck` und `NichtAusdruck` gleichen der `UndAusdruck`-Klasse. Die Klasse `Konstante` repräsentiert boolesche Konstanten.

`BoolescherAusdruck` definiert die Schnittstelle für alle Klassen, die einen booleschen Ausdruck repräsentieren:

```
class BoolescherAusdruck {
public:
   BoolescherAusdruck();
   virtual ~BoolescherAusdruck();

   virtual bool WerteAus(Kontext&) = 0;
   virtual BoolescherAusdruck* Ersetze(const char*,
      BoolescherAusdruck&) = 0;
   virtual BoolescherAusdruck* Kopiere() const = 0;
};
```

Die Klasse `Kontext` definiert eine Abbildung von Variablen auf boolesche Werte, welche wir mittels der C++-Konstanten `true` und `false` repräsentieren. `Kontext` besitzt die folgende Schnittstelle:

```
class Kontext {
public:
   bool Lookup(const char*) const;
   void WeiseZu(VariablenAusdruck*, bool);
};
```

Ein `VariablenAusdruck` repräsentiert eine benannte Variable:

```
class VariablenAusdruck : public BoolescherAusdruck {
public:
   VariablenAusdruck(const char*);
   virtual ~VariablenAusdruck();

   virtual bool WerteAus(Kontext&);
   virtual BoolescherAusdruck* Ersetze(const char*,
      BoolescherAusdruck&);
   virtual BoolescherAusdruck* Kopiere() const;

private:
   char* _name;
};
```

Der Konstruktor erhält den Variablennamen als Argument:

```
VariablenAusdruck::VariablenAusdruck(const char* name) {
    _name = strdup(name);
}
```

Die Auswertung einer Variablen gibt ihren Wert innerhalb des aktuellen Kontexts zurück.

```
bool VariablenAusdruck::WerteAus(Kontext& einKontext) {
    return einKontext.Lookup(_name);
}
```

Das Kopieren einer Variablen gibt ein neues `VariablenAusdruck`-Exemplar zurück:

```
BoolescherAusdruck* VariablenAusdruck::Kopiere() const {
    return new VariablenAusdruck(_name);
}
```

Um eine Variable durch einen Ausdruck zu ersetzen, prüfen wir, ob die Variable denselben Namen besitzt wie die, die als Argument hereingereicht wird:

```
BoolescherAusdruck* VariablenAusdruck::Ersetze(
    const char* name, BoolescherAusdruck& ausdruck)
{
    if (strcmp(name, _name) != 0) {
        return ausdruck.Kopiere();
    }
    else {
        return new VariablenAusdruck(_name);
    }
}
```

Ein `UndAusdruck` repräsentiert einen Ausdruck, der durch die Und-Verknüpfung von zwei booleschen Ausdrücken entsteht.

```
class UndAusdruck : public BoolescherAusdruck {
public:
    UndAusdruck(BoolescherAusdruck*, BoolescherAusdruck*);
    virtual ~UndAusdruck();

    virtual bool WerteAus(Kontext&);
    virtual BoolescherAusdruck* Ersetze(const char*,
        BoolescherAusdruck&);
    virtual BoolescherAusdruck* Kopiere() const;
```

```
private:
    BoolescherAusdruck* _operand1;
    BoolescherAusdruck* _operand2;
};

UndAusdruck::UndAusdruck(BoolescherAusdruck* op1,
    BoolescherAusdruck* op2)
{
    _operand1 = op1;
    _operand2 = op2;
}
```

Die Auswertung eines UndAusdruck-Objekts wertet zuerst seine Operanden aus und gibt dann das logische »und« der beiden Ergebnisse zurück.

```
bool UndAusdruck::WerteAus(Kontext& einKontext) {
    return
        _operand1->WerteAus(einKontext) &&
        _operand2->WerteAus(einKontext);
}
```

UndAusdruck implementiert Kopiere und Ersetze mittels rekursiver Aufrufe ihrer Operanden.

```
BoolescherAusdruck* UndAusdruck::Kopiere() const {
    return
        new UndAusdruck(_operand1->Kopiere(),
            _operand2->Kopiere());
}

BoolescherAusdruck* UndAusdruck::Ersetze(const char* name,
    BoolescherAusdruck& ausdruck)
{
    return
        new UndAusdruck(_operand1->Ersetze(name, ausdruck),
            _operand2->Ersetze(name, ausdruck));
}
```

Wir können jetzt den booleschen Ausdruck

```
(true and x) or (y and (not x))
```

für eine gegebene Belegung der Variablen x und y mit true oder false auswerten:

```
BoolescherAusdruck* ausdruck;
Kontext kontext;
```

```
VariablenAusdruck* x = new VariablenAusdruck("X");
VariablenAusdruck* y = new VariablenAusdruck("Y");

ausdruck = new OderAusdruck(
    new UndAusdruck(new Konstante(true), x),
    new UndAusdruck(y, new NichtAusdruck(x)));

kontext.WeiseZu(x, false);
kontext.WeiseZu(y, true);

bool resultat = ausdruck->WerteAus(kontext);
```

Der Ausdruck evaluiert im Fall der genannten Belegung von `x` und `y` zu `true`. Wir können den Ausdruck mit einer anderen Variablenbelegung auswerten, indem wir einfach den Kontext verändern.

Schließlich können wir die Variable `y` durch einem neuen Ausdruck ersetzen und dann erneut auswerten:

```
VariablenAusdruck* z = new VariablenAusdruck("Z");
NichtAusdruck nichtZ(z);

BoolescherAusdruck* ersetzung = ausdruck->Ersetze("Y", nichtZ);

kontext.WeiseZu(z, true);

resultat = ersetzung->WerteAus(kontext);
```

Dieses Beispiel illustriert einen wichtigen Punkt des Interpretermusters: Viele Arten von Operationen können einen Satz »interpretieren«. Unter den drei aufgeführten und für die Klasse `BoolescherAusdruck` definierten Operationen entspricht `WerteAus` am ehestem dem, was ein Interpreter eigentlich tun sollte – nämlich ein Programm oder einen Ausdruck zu interpretieren und ein einfaches Ergebnis zurückgeben.

Wie dem auch sei, `Ersetze` kann ebenfalls als eine Interpreter-Operation verstanden werden. Sie stellt einen Interpreter dar, dessen Kontext der Name der zu ersetzenden Variablen sowie der sie ersetzende Ausdruck ist. Das Ergebnis ist ein neuer Ausdruck. Selbst `Kopiere` kann als ein Interpreter – wenngleich mit leerem Kontext – verstanden werden. Es mag vielleicht etwas merkwürdig scheinen, `Ersetze` und `Kopiere` als Interpreter zu verstehen, weil sie im Prinzip nur einfache Baumoperationen darstellen. Die Beispiele für das Besuchermuster (301) illustrieren, wie alle drei Operationen in einen separaten Interpreter-Besucher herausfaktorisiert werden können. Dabei zeigen sie auf, daß die Ähnlichkeit weit geht.

Das Interpretermuster stellt mehr als nur eine über eine Klassenhierarchie verteilte Operation dar, die das Kompositionsmuster (239) verwendet. Wir betrachten `WerteAus` als einen Interpreter, weil wir die `BoolescherAusdruck`-Klassenhierarchie als Repräsentation einer Sprache verstehen. Wäre uns eine ähnliche Klassenhierarchie zur Repräsentation des Zusammenbaus von beweglichen Teilen gegeben, so ist es unwahrscheinlich, daß wir Operationen wie `Gewicht` und `Kopiere` als Interpreter betrachten würden, obwohl sie gleichermaßen über eine Klassenhierarchie verteilt sind und das Kompositionsmuster verwenden – es kommt auf die Perspektive an; würden wir anfangen, Grammatiken für bewegliche Teile zu verwenden, dann können wir die Operationen auf diesen Teilen als Arten der Interpretation dieser Sprache verstehen.

Bekannte Verwendungen

Das Interpretermuster wird viel in mittels objektorientierten Programmiersprachen implementierten Übersetzern verwendet, so zum Beispiel in den Smalltalk-Übersetzern. SPECTalk verwendet das Muster, um Formatbeschreibungen von Eingabedateien zu interpretieren [Sza92]. Die QOCA-Klassenbibliothek zur Wahrung von Constraints (Konsistenzbedingungen) verwendet es zur Auswertung von Constraints [HHMV92].

In seiner allgemeinsten Form betrachtet (also als eine über eine Klassenhierarchie verteilte und auf dem Kompositionsmuster basierende Operation), wird nahezu jede Anwendung des Kompositionsmusters auch das Interpretermuster verwenden. Das Interpretermuster sollte aber für jene Fälle reserviert bleiben, in denen Sie sich die Klassenhierarchie als Repräsentation einer Sprache vorstellen.

Verwandte Muster

Kompositum (239): Der abstrakte Syntaxbaum ist ein Exemplar des Kompositionsmusters.

Fliegengewicht (223): Es zeigt, wie man Terminalsymbole im abstrakten Syntaxbaum gemeinsam nutzt.

Iterator (335): Ein Interpreter kann als ein Iterator zur Traversierung der Struktur verwendet werden.

Besucher (301): Ein Besucher kann dazu verwendet werden, das Verhalten eines jeden Knotens im abstrakten Syntaxbaum in einer einzigen Klasse zu kapseln.

Iterator

Ein objektbasiertes Verhaltensmuster

Zweck

Ermögliche den sequentiellen Zugriff auf die Elemente eines zusammengesetzten Objekts, ohne seine zugrundeliegende Repräsentation offenzulegen.

Auch bekannt als

Cursor

Motivation

Ein zusammengesetztes Objekt wie eine Liste sollte Ihnen eine Möglichkeit bieten, auf ihre Elemente zuzugreifen, ohne ihre interne Struktur offenzulegen. Weiterhin sollten Sie abhängig von Ihren Bedürfnissen die Liste auf verschiedene Arten traversieren können. Vermutlich wollen Sie aber nicht, daß die Schnittstelle der Listenklasse durch Operationen für die verschiedenen Traversierungsarten aufgebläht wird, selbst wenn Sie genau wissen, welche Operationen sie benötigen. Weiterhin sollten Sie eine Liste zur selben Zeit mehrfach traversieren können.

Das Iteratormuster ermöglicht die genannten Punkte. Die zentrale Idee dieses Musters besteht darin, die Zuständigkeit für den Zugriff und die Funktionalität zur Traversierung aus dem Listenobjekt herauszunehmen und sie einem **Iterator**-Objekt zuzuteilen. Die Klasse Iterator definiert ein Schnittstelle zum Zugriff auf die Elemente in der Liste. Ein Iteratorobjekt ist dafür zuständig, sich das aktuelle Elemente zu merken; das heißt, es weiß, welche Elemente bereits traversiert wurden.

Beispielsweise kann die Klasse Liste zu einem Iterator der Klasse ListenIterator führen. Abbildung 5.19 zeigt die Beziehung zwischen den beiden Klassen auf.

Zum Erzeugen eines Objekts der Klasse ListenIterator müssen Sie die zu traversierende Liste bereitstellen. Haben Sie einmal das ListenIterator-Exemplar, können Sie nacheinander auf die Elemente der Liste zugreifen. Die AktuellesElement-Operation gibt das aktuelle Element in der Liste zurück, die Start-Operation setzt das aktuelle Elemente auf das erste Element, die Weiter-Operation setzt das aktuelle Element auf das nächste Element in der Liste und die IstFertig-Operaton prüft, ob wir bereits das letzte Element der Liste hinter uns gelassen haben – das heißt, ob wir mit der Traversierung bereits fertig sind.

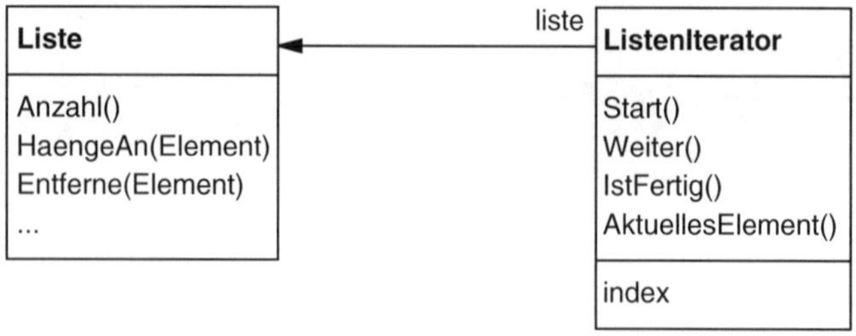

Abbildung 5.19

Die Trennung des Traversierungsmechanismus vom Listenobjekt ermöglicht es uns, Iteratoren für unterschiedliche Traversierungsarten zu definieren, ohne sie in der Schnittstelle der Listenklasse aufführen zu müssen. Die FilternderListenIterator-Klasse kann zum Beispiel den Zugriff ausschließlich auf jene Elemente erlauben, die bestimmten Filterungsbedingungen genügen.

Beachten Sie dabei, daß der Iterator und die Liste miteinander gekoppelt sind, und daß der Klient wissen muß, daß es eine *Liste* ist, die traversiert wird, und nicht irgendeine andere zusammengesetzte Struktur. Somit legt sich der Klient auf eine bestimmte Struktur fest. Es wäre aber besser, wenn wir die Aggregationsklasse ändern könnten, ohne den Klientencode ändern zu müssen. Wir können dies tun, indem wir das Iteratorkonzept so erweitern, daß es **polymorphe Iteration** ermöglicht.

Lassen Sie uns als Beispiel annehmen, daß wir neben der ListenKlasse über die Implementierung einer SkipListe verfügen. Eine SkipListe ist eine probabilistische Datenstruktur, deren Verhalten dem von ausbalancierten Bäumen ähnelt. Wir wollen Code schreiben können, der sowohl für Listenobjekte als auch für Skiplistenobjekte funktioniert.

Wir definieren die in Abbildung 5.20 dargestellte Klasse AbstrakteListe, welche eine einheitliche Schnittstelle für die Arbeit mit Listen bietet. Entsprechend definieren wir eine abstrakte Klasse Iterator, die eine allgemeine Schnittstelle zur Iteration definiert. Wir können dann für jede Implementierung einer Liste eine konkrete Unterklasse von Iterator bilden. Als Ergebnis wird der Iterationsmechanismus unabhängig von den konkreten zusammengesetzten Klassen.

Es verbleibt das Problem, wie man den Iterator erzeugt. Da wir nur solchen Code schreiben wollen, der von den konkreten Unterklassen unabhängig ist, können wir kein Objekt einer bestimmten Unterklasse erzeugen. Statt dessen machen wir die Listenobjekte dafür zuständig, ihre entsprechenden Iteratoren zu erzeugen. Dies führt zu einer Operation wie zum Beispiel ErzeugeIterator, über welche Klienten ein Iteratorobjekt verlangen.

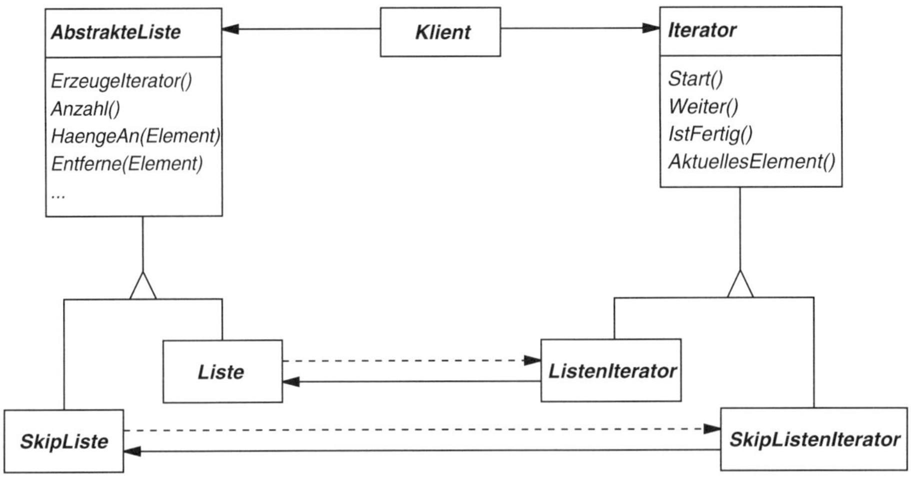

Abbildung 5.20

ErzeugeIterator ist ein Beispiel für eine Fabrikmethode (siehe Fabrikmethode (131)). Wir verwenden es an dieser Stelle, um es einem Klienten zu ermöglichen, ein Listenobjekt nach dem richtigen Iterator zu fragen. Die Verwendung einer Fabrikmethode führt zur Einführung von zwei Klassenhierarchien, einer für Listen und einer für Iteratoren. Die ErzeugeIterator-Fabrikmethode verbindet diese zwei Hierarchien.

Anwendbarkeit

Verwenden Sie das Iteratormuster

- um den Zugriff auf den Inhalt eines zusammengesetzten Objekts zu ermöglichen, ohne dabei seine interne Struktur offenzulegen.
- um mehrfache gleichzeitige Traversierungen auf zusammengesetzten Objekten zu ermöglichen.
- um eine einheitliche Schnittstelle zur Traversierung unterschiedlicher zusammengesetzter Strukturen anzubieten (das heißt, um polymorphe Iteration zu ermöglichen).

Struktur

Die Struktur des Iteratormusters ist in Abbildung 5.21 dargestellt.

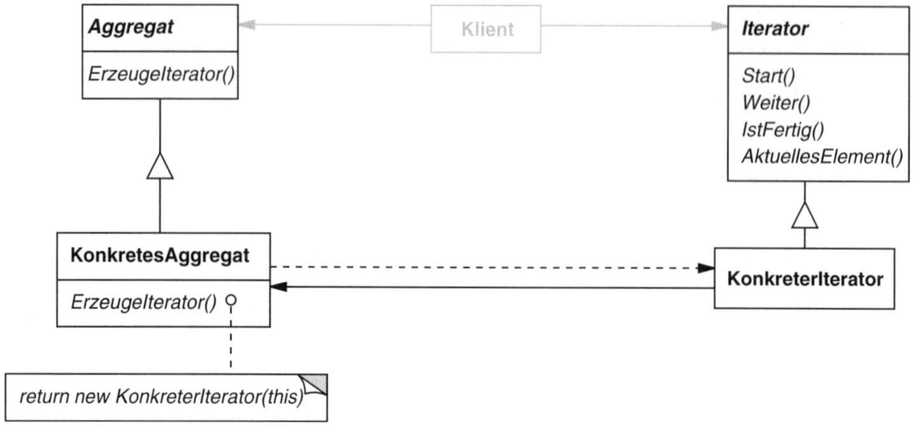

Abbildung 5.21

Teilnehmer

- **Iterator**
  - definiert eine Schnittstelle zum Zugriff auf und zur Traversierung von Elementen.
- **KonkreterIterator**
  - implementiert die Schnittstelle von Iterator.
  - verwaltet die aktuelle Position während der Traversierung des Aggregats.
- **Aggregat**
  - definiert eine Schnittstelle zum Erzeugen eines Objekts der Klasse Iterator.
- **KonkretesAggregat**
  - implementiert die Operation zum Erzeugen eines konkreten Iterators, in dem es ein Objekt der passenden KonkreterIterator-Klasse zurückgibt.

Interaktionen

- Ein KonkreterIterator verwaltet das aktuelle Objekt im Aggregat und kann das in der Traversierung nachfolgende Objekt ermitteln.

Konsequenzen

Das Iteratormuster besitzt drei wichtige Konsequenzen:

1. *Es ermöglicht Variationen in der Art der Traversierung eines Aggregats.* Komplexe Aggregate können verschieden traversiert werden. Zum Beispiel macht Codegenerierung und semantische Prüfung die Traversierung eines Parsebaums notwendig. Die Codegenerierung traversiert den Parsebaum möglicherweise auf Inorder- oder Preorderweise. Iteratoren machen es einfach, den Traversierungsalgorithmus zu ändern: Ersetzen Sie einfach das Iteratorobjekt mit einem anderen Iteratorobjekt. Sie können weiterhin Iteratorunterklassen zur Unterstützung neuer Traversierungsarten definieren.
2. *Iteratoren vereinfachen die Aggregatschnittstelle.* Verwendet man Iteratoren, so brauchen die Aggregatklassen keine zusätzliche Iterationsschnittstelle anzubieten. Dies vereinfacht ihre Schnittstelle und Implementierung.
3. *Ein Aggregat kann mehr als einmal gleichzeitig traversiert werden.* Ein Iterator verwaltet seinen eigenen Traversierungszustand. Sie können somit mehr als eine Traversierung zur gleichen Zeit ausführen.

Implementierung

Ein Iterator besitzt viele Implementierungsvarianten und -alternativen. Im folgenden sind ein paar der wichtigsten von ihnen dargestellt. Die Vor- und Nachteile hängen von den Steuerungsstrukturen Ihrer Programmiersprache ab. Manche Sprachen, wie zum Beispiel CLU [LG86], unterstützen dieses Muster sogar direkt.

1. *Steuerung der Iteration.* Ein zentraler Aspekt des Musters besteht in der Entscheidung, welcher Teilnehmer die Iteration steuert: der Iterator selbst oder der Klient, der den Iterator verwendet. Wenn der Klient die Iteration steuert, heißt der Iterator **externer Iterator**, und wenn der Iterator sie steuert, heißt der Iterator **interner Iterator.**[1] Klienten, die einen externen Iterator verwenden, müssen die Traversierung selbst vorantreiben und explizit das nächste Element vom Iterator verlangen. Im Gegensatz dazu müssen Klienten einem internen Iterator die auszuführende Operation übergeben. Der Iterator wendet dann diese Operation auf jedes Element im Aggregat an.

1. Booch bezeichnet externe oder interne Iteratoren als **aktive** respektive **passive** Iteratoren [Boo94]. Der Begriff »aktiv« und »passiv« bezeichnet dabei jeweils die Rolle des Klienten, nicht den Aktivitätsgrad des Iterators.

Externe Iteratoren sind flexibler als interne Iteratoren. Es ist beispielsweise einfach, mit einem externen Iterator zwei Behälter auf Gleichheit zu überprüfen. Mit internen Iteratoren ist dies aber praktisch unmöglich. Interne Iteratoren sind insbesondere in Sprachen wie C++, die keine anonymen Funktionen, Closures oder Continuations wie Smalltalk und CLOS kennen, schlecht zu gebrauchen. Auf der anderen Seite aber sind interne Iteratoren einfacher zu verwenden, weil sie auch die Iterationslogik definieren.

2. *Definition des Traversierungsalgorithmus.* Der Iterator ist nicht die einzige Stelle, wo der Traversierungsalgorithmus definiert werden kann. Das Aggregat kann den Traversierungsalgorithmus definieren und den Iterator lediglich dazu verwenden, den Zustand der Iteration zu speichern. Wir nennen diese Art von Iterator einen **Cursor**, da er lediglich auf das aktuelle Element im Aggregat zeigt. Ein Klient ruft die Weiter-Operation auf dem Aggregat auf und übergibt dabei den Cursor als Argument. Die Weiter-Operation ändert den Zustand des Cursors.[1]

   Wenn der Iterator für den Traversierungsalgorithmus zuständig ist, dann ist es einfach, unterschiedliche Iterationsalgorithmen für dasselbe Aggregat zu verwenden. Auf der anderen Seite will der Traversierungsalgorithmus möglicherweise auf die privaten Variablen des Aggregats zugreifen. In diesem Fall verletzt es die Kapselung des Aggregats, den Traversierungsalgorithmus in den Iterator zu stecken.

3. *Robustheit des Iterators.* Es kann gefährlich sein, ein Aggregat zu verändern, während Sie es traversieren. Wenn Elemente dem Aggregat hinzugefügt oder aus ihm entfernt werden, kann es Ihnen passieren, daß Sie ein Element zweimal erhalten oder daß Sie eines verpassen. Eine einfache Lösung besteht darin, das Aggregat zu kopieren und die Kopie zu traversieren, was aber generell betrachtet zu teuer ist.

   Ein **robuster Iterator** stellt sicher, daß das Einfügen und Entfernen von Objekten nicht mit der Traversierung in Konflikt gerät. Es tut dies, ohne das Aggregat zu kopieren. Es gibt viele Möglichkeiten, robuste Iteratoren zu implementieren. Die meisten Varianten registrieren den Iterator beim Aggregat. Beim Einfügen oder beim Entfernen paßt das Aggregat entweder den internen Zustand des einst erzeugten Iterators an, oder es verwaltet weitere interne Informationen, um eine korrekte Traversierung zu ermöglichen.

---

1. Cursor sind ein einfaches Beispiel für das Mementomuster (354) und teilen viele seiner Implementierungsaspekte.

Kofler liefert eine gute Diskussion zur Implementierung von robusten Iteratoren in ET++ [Kof93]. Murray diskutiert die Implementierung von robusten Iteratoren in der Klasse List der USL-StandardComponent-Bibliothek [Mur93].

4. *Zusätzliche Iteratoroperationen.* Die minimale Schnittstelle eines Iterators besteht in den Operationen Start, Weiter, IstFertig und AktuellesElement.[1] Es gibt verschiedene Zusatzoperationen, die sich zudem als nützlich erweisen können. So können zum Beispiel geordnete Aggregate eine Zurück-Operation besitzen, die den Iterator auf das vorige Element zurücksetzt. Eine SpringeAuf-Operation ist zum Beispiel für sortierte und indizierbare Behälter nützlich. SpringeAuf setzt den Iterator auf ein Objekt, das bestimmten Kriterien genügt.

5. *Verwendung polymorpher Iteratoren in C++.* Polymorphe Iteratoren haben ihre eigenen Kosten. Sie verlangen, daß das Iteratorobjekt dynamisch mittels einer Fabrikmethode alloziert wird. Sie sollten deswegen nur dann verwendet werden, wenn die Polymorphie auch wirklich benötigt wird. Sie sollten andernfalls Iteratoren verwenden, die auf dem Stack alloziert werden können.

   Polymorphe Iteratoren besitzen einen weiteren Nachteil: Der Klient ist dafür zuständig, sie zu löschen. Dies führt schnell zu Fehlern, weil man leicht vergißt, einen auf dem Heap allozierten Iterator zu löschen, wenn er nicht mehr gebraucht wird. Dies ist insbesondere dann wahrscheinlich, wenn es mehrere Austrittspunkte aus einer Operation gibt. Wenn eine Ausnahme ausgelöst wird, dann wird das Iteratorobjekt ebenfalls nicht freigegeben werden.

   Das Proxymuster (254) bietet hier eine Lösung. Wir können ein auf dem Stack alloziertes Proxy als Stellvertreter für den eigentlichen Iterator verwenden. Das Proxy löscht den Iterator in seinem Destruktor. Wenn also die Operation beendet wird und das Proxy aus dem aktuellen Gültigkeitsbereich herausfällt, wird der eigentliche Iterator mit ihm freigegeben werden. Das Proxy sorgt für ein sauberes Aufräumen, selbst wenn eine Ausnahme eintreten sollte. Dies ist eine Anwendung der wohlbekannten C++-Technik der »resource allocation is initialization« [ES90]. Der Beispielcodeabschnitt führt ein Beispiel vor.

6. *Iteratoren besitzen einen privilegierten Zugriff.* Ein Iterator kann als eine Erweiterung des Aggregats betrachtet werden, das ihn erzeugt hat. Der Iterator und das Aggregat sind eng miteinander gekoppelt. Wir können diese enge Beziehung

---

1. Wir können diese Schnittstelle noch *kleiner* machen, indem wir Weiter, IstFertig und AktuellesElement zu einer einzigen Operation verschmelzen, die zum nächsten Objekt weiterrückt und es zurückgibt. Ist die Traversierung beendet, gibt diese Operation einen speziellen Wert (zum Beispiel 0) zurück, der anzeigt, daß die Iteration beendet ist.

in C++ ausdrücken, indem wir den Iterator zu einem `friend` seines Aggregats machen. Sie müssen dann keine Operationen des Aggregats definieren, dessen einzige Aufgabe darin besteht, Iteratoren die Möglichkeit zur effizienten Implementierung der Traversierung zu geben.

Es ist allerdings zu bedenken, daß ein derartiger privilegierter Zugriff die Definition neuer Traversierungsarten schwierig machen kann, weil er dazu führt, in der Schnittstelle des Aggregats für jede neue Traversierungsklasse eine weitere friend-Klasse zu benennen. Um dieses Problem zu vermeiden kann die Iteratorklasse `protected`-Operationen umfassen, welche den Zugriff auf wichtige, aber nicht öffentlich zugängliche Member-Variablen des Aggregats ermöglichen. Unterklassen von Iterator (und *nur* von Iteratorunterklassen) können diese geschützten Operationen verwenden, um privilegierten Zugriff auf das Aggregat zu gewinnen.

7. *Iteratoren für Komposita.* Externe Iteratoren können für rekursive Aggregationsstrukturen schwierig zu implementieren sein (zum Beispiel die im Kompositionsmuster (239) beschriebenen Komposita), weil eine Position in der Struktur über mehrere Ebenen im Aggregat überspannen kann. Deswegen muß ein externer Iterator den Pfad durch ein Kompositum speichern, um sich das aktuelle Objekt richtig merken zu können. Mitunter ist es deswegen einfacher, einen internen Iterator zu verwenden. Er kann die aktuelle Position einfach dadurch mitspeichern, indem er sich rekursiv aufruft und dabei den Pfad implizit auf dem Stack speichert.

   Wenn die Knoten in einem Kompositum eine Schnittstelle besitzen, die es ihnen ermöglicht, von einem Knoten zu seinen Geschwister-, Eltern- und Kindobjekten zu wechseln, dann kann ein Cursorbasierter Iterator eine bessere Alternative darstellen. Der Cursor muß sich lediglich den aktuellen Knoten merken; er kann sich auf die Schnittstelle des Knotens abstützen, um das Kompositum zu traversieren.

   Komposita müssen oft auf verschiedene Arten traversiert werden. Preorder-, Postorder-, Inorder- und Breitentraversierung sind übliche Fälle. Sie können jede Art von Traversierung über eine eigene Klasse für den Iterator ermöglichen.

8. *Nulliteratoren.* Ein **Nulliterator** ist ein degenerierter Iterator, der für die Handhabung von Grenzbedingungen nützlich ist. Per Definition ist ein Nulliterator *immer* am Ende der Iteration angelangt; das heißt, die IstFertig-Operation liefert immer true zurück.

Nulliteratoren machen die Traversierung von baumförmigen Aggregaten (wie zum Beispiel Komposita) einfacher. Zu jedem Punkt in der Traversierung fragen wir das aktuelle Element nach einem Iterator für seine Kindobjekte. Zusammengesetzte Elemente geben wie üblich einen konkreten Iterator zurück. Blattobjekte hingegen geben ein Exemplar eines Nulliterators zurück. Dies ermöglicht es uns, die Traversierung der gesamten Struktur auf einheitliche Weise zu implementieren.

Beispielcode

Wir betrachten nun die Implementierung einer einfachen Listenklasse, welche Teil unserer in Anhang C aufgeführten Basisbibliothek ist. Wir zeigen zwei Iteratorimplementierungen auf, eine für die Traversierung der Liste von vorne nach hinten und eine andere für die Traversierung der Liste von hinten nach vorne (die Basisbibliothek bietet nur die erste Möglichkeit). Wir zeigen dann, wie diese Iteratoren zu verwenden sind und wie man es vermeidet, sich auf eine bestimmte Implementierung festzulegen.

Im Anschluß daran ändern wir den Entwurf um sicherzustellen, daß Iteratoren korrekt gelöscht werden. Das letzte Beispiel illustriert einen internen Iterator und vergleicht ihn mit seinem externen Gegenstück.

1. *Schnittstellen von Liste und Iterator.* Lassen Sie uns als erstes jenen Teil der Listenschnittstelle betrachten, der für die Implementierung von Iteratoren wichtig ist. Schauen Sie in Anhang C nach, um die vollständige Schnittstelle zu betrachten.

```
template<class Element>
class Liste {
public:
   Liste(long groesse = DEFAULT_LISTEN_KAPAZITAET);

   long AnzahlElemente() const;
   Element& GibElement(long index) const;
   // ...
};
```

Die Klasse `Liste` bietet in ihrer öffentlichen Schnittstelle eine ausreichend effiziente Möglichkeit, die Iteration durchzuführen. Sie reicht aus, um beide Traversierungsarten zu implementieren. Somit gibt es keinen Grund, Iteratoren privilegierten Zugriff auf die internen Datenstrukturen zu ermöglichen; dies bedeutet, daß die Iteratorklassen keine `friend`-Klassen von `Liste` sind. Um die transparente Verwendung von unterschiedlichen Traversierungsarten zu ermöglichen, definieren wir eine abstrakte Klasse `Iterator`, welche die Iteratorschnittstelle definiert.

```
template<class Element>
class Iterator {
public:
   virtual void Start() = 0;
   virtual void Weiter() = 0;
   virtual bool IstFertig() const = 0;
   virtual Element AktuellesElement() const = 0;

protected:
   Iterator();
};
```

2. *Implementierung von Iteratorunterklassen.* `ListenIterator` ist eine Unterklasse von `Iterator`.

```
template<class Element>
class ListenIterator : public Iterator<Element> {
public:
   ListenIterator(const Liste<Element>* eineListe);
   virtual void Start();
   virtual void Weiter();
   virtual bool IstFertig() const;
   virtual Element AktuellesElement() const;

private:
   const Liste<Element>* _liste;
   long _position;
};
```

Die Implementierung von `ListenIterator` ist sehr einfach. Es speichert die Liste zusammen mit dem Index `_position` in die Liste:

```
template<class Element>
ListenIterator<Element>::ListenIterator(
   const Liste<Element>* eineListe) :
      _liste(eineListe), _position(0)
{}
```

Die `Start`-Operation setzt den Iterator auf das erste Element:

```
template<class Element>
void ListenIterator<Element>::Start() {
   _position = 0;
}
```

Die Weiter-Operation setzt den Iterator auf das nächste Element:

```
template<class Element>
void ListenIterator<Element>::Weiter() {
   _position++;
}
```

Die IstFertig-Operation prüft, ob der Index sich auf ein Element in der Liste bezieht:

```
template<class Element>
bool ListenIterator<Element>::IstFertig() const {
   return _position >= _liste->AnzahlElemente();
}
```

Die AktuellesElement-Operation, schlußendlich, gibt das an der aktuellen Position gespeicherte Element zurück. Wenn die Iteration bereits zu Ende ist, lösen wir die Ausnahme IteratorIllegalePosition aus:

```
template<class Element>
Element ListenIterator<Element>::AktuellesElement() const {
   if (IstFertig()) {
      throw IteratorIllegalePosition;
   }
   return _liste->GibElement(_position);
}
```

Die Implementierung von UmgekehrterListenIterator entspricht der eben diskutierten Implementierung. Man muß lediglich die Start-Operation so umschreiben, daß sie _position auf das Ende der Liste setzt, die Weiter-Operation so, daß sie den _position-Index herunterzählt und die IstFertig-Operation so, daß sie prüft, ob die _position kleiner als 0 ist.

3. *Verwenden der Iteratoren.* Lassen Sie uns einmal annehmen, daß wir eine Liste von Angestellten-Objekten haben und daß wir gern alle in der Liste enthaltenen Angestelltenobjekte ausdrucken wollen. Die Klasse Angestellter unterstützt dies durch die Definition einer Drucke-Operation. Um die Liste zu drucken, definieren wir eine DruckeAngestelltenObjekte-Operation, die einen Iterator als Argument entgegennimmt. Sie verwendet den Iterator, um die Liste zu traversieren und sie auszudrucken.

```
void DruckeAngestelltenObjekte(Iterator<Angestellter*>& iter) {
   for (iter.Start(); !iter.IstFertig(); iter.Weiter()) {
      iter.AktuellesElement()->Drucke();
   }
}
```

Da wir sowohl über Iteratoren für Traversierungen von vorne nach hinten und von hinten nach vorne verfügen, können wir diese Operation dazu verwenden, die Angestelltenobjekte in beiden Richtungen auszugeben.

```
Liste<Angestellter*>* angestelltenObjekte;
// ...
ListenIterator<Angestellter*>
   vorwaerts(angestelltenObjekte);
UmgekehrterListenIterator<Angestellter*>
   rueckwaerts(angestelltenObjekte);

DruckeAngestelltenObjekte(vorwaerts);
DruckeAngestelltenObjekte(rueckwaerts);
```

4. *Festlegung einer spezifischen Listenimplementierung vermeiden.* Lassen Sie uns überlegen, wie eine Skiplistenimplementierung von `Liste` unseren Iterationscode beeinflussen würde. Eine `SkipListe`-Unterklasse von `Liste` muß einen `SkipListen-Iterator` anbieten, der die `Iterator`-Schnittstelle implementiert. Intern muß der `SkipListenIterator` mehr als nur einen Index verwalten, um die Iteration effizient ausführen zu können. Da aber der `SkipListenIterator` zur Schnittstelle von Iterator konform ist, kann die `DruckeAngestelltenObjekte`-Operation auch dann verwendet werden, wenn die Angestelltenobjekte in einem `SkipListen`-Objekt gespeichert sind.

```
SkipListe<Angestellter*>* angestelltenObjekte;
// ...

SkipListenIterator<Angestellter*>
   iterator(angestelltenObjekte);
DruckeAngestelltenObjekte(iterator);
```

Obwohl dieser Ansatz funktioniert, wäre es besser, wenn wir uns nicht auf eine bestimmten Listenimplementierung, nämlich `SkipListe`, festgelegt hätten. Wir können die Klasse `AbstrakteListe` einführen, um die Listenschnittstelle für unterschiedliche Listenimplementierungen zu standardisieren. `Liste` und `SkipListe` sind dann Unterklassen von `AbstrakteListe`.

Um polymorphe Iteration zu ermöglichen, definiert `AbstrakteListe` eine Fabrikmethode `ErzeugeIterator`, die von Unterklassen überschrieben wird, um ihren jeweils passenden Iterator zurückzugeben.

```
template<class Element>
class AbstrakteListe {
public:
    virtual Iterator<Element>* ErzeugeIterator() const = 0;
    // ...
};
```

Eine Alternative kann darin bestehen, eine allgemeine Mixin-Klasse `Traversierbar` zu definieren, welche die Schnittstelle zum Erzeugen eines Iterators festlegt. Aggregierte Klassen können von `Traversierbar` erben, um polymorphe Iteration zu ermöglichen.

`Liste` überschreibt `ErzeugeIterator`, um ein `ListenIterator`-Objekt zurückzugeben:

```
template<class Element>
Iterator<Element>* Liste<Element>::ErzeugeIterator() const {
    return new ListenIterator<Element>(this);
}
```

Wir sind nun in der Lage, Code zum Drucken der Angstellenobjekte zu schreiben, der unabhängig von einer konkreten Repräsentierung ist.

```
// wir wissen lediglich, daß wir ein AbstrakteListe-Objekt haben
AbstrakteListe<Angestellter*>* angestelltenObjekte;
// ...

Iterator<Angestellter*>* iterator =
    angestelltenObjekte->ErzeugeIterator();
DruckeAngestelltenObjekte(*iterator);
delete iterator;
```

5. *Sicherstellen, daß die Iteratoren gelöscht werden.* Beachten Sie, daß `ErzeugeIterator` ein frisch alloziertes Objekt zurückgibt. Wir sind dafür zuständig, es zu löschen. Vergessen wir es, so haben wir ein Speicherleck erzeugt. Um Klienten das Leben zu vereinfachen, stellen wir einen `IteratorZeiger` zur Verfügung, der als Proxy für einen Iterator fungiert. Er kümmert sich um das Löschen des Iterators, wenn er aus dem aktuellen Gültigkeitsbereich herausfällt.

IteratorZeiger wird immer auf dem Stack alloziert.[1] C++ kümmert sich automatisch um das Aufrufen seines Destruktors, was zum Löschen des eigentlichen Iterators führt. IteratorZeiger überlädt sowohl operator-> als auch operator* so, daß ein IteratorZeiger wie ein Zeiger auf einen Iterator verwendet werden kann. Die Member-Funktionen von IteratorZeiger sind alle inline implementiert. Somit ergibt sich kein zusätzlicher Aufwand.

```
template<class Element>
class IteratorZeiger {
public:
   IteratorZeiger(Iterator<Element>* iter) : _iter(iter) {}
   ~IteratorZeiger() { delete _iter; }

   Iterator<Element>* operator->() { return _iter; }
   Iterator<Element>& operator*() { return *_iter; }

private:
   // verbiete Kopieren und Zuweisen, um mehrfaches
   // Löschen von _iter zu vermeiden:
   IteratorZeiger(const IteratorZeiger&);
   IteratorZeiger& operator=(const IteratorZeiger&);

private:
   Iterator<Element>* _iter;
};
```

Die IteratorZeiger-Klasse ermöglicht es uns, unseren Code zum Drucken zu vereinfachen:

```
AbstrakteListe<Angestellter*>* angestelltenObjekte;
// ...

IteratorZeiger<Angestellter*> iterator(
   angestelltenObjekte->ErzeugeIterator());
DruckeAngestelltenObjekte(*iterator);
```

6. *Ein interner Listeniterator.* Lassen Sie uns als ein abschließendes Beispiel die mögliche Implementierung einer internen oder passiven ListenIterator-Klasse betrachten. Hier steuert der Iterator die Iteration und wendet eine Operation auf jedes Element an.

1. Sie können dies zur Übersetzungszeit sicherstellen, indem Sie die new- und delete-Operatoren als privat deklarieren. Sie müssen noch nicht einmal implementiert werden.

In diesem Fall besteht der interessante Aspekt darin, wie man den Iterator mit jener Operation parametrisiert, die man auf jedes Element angewendet sehen möchte. C++ unterstützt keine anonymen Funktionen oder Funktions-Closures, wie sie von anderen Sprachen für diese Aufgabe angeboten werden. Es gibt trotzdem mindestens zwei Möglichkeiten: (1) Hereingeben eines Zeigers auf eine (globale oder statische) Funktion oder (2) die Verwendung von Unterklassenbildung. Im ersten Fall ruft der Iterator während der Iteration die hereingereichte Operation für jedes Element auf. Im zweiten Fall ruft der Iterator eine Operation auf, die eine Unterklasse überschreibt, um ein spezifisches Verhalten zu ermöglichen.

Keine der beiden Möglichkeiten ist perfekt. Oftmals wollen Sie einen Zustand während der Iteration zusammensammeln; Funktionen sind hierfür nicht sonderlich gut geeignet, weil wir statische Variablen verwenden müßten, um uns den Zustand zu merken. Eine Unterklasse von `Iterator` kann uns eine bequeme Möglichkeit bieten, den auflaufenden Zustand zu speichern, so zum Beispiel in einer Exemplarvariablen. Es bedeutet aber auch einige Arbeit, für jede unterschiedliche Traversierungsart eine eigene Unterklasse zu schreiben.

Es folgt eine Skizze für die zweite Option, welche auf der Bildung von Unterklassen basiert. Wir nennen den internen Iterator `ListenTraversierer`.

```
template<class Element>
class ListenTraversierer {
public:
   ListenTraversierer(Liste<Element>* eineListe);
   bool Traversiere();

protected:
   virtual bool BearbeiteElement(const Element&) = 0;

private:
   ListenIterator<Element> _iterator;
};
```

ListenTraversierer nimmt ein Exemplar von `Liste` als Parameter entgegen. Intern verwendet es einen externen `ListenIterator`, um die Traversierung auszuführen. `Traversiere` startet die Traversierung und ruft für jedes Element `BearbeiteElement` auf. Der interne Iterator kann sich entscheiden, die Traversierung abzubrechen, indem er `BearbeiteElement false` zurückgeben läßt. `Traversiere` gibt als Resultat zurück, ob die Traversierung vorzeitig abgebrochen wurde.

```
template<class Element>
ListenTraversierer<Element>::ListenTraversierer(
   Liste<Element>* eineListe) :
      _iterator(eineListe)
{}

template<class Element>
bool ListenTraversierer<Element>::Traversiere() {
   bool resultat = false;

   for (_iterator.Start(); !_iterator.IstFertig();
      _iterator.Weiter())
   {
      resultat = BearbeiteElement(
         _iterator.AktuellesElement());
      if (resultat == false) break;
   }

   return resultat;
}
```

Lassen Sie uns zum Schluß einen `ListenTraversierer` dazu verwenden, die ersten zehn Angestelltenobjekte aus unserer Liste zu drucken. Um dies zu tun, müssen wir eine Unterklasse von `ListenTraversierer` bilden und `BearbeiteElement` überschreiben. Wir zählen die Anzahl der ausgedruckten Angestelltenobjekte in einer `_anzahl`-Exemplarvariablen mit.

```
class DruckeNAngestelltenObjekte :
   public ListenTraversierer<Angestellter*>
{
public:
   DruckeNAngestelltenObjekte(
      Liste<Angestellter*>* eineListe, int gesamt) :
         ListenTraversierer<Angestellter*>(eineListe),
         _gesamt(gesamt), _anzahl(0) {}

protected:
   bool BearbeiteElement(Angestellter* const&);

private:
   int _gesamt;
   int _anzahl;
};

bool DruckeNAngestelltenObjekte::BearbeiteElement(
   Angestellter* const& angestellter)
{
```

```
    _anzahl++;
    angestellter->Drucke();
    return _anzahl < _gesamt;
}
```

Der folgende Code zeigt, wie `DruckeNAngestelltenObjekte` die ersten zehn Angestellten in der Liste ausdruckt:

```
Liste<Angestellter*>* angestelltenObjekte;
// ...

DruckeNAngestelltenObjekte dao(angestelltenObjekte, 10);
dao.Traversiere();
```

Beachten Sie dabei, daß der Klient die Iterationsschleife nicht selbst schreibt. Die gesamte Iterationslogik kann wiederverwendet werden. Dies ist der hauptsächliche Vorteil von internen Iteratoren. Er stellt allerdings etwas mehr Arbeit als ein externer Iterator dar, weil wir eine neue Klasse definieren müssen. Vergleichen Sie dies mit der Verwendung eines externen Iterators:

```
ListenIterator<Angestellter*> iter(angestelltenObjekte);
int anzahl = 0;

for (iter.Start(); !iter.IstFertig(); iter.Weiter()) {
    anzahl++;
    iter.AktuellesElement()->Drucke();
    if (anzahl >= 10) break;
}
```

Interne Iteratoren können unterschiedliche Arten der Iteration kapseln. Beispielsweise kapselt ein `FilternderListenIterator` einen Iterationsprozeß, der nur jene Elemente bearbeitet, die einer bestimmten Bedingung genügen:

```
template<class Element>
class FilternderListenTraversierer {
public:
    FilternderListenTraversierer(Liste<Element>* eineListe);
    bool Traversiere();

protected:
    virtual bool BearbeiteElement(const Element&) = 0;
    virtual bool PruefeElement(const Element&) = 0;

private:
    ListenIterator<Element> _iterator;
};
```

Die Schnittstelle von FilternderListenIterator entspricht der von ListenTraversierer, sieht man von der zusätzlichen PruefeElement-Operation ab, welche die Prüfung vornimmt. Unterklassen überschreiben PruefeElement, um die Prüfung zu spezifizieren.

Traversiere entscheidet über die Fortführung der Traversierung aufgrund des Testergebnisses:

```
template<class Element>
void FilternderListenTraversierer<Element>::Traversiere() {
   bool resultat = false;

   for (_iterator.Start(); !_iterator.IstFertig();
      _iterator.Weiter())
   {
      if (PruefeElement(_iterator.AktuellesElement())) {
         resultat = BearbeiteElement(_iterator.AktuellesElement());
         if (resultat == false) break;
      }
   }

   return resultat;
}
```

Eine Variante dieser Klasse kann Traversiere so definieren, daß es abbricht, wenn es auf das erste Element trifft, das der Prüfung genügt.[1]

Bekannte Verwendungen

Iteratoren sind in objektorientierten Systemen vielfach anzutreffen. Die meisten Behälterklassenbibliotheken bieten Iteratoren in der einen oder anderen Form an.

Es folgt ein Beispiel aus den Booch-Components [Boo94], einer beliebten Behälterklassenbibliothek. Sie bietet verschiedene Implementierungen von Queues, die entweder von festgelegter maximaler Größe sind (bounded queues) oder dynamisch wachsen können (unbounded queues). Die Queueschnittstelle wird durch die abstrakte Klasse Queue definiert. Um polymorphe Iteration unter den unterschiedlichen Implementierungen zu ermöglichen, ist der Queueiterator auf Basis der abstrakten Klassenschnittstelle von Queue definiert. Diese Variation besitzt den Vorteil, daß Sie keine Fabrikmethode benötigen, um die Queueimplementie-

1. Die Traversiere-Operation in diesemBeispiel stellt eine Schablonenmethode (366) dar, deren primitive Operationen PruefeElement und BearbeiteElement sind.

rung nach dem ihr angemessenen Iterator zu befragen. Dies verlangt andererseits, daß die abstrakte Klasse Queue so mächtig ist, daß der Iterator effizient implementiert werden kann.

In Smalltalk müssen Iteratoren nicht explizit definiert werden. Die üblichen Behälterklassen (Bag, Set, Dictionary, OrderedCollection, String usw.) definieren eine interne Iterationsmethode namens do:, die einen Block (das heißt, eine Funktions-Closure) als ein Argument entgegennimmt. Jedes Element im Behälter wird an die lokale Variable im Block gebunden; dann wird der Block ausgeführt. Smalltalk bietet weiterhin eine Menge von Streamklassen, die eine der Iteratorschnittstelle vergleichbare Schnittstelle anbieten. ReadStream ist im Prinzip ein Iterator. Sie kann als ein externer Iterator für alle sequentiell angelegten Behälterklassen dienen. Es gibt keine standardmäßig vorhandenen externen Iteratoren für nichtsequentielle Behälter wie Set und Dictionary.

Polymorphe Iteratoren und das zuvor beschriebene Proxy zur Speicherbereinigung werden von den ET++-Behälterklassen angeboten [WGM88]. Das Unidraw-Frameworkklassen für grafische Editoren verwenden cursor-basierte Iteratoren [VL90].

ObjectWindows 2.0 [Bor94] bietet eine Klassenhierarchie von Iteratoren für Behälter an. Sie können auf gleiche Weise über verschiedene Behältertypen iterieren. Die Iterationssyntax von ObjectWindows stützt sich auf das Überladen des Postincrement-Operators ++ ab, um die Iteration voranzutreiben.

Verwandte Muster

Kompositum (239): Iteratoren werden oft auf rekursive Strukturen wie Komposita angewendet.

Fabrikmethode (131): Polymorphe Iteratoren stützen sich auf Fabrikmethoden ab, um ein Objekt der richtigen Iteratorunterklasse zu erzeugen.

Memento (354): Das Mementomuster wird oft in Verbindung mit dem Iteratormuster verwendet. Ein Iterator kann ein Memento benutzen, um den Zustand einer Iteration zwischenzuspeichern. Der Iterator speichert das Memento dann intern.

Memento

Ein objektbasiertes Verhaltensmuster

Zweck

Erfasse und externalisiere den internen Zustand eines Objekts, ohne seine Kapselung zu verletzen, so daß das Objekt später in diesen Zustand zurückversetzt werden kann.

Auch bekannt als

Token

Motivation

Mitunter muß der interne Zustand eines Objekts festgehalten werden. Dies wird benötigt, wenn man Haltepunkte und Undo-Mechanismen implementiert, welche es Benutzern ermöglichen, von probeweise ausgeführten Operationen wieder zurückzukehren oder Fehler zu bereinigen. Sie müssen die Zustandsinformation irgendwo speichern, so daß Sie Objekte in ihren alten Zustand zurückversetzen können. Normalerweise aber kapseln Objekte ihren Zustand teilweise oder auch gänzlich; somit ist es unmöglich, daß andere Objekte auf den Zustand zugreifen und ihn extern speichern können. Es würde die Kapselung aufbrechen, den Zustand nach außen zu öffnen, und die Zuverlässigkeit und Erweiterbarkeit der Anwendung in Frage stellen.

Stellen Sie sich als Beispiel einen grafischen Editor vor, der die Verwaltung von Verbindungen zwischen Objekten ermöglicht. Ein Benutzer kann zwei Rechtecke mit einer Linie verbinden, wobei die Rechtecke miteinander verbunden bleiben, wenn der Benutzer eines von ihnen bewegt. Der Editor stellt sicher, daß die Linie sich so verändert, daß die Verbindung bestehen bleibt (siehe Abbildung 5.22).

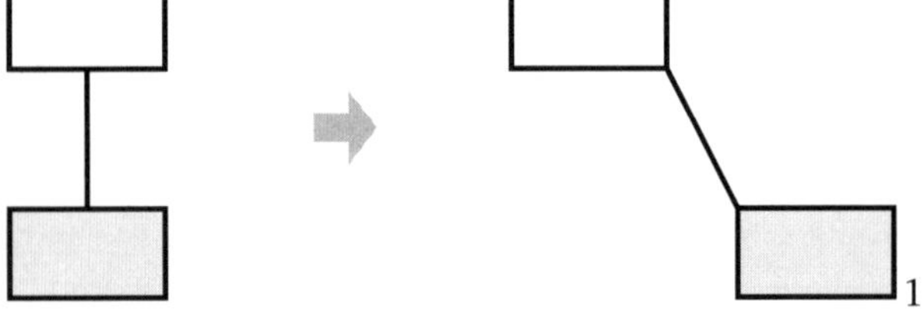

Abbildung 5.22

Eine wohlbekannte Möglichkeit, die Beziehungen zwischen Objekten konsistent aufrechtzuerhalten, besteht in einem System zur Sicherstellung von Constraints (Konsistenzbedingungen). Wir können diese Funktionalität in einem **Constraint-Loeser**-Objekt kapseln. Der ConstraintLoeser speichert die Verbindungen mit, wenn sie erzeugt werden, und generiert mathematische Gleichungen, die sie beschreiben. Er löst diese Gleichungen, wenn der Benutzer eine Verbindung herstellt oder auf andere Weise das Diagramm verändert. Der ConstraintLoeser verwendet die Ergebnisse seiner Berechnungen, um die grafischen Objekte so anzuordnen, daß sie die Verbindungen korrekt darstellen.

Die Unterstützung von Undo in dieser Anwendung ist nicht so einfach, wie es auf den ersten Blick aussehen mag. Eine offenkundige Möglichkeit, eine Bewegung rückgängig zu machen, besteht darin, die ursprüngliche Entfernung zu speichern und das Objekt um dieselbe Entfernung wieder zurückzubewegen. Dies garantiert allerdings nicht, daß alle Objekte genau so erscheinen werden, wie sie vorher erschienen waren. Nehmen Sie einmal an, daß die Verbindung nicht starr an die Objekte gekoppelt ist. Wie in Abbildung 5.23 dargestellt ist, wird in diesem Fall das Zurückbewegen des Rechtecks an seinen Originalort nicht immer den gewünschten Effekt erreichen.

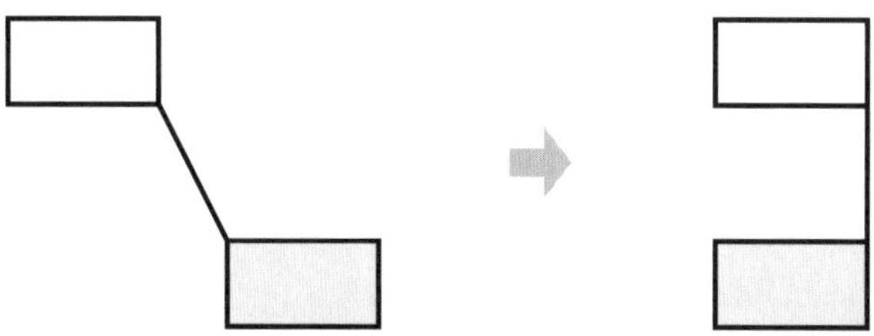

Abbildung 5.23

Allgemein betrachtet kann es der Fall sein, daß die öffentliche Schnittstelle des ConstraintLoesers nicht ausreicht, um ein präzises Rückgängigmachen seiner Auswirkungen auf andere Objekte zu erlauben. Der Undo-Mechanismus muß enger mit dem ConstraintLoeser zusammenarbeiten, als die öffentliche Schnittstelle es erlaubt, um den vorigen Zustand wiederherzustellen; wir sollten es aber ebenso vermeiden, die Interna des ConstraintLoeser dem Undo-Mechanismus gegenüber offenzulegen.

Wir können dieses Problem mit Hilfe des Mementomusters lösen. Ein **Memento** ist ein Objekt, das eine Momentaufnahme des internen Zustands eines anderen Objekts speichert – des **Urhebers** des Mementos. Der Undo-Mechanismus fordert ein Memento vom Urheber an, wenn es den Zustand des Urhebers festhalten und überprüfen muß. Der Urheber initialisiert das Memento mit den Informationen, die seinen aktuellen Zustand charakterisieren. Nur der Urheber kann Informationen im Memento speichern und aus ihm herausholen – für andere Objekte ist das Memento »opak«.

Im soeben diskutierten Beispiel eines grafischen Editors kann der ConstraintLoeser als Urheber fungieren. Die als nächstes dargestellte Abfolge von Ereignissen charakterisiert den Undo-Prozeß:

1. Als Seiteneffekt der Bewege-Operation fordert der Editor ein Memento vom ConstraintLöser an.
2. Der ConstraintLoeser erzeugt ein Memento und gibt es zurück, was in seinem Fall ein Exemplar der Klasse ConstraintLoeserZustand ist. Ein ConstraintLoeserZustand-Memento enthält die Datenstrukturen, die den aktuellen Zustand der internen Gleichungen und Variablen des ConstraintLoesers beschreiben.
3. Wenn der Benutzer später die Bewege-Operation rückgängig macht, gibt der Editor das ConstraintLoeserZustand-Objekt an den ConstraintLoeser zurück.
4. Basierend auf der Information in seinem ConstraintLoeserZustand-Objekt ändert der ConstraintLoeser seine internen Strukturen so, daß seine Gleichungen und Variablen in ihren exakten früheren Zustand zurückversetzt werden.

Dieses Arrangement ermöglicht es dem ConstraintLoeser, andere Objekte mit den Informationen zu versehen, die er selbst benötigt, um sich in einen früheren Zustand zurückzuversetzen, ohne seine internen Strukturen und Repräsentation offenzulegen.

Anwendbarkeit

Verwenden Sie das Mementomuster, wenn

- eine Momentaufnahme (eines Teils) des Zustands eines Objekts zwischengespeichert werden muß, so daß es zu einem späteren Zeitpunkt in diesen Zustand zurückversetzt werden kann, *und wenn*
- eine direkte Schnittstelle zum Ermitteln des Zustands die Implementierungsdetails offenlegen und die Kapselung des Objekts aufbrechen würde.

Struktur

Die Abbildung 5.24 gibt die Struktur des Mementomusters wieder.

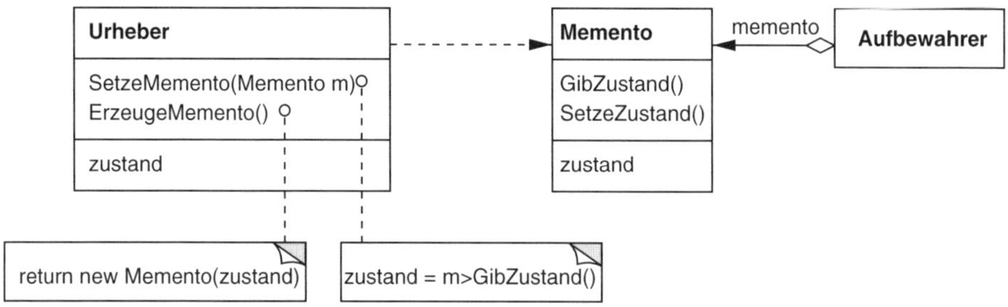

Abbildung 5.24

Teilnehmer

- **Memento** (ConstraintLoeserZustand)
  - speichert internen Zustand des Urheberobjekts. Das Memento kann soviel oder so wenig vom internen Zustand des Urhebers zwischenspeichern wie es nach eigenem Gutdünken benötigt.
  - schützt sich gegen Zugriff durch andere Objekte außer dem Urheber. Mementos besitzen effektiv zwei Schnittstellen. Der Aufbewahrer sieht vom Memento nur eine *schmale* Schnittstelle – er kann das Memento nur an andere Objekte weitergeben. Der Urheber sieht im Gegensatz dazu eine breite Schnittstelle, die es ihm ermöglicht, auf alle benötigten Daten zuzugreifen, um sich selbst in seinen vorigen Zustand zurückzuversetzen. Idealerweise kann nur der Urheber, der das Memento erzeugt hat, auf den internen Zustand des Mementos zugreifen.
- **Urheber** (ConstraintLoeser)
  - erzeugt ein Memento, das eine Momentaufnahme seines aktuellen internen Zustands enthält.
  - verwendet das Memento, um seinen internen Zustand wiederherzustellen.
- **Aufbewahrer** (Undo-Mechanismus)
  - ist für die Aufbewahrung des Mementos zuständig.
  - arbeitet niemals mit dem Inhalt des Mementos oder untersucht es.

Interaktionen

- Ein Aufbewahrer fordert ein Memento von einem Urheber an, bewahrt es eine Zeitlang auf und gibt es an den Urheber zurück, wie die Abbildung 5.25 zeigt.

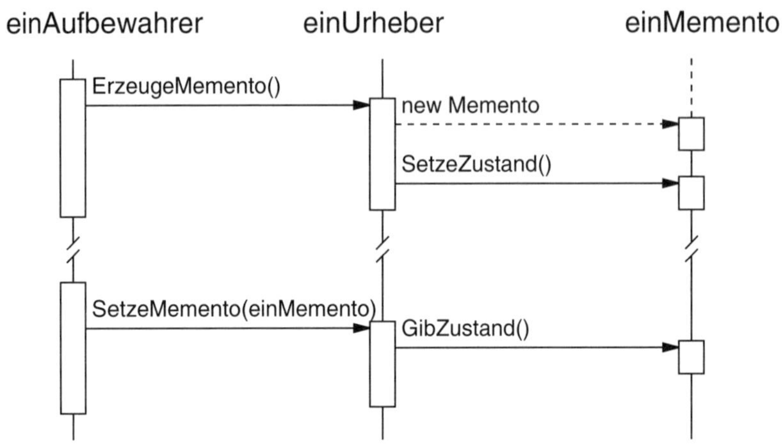

Abbildung 5.25

Manchmal gibt der Aufbewahrer das Memento nicht an den Urheber zurück, weil es nicht notwendig ist, den Urheber in einen ursprünglichen Zustand zurückzuversetzen.

- Mementos sind passiv. Nur der Urheber, der ein Memento erzeugt hat, wird ihm einen bestimmten Zustand zuweisen oder ihn abfragen.

Konsequenzen

Die Anwendung des Mementomusters hat mehrere Konsequenzen:

1. *Wahrung der Kapselungsgrenzen.* Das Mementomuster vermeidet es, Informationen offenzulegen, die nur der Urheber kennen und verwalten sollte, die aber trotzdem außerhalb des Urhebers gespeichert werden müssen. Das Muster schirmt andere Objekte von den potentiell komplexen Interna des Urhebers ab und wahrt dadurch die Kapselungsgrenzen.

2. *Es vereinfacht den Urheber.* In anderen Entwürfen, welche die Kapselung aufrechterhalten, bewahrt der Urheber die Versionen des von Klienten verlangten internen Zustands selbst auf. Dies legt dem Urheber die Last der Speicherverwaltung auf. Man vereinfacht den Urheber, indem man die Klienten den von

ihnen verlangten Zustand selbst verwalten läßt und man vermeidet es, daß Klienten die Urheber benachrichtigen müssen, wenn sie mit ihrer Arbeit fertig sind.

3. *Die Verwendung von Mementos kann teuer sein.* Mementos können zu erheblichen Mehraufwand führen, wenn der Urheber große Mengen von Informationen kopieren muß, um sie im Memento zu speichern, oder wenn die Klienten Mementos sehr häufig erzeugen lassen und dem Urheber wieder zurückgeben. Somit ist das Muster dann angebracht, wenn das Kapseln und Wiederherstellen des Urheberzustands nicht zu teuer ist. Beachten Sie dazu auch die Diskussion über inkrementelles Speichern im Implementierungsabschnitt.

4. *Definition schmaler und breiter Schnittstellen.* In manchen Sprachen kann es schwierig sein, sicherzustellen, daß nur der Urheber auf den Zustand des Mementos zugreifen kann.

5. *Versteckte Kosten beim Aufbewahren der Mementos.* Der Aufbewahrer ist für das Löschen der von ihm verwahrten Mementos zuständig. Der Aufbewahrer hat aber keine Vorstellung davon, wie groß der Zustand in einem aufbewahrten Memento ist. Somit kann ein ansonsten leichtgewichtiger Aufbewahrer zu großen Speicherkosten führen, wenn er die Mementos speichert.

Implementierung

Es folgen zwei Aspekte, die bei der Implementierung des Mementomusters beachtet werden sollten:

1. *Sprachunterstützung.* Mementos besitzen zwei Schnittstellen: eine breite Schnittstelle für Urheber und eine schmale Schnittstelle für andere Objekte. Idealerweise unterstützt die Implementierungssprache zwei Ebenen statischen Zugriffschutzes. C++ ermöglicht es Ihnen, dies zu tun, indem Sie den Urheber zu einer friend-Klasse des Mementos und die breite Schnittstelle lediglich privat zugänglich machen. Nur die schmale Schnittstelle sollte öffentlich zugänglich sein. Zum Beispiel:

```
class Zustand;


class Urheber {
public:
    Memento* ErzeugeMemento();
    void SetzeMemento(const Memento*);
    // ...
```

```
private:
    Zustand* _zustand; // interne Datenstrukturen
    // ...
};

class Memento {
public:
    // schmale öffentliche Schnittstelle
    virtual ~Memento();

private:
    // private Member-Variablen sind nur dem Urheber zugänglich
    friend class Urheber;
    Memento();

    void SetzeZustand(Zustand*);
    Zustand* GibZustand();
    // ...

private:
    Zustand* _zustand;
    // ...
};
```

2. *Speicherung inkrementeller Änderungen.* Wenn Mementos in einer vorhersehbaren Reihenfolge erzeugt und an den Urheber zurückgegeben werden, dann braucht das Memento nur die *inkrementellen Änderungen* des internen Zustands des Urhebers zu speichern.

   Beispielsweise können umkehrbare Befehlsobjekte in einer Befehlsgeschichte Mementos verwenden, um sicherzustellen, daß Befehle den exakten früheren Zustand herstellen, wenn sie rückgängig gemacht werden (siehe Befehl (273)). Die Befehlsgeschichte definiert eine spezielle Reihenfolge, in der Befehle rückgängig gemacht oder erneut ausgeführt werden können. Das bedeutet, daß Mementos nur die durch einen Befehl erzeugte inkrementelle Änderung statt des gesamten Zustands eines jeden betroffenen Objekts zu speichern brauchen. Im zuvor geschilderten Beispiel aus dem Motivationsabschnitt braucht der ConstraintLoeser nur die sich ändernden internen Strukturen zu speichern, um die Verbindung zwischen den Rechtecken aufrechtzuerhalten, statt die alten Positionen dieser Objekte zu speichern.

Beispielcode

Der im folgenden beschriebene C++-Code illustriert das ConstraintLoeser-Beispiel, das wir zuvor diskutiert haben. Wir verwenden BewegenBefehl-Objekte (siehe Befehl (273)), um die Überführung eines grafischen Objekts von einer Position in eine andere Position rückgängig zu machen. Der grafische Editor ruft die `FuehreAus`-Operation des Befehlsobjekts auf, um ein grafisches Objekt zu bewegen, und die `Rueckgaengig`-Operation, um die Bewegung rückgängig zu machen. Das Befehlsobjekt speichert das bearbeitete Objekt, die zurückgelegte Entfernung und ein Exemplar der Klasse `ConstraintLoeserMemento`, ein Memento, das den Zustand des ConstraintLoesers enthält.

```
class GrafischesObjekt;
// Basisklasse für grafische Objekte des grafischen Editors

class BewegenBefehl {
public:
   BewegenBefehl(GrafischesObjekt* objekt,
      const Punkt& delta);
   void FuehreAus();
   void Rueckgaengig();

private:
   ConstraintLoeserMemento* _zustand;
   Punkt _delta;
   GrafischesObjekt* _objekt;
};
```

Die Constraints für die Verbindungen werden durch die Klasse `ConstraintLoeser` in Kraft gesetzt. Ihre zentrale Operation ist `Loese`, welche die über die `FuegeConstraintHinzu`-Operation registrierten Constraints auflöst. Um das Undo zu ermöglichen, kann der Zustand des `ConstraintLoesers` über die Operation `ErzeugeMemento` in einem `ConstraintLoeserMemento`-Exemplar extern abgelegt werden. Der `ConstraintLoeser` kann durch den Aufruf von `SetzeMemento` in seinen früheren Zustand zurückversetzt werden. Der `ConstraintLoeser` ist ein Singleton (157).

```
class ConstraintLoeser {
public:
                      static ConstraintLoeser* Exemplar();

           void Loese();
   void FuegeConstraintHinzu(
      GrafischesObjekt* anfangVerbindung,
```

```
      GrafischesObjekt* endeVerbindung);
   void EnferneConstraint(GrafischesObjekt* anfangVerbindung,
      GrafischesObjekt* endeVerbindung);

   ConstraintLoeserMemento* ErzeugeMemento();
   void SetzeMemento(ConstraintLoeserMemento*);

private:
   // nicht trivialer Zustand sowie Operationen zur Wahrung
   // der Verbindungssemantik
};

class ConstraintLoeserMemento {
public:
   virtual ~ConstraintLoeserMemento();

private:
   friend class ConstraintLoeser;
   ConstraintLoeserMemento();

   // privater ConstraintLoeser-Zustand
};
```

Mit diesen Schnittstellen können wir die Member-Operationen `FuehreAus` und `Rueckgaengig` von `BewegenBefehl` implementieren:

```
void BewegenBefehl::FuehreAus() {
   ConstraintLoeser* constraintLoeser =
      ConstraintLoeser::Exemplar();
   // erzeuge ein Memento
   _zustand = constraintLoeser->ErzeugeMemento();
   _objekt->Bewege(_delta);
   constraintLoeser->Loese();
}

void BewegenBefehl::Rueckgaengig() {
   ConstraintLoeser* constraintLoeser =
      ConstraintLoeser::Exemplar();
   _objekt->Bewege(_delta);
   // setze ConstraintLoeser-Zustand zurück
   constraintLoeser->SetzeMemento(_zustand);
   constraintLoeser->Loese();
}
```

FuehreAus fordert ein ConstraintLoeserMemento an, bevor es das grafische Objekt bewegt. Rueckgaengig bewegt das grafische Objekt zurück, setzt den Zustand des ConstraintLoesers auf den vorigen Zustand zurück und befiehlt ihm schließlich, die Constraints aufzulösen.

Bekannte Verwendungen

Das zuvor beschriebene Beispiel basiert auf der Unterstützung für Verbindungen, die Unidraw mittels der CSolver-Klasse bietet [VL90].

Die Behälter in Dylan [App92] bieten eine Iterationsschnittstelle, die das Mementomuster widerspiegelt. Dylans Behälter kennen das Konzept von »Zustands«-Objekten, worunter Mementos zu verstehen sind, die den Zustand der Iteration repräsentieren. Jeder Behälter kann den aktuellen Zustand der Iteration auf eine ihm genehme Weise repräsentieren; diese Repräsentation ist vor dem Klienten gänzlich versteckt. Der Iterationsansatz von Dylan kann nach C++ etwa wie folgt übertragen werden:

```
template<class Element>
class Behaelter {
public:
   Behaelter();

   IterationsZustand* ErzeugeInitialZustand();
   void Weiter(IterationsZustand*);
   void IstFertig(const IterationsZustand*) const;
   Element AktuellesElement(const IterationsZustand*) const;
   IterationsZustand* Kopiere(const IterationsZustand*) const;

   void HaengeAn(const Element&);
   void Entferne(const Element&);
   // ...
};
```

Die ErzeugeInitialZustand-Operation gibt ein initialisiertes IterationsZustand-Objekt für den Behälter zurück. Weiter rückt das Zustandsobjekt auf die nächste Position in der Iteration vor; es erhöht effektiv den Iterationsindex. IstFertig gibt true zurück, wenn Weiter über das letzte Element im Behälter hinausgegangen ist. AktuellesElement dereferenziert das Zustandsobjekt und gibt das im Behälter referenzierte Objekt zurück. Kopiere gibt eine Kopie des gegebenen Zustandsobjekts zurück. Dies ist nützlich, um einen bestimmten Zustand in einer Iteration festzuhalten.

Es sei eine Klasse `ElementTyp` gegeben. Wir können dann über einen Behälter von solchen Objekten folgendermaßen iterieren[1]:

```
class ElementTyp {
public:
    void Bearbeite();
    // ...
};

Behaelter<ElementTyp*> einBehaelter;
IterationsZustand* zustand;

zustand = einBehaelter.ErzeugeInitialZustand();

while (!einBehaelter.IstFertig(zustand)) {
    einBehaelter.AktuellesElement(zustand)->Bearbeite();
    einBehaelter.Weiter(zustand);
}
delete zustand;
```

Die auf dem Mementomuster basierende Iterationsschnittstelle besitzt zwei interessante Vorteile:

1. Mehr als ein Zustand kann auf demselben Behälter arbeiten (dasselbe gilt auch für das Iteratormuster (335)).

2. Es ist nicht notwendig, die Kapselung eines Behälters aufzubrechen, um Möglichkeit zur Iteration zu bieten. Das Memento wird nur durch den Behälter selbst interpretiert; kein anderes Objekt kann daauf zugreifen. Andere Ansätze zur Iteration verlangen das Durchbrechen der Kapselung, indem sie die Iteratorklassen zu friend-Klassen ihrer Behälterklassen machen (siehe Iterator (335)). Im Fall der mementobasierten Implementierung stellt sich die Situation umgekehrt dar: `Behaelter` ist eine friend-Klasse für `IterationsZustand`.

Die QOCA-Klassenbibliothek zur Wahrung von Konsistenzbedingungen speichert inkrementelle Informationen in Mementos [HHMV92]. Klienten können ein Memento erhalten, das die aktuelle Lösung für ein System von Konsistenzbedingungen darstellt. Das Memento enthält nur jene Konsistenzbedingungsvaria-

1. Beachten Sie dabei, daß unser Beispiel das Zustandsobjekt am Ende der Iteration löscht. Nun würde aber `delete` nicht aufgerufen werden, wenn `Bearbeite` eine Ausnahmebehandlung ausöst und somit ein Speicherleck produziert. Dies ist allerdings nur in C++ und nicht in Dylan ein Problem, weil letzteres über Garbage-Collection verfügt. Wir diskutieren eine Lösung für dieses Problem auf Seite 344.

blen, die sich seit dem letzten Auflösen geändert haben. Üblicherweise ändert sich nur eine kleine Untermenge der Variablen des ConstraintLoeser-Objekts bei jeder neuen Lösung. Diese Untermenge reicht aber aus, um den Zustand des Objekts auf die vorige Lösung zurückzusetzen; das Zurücksetzen auf noch frühere Lösungen verlangt die Verwendung von Mementos der dazwischenliegenden Lösungen. Somit können Sie die Mementos nicht in beliebiger Reihenfolge verwenden; QOCA verläßt sich hier auf einen Geschichtsmechanismus, um ConstraintLoeser-Objekte auf frühere Lösungen zurückzusetzen.

Verwandte Muster

Befehl (273): Befehlsobjekt können Mementos verwenden, um den Zustand für Operationen zu speichern, die rückgängig gemacht werden können.

Iterator (335): Mementos können wie zuvor beschrieben für Iterationen verwendet werden.

Schablonenmethode

(Template Method)

Ein objektbasiertes Verhaltensmuster

Zweck

Definiere das Skelett eines Algorithmus in einer Operation und delegiere einzelne Schritte an Unterklassen. Die Verwendung einer Schablonenmethode ermöglicht es Unterklassen, bestimmte Schritte eines Algorithmus zu überschreiben, ohne seine Struktur zu verändern.

Motivation

Stellen Sie sich ein Application-Framework vor, das die Klassen Anwendung und Dokument bereitstellt. Die Anwendungsklasse ist für das Öffnen von in einem externen Format gespeicherten Dokument zuständig. Dokumente können beispielsweise als Dateien vorliegen. Ein Dokumentobjekt repräsentiert die Information eines Dokuments, sobald es einmal aus der Datei gelesen wurde.

Mit diesem Framework gebaute Anwendungen können Unterklassen von Anwendung und Dokument bilden, um ihre spezifischen Bedürfnisse zu befriedigen. So kann beispielsweise eine Zeichenanwendung die Unterklassen ZeichenAnwendung und ZeichenDokument definieren, und eine Tabellenkalkulationsanwendung kann die Unterklassen TabellenkalkulationsAnwendung und TabellenkalkulationsDokument definieren (siehe Abbildung 5.26).

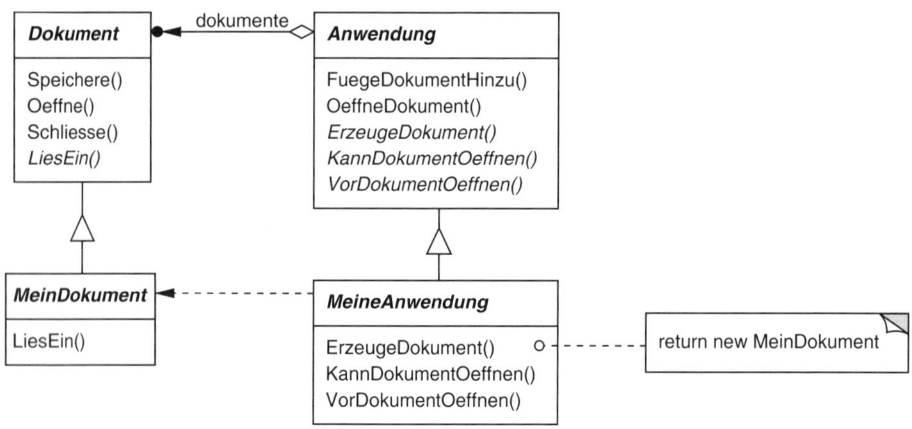

Abbildung 5.26

Die abstrakte Anwendungsklasse definiert in der Operation `OeffneDokument` den Algorithmus zum Öffnen und Einlesen eines Dokuments:

```
void Anwendung::OeffneDokument(const char* name) {
   if (!KannDokumentOeffnen(name)) {
      // kann dieses Dokument nicht bearbeiten
      return;
   }

   Dokument* dok = ErzeugeDokument();

   if (dok) {
      FuegeDokumentHinzu(dok);
      VorDokumentOeffnen(dok);
      dok->Oeffne();
      dok->LiesEin();
   }
}
```

Die OeffneDokument-Operation definiert jeden einzelnen Schritt zum Öffnen eines Dokuments. Sie prüft, ob das Dokument überhaupt geöffnet werden kann, erzeugt das anwendungsspezifische Dokumentobjekt, fügt es in seine Liste von geöffneten Dokumenten ein und liest das Dokument aus der Datei ein.

Wir nennen OeffneDokument eine **Schablonenmethode**. Eine Schablonenmethode definiert einen Algorithmus unter Verwendung abstrakter Operationen, die von Unterklassen überschrieben werden, um ein konkretes Verhalten zu ermöglichen. Unterklassen von Anwendung implementieren die einzelnen Schritte des Algorithmus, so die Überprüfung, ob das Dokument geöffnet werden kann (KannDokumentOeffnen) und wie das Dokument zu erzeugen ist (ErzeugeDokument). Die Dokumentklassen implementieren den Schritt des Einlesens eines Dokuments (LiesEin). Die Schablonenmethode definiert weiterhin eine Operation, die es Anwendungsunterklassen ermöglicht sich einzuhaken, wenn der Kontrollfluß kurz vor dem Öffnen des Dokuments steht (VorDokumentOeffnen), sofern das für sie wichtig ist.

Die Schablonenmethode legt mit Hilfe der Definition abstrakter Operationen die Reihenfolge der abzuarbeitenden Schritte fest. Die Anwendungs- und Dokumentunterklassen können aber zumindest innerhalb dieser Schritte ihren Bedürfnissen entsprechende Anpassungen vornehmen.

Anwendbarkeit

Eine Schablonenmethode sollte verwendet werden,

- um die invarianten Teile eines Algorithmus genau einmal festzulegen und es dann Unterklassen zu überlassen, das variierende Verhalten zu implementieren.
- wenn gemeinsames Verhalten von Unterklassen herausfaktorisiert und in einer allgemeinen Klasse plaziert werden soll, um die Verdopplung von Code zu vermeiden. Dies ist ein gutes Beispiel für die »Refaktorisieriung zur Verallgemeinerung«, wie sie von Opdyke und Johnson beschrieben wird [OJ93]. Sie identifizieren als erstes die Unterschiede im existierenden Code und verteilen sie dann auf neue Operationen. Schließlich ersetzen Sie dann den unterschiedlichen Code durch eine Schablonenmethode, die eine dieser neuen Operationen aufruft.
- um die Erweiterungen durch Unterklassen zu kontrollieren. Sie können eine Schablonenmethode so definieren, daß sie »Einschubmethoden« (siehe den Konsequenzabschnitt) an bestimmten Stellen aufruft und somit Erweiterungen nur an diesen Stellen zuläßt.

Struktur

Abbildung 5.27 zeigt die Struktur des Musters.

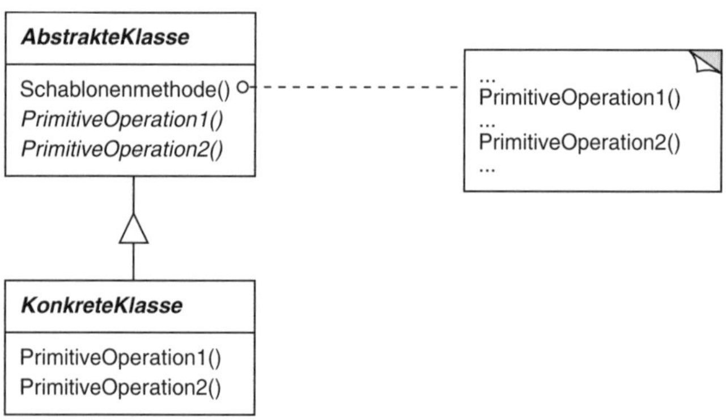

Abbildung 5.27

Teilnehmer

- **AbstrakteKlasse** (Anwendung)
  - definiert abstrakte **primitive Operationen**, die von konkreten Unterklassen definert werden, um die Schritte eines Algorithmus zu implementieren.
  - implementiert eine Schablonenmethode zur Definition des Skeletts eines Algorithmus. Die Schablonenmethode ruft sowohl primitive Operationen als auch in AbstrakteKlasse oder anderen Klassen definierte Operationen auf.
- **KonkreteKlasse** (ZeichenAnwendung, TabellenkalkulationsAnwendung)
  - implementiert die primitiven Operationen, welche die unterklassenspezifischen Schritte des Algorithmus ausführen.

Interaktionen

- Eine KonkreteKlasse stützt sich darauf ab, daß ihre AbstrakteKlasse die invarianten Schritte des Algorithmus vorgibt.

Konsequenzen

Schablonenmethoden stellen eine grundlegende Technik zur Wiederverwendung von Code dar. Sie sind insbesondere für Klassenbibliotheken wichtig, weil sie das Mittel der Wahl für die Herausfaktorisierung von gemeinsamem Verhalten in Bibliotheksklassen sind.

Schablonenmethoden führen zu einem invertiertem Kontrollfluß, der mitunter als das »Hollywood-Prinzip« bezeichnet wird, das heißt »Don't call us, we'll call you« (»Rufen Sie uns nicht an, wir rufen Sie an«) [Swe85]. Dies bezieht sich darauf, daß eine Elternklasse die Operationen einer Unterklasse aufruft und nicht umgekehrt.

Schablonenmethoden rufen die folgenden Arten von Operationen auf:

- konkrete Operationen (entweder der KonkretenKlasse oder von Klientenklassen);
- konkrete Operationen von AbstrakteKlasse (das heißt, Operationen, die im allgemeinen sinnvoll von Unterklassen wiederverwendet werden können);
- primitive Operationen (das heißt, abstrakte Operationen);
- Fabrikmethoden (siehe Fabrikmethode (131)); und

- **Einschubmethoden**, die ein Defaultverhalten anbieten, das von Unterklassen bei Bedarf erweitert werden kann. Eine Einschubmethode macht oftmals per Default gar nichts.

Es ist wichtig, daß Schablonenmethoden festlegen, welche Operationen Einschubmethoden darstellen und somit überschrieben werden dürfen und welche Operationen abstrakt sind, was bedeutet, daß sie überschrieben werden *müssen*. Um eine abstrakte Klasse effektiv wiederzuverwenden, müssen die Programmierer von Unterklassen verstehen, welche Operationen für das Überschreiben vorgesehen sind.

Eine Unterklasse kann das Verhalten einer Operation einer Elternklasse durch das Überschreiben dieser Operation *erweitern* und dabei die Operation der Elternklasse explizit aufrufen:

```
void ElternKlasse::Operation() {
    // Verhalten der Elternklasse
    EinschubMethode();
}
```

Die `EinschubMethode` der `ElternKlasse` macht gar nichts:

```
void ElternKlasse::EinschubMethode() {}
```

Unterklassen überschreiben `EinschubMethode`, um ihr Verhalten zu erweitern:

```
void AbgeleiteteKlasse::EinschubMethode() {
    // Erweiterungen durch abgeleitete Klasse
}
```

Implementierung

Die folgenden drei Implementierungsaspekte sind es wert, näher betrachtet zu werden:

1. *Verwendung der C++-Zugriffskontrolle.* Man kann in C++ die von einer Schablonenmethode aufgerufenen primitiven Operationen als geschützt deklarieren. Dies stellt sicher, daß sie nur von der Schablonenmethode aufgerufen werden können. Primitive Operationen, die überschrieben werden müssen, können als rein virtuell deklariert werden. Die Schablonenmethode selbst sollte nicht überschrieben werden. Deswegen können Sie die Schablonenmethode zu einer nicht virtuellen Member-Funktion machen.

2. *Minimierung primitiver Operationen.* Ein wichtiges Ziel beim Entwurf von Schablonenmethoden ist die Minimierung der Anzahl an primitven Operationen,

die eine Unterklasse zum Ausfüllen des Algorithmus überschreiben muß. Je mehr Operationen überschrieben werden müssen, um so anstrengender wird die Sache für Klienten, das heißt für die Unterklassen.

3. *Namenskonventionen.* Sie können die zu überschreibenden Operationen durch das Hinzufügen eines Präfixes vor ihren Namen kennzeichnen. So verwendet beispielsweise das MacApp-Framework für Macintosh-Anwendungen [App89] das Präfix »Do-« für Schablonenmethoden: »DoCreateDocument«, »DoRead« und so weiter.

Beispielcode

Das folgende C++-Beispiel zeigt, wie eine Elternklasse eine Invariante für ihre Unterklasse bewirken kann. Das Beispiel stammt aus dem AppKit von NeXT [Add94]. Stellen Sie sich eine Klasse `View` vor, die das Zeichnen auf den Bildschirm unterstützt. `View` stellt die Invariante sicher, daß seine Unterklassen nur dann Zeichenoperationen der Anzeige ausführen können, wenn sie den »Fokus« erhalten haben. Dies verlangt, daß ein bestimmter Zeichenzustand, zum Beispiel Farben und Zeichensätze, korrekt initialisiert und bereitgestellt wurden.

Wir können eine `Display`-Schablonenmethode verwenden, um diesen Zustand zu erreichen. `View` definiert zwei konkrete Operationen, `SetFocus` und `GetFocus`, welche den Zeichenzustand initialisieren respektive hinterher aufräumen. Die `DoDisplay`-EinschubMethode von Anzeige führt das eigentliche Zeichnen aus. `Display` ruft `SetFocus` vor dem Aufruf von `DoDisplay` auf, um den Zeichenzustand zu initialisieren; danach ruft `Display ResetFocus` auf, um den aktuellen Zeichenzustand wieder freizugeben.

```
void View::Display() {
    SetFocus();
    DoDisplay();
    ResetFocus();
}
```

Um die Invariante zu wahren, rufen Klienten von `View` immer nur `Display` auf, und Unterklassen von `View` überschreiben immer nur `DoDisplay`.

`DoDisplay` ist in `View` leer implementiert:

```
void View::DoDisplay() {}
```

Unterklassen überschreiben sie, um sie um spezifisches Zeichenverhalten zu erweitern:

```
void MyView::DoDisplay() {
    // stelle den Inhalt der Anzeige dar
}
```

Bekannte Verwendungen

Schablonenmethoden sind so grundlegend, daß sie in nahezu jeder abstrakten Klasse zu finden sind. Wirfs-Brock et al. [WBWW90, WBJ90] liefern einen guten Überblick und eine gute Diskussion von Schablonenmethoden.

Verwandte Muster

Fabrikmethoden (131) werden oft von Schablonenmethoden aufgerufen. Im Motivationsabschnitt wird die Fabrikmethode ErzeugeDokument von der Schablonenmethode OeffneDokument augerufen.

Schablonenmethoden verwenden Vererbung, um die Teile eines Algorithmus zu variieren. Strategien (398) verwenden Delegation, um den gesamten Algorithmus zu variieren.

Strategie

(Strategy)

Ein objektbasiertes Verhaltensmuster

Zweck

Definiere eine Familie von Algorithmen, kapsele jeden einzelnen und mache sie austauschbar. Das Strategiemuster ermöglicht es, den Algorithmus unabhängig von ihn nutzenden Klienten zu variieren.

Auch bekannt als

Policy

Motivation

Es gibt viele Algorithmen, um einen Textstrom in Zeilen umzubrechen. Es ist nicht wünschenswert, alle möglichen Algorithmen fest in den Klassen zu codieren, die sie benötigen. Es gibt dafür mehrere Gründe:

- Klienten, die den Zeilenumbruch benötigen, werden komplexer, wenn sie den Code zum Zeilenumbruch selbst enthalten. Sie werden dadurch größer und schwerer zu warten, insbesondere wenn sie mehrere Algorithmen anbieten.
- Es kommt auf den Kontext an, welche Algorithmen angemessen sind. Es ist unsinnig, mehrere Algorithmen zum Zeilenumbruch bereitzustellen, wenn sie nicht auch alle benötigt werden.
- Es ist schwierig, neue Algorithmen hinzuzufügen und existierende zu verändern, wenn der Code ein integraler Bestandteil des Klienten ist.

Wir können diese Probleme vermeiden, indem wir Klassen zur Kapselung der unterschiedlichen Algorithmen zum Zeilenumbruch definieren. Man nennt einen solcherart gekapselten Algorithmus eine **Strategie**.

Nehmen Sie einmal an, daß eine Klasse mit Namen Komposition für die Verwaltung und Aktualisierung der Zeilenumbrüche eines in einem Fenster dargestellten Textes zuständig ist (siehe Abbildung 5.28). Die Strategien zum Zeilenumbruch sind nicht in der Klasse Komposition definiert, sondern davon abgetrennt in den Unterklassen einer abstrakten Klasse Formatierer. Eine Formatiererunterklasse implementiert jeweils eine eigenständige Strategie.

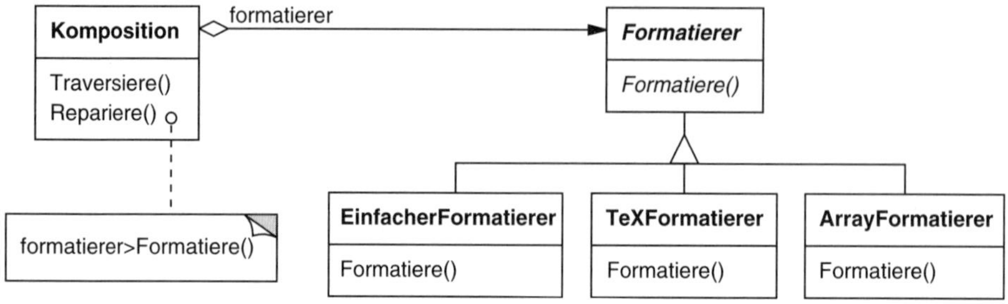

Abbildung 5.28

- **EinfacherFormatierer** implementiert eine einfache Strategie, welche die Zeilenumbrüche sequentiell bestimmt.
- **TeXFormatierer** implementiert den TeX-Algorithmus zum Finden von Zeilenumbrüchen. Diese Strategie versucht, Zeilenumbrüche global zu optimieren, bezieht sich also immer auf einen gesamten Absatz.
- **ArrayFormatierer** implementiert eine Strategie, welche Zeilenumbrüche so auswählt, daß jede Zeile eine feste Anzahl von Elementen enthält. Dies kann zum Beispiel gut für die gleichmäßige Verteilung von Icons in Zeilen verwendet werden.

Ein Kompositionsobjekt hält eine Referenz auf ein Formatiererobjekt. Sobald eine Komposition ihren Text erneut formatieren will, übergibt sie diese Aufgabe an ihren Formatierer. Der Klient einer Komposition legt fest, welcher Formatierer zu verwenden ist, indem er das Formatiererobjekt dem Kompositionsobjekt übergibt.

Anwendbarkeit

Verwenden Sie das Strategiemuster, wenn

- sich viele verwandte Klassen nur in ihrem Verhalten unterscheiden. Strategieobjekte bieten eine Möglichkeit, eine Klasse mit einer von mehreren möglichen Verhaltensweisen zu konfigurieren.
- Sie unterschiedliche Varianten eines Algorithmus benötigen. Sie können zum Beispiel Algorithmen definieren, die unterschiedliche Vor- und Nachteile in der Geschwindigkeit und im Speicherplatzverbrauch besitzen. Strategien können verwendet werden, wenn diese Varianten als eine eigenständige Klassenhierarchie von Algorithmen implementiert werden [HO87].

- ein Algorithmus Daten verwendet, die Klienten nicht bekannt sein sollen. Verwenden Sie das Strategiemuster, um zu vermeiden, daß Sie komplexe algorithmenspezifische Datenstrukturen offenlegen müssen.
- eine Klasse unterschiedliche Verhaltensweisen definiert und diese als mehrfache Bedingungsanweisungen in ihren Operationen erscheinen. Statt nun viele Bedingungsanweisungen zu verwenden, können Sie zusammenhängende Zweige von Bedingungsanweisungen in eine eigene Strategieklasse verlagern.

Struktur

Abbildung 5.29 zeigt die Struktur des Strategiemusters.

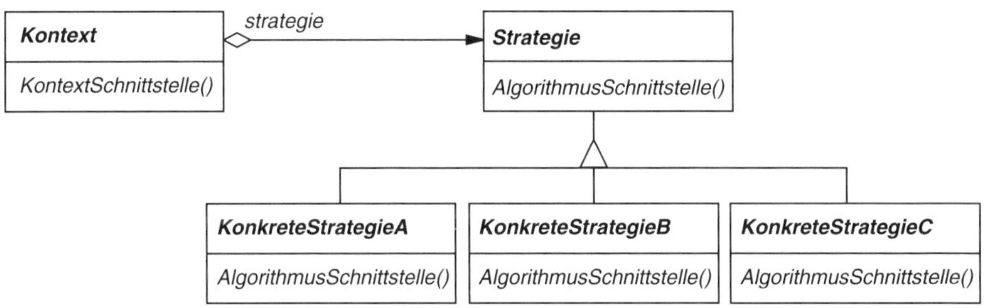

Abbildung 5.29

Teilnehmer

- **Strategie** (Formatierer)
  - deklariert eine Schnittstelle, die von allen unterstützten Algorithmen angeboten wird. Das Kontextobjekt verwendet diese Schnittstelle, um den durch eine KonkreteStrategie definierten Algorithmus aufzurufen.
- **KonkreteStrategie** (EinfacherFormatierer, TeXFormatierer, ArrayFormatierer)
  - implementiert den Algorithmus unter Verwendung der Strategieschnittstelle.
- **Kontext** (Komposition)
  - wird mit einem KonkretenStrategie-Objekt konfiguriert.
  - verwaltet eine Referenz auf ein Strategieobjekt.
  - kann eine Schnittstelle definieren, die Strategieobjekten den Zugriff auf seine Daten ermöglicht.

Interaktionen

- Das Strategie- und das Kontextobjekt arbeiten zusammen, um den ausgewählten Algorithmus zu implementieren. Ein Kontextobjekt kann der Strategie alle vom Algorithmus benötigten Daten bereitstellen, wenn der Algorithmus ausgeführt werden soll. Als Alternative kann der Kontext sich selbst der Strategieoperation als Argument übergeben. Das ermöglicht es der Strategie je nach Bedarf auf den Kontext zurückzugreifen.
- Ein Kontextobjekt leitet die Anfragen von Klienten an seine Strategie weiter. Klienten erzeugen üblicherweise ein KonkreteStrategie-Objekt und übergeben es dem Kontext. Danach interagieren Klienten ausschließlich mit dem Kontext. Zumeist gibt es eine Familie von KonkreteStrategie-Klassen, aus denen der Klient auswählen kann.

Konsequenzen

Das Strategiemuster besitzt die folgenden Vor- und Nachteile:

1. *Familien von verwandten Algorithmen.* Hierarchien von Strategieklassen definieren jeweils Familien von Algorithmen und Verhalten, die von Kontextobjekten wiederverwendet werden können.
2. *Eine Alternative zur Unterklassenbildung.* Die Verwendung von Vererbung stellt eine andere Möglichkeit zur Unterstützung einer Vielzahl von Algorithmen und Verhalten dar. Sie können eine Kontextklasse direkt ableiten, um ihr unterschiedliches Verhalten zu verleihen, was aber das Verhalten fest im Kontext codiert. Dies vermischt die Implementierung des Algorithmus mit der Implementierung des Kontexts und macht somit den Kontext schwerer zu verstehen, zu warten und zu erweitern. Zudem können Sie die Algorithmen nicht zur Laufzeit ändern. Dies führt zu vielen verwandten Klassen, deren einziger Unterschied der von ihnen verwendete Algorithmus oder das verwendete Verhalten ist. Die Kapselung des Algorithmus in separaten Strategieklassen ermöglicht es Ihnen, den Algorithmus unabhängig von seinem Kontext zu variieren, was es einfacher macht, ihn auszuwechseln, zu verstehen und zu erweitern.
3. *Strategien entfernen Bedingungsanweisungen.* Das Strategiemuster stellt eine Alternative zu Bedingungsanweisungen zur Auswahl des gewünschten Verhaltens dar. Führt man unterschiedliches Verhalten in einer einzigen Klasse zusammen, dann ist es schwer, die Verwendung von Bedingungsanweisungen zu vermeiden, um das richtige Verhalten auszuwählen. Die Kapselung des Verhaltens in unterschiedlichen Strategieklassen vermeidet diese Bedingungsanweisungen.

Der Code für den Zeilenumbruch sieht ohne Strategieobjekt vielleicht so aus:

```
void Komposition::Repariere() {
    switch (_umbruchStrategie) {
    case EinfacheStrategie:
        FormatiereMitEinfacherStrategie();
        break;
    case TeXStrategie:
        FormatiereMitTeXStrategie();
        break;
    // ...
    }
    // Führe die Ergebnisse mit der existierenden Komposition
    // zusammen, sofern dies notwendig ist
}
```

Das Strategiemuster entfernt diese Auswahlanweisung, indem es die Aufgabe des Zeilenumbruchs an ein Strategieobjekt delegiert:

```
void Komposition::Repariere() {
    _formatierer->Formatiere();
    // Führe die Ergebnisse mit der existierenden Komposition
    // zusammen, sofern dies notwendig ist
}
```

Code mit vielen Bedingungsanweisungen zeigt oftmals an, daß das Strategiemuster sinnvoll angewendet werden kann.

4. *Auswahlmöglichkeit für Implementierungen.* Strategieobjekte können verschiedene Implementierungen *desselben* Verhaltens repräsentieren. Der Klient kann aus verschiedenen Strategien mit unterschiedlichem Zeit- und Speicherplatzverhalten auswählen.

5. *Klienten müssen um die unterschiedlichen Strategien wissen.* Ein möglicher Nachteil dieses Musters besteht darin, daß ein Klient die Unterschiede zwischen den Strategieobjekten kennen muß, bevor er die passende Strategie auswählen kann. Somit kann es sein, daß Klienten über Implementierungsaspekte der Strategien Bescheid wissen müssen. Sie sollten deswegen das Strategiemuster nur dann verwenden, wenn die Variierung des Verhaltens für den Klienten wichtig ist.

6. *Kommunikationsaufwand zwischen Strategie und Kontext.* Die Strategieschnittstelle wird von allen KonkreteStrategie-Klassen geteilt, ob nun der von ihnen implementierte Algorithmus sehr komplex oder trivial ist. Es ist deswegen wahrscheinlich, daß einige der konkreten Strategien nicht alle übergebenen

Informationen nutzen werden. Einfache konkrete Strategien nutzen möglicherweise gar keine dieser Informationen! Das bedeutet, daß es mitunter Situationen gibt, in denen der Kontext Parameter erzeugt und initialisiert, die niemals verwendet werden. Wenn dies ein Problem darstellt, müssen Sie den Kontext stärker an die Strategie koppeln.

7. *Erhöhte Anzahl von Objekten.* Die Verwendung von Strategieobjekten erhöht die Anzahl von Objekten in einer Anwendung. Sie können diesen Aufwand mitunter reduzieren, indem Sie Strategien als zustandslose Objekte implementieren, die von Kontextobjekten gemeinsam genutzt werden können. Jeglicher kontextabhängiger Zustand wird vom Kontext verwaltet, der ihn bei jeder Anfrage an das Strategieobjekt übergibt. Gemeinsam genutzte Strategien sollten keinen Zustand über die Aufrufe hinweg aufbewahren. Das Fliegengewichtmuster (223) beschreibt diesen Ansatz in größerem Detail.

Implementierung

Beachten Sie die folgenden Implementierungsaspekte:

1. *Definition der Strategie- und Kontextschnittstellen.* Die Strategie und Kontextschnittstellen müssen einer konkreten Strategie einen effizienten Zugriff auf jegliche vom Kontext benötigten Daten ermöglichen, und umgekehrt.

   Bei einem möglichen Ansatz übergibt der Kontext alle Daten als Parameter an die Strategieoperationen. Dies entkoppelt Strategie und Kontext. Andererseits übergibt der Kontext möglicherweise Daten, welche die Strategie gar nicht benötigt.

   Bei einem anderen Ansatz übergibt der Kontext *sich selbst* als Argument. Die Strategie erfragt dann die Daten explizit und direkt vom Kontext. Als weitere Möglichkeit kann die Strategie eine Referenz auf ihren Kontext speichern, so daß überhaupt keine Daten übergeben werden müssen. Bei beiden Varianten kann die Strategie exakt auf die benötigten Daten zurückgreifen. Dazu muß allerdings der Kontext eine sauber ausgearbeitete Schnittstelle zu seinen Daten bieten, was Kontext und Strategie enger aneinanderkoppelt.

   Die Bedürfnisse des konkreten Algorithmus und die von ihm benötigen Daten bestimmen die am besten zu verwendende Technik.

2. *Strategien als Template-Parameter.* In C++ können Templates verwendet werden, um eine Klasse mit einer Strategie zu konfigurieren. Diese Technik ist nur dann anwendbar, wenn (1) die Strategie zur Übersetzungszeit ausgewählt werden kann und (2) die Strategie nicht zur Laufzeit ausgewechselt werden muß. Ist

dies gegeben, so kann die zu konfigurierende Klasse (zum Beispiel `Kontext`) als eine Template-Klasse definiert werden, die eine `Strategie`-Klasse als Parameter besitzt:

```
template<class StrategieKlasse>
class Kontext {
public:
   void Operation() { dieStrategie.FuehreAus(); }
   // ...

private:
   StrategieKlasse dieStrategie;
};
```

Die Klasse wird bei Erzeugung mit einer `Strategie`-Klasse konfiguriert.

```
class EineStrategie {
public:
   void FuehreAus();
};

Kontext<EineStrategie> einKontext;
```

Verwendet man Templates, so braucht man keine abstrakte Klasse zu definieren, welche die Schnittstelle zur `Strategie` definiert. Die Verwendung von Strategie als ein Template-Parameter ermöglicht es Ihnen zudem, eine Strategie statisch an ihren Kontext zu binden, was die Effizienz erhöhen kann.

3. *Strategieobjekte optional machen.* Die Kontextklasse kann vereinfacht werden, wenn es sinnvoll ist, daß sie über *kein* Strategieobjekt verfügt. Der Kontext prüft vor einem Zugriff, ob er über ein Strategieobjekt verfügt. Gibt es eins, so wird es vom Kontext wie gehabt verwendet. Wenn kein Strategieobjekt vorliegt, dann führt der Kontext ein vordefiniertes Standardverhalten aus. Der Vorteil dieses Ansatzes ist der, daß Klienten nicht mit Strategieobjekten umgehen müssen, solange das vordefinierte Verhalten für sie ausreicht.

Beispielcode

Im folgenden stellen wir den allgemeinen Code für das Beispiel aus dem Motivationsabschnitt vor. Er basiert auf der Implementierung der Kompositions- und Formatiererklassen in InterViews (Composition und Compositor) [LCI+92].

Die Klasse `Komposition` verwaltet eine Sammlung von Exemplaren der Klasse `Komponente`, welche Text und grafische Elemente in einem Dokument repräsentieren.

Eine Komposition ordnet Komponentenobjekte unter Verwendung eines Exemplars einer `Formatierer`-Unterklasse in Zeilenform an. Die Formatiererklasse kapselt die Strategie zum Zeilenumbrechen. Jede Komponente besitzt ein natürliches Ausmaß, eine natürliche Dehnbarkeit und ein natürliches Maß an Stauchbarkeit. Die Dehnbarkeit definiert, wie stark eine Komponente über ihre natürliche Größe hinauswachsen kann; die Stauchbarkeit definiert, wie stark die Komponente gestaucht werden kann. Die Komposition übergibt diese Werte an ein Formatiererobjekt, welches sie zur Bestimmung der besten Position für einen Zeilenumbruch verwendet.

```
class Komposition {
public:
    Komposition(Formatierer*);
    void Repariere();

private:
    Formatierer* _formatierer;
    // die Liste von Komponenten
    Komponente* _komponenten;
    // die Anzahl der Komponenten in der Liste
    int _komponentenAnzahl;
    // die Breite einer Zeile in der Komposition
    int _zeilenBreite;
    // die Position der Zeilenumbrüche in den Komponenten
    int* _zeilenUmbrueche;
    // die Anzahl an Zeilen
    int _zeilenAnzahl;
};
```

Wenn ein neues Layout gebraucht wird, befiehlt die Komposition ihrem Formatierer, die Position der Zeilenumbrüche zu ermitteln. Die Komposition übergibt dem Formatierer drei Arrays, welche die Werte für die natürlichen Ausmaße, Dehnbarkeiten und Stauchbarkeiten der Komponenten enthalten. Sie gibt weiterhin die Anzahl der Komponenten mit und wie breit die Zeile ist; sie gibt weiterhin ein Array mit, das der Formatierer mit den Positionen der Zeilenumbrüche füllt. Der Formatierer gibt die Anzahl der berechneten Umbrüche zurück.

Die Schnittstelle der Klasse `Formatierer` ermöglicht es der Komposition, dem Formatierer alle benötigten Daten zu übergeben. Dies ist ein Beispiel für den »Bring die Daten zur Strategie«-Ansatz:

```
class Formatierer {
public:
   virtual int Formatiere(Koordinate ausmasse[],
      Koordinate dehnbarkeit[], Koordinate stauchbarkeit[],
      int komponentenAnzahl, int zeilenBreite,
      int umbrueche[] ) = 0;

protected:
   Formatierer();
};
```

Beachten Sie dabei, daß `Formatierer` eine abstrakte Klasse ist. Konkrete Unterklasse kapseln dann spezifische Strategien zum Umbrechen von Zeilen.

Die Komposition ruft ihren Formatierer in ihrer `Repariere`-Operation auf. `Repariere` initialisiert als erstes das Array mit den natürlichen Ausmaßen, Dehnbarkeiten und Stauchbarkeiten einer jeden Komponente (der knappen Darstellung wegen ausgelassen). Es ruft danach den Formatierer auf, um die Zeilenumbrüche ermitteln zu lassen und stellt schlußendlich die Komponente gemäß der ermittelten Umbrüche dar (ebenfalls ausgelassen):

```
void Komposition::Repariere() {
   Koordinate* ausmasse;
   Koordinate* dehnbarkeit;
   Koordinate* stauchbarkeit;
   int* umbrueche;

   // bereite die Arrays mit den gewünschten Größen
   // für die Komponenten vor
   // ...

   // bestimme die Position der Umbrüche:
   int umbruchAnzahl;
   umbruchAnzahl = _formatierer->Formatiere(ausmasse,
      dehnbarkeit, stauchbarkeit, komponentenAnzahl,
      _zeilenBreite, umbrueche);

   // stelle die Komponente gemäß der Umbrüche dar
   // ...
}
```

Betrachten wir nun die Unterklassen von `Formatierer`. Die Klasse `EinfacherFormatierer` bearbeitet die Komponenten in einer Zeile nacheinander, um zu bestimmen, wo die Umbrüche zu setzen sind:

```
class EinfacherFormatierer : public Formatierer {
public:
   EinfacherFormatierer();

   virtual int Formatiere(Koordinate ausmasse[],
      Koordinate dehnbarkeit[], Koordinate stauchbarkeit[],
      int komponentenAnzahl, int zeilenBreite,
      int umbrueche[]);
   // ...
};
```

Die Klasse `TeXFormatierer` verwendet eine umfassendere Strategie. Sie untersucht einen *Absatz* und bezieht dabei die Größe und die Dehnbarkeit aller Komponenten mit ein. Sie versucht, dem Absatz eine gleichmäßige »Farbe« zu verleihen, indem sie den Leerraum zwischen den Komponenten minimiert.

```
class TeXFormatierer : public Formatierer {
public:
   TeXFormatierer();

   virtual int Formatiere(Koordinate ausmasse[],
      Koordinate dehnbarkeit[], Koordinate stauchbarkeit[],
      int komponentenAnzahl, int zeilenBreite,
      int umbrueche[]);
   // ...
};
```

Die Klasse `ArrayFormatierer` bricht die Komponenten in Zeilen mit gleicher Anzahl von Komponenten auf.

```
class ArrayFormatierer : public Formatierer {
public:
   ArrayFormatierer(int breite);

   virtual int Formatiere(Koordinate ausmasse[],
      Koordinate dehnbarkeit[], Koordinate stauchbarkeit[],
      int komponentenAnzahl, int zeilenBreite,
      int umbrueche[]);
   // ...
};
```

Diese Klassen verwenden längst nicht alle Informationen, die sie über `Formatiere` erhalten. `EinfacherFormatierer` ignoriert die Dehnbarkeit der Komponenten und verwendet nur ihre natürliche Breite. `TeXFormatierer` verwendet alle übergebenen Informationen, während `ArrayFormatierer` alle Informationen ignoriert.

Um die Komposition zu erzeugen, übergeben Sie ihr den von Ihnen gewünschten Formatierer:

```
Komposition* schnell =
    new Komposition(new EinfacherFormatierer);
Komposition* schick =
    new Komposition(new TeXFormatierer);
Komposition* icons =
    new Komposition(new ArrayFormatierer(10));
```

Die Schnittstelle der `Formatierer`-Klasse wurde mit Umsicht entworfen, so daß sie alle möglichen Formatieralgorithmen unterstützen kann, die von Unterklassen implementiert werden könnten. Sie wollen schließlich nicht mit jeder neuen Unterklasse diese Schnittstelle ändern müssen, weil dies dazu führt, daß auch die anderen Unterklassen geändert werden müssen. Allgemein betrachtet, legen die Strategie- und Kontextschnittstellen fest, wie gut ein Muster seinen Zweck erfüllen kann.

Bekannte Verwendungen

Sowohl ET++ [WGM88] als auch InterViews verwenden Strategien, um unterschiedliche Algorithmen zum Zeilenumbruch zu kapseln.

Im RTL-System zur Codeoptimierung von Compilern [JML92] definieren Strategieklassen unterschiedliche Mechanismen zur Registerbelegung (RegisterAllocator) und zur Verwendung von Befehlssätzen (RISCScheduler, CISCScheduler). Dies führt zur erwünschten Flexibilität beim Anpassen des Optimierers an unterschiedliche Systemarchitekturen.

Das ET++SwapsManager-Framework besteht aus einer Berechnungsmaschine, welche die Preise für unterschiedliche finanzielle Instrumente berechnet [EG92]. Die zentralen Abstraktionen des Frameworks sind Instrument (finanzielles Instrument) und YieldCurve (Ertragskurve). Unterschiedliche Instrumente werden als unterschiedliche Unterklassen von Instrument implementiert. Die YieldCurve berechnet die Abschlagsfaktoren auf Basis aktueller Werte für zukünftige Cash-Flows. Beide Klassen delegieren Teile ihres Verhaltens an Strategieobjekte. Das Framework stellt eine Familie von KonkreteStrategie-Klassen zum Generieren von Cash-Flows, zum Bewerten von Swaps und zum Berechnen von Abschlagsfaktoren bereit. Sie können neue Berechnungsmaschinen durch die Konfiguration von Instrument und YieldCurve mit unterschiedlichen Strategieobjekten erzeugen. Dieser Ansatz unterstützt das Mix-and-Match existierender Strategieimplementierungen sowie das Definieren von neuen Strategien.

Die Booch-Components [BV90] verwenden Strategien als Argumente für Template-Klassen. Die Behälterklassen der Booch-Components bieten drei verschiedene Specherbelegungsstrategien an: Managed (Belegung erfolgt in einem vordefinierten Bereich), Controlled (Belegungen und Freigaben sind über Locks geschützt) und Unmanaged (der Standardalgorithmus zur Speicherbelegung). Man übergibt diese Strategien einer Behälterklasse als Template-Argumente bei ihrer Instantiierung. So wird zum Beispiel eine UnboundedCollection, welche den üblichen Speicherbelegungsalgorithmus verwendet, mittels UnboundedCollection<ElementTyp*, Unmanaged> erzeugt.

RApp ist ein System zum Layout integrierter Schaltungen [GA89, AG90]. RApp dient zur Berechnung des Layouts und der Verbindungen von Subsystemen in der Schaltung. Die Routing-Algorithmen in RApp sind als Unterklassen der abstrakten Klasse Router definiert. Router ist somit eine Strategieklasse.

Borlands ObjectWindows-Framework [Bor94] verwendet Strategien in Dialogboxen, um sicherzustellen, daß der Benutzer gültige Daten eingibt. So müssen sich zum Beispiel Zahlen in einem bestimmten Bereich befinden, oder ein numerisches Eingabefeld darf nur Zahlen annehmen. Die Gültigkeitsprüfung eines Strings kann zu einem Tabellen-Lookup führen.

ObjectWindows verwendet Objekte der Klasse Validator zur Kapselung der Überprüfungsstrategien. Validator-Objekte sind Beispiele für Strategieobjekte. Dateneingabefelder delegieren die Prüfungsstrategie an ein optionales Validator-Objekt. Der Klient bindet einen Validator an ein bestimmtes Feld, wenn die Eingaben in dieses Feld überprüft werden müssen. Dies ist ein Beispiel für eine optionale Strategie. Wenn der Dialog beendet wird, befehlen die Eingabefelder ihren Validatoren, die eingegebenen Werte zu überprüfen. Die Klassenbibliothek bietet Validatoren für allgemeine Fälle an, so zum Beispiel einen RangeValidator für Zahlenbereiche. Neue klientenspezifische Prüfungsstrategien können sehr einfach durch Bildung einer Unterklasse der Validator-Klasse definiert werden.

Verwandte Muster

Fliegengewicht (223): Strategieobjekte können häufig gut als Fliegengewichte implementiert werden.

Vermittler

(Mediator)

Ein objektbasiertes Verhaltensmuster

Zweck

Definiere ein Objekt, welches das Zusammenspiel einer Menge von Objekten in sich kapselt. Vermittler fördern lose Kopplung, indem sie Objekte davon abhalten, aufeinander explizit Bezug zu nehmen. Sie ermöglichen es Ihnen, das Zusammenspiel der Objekte von ihnen unabhängig zu variieren.

Motivation

Objektorientierter Entwurf fördert die Verteilung von Verhalten zwischen Objekten. Das Ergebnis einer solchen Verteilung kann eine Objektstruktur mit vielen Beziehungen zwischen den Objekten sein; im schlimmsten Fall bedeutet dies, daß jedes Objekt jedes andere Objekt kennt.

Obwohl die Unterteilung eines Systems in viele Objekte im allgemeinen die Wiederverwendbarkeit fördert, tendiert das ungehemmte Wachstum von Verbindungen dazu, sie wieder zu reduzieren. Viele Verbindungen zwischen Objekten zu haben, macht es unwahrscheinlicher, daß ein Objekt auch ohne die Unterstützung der anderen Objekte arbeiten kann – das System wird zu einem monolithischen Klotz. Es kann weiterhin schwierig sein, das Verhalten des Systems auf bedeutsame Weise zu ändern, weil das Verhalten über so viele Objekte verstreut ist. Als Ergebnis kann es passieren, daß sie gezwungen sind, viele Unterklassen zu bilden, um das Systemverhalten an ihre Bedürfnisse anzupassen.

Stellen Sie sich als ein Beispiel die in Abbildung 5.30 dargestellte Dialogbox in einer grafischen Benutzungsschnittstelle vor. Die Dialogbox verwendet ein Fenster, um eine Ansammlung von Widgets wie Knöpfe, Menüs und Eingabefelder zu präsentieren.

Es gibt oftmals Abhängigkeiten zwischen den Widgets in der Dialogbox. So muß zum Beispiel ein Knopf deaktiviert sein, wenn ein bestimmtes Texteingabefeld leer ist. Die Auswahl eines Eintrags in einer Auswahlliste namens **Listbox** ändert möglicherweise den Inhalt eines Eingabefelds. Andererseits kann die Eingabe eines Texts in das Eingabefeld automatisch zur Auswahl eines oder mehrerer entsprechender Einträge in der Listbox führen.

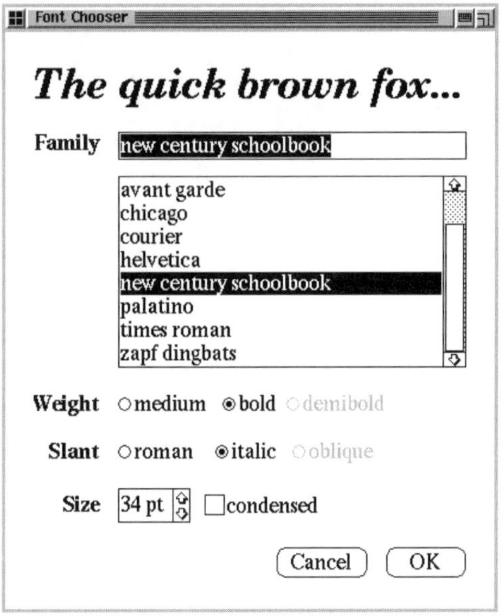

Abbildung 5.30

Sobald einmal ein Text im Eingabefeld erscheint, können andere Knöpfe aktiviert werden, die es dem Benutzer ermöglichen, etwas mit dem Text zu tun, so zum Beispiel das von ihm referenzierte Objekt zu ändern oder zu löschen.

Unterschiedliche Dialogboxen besitzen unterschiedliche Abhängigkeiten zwischen den Widgets. Obwohl also Dialoge dieselbe Art von Widgets anzeigen werden, können sie nicht einfach existierende Widgetklassen wiederverwenden; sie müssen auch dahingehend angepaßt werden, daß sie dialogspezifische Abhängigkeiten wiedergeben. Sie durch Unterklassenbildung maßzuschneidern ist sehr mühsam, da viele Klassen einbezogen werden müssen.

Sie können diese Probleme vermeiden, indem sie das Gesamtverhalten in einem separaten **Vermittlerobjekt** kapseln. Ein Vermittler ist für die Kontrolle und Koordination der Interaktion innerhalb einer Gruppe von Objekten zuständig. Der Vermittler hält die Objekte in einer Gruppe davon ab, direkt aufeinander Bezug zu nehmen. Die Objekte kennen nur den Vermittler und reduzieren dadurch die Anzahl ihrer Verbindungen.

So kann beispielsweise ein **ZeichensatzDialogDirektor** als Vermittler zwischen den Widgets in einer Dialogbox fungieren. Ein ZeichensatzDialogDirektor-Objekt kennt die Widgets in einem Dialog und koordiniert ihr Zusammenspiel. Es fungiert als die Nabe der Kommunikation zwischen den Widgets (siehe Abbildung 5.31).

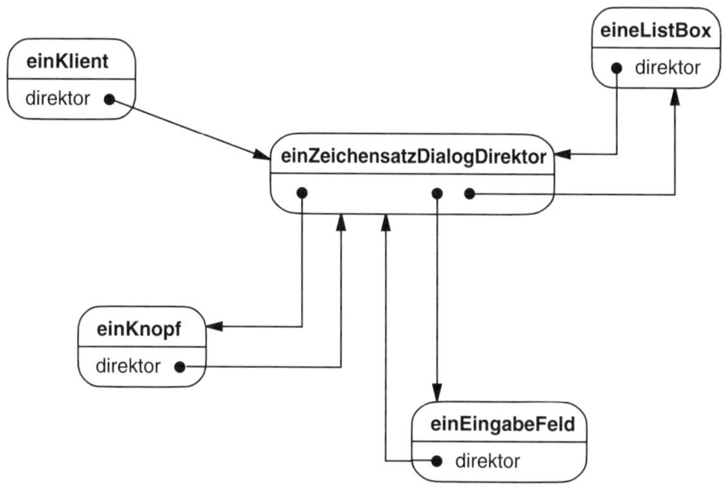

Abbildung 5.31

Das Interaktionsdiagramm in Abbildung 5.32 beschreibt, wie die Objekte zusammenarbeiten, um auf die Änderung der Auswahl in einer Listbox zu reagieren.

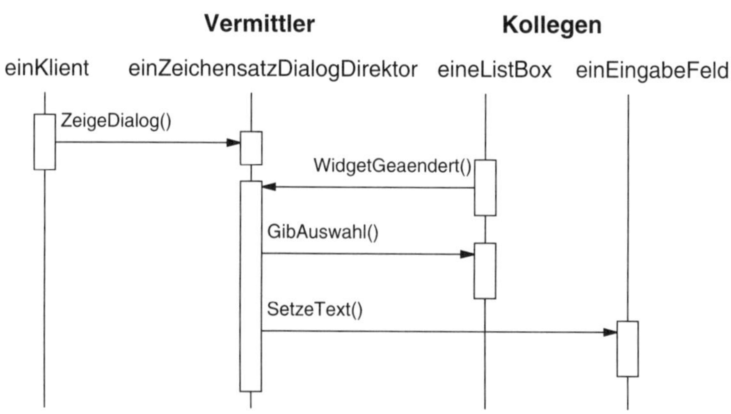

Abbildung 5.32

Es ergibt sich die im folgenden dargestellte Abfolge von Ereignissen, über welche die Auswahl in einer Listbox an ein Eingabefeld weitergereicht wird:

1. Die Listbox meldet ihrem Direktor, daß sie sich geändert hat.
2. Der Direktor holt sich die Auswahl von der Listbox.
3. Der Direktor gibt die Auswahl an das Eingabefeld weiter.

4. Da das Eingabefeld nun etwas Text enthält, aktiviert der Direktor jene Knöpfe, die vom Eingabefeld abhängen und entsprechende Aktionen auslösen können (zum Beispiel »halbfett« oder »schief«).

Beachten Sie dabei, wie der Direktor zwischen der Listbox und dem Eingabefeld vermittelt. Widgets arbeiten nur indirekt zusammen, nämlich über den Direktor. Sie müssen einander überhaupt nicht kennen, alles was sie kennen, ist der Direktor. Da weiterhin das Gesamtverhalten in einer Klasse gekapselt ist, kann es verändert oder ersetzt werden, indem man diese Klasse erweitert oder ersetzt.

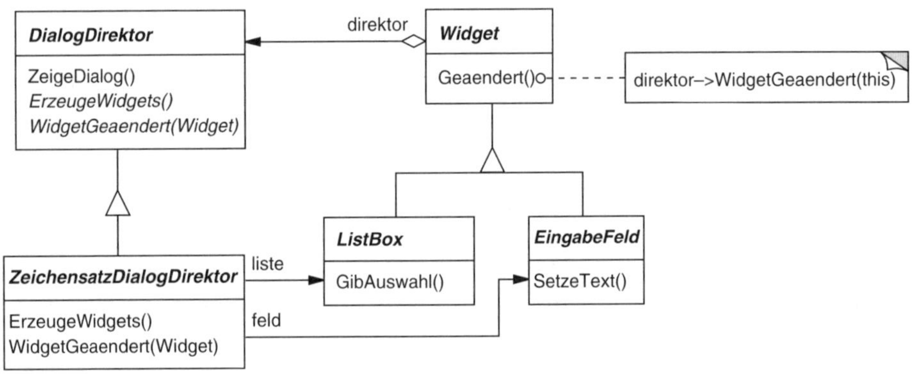

Abbildung 5.33

Abbildung 5.33 stellt dar, wie die ZeichensatzDialogDirektor-Abstraktion in eine Klassenbibliothek integriert werden kann.

DialogDirektor ist eine abstrakte Klasse, die das Gesamtverhalten eines Dialogs festlegt. Klienten rufen die ZeigeDialog-Operation auf, um den Dialog auf dem Bildschirm anzuzeigen. ErzeugeWidgets ist eine abstrakte Operation zum Erzeugen der Widgets eines Dialogs. WidgetGeaendert ist eine andere abstrakte Operation, die von Widgets aufgerufen wird, um ihren Direktor davon in Kenntnis zu setzen, daß sie sich geändert haben. DialogDirektor-Unterklassen überschreiben ErzeugeWidgets, um die richtigen Widgets zu erzeugen, und sie überschreiben WidgetGeaendert, um die Änderungen zu bearbeiten.

Anwendbarkeit

- Verwenden Sie das Vermittlermuster, wenn
- Sie eine Menge von Objekten vorliegen haben, die in wohldefinierter, aber komplexer Weise miteinander zusammenarbeiten. Die sich ergebenden Abhängigkeiten sind unstrukturiert und schwer zu verstehen.

- die Wiederverwendung eines Objekts schwierig ist, weil es sich auf viele andere Objekte bezieht und mit ihnen zusammenarbeitet.
- ein auf mehrere Klassen verteiltes Verhalten maßgeschneidert werden können sollte, ohne viele Unterklassen bilden zu müssen.

Struktur

Abbildung 5.34 zeigt die Struktur des Vermittlermusters.

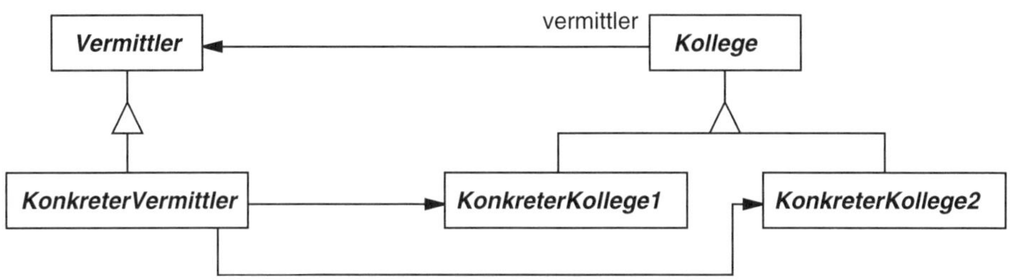

Abbildung 5.34

Eine typische Objektstruktur ist in Abbildung 5.35 dargestellt.

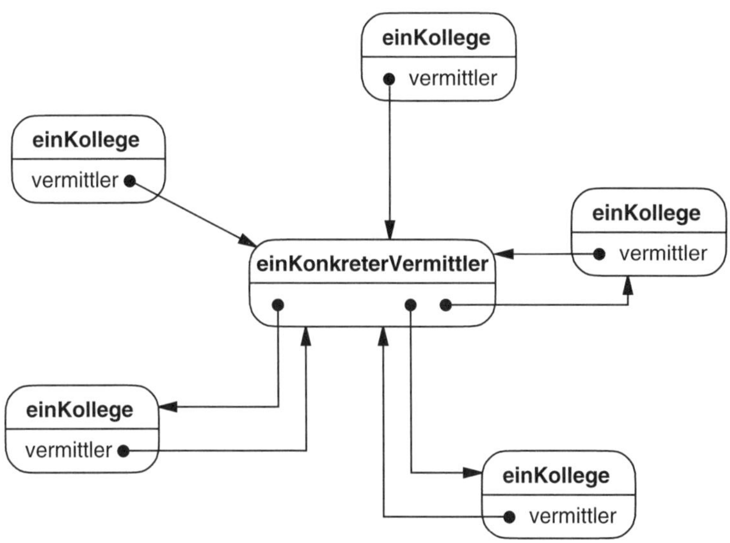

Abbildung 5.35

Teilnehmer

- **Vermittler** (DialogDirektor)
  - definiert eine Schnittstelle für die Interaktion mit Kollegen-Objekten.
- **KonkreterVermittler** (ZeichensatzDialogDirektor)
  - implementiert das Gesamtverhalten durch Koordination der Kollegen-Objekte.
  - kennt und verwaltet seine Kollegen-Objekte.
- **Kollegen-Klassen** (ListBox, EingabeFeld)
  - jede Kollegen-Klasse kennt ihre Vermittler-Klasse.
  - jedes Kollegen-Objekt arbeitet mit seinem Vermittler zusammen, statt dies mit seinen Kollegen-Objekten zu tun.

Interaktionen

- Kollegenobjekte senden und empfangen Anfragen von einem Vermittlerobjekt. Der Vermittler implementiert das Gesamtverhalten durch das Weiterleiten der Anfragen zwischen den richtigen Kollegenobjekten.

Konsequenzen

Das Vermittlermuster besitzt die folgenden Vorteile und Probleme:

1. *Es schränkt die Unterklassenbildung ein.* Ein Vermittler lokalisiert Verhalten, das andernfalls über verschiedene Objekte verteilt werden würde. Die Änderung dieses Verhaltens erfordert lediglich das Ableiten der Vermittlerklasse; die Kollegenklassen können ohne Änderung wiederverwendet werden.
2. *Es entkoppelt Kollegenobjekte.* Ein Vermittler fördert die lose Kopplung zwischen den Kollegenobjekten. Sie können Kollegen- und Vermittlerklassen voneinander unabhängig variieren und wiederverwenden.
3. *Es vereinfacht das Protokoll eines Objekts.* Ein Vermittler ersetzt n-zu-n Beziehungenen durch 1-zu-n Beziehungen zwischen dem Vermittler und den Kollegenobjekten. 1-zu-n Beziehungen sind einfacher zu verstehen, zu verwalten und zu erweitern.
4. *Es abstrahiert davon, wie Objekte zusammenarbeiten.* Dadurch, daß Sie die Vermittlung zwischen Objekten zu einem eigenständigen und unabhängigen Konzept machen und sie in einem Objekt kapseln, können Sie sich auf die In-

teraktion von Objekten konzentrieren und dabei von ihrem individuellen Verhalten absehen. Dies kann dabei helfen, zu klären, wie die Objekte in einem System zusammenarbeiten.

5. *Es zentralisiert die Steuerung.* Das Vermittlermuster tauscht die Komplexität der Interaktion gegen die Komplexität des Vermittlers ein. Weil ein Vermittler Protokolle kapselt, kann er selbst komplizierter als jedes Kollegenobjekt werden. Dies kann den Vermittler selbst zu einem schwer zu wartenden Monolithen machen.

Implementierung

Die folgenden Aspekte der Implementierung sind für das Vermittlermuster zu bedenken:

1. *Weglassen der abstrakten Vermittlerklasse.* Es gibt keine Notwendigkeit, eine abstrakte Vermittlerklasse einzuführen, wenn die Kollegenobjekte nur mit einem Vermittler zusammenarbeiten. Die abstrakte Kopplung, welche von der Vermittlerklasse ermöglicht wird, erlaubt es auch Kollegenklassen mit unterschiedlichen Vermittlerunterklassen zusammenzuarbeiten. Die Umkehrung gilt ebenfalls.

2. *Die Interaktion von Kollegen- und Vermittlerklassen.* Kollegenklassen müssen mit ihrem Vermittler interagieren, wenn ein interessantes Ereignis eintritt. Ein Ansatz besteht darin, den Vermittler als Beobachter unter Verwendung des Beobachtermusters (287) zu implementieren. Kollegenklassen stellen hierbei die Subjekte dar und benachrichtigen den Vermittler, wenn sich ihr Zustand ändert. Der Vermittler antwortet hierauf, indem er die Auswirkungen der Änderungen an die anderen Kollegenobjekte weiterleitet.

   Ein anderer Ansatz besteht darin, eine spezialisierte Schnittstelle zur Benachrichtigung beim Vermittler zu definieren, der es Kollegenobjekten ermöglicht, mehr Informationen bei der Benachrichtigung bereitzustellen. Smalltalk/V für Windows verwendet eine Art von Delegation: Wenn ein Kollegenobjekt mit dem Vermittler interagiert, gibt es sich selbst als Argument mit und ermöglicht es dem Vermittler, den Urheber des Ereignisses zu identifizieren. Der Beispielabschnitt verwendet diesen Ansatz. Die Smalltalk/V-Implementierung wird im Abschnitt über bekannte Verwendungen noch einmal aufgegriffen.

Beispielcode

Als Beispiel verwenden wir den DialogDirektor, um die im Motivationsabschnitt eingeführte Dialogbox zur Zeichensatzauswahl zu implementieren. Die abstrakte Klasse `DialogDirektor` definiert die Schnittstelle für Direktoren.

```
class DialogDirektor {
public:
    virtual ~DialogDirektor();

    virtual void ZeigeDialog();
    virtual void WidgetGeaendert(Widget*) = 0;

protected:
    DialogDirektor();
    virtual void ErzeugeWidgets() = 0;
};
```

Widget ist die abstrakte Basisklasse für Widgets. Ein Widget kennt seinen Direktor.

```
class Widget {
public:
    Widget(DialogDirektor*);
    virtual void Geaendert();

    virtual void BearbeiteMaus(MausEreignis& ereignis);
    // ...

private:
    DialogDirektor* _direktor;
};
```

Die `Geaendert`-Operation ruft die `WidgetGeaendert`-Operation des Direktors auf. Widgets rufen `WidgetGeaendert` von ihrem Direktor auf, um ihn über ein relevantes Ereignis zu informieren.

```
void Widget::Geaendert() {
    _direktor->WidgetGeaendert(this);
}
```

Unterklassen von `DialogDirektor` überschreiben `WidgetGeaendert`, um die von einer Änderung abhängigen Widgets aufzudatieren. Die Widgets geben eine Referenz auf sich selbst als ein Argument an `WidgetGeaendert` mit, damit der Direktor das geänderte Widget einfach feststellen kann. Unterklassen von `DialogDirektor` implementieren die `ErzeugeWidgets`-Operation neu, um die Widgets im Dialog zu erzeugen.

Die Klassen `ListBox`, `EingabeFeld` und `Knopf` sind Unterklassen von `Widget`, die spezifische Elemente der Benutzungsschnittstelle repräsentieren. `ListBox` bietet eine `GibAuswahl`-Operation, welche die aktuelle Auswahl zurückgibt und `EingabeFeld` bietet eine `SetzeText`-Operation, um neuen Text in das Eingabefeld zu übernehmen.

```
class ListBox : public Widget {
public:
   ListBox(DialogDirektor*);

   virtual const char* GibAuswahl();
   virtual void SetzeListe(Liste<char*>* listenElemente);
   virtual void BearbeiteMaus(MausEreignis& ereignis);
   // ...
};

class EingabeFeld : public Widget {
public:
   EingabeFeld(DialogDirektor*);
   virtual void SetzeText(const char* text);
   virtual const char* GibText();
   virtual void BearbeiteMaus(MausEreignis& ereignis);
   // ...
};
```

Knopf ist ein einfaches Widget, das immer die `Geaendert`-Operation aufruft, wenn es gedrückt wird. Dies wird in der Implementierung von `BearbeiteMaus` getan.

```
class Knopf : public Widget {
public:
   Knopf(DialogDirektor*);
   virtual void SetzeText(const char* text);
   virtual void BearbeiteMaus(MausEreignis& ereignis);
   // ...
};
void Knopf::BearbeiteMaus(MausEreignis& ereignis) {
   // ...
   Geaendert();
}
```

Die ZeichensatzDialogDirektor-Klasse vermittelt zwischen den Widgets in der Dialogbox. ZeichensatzDialogDirektor ist eine Unterklasse von DialogDirektor:

```
class ZeichensatzDialogDirektor : public DialogDirektor {
public:
   ZeichensatzDialogDirektor();
   virtual ~ZeichensatzDialogDirektor();
   virtual void WidgetGeaendert(Widget*);

protected:
   virtual void ErzeugeWidgets();

private:
   Knopf* _ok;
   Knopf* _cancel;
   ListBox* _zeichensatzListe;
   EingabeFeld* _zeichensatzName;
};
```

Der ZeichensatzDialogDirektor verwaltet die Widgets, die er anzeigt. Er implementiert ErzeugeWidgets neu, um die Widgets zu erzeugen und die Referenzen auf sie zu initialisieren:

```
void ZeichensatzDialogDirektor::ErzeugeWidgets() {
   _ok = new Knopf(this);
   _cancel = new Knopf(this);
   _zeichensatzListe = new ListBox(this);
   _zeichensatzName = new EingabeFeld(this);

   // fülle die Listbox mit den vorhandenen Zeichensatznamen

   // füge die Widgets zum Dialog zusammen
}
```

WidgetGeaendert stellt sicher, daß die Widgets korrekt zusammenarbeiten:

```
void ZeichensatzDialogDirektor::WidgetGeaendert(
   Widget* geaendertesWidget)
{
   if (geaendertesWidget == _zeichensatzListe) {
      _zeichensatzName->SetzeText(
            _zeichensatzListe->GibAuswahl());
   }
   else
   if (geaendertesWidget == _ok) {
```

```
        // führe Zeichensatzänderung durch und beende den Dialog
    }
    else
    if (geaendertesWidget == _cancel) {
        // beende den Dialog
    }
}
```

Die Komplexität der `WidgetGeaendert`-Operation erhöht sich proportional mit der Komplexität des Dialogs. Große Dialoge sind auch aus anderen Gründen ungünstig, aber die Komplexität des Vermittlers schwächt die Vorteile des Musters in anderen Anwendungen ab.

Bekannte Verwendungen

Sowohl ET++ [WGM88] als auch die THINK-C-Klassenbibliothek [Sym93b] verwenden Direktoren vergleichbare Objekte in Dialogen, die als Vermittler zwischen Widgets fungieren.

Die Anwendungsarchitektur von Smalltalk/V für Windows basiert auf einer Vermittlerstruktur [LaL94]. In dieser Umgebung besteht eine Anwendung aus einem Fenster, das eine Menge von Panes (»rechteckigen Flächen«) enthält. Die Bibliothek enthält viele vordefinierte Pane-Objekte. Beispiele hierfür sind TextPane, ListBox, Button usw. Diese Panes können verwendet werden, ohne Unterklassen bilden zu müssen. Ein Anwendungsentwickler leitet lediglich von ViewManager ab, einer Klasse, die für die Koordinierung von Panes zuständig ist. Der ViewManager ist der Vermittler. Jedes Pane-Objekt kennt nur seinen ViewManager, welcher als »Eigentümer« der Pane betrachtet wird. Panes beziehen sich nicht direkt aufeinander.

Das Objektdiagramm in Abbildung 5.36 zeigt die Laufzeit-Momentaufnahme einer Anwendung.

Smalltalk/V verwendet einen Ereignismechanismus für die Pane-ViewManager-Interaktion. Ein Pane-Objekt erzeugt ein Ereignis, wenn es Informationen vom Vermittler benötigt oder wenn es den Vermittler darüber informieren will, daß etwas Wichtiges passiert ist. Ein Ereignis besitzt ein Symbol (zum Beispiel `#select`), welches das Ereignis identifiziert. Um das Ereignis abzuarbeiten, registriert der ViewManager einen Methodenselektor beim Pane-Objekt. Dieser Selektor stellt die Bearbeitungsoperation für das Ereignis dar; sie wird aufgerufen, wenn immer das Ereignis eintritt.

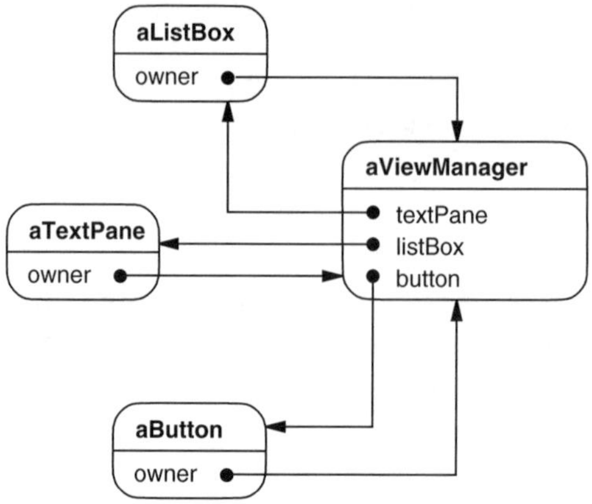

Abbildung 5.36

Der folgende Codeausschnitt zeigt, wie ein ListPane-Objekt innerhalb einer ViewManager-Unterklasse erzeugt wird und wie der ViewManager eine Bearbeitungsoperation für das #select-Ereignis registriert.

```
self addSubpane: (ListPane new
   paneName: 'meineListPane';
   owner: self;
   when: #select perform: #listSelect:).
```

Eine andere Anwendung des Vermittlermusters besteht in der Koordination komplexer Aktualisierungen. Ein Beispiel ist die EreignisVerwalter-Klasse, die im Beobachtermuster (287) angeführt wird. Der EreignisVerwalter vermittelt zwischen Subjekten und Beobachtern, um redundante Aktualisierungen zu vermeiden. Wenn ein Objekt sich ändert, benachrichtigt es den EreignisVerwalter, der seinerseits die Aktualisierungen koordiniert, indem er die vom Objekt abhängigen Subjekte benachrichtigt.

Eine ähnliche Anwendung ist im Unidraw-Zeichen-Framework zu finden. Sie verwendet eine Klasse namens CSolver, um die Constraints (Konsistenzbedingungen) von Verbindungen zwischen »Konnektoren« sicherzustellen. Objekte in grafischen Editoren können auf verschiedene Weise visuell aneinander hängen. Konnektoren sind gut für Anwendungen wie Diagrammeditoren und Schaltkreissysteme zu gebrauchen, welche die Verbindungen automatisiert verwalten. CSolver ist ein Vermittler zwischen den Konnektoren. Es stellt die Constraints der Verbindungen sicher und datiert die Positionen der Konnektoren auf, damit diese sie wiedergeben.

Verwandte Muster

Das Fassadenmuster (212) unterscheidet sich vom Vermittlermuster dahingehend, daß es von einem Subsystem von Objekten abstrahiert, um eine bequemere Schnittstelle zu bieten. Sein Protokoll ist unidirektional; dies bedeutet, daß Fassadenobjekte Anfragen an Subsystemklassen richten, nicht aber umgekehrt. Im Gegensatz dazu ermöglicht ein Vermittler das Zusammenarbeiten von Kollegenobjekten, die dies allein nicht könnten. Zudem ist das Protokoll multidirektional.

Kollegenobjekte können den Vermittler mit Hilfe des Beobachtermusters (287) benachrichtigen.

Zustand

(State)

Ein objektbasiertes Verhaltensmuster

Zweck

Ermögliche es einem Objekt, sein Verhalten zu ändern, wenn sein interner Zustand sich ändert. Es wird so aussehen, als ob das Objekt seine Klasse gewechselt hat.

Auch bekannt als

Objekte als Zustände

Motivation

Stellen Sie sich eine Klasse TCPVerbindung vor, die eine Netzwerkverbindung repräsentiert. Ein TCPVerbindungs-Objekt kann sich in einem von mehreren Zuständen befinden. Etabliert, Bereit, Beendet. Wenn ein TCPVerbindungs-Objekt von anderen Objekten eine Anfrage erhält, dann hängt seine Antwort von seinem aktuellen Zustand ab. So hängt zum Beispiel der Effekt einer Öffne-Anfrage davon ab, ob sich die Verbindung im Etabliert- oder im Beendet-Zustand befindet. Das Zustandsmuster beschreibt, wie die TCPVerbindung für jeden Zustand unterschiedliches Verhalten an den Tag legen kann.

Die zentrale Idee dieses Musters besteht in der Einführung einer abstrakten Klasse TCPZustand, um die Zustände der Netzwerkverbindung zu repräsentieren. Die TCPZustand-Klasse deklariert eine Schnittstelle, die allen Klassen gemein ist, welche die unterschiedlichen operationalen Zustände repräsentieren. Unterklassen von TCPZustand implementieren zustandspezifisches Verhalten. Beispielsweise implementieren die Klassen TCPEtabliert und TCPBeendet ein für die Zustände Etabliert und Beendet spezifisches Verhalten einer TCPVerbindung (siehe Abbildung 5.37).

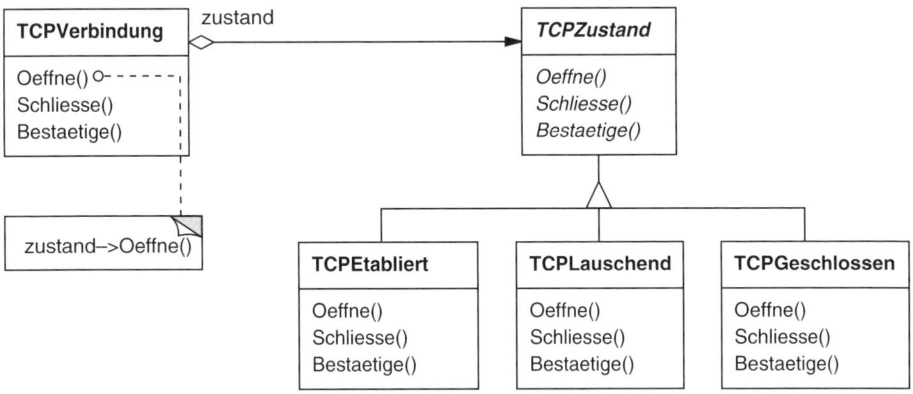

Abbildung 5.37

Die Klasse TCPVerbindung verwaltet ein Zustandsobjekt (ein Exemplar einer Unterklasse von TCPZustand), welches den aktuellen Zustand der TCPVerbindung repräsentiert. Die Klasse TCPVerbindung delegiert alle zustandsspezifischen Anfragen an dieses Zustandsobjekt. TCPVerbindung verwendet sein Exemplar der TCPZustands-Unterklasse, um für diesen Zustand spezifische Operationen auszuführen.

Immer wenn der Zustand der Verbindung sich ändert, ändert das TCPVerbindungs-Objekt das von ihm verwendete Zustandsobjekt. Wenn die Verbindung beispielsweise vom Zustand Etabliert in den Zustand Beendet übergeht, ersetzt TCPVerbindung sein TCPEtabliert-Objekt mit einem TCPBeendet-Objekt.

Anwendbarkeit

Verwenden Sie das Zustandsmuster in einem der folgenden Fälle:

- Das Verhalten eines Objekts hängt von seinem Zustand ab, und es muß sein Verhalten zur Laufzeit und in Abhängigkeit von diesem Zustand ändern.
- Die Operationen der Klasse besitzen große mehrteilige Bedingungsanweisungen, die vom Objektzustand abhängen. Dieser Zustand wird üblicherweise durch eine oder mehrere Aufzählungskonstanten repräsentiert. Oftmals enthalten mehrere Operationen dieselbe Struktur von Bedingungsanweisungen. Das Zustandsmuster verlagert jeden Zweig der Bedingungsanweisung in eine separate Klasse. Dies ermöglicht es Ihnen, den Objektzustand als ein eigenständiges Objekt zu behandeln, der unabhängig von anderen Objekten variiert werden kann.

Struktur

Abbildung 5.38 zeigt die Struktur des Zustandsmusters.

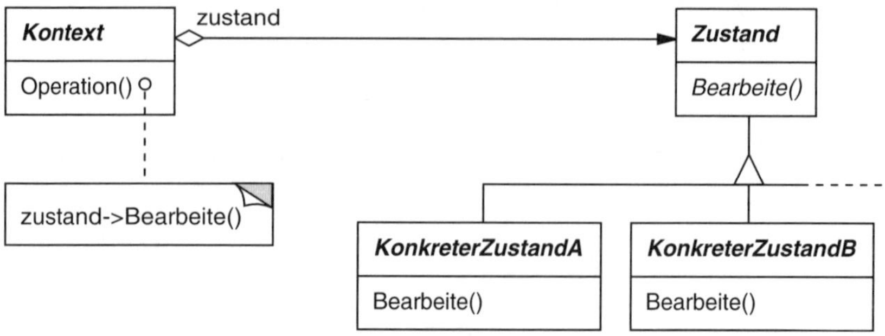

Abbildung 5.38

Teilnehmer

- **Kontext** (TCPVerbindung)
  - definiert die Klienten interessierende Schnittstelle.
  - verwaltet ein Exemplar einer KonkreterZustand-Unterklasse, welche den aktuellen Zustand definiert.
- **Zustand** (TCPZustand)
  - definiert eine Schnittstelle zur Kapselung des mit einem bestimmten Zustand des Kontextobjekts verbundenen Verhaltens.
- **KonkreterZustand-Unterklassen** (TCPEtabliert, TCPBereit, TCPBeendet)
  - jede Unterklasse implementiert ein Verhalten, das mit einem Zustand des Kontextobjekts verbunden ist.

Interaktionen

- Das Kontextobjekt delegiert zustandspezifische Anfragen an das aktuelle KonkreterZustand-Objekt.
- Ein Kontext kann sich selbst als ein Argument an das die Anfrage bearbeitende Zustandsobjekt mitgeben. Dies ermöglicht es dem Zustandsobjekt, gegebenenfalls auf das Kontextobjekt zuzugreifen.
- Das Kontextobjekt bietet die für Klienten hauptsächlich interessante Schnittstelle. Klienten können ein Kontextobjekt mit Zustandsobjekten konfigurie-

ren. Ist ein Kontextobjekt einmal konfiguriert, brauchen seine Klienten sich nicht mehr direkt mit den Zustandsobjekten abzugeben.

- Sowohl die Kontext- als auch die KonkreterZustand-Unterklassen können entscheiden, welche Zustände aufeinanderfolgen und unter welchen Bedingungen sie dies tun.

Konsequenzen

Das Zustandsmuster besitzt die folgenden Konsequenzen:

1. *Es lokalisiert zustandsspezifisches Verhalten und teilt das Verhalten in unterschiedliche Zustände auf.* Das Zustandsmuster lagert alles an einen bestimmten Zustand gebundene Verhalten in einem einzigen Objekt an. Weil der gesamte zustandsspezifische Code sich in einer Zustandsunterklasse befindet, können neue Zustände und Zustandsübergänge einfach durch die Definition neuer Unterklassen hinzugefügt werden.

   Eine Alternative hierzu besteht in der Verwendung von Datenwerten, um interne Zustände zu definieren und Operationen des Kontextobjekts diese Daten explizit prüfen zu lassen. In diesem Fall hätten wir allerdings etwas den Bedingungs- oder Auswahlanweisungen Vergleichbares über die gesamte Implementierung des Kontextobjekts verstreut. Das Hinzufügen eines neuen Zustands kann zur Änderung von vielen Operationen führen, was die Wartung erschwert.

   Das Zustandsmuster vermeidet dieses Problem, kann aber auch ein anderes einführen, weil das Muster Verhalten in unterschiedlichen Zuständen über mehrere Zustandsunterklassen verteilt. Dies erhöht die Anzahl der Klassen und ist weniger kompakt als eine einzige Klasse. Andererseits ist aber gerade diese Verteilung im Fall einer hohen Anzahl von Zuständen wünschenswert, weil ansonsten große Bedingungsanweisungen notwendig werden würden.

   Wie große Prozeduren, so sind auch große Bedingungsanweisungen wenig wünschenswert. Sie sind monolithisch und tendieren dazu, den Code weniger explizit zu machen, was sie wiederum schwierig zu verändern und zu erweitern macht. Das Zustandsmuster stellt eine bessere Alternative zur Strukturierung von zustandsspezifischem Code dar. Die Logik, welche die Zustandsübergänge bestimmt, ist nicht in monolithischen `if` oder `switch` Anweisungen vergraben, sondern ist statt dessen auf die Zustandsunterklassen verteilt. Die Kapselung eines jeden Zustandübergangs und einer jeden Aktion in einer eigenen Klasse gewährt der Idee eines Ausführungszustands vollen Objektstatus. Das zwingt den Code in eine Struktur und macht seine Aufgabe klarer.

2. *Es macht Zustandsübergänge explizit.* Wenn ein Objekt seinen aktuellen Zustand lediglich auf Basis seiner internen Daten definiert, besitzen seine Zustandsübergänge keine explizite Repräsentierung; sie zeigen sich nur als Zuweisungen zu ein paar Variablen. Die Einführung von eigenständigen Objekten für unterschiedliche Zustände macht die Übergänge expliziter.

   Weiterhin können Zustandsobjekte das Kontextobjekt vor inkonsistenten internen Zuständen bewahren, weil die Zustandsübergänge aus Sicht des Kontextobjekts atomar sind – sie ergeben sich durch das erneute Binden *einer* Variablen (der Variablen des Kontextobjekts für das Zustandobjekt) und nicht mehrerer Variablen [dCLF93].

3. *Zustandsobjekte können gemeinsam genutzt werden.* Wenn Zustandsobjekte über keine Exemplarvariablen verfügen – was bedeutet, daß der von ihnen repräsentierte Zustand vollständig durch ihren Typ definiert wird – dann können Kontextobjekte ein Zustandsobjekt gemeinsam nutzen. Wenn Zustandsobjekte solcherart gemeinsam genutzt werden, handelt es sich bei ihnen im Prinzip um Fliegengewichte (siehe Fliegengewicht (223)) ohne intrinsischen Zustand, sondern nur mit Verhalten.

Implementierung

Es stellt sich mehrere Fragen zur Implementierung des Zustandsmusters:

1. *Definition der Zustandsübergänge.* Das Zustandsmuster bestimmt nicht von vorneherein, welcher Teilnehmer die Kriterien für Zustandsübergänge definiert. Wenn die Kriterien sich nicht ändern, dann können sie direkt im Kontextobjekt implementiert werden. Es ist allerdings flexibler und zumeist besser, die Zustandsklassen selbst ihren Nachfolgezustand angeben zu lassen sowie wann der Übergang auszuführen ist. Deswegen muß man die Kontextklasse um eine Schnittstelle erweitern, die es Zustandsobjekten ermöglicht, den aktuellen Zustand des Kontextobjekts explizit zu setzen.

2. *Eine tabellenbasierte Alternative.* In dem Buch *C++ Programming Style* [Car92] beschreibt Cargill eine andere Möglichkeit, zustandsgetriebenen Code zu strukturieren: Er verwendet Tabellen, um Eingabewerte auf Zustandsübergänge abzubilden. Es gibt für jeden Zustand eine eigene Tabelle, die jede mögliche Eingabe auf einen Nachfolgezustand abbildet. Im Prinzip verwandelt dieser Ansatz Bedingungsanweisungen und virtuelle Funktionen in einen Tabellen-Lookup.

Der Hauptvorteil von Tabellen ist ihre regelmäßige Struktur: Sie können die Übergangskriterien durch die Modifikation von Daten statt von Programmcode neu festlegen. Es gibt aber auch ein paar Nachteile:

- Ein Tabellen-Lookup ist oftmals nicht so effizient wie ein virtueller Funktionsaufruf.
- Weil die Logik für die Zustandsübergänge in einem einheitlichen auf Tabellen basierendem Format vorliegt, sind die Übergänge weniger explizit zu sehen und deswegen schwerer zu verstehen.
- Es ist üblicherweise schwierig, Aktionen an die Zustandsübergänge zu binden. Der tabellenbasierte Ansatz erfaßt zwar die Zustände und die Übergänge zwischen ihnen, er muß aber so erweitert werden, daß beliebige Berechnungen während eines jeden Zustandübergangs ausgeführt werden können.

Der Hauptunterschied zwischen tabellengesteuerten Zustandsmachinen und dem Zustandsmuster kann etwa wie folgt zusammengefaßt werden: Das Zustandsmuster modelliert zustandsspezifisches Verhalten, während der tabellengesteuerte Ansatz sich auf die Definition von Zustandsübergängen konzentriert.

3. *Erzeugen und Löschen von Zustandsobjekten.* Für die Implementierung ist es häufig sinnvoll abzuwägen, ob entweder (1) Zustandsobjekte nur auf Bedarf erzeugt werden und danach gelöscht werden sollen oder (2) ob sie im Voraus erzeugt und niemals gelöscht werden sollen.

   Man sollte die erste Möglichkeit vorziehen, wenn die möglichen Eingabezustände nicht zur Laufzeit bekannt sind *und* sich die Kontextobjekte selten ändern. Dieser Ansatz vermeidet die Erzeugung von Objekten, die nicht gebraucht werden, was wichtig ist, wenn die Zustandsobjekte viele Informationen speichern. Der zweite Ansatz ist vorzuziehen, wenn die Zustandsänderungen schnell und häufig geschehen. Hierbei will man das Löschen von Zustandsobjekten vermeiden, weil sie möglicherweise gleich wieder gebraucht werden. Die Erzeugungskosten werden einmal zu Beginn gezahlt, und es gibt keine Kosten für das Löschen der Zustandsobjekte. Dieser Ansatz kann aber ungeschickt sein, weil das Kontextobjekt Referenzen auf alle Zustandsobjekte verwalten muß, welche die möglicherweise eintretenden Zustände repräsentieren.

4. *Verwenden von dynamischer Vererbung.* Die Änderung des Verhaltens einer bestimmten Anfrage kann durch die Laufzeitänderung der Klasse eines Objekts er-

reicht werden. Dies ist aber in den meisten objektorientierten Programmiersprachen nicht möglich. Ausnahmen umfassen Self [US87] und andere delegationsbasierte Sprachen, die einen derartigen Mechanismus bieten und somit das Zustandsmuster direkt unterstützen. Objekte in Self können Operationen an andere Objekte delegieren, um eine Art dynamischer Vererbung zu erreichen. Ändert man zur Laufzeit das Delegationsobjekt, so ändert man effektiv die Vererbungsstruktur. Dieser Mechanismus ermöglicht es Objekten, ihr Verhalten zu ändern, und kann deswegen als Änderung ihrer Klasse gewertet werden.

Beispielcode

Das folgende Beispiel beschreibt den C++-Code für das im Motivationsabschnitt vorgestellte Beispiel der TCP-Verbindung. Dieses Beispiel stellt eine vereinfachte Form des TCP-Protokolls dar und beschreibt nicht das vollständige Protokoll oder alle möglichen Zustände von TCP-Verbindungen.[1]

Als erstes definieren wir die Klasse `TCPVerbindung`, die eine Schnittstelle zur Übertragung von Daten und zur Behandlung von zustandsändernden Anfragen besitzt.

```
class TCPOktettStream;
class TCPZustand;

class TCPVerbindung {
public:
    TCPVerbindung();

    void OeffneAktiv();
    void OeffnePassiv();
    void Schliesse();
    void Sende();
    void Bestaetige();
    void Synchronisiere();

    void BearbeiteOktett(TCPOktettStream*);

private:
    friend class TCPZustand;
    void AendereZustand(TCPZustand*);
```

1. Dieses Beispiel basiert auf dem TCP-Verbindungsprotokoll, wie es von Lynch und Rose [LR93] beschrieben wird.

```
private:
   TCPZustand* _zustand;
};
```

Die TCPVerbindung verwaltet ein Exemplar der TCPZustands-Klasse in der _zustand-Member-Variablen. Die Klasse TCPZustand kopiert den Teil der Schnittstelle von TCPVerbindung, der für Zustandsänderungen gedacht ist. Jede TCPZustand-Operation nimmt ein TCPVerbindungs-Exemplar als Parameter entgegen, wodurch es einem TCPZustand möglich wird, auf die Daten einer TCPVerbindung zuzugreifen und den Zustand der Verbindung zu ändern.

```
class TCPZustand {
public:
   virtual void Uebertrage(TCPVerbindung*, TCPOktettStream*);
   virtual void OeffneAktiv(TCPVerbindung*);
   virtual void OeffnePassiv(TCPVerbindung*);
   virtual void Schliesse(TCPVerbindung*);
   virtual void Synchronisiere(TCPVerbindung*);
   virtual void Bestaetige(TCPVerbindung*);
   virtual void Sende(TCPVerbindung*);

protected:
   void AendereZustand(TCPVerbindung*, TCPZustand*);
};
```

TCPVerbindung delegiert alle zustandsspezifischen Operationen an sein TCPZustand-Objekt _zustand. TCPVerbindung sieht weiterhin eine Operation zum Ändern dieser Variable vor, um sie auf einen neuen TCPZustand zu setzen. Der Konstruktor von TCPVerbindung initialisiert das Objekt, indem er die _zustand-Variable auf TCPBeendet setzt (wird weiter unten definiert).

```
TCPVerbindung::TCPVerbindung() {
   _zustand = TCPBeendet::Exemplar();
}

void TCPVerbindung::AendereZustand(TCPZustand* zustand) {
   _zustand = zustand;
}

void TCPVerbindung::OeffneAktiv() {
   _zustand->OeffneAktiv(this);
}
```

```
void TCPVerbindung::OeffnePassiv() {
   _zustand->OeffnePassiv(this);
}

void TCPVerbindung::Schliesse() {
   _zustand->Schliesse(this);
}

void TCPVerbindung::Bestaetige() {
   _zustand->Bestaetige(this);
}

void TCPVerbindung::Synchronisiere() {
   _zustand->Synchronisiere(this);
}
```

TCPZustand implementiert das Defaultverhalten für alle an es delegierte Anfragen. Es kann zudem den Zustand einer `TCPVerbindung` mittels der `AendereZustand`-Operation verändern. Die Klasse `TCPZustand` ist als friend von `TCPVerbindung` deklariert, um ihr einen privilegierten Zugriff auf diese Operation zu ermöglichen.

```
void TCPZustand::Uebertrage(TCPVerbindung*,
 TCPOktettStream*) {};
void TCPZustand::OeffneAktiv(TCPVerbindung*) {};
void TCPZustand::OeffnePassiv(TCPVerbindung*) {};
void TCPZustand::Schliesse(TCPVerbindung*) {};
void TCPZustand::Synchronisiere(TCPVerbindung*) {};

void TCPZustand::AendereZustand(TCPVerbindung* v,
   TCPZustand* z)
{
   v->AendereZustand(z);
}
```

Unterklassen von `TCPZustand` implementierten das jeweilige zustandsspezifische Verhalten. Eine TCP-Verbindung kann sich in vielen Zuständen befinden: Etabliert, Bereit, Beendet usw. Es gibt für jeden Zustand eine eigene Unterklasse von `TCPZustand`. Im folgenden werden drei Unterklassen `TCPEtabliert`, `TCPBereit` und `TCPBeendet` detailliert diskutiert:

```
class TCPEtabliert : public TCPZustand {
public:
   static TCPZustand* Exemplar();
```

```
    virtual void Uebertrage(TCPVerbindung*, TCPOktettStream*);
    virtual void Schliesse(TCPVerbindung*);
};

class TCPBereit : public TCPZustand {
public:
    static TCPZustand* Exemplar();

    virtual void Sende(TCPVerbindung*);
    // ...
};

class TCPBeendet : public TCPZustand {
public:
    static TCPZustand* Exemplar();

    virtual void OeffneAktiv(TCPVerbindung*);
    virtual void OeffnePassiv(TCPVerbindung*);
};
```

Unterklassen von `TCPZustand` besitzen keinen lokalen Zustand, so daß sie gemeinsam genutzt werden können und nur ein Exemplar benötigt wird. Das einzige Exemplar einer jeden `TCPZustand`-Unterklasse kann über die statische `Exemplar`-Operation erfragt werden.[1]

Jede `TCPZustand`-Unterklasse implementiert das zustandsspezifische Verhalten für alle Anfragen, die in diesem Zustand gültig sind:

```
void TCPBeendet::OeffneAktiv(TCPVerbindung* v) {
    // sende SYN, empfange SYN, ACK usw.

    AendereZustand(v, TCPEtabliert::Exemplar());
}

void TCPBeendet::OeffnePassiv(TCPVerbindung* v) {
    AendereZustand(v, TCPBereit::Exemplar());
}

void TCPEtabliert::Schliesse(TCPVerbindung* v) {
    // sende FIN, empfange ACK fürs FIN
```

1. Somit stellt jede TCPZustand-Unterklasse ein Singleton dar (siehe das Singletonmuster (157)).

```
    AendereZustand(v, TCPBereit::Exemplar());
}

void TCPEtabliert::Uebertrage(TCPVerbindung* v,
 TCPOktettStream* o)
{
    v->BearbeiteOktett(o);
}

void TCPBereit::Sende(TCPVerbindung* v) {
    // sende SYN, empfange SYN, ACK usw.

    AendereZustand(v, TCPEtabliert::Exemplar());
}
```

Nach der Abarbeitung von zustandsspezfischen Aufgaben rufen diese Operationen die `AendereZustand`-Operation auf, um den Zustand der `TCPVerbindung` zu ändern. Die `TCPVerbindung` selbst hat keine Ahnung vom TCP-Verbindungsprotokoll. Es sind vielmehr die `TCPZustand`-Unterklassen, welche die möglichen Zustandsübergänge und ihre Aktionen fürs TCP definieren.

Bekannte Verwendungen

Johnson und Zweig [JZ91] definieren und beschreiben das Zustandsmuster und seine Anwendung für TCP-Verbindungsprotokolle.

Die meisten beliebten interaktiven Zeichenprogramme bieten »Tools« zum Ausführen von Operationen via direkter Manipulation. Beispielsweise ermöglicht es ein Tool zum Linienzeichnen dem Benutzer, durch Klicken und Ziehen eine neue Linie zu erzeugen. Ein Tool zum Auswählen ermöglicht es einem Benutzer, Figuren auszuwählen. Die meisten Zeichenprogramme bieten Benutzern eine Palette von solchen Tools an, aus der sie auswählen können. Für den Benutzer stellt es sich so dar, als ob er ein Tool aufnimmt und mit ihm hantiert. Tatsächlich ändert sich aber nur der Zustand des Editors in Abhängigkeit vom aktuell ausgewählten Tool: Wenn ein Tool zum Zeichnen aktiv ist, erzeugt der Editor entsprechende Figuren; wenn ein Tool zum Auswählen aktiv ist, ermöglicht der Editor die Auswahl von Figuren und so weiter. Wir können das Zustandsmuster dazu verwenden, das Verhalten des Editors in Abhängigkeit vom aktiven Tool zu steuern.

Wir definieren eine abstrakte Klasse Tool, von der Unterklassen für die Implementierung von Toolspezifischem Verhalten zu bilden sind. Der Zeicheneditor verwaltet ein aktuelles Tool-Objekt und delegiert die Anfragen daran weiter. Er ersetzt dieses Objekt, wenn der Benutzer ein neues Tool auswählt, was dazu führt, daß der Zeicheneditor dementsprechend sein Verhalten ändert.

Diese Technik wird sowohl im HotDraw- [Joh92] als auch im Unidraw- [VL90] Zeicheneditor-Framework verwendet. Es ermöglicht Klienten, neue Arten von Tools einfach und schnell zu definieren. Im Fall von HotDraw reicht die DrawingController-Klasse die Anfragen an das aktuelle Tool-Objekt weiter. Im Fall von Unidraw heißen die entsprechenden Klassen Viewer und Tool. Das Klassendiagramm in Abbildung 5.39 skizziert die Tool- und DrawingController-Schnittstellen:

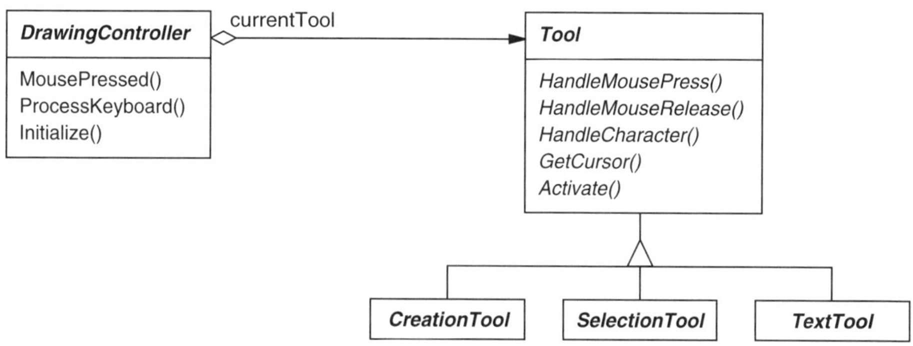

Abbildung 5.39

Copliens Envelope/Letter (Briefumschlag-Brief) Idiom [Cop92] ähnelt dem Zustandsmuster. Dieses Idiom beschreibt eine Technik zum Ändern der Klasse eines Objekts zur Laufzeit. Das Zustandsmuster ist im Vergleich dazu konkreter darauf ausgerichtet, das vom Zustand eines Objekts abhängige Verhalten zu steuern.

Verwandte Muster

Das Fliegengewichtmuster (223) erläutert, wann und wie Zustandsobjekte gemeinsam genutzt werden können.

Zustandsobjekte sind oft Singletons (157).

Zuständigkeitskette

(Chain of Responsibility)

Ein objektbasiertes Verhaltensmuster

Zweck

Vermeide die Kopplung des Auslösers einer Anfrage mit seinem Empfänger, indem mehr als ein Objekt die Möglichkeit erhält, die Aufgabe zu erledigen. Verkette die empfangenden Objekte und leite die Anfrage an der Kette entlang, bis ein Objekt sie erledigt.

Motivation

Stellen Sie sich ein kontextsensitives Hilfesystem für eine grafische Benutzungsschnittstelle vor. Der Benutzer besitzt die Möglichkeit, durch Klicken auf einen beliebigen Teil der Schnittstelle Hilfsinformationen über diesen Teil zu erhalten. Die bereitgestellte Hilfe hängt vom ausgewählten Teil der Benutzungsschnittstelle und dem Verwendungskontext ab. So steht für einen Knopf in einer Dialogbox eine andere Hilfsinformation zur Verfügung als für einen ähnlichen Knopf im Hauptfenster. Wenn keine spezifische Information existiert, sollte das Hilfesystem eine allgemeine Mitteilung über den unmittelbaren Kontext anzeigen – beispielsweise über die Aufgabe der Dialogbox insgesamt.

Somit erscheint es nur natürlich, die Hilfsinformation hinsichtlich ihrer Allgemeinheit zu organisieren – beginnend mit der spezifischsten Information hin zur allgemeinsten Hilfsinformation. Es ist weiterhin klar, daß eine Hilfsanfrage von einem der vielen Benutzungsschnittstellenobjekte abgearbeitet wird. Welches dies sein wird, hängt vom Kontext ab und wie spezifisch die zur Verfügung stehende Hilfsinformation ist.

Das sich ergebende Problem besteht darin, daß jenes Objekt, das die Hilfsinformation schlußendlich *bereitstellt,* jenem Objekt nicht bekannt ist, das die Hilfsanfrage *anstößt.* Wir benötigen also eine Möglichkeit, den Knopf, der die Hilfsanfrage initiiert, von den Objekten zu entkoppeln, welche die Hilfsinformation zur Anfrage bereitstellen. Das Muster der Zuständigskeitskette beschreibt, wie dies geschehen kann.

Die Grundidee dieses Musters liegt in der Entkopplung der Sender und Empfänger, indem mehrere Objekte die Möglichkeit erhalten, eine Anfrage zu beantworten. Die Anfrage wird entlang einer Kette von Objekten weitergeleitet, bis eines von ihnen sie beantwortet.

Das erste Objekt in der Kette erhält die Anfrage und bearbeitet sie oder leitet sie an den nächsten Kandidaten in der Kette weiter, der dasselbe tut. Das Objekt, welches die Anfrage anstößt, besitzt kein explizites Wissen darüber, wer es bearbeiten wird – wir sprechen davon, daß die Anfrage einen **impliziten Empfänger** besitzt.

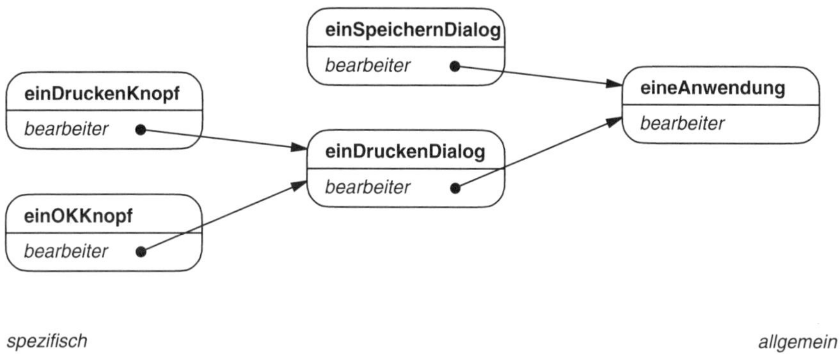

Abbildung 5.40

Lassen Sie uns annehmen, daß der Benutzer Hilfsinformation für einen mit »Drucken« beschrifteten Knopf anfordert. Der Knopf befindet sich in einem Exemplar der Klasse DruckDialog, der das Anwendungsobjekt kennt, zu dem es gehört (siehe Abbildung 5.40). Das Interaktionsdiagramm von Abbildung 5.41 stellt dar, wie die Hilfsanfrage entlang der Kette weitergeleitet wird.

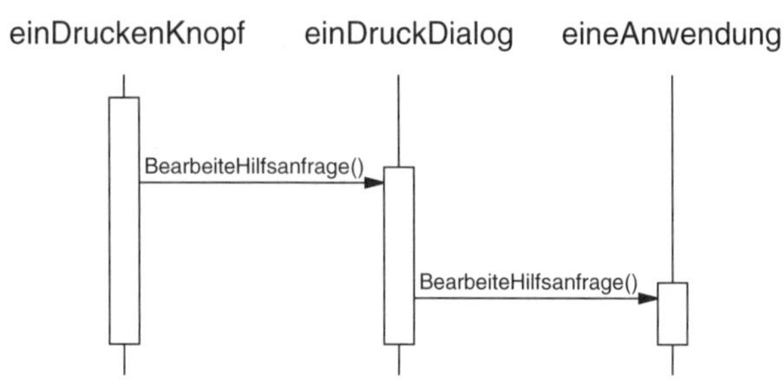

Abbildung 5.41

In diesem Fall arbeitet weder einDruckenKnopf noch einDruckDialog die Anfrage ab. Sie wird beim eineAnwendung-Objekt gestoppt, das sie entweder beantworten oder ignorieren kann. Der Klient, der die Anfrage ausgelöst hat, besitzt keine Referenz auf das Objekt, daß sie schlußendlich ausführt.

Um die Anfrage längs der Kette weiterzuleiten und um sicherzustellen, daß die Empfänger einander nicht bekannt sind, teilen die Objekte in der Kette eine gemeinsame Schnittstelle zur Abarbeitung der Anfrage und zum Zugriff auf das **Nachfolgeobjekt** in der Kette. So kann beispielsweise das Hilfesystem die Klasse HilfeBearbeiter definieren, die über eine entsprechende BearbeiteHilfsanfrage-Operation besitzt. HilfeBearbeiter kann die Oberklasse der in Frage kommenden Klassen sein; sie kann auch als Mixin-Klasse definiert sein. Jene Klassen, die Hilfsanfragen bearbeiten können wollen, machen HilfeBearbeiter zu einer Oberklasse (siehe Abbildung 5.42).

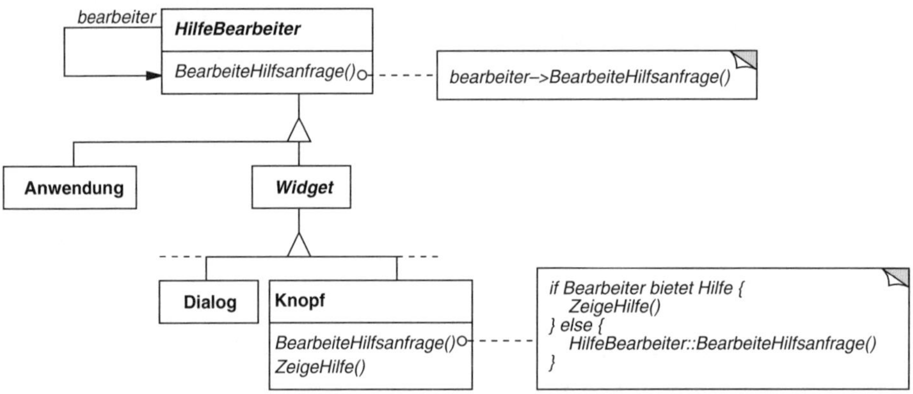

Abbildung 5.42

Die Klassen Knopf, Dialog und Anwendung verwenden die Operationen von HilfeBearbeiter, um Hilfsanfragen abzuarbeiten. Die BearbeiteHilfsanfrage-Operation der Klasse HilfeBearbeiter leitet die Anfrage defaultmäßig an das Nachfolgeobjekt weiter. Unterklassen können diese Operation neu implementieren, um unter den richtigen Umständen Hilfsinformationen bereitzustellen. Andernfalls können sie die Defaultimplementierung verwenden, um die Anfrage weiterzuleiten.

Anwendbarkeit

Verwenden Sie eine Zuständigkeitskette, wenn

- mehr als ein Objekt eine Anfrage bearbeiten können soll und dasjenige Objekt, das dies tut, nicht von vornherein bekannt ist. Dieses Objekt muß dann zur Laufzeit automatisch bestimmt werden.

- Sie eine Anfrage an eines von mehreren Objekten richten wollen, ohne den Empfänger explizit anzugeben.
- die Menge der Objekte, welche eine Anfrage bearbeiten sollen, dynamisch festgelegt werden soll.

Struktur

Abbildung 5.43 stellt die Struktur des Zuständigkeitskettenmusters grafisch dar.

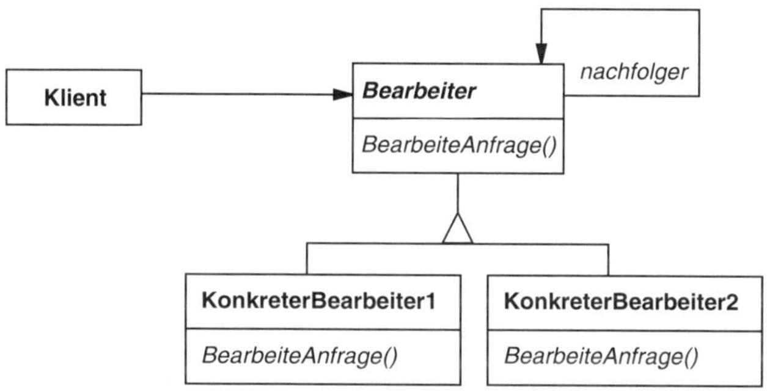

Abbildung 5.43

Eine typische Objektstruktur kann wie in Abbildung 5.44 dargestellt aussehen.

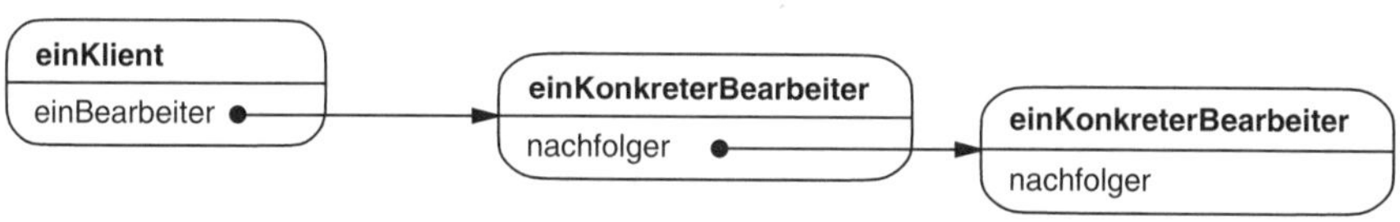

Abbildung 5.44

Teilnehmer

- **Bearbeiter** (HilfeBearbeiter)
  - definiert eine Schnittstelle zur Bearbeitung von Anfragen.
  - (optional) implementiert eine Verbindung zum Nachfolgeobjekt.
- **KonkreterBearbeiter** (DruckenKnopf, DruckDialog)
  - arbeitet genau die Anfrage ab, für die er zuständig ist.
  - kann auf seinen Nachfolger zugreifen.
  - wenn der KonkreteBearbeiter die Anfrage bearbeiten kann, tut er es auch; andernfalls leitet er die Anfrage an das Nachfolgeobjekt weiter.

- **Klient**
  - löst die Anfrage bei einem KonkreterBearbeiter-Objekt in der Kette aus.

Interaktionen

- Wenn ein Klient eine Anfrage anstößt, wird sie entlang der Kette weitergeleitet, bis ein KonkreterBearbeiter die Aufgabe übernimmt, die Anfrage zu erledigen.

Konsequenzen

Eine Zuständigkeitskette verfügt über die folgenden Vorteile sowie Verpflichtungen:

1. *Reduzierte Kopplung.* Das Muster befreit ein Objekt davon, zu wissen, welches Objekt die Anfrage bearbeiten wird. Ein Objekt muß nur wissen, daß eine Anfrage »angemessen« behandelt werden wird. Sowohl der Empfänger als auch der Sender kennen einander nicht explizit; zudem muß ein Objekt in der Kette nichts über die Struktur der Kette wissen.

   Konsequenterweise ist man durch die Verwendung einer Zuständigkeitskette in der Lage, die Objektbeziehungen zu vereinfachen. Statt die Objekte Referenzen auf alle möglichen Empfänger verwalten zu lassen, verfügen sie lediglich über eine Referenz auf ihre Nachfolgeobjekte.

2. *Zusätzliche Flexibilität bei der Zuweisung von Zuständigkeiten zu Objekten.* Die Anwendung einer Zuständigkeitskette gibt Ihnen zusätzliche Flexibilität bei der Verteilung von Zuständigkeiten unter den Objekten. Sie können Zuständigkeiten für die Abarbeitung einer Anfrage hinzufügen oder ändern, indem sie Objekte neu in die Kette einfügen oder ihre Struktur verändern. Sie können diese dynamischen Möglichkeiten mit dem statischen Spezialisieren der Bearbeiterklasse kombinieren.

3. *Es gibt keine Abarbeitungsgarantie.* Da es keinen expliziten Empfänger gibt, gibt es auch keine Garantie, daß eine Anfrage bearbeitet werden wird – sie kann am Ende der Kette ins Nichts fallen, so daß sie unbearbeitet bleibt. Eine Anfrage kann auch verlorengehen, wenn die Kette nicht richtig konfiguriert ist.

Implementierung

Es folgen einige Implementierungsaspekte, die man bedenken sollte, wenn man eine Zuständigkeitskette implementiert:

1. *Implementierung der Nachfolgerkette.* Es gibt zwei mögliche Arten, die Nachfolgerkette zu implementieren:

   a. Definition neuer Verbindungen (zumeist in der allgemeinen Bearbeiterklasse, obwohl auch KonkreteBearbeiter dies tun können).

   b. Verwendung existierender Verbindungen.

   Unsere bisherigen Beispiele definieren neue Verbindungen. Sie können aber oftmals auch existierende Objektreferenzen wiederverwenden, um die Nachfolgerkette zu bilden. So kann beispielsweise die Elternobjektreferenz in einer Teil-Ganzes-Hierarchie das Nachfolgeobjekt eines Kettenteils definieren. Eine Widgetstruktur verfügt vielleicht bereits über solche Verbindungen. Das Kompositionsmuster (239) diskutiert Elternobjektreferenzen in detaillierterem Ausmaß.

   Die Verwendung existierender Verbindungen funktioniert gut, wenn die Verbindungen die von Ihnen benötigte Kette unterstützen. Es befreit Sie davon, die Verbindungen explizit definieren zu müssen, und spart somit Speicherplatz. Wenn allerdings die Struktur nicht die von Ihrer Anwendung benötigte Zuständigkeitskette widerspiegelt, dann müssen Sie redundante Verbindungen einbauen.

2. *Verbinden von Nachfolgeobjekten.* Wenn es keine vorab existierenden Referenzen zur Definition der Kette gibt, müssen Sie diese selbst einführen. In diesem Fall definiert das Bearbeiterobjekt nicht nur die Schnittstelle für die Anfragen, sondern verwaltet üblicherweise auch das Nachfolgeobjekt. Dies ermöglicht es dem Bearbeiterobjekt, eine Defaultimplementierung von BearbeiteAnfrage bereitzustellen, welche die Anfrage an ein Nachfolgeobjekt weiterleitet, sofern es denn eines gibt. Wenn eine konkrete Bearbeiterunterklasse nicht an der Abarbeitung der Anfrage interessiert ist, muß es die Operation zum Weiterleiten nicht überschreiben, da seine Defaultimplementierung die Anfrage ohne weitere Bedingungen weiterleitet.

   Eine Basisklasse für den HilfeBearbeiter, die eine Referenz auf ein Nachfolgeobjekt verwaltet, kann so aussehen:

```
class HilfeBearbeiter {
public:
   HilfeBearbeiter(HilfeBearbeiter* nf) :
      _nachfolger(nf) { }
   virtual void BearbeiteHilfsanfrage();
```

```
private:
   HilfeBearbeiter* _nachfolger;
};

void HilfeBearbeiter::BearbeiteHilfsanfrage() {
   if (_nachfolger) {
      _nachfolger->BearbeiteHilfsanfrage();
   }
}
```

3. *Repräsentation von Anfragen.* Es gibt unterschiedliche Möglichkeiten für die Repräsentierung von Anfragen. Im einfachsten Fall wird die Anfrage fest als ein Operationsaufruf codiert, wie es im Fall von BearbeiteHilfsanfrage gegeben ist. Dies ist bequem und sicher. Sie können dann aber nur die festgelegte Menge von Anfragen weiterleiten, die in der Bearbeiterklasse festgelegt ist.

   Eine Alternative besteht darin, eine einzige Bearbeitungsoperation zu verwenden, die einen Anfragecode, zum Beispiel einen Integer oder einen String, als Parameter entgegennimmt. Dies ermöglicht eine unbegrenzte Menge von Anfragen. Die einzige Anforderung ist, daß der Sender und Empfänger sich darüber einig sind, wie die Anfrage codiert ist.

   Dieser Ansatz ist flexibler, führt aber zu bedingten Anweisungen, welche die Anfrage basierend auf ihrem Code auf unterschiedliche Operationen verteilen. Weiterhin gibt es keine typsichere Methode, die Parameter weiterzugeben, so daß sie von Hand ein- und ausgepackt werden müssen. Dieser Ansatz ist offenkundig unsicherer als der direkte Aufruf einer Operation.

   Um das Problem der Weitergabe von Parametern anzugehen, können wir separate Anfrageobjekte verwenden, welche die Anfrageparameter zusammenfassen. Eine `Anfrage`-Klasse kann die Anfragen explizit repräsentieren; neue Anfragen können als neue Unterklassen definiert werden. Neue Unterklassen können unterschiedliche Parameter definieren. Bearbeiter müssen die Art der Anfrage kennen (das heißt, welche Anfrageunterklasse sie verwenden), um auf diese Parameter zuzugreifen.

   Um die Anfrage zu identifizieren, kann `Anfrage` eine Zugriffsfunktion definieren, die einen Identifizierer für die Klasse zurückgibt. Als Alternative kann der Empfänger auf die Laufzeittypinformation zurückgreifen, sofern die Implementierungssprache dies ermöglicht.

   Es folgt die Skizze einer Verteilungsoperation, die Anfrageobjekte zur Identifizierung von Anfragen verwendet. Eine in der Basisklasse `Anfrage` definierte `GibTyp`-Operation identifiziert die Anfrageart:

```
void Bearbeiter::BearbeiteAnfrage(Anfrage* dieAnfrage) {
    switch (dieAnfrage->GibTyp()) {
    case Hilfe:
        // caste Argument auf richtige Klasse
        BearbeiteHilfsAnfrage((HilfsAnfrage*) dieAnfrage);
        break;

    case Drucken:
        BearbeiteDruckAnfrage((DruckAnfrage*) dieAnfrage);
        // ...
        break;

    default:
        // ...
        break;
    }
}
```

Unterklassen können diese Verteilungsoperation erweitern, indem sie `BearbeiteAnfrage` überschreiben. Die Unterklasse bearbeitet nur die Anfragen, an denen sie interessiert ist; andere Anfragen werden an die Oberklasse weitergeleitet. Auf diese Weise erweitern Unterklassen effektiv die `BearbeiteAnfrage`-Operation (statt sie zu überschreiben). Als Beispiel folgt eine `ErweiterterBearbeiter`-Unterklasse, welche die `BearbeiteAnfrage`-Version der Bearbeiterklasse erweitert:

```
class ErweiterterBearbeiter : public Bearbeiter {
public:
    virtual void BearbeiteAnfrage(Anfrage* dieAnfrage);
    // ...
};

void ErweiterterBearbeiter::BearbeiteAnfrage(
Anfrage* dieAnfrage)
{
    switch(dieAnfrage->GibTyp()) {
    case Vorschau:
        // bearbeite die Vorschauanfrage
        break;

    default:
        // laß die Bearbeiterklasse weitere Anfragen bearbeiten
        Bearbeiter::BearbeiteAnfrage(dieAnfrage);
        break;
    }
}
```

4. *Automatische Weiterleitung in Smalltalk.* Sie können den doesNotUnderstand-Mechanismus in Smalltalk verwenden, um Anfragen weiterzuleiten. Nachrichten, für die es keine entsprechende Methode gibt, werden in der Implementierung von doesNotUnderstand abgefangen, welche so überschrieben werden kann, daß sie den Methodenaufruf an das Nachfolgeobjekt weiterleitet. Somit ist es nicht notwendig, das Weiterleiten von Hand zu implementieren; die Klasse bearbeitet nur jene Anfragen, an denen sie auch interessiert ist, und sie verläßt sich auf doesNotUnderstand, um die anderen Anfragen weiterzuleiten.

Beispielcode

Das folgende Beispiel illustriert, wie eine Zuständigkeitskette Anfragen an ein Online-Hilfesystem wie das zuvor beschriebene bearbeiten kann. Die Hilfsanfrage ist eine explizite Operation. Wir werden in der Widgethierarchie existierende Elternobjektreferenzen wiederverwenden, um Anfragen zwischen den Widgets in der Kette weiterzuleiten, und wir werden eine Referenz in der Bearbeiterklasse definieren, um Hilfsanfragen zwischen Objekten, die keine Widgets sind, in der Kette weiterzuleiten.

Die HilfeBearbeiter-Klasse definiert die Schnittstelle zur Bearbeitung von Hilfsanfragen. Sie verwaltet ein Hilfethema (welches defaultmäßig leer sein kann) sowie eine Referenz auf ihr Nachfolgerobjekt in der Kette der HilfeBearbeiter. Die zentrale Operation ist BearbeiteHilfsanfrage, welche von Unterklassen überschrieben wird. HatHilfsinformation ist eine aus Bequemlichkeit eingeführte Operation, die überprüft, ob mit der Klasse entsprechende Hilfsinformationen verbunden sind.

```
typedef int Thema;
const Thema KEIN_HILFE_THEMA = -1;

class HilfeBearbeiter {
public:
    HilfeBearbeiter(HilfeBearbeiter* = 0,
        Thema = KEIN_HILFE_THEMA);
    virtual bool HatHilfsinformation();
    virtual void SetzeBearbeiter(HilfeBearbeiter*, Thema);
    virtual void BearbeiteHilfsanfrage();

private:
    HilfeBearbeiter* _nachfolger;
    Thema _thema;
};

HilfeBearbeiter::HilfeBearbeiter(
```

```
    HilfeBearbeiter* nf, Thema thema ) :
        _nachfolger(nf), _thema(thema)
{}

bool HilfeBearbeiter::HatHilfsinformation() {
    return _thema != KEIN_HILFE_THEMA;
}

void HilfeBearbeiter::BearbeiteHilfsanfrage() {
    if (_nachfolger != 0) {
        _nachfolger->BearbeiteHilfsanfrage();
    }
}
```

Alle Widgetklassen sind Unterklassen der abstrakten `Widget`-Klasse. `Widget` ist seinerseits eine Unterklasse von `HilfeBearbeiter`, weil alle Benutzungsschnittstellenelemente mit entsprechender Hilfsinformation verbunden sein können (wir hätten genausogut eine Mixin-basierte Implementierung wählen können).

```
class Widget : public HilfeBearbeiter {
protected:
    Widget(Widget* elternObjekt, Thema thema = KEIN_HILFE_THEMA);

private:
    Widget* _elternObjekt;
};

Widget::Widget(Widget* widget, Thema thema) :
    HilfeBearbeiter(widget, thema)
{
    _elternObjekt = widget;
}
```

Der erste Bearbeiter in der Kette ist in unserem Beispiel ein Knopf. Die `Knopf`-Klasse ist eine Unterklasse von `Widget`. Der `Knopf`-Konstruktor nimmt zwei Parameter entgegen: eine Referenz auf sein umgebendes Widget und eine Referenz auf das Hilfethema.

```
class Knopf : public Widget {
public:
    Knopf(Widget* widget, Thema thema = KEIN_HILFE_THEMA);

    virtual void BearbeiteHilfsanfrage();
    // Widget-Operationen, welche die Knopf-Klasse überschreibt...
};
```

Die BearbeiteHilfsanfrage-Version der Klasse Knopf überprüft als erstes, ob es ein Hilfethema für Knöpfe überhaupt gibt. Wenn der Entwickler keines definiert hat, wird die Anfrage an das Nachfolgeobjekt weitergeleitet, wobei die BearbeiteHilfsanfrage-Operation von HilfeBearbeiter verwendet wird. Wenn es ein Hilfethema gibt, wird es vom Knopf angezeigt, und die Suche ist beendet.

```
Knopf::Knopf(Widget* widget, Thema thema) :
   Widget(widget, thema) {}

void Knopf::BearbeiteHilfsanfrage() {
   if (HatHilfsinformation()) {
      // biete Hilfsinformationen für den Knopf an
   }
   else {
      HilfeBearbeiter::BearbeiteHilfsanfrage();
   }
}
```

Die Dialog-Klasse implementiert ein ähnliches Schema, mit der Ausnahme, daß ihr Nachfolgeobjekt nicht ein Widget sein kann, sondern ein *beliebiger* HilfeBearbeiter. In unserer Anwendung ist das Nachfolgeobjekt ein Exemplar der Klasse Anwendung.

```
class Dialog : public Widget {
public:
   Dialog(HilfeBearbeiter* hb,
      Thema thema = KEIN_HILFE_THEMA);
   virtual void BearbeiteHilfsanfrage();

   // Widget-Operationen, die von Dialog überschrieben werden
   // ...
};

Dialog::Dialog(HilfeBearbeiter* hb, Thema thema) : Widget(0) {
   SetzeBearbeiter(hb, thema);
}

void Dialog::BearbeiteHilfsanfrage() {
   if (HatHilfsinformation()) {
      // biete Hilfsinformationen für den Dialog an
   }
   else {
      HilfeBearbeiter::BearbeiteHilfsanfrage();
   }
}
```

Am Ende der Kette wartet ein Exemplar der Klasse `Anwendung`. Die Anwendung ist kein Widget, so daß sie direkt von `HilfeBearbeiter` abgeleitet wird. Wenn eine Hilfsanfrage bis zu dieser Stufe weitergeleitet worden ist, kann die Anwendung Informationen über sich selbst bereitstellen oder sie kann eine Liste von unterschiedlichen Hilfsthemen anbieten:

```
class Anwendung : public HilfeBearbeiter {
public:
   Anwendung(Thema thema) : HilfeBearbeiter(0, thema) {}

   virtual void BearbeiteHilfsanfrage();
   // anwendungsspezifische Operationen ...
};

void Anwendung::BearbeiteHilfsanfrage() {
   // zeige ein Liste von Hilfsthemen an
}
```

Der folgende Code erzeugt diese Objekte und verbindet sie miteinander. In diesem Fall befaßt sich der Dialog mit dem Drucken, weswegen die Objekte druckbezogene Themen zugewiesen bekommen.

```
const Thema DRUCK_THEMA = 1;
const Thema PAPIER_ORIENTIERUNGS_THEMA = 2;
const Thema ANWENDUNGS_THEMA = 3;

Anwendung* anwendung = new Anwendung(ANWENDUNGS_THEMA);
Dialog* dialog = new Dialog(anwendung, DRUCK_THEMA);
Knopf* knopf = new Knopf(dialog, PAPIER_ORIENTIERUNGS_THEMA);
```

Wir können die Hilfsanfrage auslösen, indem wir `BearbeiteHilfsanfrage` auf einem beliebigen Objekt in der Kette aufrufen. Um die Suche beim Knopfobjekt zu beginnen, rufen wir einfach `BearbeiteHilfsanfrage` auf:

```
knopf->BearbeiteHilfsanfrage();
```

In diesem Fall wird der Knopf die Anfrage unmittelbar abarbeiten. Beachten Sie dabei, daß eine beliebige `Hilfsbearbeiter`-Klasse zu einem Nachfolger der `Dialog`-Klasse gemacht werden kann. Weiterhin kann sogar das Nachfolgeobjekt dynamisch geändert werden. Unabhängig davon, wo der Dialog verwendet wird, werden Sie nunmehr die adäquate kontextabhängige Hilfsinformation dafür erhalten.

Bekannte Verwendungen

Verschiedene Klassenbibliotheken verwenden Zuständigkeitsketten, um Benutzungsereignisse abzuarbeiten. Sie besitzen unterschiedliche Namen für die Bearbeiterklasse, basieren aber alle auf derselben Idee: Wenn der Benutzer mit der Maus klickt oder eine Taste drückt, wird ein Ereignis erzeugt und entlang der Kette weitergereicht. MacApp [App89] und ET++ [WGM88] nennen die Bearbeiterklasse »EventHandler«. Die TCL-Bibliothek von Symantec [Sym93b] nennt sie »Bureaucrat«, und das AppKit von NeXT [Add94] nennt sie »Responder«.

Das Unidraw-Framework für grafische Editoren definiert Befehlsobjekte, die die Anfragen an Component- und ComponentView-Objekte kapseln [VL90]. Befehlsobjekte stellen Anfragen dar, die von einem Component-Objekt oder einem ComponentView-Objekt als ein Befehl interpretiert werden, eine Operation auszuführen. Dies entspricht dem »Anfragen als Objekte«-Ansatz, der im Implementierungsabschnitt beschrieben wurde. Component-Objekte und ComponentView-Objekte können die Interpretation des Befehlsobjekts an ihr Elternobjekt weiterleiten, welches es seinerseits an sein Elternobjekt weiterleiten kann usw., wobei sich eine Zuständigkeitskette ergibt.

Das ET++-Framework verwendet Zuständigkeitsketten zur Bearbeitung der grafischen Aktualisierung des Bildschirms. Ein grafisches Objekt ruft die InvalidateRect-Operation immer dann auf, wenn sie einen Teil ihrer Darstellung aktualisieren muß. Ein grafisches Objekt kann InvalidateRect nicht selbst ausführen, weil es nicht genug über seinen Kontext weiß. So kann beispielsweise ein grafisches Objekt in Scroller- oder Zoomerobjekten eingeschlossen sein, die sein Koordinatensystem transformieren. Das bedeutet, daß das Objekt gescrollt oder gezoomed werden kann, so daß es teilweise außerhalb des sichtbaren Bereichs liegt. Deswegen leitet die Defaultimplementierung von InvalidateRect die Anfrage an ihr umgebendes Behälterobjekt weiter. Das letzte Objekt in der Weiterleitungskette ist ein Window-Exemplar. Wenn das Window-Objekt die Anfrage erhält, ist sichergestellt, daß das zu invalidierende Rechteck korrekt transformiert wurde. Das Window-Objekt bearbeitet InvalidateRect, indem es das Fenstersystem benachrichtigt und eine Aktualisierung verlangt.

Verwandte Muster

Das Zuständigkeitskettenmuster wird oft zusammen mit dem Kompositionsmuster (239) verwendet. Dabei kann das Elternobjekt einer Komponente auch als sein Nachfolgeobjekt dienen.

5.1 Diskussion der Verhaltensmuster

5.1.1 Kapselung der Variation

Die Kapselung des variierenden Konzepts durchzieht viele Verhaltensmuster. Wenn sich ein Aspekt eines Programms häufig ändert, dann definieren diese Muster ein Objekt, das genau diesen Aspekt kapselt. Andere Teile des Programms können mit den Objekten interagieren, wenn sie vom entsprechendem Aspekt abhängen. Die Muster definieren üblicherweise eine abstrakte Klasse, die das kapselnde Objekt beschreibt, wobei der Mustername sich dann von diesem Objekt ableitet.[1] Beispiele sind:

- ein Strategieobjekt kapselt einen Algorithmus (Strategie (398)),
- ein Zustandsobjekt kapselt ein zustandsabhängiges Verhalten (Zustand (398)),
- ein Vermittlerobjekt kapselt das Protokoll zwischen Objekten (Vermittler (385)), und
- ein Iteratorobjekt kapselt die Art des Zugriffs und der Traversierung von Komponenten eines zusammengesetzten Objekts (Iterator (335)).

Diese Muster beschreiben Aspekte eines Programms, die sich wahrscheinlich ändern werden. Die meisten Muster besitzen zwei Arten von Objekten: die neuen Objekte, welche den Aspekt kapseln, und die existierenden Objekte, welche die neuen Objekte verwenden. Die Funktionalität neuer Objekte würde üblicherweise zu einem integralen Bestandteil der existierenden Objekte gemacht werden, gäbe es nicht das entsprechende Muster. So würde man üblicherweise den Code eines Strategieobjekts fest im Kontextobjekt der Strategie verdrahten und den Code eines Zustandsobjekts direkt im Kontextobjekt des Zustands implementieren.

Aber nicht alle objektbasierten Verhaltensmuster unterteilen die Funktionalität auf diese Weise. Eine Zuständigkeitskette (410) arbeitet mit einer beliebigen Anzahl von Objekten (eben einer Kette), die allesamt bereits im System existieren können.

1. Diese Beobachtung gilt ebenfalls für andere Muster. So kapseln beispielsweise eine abstrakte Fabrik (107), ein Erbauer (119) und ein Prototyp (144) jeweils das Wissen um die Erzeugung von Objekten. Ein Dekorierer (199) kapselt neue Zuständigkeiten, die einem Objekt hinzugefügt werden können. Eine Brücke (186) trennt eine Abstraktion von ihrer Implementierung, was die voneinander unabhängige Variation beider Konzepte ermöglicht.

Das Muster der Zuständigkeitskette beschreibt noch einen anderen Unterschied zwischen den Verhaltensmustern: Nicht alle Muster definieren statische Interaktionsbeziehungen zwischen den Klassen. Eine Zuständigkeitskette bestimmt die Interaktion zwischen einer unbeschränkten Anzahl von Objekten. Andere Muster verwenden Objekte, die als Argument herumgereicht werden.

5.1.2 Objekte als Argumente

Mehrere Muster führen ein Objekt ein, das *immer* als ein Argument verwendet wird. Eines dieser Muster ist das Besuchermuster (301). Ein Besucherobjekt stellt das Argument für eine polymorphe NimmEntgegen-Operation der von ihm besuchten Objekte dar. Der Besucher wird nie als Teil dieser Objekte betrachtet, obwohl die konventionelle Alternative zu diesem Muster darin besteht, den Besuchercode über die Klassen der Objektstruktur zu verteilen.

Andere Muster definieren Objekte, die als magische Token fungieren, die herumgereicht und zu einem späteren Zeitpunkt aufgerufen werden. Sowohl das Befehlsmuster (273) als auch das Mementomuster (354) gehören in diese Kategorie. Beim Befehlsmuster stellt das Token eine Anfrage dar; beim Mementomuster repräsentiert es den internen Zustand eines Objekts zu einem bestimmten Zeitpunkt. In beiden Fällen können die Token einen komplizierten internen Zustand besitzen, wobei der Klient aber nie darum weiß. Aber selbst hierbei gibt es Unterschiede: Polymorphie ist für das Befehlsmuster wichtig, weil die Ausführung des Befehlsobjekts eine polymorphe Operation ist. Im Gegensatz dazu ist die Mementoschnittstelle so eng, daß ein Memento nur als Wert herumgereicht werden kann. Deswegen bietet es seinen Klienten höchstwahrscheinlich keine polymorphen Operationen an.

5.1.3 Kapselung oder Verteilung der Kommunikation

Das Vermittlermuster (385) und das Beobachtermuster (287) stehen in Konkurrenz zueinander. Der Unterschied zwischen beiden besteht darin, daß das Beobachtermuster die Kommunikation durch Einführung der Beobachter- und Subjektklassen verteilt, während die Vermittlerklasse die Kommunikation zwischen anderen Objekten kapselt.

Im Beobachtermuster sichert kein alleinstehendes Objekt eine Konsistenzbedingung ab. Statt dessen arbeiten Beobachter und Subjekt zusammen, um die Konsistenzbedingung aufrechtzuerhalten. Die Kommunikationsmuster sind durch die Art der Verbindung zwischen Beobachter und Subjekt bestimmt: Ein einzelnes Subjekt besitzt üblicherweise mehrere Beobachter, und mitunter ist der Beobachter eines Subjekts das Subjekt eines anderen Beobachters. Das Vermittlermuster hingegen zentralisiert diese Aufgaben, statt sie zu verteilen. Die Zuständigkeit der Aufrechterhaltung einer Konsistenzbedingung liegt zentral beim Vermittler.

Unserer Erfahrung nach ist es einfacher, wiederverwendbare Beobachter- und Subjektklassen als wiederverwendbare Vermittlerklassen zu entwickeln. Das Beobachtermuster fördert die Aufteilung und lose Kopplung zwischen Beobachter und Subjekt und führt zu Klassen feiner Granularität, die leichter wiederverwendet werden können.

Andererseits ist es einfacher, den Kommunikationsfluß im Vermittlermuster als im Beobachtermuster zu verstehen. Beobachter und Subjekte werden üblicherweise kurz nach ihrer Erzeugung miteinander verbunden, und es ist schwer, ihren Zusammenhang zu einem späteren Zeitpunkt zu verstehen. Wenn Sie das Beobachtermuster kennen, dann wissen Sie auch, daß die Art der Verbindung zwischen Beobachter und Subjekt wichtig ist und nach welcher Art von Verbindungen Sie Ausschau halten müssen. Trotzdem erschwert die durch das Beobachtermuster eingeführte Indirektion das Verständnis eines Systems.

In Smalltalk können Beobachter mit Nachrichten zum Zugriff auf den Subjektzustand parametrisiert werden, so daß sie noch einmal besser wiederverwendet werden können als etwa in C++. Deswegen ist das Beobachtermuster in Smalltalk attraktiver als das Vermittlermuster, und deswegen verwendet ein Smalltalk-Programmierer auch häufiger das Beobachtermuster, wo ein C++-Programmierer das Vermittlermuster verwenden würde.

5.1.4 Entkopplung von Sendern und Empfängern

Wenn miteinander interagierende Objekte sich direkt aufeinander beziehen, werden sie voneinander abhängig. Dies kann einen ungünstigen Einfluß auf die Schichtung und Wiederverwendbarkeit eines Systems haben. Das Befehls-, Beobachter-, Vermittler- und Zuständigkeitskettenmuster geben Antworten mit unterschiedlichen Vor- und Nachteilen auf die Frage, wie man Sender und Empfänger entkoppeln kann.

Das Befehlsmuster unterstützt die Entkopplung durch die Verwendung eines Befehlsobjekts, um die Verbindung zwischen einem Sender und einem Empfänger zu definieren (siehe Abbildung 5.45).

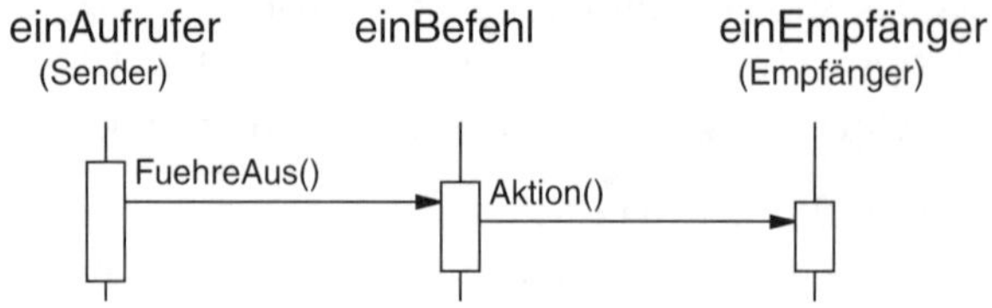

Abbildung 5.45

Das Befehlsobjekt bietet eine einfache Schnittstelle zum Stellen einer Anfrage, nämlich die FuehreAus-Operation. Durch die Definition der Sender-Empfänger-Beziehung in einem separaten Objekt kann der Sender mit unterschiedlichen Empfängern arbeiten. Es entkoppelt den Sender von den Empfängern, was es einfach macht, Sender wiederzuverwenden. Zudem können Sie das Befehlsobjekt wiederverwenden, um einen Empfänger mit unterschiedlichen Sendern zu parametrieren. Das Befehlsmuster verlangt im Prinzip die Einführung einer Unterklasse für jede Sender-Empfänger-Verbindung, obwohl das Muster die Implementierungstechniken beschreibt, welche diese Unterklassenbildung vermeiden helfen.

Das Beobachtermuster entkoppelt Sender (Subjekte) von Empfängern (Beobachtern) durch die Definition einer Schnittstelle zur Signalisierung von Änderungen in den Subjekten. Beobachter definieren eine losere Sender-Empfänger-Verbindung als das Befehlsmuster, weil ein Subjekt mehrere Beobachter besitzen kann, deren Anzahl zudem zur Laufzeit variieren kann (siehe Abbildung 5.46).

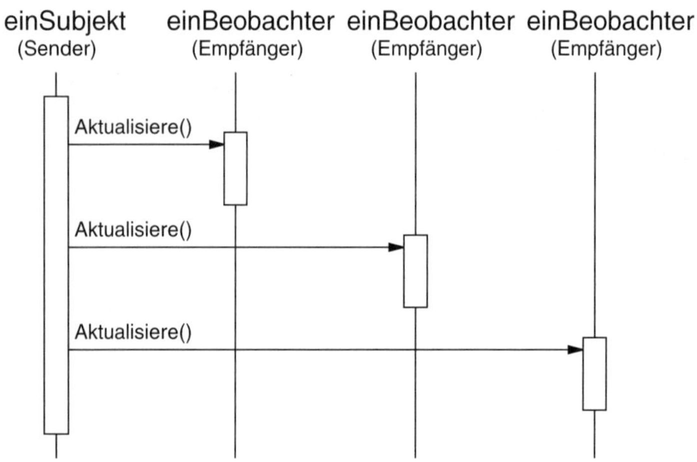

Abbildung 5.46

Die Subjekt- und Beobachterschnittstellen im Beobachtermuster werden für die Mitteilung von Änderungen entworfen. Deswegen ist das Beobachtermuster am besten für die Entkopplung von Objekten geeignet, wenn sie über ihre Daten voneinander abhängen.

Das Vermittlermuster entkoppelt Objekte, indem es sie nur indirekt über ein Vermittlerobjekt miteinander interagieren läßt (siehe Abbildung 5.47).

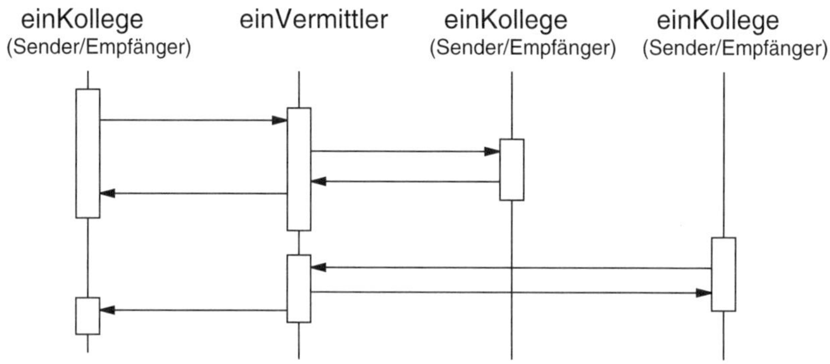

Abbildung 5.47

Ein Vermittlerobjekt vermittelt Anfragen zwischen Kollegenobjekten und zentralisiert ihre Kommunikation. Als Konsequenz dessen können Kollegen nur durch die Vermittlerschnittstelle miteinander reden. Da aber diese Schnittstelle festgelegt ist, muß ein Vermittler möglicherweise einen eigenen Verteilungsmechanismus implementieren, sofern er zusätzliche Flexibilität benötigt. Anfragen können codiert und Argumente derart verpackt werden, daß die Kollegenobjekte eine unbeschränkte Anzahl von Operationen aufrufen können.

Das Vermittlermuster reduziert die Unterklassenbildung in einem System, weil es das Kommunikationsverhalten in einer Klasse zentralisiert, statt es über mehrere Unterklassen zu verteilen. Es ist aber zu bedenken, das ad-hoc eingeführte Dispatchmechanismen oftmals die Typsicherheit reduzieren.

Und zu guter Letzt entkoppelt eine Zuständigkeitskette den Sender vom Empfänger durch das Weiterleiten einer Anfrage entlang einer Kette von möglichen Empfängern (siehe Abbildung 5.48).

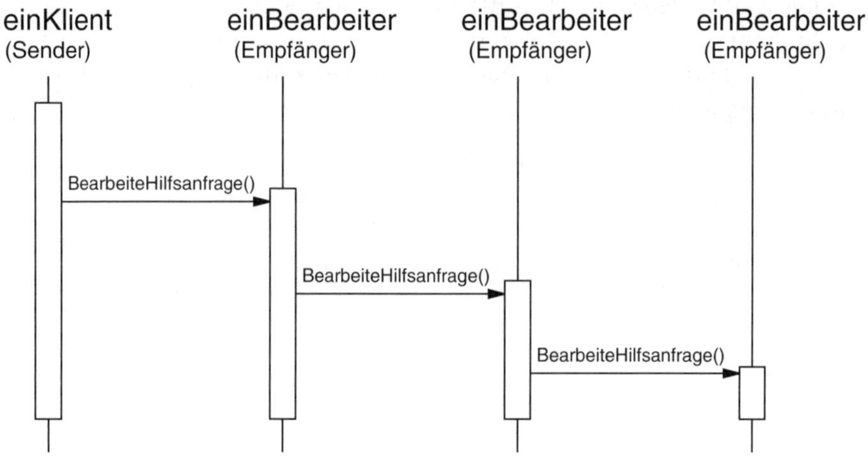

Abbildung 5.48

Da die Schnittstelle zwischen Sendern und Empfängern festgelegt ist, benötigt eine Zuständigkeitskette möglicherweise ebenfalls einen eigenen Dispatchmechanismus. Es stellen sich deswegen dieselben Sicherheitsprobleme wie beim Vermittler. Eine Zuständigkeitskette stellt eine gute Möglichkeit dar, den Sender vom Empfänger zu entkoppeln, wenn die Kette bereits einen Teil der Systemstruktur darstellt und eines von mehreren Objekten in der Lage sein kann, die Anfrage zu bearbeiten. Außerdem bietet das Muster die zusätzliche Flexibilität, daß die Kette einfach geändert und erweitert werden kann.

5.1.5 Zusammenfassung

Sieht man von einigen wenigen Ausnahmen ab, dann ergänzen und verstärken sich die Verhaltensmuster gegenseitig. Eine Klasse in einer Zuständigkeitskette wird wahrscheinlich mindestens eine Anwendung der Schablonenmethode enthalten (366). Die Schablonenmethode kann primitive Operationen verwenden, um zu bestimmen, ob das Objekt die Anfrage bearbeiten oder sie an das nächste Objekt in der Kette weiterleiten soll. Die Kette kann das Befehlsmuster verwenden, um Anfragen als Objekte zu repräsentieren. Das Interpretermuster (319) kann das Zustandsmuster verwenden, um den Parsekontext zu definieren. Ein Iterator kann ein Aggregat traversieren, und ein Besucher kann eine Operation auf jedes Element im Aggregat anwenden.

Die Verhaltensmuster arbeiten auch gut mit anderen Mustern zusammen. So kann beispielsweise ein System, welches das Kompositionsmuster (239) verwendet, einen Besucher benutzen, um Operationen auf Komponenten in der Komposition anzuwenden. Es kann eine Zuständigkeitskette verwenden, um Komponenten über ihr Elternobjekt den Zugriff auf auf globale Eigenschaften zu ermöglichen. Es kann weiterhin das Dekorierermuster (199) verwenden, um diese Eigenschaften in Teilen der Komposition zu überschreiben. Es kann das Beobachtermuster verwenden, um eine Objektstruktur an eine andere Objektstruktur anzubinden und das Zustandsmuster, um eine Komponente sein Verhalten ändern zu lassen, wenn sich sein Zustand ändert. Die Komposition selbst kann mit Hilfe des im Erbauermuster (119) geschilderten Ansatzes erzeugt werden. Sie kann von einem anderen Systemteil als Prototyp (144) behandelt werden.

Gut entworfene objektorientierte Systeme sind genauso, das heißt, sie verwenden mehrere Muster, auch wenn ihre Entwickler nicht unbedingt in diesen Begriffen gedacht haben müssen. Komposition auf der Musterebene statt auf der Objekt- und Klassenebene erlaubt es uns allerdings, dieselbe Synergie mit größerer Leichtigkeit zu erreichen.

6 Abschlußbemerkungen

Was ist nun das Fazit dieses Buches? Man könnte vielleicht meinen, daß es nicht viel erreicht hat. Schließlich präsentiert es keine neuen Algorithmen oder Programmiertechniken. Es bringt nichts, was nicht schon zuvor bekannt war und genutzt wurde. Es bietet Ihnen keine strikt definierte Methode zum Systementwurf und entwickelt auch keine neue Entwurfstheorien – es dokumentiert lediglich bekannte Entwürfe. Sie könnten also schließen, daß es vielleicht eine gute Einführung in den objektorientierten Entwurf darstellt, einem erfahrenen Entwickler aber nicht viel zu bieten hat.

Wir hoffen allerdings, daß Sie nicht so denken. Die Katalogisierung von Entwurfsmustern ist wichtig. Sie ermöglicht die Standardisierung von Namen und Definitionen für die von uns verwendeten Techniken. Wenn wir die in unserer Software verwendeten Entwurfsmuster nicht analysieren, werden wir sie nicht verbessern können, und es wird schwieriger sein, neue zu entwickeln.

Dieses Buch ist erst der Anfang. Es enthält einige der bekanntesten Entwurfsmuster, die von Experten im objektorientierten Entwurf verwendet werden. Trotzdem werden diese Muster bisher nur durch Mund-zu-Mund-Propaganda oder durch die Analyse existierender System weitergegeben. Frühe Versionen dieses Buchs haben andere Entwickler dazu veranlaßt, die von ihnen verwendeten Muster aufzuschreiben. In seiner jetzigen Form wird es sicherlich noch mehr Entwickler dazu motivieren. Wir hoffen, daß das Buch der Anfang einer Bewegung sein wird, welche die Expertise von erfahrenen Softwareentwicklern dokumentieren wird.

Dieses Kapitel diskutiert den Einfluß und die Auswirkungen, die Entwurfsmuster haben werden, wie sie in Beziehung zu anderen Arbeiten über den Entwicklung von Software stehen und wie Sie selbst erste Schritte zum Entdecken und Katalogisieren von Mustern unternehmen können.

6.1 Was von Entwurfsmustern zu erwarten ist

Es folgen mehrere Möglichkeiten, wie die Entwurfsmuster dieses Buchs Einfluß darauf nehmen können, wie Sie objektorientierte Software entwickeln. Sie basieren auf unserer eigenen täglichen Erfahrung mit ihnen.

6.1.1 Ein gemeinsames Entwurfsvokabular

Studien über Programmierer auf Expertenniveau in konventionellen Sprachen haben gezeigt, daß Wissen und Erfahrung nicht auf der Ebene von syntaktischem Wissen, sondern auf der Ebene größerer konzeptueller Strukturen wie Algorithmen, Datenstrukturen und Idiomen [AS85, Cop92, Cur89, SS86] und mittels Plänen zum Erreichen bestimmter Ziele [SE84] organisiert wird. Vermutlich denken Entwickler weniger über die Notation nach, die sie zum Aufzeichnen eines Entwurfs verwenden, als daß sie vielmehr versuchen, den aktuellen Entwurf mit Zielen, Algorithmen, Datenstrukturen und Idiomen zu vergleichen, die sie früher einmal gelernt haben.

Außer Algorithmen und Datenstrukturen haben Informatiker selten andere Arten von Mustern benannt und katalogisiert. Entwurfsmuster bieten Entwicklern ein gemeinsames Vokabular, mit dem sie Entwurfsalternativen diskutieren, dokumentieren und untersuchen können. Entwurfsmuster reduzieren die Komplexität eines Systems, indem sie es Ihnen ermöglichen, das System auf einer höheren Ebene der Abstraktion zu besprechen, als es eine Entwurfsnotation oder Programmiersprache erlauben würde. Entwurfsmuster heben die Entwurfs- und Diskussionsebene an, auf der Sie mit Ihren Kollegen arbeiten.

Haben Sie einmal die Entwurfsmuster dieses Buchs aufgenommen, wird sich Ihr Entwurfsvokabular mit größter Wahrscheinlichkeit ändern. Sie werden sich direkt mit Hilfe der Namen der Entwurfsmuster untereinander verständigen. Sie werden feststellen, daß Sie Dinge sagen werden, wie »Laßt uns hier einen Beobachter verwenden« oder »Laßt uns diese Klassen zu Strategieklassen machen«.

6.1.2 Eine Dokumentations- und Lernhilfe

Es erleichtert das Verständnis existierender Systeme, wenn Sie die Muster dieses Buchs kennen. Viele große objektorientierte Systeme verwenden die geschilderten Entwurfsmuster. Anfänger der objektorientierten Programmierung beschweren sich oft darüber, daß der Einsatz von Vererbung in den Systemen, mit denen sie arbeiten, verwirrend und daß der Kontrollfluß schwierig nachzuvollziehen ist. Dies liegt hauptsächlich daran, daß sie die im System verwendeten Entwurfsmuster nicht verstehen. Das Erlernen dieser Entwurfsmuster wird Ihnen dabei helfen, existierende objektorientierte Systeme zu verstehen.

Die Entwurfsmuster können Sie weiterhin zu einem besseren Entwickler machen. Wenn Sie nur lange genug mit objektorientierten Systemen arbeiten, werden Sie diese Entwurfsmuster wahrscheinlich von allein entdecken und verwenden. Das

Lesen dieses Buchs dürfte Ihnen aber helfen, die Muster sehr viel schneller zu erlernen. Die Kenntnis dieser Muster wird es einem Neuling erleichtern, sich wie ein Experte zu verhalten.

Des weiteren wird die Beschreibung eines Systems mittels der von ihm verwendeten Entwurfsmuster sein Verständnis sehr viel einfacher machen. Andernfalls werden die Entwickler das System analysieren und die verwendeten Muster erneut aufdecken müssen. Über ein gemeinsames Entwurfsvokabular zu verfügen, bedeutet, daß sie nicht das ganze Entwurfsmuster beschreiben müssen; Sie brauchen es nur zu benennen und können davon ausgehen, daß Ihre Leser es verstehen werden. Ein Leser, der die Muster nicht kennt, wird zuerst nachschlagen müssen, was aber immer noch um einiges leichter ist, als ein System selbst analysieren und die Muster herausarbeiten zu müssen.

Wir verwenden die beschriebenen Muster in unseren eigenen Entwürfen und halten sie für unschätzbar wertvoll. Trotzdem verwenden wir die Muster auf ziemlich einfache Weise. Wir verwenden sie, um Klassen Namen zu geben, um über guten Entwurf nachzudenken und ihn weiterzugeben und um Entwürfe als Aneinanderreihung der verwendeten Entwurfsmuster zu beschreiben [BJ94]. Es ist einfach, sich ausgefeiltere Möglichkeiten der Musteranwendung vorzustellen, so zum Beispiel CASE-Werkzeuge oder Hypertext-Dokumente, aber selbst ohne diese fortgeschrittenen Werkzeuge stellen Muster bereits eine große Hilfe dar.

6.1.3 Eine Ergänzung zu existierenden Methoden

Objektorientierte Entwurfsmethoden sollen gute Entwürfe fördern, neuen Entwicklern vermitteln, wie man gut entwirft, und den Entwicklungsprozeß standardisieren. Eine Entwurfsmethode definiert üblicherweise eine Menge von zumeist grafischen Notationen zur Modellierung der diversen Aspekte eines Entwurfs. Sie wird von einer Menge von Regeln begleitet, die beschreiben, wie und wann eine Notation zu verwenden ist. Entwurfsmethoden beschreiben üblicherweise Probleme, die während des Entwurfs auftauchen, wie sie zu lösen sind und wie ein Entwurf zu bewerten ist. Trotzdem waren sie bisher nicht in der Lage, die Erfahrung von Entwurfsexperten festzuhalten.

Wir glauben, daß unsere Entwurfsmuster ein wichtiger Aspekt sind, der objektorientierten Entwurfsmethoden bisher gefehlt hat. Die Entwurfsmuster zeigen, wie man die primitive Techniken wie Objektbildung, Vererbung und Polymorphie verwenden kann. Sie zeigen, wie man ein System mit Algorithmen, Verhalten, Zustandsobjekten oder den Objekten, die es erzeugen soll, parametrisiert. Entwurfsmuster bieten die Möglichkeit, das »Warum« eines Entwurfs zu beschreiben, und nicht nur die Entscheidungen festzuhalten. Die Anwendbarkeits-, Konsequenz- und Implementierungsabschnitte der Entwurfsmuster helfen Ihnen bei anstehenden Entscheidungsfindungen.

Entwurfsmuster sind besonders gut dafür geeignet, aus einem Analysemodell eine Implementierung zu entwickeln. Obwohl vielfach versprochen wird, daß der Übergang von objektorientierter Analyse in den Entwurf leicht zu bewerkstelligen sei, sieht die Praxis doch ganz anders aus. Ein flexibler und wiederverwendbarer Entwurf wird Objekte enthalten, die im Analysemodell gar nicht auftauchen. Die von Ihnen verwendete Programmiersprache und die Klassenbibliotheken beeinflussen den Entwurf. Analysemodelle müssen oft revidiert werden, um sie wiederverwendbar zu machen. Viele Entwurfsmuster im Katalog adressieren diese Fragen, was auch der Grund dafür ist, daß wir sie *Entwurfs*muster nennen.

Eine voll ausgebaute Entwurfsmethode braucht mehr Musterarten als nur Entwurfsmuster. So mag es Muster zur Analyse, zur Gestaltung von Benutzungsschnittstellen oder zur Leistungssteigerung geben. Entwurfsmuster aber stellen eine zentrale Komponente dar, und zwar eine, die bisher gefehlt hat.

6.1.4 Ein Ziel für Refaktorisierungen

Bei der Entwicklung wiederverwendbarer Software geschieht es häufig, daß sie reorganisiert oder **refaktorisiert** werden muß [OJ90]. Entwurfsmuster können Ihnen helfen, zu bestimmen, wie man einen Entwurf reorganisiert, und Sie können den später benötigten Aufwand für die Refaktorisierung verringern.

Der Lebenszyklus objektorientierter Software besitzt mehrere Phasen (siehe Abbildung 6.1). Brian Foote bezeichnet diese Phasen als **Prototyping-**, **Expansions-** und **Konsolidierungsphasen** [Foo92].

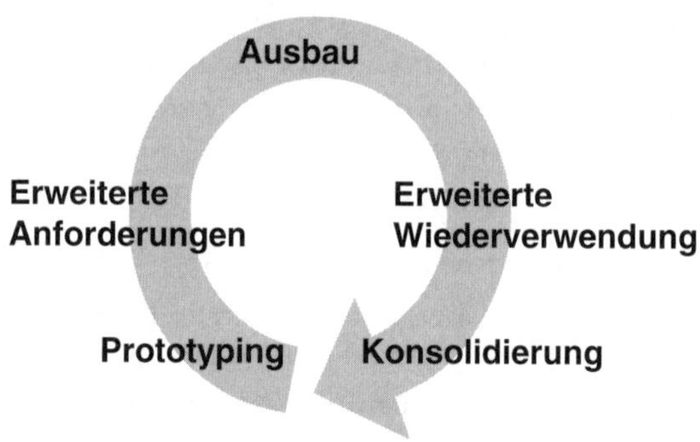

Abbildung 6.1

In der Prototypingphase wird die Software mittels Rapid-Prototyping und inkrementeller Änderungen ins Leben gebracht. Diese Phase besteht aus einem wilden Durcheinander verschiedener Aktivitäten und dauert an, bis die Software eine erste Menge von Anforderungen erfüllt und erwachsen wird. Zu diesem Zeitpunkt besteht die Software üblicherweise aus Klassenhierarchien, die nahe an den Objekten der ursprünglichen Problemdomäne entwickelt wurden. Das hauptsächliche Mittel zur Wiederverwendung ist White-Box-Wiederverwendung durch Vererbung.

Ist die Software ausgewachsen und wird sie eingesetzt, dann wird ihre Evolution durch zwei einander widersprechende Bedürfnisse bestimmt: (1) Die Software muß neuen Anforderungen genügen, und (2) die Software muß leichter wiederverwendbar werden. Neue Anforderungen führen üblicherweise zum Hinzufügen von neuen Klassen und Operationen und möglicherweise sogar neuen Klassenhierarchien. Die Software durchläuft eine Expansionsphase, um neuen Anforderungen zu genügen. Dies kann allerdings nicht lange gutgehen. Schlußendlich wird die Software zu unflexibel und arthritisch für weitere Änderungen. Die Klassenhierarchien werden nicht mehr länger einer einzelnen Problemdomäne entsprechen. Statt dessen werden sie viele Problemdomänen widerspiegeln, und die Klassen werden viele bezugslose Operationen und Exemplarvariablen besitzen.

Um weiterentwickelt werden zu können, muß die Software in einem als Refaktorisierung (Refactoring) bekannten Prozeß reorganisiert werden. Refaktorisierung bedeutet, Klassen in spezifisch und allgemein verwendbarere Komponenten aufzuteilen, Operationen in der Klassenhierarchie hinauf und hinunter zu bewegen und die Klassenschnittstellen von unnötigen Beiwerk zu befreien. Diese Konsolidierungsphase produziert viele neue Arten von Objekten, oftmals indem sie existierende Objekte auseinandernimmt und Objektkomposition statt Vererbung verwendet. Die Black-Box-Wiederverwendung ersetzt die White-Box-Wiederverwendung.

Das andauernde Bedürfnis, neue Anforderungen zu befriedigen, gepaart mit dem Bedürfnis nach mehr Wiederverwendung treibt objektorientierte Software durch sich wiederholende Phasen der Expansion und Konsolidierung – Expansion, wenn neue Anforderungen befriedigt werden, und Konsolidierung, wenn die Software verallgemeinert wird.

Dieser Kreislauf kann nicht vermieden werden. Allerdings kennen gute Entwickler die Änderungen, die zu Refaktorisierungen führen können. Sie kennen zudem jene Klassen- und Objektstrukturen, welche Refaktorisierungen vermeiden helfen, so daß sich ihre Entwürfe gegenüber Anforderungsänderungen als robust erweisen. Eine gründliche Anforderungsanalyse zeigt jene Anforderungen auf, die sich im Lebenslauf der Software höchstwahrscheinlich ändern werden. Ein guter Entwurf wird sich ihnen gegenüber als robust erweisen.

Unsere Entwurfsmuster umfassen viele Strukturen, die sich aufgrund von Refaktorisierungen ergeben. Die frühe Verwendung dieser Muster eines Entwurfs verhindert spätere Refaktorisierungen. Aber selbst wenn Sie zunächst nicht wissen, wie ein Muster angewendet werden kann, so kann das Muster Ihnen trotzdem im nachhinein zeigen, wie das System geändert werden kann. Die Entwurfsmuster stellen somit Ziele für Ihre Refaktorisierungen dar.

6.2 Ein kleine Kataloggeschichte

Der Katalog begann als Teil von Erichs Doktorarbeit [Gam91, Gam92]. Ungefähr die Hälfte der hier beschriebenen Muster wurden bereits in seiner Arbeit aufgeführt. Zur Zeit der OOPSLA '91 stellten sie bereits einen offiziell unabhängigen Katalog dar, und Richard hatte sich Erich angeschlossen, gemeinsam mit ihm an den Mustern zu arbeiten. John begann kurz danach, ebenfalls am Katalog mitzuarbeiten. Zu Zeit der OOPSLA '92 war Ralph bereits der Gruppe beigetreten. Wir arbeiteten hart daran, den Katalog für die Veröffentlichung auf der ECOOP '93 vorzubereiten, merkten aber bald, daß ein aus 90 Seiten bestehendes Papier nicht akzeptiert werden würde. Daraufhin faßten wir den Katalog zusammen und reichten diese Zusammenfassung ein, welche auch akzeptiert wurde. Kurz danach entschlossen wir uns, den Katalog zu einem Buch zu machen.

Unsere Musternamen haben sich während ihrer Bearbeitung teilweise geändert. »Umwickler« (wrapper) wurde zu »Dekorierer« (decorator,) »Leim« (glue) wurde zu »Fassade« (facade), »Solitaire« wurde zu »Singleton«, und »Wanderer« (walker) wurde zu »Besucher« (visitor). Einige Muster wurden fallengelassen, weil sie uns nicht wichtig genug erschienen. Davon abgesehen hat sich die Menge der Muster im Katalog seit Ende 1992 kaum geändert. Die Muster selbst haben sich allerdings enorm entwickelt.

Tatsächlich ist das Entdecken von Mustern der einfache Teil. Wir alle arbeiten aktiv an der Konstruktion objektorientierter Systeme und haben festgestellt, daß es ziemlich einfach ist, Muster zu entdecken, schaut man sich nur genug Systeme an. Das *Entdecken* von Mustern ist aber viel einfacher als das *Beschreiben* von Mustern.

Wenn Sie Systeme entwickeln und über das nachdenken, was Sie da gerade bauen, so werden Sie Muster in dem erkennen, was Sie tun. Es ist dabei ziemlich schwierig, diese Muster so zu beschreiben, daß Menschen, die sie nicht kennen, sie verstehen können und begreifen, warum sie wichtig sind. Wir haben den Katalog in einem frühen Stadium verschiedenen Experten vorgelegt, und diese haben seine Bedeutung unmittelbar erkannt. Die einzigen Experten aber, welche die Muster selbst verstehen konnten, waren jene, die sie bereits benutzt hatten.

Da eine der Hauptaufgaben dieses Buchs darin bestehen soll, neuen Entwicklern den objektorientierten Entwurf zu vermitteln, wußten wir, daß wir den Katalog verbessern mußten. Wir erweiterten die durchschnittliche Größe eines Musters von zwei auf mehr als zehn Seiten, indem wir ein detailliertes Einführungs- und Motivationsbeispiel sowie den Beispielcode einführten. Wir begannen weiterhin, die Vor- und Nachteile und die verschiedenen Implementierungsarten der Muster zu untersuchen. Dies vereinfachte das Erlernen der Muster.

Eine weitere wichtige Änderung im Laufe des letzten Jahres war die verstärkte Betonung des Problems, das ein Muster löst. Es ist am einfachsten, ein Muster als eine Lösung oder eine Technik zu betrachten, die angepaßt und wiederverwendet werden kann. Es ist schwieriger zu verstehen, wann sie *angemessen* ist. Dies verlangt, die gelösten Probleme und den Kontext, in dem das Muster die beste Lösung ist, klar zu beschreiben. Im allgemeinen ist es einfacher zu erkennen, *was* getan wird, als zu verstehen, *warum* etwas so getan wird. Und das »warum« ist das Problem, welches das Muster löst. Die Aufgabe eines Musters zu kennen ist ebenfalls wichtig, weil es dabei hilft, die am sinnvollsten anzuwendenden Muster auszuwählen. Es hilft uns ebenfalls, den Entwurf existierender Systeme zu verstehen. Der Autor eines Musters muß das vom Muster gelöste Problem bestimmen und adäquat beschreiben, selbst wenn er die Lösung des Problems bereits entdeckt hat.

6.3 Die Mustergemeinde

Wir sind nicht die einzigen, die sich für das Schreiben von Büchern interessieren, die von Experten verwendete Muster katalogisieren. Wir sind Teil einer größeren Gemeinde, die sich für Muster im allgemeinen und softwarebezogene im besonderen interessiert. Christopher Alexander ist jener Architekt, der als erster Muster in Gebäuden und Gemeinden untersuchte und eine »Mustersprache« zu ihrer Erzeugung entwickelte. Seine Arbeiten haben uns immer wieder inspiriert. Deswegen paßt es gut und ist auch lohnenswert, seine Arbeit mit der unsrigen zu vergleichen. Danach werden wir einen Blick auf weitere Arbeiten über softwarebezogene Muster werfen.

6.3.1 Alexanders Mustersprache

Es gibt viele Aspekte, in denen unsere Arbeit der von Alexander gleicht. Beide Arbeiten setzen auf der Beobachtung existierender Systeme auf und untersuchen sie nach den in ihnen enthaltenen Mustern. Beide verfügen über Schablonen zum Beschreiben von Mustern (obwohl sie sich deutlich voneinander unterscheiden). Beide Beschreibungsarten basieren auf natürlicher Sprache und vielen Beispielen, statt eine formale Sprache zu verwenden. Beide Arbeiten erklären ihre Muster, statt sie nur zu beschreiben.

Es gibt aber genausoviele Unterschiede zwischen unseren Arbeiten.

1. Menschen bauen seit Tausenden von Jahren Gebäude; es gibt viele klassische Beispiele, auf die man sich beziehen kann. Im Vergleich dazu konstruieren wir Softwaresysteme erst seit relativ kurzer Zeit, und nur wenige dieser Systeme können als klassisch bezeichnet werden.

2. Alexander gibt eine Reihenfolge vor, in der seine Muster anzuwenden sind. Wir tun dies nicht.

3. Alexanders Muster betonen die von ihnen adressierten Probleme, während unsere Entwurfsmuster sich stärker auf die Lösungen konzentrieren und sie herausarbeiten.

4. Alexander behauptet, daß seine Muster vollständige Gebäude erzeugen können. Wir behaupten nicht, daß unsere Muster vollständige Programme erzeugen werden.

Wenn Alexander behauptet, daß Sie ein Haus entwerfen können, allein dadurch, daß Sie seine Muster schrittweise anwenden, verfolgt er Ziele, die denen nicht unähnlich sind, welche die Entwickler jener objektorientierter Entwurfsmethodologien verfolgen, die schrittweise Anweisungen für den Entwurf geben. Alexander bezweifelt nicht die Notwendigkeit von Kreativität. Manche seiner Muster verlangen, daß man die Lebensgewohnheiten der Menschen versteht, die das Gebäude verwenden werden, und sein Glaube an die »Poesie« des Entwurfs impliziert einen Grad an Expertise, der nicht in der Mustersprache selbst zu finden ist.[1] Seine Beschreibung aber, wie Muster Entwürfe erzeugen, legt das Verständnis nahe, daß seiner Einschätzung nach eine Mustersprache den Entwurfsprozeß deterministisch und wiederholbar machen kann.

Die Perspektive Alexanders hat uns geholfen, uns auf die Vor- und Nachteile eines Entwurfs zu konzentrieren – die unterschiedlichen »Kräfte« die beim Gestalten ei-

1. Siehe »Die Poesie der Sprache« (The poetry of the language) [AIS+77].

nes Entwurfs helfen. Sie bewirkte, daß wir verstärkt daran gearbeitet haben, die Anwendbarkeit und Konsequenzen eines Musters zu verstehen. Sie hat uns ebenfalls davon abgehalten, uns über die Definition einer formalen Repräsentation der Muster Gedanken zu machen. Obwohl solch eine Repräsentation die Automatisierung von Mustern möglich machen könnte, ist es im heutigen Stadium wichtiger, den Raum der Entwurfsmuster zu erkunden statt zu formalisieren.

Aus der Sicht Alexanders bilden die Muster dieses Buchs keine Mustersprache. Angesichts der Bandbreite an Softwaresystemen, die von Menschen gebaut werden, ist es schwer zu erkennen, wie wir einen »kompletten« Satz an Mustern bereitstellen können, der schrittweise Instruktionen zum Entwurf von Anwendungen bietet. Wir können dies für bestimmte Klassen von Anwendungen machen, wie zum Beispiel für das Schreiben von Berichten oder für das Erstellen maskengetriebener Systeme. Unser Katalog allerdings ist lediglich eine Sammlung von verwandten Mustern; wir können nicht behaupten, daß es sich um eine Mustersprache handelt.

Wir halten es, um genau zu sein, für unwahrscheinlich, daß es *jemals* eine komplette Mustersprache für Software geben wird. Allerdings ist es sicherlich möglich, eine Mustersprache zu erstellen, die *umfassender* ist als unser Katalog. Erweiterungen müßten Frameworks und ihre Verwendung umfassen [Joh92], Muster für den Entwurf von Benutzungsschnittstellen [BJ94], Analysemuster [Coa92] und alle anderen Aspekte, die zum Entwurf von Software gehören. Entwurfsmuster sind nur ein Teil einer größeren Mustersprache für Software.

6.3.2 Muster in Softwaresystemen

Wir haben unsere erste gemeinsame Erfahrung im Studium der Softwarearchitektur auf einem OOPSLA '91 Workshop von Bruce Anderson gemacht. Der Workshop war der Entwicklung eines Handbuchs für Softwarearchitekten gewidmet. (Betrachtet man das vorliegende Buch, so ist zu vermuten, daß »Softwareenzyklopädie« ein angemessenerer Name als »Architekturhandbuch« wäre.) Dieser erste Workshop führte zu einer Reihe von Treffen. Das jüngste dieser Treffen war die erste Konferenz über Mustersprachen der Programmierung (Pattern Languages of Programs), die im August 1994 stattfand. Diese Konferenz begründete eine Gemeinde von an der Dokumentation von Softwareexpertise interessierten Entwicklern.

Natürlich haben bereits andere Softwareentwickler dieses Ziel verfolgt. Donald Knuths *The Art of Computer Programming* [Knu73] war einer der ersten Versuche, Wissen über Software zu katalogisieren, auch wenn er sich auf die Beschreibung von Algorithmen konzentrierte. Trotzdem erwies sich die Aufgabe als zu umfangreich, um beendet werden zu können. Die *Graphics Gems* Serie [Gla90, Arv91, Kir92] ist ein anderer Katalog an Wissen über Software, obwohl es ebenfalls dazu neigt, das Hauptaugenmerk auf Algorithmen zu legen. Das *Domain Specific Software Architecture Program* des U. S. Verteidigungsministeriums [GM92] konzentriert sich auf das Sammeln von Architekturinformationen. Jener Teil der Software Engineering Gemeinde, der mit Wissensbasen arbeitet, versucht softwarebezogenes Wissen allgemein zu repräsentieren. Es gibt viele weitere Gruppen, die zumindest teilweise dieselben Ziele verfolgen wie wir.

James Copliens *Advanced C++: Programming Styles and Idioms* [Cop92] hat uns ebenfalls beeinflußt. Die Muster in seinem Buch sind zumeist C++-spezifischer als unsere Entwurfsmuster. Sein Buch enthält weiterhin viele Muster auf niedrigerer Abstraktionsebene. Es gibt aber einige Überschneidungen, welche wir in unseren Mustern auch anführen. Jim ist in der Mustergemeinde aktiv. Er arbeitet zur Zeit an Mustern, welche die von Menschen eingenommenen Rollen in Softwareentwicklungsorganisationen beschreiben.

Es gibt eine Menge anderer Möglichkeiten, nach Musterbeschreibungen Ausschau zu halten. Kent Beck war einer der ersten in der Software-Gemeinde, der Christopher Alexanders Arbeit beachtete. 1993 begann er mit dem Schreiben einer Kolumne im *Smalltalk Report* über Smalltalk-Muster. Peter Coad sammelt seit einiger Zeit ebenfalls Muster. Unserer Einschätzung nach enthält sein Artikel über Muster hauptsächlich Analysemuster [Coa92]; wir haben seine neuesten Muster noch nicht gesehen, wissen aber zumindest, daß er noch daran arbeitet. Wir haben von mehreren in Arbeit befindlichen Büchern über Muster gehört, haben aber noch keines von ihnen gesehen. Eines dieser Bücher wird von der Pattern Languages of Programs Konferenz kommen.

6.4 Eine Einladung

Was können Sie tun, wenn Sie sich für Muster interessieren? Zuerst einmal: Verwenden Sie die Muster, und halten Sie nach weiteren Ausschau, die zu ihrem Entwurfsstil passen. In den nächsten Jahren werden viele Bücher und Artikel über Muster herauskommen, so daß es reichlich Quellen für neue Muster geben wird. Entwickeln Sie Ihr eigenes Vokabular an Mustern, und verwenden Sie es. Verwenden Sie es, wenn Sie mit anderen Menschen über Ihre Entwürfe sprechen. Verwenden Sie es, wenn Sie über Ihre Entwürfe nachdenken und sie dokumentieren.

Zum zweiten: Seien Sie ein kritischer Konsument. Der Entwurfsmusterkatalog ist das Ergebnis harter Arbeit, nicht nur der unsrigen, sondern der von Dutzenden von Gutachtern, die uns Feedback gaben. Wenn Sie ein Problem erkennen oder meinen, daß tiefergehende Erläuterungen notwendig sind, kontaktieren Sie uns. Dasselbe gilt für jeden anderen Musterkatalog: Geben Sie den Autoren Feedback! Eine der großartigen Eingeschaften der Beschreibung von Mustern ist, daß sie die Entwurfsentscheidungen aus dem Bereich vager Intuition herausführen und es Autoren ermöglichen, die sich ergebenden Vor- und Nachteile explizit zu benennen. Dies erleichtert es, festzustellen, was mit ihren Mustern nicht stimmt und mit ihnen darüber zu diskutieren. Nutzen Sie diese Möglichkeit.

Und zum dritten: Halten Sie nach von Ihnen verwendeten Mustern Ausschau, und schreiben Sie sie auf. Machen Sie sie zu einem Teil Ihrer Dokumentation und zeigen Sie sie anderen Leuten. Sie müssen nicht in einem Forschungslabor arbeiten, um Muster zu entdecken. Tatsächlich ist das Finden relevanter Muster beinahe unmöglich, wenn Sie nicht über praktische Erfahrung verfügen. Schreiben Sie ruhig ihren eigenen Musterkatalog – aber stellen Sie sicher, daß andere Menschen Ihnen helfen, die Muster in die richtige Form zu bringen!

6.5 Ein abschließender Gedanke

Die besten Entwürfe verwenden viele Entwurfsmuster, die sich ergänzen und miteinander verweben, um ein größeres Etwas zu schaffen, so wie es Christopher Alexander schreibt:

> Es ist möglich, Gebäude durch das lose Aneinanderreihen von Mustern zu bauen. Ein so konstruiertes Gebäude stellt eine Ansammlung von Mustern dar. Es besitzt keinen inneren Zusammenhalt. Es hat keine wirkliche Substanz. Es ist aber auch möglich, Muster so zusammenzufügen, daß sich viele Muster innerhalb desselben Raums überlagern: Das Gebäude besitzt einen inneren Zusammenhalt; es besitzt viele Bedeutungen, auf kleinem Raum zusammengefaßt. Durch diesen Zusammenhalt gewinnt es an Substanz.

Übersetzt aus *A Pattern Language*, [AIS+77, Seite *xli*]

A Glossar

Abstrakte Klasse

Eine Klasse, deren Hauptaufgabe darin besteht, eine Schnittstelle zu definieren. Eine abstrakte Klasse delegiert Teile oder auch die gesamte Implementierung an ihre Unterklassen. Von einer abstrakten Klasse können keine Exemplare erzeugt werden.

Abstrakte Kopplung

Wenn eine Klasse A eine Referenz zu einer abstrakten Klasse B definiert, so sagt man, daß die Klasse A mit der Klasse B *abstrakt gekoppelt* ist. Wir nennen diese Kopplung abstrakt, weil A auf einen *Typ* (d.h. eine abstrakte Klasse) verweist, nicht aber auf eine konkrete Klasse.

Abstrakte Operation

Eine Operation, die eine Signatur deklariert, sie aber nicht implementiert. In C++ entspricht eine abstrakte Operation einer **rein virtuellen (pure virtual) Member-Funktion.**

Aggregationsbeziehung

Die Beziehung zwischen einem aggregierten Objekt und seinen Teilen. Eine Klasse definiert diese Beziehung für ihre Exemplare (zum Beispiel aggregierte Objekte).

Aggregiertes Objekt

Ein Objekt, das aus weiteren untergeordneten Objekten zusammengesetzt ist. Diese untergeordneten Objekte heißen **Teile** des Aggregats. Das Aggregat ist für sie zuständig.

Anfrage

Ein Objekt führt eine Operation aus, wenn es eine entsprechende Anfrage von einem anderen Objekt erhält. Ein übliches Synonym für Anfrage ist **Nachricht**.

Bekanntschaftsbeziehung

Eine Klasse, die eine andere Klasse referenziert, hat eine *Bekanntschaftsbeziehung* mit dieser Klasse.

Black-Box-Wiederverwendung

Ein Wiederverwendungsstil, der auf Objektkomposition basiert. Zusammengesetzte Objekte zeigen einander keine internen Details und gleichen somit »Black Boxes«, schwarzen Kästen.

Delegation

Eine Implementierungstechnik, bei der Objekte eine Anfrage an ein anderes Objekt weiterleiten oder *delegieren*. Das Objekt, an das die Anfrage delegiert wird, arbeitet die Anfrage anstelle des Originalobjekts ab.

Destruktor

Eine Operation in C++, die automatisch aufgerufen wird, wenn ein Objekt gelöscht wird, so daß es sich sauber verabschieden kann.

Dynamisches Binden

Die Laufzeitbeziehung zwischen der Anfrage an ein Objekt und einer seiner Operationen. In C++ werden ausschließlich virtuelle Funktionen dynamisch gebunden.

Elternklasse

Die Klasse, von der eine andere Klasse erbt. Synonyme sind **Oberklasse** (Smalltalk), **Basisklasse** (C++) und **Vorfahrenklasse** (ancestor class).

Empfänger

Das Zielobjekt einer Anfrage.

Entwurfsmuster

Ein Entwurfsmuster benennt, motiviert und erläutert systematisch einen allgemeinen Entwurf, der ein in objektorientierten Systemen immer wiederkehrendes Entwurfsproblem löst. Es beschreibt das Muster, die Lösung, wann die Lösung anwendbar ist sowie die Konsequenzen der Anwendung. Es gibt weiterhin Implementierungstips und Beispiele. Die Lösung ist eine allgemeine Anordnung von Objekten und Klassen, die das Problem lösen. Die Lösung wird maßgeschneidert und implementiert, um das Problem in einem konkreten Kontext zu lösen.

Exemplar

Ein Exemplar ist ein Objekt einer Klasse.

Exemplarvariable

Ein Wert oder ein Objekt, das einen Teil der Repräsentation eines Objekts definiert. In C++ wird der Begriff **Data-Member** verwendet.

Framework

Eine Menge kooperierender Klassen, welche die Elemente eines wiederverwendbaren Entwurfs für eine bestimmte Art von Software darstellen. Ein Framework bietet eine Architekturhilfe beim Aufteilen des Entwurfs in abstrakte Klassen und beim Definieren ihrer Zuständigkeiten und Interaktionen. Ein Entwickler paßt das Framework für eine bestimmte Anwendung an, indem er Unterklassen der Frameworkklassen bildet und ihre Objekte zusammensetzt.

Friend-Klasse

Eine Klasse in C++, die dieselben Zugriffsrechte auf die Operationen und Daten einer Klasse besitzt, wie die Klasse selbst.

Interaktionsdiagramm

Ein Diagramm, das den Kontrollfluß von Anfragen zwischen Objekten aufzeigt.

Kapselung

Das Ergebnis des Versteckens von Repräsentation und Implementierung innerhalb eines Objekts. Die Repräsentation ist nicht sichtbar. Man kann nicht direkt von außerhalb des Objekts auf sie zugreifen. Operationen sind die einzige Möglichkeit, auf die Repräsentation eines Objekts zuzugreifen und sie zu modifizieren.

Klasse

Eine Klasse definiert eine Objektschnittstelle und ihre Implementierung. Sie definiert die interne Repräsentation und die Operationen, die das Objekt ausführen kann.

Klassenbibliothek

Eine Sammlung von Klassen, die nützliche Funktionalität bietet, aber nicht die Entwurfsstruktur einer Anwendung von vornherein festlegt.

Klassendiagramm

Ein Diagramm, das Klassen darstellt, ihre interne Struktur und ihre Operationen sowie die statischen Beziehungen zwischen ihnen.

Klassenoperation

Eine Operation, die auf eine Klasse und nicht auf ein einzelnes Objekt angewendet wird. In C++ kann man Klassenoperationen als **statische Member-Funktionen** implementieren.

Konkrete Klasse

Eine Klasse ohne abstrakte Operationen. Es können von ihr Objekte erzeugt werden.

Konstruktor

In C++ eine Operation, die automatisch aufgerufen wird, um ein neues Exemplar zu initialisieren.

Kopplung

Das Ausmaß, in dem Softwarekomponenten voneinander abhängen.

Metaklasse

In Smalltalk sind Klassen Objekte. Eine Metaklasse ist die Klasse eines Klassenobjekts.

Mixin-Klasse

Eine Klasse, die dazu entworfen wurde, mit anderen Klassen mittels Vererbung kombiniert zu werden. Mixin-Klassen sind üblicherweise abstrakt.

Objekt

Ein zur Laufzeit existierendes »Ding«, das Daten und Operationen, die auf diesen Daten arbeiten, zusammenfaßt.[1]

Objektdiagramm

Ein Diagramm, das eine bestimmte Objektstruktur zur Laufzeit darstellt.

Objektkomposition

Das Zusammensammeln oder *Komponieren* von Objekten, um komplexeres Verhalten zu erhalten.

---

1. Wie bereits angemerkt, kommt dem Begriff Objekt im Sinne von Simula-67 und auch neueren Sprachen für die Objektorientiertung eine weitere Bedeutung zu, nämlich die, ein »Phänomen der realen Welt« zu sein, bzw. es in Softwaresystemen zu modellieren. Anm. D.R.

Objektreferenz

Ein Wert, der ein anderes Objekt identifiziert.

Operation

Die Daten eines Objekts können nur durch seine Operationen manipuliert werden. Ein Objekt führt eine Operation aus, wenn es eine Anfrage erhält. In C++ heißen Operationen **Member-Funktionen**, in Smalltalk heißen sie **Methoden**.

Parametrisierbarer Typ

Ein Typ, der einige der ihn konstituierenden Typen offenläßt. Die unspezifizierten Typen werden als Parameter zum Zeitpunkt der Anwendung bereitgestellt. In C++ heißen parametrisierbare Typen **Templates**.

Polymorphie

Die Möglichkeit, Objekte passender Schnittstellen zur Laufzeit füreinander einzusetzen.

Private Vererbung

In C++ eine Klasse, die ausschließlich ihrer Implementierung wegen geerbt wird.

Protokoll

Erweitert das Konzept der Schnittstelle um die erlaubten Reihenfolgen von Anfragen.

Schnittstelle

Die Menge aller durch die Operationen eines Objekts definierten Signaturen. Die Schnittstelle beschreibt die Menge von Anfragen, auf welche ein Objekt antworten kann.

Signatur

Die Signatur einer Operation definiert ihren Namen, Parameter und Rückgabewert.

Subsystem

Eine unabhängige Gruppe von Klassen, die zusammenarbeiten, um eine bestimmte Menge von Aufgaben zu erfüllen.

Subtyp

Ein Typ ist ein Subtyp eines anderen Typs, wenn seine Schnittstelle die Schnittstelle des anderen Typs enthält.

Supertyp

Der Elterntyp, von dem ein Typ erbt.

Typ

Der Name einer bestimmten Schnittstelle.

Überschreiben

Definition einer von einer Oberklasse geerbten Operation in einer Unterklasse.

Unterklasse

Eine Klasse, die von einer anderen Klasse erbt. In C++ heißt eine Unterklasse **abgeleitete Klasse**.

Vererbung

Eine Beziehung, die ein »Ding« auf Basis eines anderen »Dings« definiert. **Klassenvererbung** definiert eine neue Klasse auf Basis einer oder mehrerer Elternklassen. Die neue Klasse erbt seine Schittstelle und Implementierung von seinen Elternklassen. Die neue Klasse heißt **Unterklasse** oder (in C++) **abgeleitete Klasse**. Klassenvererbung kombiniert **Schnittstellenvererbung** mit **Implementierungsvererbung**. Schnittstellenvererbung definiert eine neue Schnittstelle auf Basis einer oder mehrerer Schnittstellen. Implementierungsvererbung definiert eine neue Implementierung auf Basis einer oder mehrerer existierender Implementierungen.

White-Box-Wiederverwendung

Ein auf Klassenvererbung basierender Stil der Wiederverwendung. Eine Unterklasse verwendet die Schnittstelle und Implementierung seiner Elternklasse wieder, kann aber möglicherweise Zugriff zu ansonsten privaten Aspekten seiner Elternklassen haben.

B Verwendete Notation

Wir verwenden durchgehend Diagramme in diesem Buch, um die wichtigen Ideen zu illustrieren. Manche Diagramme sind informell, wie der Bildschirmabzug einer Dialog-Box oder eine schematische Zeichung, die einen Objektbaum zeigt. Insbesondere die Entwurfsmuster aber verwenden eine formalere Notation, um Beziehungen und Interaktionen zwischen Klassen und Objekten zu beschreiben. Dieser Anhang beschreibt die Notationen im Detail.

Wir verwenden drei verschiedene diagrammatische Notationen:

1. Ein **Klassendiagramm** zeigt Klassen, ihre Struktur, und die statischen Beziehungen zwischen ihnen.
2. Ein **Objektdiagramm** zeigt eine bestimmte Objektstruktur zur Laufzeit.
3. Ein **Interaktionsdiagramm** zeigt den Fluß von Anfragen zwischen Objekten.

Jedes Entwurfsmuster umfaßt mindestens ein Klassendiagramm. Die anderen Notationen werden nach Bedarf angewendet, um die Diskussion zu ergänzen. Die Klassen- und Objektdiagramme basieren auf OMT, der Object Modeling Technique [RBP+91, Rum94].[1] Die Interaktionsdiagramme stammen von Objectory [JCJO92] und der Booch-Methode [Boo94]. Diese Notationen sind auf der Innenseite des rückseitigen Umschlags des Buchs zusammengefaßt.

B.1 Klassendiagramme

Abbildung B.1a zeigt die OMT-Notation für abstrakte und konkrete Klassen. Eine Klasse wird durch einen Kasten mit dem fettgedruckten Klassennamen obenan angezeigt. Die zentralen Operationen der Klasse erscheinen unterhalb des Klassennamens. Mögliche Exemplarvariablen erscheinen unterhalb der Operationen.

Typinformationen sind optional; wir verwenden die C++-Konvention, bei der der Typname vor den Namen der Operation gestellt wird, vor die Exemplarvariable oder den aktuellen Parameter. Der Name vor der Operation zeigt den Rückgabewert an. Schräggestellte Bezeichnungen zeigen an, daß die Klasse oder Operation abstrakt ist.

---

1. OMT verwendet den Begriff »Objektdiagramm« (object diagram), um sich auf Klassendiagramme zu beziehen. Wir verwenden Objektdiagramme ausschließlich dazu, um uns auf Diagramme von Objektstrukturen zu beziehen.

Bei einigen Entwurfsmustern ist es hilfreich zu sehen, wo die Klientenklassen Teilnehmerklassen referenzieren. Wenn ein Muster eine Klientenklasse als einen seiner Teilnehmer enthält (was bedeutet, daß dieser Klasse innerhalb des Musters eine Aufgabe zukommt), erscheint der Klient als eine gewöhnliche Klasse. Dies gilt zum Beispiel für das Fliegengewichtmuster (223). Wenn das Muster keinen Klienten enthält (das heißt, daß den Klienten innerhalb des Musters keine Aufgaben zukommen), das Einbinden des Klienten aber klärt, welche Teilnehmer am Muster mit Klienten interagieren, dann wird die Klientenklasse in Grau gezeigt, wie zum Beispiel in Abbildung B.1b ersichtlich. Ein Beispiel ist das Proxymuster (254). Ein grau gezeichneter Klient macht zudem klar, daß wir ihn nicht aus Versehen in der Diskussion vergessen haben.

Die Abbildung B.1c zeigt die verschiedenen Beziehungen zwischen den Klassen. Die OMT-Notation für Klassenvererbung ist ein Dreieck, das eine Unterklasse (Linie in der Abbildung) mit seiner Elternklasse verbindet (Form). Eine Objektreferenz, die eine Aggregationsbeziehung repräsentiert, wird durch eine mit Pfeilkopf versehene Linie mit einem Diamanten am Ausgangspunkt dargestellt. Der Pfeil zeigt auf die Klasse, die aggregiert wird (zum Beispiel Form). Eine mit Pfeilkopf versehene Linie ohne den Diamanten zeigt eine Bekanntschaftsbeziehung auf (zum Beispiel behält Linie eine Referenz auf ein Farbe-Objekt, daß mit anderen Form-Objekten geteilt werden kann). Ein Name für die Referenz kann neben dem Ausgangspunkt erscheinen, um sie von anderen Referenzen zu unterscheiden.[1]

Es ist weiterhin nützlich zu zeigen, welche Klassen Objekte von welchen anderen Klassen erzeugen. Wir verwenden eine gestrichelte und mit Pfeilkopf versehene Linie, um dies aufzuzeigen, da OMT es nicht unterstützt. Wir nennen dies die »Erzeugt«-Beziehung. Der Pfeil zeigt auf die Klasse, von der ein Objekt erzeugt wird. In Abbildung B.1c erzeugt ErzeugungsWerkzeug Linie-Objekte.

1. OMT definiert weiterhin *Assoziationen* zwischen Objekten, welche als einfache Linien zwischen den Kästen für Klassen erscheinen. Assoziationen sind immer bidirektional. Obwohl Assoziationen während der Analyse ein adäquates Modellierungsmittel sind, halten wir sie für zu abstrakt zum Ausdrücken der Beziehungen in Entwurfsmustern. Der Grund ist einfach: Assoziationen müssen währemd des Entwurfs auf Objektreferenzen und Zeiger abgebildet werden. Objektreferenzen aber sind grundsätzlich gerichtet und deswegen besser geeignet für die uns interessierenden Beziehungen. Zum Beispiel kennt Zeichnung Form-Klassen, aber die Form-Klassen wissen nichts über die Zeichnung, die sie enthält. Sie können diese Beziehung nicht unter ausschließlicher Verwendung von Assoziationen ausdrücken.

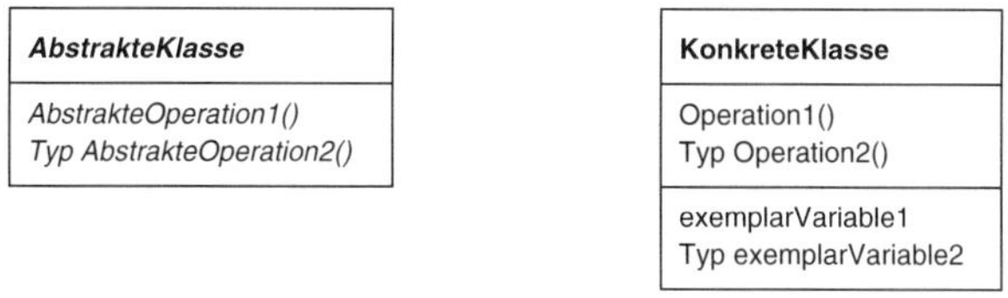

(a) Abstrakte and konkrete Klassen

(b) Teilnehmende Klientenklasse (links) und implizite Klientenklasse (rechts)

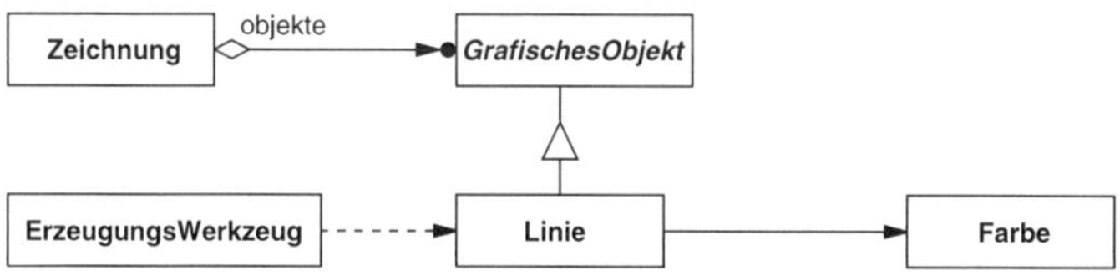

(c) Beziehungen zwischen Klassen

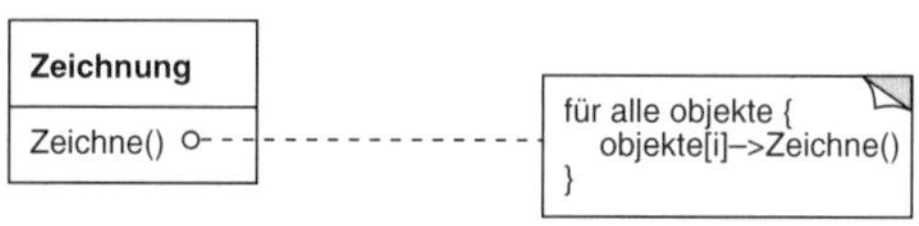

(d) Annotationen in Pseudocode

Abbildung B.1 Notation für Klassendiagramme

OMT definiert ebenfalls einen gefüllten Kreis, um »mehr als eins« anzuzeigen. Wenn der Kreis am Kopf der Referenz erscheint, bedeutet es, daß mehrere Objekte referenziert oder aggregiert werden. Abbildung B.1c zeigt, das die Zeichnung mehrere Objekte des Typs Form aggregiert.

Schlußendlich haben wir OMT um Pseudocode-Annotationen erweitert, um die Skizzierung von Operationsimplementierungen zu ermöglichen. Abbildung B.1d zeigt die Pseudocode-Annotation für die Zeichne-Operation der Klasse Zeichnung.

B.2 Objektdiagramme

Ein Objektdiagramm zeigt ausschließlich Objekte. Es stellt eine Momentaufnahme der Objekte in einem Entwurfsmuster dar. Die Objekte heißen »ein*Irgendetwas*«, wobei *Irgendetwas* die Klasse des Objekts ist. Unser Symbol für ein Objekt (leicht modifiziert von Standard-OMT übernommen) ist ein Kasten mit runden Ecken, bei dem der Objektname von möglichen Objektreferenzen abgetrennt ist. Vom Objekt ausgehende Pfeile zeigen die referenzierten Objekte auf. Abbildung B.2 zeigt ein Beispiel.

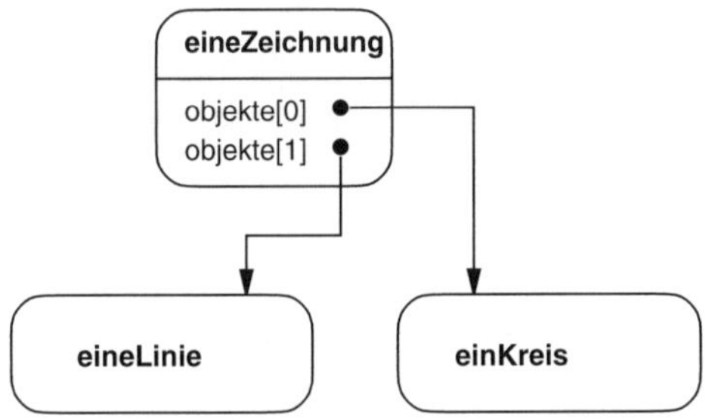

Abbildung B.2 Notation für Objektdiagramme

B.3 Interaktionsdiagramme

Ein Interaktionsdiagramm zeigt die Reihenfolge auf, in welcher Anfragen zwischen Objekten ausgeführt werden. Abbildung B.3 stellt ein Interaktionsdiagramm dar, das zeigt, wie ein Form-Objekt einer Zeichnung hinzugefügt wird.

In einem Interaktionsdiagramm verläuft die Zeit von oben nach unten. Eine solide vertikale Linie zeigt die Lebensdauer eines bestimmten Objekts an. Die Namenskonvention für Objekte ist dieselbe wie die in Objektdiagrammen – der Klassenname mit dem Präfix »ein(e)« (zum Beispiel eineForm). Wenn das Objekt nicht vor Beginn der Zeitaufnahme des Diagramms erzeugt wird, erscheint seine vertikale Linie bis zum Zeitpunkt seiner Erzeugung als gestrichelt.

Ein vertikales Rechteck zeigt, daß ein Objekt aktiv ist, was bedeutet, daß es eine Anfrage abarbeitet. Die Operation kann Anfragen an andere Objekte schicken, welche durch einen horizontalen auf das empfangende Objekt zeigenden Pfeil dargestellt werden. Der Name der Anfrage wird oberhalb des Pfeils aufgeführt. Eine Anfrage, ein Objekt zu erzeugen, wird mit einer gestrichelten Pfeilkopf-Linie dargestellt. Eine Anfrage an das sendende Objekt selbst wird durch einen auf sich selbst zeigenden Pfeil dargestellt.

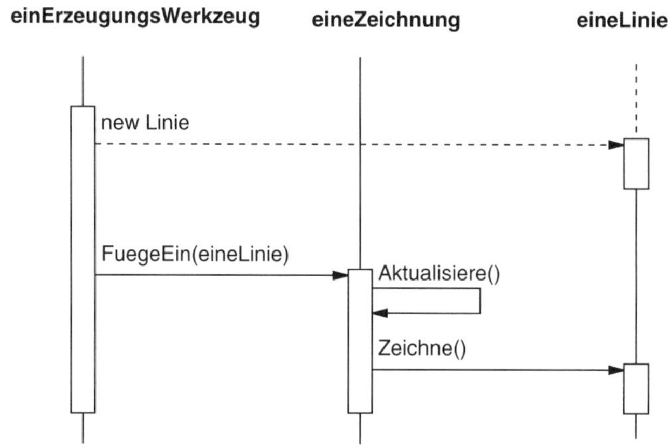

Abbildung B.3 Notation für Interaktionsdiagramme

Abbildung B.3 zeigt, daß die erste Anfrage von einErzeugungsWerkzeug dem Erzeugen von eineLinie dient. Später wird eineLinie eineZeichnung hinzugefügt, was eine Zeichnung dazu veranlaßt, eine Aktualisierungsanfrage an sich selbst zu senden. Beachten Sie dabei, daß eineZeichnung eine Zeichne-Anfrage an eineLinie als Teil der Aktualisierungsoperation schickt.

C Fundamentale Klassen

Dieser Anhang dokumentiert den Grundstock an Klassen, den wir im C++-Beispielcode vieler Entwurfsmuster verwenden. Wir haben die Klassen bewußt einfach und klein gehalten. Es werden die folgenden Klassen beschrieben:

- `Liste`, eine geordnete Liste von Objekten.
- `Iterator`, die Schnittstelle zum sukzessiven Zugriff auf die Objekte eines Aggregats.
- `ListenIterator`, ein Iterator zum Traversieren einer `Liste`.
- `Punkt`, ein zweidimensionaler Punkt.
- `Rechteck`, ein an den Koordinatenachsen ausgerichtetes Rechteck.

Es kann sein, daß manche der neueren C++-Standardtypen nicht auf allen Übersetzern verfügbar sind. Sollte Ihr Übersetzer insbesondere den Typ `bool` nicht bereithalten, dann können Sie ihn von Hand folgendermaßen definieren:

```
typedef int bool;
typedef int true = 1;
typedef int false = 0;
```

C.1 Liste

Das `Liste`-Klassentemplate stellt den grundlegenden Behälter zum Ablegen einer geordneten Liste von Objekten dar. `Liste` speichert Elemente als Werte, was bedeutet, daß sie sowohl mit Builtin-Typen als auch mit Exemplaren von Klassen funktioniert. Beispielsweise deklariert `Liste<int>` eine Liste von `int`s. Die meisten der Muster verwenden allerdings `Liste` zur Speicherung von Objekten, wie zum Beispiel `Liste<Glyph*>`. Auf diese Weise kann `Liste` zur Speicherung von Objekten unterschiedlicher Typen werden.

Aus Bequemlichkeitsgründen bietet `Liste` auch Synonyme für Stackoperationen, was Code expliziter macht, der `Liste` als Stack verwendet. Somit brauchen wir für einen Stack nicht gleich eine neue Klasse definieren.

```
template<class Element>
class Liste {
public:
   Liste(long groesse = DEFAULT_LISTEN_KAPAZITAET);
   Liste(Liste&);
```

```
    ~Liste();
    Liste& operator=(const Liste&);

    long Anzahl() const;
    Element& Gib(long index) const;
    Element& Erstes() const;
    Element& Letztes() const;
    bool Enthaelt(const Element&) const;

    void HaengeAn(const Element&);
    void FuegeVorneAn(const Element&);

    void Entferne(const Element&);
    void EntferneLetztes();
    void EntferneErstes();
    void EntferneAlle();

    Element& Top() const;
    Element& Push(const Element&);
    Element& Pop();
};
```

Die folgenden Abschnitte beschreiben diese Operationen genauer.

C.1.1 Erzeugen, Löschen, Initialisieren und Zuweisen

`Liste(long groesse)`

initialisiert die Liste. Der `groesse`-Parameter dient als Hinweis für die Anfangsanzahl von Elementen.

`Liste(Liste&)`

überschreibt den Default-Kopierkonstruktor, so daß die Member-Variablen korrekt initialisiert werden.

`~Liste()`

gibt die internen Datenstrukturen der Liste frei, löscht aber *nicht* die Elemente in der Liste. Da von der Klasse keine Unterklassen gebildet werden sollen, ist ihr Destruktor nicht virtuell.

`Liste& operator=(const Liste&)`

implementiert die Zuweisungsoperation, um die Member-Variablen korrekt zuzuweisen.

C.1.2 Zugriff

Diese Operationen realisieren die elementaren Zugriffsmöglichkeiten auf die Elemente der Liste.

`long Anzahl() const`

gibt die Anzahl der Objekte in der Liste zurück.

`Element& Gib(long index) const`

gibt das am übergebenen Index befindliche Objekt zurück.

`Element& Erstes() const`

gibt das erste Element der Liste zurück.

`Element& Letztes() const`

gibt das letzte Element der Liste zurück.

C.1.3 Hinzufügen

`void HaengeAn(const Element&)`

fügt das Argument als letztes Element in der Liste ein.

`void FuegeVorneAn(const Element&)`

fügt das Argument als erstes Element in die Liste ein.

C.1.4 Entfernen

`void Entferne(const Element&)`

entfernt das übergebene Element aus der Liste. Damit diese Operation funktioniert, muß der Typ der Listenelemente den Vergleichsoperator == implementieren.

`void EntferneErstes()`

entfernt das erste Element aus der Liste.

`void EntferneLetztes()`

entfernt das letzte Element aus der Liste.

`void EntferneAlle()`

entfernt alle Element aus der Liste.

C.1.5 Stackschnittstelle

`void Top() const`

gibt das oberste Element zurück (wenn die Liste als Stack behandelt wird).

`void Push(const Element&)`

legt das übergebene Element auf den Stack.

`Element& Pop()`

nimmt das freiliegende Element vom Stack.

C.2 Iterator

`Iterator` ist eine abstrakte Klasse, die eine Traversierungsschnittstelle für Aggregate definiert.

```
template<class Element>
class Iterator {
public:
   virtual void Start() = 0;
   virtual void Weiter() = 0;
   virtual bool IstFertig() const = 0;
   virtual Element AktuellesElement() const = 0;

protected:
   Iterator();
};
```

Die Operationen machen das folgende:

`virtual void Start()`

setzt den Iterator auf das erste Element im Aggregat.

`virtual void Weiter()`

setzt den Iterator auf das nächste Element.

`virtual bool IstFertig() const`

gibt `true` zurück, wenn es keine weiteren Objekte mehr gibt.

`virtual Element AktuellesElement() const`

gibt das Objekt an der aktuellen Stelle in der Reihung zurück.

C.3 ListenIterator

ListenIterator implementiert die Iteratorschnittstelle für die Traversierung von Listobjekten. Sein Konstruktor nimmt die zu traversierende Liste als Argument entgegen.

```
template<class Element>
class ListenIterator : public Iterator<Element> {
public:
   ListenIterator(const Liste<Element>* eineListe);

   virtual void Start();
   virtual void Weiter();
   virtual bool IstFertig() const;
   virtual Element AktuellesElement() const;
};
```

C.4 Punkt

Punkt repräsentiert einen Punkt im zweidimensionalen kartesischen Koordinatensystem. Punkt bietet elementare Vektorarithmetik an. Die Koordinaten eines Punkts sind folgendermaßen definiert:

```
typedef float Koordinate;
```

Die Operationen von Punkt sind selbsterklärend.

```
class Punkt {
public:
   static const Punkt& NullPunkt;

   Punkt(Koordinate x = 0.0, Koordinate y = 0.0);

   Koordinate X() const;   void X(Koordinate x);
   Koordinate Y() const;   void Y(Koordinate y);

   friend Punkt& operator+(const Punkt&, const Punkt&);
   friend Punkt& operator-(const Punkt&, const Punkt&);
   friend Punkt& operator*(const Punkt&, const Punkt&);
   friend Punkt& operator/(const Punkt&, const Punkt&);

   Punkt& operator+=(const Punkt&);
   Punkt& operator-=(const Punkt&);
   Punkt& operator*=(const Punkt&);
   Punkt& operator/=(const Punkt&);
```

```
   Punkt operator-();

   friend bool operator==(const Punkt&, const Punkt&);
   friend bool operator!=(const Punkt&, const Punkt&);

   friend ostream& operator<<(ostream&, const Punkt&);
   friend istream& operator>>(istream&, const Punkt&);
};
```

Die statische Member-Funktion `NullPunkt` repräsentiert den `Punkt(0, 0)`.

C.5 Rechteck

`Rechteck` repräsentiert ein an den Achsen ausgerichtetes Rechteck. Ein `Rechteck` ist durch einen Ursprungspunkt und die Ausmaße (also Breite und Höhe) definiert. Die `Rechteck`-Operationen sind selbsterklärend.

```
class Rechteck {
public:
   static const Rechteck& NullRechteck;


Rechteck(Koordinate x, Koordinate y,
   Koordinate b, Koordinate h);
Rechteck(const Punkt& ursprung, const Punkt& ausmasse);

   Koordinate Breite() const;  void Breite(Koordinate);
   Koordinate Hoehe() const;   void Hoehe(Koordinate);
   Koordinate Links() const;   void Links(Koordinate);
   Koordinate Unten() const;   void Unten(Koordinate);

   Punkt& Ursprung() const;    void Ursprung(const Punkt&);
   Punkt& Ausmasse() const;    void Ausmasse(const Punkt&);

   void BewegeNach(const Punkt&);
   void BewegeUm(const Punkt&);

   bool IstLeer() const;
   bool Enthaelt(const Punkt&) const;
};
```

Die statische Member-Funktion `NullRechteck` entspricht dem Rechteck

```
Rechteck(Punkt(0, 0), Punkt(0, 0));
```

D Literaturverzeichnis

[Add94] Addison-Wesley, Reading, MA. NEXTSTEP General Reference: Release 3, Volumes 1 und 2, 1994.

[AG90] D.B. Anderson und S. Gossain. Hierarchy evolution and the software lifecycle. In *TOOLS '90 Conference Proceedings,* Seite 41-50, Paris, Juni 1990. Prentice Hall.

[AIS+77] Christopher Alexander, Sara Ishikawa, Murray Silverstein, Max Jacobson, Ingrid Fiksdahl-King und Shlomo Angel. *A Pattern Language.* Oxford University Press, New York, 1977.

[App89] Apple Computer, Inc., Cupertino, CA. *Macintosh Programmers Workshop Pascal 3.0 Reference,* 1989.

[App92] Apple Computer, Inc., Cupertino, CA. *Dylan. An object-oriented dynamic language,* 1992.

[Arv91] James Arvo. *Graphics Gems II.* Academic Press, Boston, MA, 1991.

[AS85] B. Adelson und E. Soloway. The role of domain experience in software design. *IEEE Transactions on Software Engineering,* 11(11):1351-1360, 1985.

[BE93] Andreas Birrer und Thomas Eggenschwiler. Frameworks in the financial engineering domain: An experience report. In *European Conference on Object-Oriented Programming,* Seite 21-35, Kaiserslautern, Deutschland, Juli 1993. Springer-Verlag.

[BJ94] Kent Beck und Ralph Johnson. Patterns generate architectures. In *European Conference on Object-Oriented Programming,* Seite 139-149, Bologna, Italien, Juli 1994. Springer-Verlag.

[Boo94] Grady Booch. *Object-Oriented Analysis and Design with Applications.* Benjamin/Cummings, Redwood City, CA, 1994. Second Edition.

[Bor81] A. Borning. The programming language aspects of ThingLab-a constraint-oriented simulation laboratory. *ACM Transactions on Programming Languages and Systems,* 3(4):343-387, Oktober 1981.

[Bor94] Borland International, Inc., Scotts Valley, CA. *A Technical Comparison of Borland ObjectWindows 2.0 and Microsoft MFC 2.5,* 1994.

[BV90] Grady Booch und Michael Vilot. The design of the C++ Booch components. In *Object-Oriented Programming Systems, Languages, and Applications Conference Proceedings,* Seite 1-11, Ottawa, Kanada, Oktober 1990. ACM Press.

[Cal93] Paul R. Calder. *Building User Interfaces with Lightweight Objects.* Dissertation, Stanford University, 1993.

[Car89] J. Carolan. Constructing bullet-proof classes. In *Proceedings C++ at Work '89.* SIGS Publications, 1989.

[Car92] Tom Cargill. *C++ Programming Style.* Addison-Wesley, Reading, MA, 1992.

[CIRM93] Roy H. Campbell, Nayeem Islam, David Raila und Peter Madeany. Designing and implementing Choices: An object-oriented system in C++. *Communications of the ACM,* 36(9):117-126, September 1993.

[CL90] Paul R. Calder und Mark A. Linton. Glyphs: Flyweight objects for user interfaces. In *ACM User Interface Software Technologies Conference,* Seite 92-101, Snowbird, UT, Oktober 1990.

[CL92] Paul R. Calder und Mark A. Linton. The object-oriented implementation of a document editor. In *Object-Oriented Programming Systems, Languages, and Applications Conference Proceedings,* Seite 154-165, Vancouver, British Columbia, Kanada, Oktober 1992. ACM Press.

[Coa92] Peter Coad. Object-oriented patterns. *Communications of the ACM,* 35(9):152-159, September 1992.

[Coo92] William R. Cook. Interfaces and specifications for the Smalltalk-80 collection classes. In *Object-Oriented Programming Systems, Languages, and Applications Conference Proceedings,* Seite 1-15, Vancouver, British Columbia, Kanada, Oktober 1992. ACM Press.

[Cop92] James O. Coplien. *Advanced C++ Programming Styles and Idioms.* Addison-Wesley, Reading, MA, 1992.

[Cur89] Bill Curtis. Cognitive issues in reusing software artifacts. In Ted J. Biggerstaff und Alan J. Perlis, Hrsg., *Software Reusability, Volume II: Applications and Experience,* Seite 269-287. Addison-Wesley, Reading, MA, 1989.

[dCLF93] Dennis de Champeaux, Doug Lea und Penelope Faure. *Object-Oriented System Development.* Addison-Wesley, Reading, MA, 1993.

[Deu89] L. Peter Deutsch. Design reuse and frameworks in the Smalltalk-80 system. In Ted J. Biggerstaff und Alan J. Perlis, Hrsg., *Software Reusability, Volume II: Applications and Experience,* Seite 57-71. Addison-Wesley, Reading, MA, 1989.

[Ede92] D. R. Edelson. Smart pointers: They're smart, but they're not pointers. In *Proceedings of the 1992 USENIX C++ Conference,* Seite 1-19, Portland, OR, August 1992. USENIX Association.

[EG92] Thomas Eggenschwiler und Erich Gamma. The ET++SwapsManager: Using object technology in the financial engineering domain. *In Object-Oriented Programming Systems, Languages, and Applications Conference Proceedings,* Seite 166-178, Vancouver, British Columbia, Kanada, Oktober 1992. ACM Press.

[ES90] Margaret A. Ellis und Bjarne Stroustrup. *The Annotated C++ Reference Manual.* Addison-Wesley, Reading, MA, 1990.

[Foo92] Brian Foote. A fractal model of the lifecycles of reusable objects. *OOPSLA '92 Workshop on Reuse,* Oktober 1992. Vancouver, British Columbia, Kanada.

[GA89] S. Gossain und D.B. Anderson. Designing a class hierarchy for domain representation and reusability. In *TOOLS '89 Conference Proceedings,* Seite 201-210, CNIT Paris-La Defense, Frankreich, November 1989. Prentice Hall.

[Gam91] Erich Gamma. *Objektorientierte Software-Entwicklung am Beispiel von ET++: Design-Muster, Klassenbibliothek, Werkzeuge.* Dissertation, Universität Zürich, Institut für Informatik, 1991.

[Gam92] Erich Gamma. *Objektorientierte Software-Entwicklung am Beispiel von ET++: Design-Muster, Klassenbibliothek, Werkzeuge.* Springer-Verlag, Berlin, 1992.

[Gla90] Andrew Glassner. *Graphics Gems.* Academic Press, Boston, MA, 1990.

[GM92] M. Graham und E. Mettala. The Domain-Specific Software Architecture Program. In *Proceedings of DARPA Software Technology Conference,* 1992, Seite 204-210, April 1992. Ebenfalls erschienen in *CrossTalk, The Journal of Defense Software Engineering,* Seite 19-21, 32, Oktober 1992.

[GR83] Adele J. Goldberg und David Robson. *Smalltalk-80: The Language and Its Implementation.* Addison-Wesley, Reading, MA, 1983.

[HHMV92] Richard Helm, Tien Huynh, Kim Marriott und John Vlissides. An object-oriented architecture for constraint-based graphical editing. In *Proceedings of the Third Eurographics Workshop on Object-Oriented Graphics,* Seite 1-22, Champéry, Switzerland, Oktober 1992. Ebenfalls verfügbar als IBM Research Division Technical Report RC 18524 (79392).

[HO87] Daniel C. Halbert und Patrick D. O'Brien. Object-oriented development. *IEEE Software,* 4(5):71-79, September 1987.

[ION94] IONA Technologies, Ltd., Dublin, Ireland. *Programmer's Guide for Orbix, Version 1.2,* 1994.

[JCJO92] Ivar Jacobson, Magnus Christerson, Patrik Jonsson und Gunnar Overgaard. *Object-Oriented Software Engineering-Use Case Driven Approach.* Addison-Wesley, Wokingham, England, 1992.

[JF88] Ralph E. Johnson und Brian Foote. Designing reusable classes. *Journal of Object-Oriented Programming,* 1(2):22-35, Juni/Juli 1988.

[JML92] Ralph E. Johnson, Carl McConnell und J. Michael Lake. The RTL system: A framework for code optimization. In Robert Giegerich und Susan L. Graham, Hrsg., *Code Generation-Concepts, Tools, Techniques. Proceedings of the International Workshop on Code Generation,* Seite 255-274, Dagstuhl, Germany, 1992. Springer-Verlag.

[Joh92] Ralph Johnson. Documenting frameworks using patterns. In *Object-Oriented Programming Systems, Languages, and Applications Conference Proceedings,* Seite 63-76, Vancouver, British Columbia, Canada, Oktober 1992. ACM Press.

[JZ91] Ralph E. Johnson und Jonathan Zweig. Delegation in C++. *Journal of Object-Oriented Programming,* 4(11):22-35, November 1991.

[Kir92] David Kirk. *Graphics Gems III.* Harcourt, Brace, Jovanovich, Boston, MA, 1992.

[Knu73] Donald E. Knuth. *The Art of Computer Programming, Volumes 1, 2 und 3.* Addison-Wesley, Reading, MA, 1973.

[Knu84] Donald E. Knuth. *The TeX book.* Addison-Wesley, Reading, MA, 1984.

[Kof93] Thomas Kofler. Robust iterators in ET++. *Structured Programming,* 14:62-85, März 1993.

[KP88] Glenn E. Krasner und Stephen T. Pope. A cookbook for using the model-view controller user interface paradigm in Smalltalk-80. *Journal of Object-Oriented Programming,* 1(3):26-49, August/September 1988.

[LaL94] Wilf LaLonde. *Discovering Smalltalk.* Benjamin/Cummings, Redwood City, CA, 1994.

[LCI+92] InterViews3.1 Mark Linton, Paul Calder, John Interrante, Steven Tang und John Vlissides. *InterViews Reference Manual.* CSL, Stanford University, 3.1 edition, 1992.

[Lea88] Doug Lea. libg++, the GNU C++ library. In *Proceedings of the 1988 USENIX C++ Conference,* Seite 243-256, Denver, CO, Oktober 1988. USENIX Association.

[LG86] Barbara Liskov und John Guttag. *Abstraction and Specification in Program Development.* McGraw-Hill, New York, 1986.

[Lie85] Henry Lieberman. There's more to menu systems than meets the screen. In *SIGGRAPH Computer Graphics,* Seite 181-189, San Francisco, CA, Juli 1985.

[Lie86] Henry Lieberman. Using prototypical objects to implement shared behavior in object-oriented systems. In *Object-Oriented Programming Systems, Languages, and Applications Conference Proceedings,* Seite 214-223, Portland, OR, November 1986.

[Lin92] Mark A. Linton. Encapsulating a C++ library. In *Proceedings of the 1992 USENIX C++ Conference,* Seite 57-66, Portland, OR, August 1992. ACM Press.

[LP93] Mark Linton und Chuck Price. Building distributed user interfaces with Fresco. In *Proceedings of the 7th X Technical Conference,* Seite 77-87, Boston, MA, Januar 1993.

[LR93] Daniel C. Lynch und Marshall T. Rose. *Internet System Handbook.* Addison-Wesley, Reading, MA, 1993.

[LVC89] Mark A. Linton, John M. Vlissides und Paul R. Calder. Composing user interfaces with InterViews. *Computer,* 22(2):8-22, Februar 1989.

[Mar91] Bruce Martin. The separation of interface and implementation in C++. In *Proceedings of the 1991 USENIX C++ Conference,* Seite 51-63, Washington, D.C., April 1991. USENIX Association.

[McC87] Paul McCullough. Transparent forwarding: First steps. In *Object-Oriented Programming Systems, Languages, and Applications Conference Proceedings,* Seite 331-341, Orlando, FL, Oktober 1987. ACM Press.

[Mey88] Bertrand Meyer. *Object-Oriented Software Construction.* Series in Computer Science. Prentice Hall, Englewood Cliffs, NJ, 1988.

[Mur93] Robert B. Murray. *C++ Strategies and Tactics.* Addison-Wesley, Reading, MA, 1993.

[OJ90] William F. Opdyke und Ralph E. Johnson. Refactoring: An aid in designing application frameworks and evolving object-oriented systems. In *SOOPPA Conference Proceedings,* Seite 145-161, Marist College, Poughkeepsie, NY, September 1990. ACM Press.

[OJ93] William F. Opdyke und Ralph E. Johnson. Creating abstract superclasses by refactoring. In *Proceedings of the 21st Annual Computer Science Conference (ACM CSC '93),* Seite 66-73, Indianapolis, IN, Februar 1993.

[P+88] Andrew J. Palay et al. The Andrew Toolkit: An overview. In *Proceedings of the 1988 Winter USENIX Technical Conference,* Seite 9-21, Dallas, TX, Februar 1988. USENIX Association.

[Par90] ParcPlace Systems, Mountain View, CA. *ObjectWorks\Smalltalk Release 4 Users Guide,* 1990.

[Pas86] Geoffrey A. Pascoe. Encapsulators: A new software paradigm in Smalltalk-80. In *Object-Oriented Programming Systems, Languages, and Applications Conference Proceedings,* Seite 341-346, Portland, OR, Oktober 1986. ACM Press.

[Pug90] William Pugh. Skiplists: A probabilistic alternative to balanced trees. *Communications of the ACM,* 33(6):668-676, Juni 1990.

[RBP+91] James Rumbaugh, Michael Blaha, William Premerlani, Frederick Eddy und William Lorenson. *Object-Oriented Modeling and Design.* Prentice Hall, Englewood Cliffs, NJ, 1991.

[Rum94] James Rumbaugh. The life of an object model: How the object model changes during development. *Journal of Object-Oriented Programming,* 7(1):24-32, März/April 1994.

[SE84] Elliot Soloway und Kate Ehrlich. Empirical studies of programming knowledge. *IEEE Transactions on Software Engineering,* 10(5):595-609, September 1984.

[Sha90] Yen-Ping Shan. MoDE: A UIMS for Smalltalk. In *ACM OOPSLA/ ECOOP '90 Conference Proceedings,* Seite 258-268, Ottawa, Ontario, Kanada, Oktober 1990. ACM Press.

[Sny86] Alan Snyder. Encapsulation and inheritance in object-oriented languages. In *Object-Oriented Programming Systems, Languages, and Applications Conference Proceedings,* Seite 38-45, Portland, OR, November 1986. ACM Press.

[SS86] James C. Spohrer und Elliot Soloway. Novice mistakes: Are the folk wisdoms correct? *Communications of the ACM,* 29(7):624-632, Juli 1986.

[SS94] Douglas C. Schmidt und Tatsuya Suda. The Service Configurator Framework: An extensible architecture for dynamically configuring concurrent, multi-service network daemons. In *Proceedings of the Second International Workshop on Configurable Distributed Systems,* Seite 190-201, Pittsburgh, PA, März 1994. IEEE Computer Society.

[Str91] Bjarne Stroustrup. *The C++ Programming Language.* Addison-Wesley, Reading, MA, 1991. Second Edition.

[Str93] Paul S. Strauss. IRIS Inventor, a 3D graphics toolkit. In *Object-Oriented Programming Systems, Languages, and Applications Conference Proceedings,* Seite 192-200, Washington, D.C., September 1993. ACM Press.

[Str94] Bjarne Stroustrup. *The Design and Evolution of C++.* Addison-Wesley, Reading, MA, 1994.

[Sut63] I.E. Sutherland. *Sketchpad: A Man-Machine Graphical Communication System.* Dissertation, MIT, 1963.

[Swe85] Richard E. Sweet. The Mesa programming environment. *SIGPLAN Notices,* 20(7):216-229, Juli 1985.

[Sym93a] Symantec Corporation, Cupertino, CA. *Bedrock Developer's Architecture Kit,* 1993.

[Sym93b] Symantec Corporation, Cupertino, CA. *THINK Class Library Guide,* 1993.

[Sza92] Duane Szafron. SPECTalk: An object-oriented data specification language. *In Technology of Object-Oriented Languages and Systems (TOOLS 8),* Seite 123-138, Santa Barbara, CA, August 1992. Prentice Hall.

[US87] David Ungar und Randall B. Smith. *Self: The power of simplicity. In Object-Oriented Programming Systems, Languages, and Applications Conference Proceedings,* Seite 227-242, Orlando, FL, Oktober 1987. ACM Press.

[VL88] John M. Vlissides und Mark A. Linton. *Applying object-oriented design to structured graphics. In Proceedings of the 1988 USENIX C++ Conference,* Seite 81-94, Denver, CO, Oktober 1988. USENIX Association.

[VL90] John M. Vlissides und Mark A. Linton. Unidraw: A framework for building domain-specific graphical editors. *ACM Transactions on Information Systems,* 8(3):237-268, Juli 1990.

[WBJ90] Rebecca Wirfs-Brock und Ralph E. Johnson. A survey of current research in object-oriented design. *Communications of the ACM,* 33(9):104-124, 1990.

[WBWW90] Rebecca Wirfs-Brock, Brian Wilkerson und Lauren Wiener. *Designing Object-Oriented Software.* Prentice Hall, Englewood Cliffs, NJ, 1990.

[WGM88] André Weinand, Erich Gamma und Rudolf Marty. ET++-An object-oriented application framework in C++. In *Object-Oriented Programming Systems, Languages, and Applications Conference Proceedings,* Seite 46-57, San Diego, CA, September 1988. ACM Press.

Stichwortverzeichnis

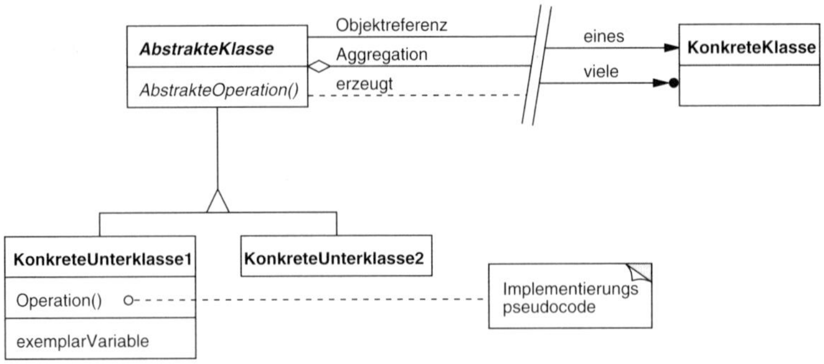

Notation für Klassendiagramme

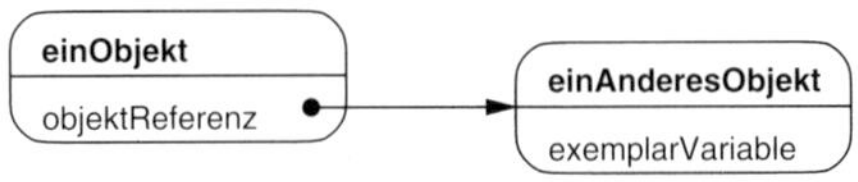

Notation für Objektdiagramme

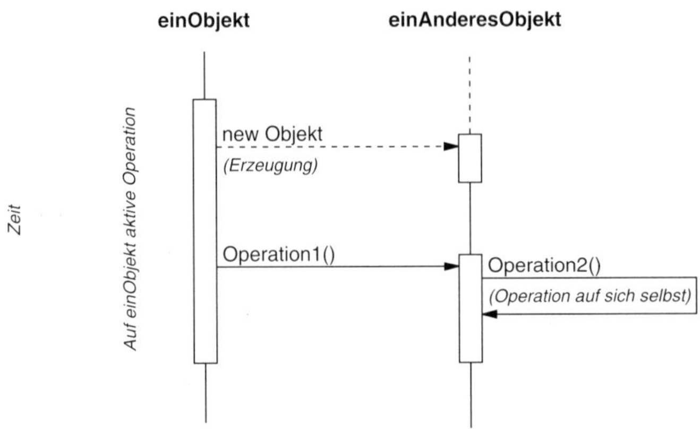

Notation für Interaktionsdiagramme